मैथ्यू सैयद *द टाइम्स* के अग्रणी स्तंभकार और फ़ीचर लेखक हैं। वे बीबीसी करेंट अफ़ेयर्स प्रोग्राम *न्यूज़नाइट* के लिए फ़ीचर तैयार करते हैं और नियमित रूप से सीएनएन इंटरनेशनल तथा वर्ल्ड सर्विस टीवी पर आते हैं। ऑक्सफ़ोर्ड यूनिवर्सिटी से पढ़ाई पूरी करते हुए उन्होंने राजनीति, दर्शन और अर्थशास्त्र विषयों में प्रथम पुरस्कार जीता। मैथ्यू लगभग एक दशक तक इंग्लैंड में टेबल टेनिस के नंबर वन खिलाड़ी रहे हैं, तीन बार कॉमनवेल्थ चैंपियन रहे हैं और उन्होंने ऑलंपिक खेलों में दो बार ग्रेट ब्रिटेन का प्रतिनिधित्व किया है।

मैथ्यू सैयद की पहली पुस्तक *बाउंस : द मिथ ऑफ़ टैलेंट ऐंड द पॉवर ऑफ़ प्रैक्टिस* को विलियम हिल स्पोर्ट्स बुक ऑफ़ द ईयर के लिए शॉर्टलिस्ट किया गया और यह इंग्लैंड में बेस्टसेलर बनी।

पुस्तक की प्रशंसा में

'सफलता के बारे में हम जिस तरह सोचते हैं, मैथ्यू सैयद उसे बदलने का क्रांतिकारी आह्वान करते हैं - असफलता के प्रति हमारे नज़रिये को बदल लें। असफलता पर शर्म न करें, इसे कलंक न समझें, बल्कि इसे रोमांचक और ज्ञानवर्धक मानें। अच्छी कहानियों और प्रखर वैज्ञानिक जानकारी से भरी हुई यह पुस्तक असफलता के बारे में आपकी सोच को हमेशा-हमेशा के लिए बदल देगी।'

—डेनियल पिंक, *ड्राइव* और *टु सेल इज़ ह्यूमन* के लेखक

'जब मैथ्यू सैयद इंग्लैंड के नंबर वन टेबल टेनिस खिलाड़ी थे, तो वे वापसी करने में माहिर थे। आपको उन्हें हराने में बहुत मुश्किल आती थी। इस असाधारण रूप से व्यापक विषयों वाली पुस्तक का असली विषय वापसी ही है। आशा की वापसी, अनुभव की वापसी - असफलता के सबक़ों से सफलता तक वापसी का सच्चे खिलाड़ी का संकल्प ही नहीं, बल्कि एक सच्चे मानवतावादी का भी संकल्प। यह पुस्तक हमें बेहतर करने की चुनौती देती है।'

—हॉवर्ड जैकबसन, द मैन बुकर प्राइज़ के विजेता

‘उत्कृष्ट... उनकी पिछली पुस्तक के साथ मिलकर यह मानवीय उपलब्धि का एक विश्वसनीय लेखा-जोखा है... यह पुस्तक तर्कपूर्ण ढंग से बताती है कि दोषारोपण की संस्कृति बढ़ने की वजह से ब्रिटेन और अमेरिका में कितने नुक़सान हुए हैं... सैयद की जीवंत पुस्तक उस विनाश की एक शक्तिशाली चेतावनी है, जो ऐसी संस्कृति कर सकती है।’

—*द टाइम्स*

‘मैं सोचता हूँ कि मैथ्यू सैयद ने बड़ी गहरी बात कही है। इंग्लैंड के पूर्व टेबल टेनिस चैंपियन के रूप में धमाकेदार परचम फहराने के बाद वे प्रयासरहित रूप से लेखन और प्रसारण के करियर में प्रतिष्ठित हो चुके हैं। सफलता के बारे में लिखने का जितना अधिकार उन्हें है, उतना बहुत कम लोगों को है... सैयद की पुस्तक अच्छी तरह बुनी गई है, तर्कपूर्ण है और बहुत विश्वसनीय है। और उनकी कहानियाँ याद रह जाती हैं।’

—*डेली मेल*

असफलताओं से कैसे सीखें

ग़लतियों के प्रति अपने नज़रिये को बदलें

मैथ्यू सैयद

अनुवाद : डॉ. सुधीर दीक्षित

MANJUL

मंजुल पब्लिशिंग हाउस

MANJUL
मंजुल पब्लिशिंग हाउस
कॉरपोरेट एवं संपादकीय कार्यालय
द्वितीय तल, उषा प्रीत कॉम्प्लेक्स, 42 मालवीय नगर, भोपाल-462003
विक्रय एवं विपणन कार्यालय
7/32, अंसारी रोड, दरियागंज, नई दिल्ली-110002
वेबसाइट : www.manjulindia.com
वितरण केन्द्र
अहमदाबाद, बेंगलुरू, भोपाल, कोलकाता, चेन्नई,
हैदराबाद, मुम्बई, नई दिल्ली, पुणे

अंग्रेजी में सर्वप्रथम हैशेत, यू.के. की कंपनी जॉन मरे द्वारा प्रकाशित

मैथ्यू सैयद द्वारा लिखित मूल अंग्रेजी पुस्तक *ब्लैक बॉक्स थिंकिंग*
का हिन्दी अनुवाद

Black Box Thinking by Matthew Syed – Hindi Edition

यह हिन्दी संस्करण 2020 में पहली बार प्रकाशित

ISBN 978-93-89647-27-3

अनुवाद : डॉ सुधीर दीक्षित

मुद्रण व जिल्दसाज़ी : मणिपाल टैक्नोलॉजीज़ लिमिटेड, मणिपाल

कैथी को समर्पित

अनुक्रम

खंड I

असफलता का तर्क

1

एक सामान्य ऑपरेशन

I

29 मार्च 2005 को मार्टिन ब्रॉमिली सुबह 6.15 पर जागे, फिर वे अपने दोनों छोटे बच्चों विक्टोरिया और ऐडम को तैयार करने के लिए उनके बेडरूम की तरफ़ गए। यह बारिश भरी वसंत की सुबह थी, ईस्टर के कुछ दिन बाद का समय था और बच्चे बहुत ख़ुशी-ख़ुशी नाश्ता करने के लिए धड़धड़ाते हुए नीचे आए। कुछ मिनट बाद उनकी माँ ईलेन भी आ गई, जिसने बिस्तर में कुछ अतिरिक्त मिनट बिता लिए थे।

ईलेन सैंतीस साल की ज़िंदादिल महिला थी, जिसने पूर्णकालिक माँ बनने से पहले यात्रा उद्योग में काम किया था। आज उसके जीवन का एक बड़ा दिन था : उसे अस्पताल जाना था। उसे दो साल से साइनस संबंधी समस्याएँ हो रही थीं और डॉक्टर ने उसे सलाह दी थी कि इस समस्या को जड़ से ख़त्म करने के लिए ऑपरेशन कराने में समझदारी है। डॉक्टर ने उससे कहा था, “चिंता मत करो। जोखिम की कोई बात नहीं है। यह एक सामान्य ऑपरेशन है।”

ईलेन और मार्टिन की शादी को पंद्रह साल हो गए थे। वे एक क़रीबी मित्र के ज़रिये एक ग्रामीण नृत्य में मिले थे। वे एक-दूसरे से प्रेम करने लगे थे और वे अंततः लंदन से तीस मील उत्तर-पश्चिम में ग्रामीण बकिंघमशायर के केंद्र में स्थित एक सुखद गाँव नॉर्थ मार्स्टन में एक मकान में इकट्ठे रहने लगे। विक्टोरिया का जन्म 1999 में हुआ और ऐडम का उसके दो साल बाद 2001 में।

युवा परिवारों की तरह उनका जीवन भी आपाधापी से भरा था, लेकिन यह बहुत मज़ेदार भी था। पूरे परिवार के रूप में वे पिछले गुरुवार को पहली बार विमान में बैठे थे और शनिवार को एक मित्र की शादी में गए थे। ईलेन अपना ऑपरेशन कराने के बाद कुछ दिनों की छुट्टियों का आनंद लेना चाहती थी।

सुबह 7.15 पर वे घर से निकल गए। जब वे एक छोटी यात्रा करके अस्पताल पहुँचे, तो बच्चे आपस में बतियाते रहे। ऑपरेशन को लेकर मार्टिन और ईलेन के मन में कोई चिंता नहीं थी। नाक, कान, गले (ईएनटी) के सर्जन डॉ. एडवर्ड्स के पास तीस साल से ज़्यादा का अनुभव था और उनकी बहुत सम्मानजनक प्रतिष्ठा थी। ऐनस्थीसिया विशेषज्ञ डॉ. ऐंडरटन को सोलह साल का अनुभव था।* (गोपनीयता की रक्षा करने के लिए पूरे मेडिकल स्टाफ़ के नाम बदल दिए गए हैं।) अस्पताल में उत्कृष्ट मशीनें थीं। सब कुछ सही था।

अस्पताल पहुँचने पर उन्हें एक कमरे में ले जाया गया, जहाँ ऑपरेशन के लिए ईलेन को एक नीला गाउन पहना दिया गया। उसने ऐडम से पूछा, "मैं इसमें कैसी दिख रही हूँ?" ऐडम हँस दिया। विक्टोरिया बिस्तर पर चढ़ गई, ताकि उसकी माँ उसे कहानी पढ़कर सुनाए। मार्टिन उस कहानी को सुनकर मुस्करा दिया, जो अब तक जानी-पहचानी हो चुकी थी। खिड़की की चौखट पर ऐडम अपनी खिलौना कारों से खेल रहा था।

बीच में डॉ. ऐंडरटन सामान्य सवाल पूछने के लिए आए। वे बातूनी और हँसमुख थे। हर अच्छे डॉक्टर की तरह वे भी तनावरहित माहौल बनाने का महत्त्व समझते थे।

सुबह 8.30 बजे से ठीक पहले मुख्य नर्स जेन ईलेन को ऑपरेशन थिएटर तक पहुँचाने वाली ट्रॉली लेकर आई। उसने मुस्कराकर पूछा, "क्या आप तैयार हैं?" विक्टोरिया और ऐडम गलियारे में ट्रॉली के साथ-साथ चलने लगे। उन्होंने अपनी माँ को बताया कि वे ऑपरेशन के बाद दोपहर में उनसे मिलने का इंतज़ार करेंगे। जब वे गलियारे के मोड़ पर पहुँचे, तो मार्टिन अपने बच्चों को बाईं तरफ़ ले गए, जबकि ईलेन को दाईं तरफ ले जाया गया।

---

*गोपनीयता की दृष्टि से अस्पताल के स्टाफ़ के सभी नाम बदल दिए गए हैं।

उसने अपना सिर ऊपर उठाया, मुस्कराई और चहकते हुए बोली, "बाय!"

जब मार्टिन और बच्चे कार पार्क में जा रहे थे, तब वे साप्ताहिक शॉपिंग करने और ईलेन की ख़ातिर ट्रीट (कुकीज़) ख़रीदने के लिए सुपरमार्केट जा रहे थे। इधर, ईलेन की ट्रॉली को प्रि-ऑपरेटिंग रूम में ले जाया जा रहा था। यह कमरा ऑपरेशन थिएटर के समीप था और यहीं पर अंतिम मिनट की जाँचें की जाती थीं तथा सामान्य ऐनस्थीसिया दिया जाता था।

डॉ. ऐंडरटन ईलेन के साथ थे : उनका चेहरा जाना-पहचाना था और उस पर आश्वस्त करने वाला भाव था। उन्होंने उसके हाथ के पीछे के हिस्से की एक नस में कैन्युला नली डाली, ताकि ऐनस्थीसिया सीधे उसके ख़ून में पहुँच जाए।

डॉ. ऐंडरटन ने कहा, "बढ़िया और धीरे से। अब चलो... गहरी नींद में सो जाओ," अब सुबह के 8.35 बज चुके थे।

ऐनस्थीसिया की दवाएँ बहुत शक्तिशाली होती हैं। वे मरीज़ को सिर्फ़ नींद में ही नहीं भेजती हैं, बल्कि शरीर के कई अत्यंत महत्त्वपूर्ण कार्यों को भी रोक देती हैं, जिन्हें कृत्रिम रूप से करना पड़ता है। अक्सर साँस लेने में मदद करने के लिए लैरिंगियल मास्क का इस्तेमाल किया जाता है। यह एक फुलाने वाला पाउच होता है, जिसे मुँह में डालकर श्वासमार्ग के ठीक ऊपर रखा जाता है, फिर श्वासमार्ग के ज़रिये हवा फेफड़ों तक पहुँचाई जाती है।

लेकिन अचानक एक समस्या आ गई। डॉ. ऐंडरटन ईलेन के मुँह में यह मास्क नहीं डाल पा रहे थे : उसकी जबड़े की मांसपेशियाँ सख़्त हो गई थीं, जो ऐनस्थीसिया के दौरान एक जानी-पहचानी समस्या थी। उन्होंने मांसपेशियों को ढीला करने के लिए इंजेक्शन लगाया, फिर ज़्यादा छोटे दो लैरिंगियल मास्क लगाने की कोशिश की, लेकिन वे कामयाब नहीं हुए।

ऐनस्थीसिया दिए जाने के दो मिनट बाद यानी 8.37 पर ईलेन का रंग नीला पड़ने लगा। उसके शरीर में ऑक्सीजन की संतृप्ति गिरकर 75 प्रतिशत रह गई थी (90 प्रतिशत से कम संतृप्ति 'महत्त्वपूर्ण रूप से कम' होती है)। 8.39 पर डॉ. ऐंडरटन ने मुँह और नाक के ऊपर ऑक्सीजन फ़ेस मास्क लगाने की कोशिश की, लेकिन वे उसके फेफड़ों तक हवा नहीं पहुँचा पाए।

8.41 पर उन्होंने ट्रैकियन इनट्यूबेशन नामक तकनीक को आज़माया। जब साँस देना असंभव साबित हो रहा हो, तो यह एक मानक तरीक़ा था। उन्होंने जबड़े की मांसपेशियों को पूरी तरह से शिथिल करने के लिए विकलांग करने वाली ख़ून में दवा डाली, ताकि मुँह पूरा खुल जाए, फिर उन्होंने मुँह के पीछे रोशनी डालने के लिए लैरिंगोस्कोप का इस्तेमाल किया, ताकि वे सीधे श्वासमार्ग में ट्यूब रख सकें।

लेकिन उनके सामने एक और बाधा आ गई : उन्हें गले के पीछे श्वासमार्ग नहीं दिख रहा था। सामान्य तौर पर यह साफ़-सुथरा तिकोना छेद वाला होता है, जिसके दोनों तरफ़ वोकल कॉर्ड होते हैं। आम तौर पर श्वासमार्ग में ट्यूब खिसकाना काफ़ी आसान होता है और इसके बाद मरीज़ साँस लेने लगता है। बहरहाल, कुछ रोगियों में नरम तालू श्वासमार्ग को बंद कर देता है। यह आपको दिखता ही नहीं है। डॉ. ऐंडरटन ने इस उम्मीद में बार-बार ट्यूब डाली कि वे लक्ष्य तक पहुँच जाएँगे, लेकिन वे इसे अंदर नहीं पहुँचा पाए।

8.43 तक ईलेन की ऑक्सीजन संतृप्ति घटकर 40 प्रतिशत तक पहुँच गई। यह इतनी कम थी कि नापने वाले यंत्र की निचली सीमा पर पहुँच गई थी। अब ऑक्सीजन के बिना मस्तिष्क में सूजन आने का ख़तरा था, जिससे गंभीर नुक़सान हो सकता था। ईलेन की हृदय गति भी घट गई, पहले 69 धड़कन प्रति मिनट, फिर 50। इससे भी हृदय में ऑक्सीजन की कमी का पता चलता था।

स्थिति बिगड़ रही थी और घातक होती जा रही थी। बग़ल वाले ऑपरेटिंग थिएटर के ऐनस्थीसिया विशेषज्ञ डॉ. बैनिस्टर भी मदद करने के लिए वहाँ आ गए। ईएनटी सर्जन डॉ. एडवर्ड्स भी जल्दी ही पहुँच गए। तीनों नर्सें पास में खड़ी थीं। स्थिति अभी विनाशकारी नहीं बनी थी, लेकिन ग़लती की गुंजाइश अब लगभग न के बराबर रह गई थी। अब हर निर्णय के जीवन और मृत्यु वाले संभावित परिणाम हो सकते थे।

सौभाग्य की बात यह है कि ऐसी असंभव स्थिति में एक और तरीक़े का इस्तेमाल किया जा सकता है। इसे ट्रैकियोस्टॉमी कहा जाता है। अब तक की सारी बाधाएँ ईलेन के मुँह के ज़रिये श्वासमार्ग तक पहुँचने में आई थीं। ट्रैकियोस्टॉमी का एक बड़ा लाभ होता है : आप मुँह के आस-पास भी नहीं

जाते हैं। इसके बजाय सीधे गले में छेद किया जाता है और श्वासमार्ग में नली डाल दी जाती है।

इसमें जोखिम रहता है और इसका इस्तेमाल केवल अंतिम विकल्प के रूप में ही किया जाता है, लेकिन यह अंतिम विकल्प वाली ही स्थिति थी। अब यह ईलेन और उसकी जान जोखिम में डालने वाली मस्तिष्क क्षति के बीच खड़ी संभवतः एकमात्र चीज़ थी।

8.47 पर नर्सों ने अगले क़दम का सही अनुमान लगा लिया। तीनों में सबसे अनुभवी नर्स जेन ट्रैकियोस्टॉमी किट लेने के लिए तेज़ी से गई। लौटकर उसने तीनों डॉक्टरों को जानकारी दी कि किट उपयोग के लिए तैयार थी।

तीनों डॉक्टर ईलेन को घेरे हुए खड़े थे। उन्होंने पीछे निगाह डाली, पर किसी कारण प्रतिक्रिया नहीं की। वे अब भी ईलेन के मुँह के पिछले हिस्से में उसके छिपे हुए श्वासमार्ग में नली डालने की कोशिश कर रहे थे। वे अपनी कोशिशों में तल्लीन थे और गर्दन घुमाकर एक दूसरे से व्यग्रता से बातें कर रहे थे।

जेन झिझकी। समय गुज़रने के साथ स्थिति और गंभीर होती जा रही थी, लेकिन उसने सोचा कि तीनों डॉक्टर बहुत अनुभवी हैं और उन्होंने निश्चित रूप से ट्रैकियोस्टॉमी के इस्तेमाल पर विचार कर लिया होगा।

अगर वह उनसे वही बात दोबारा बोलेगी, तो उनका ध्यान भटक सकता है। अगर इस वजह से कुछ गड़बड़ हुई, तो उसका दोष उसे दिया जा सकता है। शायद उन्होंने ऐसे कारणों से ट्रैकियोस्टॉमी न करने का निर्णय लिया था, जो उसे पता नहीं थे। डॉक्टर कमरे में मौजूद सबसे वरिष्ठ लोग थे। उनके पास अधिकार और सत्ता थी।

अब तक डॉक्टरों की हृदय गति काफ़ी बढ़ चुकी थी। उनकी अनुभूति सँकरी और सीमित हो गई थी। ज़्यादा तनाव में शरीर की यह पारंपरिक प्रतिक्रिया होती है। वे गले के पिछले हिस्से के श्वासमार्ग में नली डालने की कोशिश करते रहे। स्थिति अब हताशाजनक बन गई थी।

ईलेन का शरीर गहरा नीला पड़ गया था। उसकी हृदय गति घटकर सिर्फ़ 40 रह गई थी। उसके शरीर में ऑक्सीजन की भारी कमी थी। एक-एक सेकंड की देर उसके बचने की संभावना को कम कर रही थी।

डॉक्टर व्यग्रता से मुँह के ज़रिये श्वासमार्ग तक पहुँचने की कोशिशें करते रहे। डॉ. एडवर्ड्स ने इनट्यूबेशन को आज़माया। डॉ. बैनिस्टर ने एक और लैरिंगियल मास्क लगाने की कोशिश की। कोई भी चीज़ कारगर नहीं हुई। इस दौरान जेन इस दुविधा में थी कि अपनी बात बोले या न बोले, लेकिन उसकी आवाज़ उसके गले में ही दबकर रह गई।

8.55 तक बहुत देर हो चुकी थी। जब तक डॉक्टर आख़िरकार ऑक्सीजन संतृप्ति को 90 प्रतिशत तक पहुँचाने में कामयाब हुए, इनट्यूबेशन की पहली नाकाम कोशिश के बाद आठ मिनट का समय हो चुका था। कुल मिलाकर उसे बीस मिनट तक ऑक्सीजन नहीं मिली थी। डॉक्टर घड़ी देखकर हैरान रह गए। उन्हें कुछ समझ ही नहीं आ रहा था। समय कहाँ चला गया था? इतना समय इतनी जल्दी कैसे चला गया?

ईलेन को गहन चिकित्सा में भर्ती कर लिया गया। बाद में हुए ब्रेन स्कैन में भारी नुक़सान साफ़ नज़र आ रहा था। आम तौर पर स्कैन में संरचना और आकार स्पष्ट दिखाई देते हैं। इसे मानव मस्तिष्क के चित्र के रूप में पहचाना जा सकता है, लेकिन ईलेन के मामले में स्कैन ऐसा दिख रहा था, जैसा सिग्नल न मिलने पर टेलीविज़न स्क्रीन दिखाई देती है। ऑक्सीजन की कमी से इतना भारी-भरकम नुक़सान हो गया था, जिसकी भरपाई संभव नहीं थी।

उस सुबह 11 बजे नॉर्थ मार्स्टन में ब्रॉमिली परिवार के लिविंग रूम में फ़ोन की घंटी बजी। मार्टिन से कहा गया कि वे जल्दी से जल्दी अस्पताल आ जाएँ। वे इतना तो समझ गए कि कुछ गड़बड़ हो गई थी, लेकिन उन्हें यह उम्मीद नहीं थी कि वे अपनी पत्नी को कोमा में और जीवन के लिए जूझते देखेंगे। वे सदमे में आ गए।

कई घंटे बाद यह स्पष्ट हो गया कि स्थिति बदतर होती जा रही थी। मार्टिन को कुछ समझ नहीं आ रहा था। ईलेन स्वस्थ थी। उसके दोनों बच्चे घर पर अपनी माँ के लौटने का इंतज़ार कर रहे थे। वे उसके लिए सुपरमार्केट से कुकीज़ ख़रीदकर लाए थे। आख़िर गड़बड़ कहाँ हुई थी और क्या हुई थी।

डॉ. एडवर्ड्स उसे एक तरफ़ ले गए, "देखो मार्टिन, ऐनस्थीसिया के दौरान कुछ समस्याएँ आ गई थीं। यह उन चीज़ों में से एक है। दुर्घटनाएँ कई

बार हो जाती हैं। हमें नहीं पता कि क्यों। ऐनस्थीसिया विशेषज्ञों ने अपनी तरफ़ से पूरी कोशिश की, लेकिन वे कामयाब नहीं हुए। यह एक बार होने वाली घटना है। मुझे बहुत अफ़सोस है।"

नली डालने की नाकाम कोशिशों का कोई ज़िक्र नहीं किया गया। आपातकालीन ट्रैकियोस्टॉमी की कोशिश न करने का कोई ज़िक्र नहीं किया गया। नर्स द्वारा डॉक्टरों को चेतावनी देने की कोशिश का कोई ज़िक्र नहीं किया गया।

मार्टिन ने सिर हिलाया और कहा, "मैं समझता हूँ। आपको धन्यवाद।"

ईलेन ब्रॉमिली तेरह दिन तक कोमा में रहने के बाद 11 अप्रैल 2005 को रात 11.15 पर गुज़र गई। मार्टिन हर दिन उसके पास बैठा रहता था और वह कुछ ही मिनटों में अस्पताल पहुँच गया। जब वह वहाँ पहुँचा, तब भी ईलेन का शरीर गरम था। उसने ईलेन का हाथ थामकर उसे बताया कि वह उससे प्रेम करता है और कहा कि वह बच्चों की अच्छी से अच्छी देखभाल करेगा, फिर उसने चूमकर उसे गुड नाइट कहा।

अगले दिन मार्टिन को ईलेन का सामान लेने जाना था। मार्टिन ने बच्चों से पूछा कि क्या वे आख़िरी बार अपनी मम्मी को देखना चाहते हैं। उसे हैरानी हुई, जब वे बोले, "हाँ।" वहाँ पहुँचने पर विक्टोरिया पलंग के कोने पर खड़ी रही, जबकि ऐडम ने हाथ बढ़ाकर अपनी माँ को छुआ और गुडबाय कहा।

ईलेन की उम्र सिर्फ़ सैंतीस वर्ष थी।

II

यह पुस्तक इस बारे में है कि सफलता का निर्माण कैसे होता है। आने वाले पन्नों में हम संसार के कुछ सबसे पथप्रदर्शक और नवाचारी संगठनों के बारे में बात करेंगे, जिनमें गूगल, टीम स्काई, पिक्सर और मर्सिडीज़ फ़ॉर्मूला वन टीम शामिल हैं। साथ ही कुछ असाधारण व्यक्तियों के बारे में भी, जैसे बास्केटबॉल खिलाड़ी माइकल जॉर्डन, आविष्कारक जेम्स डाइसन और फ़ुटबॉल सितारे डेविड बेकहेम।

प्रगति पिछली दो सहस्त्राब्दियों से भी ज़्यादा समय से मानव इतिहास के सबसे आश्चर्यजनक पहलुओं में से एक है और ख़ासतौर पर पिछली ढाई शताब्दियों से। यह सिर्फ़ बेहतरीन कंपनियों और खेल टीमों के बारे में ही

नहीं है, बल्कि विज्ञान, प्रौद्योगिकी और अर्थव्यवस्था के विकास के बारे में भी है। बड़ी तसवीर और छोटी तसवीर में बहुत से सुधार और परिवर्तन हुए हैं, जिन्होंने मानव जीवन के लगभग हर पहलू का कायाकल्प कर दिया है।

यहाँ हम सारे सूत्रों को एक जगह बटोरने और इकट्ठा करने की कोशिश करेंगे। हम सतह के नीचे देखेंगे और अंतर्निहित प्रक्रियाओं की जाँच करेंगे, जिनके ज़रिये इंसान सीखते हैं, नवाचार करते हैं और ज़्यादा सृजनात्मक बनते हैं : चाहे यह व्यवसाय में हो, राजनीति में हो या अपने खुद के जीवन में हो। और हम शक्तिशाली और प्रायः सहज बोध विरोधी तरीक़ों से यह खोजेंगे कि इन सभी उदाहरणों में सफलता का आधार यह है कि हम असफलता पर कैसे प्रतिक्रिया करते हैं।

असफलता एक ऐसी चीज़ है, जिसे हम सभी को समय-समय पर झेलना पड़ता है, चाहे यह मैच हारने वाली स्थानीय फुटबॉल टीम हो, नौकरी के इंटरव्यू में कमतर प्रदर्शन करने वाला उम्मीदवार हो या परीक्षा में फ़ेल होने वाला विद्यार्थी हो। कई बार असफलता कहीं ज़्यादा गंभीर हो सकती है। डॉक्टरों और सुरक्षा-जोखिम वाले उद्योगों में काम कर रहे लोगों की ग़लती के घातक परिणाम हो सकते हैं।

इसीलिए इस जाँच को शुरू करने तथा असफलता और सफलता के बीच के अटूट संबंध की झलक देखने का एक शक्तिशाली तरीक़ा यह है कि हम वर्तमान संसार में दो सबसे महत्त्वपूर्ण सुरक्षा-जोखिम वाले उद्योगों की तुलना करें : स्वास्थ्य सेवा और उड्डयन। जैसा हम देखेंगे, इन संगठनों के मनोविज्ञान, संस्कृति और संगठनात्मक परिवर्तन में फ़र्क़ होता है लेकिन सबसे गहरा फ़र्क़ यह है कि असफलता के प्रति उनकी नीति भिन्न है।

एयरलाइन उद्योग में आश्चर्यजनक और असाधारण नज़रिया देखने को मिलता है। हर विमान में दो ब्लैक बॉक्स लगे होते हैं, जो लगभग अनश्वर होते हैं। इनमें से एक ऑनबोर्ड इलेक्ट्रॉनिक सिस्टम्स को भेजे निर्देश रिकॉर्ड करता है, जबकि दूसरा कॉकपिट में होने वाली बातचीतों और ध्वनियों को रिकॉर्ड करता है।* दुर्घटना होने पर बॉक्स खोले जाते हैं, डाटा का विश्लेषण

*आजकल 'ब्लैक बॉक्स' वास्तव में नारंगी रंग के होते हैं, ताकि वे आसानी से दिख जाएँ और अक्सर वे एक साथ रखे होते हैं।

किया जाता है और दुर्घटना के कारणों का पता लगाया जाता है। इससे यह सुनिश्चित हो जाता है कि ग़लतियों को सुधारा जाए और प्रक्रियाओं को बदला जाए, ताकि वह ग़लती दोबारा कभी न हो।

इस तरह उड्डयन ने अपने सुरक्षा रिकॉर्ड को बहुत प्रभावी और सफल बना लिया है। 1912 में अमेरिकी सेना के चौदह पायलटों में से आठ यानि आधे से भी ज़्यादा दुर्घटनाओं में मारे गए थे। सैन्य उड्डयन स्कूलों में शुरुआती मृत्यु दर तक़रीबन 25 प्रतिशत थी। उस वक़्त यह बहुत आश्चर्यजनक बात नज़र नहीं थी। उड्डयन के शुरुआती दिनों में लकड़ी और धातु के बड़े टुकड़ों को आसमान में तेज़ गति से उड़ाना अपने आप में बड़ा ख़तरनाक काम था।

बहरहाल, आज स्थितियाँ बहुत अलग हैं। इंटरनेशनल एयर ट्रांसपोर्ट एसोसिएशन के अनुसार 2013 में पूरे संसार में विमानों ने 36.4 मिलियन वाणिज्यिक उड़ानें भरीं, जिन्होंने 3 अरब यात्रियों को उनकी मंज़िल तक पहुँचाया। पूरे साल में विमान दुर्घटनाओं में सिर्फ़ 210 लोगों की मृत्यु हुई। पश्चिम में बने जेट की 2.4 मिलियन उड़ानों में सिर्फ़ एक दुर्घटना हुई यानी एक मिलियन उड़ानों में 0.41 दुर्घटना।

2014 में मृतकों की संख्या बढ़कर 641 हो गई, आंशिक तौर पर इसलिए, क्योंकि मलेशिया एयरलाइंस फ़्लाइट 370 की दुर्घटना में 239 लोग मारे गए थे। ज़्यादातर जाँच करने वालों का मानना है कि यह दुर्घटना सामान्य नहीं थी, बल्कि जान-बूझकर गड़बड़ी करने की वजह से हुई थी। प्रकाशन के समय तक इसका ब्लैक बॉक्स नहीं मिला था, लेकिन इसे इस विश्लेषण में शामिल करने के बाद भी 2014 में जेट दुर्घटना का प्रतिशत घटकर 0.23 के ऐतिहासिक स्तर पर आ गया था। इंटरनेशनल एयर ट्रांसपोर्ट एसोसिएशन के सदस्यों के मामले में, जिनके पास ग़लती से सीखने की सबसे सुदृढ़ तकनीकें हैं, प्रति मिलियन दुर्घटना दर केवल 0.12 थी (हर 8.3 मिलियन उड़ानों में एक दुर्घटना)।

उड्डयन की बहुतेरी समस्याएँ हैं, जिनसे यह जूझता रहता है। नई चुनौतियाँ लगभग हर सप्ताह सामने आती हैं : मार्च 2015 में फ़्रेंच आल्प्स में जर्मन विंग्स विमान दुर्घटना की वजह से पायलट का मानसिक स्वास्थ्य रोशनी में आया। इस उद्योग के विशेषज्ञ यह स्वीकार करते हैं कि अप्रत्याशित

आपातकालीन स्थितियाँ किसी भी समय सामने आ सकती हैं, जिनसे दुर्घटना दर ऊपर पहुँच सकती है, शायद तेज़ी से, लेकिन वे वादा करते हैं कि वे हमेशा इन दुर्घटनाओं से सीखने की कोशिश करेंगे, ताकि वही असफलताएँ दोबारा न हों। उड्डयन सुरक्षा का अंततः यही मतलब है।

स्वास्थ्य सेवा के क्षेत्र में परिस्थितियाँ बहुत अलग हैं। 1999 में द अमेरिकन इंस्टीट्यूट ऑफ़ मेडिसिन ने एक ऐतिहासिक परीक्षण प्रकाशित किया, जिसका शीर्षक था, 'टु एर इज़ ह्यूमन।' इसमें बताया गया कि हर साल 44,000 से 98,000 अमेरिकी ऐसी चिकित्सकीय भूलों के फलस्वरूप मरते हैं, जिनकी रोकथाम संभव थी। एक पृथक परीक्षण में हार्वर्ड यूनिवर्सिटी प्रोफ़ेसर लूसियन लीप ने बताया कि वास्तविकता में यह संख्या ज़्यादा थी। एक वृहद अध्ययन करके बाद उनका यह आकलन था कि सिर्फ़ अमेरिका में ही अस्पताल में उपचार के दौरान भूलों या ग़लतियों से हर साल दस लाख रोगियों को चोट पहुँचती है और 1,20,000 लोग मर जाते हैं।

इन आँकड़ों से सदमा लगता है, लेकिन ये भी समस्या की सच्ची विराटता को कम आँकते हैं। 2013 में द *जरनल ऑफ़ पेशेंट सेफ्टी* में एक अध्ययन प्रकाशित हुआ, जिसने रोके जा सकने वाले नुक़सान से जुड़ी असमय मृत्युओं की संख्या को हर साल 4 लाख से ज़्यादा माना। (रोके जा सकने वाले नुक़सान की श्रेणियों में बीमारी का ग़लत निदान, ग़लत दवाएँ देना, ऑपरेशन के दौरान रोगी को घायल करना, शरीर के ग़लत अंग का ऑपरेशन करना, अनुचित ख़ून चढ़ाना, गिरना, जलना, प्रेशर अल्सर और ऑपरेशन के बाद की जटिलताएँ शामिल हैं।) 2014 की गर्मियों में सीनेट की एक सुनवाई में गवाही देते हुए जॉन्स हॉपकिन्स यूनिवर्सिटी स्कूल ऑफ़ मेडिसिन के प्रोफ़ेसर और संसार के सबसे सम्मानित डॉक्टरों में से एक पीटर जे. प्रोनोवॉस्ट, एमडी ने इंगित किया कि यह कमोबेश वैसा ही है, जैसे हर चौबीस घंटों में दो जम्बो जेट आसमान से गिर जाएँ।

"ये आँकड़े यह बताते हैं कि हर दिन दो 747 दुर्घटनाग्रस्त हो रहे हैं। हर दो महीने में 9/11 हो रहा है," उन्होंने कहा। "हम किसी दूसरे क्षेत्र में रोके जा सकने वाले इतने भारी नुक़सान को बर्दाश्त नहीं करेंगे।" ये आँकड़े अस्पतालों में रोकथाम योग्य चिकित्सकीय ग़लतियों को अमेरिका में तीसरा सबसे बड़ा हत्यारा घोषित करते हैं - हृदय रोग और कैंसर के बाद।

लेकिन ध्यान रहे, ये आँकड़े भी अधूरे हैं। इनमें नर्सिंग होम या बहिरंग चिकित्सा में होने वाली मौतें शामिल नहीं हैं, जैसे फ़ार्मेसी, केयर सेंटर और प्राइवेट क्लीनिक, जहाँ निगरानी कम कठोर है। यूनिवर्सिटी ऑफ़ नॉर्थ कैरोलिना में डिवीज़न ऑफ़ फ़ार्मेसी प्रैक्टिस ऐंड एक्सपीरिएंशियल एज्युकेशन में असिस्टेंट प्रोफ़ेसर जो ग्रेडन के अनुसार अमेरिकी स्वास्थ्य सेवा में रोकथाम योग्य भूलों की वजह से हर साल पाँच लाख से ज़्यादा लोग मरते हैं।

बहरहाल, हमें केवल मृत्युओं की संख्या से ही चिंता नहीं होनी चाहिए, बल्कि हमें यह चिंता भी होनी चाहिए कि रोकी जा सकने वाली ग़लतियों की वजह से ऐसे नुक़सान भी बहुत ज़्यादा होते हैं, जिनमें मरीज़ की जान नहीं जाती। सीनेट की उसी सुनवाई में अपनी गवाही में यूनिवर्सिटी ऑफ़ मिनेसोटा स्कूल ऑफ़ नर्सिंग की क्लीनिकल प्रोफ़ेसर जोआन डिस्क ने अपने इलाक़े की एक महिला का उल्लेख किया, "जिसकी कैंसर के लिए बाइलेटरल मैस्टेक्टोमी की गई, लेकिन ऑपरेशन के कुछ समय बाद ही यह पता चला कि बायोप्सी रिपोर्टें इधर-उधर हो गई थीं और उसे कैंसर नहीं था।"

इस तरह की ग़लतियाँ घातक नहीं हैं, लेकिन वे पीड़ित व्यक्तियों और उनके परिवारों का सदमा पहुँचाती हैं। गंभीर जटिलताएँ झेलने वाले मरीज़ों की संख्या के बारे में यह अनुमान है कि वे चिकित्सकीय ग़लतियों की वजह से मरने वाले मरीज़ों की संख्या से दस गुनी होंगी। जैसा डिस्क कहती हैं : "हम हर दिन सिर्फ़ 1,000 रोकी जा सकने वाली मृत्युओं से ही नहीं जूझ रहे हैं, बल्कि हर दिन 1,000 रोकी जा सकने वाली मृत्युओं और 10,000 रोकी जा सकने वाली गंभीर जटिलताओं से जूझ रहे हैं... इसका प्रभाव हम सभी पर पड़ता है।"

ब्रिटेन में भी आँकड़े इतने ही भयावह हैं। 2005 में नेशनल ऑडिट ऑफ़िस की एक रिपोर्ट में यह अनुमान लगाया गया कि मानवीय चिकित्सकीय ग़लती की वजह से हर साल 34,000 लोग मरते हैं। इससे रोगियों के साथ होने वाली दुर्घटनाओं की कुल संख्या (घातक और ग़ैर-घातक) 9,74,000 तक पहुँच जाती है। अस्पतालों में गहन चिकित्सा पर हुए एक अध्ययन में पता चला कि हर दस मरीज़ों में से एक चिकित्सकीय ग़लती या संस्थागत कमियों के फलस्वरूप मर गया या उसे गंभीर नुक़सान हुआ। फ्रांसीसी स्वास्थ्य सेवा ज़्यादा ऊँचे आँकड़े यानी 14 प्रतिशत का अनुमान लगाती है।

समस्या यह नहीं है कि सनकी, घातक मानसिकता वाले और अयोग्य डॉक्टरों का एक छोटा समूह तबाही मचाने पर आमादा है। चिकित्सकीय ग़लतियाँ एक सामान्य और परंपरागत तरीक़े से होती हैं। वे सबसे ज़्यादा तब नहीं होती हैं, जब डॉक्टर ऊबे या आलसी होते हैं या अनिष्टकारी होते हैं, बल्कि तब होती हैं, जब वे पूरी मेहनत और चिंता के साथ अपना काम करते हैं, जिसकी आप चिकित्सा पेशे में उम्मीद कर सकते हैं।

तो फिर इतनी सारी ग़लतियाँ क्यों होती हैं? एक कारण है जटिलता। विश्व स्वास्थ्य संगठन 12,420 रोगों और विकारों की सूची देता है, जिनमें से प्रत्येक का अलग-अलग निदान और इलाज होता है। इस जटिलता के कारण निदान से उपचार तक हर चीज़ में ग़लतियों की पर्याप्त गुंजाइश होती है। एक और कारण है कम संसाधन। प्रायः डॉक्टर ज़रूरत से ज़्यादा मेहनत करते हैं, लेकिन मरीज़ों की संख्या के लिहाज़ से अस्पतालों की सुविधाएँ पर्याप्त नहीं होतीं, अस्पतालों को प्रायः ज़्यादा पैसों की ज़रूरत होती है। तीसरा कारण यह है कि डॉक्टरों को कई बार तुरंत निर्णय लेना पड़ता है। गंभीर मामलों में सभी वैकल्पिक उपचारों पर सोच-विचार करने के लिए पर्याप्त समय नहीं होता है। कई बार तो टालमटोल सबसे बड़ी ग़लती होती है, भले ही आप अंत में 'सही' निर्णय पर पहुँच जाएँ।

लेकिन एक और ज़्यादा गहरी और ज़्यादा सूक्ष्म चीज़ भी सक्रिय होती है, जिसका संसाधनों से बहुत कम संबंध है, लेकिन संस्कृति से पूरा संबंध है। अस्पतालों में (और जीवन के दूसरे क्षेत्रों में) होने वाली बहुत सारी ग़लतियों के ख़ास मार्ग होते हैं, सूक्ष्म लेकिन भविष्यसूचक ढाँचे होते हैं : जिसे दुर्घटना की जाँच करने वाले लोग 'हस्ताक्षर' कहते हैं। खुली रिपोर्टिंग और ईमानदार मूल्यांकन के ज़रिये इन ग़लतियों को पहचाना जा सकता है और उन्हें दोबारा होने से रोकने के लिए सुधार किए जा सकते हैं, जैसा उड्डयन में किया जाता है, लेकिन अक्सर ऐसा नहीं किया जाता है।

यह आसान लगता है, है ना? असफलता से सीखना एक घिसी-पिटी बात बन चुकी है, लेकिन दरअसल सामान्य और गहरे दोनों कारणों से ग़लतियों से सीखने की असफलता ही मानव प्रगति की राह की सबसे बड़ी बाधाओं में से एक रही है। स्वास्थ्य सुविधा झाँसों की एक लंबी, समृद्ध कहानी का सिर्फ़ एक धागा है। झाँसों या ग़लतियों से जूझने से न सिर्फ़ स्वास्थ्य सेवा का कायाकल्प हो सकता है, बल्कि व्यवसाय, राजनीति और

बहुत सारी चीज़ों का कायाकल्प हो सकता है। असफलता के प्रति प्रगतिशील नज़रिया किसी भी संस्था की सफलता की आधारशिला है।

इस पुस्तक में हम यह परीक्षण करेंगे कि हम व्यक्तियों, कंपनियों और समाज के रूप में असफलता पर किस तरह प्रतिक्रिया करते हैं। हम इससे कैसे निपटते हैं और इससे कैसे सीखते हैं? हम कैसे प्रतिक्रिया करते हैं, जब कोई चीज़ गड़बड़ हो जाती है, चाहे ऐसा किसी चूक के कारण हो, किसी त्रुटि के कारण हो, करने या न करने की ग़लती के कारण हो या उस तरह की सामूहिक असफलता हो, जिसकी वजह से 2005 में दो बच्चों की 37 वर्षीय स्वस्थ माँ की मृत्यु हुई?

हम सभी इस बारे में जागरूक होते हैं कि हमें अपनी असफलताओं को स्वीकार करने में मुश्किल आती है। छोटी-छोटी चीज़ों में भी, जैसे गोल्फ़ के दोस्ताना खेल में, हम चिढ़ सकते हैं, जब हम कमतर प्रदर्शन करते हैं और हमसे बाद में क्लब हाउस में इसके बारे में पूछा जाता है। जब असफलता हमारे जीवन की किसी महत्त्वपूर्ण चीज़ से जुड़ी हो, जैसे हमारी नौकरी, अभिभावक के रूप में हमारी भूमिका, हमारे ज़्यादा व्यापक ओहदे, तो यह एक बिल्कुल ही अलग स्तर पर पहुँच जाती है।

जब हमारी पेशेवर दक्षता पर आँच आती है, तो इस बात की काफ़ी संभावना होती है कि हम अपनी रक्षा में कोई कसर नहीं रखेंगे। हम ख़ुद को अक्षम नहीं मानना चाहते या अयोग्य के रूप में नहीं देखना चाहते। हम नहीं चाहते कि हमारे सहकर्मियों की नज़रों में हमारी विश्वसनीयता कम हो जाए। वरिष्ठ डॉक्टरों के मामले में, जिन्होंने प्रशिक्षण में बरसों लगाए हैं और इसके बाद दशकों की मेहनत करके वे अपने पेशे के शिखर पर पहुँचे हैं, ग़लतियों को खुलकर मानना सदमे भरा भी हो सकता है।

कुल मिलाकर समाज का असफलता के प्रति गहरा विरोधाभासी नज़रिया होता है। जिस तरह हम अपनी ख़ुद की असफलताओं के लिए तत्परता से बहाने खोजते हैं, उसी तत्परता से हम दूसरों पर दोष मढ़ने के लिए तैयार रहते हैं, जिन्होंने कुछ ग़लत किया। 2014 की दक्षिण कोरियाई नौका दुर्घटना के बाद कोरियाई प्रधानमंत्री ने कैप्टन पर 'अक्षम्य, हत्यारे कार्य' का आरोप लगाया था, जबकि उस समय तक किसी तरह की जाँच ही नहीं हुई थी। यह दोषी को खोजने की दीवानगी भरी सार्वजनिक माँग पर उनकी प्रतिक्रिया थी।

हमारे मन में बलि का बकरा खोजने की एक गहरी प्रवृत्ति होती है। जब हम ईलेन ब्रॉमिली की मृत्यु तक ले जाने वाले पलों के बारे में पढ़ते हैं, तो क्षोभ का भाव महसूस करना आसान है। शायद क्रोध भी। उन्होंने ट्रैकियोस्टॉमी की जल्दी कोशिश क्यों नहीं की? नर्स दोबारा क्यों नहीं बोली? वे क्या सोच रहे थे? भावनात्मक दृष्टि से पीड़ित के प्रति हमारी परानुभूति उन लोगों के प्रति हमारे आक्रोश की लगभग पर्यायवाची है, जिनकी वजह से उसकी जान गई।

लेकिन जैसा हम देखेंगे, इसके पुनरावर्ती प्रभाव भी होते हैं। यह आंशिक तौर पर इसलिए होता है, क्योंकि हम दूसरों की ग़लतियों के लिए उन्हें दोष देने के उतने ही ज़्यादा इच्छुक होते हैं, जितने हम अपनी ग़लतियों को छिपाने के लिए उतावले होते हैं। हम उल्लेखनीय स्पष्टता के साथ अनुमान लगा लेते हैं कि लोग कैसे प्रतिक्रिया करेंगे, वे कैसे अँगुली उठाएँगे, वे ख़ुद को उस मुश्किल, उच्च दबाव वाली स्थिति में रखने के लिए कितना समय लेंगे, जिसमें ग़लती हुई थी। शुद्ध परिणाम आसान है : यह खुलकर ग़लती मानने को रोकता है और गोपनीयता को बढ़ावा देता है। यह उस अति महत्त्वपूर्ण जानकारी को भी नष्ट कर देता है, जिसकी मदद से हम सीख सकते हैं।

जब हम एक क़दम पीछे जाकर असफलता के बारे में ज़्यादा आम संदर्भ में सोचते हैं, तो विडंबनाएँ बढ़ जाती हैं। अध्ययन दर्शाते हैं कि हम अक्सर असफलता के बारे में इतने ज़्यादा चिंतित होते हैं कि हम अस्पष्ट लक्ष्य बना लेते हैं, ताकि उन्हें हासिल न कर पाने पर कोई अँगुली भी न उठा सके। हम लाज रखने वाले बहाने बनाते हैं, किसी चीज़ की कोशिश करने से पहले ही।

हम ग़लतियों को ढँक लेते हैं, सिर्फ़ दूसरों से अपनी रक्षा करने के लिए ही नहीं, बल्कि ख़ुद से अपनी रक्षा करने के लिए भी। जैसा हम देखेंगे, प्रयोगों ने दर्शाया है कि हम सभी में असफलताओं को स्मृति से विलोपित करने की काफ़ी विकसित योग्यता होती है, उसी तरह जिस तरह संपादक फ़िल्म की रील में से ग़लतियों को हटा देते हैं। हम ग़लतियों से सीखने के बजाय अपनी जीवनी में से उन्हें हटा देते हैं, जो हम सभी अपने ख़ुद के दिमाग़ में रखते हैं।

असफलता को गंभीर रूप से नकारात्मक माना जाता है। इसे एक ऐसी चीज़ माना जाता है, जिसकी वजह से हमें ख़ुद पर शर्म आए और दूसरों पर इसका इल्ज़ाम लगाया जाए। इस बुनियादी दृष्टिकोण की साँस्कृतिक और मनोवैज्ञानिक जड़ें गहरी हैं। ग्रिफ़िथ यूनिवर्सिटी, ऑस्ट्रेलिया के सिस्टम्स विशेषज्ञ और मनोवैज्ञानिक सिडनी डेकर के अनुसार ग़लतियों को कलंकित करने की यह प्रवृत्ति कम से कम ढाई हज़ार साल पुरानी है।

इस पुस्तक का उद्देश्य क्रांतिकारी रूप से भिन्न दृष्टिकोण देना है। इसमें यह दलील दी जाएगी कि हमें व्यक्तियों, संगठनों और समाज के रूप में असफलता के साथ अपने संबंध को दोबारा परिभाषित करने की ज़रूरत क्यों है। यह उच्च-सफलता की क्रांति की राह का सबसे महत्त्वपूर्ण क़दम है : मानव गतिविधियों में विकास की गति को बढ़ाना और पीछे रह गए क्षेत्रों का कायाकल्प करना। असफलता को दोबारा परिभाषित करके ही हम प्रगति, सृजनात्मकता और लचीलेपन को उन्मुक्त कर लेंगे।

आगे बढ़ने से पहले 'बंद फंदे' (क्लोज़्ड लूप) की अवधारणा की जाँच करना उचित होगा, क्योंकि आगे आने वाले पन्नों में यह वाक्यांश बार-बार आएगा। हम चिकित्सा के शुरुआती इतिहास पर नज़र डालकर इस विचार को समझ सकते हैं। चिकित्सा के क्षेत्र में गैलन ऑफ़ पर्गामॉन (दूसरी सदी) जैसे पथप्रदर्शकों ने ख़ून निकालने जैसे उपचारों को लोकप्रिय बनाया और पारे को अमृत कहकर इसके इस्तेमाल का प्रचार किया। ये उपचार सबसे नेक इरादों के साथ खोजे गए थे और उस वक़्त उपलब्ध सर्वश्रेष्ठ ज्ञान के सामंजस्य में थे।

लेकिन कई उपचार अप्रभावी थे और कुछ तो बहुत विनाशकारी साबित हुए। ख़ासतौर पर ख़ून निकालने के उपचार की वजह से मरीज़ कमज़ोर हो जाते थे, जब वे सबसे संवेदनशील या कमज़ोर स्थिति में रहते थे। डॉक्टरों को एक आसान, लेकिन गहरे कारण से इस बात का पता नहीं चला : उन्होंने उपचार का कभी उचित परीक्षण नहीं किया, इसलिए उन्हें इसकी असफलता का कभी पता ही नहीं चला। यदि कोई मरीज़ ठीक हो जाता था, तो डॉक्टर कहता था : "ख़ून निकालने से वह ठीक हो गया!" और अगर कोई मरीज़ मर जाता था, तो डॉक्टर कहता था, "वह इतना ज़्यादा बीमार रहा होगा कि ख़ून निकालने के अद्भुत उपचार से भी उसे नहीं बचाया जा सका!"

यह मूल प्रकार का 'बंद फंदा' है। ख़ून निकालने को उन्नीसवीं सदी तक उपचार के रूप में मान्यता मिलती रही। ख़ून निकालने का इतिहास लिखने वाले जेरी ग्रीनस्टोन के अनुसार, 1810 में डॉक्टर बेंजामिन रश के बारे में मशहूर था कि वे ख़ून की असाधारण मात्रा निकाल देते थे और अक्सर कई बार तो रोगी ज़्यादा ख़ून निकलने की वजह से ही मर जाते थे। डॉक्टर 1,700 वर्षों में ज़्यादातर समय रोगियों की एक तरह से जान ले रहे थे, इसलिए नहीं क्योंकि उनमें बुद्धिमानी या करुणा नहीं थी, बल्कि इसलिए क्योंकि वे अपनी कार्यप्रणाली के दोषों को नहीं पहचानते थे। अगर उन्होंने रोग-विषयक परीक्षण किया होता (हम इस विचार पर आगे बात करेंगे)*, तो उन्हें ख़ून निकालने के दोष दिख जाते : और इससे प्रगति का रास्ता खुल जाता।

दो सौ वर्ष पहले रोग-विषयक परीक्षणों का पहली बार इस्तेमाल किया गया। इन दो सौ वर्षों में चिकित्सा के क्षेत्र में हम गैलन के विचारों से बहुत आगे आ गए हैं और हमने जीन थेरेपी के चमत्कारों तक उल्लेखनीय प्रगति कर ली है। चिकित्सा को अब भी लंबा सफ़र तय करना है और इसमें कई दोष हैं, जैसा हम देखेंगे, लेकिन विचारों का परीक्षण करने और ग़लतियों से सीखने की इच्छा ने इसके प्रदर्शन का कायाकल्प कर दिया है। विडंबना यह है कि एक ओर तो चिकित्सा तेज़ी से 'खुले फंदे' के ज़रिये विकास कर रही है, तो दूसरी ओर स्वास्थ्य सेवा (यानी जटिल तंत्रों में काम करने वाले लोगों द्वारा मरीज़ों को सचमुच जो उपचार दिया जाता है) ऐसा नहीं कर रही है। (इंजीनियरिंग और औपचारिक तंत्र सिद्धांत में 'क्लोज़्ड लूप' और 'ओपन लूप' के ख़ास अर्थ होते हैं, जबकि इस पुस्तक में इन शब्दावलियों का इस्तेमाल भिन्न अर्थ में किया गया है। एक बार फिर इस बात पर ज़ोर दे दूँ कि हमारे उद्देश्यों के लिए 'क्लोज़्ड लूप' यानी 'बंद फंदा' वह है, जहाँ असफलता के बाद प्रगति नहीं होती, क्योंकि ग़लतियों और कमज़ोरियों संबंधी जानकारी की ग़लत व्याख्या कर ली जाती है या उसे नज़रअंदाज़ कर दिया

---

*कई इतिहासकारों के अनुसार पहला उचित चिकित्सकीय परीक्षण स्कॉटलैंड के चिकित्सक जेम्स लिंड ने 1747 में किया था। वे स्कर्वी का इलाज खोजने की कोशिश कर रहे थे और उन्होंने ईस्ट इंडिया कंपनी की एक लंबी समुद्री यात्रा के दौरान नींबू वंश के फलों के प्रभावों का परीक्षण किया था।

जाता है, जबकि 'खुला फंदा' प्रगति की ओर ले जाता है, क्योंकि इसमें फ़ीडबैक पर तार्किक रूप से काम किया जाता है)।

इस पुस्तक में हम पूरे आधुनिक संसार में मौजूद बंद फंदों पर नज़र डालेंगे : सरकारी विभागों में, व्यवसायों में, अस्पतालों में और अपने ख़ुद के जीवन में। हम यह पड़ताल करेंगे कि वे कहाँ से आते हैं, किन सूक्ष्म तरीक़ों से विकसित होते हैं और बाक़ी मायनों में चतुर लोग भी किस तरह उनके शिकार बने रहते हैं और गोल-गोल घूमते रहते हैं। हम इन फंदों को पहचानने और तोड़ने की तकनीकों का भी पता लगाएँगे, ताकि हम उनकी पकड़ से स्वतंत्र हो सकें और ज्ञान को बढ़ा सकें।

कई पाठ्यपुस्तकें असफलता के विभिन्न प्रकारों में सूक्ष्म भेद करती हैं। वे ग़लतियों, चूकों, दोहरावों, सर्वश्रेष्ठ से कम परिणामों, कार्य करने या न करने की त्रुटियों, प्रक्रिया की त्रुटियों, आँकड़ों की त्रुटियों, प्रयोगशीलता की असफलताओं, आकस्मिक असफलताओं आदि के फ़र्क़ बताती हैं। समस्या यह है कि इस तरह के विस्तृत वर्गीकरण के लिए एक अलग पुस्तक की ज़रूरत होगी, इसलिए हम इस पुस्तक में इन अंतरों को अपने आप स्वस्थ रूप से उभरने देंगे।

यहाँ शायद यह बताना उचित होगा कि कोई भी इंसान असफल नहीं होना चाहता। हम सभी सफल होना चाहते हैं, चाहे हम उद्यमी हों, खिलाड़ी हों, राजनेता हों, वैज्ञानिक हों या अभिभावक हों, लेकिन सामूहिक स्तर पर, तंत्रात्मक जटिलता के स्तर पर सफलता सिर्फ़ तभी संभव हो सकती है, जब हम अपनी ग़लतियों को स्वीकार करें, उनसे सीखें और एक ऐसा माहौल बनाएँ, जहाँ एक निश्चित अर्थ में असफल होना 'सुरक्षित' हो।

और अगर असफलता त्रासदी है, जैसी कि ईलेन ब्रॉमिली की मृत्यु थी, तो यह नैतिकता का तक़ाज़ा है कि हम असफलता से तुरंत सीखें।

III

मार्टिन ब्रॉमिली के बाल छोटे व भूरे हैं और क़द-काठी मध्यम है। वे स्पष्ट यथार्थवादी अंदाज़ में बोलते हैं, हालाँकि उस दिन के बारे में बोलते वक़्त उनकी आवाज़ काँपने लगती है, जब उन्होंने ईलेन की लाइफ सपोर्ट मशीन का स्विच बंद किया था।

"मैंने बच्चों से पूछा कि क्या वे मम्मी को अलविदा कहना चाहते हैं," वे कहते हैं, जब हम लंदन में एक साफ़ वसंत की सुबह मिले। "उन दोनों ने 'हाँ' कह दिया, इसलिए मैं उन्हें लेकर अस्पताल गया और हमने ईलेन का हाथ थपथपाकर उसे अलविदा कहा।"

वे ख़ुद को सँभालने के लिए रुकते हैं। "वे तब बहुत छोटे और मासूम थे। मैं जानता था कि इस क्षति का उनके बाक़ी जीवन पर बहुत ज़्यादा प्रभाव पड़ने वाला है। और सबसे बढ़कर मुझे ईलेन की ख़ातिर अफ़सोस हुआ। वह बहुत अद्भुत माँ थी। मुझे अफ़सोस हुआ कि उसे अपनी दोनों संतानों को बढ़ते देखने की ख़ुशी नहीं मिल पाई।"

जब दिन गुज़रते गए, तो मार्टिन इस बारे में सोचने लगे कि आख़िर ऑपरेशन में क्या गड़बड़ हुई थी। उनकी पत्नी 37 साल की स्वस्थ और ज़िंदादिल महिला थी। उसकी पूरी ज़िंदगी उसके सामने थी। डॉक्टरों ने उन्हें बताया था कि यह सामान्य ऑपरेशन है, फिर वह दुनिया से चली कैसे गई?

मार्टिन को गुस्सा नहीं आ रहा था। वे जानते थे कि डॉक्टर अनुभवी थे और उन्होंने अपनी तरफ़ से पूरी कोशिश की थी, लेकिन वे यह सोचे बिना नहीं रह पाए कि उनकी पत्नी की असमय मृत्यु से कौन से सबक़ सीखे जा सकते हैं।

बहरहाल, जब वे ईलेन की मृत्यु की जाँच का आग्रह लेकर गहन चिकित्सा इकाई के प्रमुख के पास गए, तो उन्होंने साफ़ इंकार कर दिया। उन्हें बताया गया, "अस्पतालों में ऐसा नहीं होता। हम सामान्य परिस्थितियों में किसी तरह की जाँच नहीं करते हैं। हम पर ऐसा करने का दायित्व सिर्फ़ तभी होता है, जब कोई मुक़दमा दायर करता है।"

मार्टिन ने मुझे बताया, "उस आदमी ने यह बात उदासीनता वाले अंदाज़ में नहीं कही थी, वह तो सिर्फ़ सच्चाई बता रहा था। अस्पतालों या स्वास्थ्य सेवा के इतिहास में ऐसा होता ही नहीं था। मुझे नहीं लगता कि वे जाँच-पड़ताल में उजागर होने वाली ग़लतियों से डर रहे थे। मेरे ख़याल से उन्हें बस यही महसूस हुआ कि ईलेन की मृत्यु बस कभी-कभार के हादसों में से एक थी। एक बार की घटना। उन्हें लग रहा था कि इसमें अटके रहना निरर्थक है।"

अपनी मौलिक पुस्तक *आफ़्टर हार्म* में स्वास्थ्य शोधार्थी नैन्सी बर्लिंगर ने इस बारे में छानबीन की कि डॉक्टर ग़लतियों के बारे में कैसे बात करते हैं। इस शोध ने उनकी आँखें खोल दीं। बर्लिंगर लिखती हैं, "विद्यार्थी वरिष्ठ डॉक्टरों को देखकर सीखते हैं कि उनके मार्गदर्शक और सुपरवाइज़र ग़लतियों को छुपाने में विश्वास करते हैं, इसका अभ्यास करते हैं और इसे पुरस्कृत करते हैं। वे यह सीखते हैं कि अप्रत्याशित परिणामों के बारे में किस तरह बात करनी है, ताकि 'ग़लती' रूप बदलकर 'जटिलता' बन जाए। सबसे बढ़कर, वे यह सीख लेते हैं कि मरीज़ को कोई चीज़ न बताई जाए।"

वे यह भी लिखती हैं : "खुलकर बताने का चिकित्सक गहरा प्रतिरोध करते हैं और वे इस आदत को तर्कसंगत ठहराने की तमाम कोशिशें करते हैं - यह सिर्फ़ एक तकनीकी भूल थी, चीज़ें बस होती हैं, मरीज़ नहीं समझ पाएगा, मरीज़ को जानने की ज़रूरत नहीं है।"

इसे एक पल के लिए अपने अंदर समाने दें। डॉक्टर और नर्स आमतौर पर बेईमान लोग नहीं होते। वे लोगों को धोखा देने या उन्हें ग़लत दिशा में ले जाने के लिए इस पेशे में नहीं जाते हैं। अनौपचारिक अध्ययनों से यह पता चला है कि कई चिकित्सक तो मरीज़ों के परिणामों को बेहतर बनाने के बदले में आमदनी में कमी को भी स्वेच्छा से मंजूर कर लेंगे।

लेकिन अस्पतालों की संस्कृति में बचने की गहरी प्रवृत्ति होती है। यह बदमाशों वाले फ़रेब या धोखे से भिन्न है। डॉक्टर अपने मरीज़ों की आँखों में धूल झोंकने के लिए दुर्घटना के कारणों का *आविष्कार* नहीं करते हैं। इसके बजाय वे तो व्यंजनाओं का इस्तेमाल करते हैं - 'तकनीकी त्रुटि', 'जटिलता,' 'अप्रत्याशित परिणाम' - जिनमें से प्रत्येक में सच्चाई का तत्व तो है, लेकिन इनमें से कोई भी पूरा सच नहीं बताती है।

इसका उद्देश्य मुक़दमे से बचना नहीं है। प्रमाण बताते हैं कि जब डॉक्टर अपने मरीज़ों से खुलकर बात करते हैं और ईमानदारी से सब कुछ बता देते हैं, तो चिकित्सकीय लापरवाही के लिए कम दावे ठोंके जाते हैं। जब लेक्सिंग्टन, केंटकी के वेटरन्स अफ़ेयर्स मेडिकल सेंटर ने 'प्रकट करो और हर्जाना दो' की नीति शुरू की, तो इसकी क़ानूनी फ़ीस काफ़ी कम हो गई। लगभग 40 प्रतिशत पीड़ित कहते हैं कि पूर्ण स्पष्टीकरण मिलने और चिकित्सकों के ग़लती मानने के बाद वे क़ानूनी मुक़दमा दायर नहीं करते। बाक़ी अध्ययनों में भी ऐसे ही परिणाम मिले हैं।

नहीं, समस्या सिर्फ़ असफलता के *परिणामों* के बारे में ही नहीं है, बल्कि यह तो असफलता के प्रति *नज़रिये* के बारे में भी है। स्वास्थ्य सेवा में सक्षमता को अक्सर चिकित्सकीय आदर्श या पूर्णता का पर्याय माना जाता है। ग़लतियों को अयोग्यता की निशानी माना जाता है। असफल होने का विचार ही जोखिम भरा या ख़तरनाक होता है।

जैसा चिकित्सक डेविड हिल्फ़ाइकर ने *न्यू इंग्लैंड जर्नल ऑफ़ मेडिसिन* में प्रकाशित अपने महत्त्वपूर्ण लेख में लिखा है : "मरीज़ों द्वारा अपेक्षित पूर्णता निस्संदेह उस विश्वास की वजह से है, जो हम डॉक्टर ख़ुद के बारे में करते हैं या ख़ुद के बारे में ख़ुद को विश्वास दिलाने की कोशिश करते हैं। ज़ाहिर है, यह पूर्णता एक भव्य भ्रम है, आईनों का ऐसा खेल है, जिसे हर कोई खेलता है।"

भाषा के बारे में सोचें : सर्जन 'थिएटर' में काम करते हैं। यह वह 'मंच है' जहाँ वे 'प्रदर्शन करते' हैं। वे अपनी लाइनें भूलने की ज़ुर्रत कैसे कर सकते हैं? जैसा तंत्र सुरक्षा पर विश्व के अग्रणी चिंतकों में से एक जेम्स रीज़न ने कहा था : "बहुत लंबी, मेहनत भरी और महँगी शिक्षा के बाद आपसे यह उम्मीद की जाती है कि आप अपना काम बिल्कुल सही तरीक़े से करेंगे। परिणाम यह होता है कि चिकित्सक की भूलों को हाशिये पर रख दिया जाता है और कलंक समझा जाता है। काफ़ी हद तक उन्हें अक्षमता का पर्याय माना जाता है।"

इन परिस्थितियों में ग़लतियों से ध्यान भटकाने के लिए डॉक्टरों द्वारा प्रयुक्त व्यंजनाएँ ('तकनीकी त्रुटि,' 'जटिलता,' 'अप्रत्याशित परिणाम') समझ में आने लगती हैं। डॉक्टर की व्यक्तिगत प्रतिष्ठा के अलावा उसके अहं को भी भारी जोखिम होता है। सोचें कि आपने स्वास्थ्य सेवा के बाहर ये व्यंजनाएँ कितनी बार सुनी हैं : किसी नीति के ग़लत होने पर नेताओं द्वारा, किसी रणनीति के असफल होने पर कारोबारी लीडर द्वारा; और सभी तरह के कारणों के लिए ऑफ़िस में मित्रों और सहकर्मियों द्वारा। हो सकता है कि समय-समय पर आपके होंठों से भी यही निकलती हों। मैं जानता हूँ कि मैंने उन्हें अपने होंठों से निकलते तो सुना है।

स्वास्थ्य सेवा में बचने या हीले-हवाले की बात चिकित्सकों द्वारा प्रयुक्त शब्दों में ही उजागर नहीं होती, बल्कि कठोर आँकड़ों में भी उजागर होती है। अमेरिका में चिकित्साजन्य हानि के अनुमान (वह हानि जो डॉक्टरों, उपचारों

या निदान की तकनीकों द्वारा अनजाने में हो जाती है) बताते हैं कि अस्पताल आने वाले 10,000 लोगों में से 44 से 66 लोगों को गंभीर क्षति हो जाती है, लेकिन 200 से ज़्यादा अमेरिकी अस्पतालों पर हुए एक अध्ययन में केवल 1 प्रतिशत अस्पतालों ने ही चिकित्साजन्य हानि की इस दर को अपने संदर्भ में स्वीकार किया। आधे अस्पतालों ने 10,000 मरीज़ों में से 5 से भी कम को किसी तरह का नुक़सान पहुँचना स्वीकार किया। यदि क्षति का आकलन सटीक के क़रीब है, तो इसका मतलब है कि ज़्यादातर अस्पताल हीले-हवाले करने या बचने के भारी-भरकम प्रयास कर रहे हैं।

अटलांटिक के दोनों सिरों पर किए गए आगामी अध्ययनों ने समान परिणाम उजागर किए। अमेरिका में इंस्पेक्टर जनरल ऑफ़ द डिपार्टमेंट ऑफ़ हेल्थ ऐंड ह्यूमन सर्विसेस के लिए काम कर रहे जाँचकर्ताओं ने भर्ती के 273 मामलों का विश्लेषण किया और पाया कि अस्पताल उन 93 प्रतिशत घटनाओं में चूक गए या उनको नज़रअंदाज़ किया, जिनमें नुक़सान हुआ था। एक यूरोपीय अध्ययन में यह पता चला कि हालाँकि 70 प्रतिशत डॉक्टर यह स्वीकार करते थे कि उन्हें अपनी ग़लतियों को उजागर कर देना चाहिए, लेकिन केवल 32 प्रतिशत ने ही सचमुच ऐसा किया था। तीन अग्रणी अस्पतालों में 800 मरीज़ों के रिकॉर्ड के एक अलग अध्ययन में 350 से अधिक चिकित्सकीय ग़लतियाँ पाई गईं। इनमें से कितनी ग़लतियों की चिकित्सकों ने स्वेच्छा से जानकारी दी? केवल 4 ने।

ज़रा पलटकर सोचें कि डॉ. एडवर्ड्स ने घटना के बारे में किस तरह बात की थी। उन्होंने कहा था, "देखो मार्टिन, ऐनस्थीसिया के दौरान कुछ समस्याएँ आ गई थीं। यह अनहोनी चीज़ों में से एक है। कई बार दुर्घटनाएँ हो जाती हैं। हमें नहीं पता कि क्यों। ऐनस्थीसिया विशेषज्ञों ने अपनी तरफ़ से पूरी कोशिश की, लेकिन यह बस कारगर नहीं हुई। यह एक बार होने वाली घटना है। मुझे बहुत अफ़सोस है।"

यह सरासर झूठ नहीं था। वास्तव में, यह भी संभव है कि वे जो कह रहे थे, उन्हें उस पर यक़ीन हो। एक तरह से देखा जाए, तो डॉक्टर सचमुच बदक़िस्मत थे। किसी मरीज़ के जबड़े की मांसपेशियों का सख़्त होना सामान्य नहीं है। यह भी दुर्भाग्यपूर्ण है कि ईलेन का श्वासमार्ग बाधित था, जिससे साँस लेने की नली डालने में मुश्किल आ रही थी। उन्होंने अपना सर्वश्रेष्ठ प्रयास किया था, है न? कहने के लिए बचा ही क्या था?

इस तरह का तर्क असफलता-अस्वीकृति की बुनियादी संरचना बताता है। स्व-औचित्य, जिसके साथ असफलता के प्रति ज़्यादा व्यापक साँस्कृतिक एलर्जी जुड़ी होती है, प्रगति की राह में लगभग अजेय बाधा में बदल जाता है।*

किसी प्रियजन के गुज़रने का सदमा झेल रहे कई लोगों के लिए यह कहानी का अंत हो सकता था, ख़ासतौर पर ब्रिटेन में जहाँ डॉक्टरों को शायद ही कभी चुनौती दी जाती है। किसी शोकसंतप्त परिवार के लिए तब यह आसान नहीं होता कि वह पूरी जाँच कराने पर ज़ोर दे, जब विशेषज्ञ इसे बता रहे हों कि जाँच की कोई ज़रूरत नहीं है और इससे कोई फ़ायदा नहीं होगा।

लेकिन इसके बावजूद मार्टिन ब्रॉमिली ने कोशिश नहीं छोड़ी। क्यों? क्योंकि उनका पूरा पेशेवर जीवन असफलता के प्रति एक अलग - और असाधारण - नज़रिये वाले उद्योग में गुज़रा था। वे एक पायलट हैं। वे बीस साल से ज़्यादा समय तक वाणिज्यिक विमान उड़ा चुके हैं। उन्होंने तंत्र की सुरक्षा पर व्याख्यान भी दिए हैं। वे नहीं चाहते थे कि असफल ऑपरेशन के सबक़ उनकी पत्नी के साथ ही दफ़न हो जाएँ।

इसलिए उन्होंने प्रश्न पूछे। उन्होंने पत्र लिखे। और जब उन्हें अपनी पत्नी की मृत्यु की परिस्थितियों के बारे में ज़्यादा जानकारी मिली, तो उन्हें यह शक होने लगा कि यह एक बार की अनहोनी घटना नहीं थी। उन्हें अहसास हुआ कि शायद इस ग़लती का एक 'संकेत' हो, एक सूक्ष्म नमूना, जिस पर काम करने से भविष्य में लोगों की जान बच सकती है।

---

*कुछ डॉक्टर यह तर्क देते हैं कि ग़लतियों को छिपाने में ही समझदारी होती है। अगर मरीज़ों को पता चल जाए कि चिकित्सा में कितने बड़े पैमाने पर ग़लतियाँ होती हैं, तो वे किसी भी तरह का इलाज ही नहीं कराएँगे, जिससे पूरी स्थिति और भी बदतर हो सकती है, लेकिन मुद्दे की बात यह नहीं है। समस्या यह नहीं है कि मरीज़ों को ग़लतियों के बारे में पता नहीं चल रहा है, समस्या तो यह है कि डॉक्टर भी उन्हें नहीं खोज रहे हैं और इस वजह से उनसे नहीं सीख पा रहे हैं। इसके अलावा, मरीज़ों से असफलता छिपाने से तार्किक विकल्प चुनने की उनकी योग्यता कम होती है, मरीज़ों को उपचार कराने से पहले उचित जोखिमों के बारे में जानने का अधिकार है।

ऑपरेशन करने वाले डॉक्टरों को एक सरल, लेकिन विनाशकारी कारण से यह जानकारी नहीं थी : अस्पतालों ने कभी नियमित रूप से आँकड़े एकत्रित नहीं किए हैं कि दुर्घटनाएँ कैसे होती हैं, इसलिए वे अर्थपूर्ण पैटर्न का पता नहीं लगा सकते थे, उनसे सीखने की बात तो छोड़ ही दें।

दूसरी ओर, उड्डयन के क्षेत्र में पायलट आमतौर पर अपनी ग़लतियों के बारे में खुले और ईमानदार होते हैं (क्रैश-लैंडिंग, क़रीबी चूकें)। इस उद्योग में दुर्घटनाओं की जाँच करने के लिए शक्तिशाली, स्वतंत्र संस्थाएँ बनाई गई हैं। असफलता को उस ख़ास पायलट पर कलंक नहीं माना जाता, जो गड़बड़ करता है, बल्कि इसे सभी पायलटों, सभी एयरलाइंस और सभी नियामक संस्थाओं के लिए सीखने का क़ीमती अवसर माना जाता है।

एक त्वरित उदाहरण : 1940 के दशक में मशहूर बोइंग बी-17 बमवर्षक विमानों की रनवे पर ऐसी दुर्घटनाएँ हो रही थीं, जिनका कारण समझ में नहीं आ रहा था। अमेरिकी सेना के एयर कॉर्प ने जाँच करने के लिए येल के पीएच.डी. मनोवैज्ञानिक अल्फ़ॉन्सो चैपेनिस को बुलाया। दुर्घटनाओं का - उनके समयक्रम, गतिकीय और मनोवैज्ञानिक तत्वों का - अध्ययन करके चैपेनिस ने यह पहचान लिया कि इन दुर्घटनाओं का मूल कारण कॉकपिट का ख़राब डिज़ाइन है।

उन्होंने पाया कि बी-17 के डैनों को नियंत्रित करने वाले स्विच हूबहू वैसे ही थे, जैसे लैंडिंग गियर यानी पहियों को नियंत्रित करने वाले स्विच थे। और तो और, ये दोनों स्विच आस-पास भी लगे थे। समस्या तब नहीं आती थी, जब पायलट तनावरहित होते थे और उड़ान की स्थितियाँ आदर्श होती थीं, लेकिन जब भी तनावपूर्ण या मुश्किल परिस्थितियों में विमान उतारना होता था, तो पायलट अनजाने में ग़लत लीवर खींच रहे थे। गति कम करने के लिए डैनों वाला लीवर खींचने के बजाय वे पहियों वाला लीवर खींच रहे थे, जिससे हवाई जहाज़ के पहिये ऊपर हो जाते थे और यह रनवे पर पेट के बल उतरता था, जिसके विनाशकारी परिणाम होते थे।

चैपेनिस ने लीवरों का आकार बदलने की बात कही, ताकि यह स्पष्ट दिख जाए कि उनका संबंध किस उपकरण से है। पहिये नीचे करने वाले स्विच पर रबर का एक छोटा पहिया लगा दिया गया, जबकि डैनों को

नियंत्रित करने वाले स्विच पर डैने की आकृति लगा दी गई। अब इन बटनों को देखते ही इनका काम एक नज़र में समझ में आ जाता था, जिसे पायलट दबाव में भी आसानी से समझ जाते थे। इसका परिणाम क्या हुआ? इस तरह की दुर्घटनाएँ *रातोंरात* ग़ायब हो गईं।

ग़लतियों से सीखने का यह तरीक़ा कई दशकों से वाणिज्यिक उड्डयन पर लागू किया जा रहा है, जिसके उल्लेखनीय परिणाम मिले हैं।

ज़ाहिर है कि उड्डयन में सफलता के कई कारण हैं। प्रौद्योगिकी में तीव्र परिवर्तन हुए हैं। इसके अलावा यह तथ्य भी है कि एयरलाइंस प्रतिष्ठा के नुक़सान, दूसरी एयरलाइंस की प्रतिस्पर्धा और बीमा लागतों के बारे में चिंतित होती हैं, जिससे सुरक्षा को बेहतर बनाने का प्रबल आर्थिक प्रोत्साहन रहता है। जैसा हम देखेंगे, हाई-रिज़ॉल्यूशन सिमुलेटर्स और प्रभावी प्रशिक्षण के इस्तेमाल से भी उड्डयन को लाभ हुआ है।

बहरहाल, प्रगति का सबसे शक्तिशाली इंजन उद्योग की संस्कृति में पाया जाता है। इस नज़रिये को बताना आसान है, लेकिन इसके ज़्यादा व्यापक इस्तेमाल से प्रगति के प्रति हमारे नज़रिये में क्रांति हो सकती है : असफलता से इंकार करने या इसके लिए बहाने बनाने के बजाय उड्डयन असफलता से सबक़ सीखता है।

लेकिन यह आदत में कैसे आता है? सवाल यह है कि सीखने की यह प्रक्रिया पूरे उड्डयन तंत्र में कैसे व्याप्त होती है (यह देखते हुए कि पायलट, नियामक संस्थाएँ, इंजीनियर और ज़मीनी स्टाफ़ पूरे संसार में फैले हुए हैं), एक खुली संस्कृति कैसे बनाई जाती है और सबसे महत्त्वपूर्ण बात, हम इन सबक़ों को उड्डयन के अलावा दूसरे क्षेत्रों में कैसे लागू कर सकते हैं?

इसका पता लगाने के लिए हम वर्तमान युग की, शायद उड़ानों के पूरे इतिहास की सबसे ज़्यादा असर डालने वाली दुर्घटनाओं में से एक की जाँच करेंगे। हम देखेंगे कि कैसे जाँचकर्ता अपना काम करते हैं, सबक़ खोजते हैं और त्रासदियों को सीखने के अवसरों में बदलते हैं।

इस उड़ान का नाम था यूनाइटेड एयरलाइंस 173।

2

यूनाइटेड एयरलाइंस 173

I

यूनाइटेड एयरलाइंस 173 फ़्लाइट, 28 दिसंबर 1978 की दोपहर को न्यू यॉर्क के जेएफ़के इंटरनेशनल एयरपोर्ट से अपने अंतिम गंतव्य पोर्टलैंड, ओरेगॉन की ओर उड़ी। आसमान साफ़ था और उड़ान की स्थितियाँ लगभग आदर्श थीं।

सफ़ेद बालों और सधी आवाज़ वाले बावन वर्षीय मैलबर्न मैक्ब्रूम इसके कैप्टन थे। वे द्वितीय विश्व युद्ध के अनुभवी थे और उन्हें पच्चीस साल से ज़्यादा का उड़ान अनुभव था। वे अपनी पत्नी के साथ बॉयड लेक, कोलोरेडो में रहते थे। बचपन में जब उन्होंने अपनी माँ के साथ पैदल चलते वक़्त यात्री विमानों के स्टंट देखे थे, तभी से उनके मन में पायलट बनने की महत्त्वाकांक्षा जाग गई थी। तभी उन्होंने अपनी माँ से कह दिया था, “मैं हवाई जहाज़ उड़ाने जा रहा हूँ, माँ।”

मैक्ब्रूम के फ़र्स्ट ऑफ़िसर थे रॉडरिक बीब, जो पैंतालीस साल के थे। वे तेरह साल से यूनाइटेड एयरलाइंस में काम कर रहे थे और पाँच हज़ार घंटों से ज़्यादा उड़ान भर चुके थे। फ़्लाइट इंजीनियर फ़ॉरेस्ट मेंडेनहॉल कॉकपिट में मौजूद तीसरे व्यक्ति थे। इकतालीस साल के मेंडेनहॉल ग्यारह सालों से एयरलाइन में काम कर रहे थे और उनके पास 3,900 घंटों का उड़ान अनुभव था। यात्री सुरक्षित हाथों में थे।

डेनवर के संक्षिप्त पड़ाव के बाद 14.47 पर यूनाइटेड एयरलाइंस 173 पोर्टलैंड की ओर रवाना हुई। क्रिसमस तीन दिन पहले ही गुज़रा था और 181 यात्रियों में से ज़्यादातर छुट्टियाँ मनाने के बाद घर लौट रहे थे। जब

विमान उड़ान की सामान्य ऊँचाई पर पहुँच गया, तो उसके बाद केबिन में बैठे चालक दल के सदस्य ख़ुशी-ख़ुशी बातें करने लगे। इस उड़ान में 2 घंटे 26 मिनट का समय लगने वाला था।

17.10 बजे विमान पोर्टलैंड के निकट पहुँच गया और एयर ट्रैफ़िक कंट्रोल ने इसे उतरने की अनुमति दे दी। मैक्ब्रूम ने विमान के पहिये नीचे करने वाला लीवर खींचा। आमतौर पर इसके बाद पहिये सुचारु रूप से खुल जाते थे और उनके तालाबंद होने पर एक क्लिक सुनाई देती थी, लेकिन इस बार एक ज़ोर का झटका लगा, जो पूरे विमान में गूँजा और विमान में कंपन भी हुआ।

विमान में बैठे यात्री व्यग्रता से चारों ओर देखने लगे। वे आवाज़ के कारण का अनुमान लगाने लगे। ऊपर कॉकपिट में बैठे चालक दल के सदस्य भी परेशान थे। क्या विमान के पहिये सही तरीक़े से नीचे आ गए थे? अगर वे नीचे आ गए थे, तो फिर ज़ोर की आवाज़ क्यों हुई और विमान में कंपन क्यों हुआ? अगर विमान के पहिये सुरक्षित रूप से सही जगह पर आ जाते थे, तो एक बल्ब जलने लगता था, लेकिन आज वह बल्ब नहीं जला था। इसका क्या मतलब था?

कैप्टन के पास कोई विकल्प नहीं था। उन्होंने एयर ट्रैफ़िक कंट्रोल को रेडियो संदेश भेजकर कहा कि वे उन्हें समस्या सुलझाने के लिए थोड़ी देर का समय दें। पोर्टलैंड एप्रोच ने तुरंत यूनाइटेड एयरलाइंस 173 को 'बाएँ मुड़ो एक शून्य शून्य की ओर' जाने की सलाह दी। वास्तव में विमान को दक्षिण की ओर पोर्टलैंड के उपनगरीय इलाक़ों के ऊपर चक्कर लगाने के लिए भेजा गया था।

चालक दल ने कई जाँचें कीं। वे विमान के नीचे झाँककर यह पता नहीं लगा सकते थे कि पहिये खुलकर सही जगह पर आ गए हैं या नहीं, इसलिए उन्होंने यह पता लगाने के लिए कुछ दूसरी जाँचें कीं। इंजीनियर को केबिन में यह देखने के लिए भेजा गया कि क्या वे दो बोल्ट दिख रहे हैं, जो पहिये नीचे होने पर विंग्स के सिरे के ऊपर आ जाते हैं। वे दिख रहे थे। उन्होंने सैन फ़्रांसिस्को, कैलिफ़ोर्निया में यूनाइटेड एयरलाइंस सिस्टम्स लाइन मेंटेनेंस कंट्रोल सेंटर से भी संपर्क किया। हर चीज़ इसी दिशा में संकेत कर रही थी कि पहिये सुरक्षित रूप से खुलकर नीचे आ गए हैं।

फिर भी कैप्टन चिंतित थे। उन्हें पक्का पता नहीं था। वे जानते थे कि अगर पहिये न खुले हों, तो विमान उतारने में गंभीर जोखिम रहता है। आँकड़े बताते हैं कि जो विमान पहियों को नीचे किए बिना उतरने की कोशिश करते हैं, उनमें आमतौर पर किसी की जान तो नहीं जाती है, लेकिन फिर भी यह ख़तरनाक होता है। ज़िम्मेदार पायलट होने के नाते मैक्ब्रूम पूरी तरह पक्का करना चाहते थे।

जब विमान पोर्टलैंड के ऊपर गोल-गोल घूम रहा था, तो उन्होंने जवाब की तलाश की। उन्होंने सोचा कि लैंडिंग गियर का बल्ब हरा क्यों नहीं हुआ था। उन्होंने सोचा कि क्या वायरिंग की जाँच करने का कोई तरीक़ा है। वे अपने दिमाग़ में समस्या सुलझाने के दूसरे तरीक़े खोजने लगे।

बहरहाल, उनके इस सोच-विचार के दौरान एक और समस्या मँडराने लगी थी। पहले तो यह दूर की कौड़ी नज़र आ रही थी, लेकिन जब यूनाइटेड एयरलाइंस अधर में ही झूलता रहा, तो समस्या गंभीर बन गई। डेनवर से चलते वक़्त विमान में 46,700 पौंड ईंधन था, जिससे यह आराम से अपनी मंज़िल तक पहुँच सकता था, लेकिन डीसी8 एक मिनट में लगभग 210 पौंड ईंधन खा जाता है, इसलिए विमान अनिश्चितकाल तक चक्कर नहीं लगा सकता था। किसी न किसी मोड़ पर मैक्ब्रूम को विमान को उतारने का निर्णय लेना ही था।

स्थानीय समय के हिसाब से 17.46 बजे डायल ईंधन का स्तर 5 दिखाने लगा। स्थिति अब भी नियंत्रण के भीतर थी, लेकिन ग़लती की गुंजाइश घटती जा रही थी। समय अब पहले से कहीं ज़्यादा महत्त्वपूर्ण हो रहा था। इंजीनियर विचलित हो गया। उसने पायलट को घटते ईंधन की जानकारी दी और ईंधन पंप में जलती बत्तियों के बारे में चेतावनी दी। कॉकपिट वॉइस रिकॉर्डिंग में उसकी बढ़ती हुई चिंता साफ़ झलक रही थी।

लेकिन मैक्ब्रूम ने इंजीनियर की उम्मीद के मुताबिक़ प्रतिक्रिया नहीं दी। अंततः पायलट ही उड़ान के लिए ज़िम्मेदार होता है। 189 यात्रियों और चालक दल की मुख्य ज़िम्मेदारी उन्हीं की थी। वे उनके संरक्षण में थे। वे जानते थे कि अगर वे पहिये नीचे किए बिना विमान उतारने की कोशिश करेंगे, तो कितना ख़तरा है। उन्होंने ठान लिया था कि वे ऐसा हरगिज़ नहीं होने देंगे। वे यह बात पता लगा ही लेंगे कि क्या गड़बड़ है। वे बस इस बात को पूरी तरह पक्का कर लेना चाहते थे।

वे लैंडिंग गियर यानी पहियों पर ध्यान केंद्रित करते रहे। क्या पहिये खुलकर नीचे आ गए थे? क्या किसी और तरीक़े से इसकी जाँच की जा सकती है, जो उनके दिमाग़ में न आया हो? वे और क्या कर सकते थे?

17.50 पर इंजीनियर मेंडेनहॉल ने कैप्टन को घटते ईंधन की चेतावनी देने की एक बार फिर कोशिश की। कैप्टन ने जवाब दिया कि टैंक में अब भी 'पंद्रह मिनट' का ईंधन है, लेकिन वे ग़लत थे। उन्हें समय का होश ही नहीं था। इंजीनियर ने अविश्वास भरी आवाज़ में जवाब दिया, "पंद्रह मिनट? पर्याप्त नहीं... पंद्रह मिनट में तो खेल ही ख़त्म हो जाएगा।"

हर सेकंड के साथ ईंधन घटता जा रहा था। अब वह विमान बहुत ख़तरनाक स्थिति में आ चुका था, सिर्फ़ यात्रियों के लिए ही नहीं, बल्कि दक्षिणी पोर्टलैंड के नागरिकों के लिए भी। 90 टन का विमान शहर के ऊपर मँडरा रहा था और इसका ईंधन ख़त्म हो रहा था।

फ़र्स्ट ऑफ़िसर और इंजीनियर यह नहीं समझ पाए कि पायलट विमान को सीधे हवाई अड्डे की तरफ़ क्यों नहीं ले जा रहे हैं। अब ईंधन मुख्य ख़तरा बन चुका था। अब पहिये मायने नहीं रखते थे, लेकिन पायलट अधिकारी थे। वे बॉस थे। उनके पास अनुभव और वरिष्ठता थी। वे उन्हें 'सर' कहते थे।

18.06 तक ईंधन इतना कम हो गया कि चौथा इंजन बंद हो गया। "मैं सोचता हूँ दोस्त, आपका नंबर चार इंजन गया..." तीस सेकंड बाद, उसने चेतावनी दोहराई, "दोस्त, हमारा एक और इंजन जाने वाला है।"

अब भी पायलट अनभिज्ञ थे कि वे तबाही के कितने क़रीब हैं। उन्हें समय का बिल्कुल भी भान नहीं था। इंजन बंद होने पर उन्होंने अविश्वास भरे लहज़े में पूछा, "क्यों?" ज़ोर की प्रतिक्रिया मिली, "ईंधन।"

यूनाइटेड एयरलाइंस 173 उतरने में पूरी तरह सक्षम थी। जैसा कि बाद में पता चला, पहिये सचमुच नीचे हो गए थे और सुरक्षित थे। अगर ऐसा नहीं होता, तब भी अनुभवी पायलट जान के नुक़सान के बिना विमान को उतार सकता था। रात साफ़ थी और हवाई अड्डा तभी से साफ़ दिखाई दे रहा था, जब से नीचे उतरने की योजना को स्थगित किया गया था।

लेकिन अब विमान चालक के सदस्यों को दहशत होने लगी। वे रनवे से 8 मील दूर थे, एक बड़े शहर के ऊपर मँडरा रहे थे और ईंधन लगभग पूरी तरह ख़त्म हो चुका था।

अब बहुत देर हो चुकी थी। जब बचे हुए इंजन भी बंद हो गए, तो सारी उम्मीद ख़त्म हो गई। विमान एक मिनट में 3,000 फुट से ज़्यादा तेज़ गति से नीचे आ रहा था और वे इसमें कामयाब नहीं होने वाले थे।

मैक्ब्रूम ने अपनी आँखें क्षितिज के पार दौड़ाईं, ताकि नीचे दिखने वाले घरों और अपार्टमेंट ब्लॉक्स के समूह के बीच कोई मैदान या खुली जगह दिख जाए। अब भी वे यह नहीं समझ पाए कि हुआ क्या था। क्या ईंधन हवा में उड़ गया था? समय कहाँ चला गया था?

रिकॉर्डिंग के आख़िरी कुछ पल उनकी हताशा को उजागर करते हैं, जब विमान उपनगरीय पोर्टलैंड में गिर रहा था :

1813:38 कैप्टन : वे सभी जा रहे हैं (यानी सारे इंजन बंद हो रहे हैं)

1813:41 कैप्टन : हम ट्राउटडेल तक नहीं पहुँच सकते (पोर्टलैंड का एक और हवाई अड्डा)

1813:43 सह-पायलट : हम कहीं नहीं पहुंच सकते।

1813:46 कैप्टन : ठीक है, आपातकालीन संकेत भेज दो।

1813:50 सह-पायलट (टॉवर को) : पोर्टलैंड टॉवर, यूनाइटेड वन सेवन्टी थ्री, भीषण आपातकालीन स्थिति है... इंजन बंद हो रहे हैं, हम नीचे गिर रहे हैं, हम हवाई अड्डे तक नहीं पहुँच सकते।

1813:58 टॉवर : यूनाइटेड वन...

1814:35 (ट्रांसमिशन लाइन्स की भिड़ंत)

(टेप ख़त्म)

उड्डयन तंत्र की जाँच-पड़ताल के लिए यूनाइटेड एयरलाइंस 173 को चुनने के पीछे दो कारण थे। पहला तो यह कि यह उड्डयन सुरक्षा की दृष्टि से एक ऐतिहासिक घटना थी। यह तो हुआ सर्वमान्य तथ्य, लेकिन हमारी दृष्टि से इसका एक अतिरिक्त महत्त्व भी है। यह आश्चर्यजनक रूप से ईलेन ब्रॉमिली की त्रासदी के आईने जैसी है, हालाँकि एक दुर्घटना आसमान में हुई और दूसरी ऑपरेशन थिएटर में, लेकिन उन पर जो बुनियादी संकेत थे, वे एक जैसे हैं।

सतही जाँच में भी आश्चर्यजनक समानताएँ नज़र आती हैं। पहियों की समस्या में अटकने वाले कैप्टन मैक्ब्रूम की तरह ही डॉ. ऐंडरटन भी मुँह के ज़रिये श्वासमार्ग तक नली पहुँचाने की समस्या में अटक गए थे। दोनों की ही अनुभूति संकीर्ण हो गई थी। मैक्ब्रूम ने घटते ईंधन का अहसास पूरी तरह से खो दिया था, जबकि ईलेन ब्रॉमिली का ऑपरेशन कर रहे डॉक्टरों ने ऑक्सीजन की अनुपस्थिति का अहसास खो दिया था। जब मैक्ब्रूम पहियों की समस्या सुलझाने की कोशिश कर रहे थे और डॉक्टर श्वासमार्ग में नली डालने की जीतोड़ कोशिश कर रहे थे, तो दोनों ने ही असली तबाही को नज़रअंदाज़ कर दिया था।

जिस तरह इंजीनियर मेंडेनहॉल ने कैप्टन को चेतावनी दी थी, लेकिन उन्हें प्रतिक्रिया नहीं मिली, उसी तरह जेन नामक नर्स ने भी डॉ. ऐंडरटन को चेतावनी दी थी। उन दोनों ने ही प्रबल सुझाव दिए थे और इस कशमकश में सोच-विचार करते रहे थे कि क्या उन्हें अपनी चिंताओं को ज़्यादा स्पष्टता से व्यक्त करना चाहिए, लेकिन सामने वाले की सत्ता के अहसास की वजह से चुप रह गए थे। सामाजिक दबाव और सत्ता के अवरोधक प्रभावों ने प्रभावी टीमवर्क को नष्ट कर दिया था।

हमारे उद्देश्यों के लिए जो चीज़ महत्त्वपूर्ण है, वह यह नहीं है कि दोनों दुर्घटनाएँ समान थीं। महत्त्वपूर्ण तो उन दोनों पर होने वाली *प्रतिक्रिया* का अंतर है। हम पहले ही देख चुके हैं कि स्वास्थ्य सेवा में हीले-हवाले की संस्कृति का बोलबाला है। दुर्घटनाओं का वर्णन 'एक बार का मामला' या 'उन अनहोनी चीज़ों में से एक' के रूप में किया जाता है। डॉक्टर कहते हैं : "हमने वह सर्वश्रेष्ठ किया, जो हम कर सकते थे।" आज के संसार में असफलता पर यह सबसे आम प्रतिक्रिया है।

उड्डयन में परिस्थितियाँ क्रांतिकारी रूप से अलग हैं : असफलता से सीखना इसके तंत्र में बुना हुआ है।

सभी विमानों में दो ब्लैक बॉक्स रखे होते हैं, जिनमें से एक ऑन-बोर्ड इलेक्ट्रॉनिक सिस्टम्स पर भेजे गए सारे निर्देशों को रिकॉर्ड करता है। दूसरा कॉकपिट वॉइस रिकॉर्डर होता है, जिससे जाँचकर्ता दुर्घटना की ओर ले जाने वाले पलों में पायलट के दिमाग़ में चल रही चीज़ों का पता लगा सकते हैं। असफलता को छिपाने या इसके चारों तरफ़ गोल-गोल घूमने के बजाय

उड्डयन के पास एक ऐसा तंत्र है, जहाँ असफलता *आँकड़ों* में समृद्ध होती है।

दुर्घटना की स्थिति में जाँच करने वाले उस एयरलाइंस, पायलट्स यूनियन और नियामकों से स्वतंत्र होते हैं। उन्हें मलबे की तहक़ीक़ात करने तथा अन्य प्रमाणों की तलाश में सवाल-जवाब करने की पूरी छूट दी जाती है। ग़लतियों को कलंक नहीं, बल्कि सीखने का अवसर माना जाता है। रुचि रखने वाले पक्षों को सहयोग करने का हर कारण दिया जाता है, क्योंकि दुर्घटना जाँच शाखा द्वारा संकलित प्रमाण अदालत की कार्यवाही में मान्य नहीं होते। इससे पूरी सच्चाई के उजागर होने की संभावना बढ़ जाती है।

जाँच के बाद यह रिपोर्ट हर व्यक्ति के लिए उपलब्ध होती है। अनुशंसाओं पर अमल करने की क़ानूनी ज़िम्मेदारी एयरलाइंस की होती है। संसार के हर पायलट के लिए यह जानकारी मुफ़्त उपलब्ध होती है। इससे सिर्फ़ एक चालक दल या एक एयरलाइन या एक देश के बजाय ग़लती से हर व्यक्ति सीख सकता है। इससे सीखने की शक्ति बहुगुणित होती है। जैसा एलिनोर रूज़वेल्ट ने कहा था, “दूसरों की ग़लतियों से सीख लें। आप कभी इतना लंबा नहीं जी सकते कि सारी ग़लतियाँ ख़ुद कर सकें।”

सिर्फ़ दुर्घटनाओं से नहीं, बल्कि ‘छोटी’ ग़लतियों से भी सीखा जा सकता है। जब पायलट किसी दूसरे विमान से टकराते-टकराते बचते हैं या ग़लत ऊँचाई पर विमान उड़ाते हैं, तो वे एक रिपोर्ट फ़ाइल करते हैं। अगर इसे दस दिनों के भीतर फ़ाइल कर दिया जाता है, तो पायलटों को अभयदान रहता है। कई विमानों में डाटा सिस्टम्स भी लगे होते हैं, जो मानदंडों का उल्लंघन होने पर अपने आप रिपोर्ट भेज देते हैं। ग़ौर करें कि जब ये रिपोर्टें आगे बढ़ती हैं, तो ये नामज़द नहीं होती हैं।*

मिसाल के तौर पर, 2005 में कई रिपोर्टें काफ़ी तेज़ी से एक के बाद एक फ़ाइल की गईं, जिनसे जाँचकर्ताओं को केंटकी के लेक्सिंग्टन एयरपोर्ट

---

*छोटी ग़लतियों की जागरूकता के कंपनियों पर भी महत्त्वपूर्ण प्रभाव पड़ते हैं। जैसा हार्वर्ड बिज़नेस स्कूल की प्रोफ़ेसर एमी ऐडमॉन्डसन कहती हैं, “ज़्यादातर बड़ी असफलताओं के बहुल कारण होते हैं और इनमें से कुछ संगठनों में गहरे दबे होते हैं... छोटी असफलताएँ चेतावनी के शुरुआती संकेत होते हैं, जो भविष्य में विनाशकारी असफलता से बचने के लिए अत्यंत महत्त्वपूर्ण होते हैं।”

में उतरने की समस्या संबंधी चेतावनी मिली। हवाई अड्डे के ठीक बाहर खाली ज़मीन पड़ी थी और स्थानीय अधिकारियों ने उसे सुंदर बनाने के लिए एक बड़ा भित्ति चित्र लगा दिया था। रात को भित्ति चित्र पर रोशनी करने के लिए उन्होंने उसके ऊपर बल्ब लगा दिए थे।

लेकिन इन बल्बों की वजह से पायलटों को ग़लत अहसास हो रहा था। वे भित्ति चित्र की बत्तियों को ग़लती से रनवे की बत्तियाँ समझ रहे थे। वे वहाँ बहुत ज़्यादा नीचे तक आ रहे थे। सौभाग्य से कोई भी विमान दुर्घटनाग्रस्त नहीं हुआ, लेकिन इन अनाम रिपोर्टों की वजह से किसी की जान जाने से पहले ही एक संभावित समस्या उजागर हो गई। मीटिंग में भाग लेने वाले उड्डयन सुरक्षा विशेषज्ञ शॉन प्रूचनिकी ने मुझे बताया, "हमने एक सप्ताह में ही रिपोर्टों का अंबार देखा। हमें तुरंत अहसास हो गया कि वहाँ पर एक गंभीर समस्या थी, जिस पर हमें काम करना था।"

चंद मिनटों में ही लेक्सिंग्टन में उतरने वाली सारी उड़ानों को ईमेल से चेतावनी भेजी गई, ताकि उतरते समय वे इस संभावित व्यवधान के बारे में जागरूक रहें। भित्तिचित्र और इसकी बत्तियाँ कुछ ही दिनों में हटा दी गईं (अगर वह ज़मीन हवाई अड्डे के अधिकार क्षेत्र में होती, तो यह काम इससे ज़्यादा जल्दी हो जाता)। दुर्घटना होने से पहले ही रोक ली गई थी।

आज कई प्रतिष्ठित एयरलाइंस और भी आगे तक जा चुकी हैं। उन्होंने लाखों मानदंडों की वास्तविक समय में निगरानी शुरू कर दी है, जैसे ऊँचाई में विचलन और ज़रूरत से ज़्यादा तिरछा होना, जिससे चिंता के क्षेत्र और कारण खोजना आसान हो गया है। रॉयल एरोनॉटिकल सोसायटी के अनुसार : "यह उड़ान सुरक्षा को उम्मीद से बेहतर बनाने का सबसे महत्त्वपूर्ण तरीक़ा है।" वर्तमान महत्त्वाकांक्षा यह है कि वास्तविक समय की जानकारी इतनी ज़्यादा मिले कि ब्लैक बॉक्स की आवश्यकता ही न रहे और सारी जानकारी पहले ही इलेक्ट्रॉनिक माध्यम से एक केंद्रीय डाटाबेस तक पहुँच जाए।

इस तरह हम देखते हैं कि उड्डयन असफलता को गंभीरता से लेता है। जिस भी जानकारी से यह पता चल सकता है कि कार्यप्रणालियाँ दोषपूर्ण हैं या कॉकपिट का डिज़ाइन गड़बड़ है या पायलटों को उचित रूप से प्रशिक्षित नहीं किया गया है, उसे सावधानी से खोदकर बाहर निकाला जाता है। इनका इस्तेमाल उद्योग को ज़्यादा सुरक्षित मार्ग पर पहुँचाने के लिए

किया जाता है। और इस उद्योग के लोग ग़लतियाँ मानने के बारे में दहशत में नहीं आते हैं, क्योंकि वे उनका महत्त्व पहचानते हैं।

II

यूनाइटेड एयरलाइंस 173 के लिए इस सबका क्या मतलब था? दुर्घटना के बाद चंद मिनटों के भीतर ही नेशनल ट्रांसपोर्टेशन सेफ़्टी बोर्ड ने एक जाँच दल नियुक्त कर दिया, जिसमें मनोवैज्ञानिक ऐलन डियेल और अनुभवी जाँचकर्ता डेनिस ग्रॉसी शामिल थे। अगली सुबह तक वे एक-एक प्रमाण देखने के लिए उपनगर पोर्टलैंड में पहुँच गए।

यह मैक्ब्रूम की असाधारण योग्यता का प्रमाण था कि उन्होंने विमान को तब तक नियंत्रण में रखा, जब तक कि संभव था। जब विमान गिर रहा था, तो उन्होंने घरों और अपार्टमेंट ब्लॉक्स के बीच एक जगह देखी, जो मैदान जैसी ख़ाली जगह दिख रही थी, इसलिए उन्होंने विमान उसी तरफ़ मोड़ दिया। ज़्यादा क़रीब पहुँचने पर उन्हें अहसास हुआ कि जिसे वे ख़ाली मैदान समझ रहे थे, वह तो दरअसल पेड़ों से भरा उपनगर था। उन्होंने पेड़ों के बीच से विमान ले जाने की कोशिश की, एक पेड़ से टकराए, एक मकान से रास्ता तय किया और सड़क के पार दूसरे मकान के ऊपर विमान टिका दिया।

पहला मकान मिट गया था। विमान के बाएँ पंख के टुकड़े बाद में उपनगर के दूसरे हिस्से में मिले। ढाँचे का निचला बायाँ हिस्सा पूरी तरह अलग हो गया था, जो यात्री सीटों की चौथी और छठी क़तारों के बीच था और खिड़की के स्तर से नीचे था। चमत्कारिक रूप से ज़मीन पर किसी की जान नहीं गई। आठ यात्री और चालक दल के दो सदस्य मारे गए। उनमें से एक फ़्लाइट इंजीनियर मेंडेनहॉल थे, जिन्होंने पायलट को घटते ईंधन की चेतावनी देने की असफल कोशिश की थी। कैप्टन मैक्ब्रूम टूटे पैर, कंधे और पसलियों के साथ बच गए।

जब जाँचकर्ताओं ने यूनाइटेड एयरलाइंस 173 के प्रमाण की तहक़ीक़ात की, तो उन्हें इसमें एक जाना-पहचाना पैटर्न नज़र आया। यह निष्कर्ष सिर्फ़ पोर्टलैंड के मलबे में मिलने वाले प्रमाणों की बदौलत नहीं निकाला गया था। उन्होंने तो पिछली दुर्घटनाओं के साथ इसकी तुलना करके देखा था। एक साल

पहले एक और डीसी8 लगभग मिलती-जुलती परिस्थितियों में दुर्घटनाग्रस्त हुआ था। वह विमान सैन फ्रांसिस्को से शिकागो जा रहा था और रात को पहिये खुलने में आने वाली समस्या की वजह से इसी तरह हवाई अड्डे के पास चक्कर लगा रहा था, इस समस्या को सुलझाने के लिए चारों ओर उड़ रहा था और फिर यह एक पहाड़ से टकरा गया। इस दुर्घटना में कोई नहीं बचा।

कुछ साल पहले ईस्टर्न एयरलाइंस 401 का भी यही हाल हुआ था, जब यह मयामी इंटरनेशनल एयरपोर्ट पर उतरने वाला था। कॉकपिट की एक बत्ती नहीं जली थी, जिससे चालकों को यह अंदेशा हुआ कि पहिये नीचे नहीं खुले थे। जब पूरा दल समस्या को दुरुस्त करने पर ध्यान केंद्रित कर रहा था (बाद में पता चला कि समस्या बल्ब में थी), तो सुरक्षा तंत्रों की चेतावनी के बावजूद उन्हें यह अहसास ही नहीं हुआ कि विमान नीचे आता जा रहा है। यह विमान एवरग्लेड्स में दुर्घटनाग्रस्त हुआ, जिसमें 101 लोग मारे गए।

जाँचकर्ताओं को अहसास हुआ कि हर मामले में चालक दल को समय का भान नहीं रहता था। वे समय की अनुभूति खो रहे थे। जैसा कि स्पष्ट है, ध्यान एक दुर्लभ संसाधन है : अगर आप एक चीज़ पर ध्यान केंद्रित कर लेते हैं, तो आप बाक़ी चीज़ों के प्रति अपनी जागरूकता खो देते हैं।

यह बात एक प्रयोग में देखी जा सकती है, जिसमें विद्यार्थियों को कामों की एक श्रृँखला दी गई थी। एक काम आसान था : ज़ोर से बोलकर पढ़ना। दूसरा काम ज़्यादा मुश्किल था : मुश्किल शब्दों को परिभाषित करना। जब उन्होंने अपने काम पूरे कर लिए, तो विद्यार्थियों से यह अनुमान लगाने को कहा गया कि उस काम में उन्हें कितना समय लगा। आसान काम वाले विद्यार्थियों के समय के अनुमान सटीक थे। दूसरी ओर, मुश्किल काम करने वाले विद्यार्थियों ने समय का 40 प्रतिशत कम अनुमान लगाया। उन्हें ऐसा लगा, मानो समय पंख लगाकर उड़ गया हो।

अब मैक्ब्रूम के बारे में सोचें। उन्हें सिर्फ़ मुश्किल शब्दों पर ही ध्यान केंद्रित नहीं करना था। उन्हें तो पहियों की समस्या को सुलझाना था, अपने सह-पायलटों की बातें सुननी थीं और आपातकालीन परिस्थितियों में विमान उतारने का अनुमान लगाना था। ईलेन ब्रॉमिली के आस-पास मौजूद डॉक्टरों के बारे में भी सोचें। वे अपने मरीज़ की जान बचाने की ताबड़तोड़ कोशिश

में नली डालने की कोशिश में तल्लीन थे। उनका समय का अहसास इसलिए ख़त्म नहीं हुआ था, क्योंकि उनमें एकाग्रता की कमी थी, बल्कि इसलिए हुआ था क्योंकि उनमें *बहुत ज़्यादा एकाग्रता* थी।* पोर्टलैंड, ओरेगॉन में डियेल को अहसास हुआ कि संप्रेषण संबंधी समस्या भी एक बुनियादी समस्या थी। इंजीनियर मेंडेनहॉल ने ईंधन की समस्या को ताड़ लिया था। उन्होंने कैप्टन को इस बारे में कई सुझाव दिए थे और स्थिति गंभीर होने पर घटते ईंधन के बारे में सीधे बताया भी था। डियेल ने वॉइस रिकॉर्डर की आवाज़ें सुनते समय इंजीनियर के लहज़े में हुए परिवर्तनों पर ग़ौर किया। जब ख़तरा बढ़ गया था, तो वह मैक्ब्रूम को चेतावनी देने के लिए ज़्यादा उतावला हो गया था, लेकिन वह अपने बॉस को सीधे चुनौती देने की हिम्मत नहीं जुटा पाया।

देखिए, यह मनोविज्ञान का एक ऐसा पहलू है, जिसका काफ़ी अध्ययन हो चुका है। सामाजिक श्रेणियाँ दृढ़ संप्रेषण में बाधक होती हैं। हम सत्ताधारी लोगों से जिस भाषा में बात करते हैं, उसे 'मुलायम भाषा' कहा जाता है। आप अपने बॉस से यह नहीं कहते : "यह अनिवार्य है कि सोमवार सुबह को हम मीटिंग करें।" इसके बजाय आप कहते हैं : "अगर आप व्यस्त हों तो चिंता न करें, लेकिन अगर आप सोमवार को आधा घंटे का समय निकाल लें, तो इससे मदद मिलेगी।" कई स्थितियों में यह विनम्रता समझ में आती है, लेकिन जब एक बड़े शहर के ऊपर 90 टन के विमान का ईंधन ख़त्म हो रहा हो, तो यह घातक हो सकती है।

यही श्रेणीकरण ऑपरेशन थिएटर में भी मौजूद होता है। जेन नामक नर्स ने समाधान को स्पष्टता से ताड़ लिया था। वह बिना किसी के कहे ट्रैकियोस्टॉमी किट ले आई थी। क्या उसे ज़्यादा ज़ोर से बोलना चाहिए था? क्या वह पर्याप्त परवाह नहीं करती थी? यह सुरक्षा-जोखिम वाली स्थितियों में असफलता के बारे में सोचने का बिल्कुल ग़लत तरीक़ा है। याद रखें कि इंजीनियर मेंडेनहॉल ने अपनी चुप्पी की क़ीमत अपनी जान देकर चुकाई

---

*कई परिस्थितियों में कार्य-केंद्रित व्यवहार दरअसल प्रयास का प्रभावी तरीक़ा होता है। समस्या तब होती है, जब इस एकाग्रता की वजह से 'ज़्यादा बड़ी तसवीर' पर से ध्यान हट जाता है। तब अत्यधिक एकाग्रता से प्रदर्शन कमज़ोर होता है और उड्डयन के मामले में सुरक्षा का जोखिम उत्पन्न होता है।

थी। समस्या मेहनत या प्रेरणा की कमी नहीं थी, बल्कि ऐसे तंत्र की थी, जो मानव मनोविज्ञान की सीमाओं के प्रति संवेदनहीन था।

अब आइए फ़र्स्ट पर्सन (उत्तम पुरुष यानी स्वयं का दृष्टिकोण) और थर्ड पर्सन (अन्य पुरुष यानी दूसरे लोगों का दृष्टिकोण) दृष्टिकोणों की तुलना करते हैं। नॉर्थ मार्स्टन के क़रीब वाले अस्पताल के डॉक्टरों के लिए दुर्घटना सचमुच 'एक बार की बात' लग सकती है। उन्हें यह पता ही नहीं था कि उन्होंने नली डालने की असफल कोशिश में आठ मिनट गँवा दिए थे। उनके हिसाब से तो बस दो-तीन मिनट ही गुज़रे थे। दहशत के बीच समय का उनका व्यक्तिपरक अहसास लगभग ग़ायब हो गया था। वे यह सोच रहे थे कि समस्या या दोष मरीज़ का था। वह उनकी उम्मीद से जल्दी मर गई थी। जाँच के अभाव में वे इससे बेहतर सोच भी नहीं सकते थे!

यही बात यूनाइटेड एयरलाइंस 173 दुर्घटना के बारे में भी कही जा सकती है। जब जाँचकर्ता डियेल दुर्घटना के बाद मैक्ब्रूम से बातचीत करने ओरेगॉन के अस्पताल गए, तो पायलट ने उन्हें बताया कि ईंधन 'अविश्वसनीय रूप से जल्दी' ख़त्म हो गया था। उन्होंने कहा कि शायद ईंधन के टैंक में छेद होगा। उनके दृष्टिकोण से यह तार्किक बात थी, क्योंकि संकट तथा दहशत की वजह से उनकी समय की जागरूकता ख़त्म हो गई थी। इसीलिए उन्हें ईंधन ख़त्म होने की बात समझ में ही नहीं आ रही थी।

लेकिन डियेल और उनकी टीम ने ब्लैक बॉक्स डाटा की दोबारा जाँच करने की जहमत उठाई। उन्होंने विमान को होल्डिंग पैटर्न में रखने यानी गोल-गोल चक्कर लगाने के निर्णय के समय से ईंधन पर नज़र रखी। उन्होंने यह जाँच की कि तेज़ डीसी8 औसतन कितना ईंधन खाता है, फिर उन्होंने ईंधन ख़त्म होने के समय को देखा। हर चीज़ सही थी। विमान का ईंधन उम्मीद से ज़्यादा जल्दी ख़त्म नहीं हुआ था। छेद ईंधन टैंक में नहीं, बल्कि मैक्ब्रूम के समय के अहसास में था।

स्वतंत्र दृष्टिकोण से जाँच के ज़रिये ही यह सच्चाई रोशनी में आई। स्वास्थ्य सेवा में किसी ने भी निहित समस्या को नहीं पहचाना, क्योंकि ग़लती करने वालों के दृष्टिकोण से समस्या उनमें थी ही नहीं। क्लोज़्ड लूप यानी 'बंद फंदे' इसी तरह क़ायम रहते हैं : जब लोग ग़लतियों की जानकारी इकट्ठी नहीं करते हैं, तो कई बार तो उन्हें यही पता नहीं होता कि उन्होंने ग़लती की है (भले ही उन्हें यह संदेह हो कि शायद उनसे ग़लती हो गई है)।

जब जून 1979 में डियेल और उनके साथियों ने यूनाइटेड एयरलाइंस पर रिपोर्ट प्रकाशित की, तो यह उड्डयन उद्योग की एक ऐतिहासिक घटना साबित हुई। रिपोर्ट्स शुष्क भाषा में लिखी जाती हैं और इसके तीसवें पृष्ठ पर यह अनुशंसा की गई थी : "सभी एयरलाइंस संचालन निरीक्षकों को संचालन बुलेटिन जारी करके उन्हें निर्देश दें कि वे अपने नियुक्त संचालकों से यह सुनिश्चित कराएँ कि उनके उड़ानकर्मी फ़्लाइट डेक संसाधन प्रबंधन के सिद्धांतों में प्रशिक्षित हों, जिसमें कैप्टनों के लिए सहभागी प्रबंधन के गुणों पर ख़ास ज़ोर दिया जाए तथा कॉकपिट दल के दूसरे सदस्यों को दृढ़ता से संप्रेषण करने का प्रशिक्षण दिया जाए।"

चंद सप्ताह बाद नासा ने एक नए क़िस्म के प्रशिक्षण पर सम्मेलन आयोजित किया : चालक दल संसाधन प्रबंधन। मुख्य ध्यान संप्रेषण पर केंद्रित था। फ़र्स्ट ऑफ़िसरों को दृढ़ संप्रेषण की तकनीक सिखाई गई। उड्डयन में चालक दल के कनिष्ठ सदस्यों के संप्रेषण को दृढ़ व बेहतर बनाने के लिए जिस स्मृति प्रणाली का इस्तेमाल किया गया, उसे पी.ए.सी.ई. (जाँच, चेतावनी, चुनौती, आपातकालीन स्थिति) कहा जाता है।* जिन कैप्टनों को बरसों से बड़ा मुखिया माना जाता था, उन्हें सुनना, निर्देशों को स्वीकार करना और जटिलता को स्पष्ट करना सिखाया गया। समय की अनुभूति की समस्या को सुलझाने के लिए ज़िम्मेदारियों का ज़्यादा सुनियोजित विभाजन किया गया।

---

*असल संसार की घटना पर इसे लागू करके हम देख सकते हैं कि यह कैसा दिखेगा। जेन नामक हेड नर्स यही कह सकती थी, अगर उसने ईलेन ब्रॉमिली के ऑपरेशन के दौरान इस नीति का इस्तेमाल किया होता :

जाँच – 'डॉक्टर, अगर हम नली को अंदर नहीं डाल सकते, तो आप किन अन्य विकल्पों पर विचार कर रहे हैं?'

चेतावनी – 'डॉक्टर, ऑक्सीजन 40 प्रतिशत है और यह कम होती जा रही है, नली अंदर नहीं जा रही है, ट्रैकियोस्टॉमी किट के बारे में आपकी क्या राय है?'

चुनौती – 'डॉक्टर, हमें इसी समय ट्रैकियोस्टॉमी करने की ज़रूरत है, वरना मरीज़ की जान चली जाएगी।'

आपातकालीन स्थिति – 'मरीज़ को होश में लाने की कोशिश कर रही टीम को मैं ट्रैकियोस्टॉमी करने की चेतावनी दे रही हूँ।'

जाँच सूचियाँ पहले से मौजूद थीं, लेकिन अब उन्हें विस्तृत और बेहतर बनाया गया। जाँच सूचियों को इसलिए बनाया गया था, ताकि जटिल परिस्थितियों में ग़लतियाँ न हों। इसके अलावा वे पदक्रम के बंधन को भी ख़त्म करती हैं। जब पायलट और सह-पायलट एक दूसरे से बात करते हैं, अपना परिचय देते हैं, जाँच सूचियों से गुज़रते हैं, तो वे संप्रेषण के मार्ग खोलते हैं। इससे आपातकालीन स्थिति में बोलना ज़्यादा संभव और सुगम हो जाता है। इससे तथाकथित 'सक्रियण समस्या' सुलझती है और मातहत पहल करने के लिए स्वतंत्र महसूस करता है।

नई प्रशिक्षण प्रणालियों के विभिन्न संस्करण तुरंत सिमुलेटर्स में आज़माए गए। हर अवस्था में नए विचारों को चुनौती दी गई, उनकी कड़ी जाँच की गई और उनकी सीमाओं का परीक्षण किया गया, फिर सबसे प्रभावी प्रस्तावों को पूरे संसार की एयरलाइंस में तुरंत समाहित किया गया। 1970 के दशक में दुर्घटनाओं का जो भयंकर सैलाब आया था, उसके बाद दुर्घटनाओं की दर घटने लगी।

'यूनाइटेड एयरलाइंस 173 एक दर्दनाक दुर्घटना थी, लेकिन यह आगे की तरफ़ एक लंबी छलाँग भी थी,' उड्डयन सुरक्षा विशेषज्ञ शॉन प्रूचनिकी कहते हैं, "इसे अब भी ऐतिहासिक घटना माना जाता है, क्योंकि इसकी वजह से हमें इस सत्य का भान हुआ कि 'मानवीय भूलें' अक्सर ख़राब तरीक़े से बने तंत्रों से उत्पन्न होती हैं। इसने उद्योग के सोचने का तरीक़ा ही बदल दिया।"

यूनाइटेड एयरलाइंस 173 में दस लोगों की मृत्यु हुई, लेकिन इसने सीखने का जो अवसर दिया, उससे भविष्य में हज़ारों लोगों की जान बची।

इसे हम 'ब्लैक बॉक्स वाली सोच' कह सकते हैं।* उड्डयन के क्षेत्र से अलग दूसरे संगठनों के लिए इसका मतलब यह नहीं है कि वे सचमुच का ब्लैक बॉक्स बनाएँ। इसका मतलब तो यह है कि हम ग़लतियों की जाँच करें और

*कई बार 'ब्लैक बॉक्स' में किसी कारण और इसके परिणाम के बीच की अज्ञात और संभवतः गूढ़ प्रक्रिया का संदर्भ भी होता है। यहाँ हम इसे दुर्घटना की जाँच में डाटा रिकॉर्डर से थोड़े भिन्न, लेकिन संबद्ध मायने में इस्तेमाल कर रहे हैं।

उनसे सबक़ सीखने को तैयार रहें, जो प्रायः मौजूद रहते हैं, लेकिन हम अक्सर उन्हें नज़रअंदाज़ कर देते हैं। इसका मतलब यह है कि हमें ऐसे तंत्र और संस्कृति को स्थापित करना चाहिए, जिनकी वजह से संगठन ग़लतियों को जोखिम न मानें, बल्कि उनसे सीखने में सक्षम बनें।

असफलता एक आसान वजह से सीखने के अवसरों से भरी होती है : यह हमें अपेक्षाओं के विपरीत होने वाली घटनाओं के बारे में जागरूक बनाती है। यह हमें दिखाती है कि संसार कई मायनों में हमारी कल्पना से भिन्न है। मिसाल के तौर पर, ईलेन ब्रॉमिली की मृत्यु ने इस सच्चाई को उजागर किया कि ऑपरेशन की प्रणालियाँ मानव मनोविज्ञान की सीमाओं के प्रति संवेदनहीन थीं। यूनाइटेड एयरलाइंस 173 की असफलता ने कॉकपिट में भी इसी समस्या को उजागर किया।

ये असफलताएँ अवश्यंभावी हैं, क्योंकि संसार जटिल है और हम इसकी सूक्ष्मताओं को पूरी तरह से कभी नहीं समझ पाएँगे। जैसा सामाजिक विज्ञानी हमें अक्सर याद दिलाते हैं कि आदर्श तंत्र जैसी कोई चीज़ नहीं होती। इस तरह देखने पर हम पाते हैं कि असफलता एक दिशासूचक है। यह हमारे संसार की एक ऐसी महत्त्वपूर्ण चीज़ को उजागर करती है, जिसे हमने पूरी तरह से नहीं समझ पाए हैं। यह हमें इस बारे में अत्यंत महत्त्वपूर्ण सुराग़ देती है कि हम अपने मॉडलों, रणनीतियों और व्यवहार को कैसे बेहतर बनाएँ। इस दृष्टिकोण से देखें, तो हमें किसी दुर्घटना के बाद यह प्रश्न नहीं पूछना चाहिए, जो अक्सर पूछा जाता है, "क्या हम असफलता की जाँच में समय लगाना वहन कर सकते हैं?" हमें इसका उल्टा पूछना चाहिए। असली प्रश्न तो यह है "क्या हम ऐसा न करना वहन कर सकते हैं?"

इससे हम एक और महत्त्वपूर्ण निष्कर्ष पर पहुँचते हैं। कई बार कहा जाता है कि उड्डयन और स्वास्थ्य सेवा में सबसे बड़ा अंतर संसाधनों का है : चूँकि उड्डयन क्षेत्र में ज़्यादा पैसा है, इसलिए यह जाँच कर सकता है और ग़लतियों से सीख सकता है। यदि स्वास्थ्य सेवा के क्षेत्र में ज़्यादा संसाधन होते, तो संभवतः यह भी ऐसा ही करती, लेकिन यह सच नहीं है। यह दुराग्रह के सिवाय कुछ नहीं है। स्वास्थ्य सेवा के पास संसाधन भले ही कम हों, लेकिन अगर यह ग़लतियों से सबक़ सीखे, तो इसे *बचत* होगी। चिकित्सकीय ग़लतियों की वजह से सिर्फ़ अमेरिका में 17 अरब से ज़्यादा डॉलर का नुक़सान हुआ है। मार्च 2015 की स्थिति में एनएचएस लिटिगेशन

अथॉरिटी ने असाधारण लापरवाही की वजह से मुक़दमों के लिए 26.1 अरब डॉलर अलग रख दिए थे, यानी ग़लतियों से सीखना पैसे बर्बाद करना नहीं है। यह तो पैसे और जान बचाने का सबसे प्रभावी तरीक़ा भी है।*

मनोवैज्ञानिक अक्सर बताते हैं कि ग़लतियाँ दो तरह की होती हैं। एक तरह की ग़लती वह होती है, जिसमें हम सही जवाब पहले से जानते हैं। दूसरी तरह की ग़लती वह होती है, जिसमें हम सही जवाब पहले से नहीं जानते हैं। मिसाल के तौर पर, दवा देने की ग़लती पहले क़िस्म की होती है : नर्स जानती थी कि उसे एक दवा देनी चाहिए, लेकिन समय की हड़बड़ी या दुविधापूर्ण लेबल लगे होने की वजह से उसने ग़लती से दूसरी दवा दे दी।

लेकिन कई बार सही चीज़ खोजने के लिए ग़लतियाँ जान-बूझकर भी की जाती हैं। दवा कंपनियाँ रसायनों के अलग-अलग मिश्रणों की जाँच करके देखती हैं कि कौन सा मिश्रण सही है और कौन सा नहीं है। कोई भी पहले से नहीं जानता कि क्या कारगर होगा और क्या नहीं होगा, लेकिन इसी कारण हम व्यापक परीक्षण करते हैं और अक्सर असफल होते हैं। यह प्रगति के लिए अनिवार्य है।

पुस्तक के शुरुआती हिस्से में हम पहले प्रकार की असफलता पर नज़र डालेंगे और बाद वाले हिस्से में दूसरे प्रकार की असफलता पर, लेकिन अहम बात यह है कि दोनों ही परिदृश्यों में खोज की प्रक्रिया के लिए ग़लती अनिवार्य होती है। स्वास्थ्य सेवा जैसे उद्योगों में ग़लतियाँ इस बारे में दिशासंकेत प्रदान करती हैं कि भावी ग़लतियों को रोकने के लिए तंत्र को कैसे सुधारा जाए। बाद वाले मामलों में ग़लतियाँ नई दवाओं की खोज को प्रेरित करती हैं।

ग़लतियों के संदर्भ में एक और फ़र्क़ पर ग़ौर किया जा सकता है। अभ्यास के माहौल में जो ग़लतियाँ होती हैं, वे प्रदर्शन के माहौल में होने वाली ग़लतियों से भिन्न होती हैं। मिसाल के तौर पर, फ़िगर स्केटिंग करने

---

*जैसा 2015 में ब्रिटेन में पार्लियामेंट्री सिलेक्ट कमेटी ने अपनी रिपोर्ट में कहा था : "चिकित्सकीय सुरक्षा को बेहतर बनाने के लिए जाँच करने और सीखने में लगाए गए संसाधन मरीज़ों को होने वाले रोकथाम-योग्य नुक़सान कम करके अनावश्यक ख़र्च बचाएँगे।"

वाले प्रशिक्षण के दौरान बहुत बार गिरते हैं। ख़ुद की क्षमता को बढ़ाकर, मुश्किल छलाँगों की कोशिश करके और ठंडी बर्फ़ पर गिरकर वे प्रगति करते हैं और ज़्यादा मुश्किल छलाँगों तक पहुँचते हैं, उनका विवेक बेहतर होता है तथा सटीकता में सुधार होता है। इसी की बदौलत वे बड़ी प्रतिस्पर्धाओं में बेदाग़ प्रदर्शन करने में सक्षम बनते हैं।

दरअसल, अभ्यास असफलता से सीखने के लाभों का दोहन करने और लागत घटाने के बारे में है। बड़े मंच पर असफल होने से बेहतर यह है कि आप तैयारी या अभ्यास में असफल हो जाएँ। यह उन संगठनों के बारे में भी सच है, जो नए विचार या प्रणालियाँ बाज़ार में उतारने से पहले सीखने के उद्देश्य से पायलट स्कीम यानी प्रायोगिक जाँच करते हैं (उड्डयन तथा अन्य सुरक्षा-जोखिम वाले उद्योग विचारों का परीक्षण सिमुलेटर्स में करते हैं)। हम अभ्यास में जितने ज़्यादा असफल होंगे, उतना ही ज़्यादा सीखेंगे, ताकि हम तब सफल हो सकें, जब यह सचमुच मायने रखता है।

लेकिन मेहनत से अभ्यास करने के बावजूद हमें समय-समय पर असल संसार की असफलता को झेलना होगा। और जब असफलता हमारे अहं के लिए सबसे ज़्यादा जोखिम भरी होती है, प्रायः तभी हमें सबसे ज़्यादा सीखने की ज़रूरत होती है। अभ्यास असल संसार की असफलता से सीखने का विकल्प नहीं है। यह तो इसका पूरक है। कई मायनों में ये दोनों एक ही सिक्के के दो पहलू हैं।

इसे ध्यान में रखते हुए 'ब्लैक बॉक्स शैली की जाँच' का एक अंतिम उदाहरण लेते हैं। यह द्वितीय विश्व युद्ध के दौरान बमवर्षक विमानों को होने वाले नुक़सान की जाँच से जुड़ा है, जो बीसवीं सदी के सबसे ज़बर्दस्त गणितज्ञों में से एक अब्राहम वाल्ड ने की थी।

उनका विश्लेषण विश्व युद्ध का निर्णायक पल ही नहीं था, बल्कि इस पुस्तक की पृष्ठभूमि के लिहाज़ से एक महत्त्वपूर्ण उदाहरण भी है। पीछे मुड़कर देखने पर विपरीत घटनाओं या ग़लतियों से सीखना आसान नज़र आ सकता है। मिसाल के तौर पर, क्या यूनाइटेड एयरलाइंस 173 के सबक़ स्पष्ट नहीं थे? क्या वे डाटा से उछलकर सामने नहीं आए थे?

बहरहाल, अक्सर जाँच के समय डाटा ज़्यादा अस्पष्ट रहता है। सबसे सफल जाँचकर्ता घटना के साथ संलग्न होने की इच्छा को ही उजागर

नहीं करते हैं, बल्कि उनमें मुख्य सबक़ बाहर निकालने के लिए आवश्यक विश्लेषणात्मक योग्यताएँ और सृजनात्मक विचार भी होते हैं। दरअसल, कई उड्डयन विशेषज्ञ जाँचों की गुणवत्ता और आधुनिकता में सुधार को हाल के वर्षों में सुरक्षा की सबसे शक्तिशाली प्रेरणाओं में से एक मानते हैं।

लेकिन बहुत कम जाँचें वाल्ड की जाँच जितनी शानदार होती हैं। उनके काम को दशकों तक गोपनीय रखा गया और हाल ही में पूरी कहानी बताई गई है, जिससे यह पता चलता है कि उन्होंने नाज़ीवाद को परास्त करने में किस तरह योगदान दिया। उनकी ज़्यादातर जाँचों में यह उजागर हुआ कि असफलता से सीखने के लिए आपको सिर्फ़ दिखने वाले डाटा का विश्लेषण ही नहीं करना चाहिए, बल्कि आपको तो उस डाटा का भी विश्लेषण करना चाहिए, जिसे आप देख नहीं सकते।

III

अब्राहम वाल्ड का जन्म 1902 में हंगरी में एक यहूदी बेकर के घर पर हुआ था। उन्हें घर पर उनके बड़े भाई मार्टिन ने शिक्षित किया था, जो एक सुयोग्य इंजीनियर थे। जल्दी ही उन्हें गणित से प्रेम हो गया और चौदह साल की उम्र में ज्यामिति सीख ली। उन्हें जानने वाले लोगों के अनुसार छोटा अब्राहम हमेशा पहेलियाँ बनाता रहता था और उन्हें सुलझाता रहता था।

1927 में वाल्ड घर छोड़कर वियना यूनिवर्सिटी में अध्ययन करने चले गए। शोख चेहरे, काले बालों और चमकदार आँखों वाले वाल्ड की तीव्र बुद्धि को उनके शिक्षकों और साथी विद्यार्थियों ने तुरंत पहचान लिया। जैसा एक सहकर्मी ने कहा था : "मैं उनकी भारी योग्यता, उनकी विनम्रता और समस्याओं पर हमला करने की उनकी असाधारण शक्ति से मंत्रमुग्ध था।"

उनकी पीढ़ी के महानतम गणितज्ञों में से एक कार्ल मेंगर ने यूनिवर्सिटी में वाल्ड की प्रतिभा को पहचान लिया। उन्होंने वाल्ड को कोलोकियम में शामिल होने के लिए आमंत्रित किया। कोलोकियम उन बुद्धिजीवियों का समूह था, जो अनौपचारिक रूप से एकत्रित होकर गणित और दर्शन पर बातचीत करते था। इस समूह में कई ऐसे नाम थे, जो बाद में महान किंवदंती बने, जैसे कुर्त गोडेल और अल्फ्रेद तार्स्की। वाल्ड पल्लवित होते रहे और उन्होंने ज्यामिति पर कई शोध पत्र लिखे, जिन्हें मेंगर ने 'गहरे, सुंदर और बुनियादी महत्त्व के' कहा।

लेकिन वाल्ड वियना में शिक्षक का पद हासिल नहीं कर पाए : उनके यहूदी होने की वजह से यह राजनीतिक दृष्टि से असंभव था। 'आर्थिक और शुरुआती राजनीतिक अशांति के उस दौर में इस बात का प्रश्न ही नहीं उठता था कि उन्हें वियना यूनिवर्सिटी में कोई पद मिल जाए, हालाँकि ऐसा जुड़ाव निश्चित रूप से संस्था और स्वयं उनके लिए लाभकारी होता,' मेंगर ने बाद में लिखा। "अपनी जानी-पहचानी विनम्रता के साथ वाल्ड ने मुझे बताया कि वे किसी भी छोटे निजी पद से पूरी तरह संतुष्ट हो जाएँगे, जिसकी वजह से वे मैथेमेटिकल कोलोकियम से जुड़े रहने में सक्षम हों।"

लेकिन जब यूरोप पर युद्ध के बादल मँडराए, तो यह गौण भूमिका भी समस्याप्रद साबित होने वाली थी। 1937 में नाज़ी सहानुभूतिकर्ताओं ने मैथेमेटिकल कोलोकियम में वाल्ड की मौजूदगी की आलोचना की। एक साल बाद जब हिटलर ऑस्ट्रिया की राजधानी में घुस आया, तो वाल्ड को निकाल दिया गया। नाज़ी सेना के आधिपत्य के बाद वे कुछ सप्ताह तक वहीं रहे, लेकिन जब नाज़ियों ने यहूदियों के उत्पीड़न को बढ़ाया, तो पहले ही भागकर अमेरिका पहुँच चुके मेंगर ने वाल्ड के लिए अमेरिका में एक नौकरी खोज ली।

वाल्ड वियना नहीं छोड़ना चाहते थे। वे इस शहर से प्रेम करने लगे थे (एक मित्र को पत्र में उन्होंने लिखा कि यह 'उनका दूसरा घर' बन गया था), लेकिन वहाँ से जाने के फ़ैसले की वजह से उनकी जान बच गई। उनके परिवार के नौ में से आठ सदस्य बाद में नाज़ियों के हाथों मरने वाले थे। उनके माता-पिता और बहनें ऑशवित्ज़ के गैस चैंबरों में मारे गए, जबकि उनके प्रिय बड़े भाई मार्टिन, जिन्होंने गणित से वाल्ड का परिचय कराया था, पश्चिमी जर्मनी में दास श्रमिक के रूप में मारे गए। वाल्ड को युद्ध के अंत तक इन दुखद घटनाओं का पता नहीं चला।

अमेरिका में उन्हें भारी राहत मिली, जब उन्हें यह पता चला कि वे गणित के अपने प्रेम को जारी रख सकते हैं। उन्हें अंततः एक टीम में नौकरी मिल गई, जिसका काफ़ी साधारण नाम था : एप्लाइड मैथेमेटिक्स पैनल था। उन्होंने ख़ुद को हार्लेम के केंद्र से कुछ सड़क दूर चौथी मंज़िल के एक अपार्टमेंट में काम करते पाया। यह युद्ध में एक महत्त्वपूर्ण मोड़ साबित हुआ।

इस पैनल में प्रतिभाशाली गणितज्ञ काम करते थे। सेना की तरफ़ से काम करते हुए उन्हें बहुत सी समस्याओं के विश्लेषण का काम दिया

गया था, जैसे टॉरपीडो छोड़ने का सबसे सफल तरीक़ा और मिसाइलों की एरोडाइनैमिक यानी वायुगतिकीय कुशलता। जैसा लेखक डेविड मैक्रेनी ने बताया : "उस वक़्त अपार्टमेंट के पास से गुज़रने वाले लोगों को ज़रा भी अंदाज़ा नहीं था कि उनसे चार मंज़िल ऊपर व्यावहारिक गणित के क्षेत्र में इतना महत्त्वपूर्ण काम किया जा रहा था कि उससे विश्व युद्ध में तराजू का पलड़ा उनकी ओर झुक रहा था।"

पैनल का ज़्यादातर काम बहुत गोपनीय था तथा इसे कई दशकों तक गोपनीय रखा गया, लेकिन हाल के वर्षों में शोधकर्ताओं ने इन 'सैन्य गणितज्ञों' के योगदान को इकट्ठा करना शुरू किया और उन्हें पता चला कि युद्ध के परिणाम में उन्होंने बहुत महत्त्वपूर्ण निभाई थी। वाल्ड की सहभागिता, जो बरसों बाद ही रोशनी में आई, संभवतः सबसे आश्चर्यजनक थी।

सेना ने उनसे एक अत्यंत महत्त्वपूर्ण समस्या के सिलसिले में मदद माँगी थी। यूरोप में बमवर्षक विमान भारी जोखिम लेते थे। आक्रमण के बाद किसी पायलट के बचने की संभावना पचास प्रतिशत से ज़्यादा बेहतर नहीं थी। सैन्य इतिहासकार केविन विल्सन ने इन उल्लेखनीय और साहसिक लोगों को 'पहले ही भूत' कहा था।

शीर्ष सैन्य अधिकारियों को इस बात का अहसास हुआ कि उन्हें युद्ध में विमानों पर कवच लगाना चाहिए, ताकि वे ज़मीन और हवा से चलाई जाने वाली गोलियों से सुरक्षित रहें। समस्या यह थी कि पूरे विमान पर कवच नहीं चढ़ाया जा सकता था, क्योंकि इसके बाद विमान इतने भारी हो जाते कि उड़ ही नहीं पाते और उनकी गति पर बहुत विपरीत प्रभाव पड़ता। वाल्ड को यह बताने का काम सौंपा गया कि किन क्षेत्रों में सबसे ज़्यादा सुरक्षा की ज़रूरत थी, ताकि वहाँ कवच लगाया जा सके।

वाल्ड को बहुत से आँकड़े दिए गए, जिनके आधार पर वे काम कर सकते थे। वायु सेना को इस बात का श्रेय देना चाहिए कि उसने क्षति का आकलन करने और इस पर अपनी प्रतिक्रिया तय करने के लिए लौटने वाले विमानों की जाँच की थी। यह ब्लैक बॉक्स वाला व्यवहार है। वे दुर्घटनाओं से मिलने वाली जानकारी की जाँच करके यह पता लगाना चाहते थे कि विमान की सुरक्षा को बेहतर कैसे बनाया जाए।

वायु सेना ने राहत के साथ देखा कि कवच लगाने की जगहें स्पष्ट दिख रही थीं। विमानों के डैनों और धड़ पर गोलियों के भारी निशान थे, लेकिन कॉकपिट या पिछला हिस्सा क्षतिग्रस्त नहीं थे। घटना की जाँच जितने ज़्यादा समय तक चली, नमूना उतना ही ज़्यादा स्पष्ट हो गया।

आप नीचे दिए रेखाचित्र में नमूना देख सकते हैं।

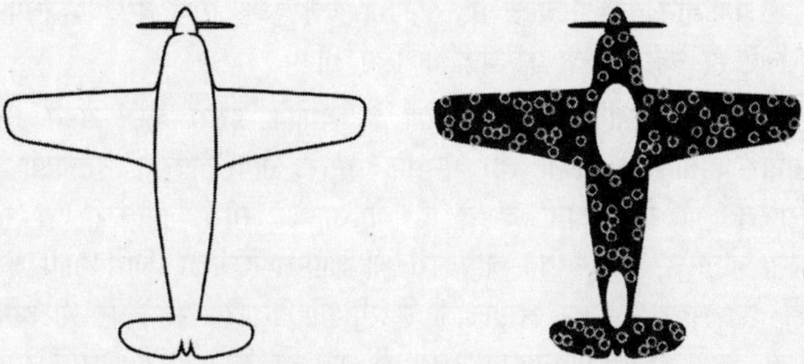

गोलीरहित विमान | लौटने वाले विमानों में गोली के छेदों की जगहें

सेना ने एक आदर्श योजना बनाई : वे विमान में उन जगहों पर कवच लगा देंगे, जहाँ छेद हो गए थे। गोलियाँ यहीं पर टकराई थीं, इसलिए यहीं पर विमानों को अतिरिक्त सुरक्षा देनी चाहिए। यह स्पष्ट सहज बोध था। जो लोग सैन्य नेतृत्व के पदों पर बैठे थे, उनके हिसाब से यह उनके साहसिक विमान चालकों को शत्रु की गोलियों से बचाने का सर्वश्रेष्ठ तरीक़ा था।

लेकिन वाल्ड इस बात से सहमत नहीं थे। उन्हें इस बात का अहसास हुआ कि शीर्ष अधिकारियों ने एक महत्त्वपूर्ण जानकारी पर पूरा ध्यान नहीं दिया था। वे सिर्फ़ उन्हीं विमानों की जाँच कर रहे थे, जो लौटकर वापस आए थे। वे उन विमानों पर ग़ौर नहीं कर रहे थे, जो *लौटकर नहीं* आ पाए थे (यानी वे विमान, जिन्हें मार गिराया गया था)। गोलियों के छेद देखने से यह भ्रामक निष्कर्ष निकल रहा था कि कॉकपिट और पिछले भाग में कवच की ज़रूरत नहीं है, क्योंकि इन पर कभी गोलियाँ नहीं चली थीं। वास्तव में हुआ यह था कि जिन विमानों में इन जगहों पर गोलियाँ चलीं, वे दुर्घटनाग्रस्त हो गए थे, क्योंकि वे यहीं पर सबसे ज़्यादा कमज़ोर थे।

वास्तव में लौटने वाले विमान के छेद यह बता रहे थे कि बमवर्षक विमान किन क्षेत्रों में नुक़सान झेलने के बावजूद सुरक्षित लौट *सकता* था। वे ठीक इसलिए बच गए थे, क्योंकि उन्हें कॉकपिट और पिछले भाग में गोलियाँ नहीं मारी गई थीं। नमूने के छेद यह नहीं बता रहे थे कि विमान में कवच कहाँ लगाने की ज़रूरत थी। दरअसल, ये छेद तो यह बता रहे थे कि किन क्षेत्रों में कवच लगाने की ज़रूरत नहीं थी।

यह ज्ञान बाद में बहुत महत्त्वपूर्ण साबित हुआ, सिर्फ़ बमवर्षक विमानों के लिए ही नहीं, बल्कि पूरे युद्ध के लिए भी।

यह एक शक्तिशाली उदाहरण है, क्योंकि इससे कुछ अहम चीज़ें उजागर होती हैं। पहली तो यह कि अगर आप विपरीत घटनाओं या असफलताओं से सीखना चाहते हैं, तो आपको सारी जानकारी पर ग़ौर करना होता है, जिसमें वह जानकारी भी शामिल होती है, जिसे आप तुरंत नहीं देख सकते, लेकिन असफलता से सीखना वैचारिक स्तर पर भी हमेशा आसान नहीं होता, भावनात्मक स्तर की बात तो रहने ही दें। इसमें सतही मान्यताओं को भेदने की इच्छा और सावधानीपूर्वक विचार करने की ज़रूरत होती है। अक्सर इसका मतलब यह होता है कि नीचे छिपे हुए सबक़ों की झलक देखने के लिए आपको स्पष्ट जानकारी से आगे तक देखना होगा। सीखने के मामले में यह सिर्फ़ उड्डयन में ही सच नहीं है, बल्कि व्यवसाय, राजनीति और दूसरे क्षेत्रों में भी सच है।

जैसा हार्वर्ड बिज़नेस स्कूल की एमी ऐडमॉन्डसन ने कहा है : "असफलता से सीखना सीधा-सादा काम नहीं है। असफलताओं का प्रभावी ढंग से पता लगाने और इनका विश्लेषण करने के लिए जिन नज़रियों और गतिविधियों की आवश्यकता होती है, उनकी ज़्यादातर कंपनियों में कमी होती है। इसके अलावा विशिष्ट पृष्ठभूमि के हिसाब से सीखने की रणनीतियों की आवश्यकता पर ध्यान नहीं दिया जाता। कंपनियों को सतही सबक़ों से आगे तक जाने के नए और बेहतर तरीक़ों की ज़रूरत होती है।"

द्वितीय विश्वयुद्ध में बुलेट से छलनी विमान के वाल्ड के विश्लेषण ने दर्जनों साहसिक वायु सैनिकों की जान बचाई। सेना के लिए उन्होंने जो मौलिक शोध-पत्र लिखा, उसे जुलाई 1980 तक गोपनीयता के आवरण में रखा गया, लेकिन आज इसे गूगल पर सर्च करके पढ़ा जा सकता है। इसका

शीर्षक है : 'अ मेथड ऑफ़ एस्टिमेटिंग प्लेन वल्नरेबिलिटी बेस्ड ऑन डैमेज ऑफ़ सरवाइवर्स।'

युद्ध के बाद जाकर वाल्ड को पता चला कि नाज़ियों ने उनके परिवार के नौ में से आठ सदस्यों की हत्या कर दी थी। जो लोग उन्हें सबसे अच्छी तरह जानते थे, उनके अनुसार इस क्षति का दर्द उन्हें ज़िंदगीभर सालता रहा। उनके एक क़रीबी मित्र ने लिखा था : "यह क्रूर प्रहार भी उन्हें कटु बनाने में असफल रहा, हालाँकि इसके बाद जीवनभर उन्हें एक निश्चित दुख का अहसास रहा।"

1940 के दशक के अंत में उन्होंने अपने बड़े भाई हर्मेन को अमेरिका बुलवा लिया, जो परिवार के इकलौते सदस्य थे, जो विभीषिका से बच गए थे। उनके मित्र बताते थे कि अपने भाई के साथ वे 'बहुत राहत' में रहते थे। साथ ही उन्हें यह तसल्ली भी थी कि वे कोलंबिया यूनिवर्सिटी में गणित संबंधी काम जारी रख सकते थे।

इस उल्लेखनीय और विनम्र आदमी को संभवतः इस तथ्य से भी राहत मिली होगी कि उनके विश्लेषणात्मक विचारों ने उस बुरी विचारधारा को परास्त करने में अति महत्त्वपूर्ण भूमिका निभाई, जिसने उनके प्रियजनों की हत्या की थी।

वे उत्कृष्ट और बेजोड़ ब्लैक बॉक्स विचारक थे।

3

सफलता का विरोधाभास

I

15 जनवरी 2009 को दोपहर 3.25 पर यूएस एयरवेज़ फ़्लाइट 1549 को न्यू यॉर्क के लागार्डिया एयरपोर्ट के रनवे 4 से उड़ान भरने की अनुमति दी गई।

मौसम साफ़ था और कॉकपिट में कैप्टन चेसली सुलेनबर्गर और फ़र्स्ट ऑफ़िसर जेफ़्री स्काइल्स जाँचसूचियों से गुज़र रहे थे। वे इस यात्रा के लिए उत्सुक थे। उनमें से किसी को भी इस बात का अहसास नहीं था कि वे एक ऐसी उड़ान भरने वाले हैं, जो आधुनिक समय की सबसे मशहूर वाणिज्यिक उड़ानों में से एक बन जाएगी।

उड़ान भरने के दो मिनट के भीतर ही अचानक कनाडाई हंसों का एक झुंड विमान के दाईं तरफ़ नज़र आया। यह झुंड इतनी तेज़ी से आया कि पायलटों को कुछ करने का समय ही नहीं मिला। दो पक्षी सीधे दाएँ इंजन में घुस गए और कम से कम एक बाएँ इंजन में।

ज़ोरदार आवाज़ के बाद विमान थम सा गया और फिर भुतहा ख़ामोशी छा गई। इंजनों की रफ़्तार जा चुकी थी। पायलटों के दिल की धड़कन तेज़ हो गई और उनकी अनुभूति संकीर्ण हो गई : जो ख़तरे पर स्वाभाविक प्रतिक्रियाएँ हैं। वे अब न्यू यॉर्क से 3,000 फ़ीट ऊपर थे और 70 टन वाली एयरबस ए320 चला रहे थे, जो बीच हवा में रुक गई थी।

उन्हें तुरंत बहुत से निर्णय लेने थे। उनके सामने कुछ मील दूर लागार्डिया लौटने या न्यू जर्सी मीडोलैंड्स के टेटेरबोरो हवाई अड्डे जाने का प्रस्ताव रखा गया। उन्होंने दोनों ही विकल्पों को ठुकरा दिया। विमान उतनी दूर तक नहीं जा पाता। यह बहुत तेज़ी से नीचे आ रहा था।

3.29 पर सुलेनबर्गर ने वे शब्द बोले, जो पूरे संसार में अख़बार की सुर्खियाँ बने : "हम हडसन में उतरने वाले हैं।"

*

इस पुस्तक के शुरुआती हिस्से में हमने सुरक्षा-जोखिम वाले दो क्षेत्रों में असफलता पर ध्यान केंद्रित किया था : उड्डयन और स्वास्थ्य सेवा। हमने असफलता पर प्रतिक्रियाएँ, नज़रियों और जाँचों पर नज़र डाली है। अब हम सफलता और उस पर हमारी प्रतिक्रियाओं पर एक संक्षिप्त नज़र डालेंगे। हम चीज़ें कैसे सही करते हैं, इस पर रोशनी डालकर हम इस बारे में थोड़ा ज़्यादा पता लगाएँगे कि हम ग़लतियाँ क्यों करते हैं।

सुलेनबर्गर ने अंततः पूरे 70 टन के विमान को हडसन नदी में उतार दिया। यह शानदार ढंग से लिया गया विवेकपूर्ण निर्णय था। कैप्टन ने इसके बाद भी पूरी मेहनत की। उन्होंने दो बार केबिन में जाकर यह सुनिश्चित किया कि उनके विमान छोड़ने से पहले सभी यात्री बाहर निकलकर पंखों पर पहुँच गए थे और नदी की सतह से बस कुछ इंच ऊपर थे। किसी को भी ख़ास चोट नहीं आई थी।

उनके इस कमाल के प्रदर्शन ने पूरे अमेरिका को मंत्रमुग्ध कर दिया। सत्तावन साल के सुलेनबर्गर को राष्ट्रपति पद पर निर्वाचित हो चुके ओबामा ने फ़ोन किया। उन्हें राष्ट्रपति के शपथ ग्रहण समारोह में आमंत्रित किया गया। *टाइम्स मैगज़ीन* ने 2009 में उन्हें टाइम के 100 हीरोज़ ऐंड आइकन्स खंड में दूसरे स्थान पर सूचीबद्ध किया। बुद्धिजीवियों ने सतही ख्याति वाली संस्कृति के बीच नए क़िस्म के सच्चे पौरुष का स्वागत किया। जनता के लिए यह महान व्यक्तिवादी प्रदर्शन था। एक आदमी की योग्यता और दबाव तले धीरता ने सौ से ज़्यादा जानें बचा ली थीं।

लेकिन उड्डयन विशेषज्ञों का नज़रिया अलग था। वे ज़्यादा बड़ी तसवीर देख रहे थे। उन्होंने न सिर्फ़ सुलेनबर्गर की व्यक्तिगत प्रतिभा को श्रेय दिया, बल्कि उस तंत्र को भी श्रेय दिया, जिसमें वे काम कर रहे थे। कुछ ने क्रू रिसोर्स मैनेजमेंट का हवाला दिया। सुलेनबर्गर और स्काइल्स के बीच ज़िम्मेदारियों का बँटवारा सुचारू रूप से हुआ था। पक्षियों के टकराने के बाद कुछ ही पलों में सुलेनबर्गर ने विमान का नियंत्रण थाम लिया, जबकि स्काइल्स त्वरित संदर्भ मार्गदर्शिका की जाँच करने लगे।

उड़ान के अंतिम पलों तक खुला संप्रेषण हो रहा था। जब विमान नीचे आ रहा था, तो स्काइल्स अपने कैप्टन को ज़्यादा से ज़्यादा स्थितिवादी जागरूकता प्रदान करने के लिए वायु गति और ऊँचाई के आँकड़े बता रहा था। जब नीचे उतरने में कुछ ही पल बचे थे, तब भी वे संप्रेषण कर रहे थे। सुलेनबर्गर ने पूछा, “कोई विचार है?” स्काइल्स ने जवाब दिया, “दरअसल नहीं।”

दूसरे सुरक्षा विशेषज्ञों ने यंत्रों-द्वारा-उड़ान प्रौद्योगिकी को श्रेय दिया (सभी एयरबस विमानों में सक्रिय अधुनातन ऑटोपायलट प्रणालियाँ), जिसने विमान के झुकाव को सही किया, जब यह पानी से होने वाले संपर्क से कुछ इंच दूर था। बाक़ी ने जाँचसूचियों और कुशल वायुगतिकीय डिज़ाइन को श्रेय दिया, जिन्होंने पक्षियों के टकराने से उत्पन्न हुए गहरे दबाव के बीच में चालक दल की सहायता की।

यह काफ़ी दिलचस्प विचार-विमर्श था, जो काफ़ी हद तक जनता की निगाह से दूर हुआ, लेकिन इस विचार-विमर्श में भी सबसे गहरी सच्चाई का ज़िक्र नहीं था। जाँचसूचियाँ मूलतः 1930 के दशक की दुर्घटनाओं की श्रँखला के बाद बनाई गई थीं। वायुगतिकीय कॉकपिट डिज़ाइन बी-17 की दुर्घटनाओं की विनाशकारी श्रँखला के बाद तैयार किया गया था। क्रू रिसोर्स मैनेजमेंट यूनाइटेड एयरलाइंस 173 के मलबे से उत्पन्न हुआ था।

यही सफलता का विरोधाभास है : इसका निर्माण असफलता की नींव पर होता है।

मैक्ब्रूम और सुलेनबर्गर के मामले में जनता ने जो सार्वजनिक प्रतिक्रिया की, उनकी जाँच करने से भी सीखने को मिलता है। हमें यह याद रखना चाहिए कि मैक्ब्रूम ज़बर्दस्त पायलट थे। जब डीसी8 नीचे गिर रहा था, तब भी उन्होंने अपना हौसला बनाए रखा। उन्होंने इसे पेड़ों के बीच उड़ाया, एक अपार्टमेंट ब्लॉक से बचे और ठोस ज़मीन से टकराते समय 90 टन भारी विमान के लिए न्यूनतम टकराव वाली जगह खोजी, जिससे शायद सौ लोगों की जानें बच गईं।

लेकिन दुर्घटना के बाद उनका बहिष्कार कर दिया गया, हालाँकि उड्डयन का नज़रिया ग़लती से सीखने की इच्छा से काफ़ी हद तक संचालित रहा है, लेकिन समाज ने तुरंत ही उस आदमी पर कलंक मढ़ दिया, जिससे

ग़लती हुई थी। लोग इस बात पर नाराज़ थे कि एक प्रशिक्षित पायलट ने एक सक्षम विमान का ईंधन ख़त्म हो जाने दिया था और उसे दुर्घटनाग्रस्त कर दिया था।

दुर्घटना के बाद उन्होंने जल्दी ही विमान उड़ाने से संन्यास ले लिया। तीन साल के भीतर उनकी पत्नी ने उन्हें छोड़ दिया। 2004 में उनकी मृत्यु के आठ साल पहले एक पुनर्मिलन समारोह में उनका वर्णन यूनाइटेड एयरलाइंस दुर्घटना में बच गए एमी कॉनर ने किया था, " वे बहुत टूट गए थे... वे तबाह हो गए थे। उन्होंने अपना लाइसेंस गँवा दिया था। उन्होंने अपना परिवार खो दिया था। उनका सारा जीवन ध्वस्त हो गया था।"

उनकी त्रासदी, अगर आप इसे ऐसा कह सकें, ऐसे समय उड़ान भरना थी, जब लोग मानव ध्यान और प्रभावी संप्रेषण की सीमाओं को पूरी तरह नहीं समझ पाए थे। जब वे यूनाइटेड एयरलाइंस 173 को उड़ा रहे थे, तो तंत्र में एक संभावित गड़बड़ थी : एक ऐसी ग़लती, जो होने का इंतज़ार कर रही थी। यह ठीक वैसी ही स्थिति थी, जैसी पच्चीस साल से ज़्यादा समय बाद नॉर्थ मार्स्टन के निकट एक ऑपरेशन थिएटर में दो उत्कृष्ट डॉक्टरों डॉ. एडवर्ड्स और डॉ. ऐंडरटन के सामने आई थी।

विडंबना यह है कि जिन सुलेनबर्गर का राष्ट्रपति ने सम्मान किया, वे भी उन्हीं परिस्थितियों में ठीक वही ग़लती कर सकते थे। उन्होंने ऐसा नहीं किया और वे हीरो बने, यह एक आसान, लेकिन गहरे कारण से संभव हुआ : जिस उद्योग में वे काम करते हैं, उसने दुर्घटनाओं से सबक़ सीखे थे। यह प्रासंगिक और प्रत्यक्ष दोनों है कि विनम्र और भले आदमी सुलेनबर्गर ने ठीक यही बात कही थी। हडसन नदी पर विमान उतारने की चमत्कारिक उपलब्धि के महीनों बाद एक टेलीविज़न इंटरव्यू में उन्होंने बुद्धिमत्ता का यह सुंदर मोती प्रदान किया था :

> हम उड्डयन में जो भी जानते हैं, हर चीज़, नियम पुस्तिका का हर नियम, हमारी हर कार्यप्रणाली, वह हम इसलिए जानते हैं, क्योंकि कहीं पर किसी की जान गई थी... हमने ये सबक़ भारी क़ीमत देकर ख़रीदे हैं। ये दरअसल इंसानों का ख़ून देकर ख़रीदे गए हैं, जिन्हें हमें संस्थागत ज्ञान के रूप में सुरक्षित रखना है और आगे आने वाली पीढ़ियों को हस्तांतरित करना है। हम इन

सबक़ों को भूलने और उन्हें दोबारा सीखने की नैतिक असफलता गवारा नहीं कर सकते।

II

सुलेनबर्गर के ये शब्द विचार करने लायक़ हैं, क्योंकि वे असफलता की क्रांतिकारी रूप से दोबारा कल्पना करने का अवसर प्रदान करते हैं। यह विचार प्रबल, विरोधाभासी और गहरा है कि उड्डयन का सफल सुरक्षा रिकॉर्ड असली संसार में हुई दुर्घटनाओं के मलबे की देन है। यह बहुत कुछ उजागर करता है। अगर हम पर्याप्त ग़ौर से अवलोकन करें, तो इस विचार की गूँज मानव प्रयास की लगभग हर शाखा में सुनाई देती है।

विज्ञान को ही देख लें, जहाँ असफलता से सीखना प्रणाली का हिस्सा बन चुका है। यही बात दार्शनिक कार्ल पॉपर ने कही थी, जब उन्होंने सुझाव दिया था कि विज्ञान अपनी ख़ुद की ग़लतियों पर सतर्क प्रतिक्रिया के ज़रिये प्रगति करता है। वैज्ञानिक सिद्धांत ऐसी भविष्यवाणियाँ करता है, जिनका परीक्षण किया जा सकता है, इसलिए यह मूलतः अति असुरक्षित होता है। यह एक कमज़ोरी सी लगती है, लेकिन पॉपर को अहसास था कि यह एक ऐसी शक्ति है, जिसकी गणना संभव नहीं है।

"सभी मानव विचारों के इतिहास की तरह ही विज्ञान का इतिहास भी ग़लतियों... का इतिहास है," पॉपर ने लिखा था। "लेकिन विज्ञान उन बहुत कम मानवीय गतिविधियों में से एक है - शायद एकमात्र - जिसमें ग़लतियों की सुनियोजित आलोचना की जाती है और अक्सर समय पर सुधार लिया जाता है। इसीलिए हम यह कह सकते हैं कि विज्ञान में हम अपनी ग़लतियों से सीखते हैं और इसीलिए हम प्रगति करने के बारे में स्पष्टता व समझदारी से बोल सकते हैं।"

इस पृष्ठभूमि में उस प्रयोग पर विचार करें (जो शायद कपोलकल्पित है), जिसे गैलिलियो ने सोलहवीं सदी में इटली में किया। कई सदियों तक अरस्तू की भौतिकी ने संसार पर राज किया था, कुछ हद तक उसी तरह जिस तरह गैलेन के विचारों ने चिकित्सा के क्षेत्र में किया था। यूनानी चिंतक में लोगों की आस्था थी और उन्हें चुनौती देना एक तरह से धृष्टता समझा

जाता था। अरस्तू का मानना था कि भारी वस्तुएँ हल्की वस्तुओं से ज़्यादा तेज़ी से गिरती हैं, उनके वज़न के ठीक अनुपात में।

लेकिन क्या वे सही थे? गैलिलियो ने एक परीक्षण किया। वे पीसा की झुकी मीनार पर चढ़े और ऊपर से अलग-अलग वज़न के दो गोले गिराए। उन्होंने पाया कि दोनों वस्तुएँ समान वेग से गिरीं और उस पल यह साबित हो गया कि अरस्तू का सिद्धांत ग़लत था। पॉपर की शब्दावली का इस्तेमाल करते हुए उन्होंने अरस्तू की परिकल्पना को 'झूठा साबित' कर दिया था।

यह अरस्तू के सिद्धांत की असफलता थी और उनके अनुयायियों के लिए एक दुखद आघात था, जिनमें से कई इस प्रयोग से नाराज़ थे, लेकिन यह विज्ञान के लिए एक गंभीर जीत थी, क्योंकि अगर अरस्तू ग़लत थे, तो वैज्ञानिकों को इसका कारण पता लगाने की प्रेरणा दे गई थी और इसी की बदौलत उन्होंने नए सिद्धांत सोचे, जो भविष्य में ग़लत साबित किए जा सकते थे। कम से कम आंशिक तौर पर विज्ञान इसी तरह तरक़्क़ी करता है।*

यही आइंस्टाइन के सापेक्षता के सिद्धांत के संदर्भ में कहा जा सकता है। 1919 में आर्थर एडिंगटन नामक ब्रिटिश वैज्ञानिक अफ़्रीका गए, ताकि वे सापेक्षता के सबसे नवीन दावों में से एक का परीक्षण कर सकें कि प्रकाश भारी पिंडों के प्रति आकर्षित होता है। ग्रहण के दौरान उन्होंने एक दूरस्थ तारे के फ़ोटो यह देखने के लिए खींचे कि क्या वे पृथ्वी की ओर आने वाली प्रकाश किरणों पर गुरुत्वाकर्षण का प्रभाव देख सकते हैं। एडिंगटन के प्रयोग ने सिद्धांत की पुष्टि की, लेकिन मुद्‌दे की बात यह है कि शायद यह पुष्टि नहीं करता। प्रयोग में सापेक्षता ग़लत साबित हो सकती थी। यही स्थिति आज भी मौजूद है।

असफलता के प्रति इस खुलेपन की तुलना ज्योतिष जैसे छद्‌मविज्ञान से करें। यहाँ भविष्यवाणियाँ निराशाजनक रूप से अस्पष्ट होती हैं। जिस दिन

*विज्ञान में असफलता और प्रगति के बीच का सटीक संबंध एक जटिल विषय है। इस बारे में काफ़ी वाद-विवाद है कि चुनौतीपूर्ण जानकारी की रोशनी में वैज्ञानिक कब नए सिद्धांत और पैरेडाइम निर्मित कर सकते हैं या उन्हें ऐसा कब करना चाहिए। दार्शनिक थॉमस कुहन ने इस विषय पर काफ़ी कुछ लिखा है, लेकिन यह बुनियादी बिंदु लगभग सर्वमान्य है कि वैज्ञानिक सिद्धांत ऐसे होने चाहिए कि उनकी जाँच संभव हो। इसी वजह से वे असुरक्षित होते हैं। स्व-सुधार वैज्ञानिक प्रगति का एक केंद्रीय पहलू है।

ये शब्द लिखे गए, मैंने होरोस्कोप डॉट कॉम पर तुला राशि की भविष्यवाणी देखी। इसमें लिखा था, "घर या ऑफ़िस में बड़े परिवर्तन मँडरा रहे हैं।" यह बात परीक्षण योग्य लग सकती है, लेकिन राशि तुला हो या कोई और, किसी भी इंसान के जीवन में ऐसा बहुत कुछ हो सकता है, जो इस भविष्यवाणी के अनुरूप हो। हम सभी के घर या ऑफ़िस में परिवर्तन 'मँडराते' रहते हैं। इससे ज्योतिष को एक मनमोहक शक्ति मिलती है : यह कभी 'ग़लत' नहीं होता, लेकिन असफल होने से बचने के लिए इसे काफ़ी ऊँची क़ीमत चुकानी पड़ती है : यह सीख नहीं सकता। ज्योतिष में पिछली दो सदियों से कोई अर्थपूर्ण बदलाव नहीं हुए हैं।

या उन्नीसवीं सदी में लोकप्रिय एक सिद्धांत पर नज़र डालें, जिसमें यह दावा किया गया था कि संसार का निर्माण 4004 ई.पू. में किया गया। यह दावा जीवाश्मों की खोज और कार्बन डेटिंग के प्रमाण से ग़लत साबित हो चुका है। साथ ही नई जानकारी इस लगभग निर्विवाद तथ्य की ओर संकेत करती है कि सृष्टि छह हज़ार साल से बहुत ज़्यादा पुरानी है।

लेकिन उन्नीसवीं सदी में फ़िलिप हेनरी गॉस नामक एक ब्रिटिश प्रकृतिवादी ने *ऑम्फ़ैलॉस* नामक पुस्तक में सृजन के सिद्धांत की रक्षा करने की कोशिश की। उनका तर्क पूरी तरह से मौलिक था। उन्होंने दावा किया कि संसार की रचना तो 4004 ई.पू. में ही हुई थी, लेकिन ईश्वर ने उसी समय बहुत से जीवाश्म इसलिए बना दिए थे, ताकि संसार को ज़्यादा पुराना दिखाया जा सके। उन्होंने यह तर्क भी दिया कि ईश्वर ने आदम को एक नाभि दी थी, ताकि उसे मानव वंश का हुलिया दिया जा सके, जबकि उसे दरअसल मिट्टी से बनाया गया था (उनकी पुस्तक के शीर्षक *ऑम्फ़ैलॉस* का यूनानी में मतलब होता है 'नाभि')।

एक तरह से गॉस ने 4004 ई.पू. में सृष्टि के सृजन के सिद्धांत की रक्षा कर ली थी। उन्होंने अपनी तर्कपूर्ण युक्तियों से तथ्यों को सिद्धांत के अनुरूप बना दिया था, लेकिन उन्होंने एक और चीज़ भी की थी। उन्होंने इस सिद्धांत को असफलता से सुरक्षित बना दिया था। कितने ही प्रमाण आ जाएँ, कितनी ही जानकारी आ जाए, कितनी ही चीज़ें हो जाएँ, कोई चीज़ गॉस के दावे को ग़लत साबित नहीं कर सकती थी। अगर कोई नई जानकारी यह बताए कि संसार 4004 ई.पू. से ज़्यादा पुराना था, तो इसे इस बात का आगामी प्रमाण माना जाएगा कि ईश्वर ने संसार को बरगलाने के लिए एक

चाल चली थी। यह सिद्धांत प्रामाणिक था, *चाहे जो हो जाए,* लेकिन इसका यह मतलब भी था कि यह कभी नए प्रमाण की चुनौती से निपटने के लिए ख़ुद को ढाल नहीं सकता।

ऐसी ही कहानी अल्फ़्रेड ऐडलर के मनोचिकित्सकीय सिद्धांतों के बारे में भी बताई जा सकती है। 1920 के दशक में ऐडलर के सिद्धांत काफ़ी लोकप्रिय थे और आज भी ये मनोविज्ञान में प्रभावी हैं। केंद्रीय विचार 'हीन ग्रंथि' का है : यह धारणा कि मानवीय व्यवहार ख़ुद को साबित करने की इच्छा से उत्पन्न होता है।

कार्ल पॉपर 1919 में ऐडलर से एक ऐसे प्रकरण पर बात करने के लिए मिले, जो उनके सिद्धांतों में फ़िट होता नज़र नहीं आ रहा था। प्रकरण की विशिष्ट बातें उतनी महत्त्वपूर्ण नहीं हैं, जितनी कि ऐडलर की प्रतिक्रिया। पॉपर ने लिखा है :

> ऐडलर को हीन भावनाओं के अपने सिद्धांत के संदर्भ में विश्लेषण करने में कोई मुश्किल नहीं आई, हालाँकि उन्होंने बच्चे को देखा तक नहीं था। थोड़े सदमे में आकर मैंने उनसे पूछा कि वे इतने विश्वास से कैसे कह सकते हैं। उन्होंने जवाब दिया, "क्योंकि मुझे हज़ार गुना अनुभव है।" इस पर मैं यह कहने से ख़ुद को रोक नहीं पाया : "और मुझे लगता है कि इस नए प्रकरण के बाद आपका अनुभव एक हज़ार एक गुना हो गया होगा।"

यहाँ पॉपर के मन में यह बात थी कि ऐडलर के सिद्धांत किसी भी चीज़ के अनुकूल बैठाए जा सकते थे। जैसे अगर कोई आदमी डूबते हुए बच्चे को बचा लेता है, तो ऐडलर के अनुसार वह ख़ुद के सामने यह साबित कर रहा है कि उसमें नदी में कूदकर अपनी जान जोखिम में डालने का साहस है। अगर वही आदमी डूबते हुए बच्चे को नहीं बचाता है, तो वह अपने सामने यह साबित कर रहा है कि उसमें सामाजिक नापसंदगी का जोखिम लेने का साहस है। दोनों ही प्रकरणों में वह अपनी हीन ग्रंथि से उबर चुका है। चाहे कुछ भी हो जाए, इस सिद्धांत को ग़लत साबित नहीं किया जा सकता और इसकी हमेशा पुष्टि होगी। जैसा पॉपर ने कहा है :

> मैं किसी मानवीय व्यवहार के बारे में नहीं सोच सकता, जिसकी व्याख्या सिद्धांत के संदर्भ में न की जा सकती हो। वे हमेशा फ़िट हो जाते थे और उनकी हमेशा पुष्टि होती थी, दरअसल यही तथ्य उनके प्रशंसकों की निगाह में सिद्धांत के पक्ष में सबसे प्रबल तर्क था। मुझे लगने लगा कि इसकी यह सबसे बड़ी शक्ति ही दरअसल इसकी सबसे बड़ी कमज़ोरी थी।

ज़्यादातर 'क्लोज़्ड लूप' इसलिए क़ायम रहते हैं, क्योंकि लोग असफलता से इंकार करते हैं या इसे घुमाने की कोशिश करते हैं। छद्म विज्ञानों के साथ समस्या ज़्यादा तंत्रात्मक होती है। उन्हें जाने-अनजाने इस तरह से बनाया गया है, जिससे वे किसी सूरत में असफल न हों। इसीलिए उनके समर्थकों को वे इतने मनमोहक लगते हैं। वे हर होने वाली चीज़ के तालमेल में होते हैं, लेकिन इसका यह भी मतलब है कि वे *किसी चीज़ से नहीं* सीख सकते।

इससे पुष्टि और झूठे ठहराने के बीच एक सूक्ष्म फ़र्क़ का संकेत मिलता है। विज्ञान को अक्सर पुष्टि की खोज करने वाला माना जाता है। वैज्ञानिक प्रकृति का अवलोकन करते हैं, सिद्धांत बनाते हैं और फिर समर्थन में ज़्यादा से ज़्यादा प्रमाण इकट्ठे करके उन्हें सही साबित करने की चेष्टा करते हैं, लेकिन हम अब देख सकते हैं कि यह केवल सत्य का एक हिस्सा है। विज्ञान सिर्फ़ पुष्टि करने के बारे में ही नहीं है। यह तो झूठा साबित करने के बारे में भी है। विज्ञान केवल समर्थनकारी जानकारी इकट्ठी करके ही प्रगति नहीं करता है, बल्कि विरोधी जानकारी की तलाश करके भी प्रगति करता है।

यह परिकल्पना लें कि पानी 100 डिग्री सेंटीग्रेड पर उबलता है। यह पर्याप्त सच नज़र आता है, लेकिन जैसा हम अब जानते हैं पानी को ज़्यादा ऊँचाई पर उबालने पर यह परिकल्पना ढह जाती है। कोई सिद्धांत कहाँ असफल होता है, ऐसी जगहें खोजकर हम एक नया, ज़्यादा शक्तिशाली सिद्धांत बनाने के लिए एक मंच तैयार कर देते हैं : एक ऐसा सिद्धांत, जो यह स्पष्ट करता है कि पानी ज़मीन पर 100 डिग्री सेंटीग्रेड पर क्यों उबलता है और ज़्यादा ऊँचाई पर एक अलग तापमान पर क्यों उबलता है। यह वैज्ञानिक प्रगति की प्रक्रिया है।

इससे पुष्टिकरण और झूठा ठहराने के बीच, सफलता और असफलता के बीच एक सूक्ष्म असमानता भी उजागर होती है। अगर आप ख़ुद को सही

साबित करने के लिए अपने अवलोकन कम ऊँचे स्थानों और खुले बर्तनों तक ही सीमित रखते हैं, तो आपको असंख्य उदाहरण मिल ज़ाएँगे, जहाँ पानी सचमुच 100 डिग्री सेंटीग्रेड पर उबलता है, लेकिन इसमें से कोई भी सफल 'प्रमाण' हमारे ज्ञान को बहुत ज़्यादा नहीं बढ़ाएगा। वास्तव में एक अर्थ में इसने इस मान्यता की संभावना को भी नहीं बढ़ाया है कि 'पानी हमेशा 100 डिग्री सेंटीग्रेड पर उबलता है।'

यह तर्क मूलतः स्कॉटलैंड के दार्शनिक डेविड ह्यूम ने अठारहवीं सदी में दिया था और इसे गणितज्ञ व लेखक नासिम निकोलस तालेब ने हाल ही में लोकप्रिय किया है। तालेब ने बताया कि आप दस लाख सफ़ेद हंस देख सकते हैं, लेकिन इससे यह कथन साबित नहीं होगा : सभी हंस सफ़ेद होते हैं। दूसरी ओर, एक काला हंस दिखने से यह कथन निर्णायक रूप से झूठा साबित हो जाएगा।

तो असफलता वैज्ञानिक प्रगति की आत्मा और भाव दोनों में ही बुनी होती है। मानव जाति का सबसे सफल यह शास्त्र पारंपरिकता को चुनौती देकर और विचारों का परीक्षण करके विकसित हुआ है। व्यक्तिगत वैज्ञानिक कई बार रूढ़िवादी हो सकते हैं, लेकिन समुदाय के रूप में वैज्ञानिक इस बात को पहचानते हैं कि सिद्धांत, ख़ासतौर पर वे जो हमारे ज्ञान की सरहदों पर होते हैं, अक्सर अधूरे या दोषपूर्ण होते हैं। अपने विचारों का परीक्षण करके और उन्हें असफलता की कसौटी पर कसकर हम विकास के लिए मंच तैयार करते हैं।

उड्डयन विज्ञान से भिन्न है, लेकिन इसका भाव भी यही है। आख़िर, विमान यात्रा एक तरह की परिकल्पना ही तो है : इसके डिज़ाइन, इसके पायलटों और एयर ट्रैफ़िक कंट्रोल के इस तंत्र के सहारे यह विमान अपनी मंज़िल तक सुरक्षित तरीक़े से पहुँच जाएगा। हर उड़ान एक तरह का परीक्षण होती है। एक निश्चित मायने में दुर्घटना इस परिकल्पना को झूठा साबित करने वाला प्रमाण है। इसीलिए तंत्र की सुरक्षा को बेहतर बनाने में दुर्घटनाओं का एक ख़ास महत्त्व होता है, जिस तरह किसी सिद्धांत को झूठा साबित करने से विज्ञान आगे बढ़ता है।

तंत्र के स्तर पर जो सच है, वह व्यक्ति के स्तर भी सच है। वास्तव में, यह संरचना आधुनिक मनोवैज्ञानिक के सबसे गहरे विरोधाभासों में से

एक को स्पष्ट करती है। यह मशहूर है कि हज़ारों घंटों का अभ्यास कर चुके विशेषज्ञ लगभग चमत्कारी प्रदर्शन कर सकते हैं। शतरंज के ग्रैंडमास्टर तुरंत ही एक आदर्श चाल सोच सकते हैं, शीर्ष टेनिस खिलाड़ी अपने विरोधी के शॉट मारने से पहले ही इस बात की भविष्यवाणी कर सकते हैं कि गेंद कहाँ आ रही है, अनुभवी शिशु विशेषज्ञ नर्सें लगभग तुरंत ही रोग का सटीक पता लगा सकती हैं, जिनकी बाद के परीक्षणों में हमेशा पुष्टि होती है।

इन व्यक्तियों ने सप्ताहों या महीनों तक नहीं, बल्कि अक्सर बरसों तक अभ्यास किया होता है। उन्होंने धीरे-धीरे, लेकिन निश्चित रूप से सहज बोध को तराशा है, जिसने उन्हें उल्लेखनीय सटीकता से काम करने में सक्षम बनाया है। इन खोजों से यह निष्कर्ष निकाला गया कि विशेषज्ञता बहुत ज़्यादा अभ्यास का परिणाम होती है (तथाकथित 10,000 घंटे का नियम)। हर व्यक्ति में विश्व चैंपियन बनने की संभावना तो नहीं होती, लेकिन ज़्यादातर लोग प्रशिक्षण और अभ्यास के ज़रिये माहिर ज़रूर बन सकते हैं।*

लेकिन आगामी अध्ययन इस निष्कर्ष के विरोध में नज़र आते हैं। कई पेशे ऐसे भी हैं, जिनमें अभ्यास और अनुभव का कोई प्रभाव नहीं पड़ता। इन पेशों के लोग महीनों और बरसों तक प्रशिक्षण लेते हैं, लेकिन इसके बावजूद *ज़रा भी* बेहतर नहीं बनते हैं। मिसाल के तौर पर, मनोचिकित्सा पर हुए शोध में यह पाया गया कि प्रशिक्षु को जो परिणाम मिलते हैं, वे लाइसेंसशुदा 'विशेषज्ञों' जितने ही अच्छे होते हैं। यही बात कॉलेज में प्रवेश देने वाले अफ़सरों, कर्मचारी चयनकर्ताओं और रोग-विषयक मनोवैज्ञानिकों के संदर्भ में देखी गई है।

ऐसा क्यों है? अनुभव कुछ पेशों में इतना मूल्यवान और बाक़ी में लगभग निरर्थक कैसे हो सकता है?

---

*2010 में लिखी अपनी पुस्तक *बाउंस* में मैंने इस क्षेत्र की थोड़े विस्तार से पड़ताल की है। इस खंड में मैं *बाउंस* में बताए गए विचार नहीं बता रहा हूँ। यहाँ मुद्दे की बात सिर्फ़ यह है कि लंबा अभ्यास भविष्यसूचक परिवेशों में विशेषज्ञता की आवश्यक शर्त नज़र आता है।

समय के साथ जो एकमात्र चीज़ बदलती है, वह प्रदर्शन नहीं, बल्कि आत्मविश्वास है। एक सर्वे में 25 प्रतिशत मनोचिकित्सकों ने ख़ुद को शीर्ष 10 प्रतिशत की श्रेणी में रखा और किसी ने भी ख़ुद को औसत से नीचे नहीं रखा।

इसका कारण जानने के लिए यह मान लें कि आप गोल्फ़ खेल रहे हैं। आप ड्राइविंग रेंज में हैं और गेंद को लक्ष्य की दिशा में मार रहे हैं। आप ध्यान एकाग्र कर रहे हैं और जब भी आप गेंद को मारते हैं, तो हर बार आप अपनी तकनीक में सुधार करते हैं, ताकि गेंद उस जगह के ज़्यादा क़रीब पहुँचे, जहाँ आप इसे पहुँचाना चाहते हैं। खेल में अभ्यास इसी तरह होता है। यह कोशिश करके ग़लतियों का विश्लेषण करने की प्रक्रिया है।

लेकिन अब यह मान लें कि दिन की रोशनी में अभ्यास करने के बजाय आप रात को घुप अँधेरे में अभ्यास कर रहे हैं। इन परिस्थितियों में आप भले ही दस साल तक या दस हज़ार साल तक अभ्यास कर लें, लेकिन आपके खेल में कोई सुधार या बेहतरी नहीं होगी। अगर आपको ज़रा भी पता नहीं है कि गेंद कहाँ गिरी है, तो आप प्रगति कैसे कर सकते हैं? आपका शॉट कहीं भी जा सकता है। हो सकता है गेंद लंबी गई हो, कम दूर तक गई हो, बाएँ गई हो या दाएँ गई हो। आपका हर शॉट रात के अँधेरे ने निगल लिया है। अपनी सटीकता को बेहतर बनाने के लिए आपके पास कोई जानकारी ही नहीं है।

यह उपमा विशेषज्ञता के रहस्य को सुलझा देती है। शतरंज खिलाड़ी की दृष्टि से सोचें। जब आप कोई ख़राब चाल चलते हैं, तो आपका विरोधी आपको तुरंत दंड देता है। रोग-विषयक नर्स की दृष्टि से सोचें। जब आप ग़लत निदान करते हैं, तो मरीज़ की स्थिति से (और बाद में परीक्षण से) आपको तुरंत चेतावनी मिल जाती है। नर्सों और शतरंज खिलाड़ियों की ग़लतियों से उनके सहज बोध की लगातार जाँच होती है और चुनौती मिलती है। उन्हें अपने निर्णयों को ढालने, बेहतर बनाने और नए सिरे से गढ़ने के लिए विवश होना पड़ता है। इसे इच्छित अभ्यास कहा जाता है।

मनोचिकित्सक के मामले में स्थिति बहुत ज़्यादा भिन्न होती है। उनका काम अपने रोगियों की मानसिक कार्यविधि को बेहतर बनाना है, लेकिन उन्हें यह कैसे समझ में आए कि उनका उपचार कब गड़बड़ या सही हो रहा है? फ़ीडबैक कैसे मिले? उनके रोगी उपचार पर कैसी प्रतिक्रिया कर रहे हैं, यह ज़्यादातर मनोचिकित्सक निष्पक्ष डाटा से नहीं, बल्कि उन्हें क्लीनिक में देखकर भाँपते हैं, लेकिन इस तरह की जानकारी बहुत अविश्वसनीय होती है। देखिए, यह भी तो हो सकता है कि रोगी मनोचिकित्सक को ख़ुश करने

के लिए यह बढ़ा-चढ़ाकर बताए कि वह कितना अच्छा महसूस कर रहा है, जो मनोचिकित्सा की एक सर्वविदित समस्या है।

लेकिन एक समस्या इससे भी ज़्यादा गहरी है। मनोचिकित्सा पूरी होने के बाद मनोचिकित्सक शायद ही कभी अपने रोगियों की निगरानी करते हैं। इसका मतलब है कि उन्हें उनके उपचार के दीर्घकालीन प्रभाव या परिणाम पर कोई फ़ीडबैक नहीं मिलता है। इस वजह से उन्हें यह पता ही नहीं चल पाता कि रोगियों की दीर्घकालीन मानसिक कार्यविधि को सचमुच बेहतर बनाने के संदर्भ में उनके उपचार काम कर रहे हैं या नहीं। और इसीलिए बहुत से मनोचिकित्सक बहुत समय बाद भी बेहतर नहीं बनते हैं। वे एक तरह से अँधेरे में गोल्फ़ खेल रहे होते हैं।

या रेडियोलॉजिस्ट्स को ही ले लें, जो मैमोग्राम यानी कम डोज़ वाले एक्स-रे की जाँच करके ट्यूमर को पहचानने की कोशिश करते हैं। जब वे ट्यूमर के ख़राब होने की भविष्यवाणी करते हैं, तो उन्हें अपने अनुमान की सटीकता के बारे में तुरंत कुछ पता नहीं चलता। जब ऑपरेशन होता है, तभी उन्हें फ़ीडबैक मिलता है कि उनकी भविष्यवाणी सही थी या ग़लत, लेकिन तब तक बहुत समय बीत चुका होता है। तब तक वे मूल निदान के पीछे के कारण काफ़ी हद तक भूल चुके होते हैं और नए मामलों में उलझ चुके होते हैं। देर से मिलने वाला फ़ीडबैक सहज बोध के निर्णय को ख़ास बेहतर नहीं बनाता है।*

लेकिन ज़्यादा गंभीर स्थिति पर विचार करें। यह मान लें कि रोगी को एक ख़तरनाक ट्यूमर है, जिसे रेडियोलॉजिस्ट नहीं पकड़ पाता है। रिपोर्ट आने पर रोगी राहत महसूस करता हुआ घर चला जाता है। अगर कुछ महीनों या बरसों बाद पता चलता है कि रेडियोलॉजिस्ट का निष्कर्ष ग़लत था और कैंसर अब बढ़ चुका है, तो शायद रेडियोलॉजिस्ट को कभी अपनी मूल ग़लती का पता ही नहीं चल पाएगा। इसका मतलब है कि वह अपनी ग़लती से सीखने की स्थिति में ही नहीं होता। इससे आंशिक तौर पर यह स्पष्ट

---

*डेनियल काहनेमैन इस बिंदु को स्पष्ट करने के लिए हमें इस बारे में सोचने को आमंत्रित करते हैं कि हम कार को मोड़ना कितनी तेज़ी से सीखते हैं। फ़ीडबैक तुरंत मिलता है और निष्पक्ष होता है। किसी समुद्री जहाज़ को कैसे मोड़ा जाए, इसे सीखने में कहीं ज़्यादा लंबा समय लगता है, क्योंकि कार्यों और उनके परिणाम दिखने के बीच में लंबा समय होता है।

होता है कि कनिष्ठ डॉक्टर इतनी धीरे-धीरे क्यों सीखते हैं और 70 प्रतिशत निदानात्मक सटीकता तक पहुँचने के बाद शायद ही कभी आगे बढ़ पाते हैं।

यदि हम विशेषज्ञ बनने के इच्छुक लोगों के निर्णय को बेहतर बनाना चाहते हैं, तो हमें प्रेरणा और समर्पण जैसे पारंपरिक मुद्दों पर ही ध्यान केंद्रित नहीं करना चाहिए। कई मामलों में बेहतरी लाने का एकमात्र तरीक़ा 'बत्तियाँ जलाने' का तरीक़ा खोजना है। आप भले ही बरसों तक प्रशिक्षण ले लें या किसी पेशे में रहें, लेकिन 'ग़लती के संकेत' समझे बिना आप बेहतर नहीं बन सकते।

रेडियोलॉजिस्ट्स के प्रकरण में एक प्रशिक्षण प्रणाली की कल्पना करें, जहाँ विद्यार्थियों के पास डिजिटल मैमोग्राम्स की लाइब्रेरी हो, जिसके सही निदानों की पुष्टि हो चुकी हो। इस स्थिति में विद्यार्थी हर घंटे एक मैमोग्राम का अध्ययन करके अपने निष्कर्ष पर पहुँच सकते हैं और उन्हें उनके निर्णय पर तुरंत फ़ीडबैक भी मिल जाएगा। वे ज़्यादा असफल होंगे, लेकिन इस वजह से वे ज़्यादा सीख जाएँगे। मैमोग्राम्स की लाइब्रेरी की इंडेक्सिंग भी की जा सकती है, ताकि विद्यार्थी उसी जैसे संबद्ध प्रकरणों की जाँच करने के लिए प्रोत्साहित हो सके, जिससे वह किसी ख़ास लक्षण या ख़ास प्रकार के ट्यूमर को पकड़ने में कामयाब हो सके।

यह हमें विज्ञान की ओर ले जाता है, जो एक ऐसा क्षेत्र है, जिसने असफलता से सीखा है। उन वैज्ञानिक सिद्धांतों की संख्या पर नज़र डालें, जो अतीत के अंधकार में खो चुके हैं : एमिशन थ्योरी ऑफ़ विज़न, टोलेमी का रिफ़्रैक्शन का नियम, द ल्यूमिनिफ़ेरस ईथर थ्योरी, हॉलो अर्थ थ्योरी, इलेक्ट्रॉन क्लाउड मॉडल, कैलोरिक डॉक्ट्रिन, फ्लोगिस्टन थ्योरी, मियाज़्मा थ्योरी ऑफ़ डिसीज़, द डॉक्ट्रिन ऑफ़ मैटर्नल इम्प्रेशन और दर्जनों अन्य सिद्धांत।

व्यावहारिक दृष्टि से देखें, तो इनमें से कुछ सिद्धांत तो ज्योतिष से ज़्यादा अच्छे नहीं थे, लेकिन महत्त्वपूर्ण फ़र्क़ यह है कि उन्होंने ऐसी भविष्यवाणियाँ कीं, जिनकी जाँच हो सकती थी। इसीलिए बाद में उनकी जगह बेहतर सिद्धांत आ गए। वे दरअसल आज के सफल सिद्धांतों के अति महत्त्वपूर्ण पायदान थे।

लेकिन एक अंतिम चीज़ पर ग़ौर करें : विद्यार्थी अब इन 'असफल' वैज्ञानिक सिद्धांतों का अध्ययन नहीं करते हैं। वे क्यों करेंगे? विज्ञान में

सीखने को बहुत कुछ है, इसलिए उन सारे विचारों का अध्ययन क्यों करें, जिन्हें समय के साथ दरकिनार कर दिया गया है, लेकिन यह प्रवृत्ति ब्लाइंड स्पॉट या अंध बिंदु बना देती है। जो सिद्धांत समय के साथ बचे रहे हैं, सिर्फ़ उन्हें देखने से हम उन असफलताओं पर ग़ौर नहीं करते हैं, जिनकी वजह से नए सिद्धांत संभव हुए हैं।

ब्लाइंड स्पॉट केवल विज्ञान तक ही सीमित नहीं है। यह हमारे संसार का बुनियादी गुण है और काफ़ी हद तक इसकी वजह से ही असफलता के प्रति हमारा नज़रिया विकृत हो जाता है। सफलता हमेशा आइसबर्ग की नोक होती है। हम प्रसिद्ध सिद्धांत सीखते हैं, हम बहुत सुरक्षित विमान में उड़ते हैं, हम सच्चे विशेषज्ञों के कौशल पर दंग रह जाते हैं।

लेकिन सफलता की सतह के नीचे - हमारी दृष्टि के बाहर, अक्सर हमारी जागरूकता के बाहर - आवश्यक असफलता का पहाड़ छिपा होता है।

III

2002 में डॉ. गैरी एस. कापलान को सिएटल में वर्जीनिया मैसन हेल्थ सिस्टम का चीफ़ एक्ज़ीक्यूटिव नियुक्त किया गया। वे अपने साथी एक्ज़ीक्यूटिव्ज़ के साथ जापान यात्रा पर गए। वे स्वास्थ्य सेवा के बाहर के संगठनों का अवलोकन करने को उत्सुक थे : कोई ऐसी चीज़, जो उनकी और उनकी वरिष्ठ टीम की मान्यताओं को चुनौती दे सके।

टोयोटा प्लांट पहुँचने पर उनकी आँखें खुली रह गईं। टोयोटा की उत्पादन प्रक्रिया काफ़ी असाधारण है। अगर प्रॉडक्शन लाइन में किसी को समस्या आती है या वह कोई ग़लती देखता है, तो वह एक रस्सी खींच देता है, जिससे प्लांट में उत्पादन रुक जाता है।

वरिष्ठ अधिकारी तेज़ी से देखने आते हैं कि क्या गड़बड़ हो गई है और अगर किसी कर्मचारी को काम करने में मुश्किल आ रही है, तो वे उसकी मदद करते हैं, फिर ग़लती का आकलन किया जाता है, उससे सबक़ सीखे जाते हैं और प्रणाली को अपडेट किया जाता है। इसे टोयोटा प्रॉडक्शन सिस्टम या टीपीएस कहा जाता है और यह औद्योगिक इतिहास की सबसे सफल तकनीकों में से एक है।

"तंत्र कारों के बारे में था, जो इंसानों से बहुत अलग होती हैं" कापलान ने बातचीत के दौरान मुझे बताया। "लेकिन इसके पीछे का सिद्धांत हस्तांतरणीय है। अगर कोई संस्कृति ग़लतियों के बारे में खुली और ईमानदार है, तो पूरा तंत्र उनसे सीख सकता है। इसी तरह आप बेहतर बनते हैं।"

चमकदार आँखों और बेचैन जिज्ञासा वाले कापलान जब बात करते हैं, तो उनके हाथ जोशपूर्ण अंदाज़ में हिलते हैं। वे कहते हैं, "जापान से लौटने पर हमने सिएटल में भी इसी तरह का तंत्र बनाया। हम जानते थे कि चिकित्सकीय ग़लतियों की वजह से पूरे अमेरिका में हज़ारों जानें जाती हैं और हमने उनकी संख्या को कम करने का संकल्प ले लिया था।"

उनका एक मुख्य सुधार स्टाफ़ को प्रोत्साहित करना था कि जब भी वे रोगियों को किसी तरह का नुक़सान पहुँचाने वाली ग़लती देखें, तो वे एक रिपोर्ट तैयार करें। यह कमोबेश उड्डयन और टोयोटा के रिपोर्टिंग सिस्टम जैसा ही था। उन्होंने चौबीस घंटे की हॉटलाइन तथा ऑनलाइन रिपोर्टिंग सिस्टम शुरू किया। उन्होंने इन्हें पेशेंट सेफ्टी अलर्ट्स कहा।

नया तंत्र स्टाफ़ के लिए एक विशाल सॉंस्कृतिक परिवर्तन था। इससे पहले ग़लतियाँ होने पर वर्जीनिया मैसन में भृकुटियाँ तानी जाती थीं, जिस तरह चिकित्सा के क्षेत्र में हर जगह होता है। और इसके पदक्रम की वजह से नर्स और जूनियर डॉक्टर वरिष्ठ डॉक्टरों की ग़लतियों की रिपोर्टिंग करने से घबराते थे। इस वजह से बहुत कम रिपोर्ट दाख़िल की गईं, जिससे कापलान को आश्चर्य और निराशा हुई। प्रबुद्ध नवाचार असफल हो गया था, क्योंकि यह वहाँ की संस्कृति के विपरीत था।*

---

*इससे यह स्पष्ट करने में भी मदद मिल सकती है कि मॉर्टैलिटी और मॉर्बिडिटी सम्मेलन, जो मरीज़ों की देखभाल को बेहतर बनाने के लिए चिकित्सकों के वास्ते बार-बार आयोजित किए जाते हैं, ऐसी ग़लतियों को रोकने में महत्त्वपूर्ण प्रगति नहीं कर पाए हैं, जिन्हें रोका जा सकता था। ये सम्मेलन चिकित्सा केंद्रों द्वारा नियमित रूप से आयोजित होते हैं और इनका उद्देश्य चिकित्सकों को ग़लतियों से सीखने का अवसर प्रदान करना है। चिकित्सक अक्सर बोलने या अपने साथियों की ग़लती बताने के बारे में घबराते हैं। शायद इससे भी ज़्यादा महत्त्वपूर्ण बात यह है कि इनमें तंत्र की समस्याओं की जाँच करने का बहुत कम प्रयास किया जाता है।

जैसा वर्जीनिया मैसन में चौदह साल तक गुणवत्ता, सुरक्षा और अनुपालन की वरिष्ठ वाइस-प्रेसिडेंट के रूप में काम कर चुकी कैथी फ़रमैन ने कहा है :

"पूरी दुनिया में चिकित्सा के क्षेत्र में दोषारोपण और पदक्रम की संस्कृति रही है। इससे उबरना बहुत मुश्किल साबित हो सकता है।"

लेकिन नवंबर 2004 में वर्जीनिया मैसन में सब कुछ बदल गया। चार बच्चों की माँ और 69 साल की मैरी मैकक्लिंटन की मृत्यु हो गई, क्योंकि मस्तिष्क के एन्यूरिज़्म ऑपरेशन के दौरान हानिरहित मार्कर डाई के बजाय अनजाने में उन्हें टॉक्सिक एंटीसेप्टिक क्लोरहेक्सिडीन का इंजेक्शन लगा दिया गया। दोनों पदार्थ स्टेनलैस स्टील के एक जैसे पात्रों में आस-पास रखे थे और सिरिंज ग़लत पात्र में चली गई थी। मरीज़ का एक पैर काटना पड़ा और कई अंगों के काम बंद करने की वजह से वह उन्नीस दिन बाद मर गई।

गैरी कापलान ने समस्या से बचकर या बहाने बनाकर प्रतिक्रिया नहीं की, बल्कि खुली क्षमायाचना प्रकाशित की - ईलेन ब्रॉमिली की मृत्यु के बाद जो हुआ था, उसकी ठीक विपरीत प्रतिक्रिया। इसमें लिखा गया था, "हम नहीं बता सकते कि हम ख़ुद कितने ज़्यादा स्तब्ध हैं। आप जिस चीज़ को छिपाते हैं, उसे नहीं समझ सकते।" मृत महिला के रिश्तेदारों ने इस क्षमायाचना का स्वागत किया और इससे उन्हें यह समझने में मदद मिली कि उनके प्रिय पारिवारिक सदस्य की मौत कैसे हुई थी।

लेकिन इस मृत्यु से कुछ और भी हुआ। यह वर्जीनिया मैसन के 5,500 स्टाफ़ कर्मियों को जगाने वाली घंटी थी। कापलान कहते हैं, "यह एक मुश्किल समय था, लेकिन मृत्यु जैसे एक नारा बन गई। इसने हमारे यहाँ व्याप्त संस्कृति को एक ज़ोरदार धक्का दिया, जिसकी वजह से हम यह पहचान सके कि यह समस्या कितनी गंभीर है।"

अचानक पेशेंट सेफ्टी अलर्ट्स और रिपोर्टें तेज़ी से आने लगीं। ग़लतियाँ बताने वाले लोग हैरान रह गए कि स्पष्ट लापरवाही की स्थितियों को छोड़कर उनकी प्रशंसा की गई और किसी तरह का दंड नहीं दिया गया। ऑन्कोलॉजी विशेषज्ञ डॉ. हेनरी ओटेरो ने एक सहकर्मी द्वारा यह बताए जाने के बाद एक रिपोर्ट दाख़िल की कि वह एक रोगी में मैग्नीशियम के कम स्तर को पकड़ने में चूक गया था। उन्होंने एक अख़बार को बताया, "मैं इसे चूक

गया। मैं नहीं जानता कि कैसे चूक गया, लेकिन मुझे अहसास हुआ कि यह मेरे बारे में नहीं है, यह रोगी के बारे में है। प्रक्रिया ऐसी बननी चाहिए कि यह मुझे ग़लती करने से रोके। मुझे यह कहने में समर्थ होना चाहिए कि मैं ग़लत हो सकता हूँ, मुझे सही करो।"

आज वर्जीनिया मैसन में हर महीने लगभग एक हज़ार पेशेंट सेफ्टी अलर्ट्स जारी होते हैं। अमेरिकी स्वास्थ्य विभाग की रिपोर्ट में पाया गया है कि इनसे पर्चे से लेकर सेवा तक हर चीज़ में छिपी हुई ग़लतियाँ उजागर हुई हैं। रिपोर्ट में कहा गया था, "जब एक फ़ार्मासिस्ट और नर्स ने पढ़ने में न आने वाले पर्चे की ग़लत व्याख्या कर दी, जिससे रोगी को नुक़सान हुआ, तो मेडिकल सेंटर ने क़दम-दर-क़दम प्रोटोकॉल बनाया, जिसने ऐसी घटनाओं के होने की आशंका को ही ख़त्म कर दिया।"

रिस्टबैंड के बारे में भी एक और चेतावनी मिली। जब एक नए दाख़िल हुए रोगी को रंगों के कोड वाला रिस्टबैंड मिला, जिस पर दवा की एलर्जी बताने वाले रंग (क्योंकि नर्स कलर ब्लाइंड थी) के बजाय यह बताने वाला रंग था, "पुनर्जीवित न करें", तो इसके बाद मेडिकल सेंटर ने रिस्टबैंड पर शब्द लिखना शुरू कर दिया।

2002 में कापलान सीईओ बने थे और तब भी वर्जीनिया मैसन को वॉशिंगटन का अच्छा अस्पताल माना जाता था। बहरहाल, 2013 तक यह संसार के सबसे सुरक्षित अस्पतालों में से एक बन चुका था। इसी साल इसने डिस्टिंग्विश्ड हॉस्पिटल अवार्ड फ़ॉर क्लीनिकल एक्सीलेंस, द आउटस्टैंडिंग पेशेंट एक्सपीरिएंस अवार्ड जीता और इसे लगातार आठवें साल प्रभावी लीपफ्रॉग समूह द्वारा शीर्ष अस्पताल माना गया। जब से नई नीति अपनाई गई है, तब से अस्पताल ने दायित्व के बीमा प्रीमियमों में *74 प्रतिशत कमी* दर्ज की है।

यह सफलता एक बार का मामला नहीं है या संयोग से नहीं मिली है, यह तो *एक प्रणाली* है। उचित रूप से स्थापित सीखने की संस्कृति की वजह से पूरी दुनिया के अस्पतालों का कायाकल्प हुआ है। मिसाल के तौर पर, अगस्त 2001 में यूनिवर्सिटी ऑफ़ मिशिगन हेल्थ सिस्टम के ख़िलाफ़ 262 दावे और मुक़दमे किए गए थे, लेकिन खुली और उजागर करने वाली नीति अपनाने के बाद ये 2007 में घटकर 83 रह गए। खुली रिपोर्टिंग का

तंत्र अपनाने के बाद यूनिवर्सिटी ऑफ़ इलिनॉय मेडिकल सेंटर के ख़िलाफ़ कदाचार के दावों की संख्या दो साल में घटकर आधी रह गई।

वर्जीनिया मैसन सिस्टम का उदाहरण एक अत्यंत महत्त्वपूर्ण सच्चाई को उजागर करता है कि ग़लतियों से सीखने के दो घटक होते हैं। पहला घटक है तंत्र या प्रणाली। ग़लतियों के बारे में इस तरह सोचा जा सकता है कि यह दो चीज़ों के बीच की खाई है : जिसके होने की हमें उम्मीद थी और जो सचमुच हुआ, उनके बीच की खाई। अग्रणी संगठन हमेशा इस खाई को पाटने की कोशिश करते रहते हैं, लेकिन इसके लिए उनके पास एक प्रणाली होनी चाहिए, जो इन सीखने के अवसरों का लाभ लेने में सक्षम हो। यह प्रणाली समय के साथ ख़ुद को बदल सकती है : ज़्यादातर विशेषज्ञ ऐसी प्रणालियों पर काम कर रहे हैं, जिनके बारे में उन्हें उम्मीद है कि वे टोयोटा प्रॉडक्शन सिस्टम से आगे निकल जाएँगे, लेकिन हर प्रणाली के हृदय में एक बुनियादी तंत्र होता है : ऐसी प्रक्रियाएँ जो सीखने और बेहतर बनने का मार्गदर्शन देती हैं, लेकिन कई बार प्रबुद्ध प्रणाली ही पर्याप्त नहीं होती। सबसे सुंदरता से बनाई गई प्रणाली भी काम नहीं करेगी, यदि पेशेवर लोग अपनी ग़लतियों या बेहतर बना सकने वाली जानकारी को छिपा लें। याद रखें, शुरुआत में वर्जीनिया मैसन के स्टाफ़ ने पेशेंट सेफ्टी अलर्ट्स फ़ाइल नहीं किए। वे दोषारोपण और छवि बिगड़ने के बारे में इतने भयभीत थे कि उन्होंने जानकारी ख़ुद तक रखी। ग़लतियों से सीखने के लिए बनी प्रक्रियाएँ उन पृष्ठभूमियों में दुर्बल हो जाती हैं, जब लोग ग़लतियों को स्वीकार करने से डरें। जब संगठन की मानसिकता बदली, तब कहीं जाकर प्रणाली के अद्भुत परिणाम मिले।

विज्ञान के बारे में पलटकर सोचें। विज्ञान का एक तंत्र होता है, जो ख़ुद को सुधारता रहता है। परीक्षण योग्य भविष्यवाणियाँ करके वैज्ञानिक यह देख सकते हैं कि उनके सिद्धांत कब ग़लत हो रहे हैं, जिससे उन्हें नए सिद्धांत बनाने की प्रेरणा मिलती है, लेकिन अगर वैज्ञानिक समुदाय असुविधाजनक प्रमाण को नज़रअंदाज़ कर दे या इसे तोड़-मरोड़ दे या छिपा दे, तो यह कुछ भी हासिल नहीं कर पाएगा।

विज्ञान सिर्फ़ किसी प्रणाली का नाम ही नहीं है, बल्कि यह तो एक मानसिकता का नाम भी है। इसके सर्वश्रेष्ठ रूप में यह एक बेचैन भाव, एक बौद्धिक साहस, असफलताओं का सामना करने की इच्छाशक्ति और

महत्त्वपूर्ण आँकड़ों के बारे में ईमानदार होने की इच्छा से आगे की तरफ़ संचालित होता है, तब भी जब जाँच में मिली जानकारी इसकी प्रिय मान्यताओं को कमज़ोर करती है। यह प्रणाली और मानसिकता के बारे में है।

स्वास्थ्य सेवा में असफलता से सीखने की वैज्ञानिक नीति हाल में शुरू हुई है, जबकि यह नई दवाओं को तैयार करने के मामले में काफ़ी समय पहले ही अपना ली गई थी। चिकित्सकीय परीक्षण यानी क्लीनिकल ट्रायल्स और जाँच की अन्य तकनीकें असफलता से सफलता तक पहुँचने के तरीक़े हैं, लेकिन वर्जीनिया मैसन का सबक़ यह है कि बड़े तंत्रों में काम करने वाले चिकित्सक जिस तरह उपचार करते हैं, उसमें इस नीति को लागू करना अत्यंत महत्त्वपूर्ण है। इसी चीज़ की कमी स्वास्थ्य सेवा में लंबे समय से रही है और इससे यह काफ़ी हद तक स्पष्ट होता है कि ट्रैफ़िक दुर्घटनाओं में जितने लोग मरते हैं, उससे ज़्यादा लोग उन चिकित्सकीय ग़लतियों की वजह से मरते हैं, जिन्हें रोका जा सकता हैं।

जैसा जॉन्स हॉपकिन्स यूनिवर्सिटी स्कूल ऑफ़ मेडिसिन के प्रोफ़ेसर और क्वालिटी पेशेंट केयर में सेंटर फ़ॉर इनोवेशन के मेडिकल डायरेक्टर पीटर प्रोनोवॉस्ट ने कहा है, “अमेरिकी चिकित्सा की गुणवत्ता के साथ बुनियादी समस्या यह है कि हम स्वास्थ्य सेवा मुहैया कराने को विज्ञान नहीं मान पाए हैं। आपके पास जीन्स हैं, आपके पास थेरेपीज़ हैं, लेकिन आप उन्हें कैसे पहुँचाते हैं, यह आप पर निर्भर करता है... यह एक तबाही रही है। इसीलिए हमारी वजह से इतने सारे लोगों को नुक़सान हो रहा है।”

रोगी सुरक्षा में प्रोनोवॉस्ट की रुचि तब जागी, जब एक चिकित्सकीय ग़लती की वजह से उनके पिता पचास वर्ष की उम्र में मर गए। उन्हें ग़लती से ल्यूकेमिया बता दिया गया था, जबकि उन्हें दरअसल लिम्फ़ोमा हुआ था। *न्यू यॉर्क टाइम्स* को दिए इंटरव्यू में प्रोनोवॉस्ट ने कहा, “जब मैं यहाँ जॉन्स हॉपकिन्स में फ़र्स्ट ईयर का मेडिकल विद्यार्थी था, तो मैं दूसरी राय लेने के लिए उन्हें हमारे एक विशेषज्ञ के पास ले गया। विशेषज्ञ ने कहा, “अगर आप ज़्यादा जल्दी आ जाते, तो आप बोन मैरो ट्रांसप्लांट के लिए पात्र होते, लेकिन अब कैंसर बहुत ज़्यादा फैल चुका है।” ‘ग़लती’ शब्द कभी बोला ही नहीं गया, लेकिन यह पानी की तरह साफ़ था। मैं उजड़ चुका था। मैं चिकित्सकों और ख़ुद पर नाराज़ था। मैं सोचता रहा कि चिकित्सा को इससे बेहतर होना चाहिए।”

इसके बाद अगले कुछ वर्षों में प्रोनोवॉस्ट ने चिकित्सा की संस्कृति को बदलने के लिए अपना पेशेवर जीवन समर्पित कर दिया। वे अमेरिकी अस्पतालों में हर दिन बड़ी संख्याओं में होने वाली मृत्युओं पर अपने कंधे नहीं उचकाते थे। वे इन त्रासदियों को अपरिहार्य मानने को तैयार नहीं थे। वे इसे एक ऐसे तंत्र की तुच्छ क़ीमत नहीं मानते थे, जो मुश्किल परिस्थितियों में अपना सर्वश्रेष्ठ प्रयास कर रहा था। इसके बजाय उन्होंने उन त्रासदियों का अध्ययन किया। उन्होंने आँकड़े इकट्ठे किए। उन्होंने दुर्घटना के 'संकेतों' की तलाश की। उन्होंने संभावित सुधारों के परीक्षण और ट्रायल किए।

उन्होंने अपनी एक बहुत महत्त्वपूर्ण जाँच सेंट्रल लाइन संक्रमणों से हर साल होने वाली 30 से 60 हज़ार मृत्युओं पर की (सेंट्रल लाइन एक कैथटर यानी नली होती है, जो दवाएँ देने, ब्लड टेस्ट आदि हासिल करने के लिए बड़ी शिरा में डाली जाती है)। प्रोनोवॉस्ट ने असफलता के कई मार्गों का पता लगाया, जिनका काफ़ी हद तक कारण यह था कि डॉक्टर और नर्स मास्क नहीं पहनते थे या एक बार लाइन चालू होने के बाद कैथटर पर जीवाणुरहित ड्रेसिंग नहीं लगाते थे। समय के दबाव तले डॉक्टर मुख्य क़दम नहीं उठा रहे थे।

इसलिए प्रोनोवॉस्ट ने यह सुनिश्चित करने के लिए पाँच बिंदुओं की जाँच सूची तैयार की कि सभी क़दम उचित रूप से उठा लिए गए हैं। उन्होंने कहा कि अगर सर्जन जाँच सूची का पालन न करें, तो नर्स अनिवार्य रूप से बताएँ। नर्सें आमतौर पर ऐसा नहीं करना चाहती हैं, लेकिन उन्हें यह आश्वासन दे दिया गया कि प्रशासन उनका हर तरह से समर्थन करेगा। लगभग तुरंत ही लाइन संक्रमण दर 11 प्रतिशत से घटकर शून्य रह गई। इस एक सुधार ने सिर्फ़ मिशिगन राज्य में डेढ़ साल में 1,500 जानें और 100 मिलियन डॉलर से ज़्यादा बचा लिए। 2008 में *टाइम मैग्ज़ीन* ने प्रोनोवॉस्ट को संसार के 100 सबसे प्रभावी व्यक्तियों में से एक के रूप में चुना, क्योंकि उन्होंने व्यापक मानव कष्ट को दूर करने में सहायता की।

अपनी उल्लेखनीय पुस्तक *सेफ़ पेशेंट्स, स्मार्ट हॉस्पिटल्स* में प्रोनोवॉस्ट ने लिखा है :

> चिकित्सकीय ग़लतियों और सेवा की ख़राब गुणवत्ता की वजह से मेरे डैडी को कष्ट हुआ और वे पचास साल की कम आयु में

> अनावश्यक रूप से दुनिया से चले गए। इसके अलावा, मेरे परिवार और मुझे भी अनावश्यक कष्ट हुआ। युवा डॉक्टर के रूप में मैंने क़सम खाई थी कि अपने पिता और परिवार की ख़ातिर मैं वह सब करूँगा, जो मैं रोगियों तक पहुँचने वाली सेवा की गुणवत्ता और सुरक्षा को बेहतर बनाने के लिए कर सकता हूँ... (और इसका मतलब था) स्वास्थ्य सेवा को एक विज्ञान में बदलना।

गैरी कापलान ने भी वर्जीनिया मैसन में अपने काम से हज़ारों जानें बचाई हैं और वे मुद्दे की बात ज़्यादा सारगर्भित ढंग से कहते हैं : "हम अपनी ग़लतियों से सीखते हैं। यह इतना ही आसान और इतना ही मुश्किल होता है।"

उड्डयन और स्वास्थ्य सेवा के बीच का फ़र्क़ कई बार प्रोत्साहनों की भाषा में बयान किया जाता है। जब पायलट ग़लतियाँ करते हैं, तो इसके फलस्वरूप उनकी ख़ुद की मृत्यु होती है। जब कोई डॉक्टर ग़लती करता है, तो इसके फलस्वरूप किसी दूसरे की मृत्यु होती है। इसीलिए पायलट ग़लतियाँ कम करने के लिए डॉक्टरों से ज़्यादा प्रेरित होते हैं।

लेकिन इस विश्लेषण में एक अति महत्त्वपूर्ण बिंदु छूट जाता है। याद रहे, उड्डयन के शुरुआती दिनों में पायलट बड़ी तादाद में मरते थे। ऐसा इसलिए नहीं था, क्योंकि उनके पास जीने की प्रेरणा नहीं थी, बल्कि इसलिए था, क्योंकि तंत्र में बहुत सारे दोष थे। जटिल संसार में असफलता अवश्यंभावी है। इसीलिए ग़लतियों से सीखना इतना अनिवार्य है।

लेकिन स्वास्थ्य सेवा में यह माना जाता है कि डॉक्टरों को ग़लतियाँ नहीं करनी चाहिए। इस संस्कृति में यह धारणा अंतर्निहित रहती है कि वरिष्ठ डॉक्टरों से कभी ग़लती नहीं होती। क्या इसमें कोई आश्चर्य की बात है कि ग़लतियों को कलंक समझा जाता है और तंत्र को इस तरह बनाया गया है, ताकि यह ग़लतियों की जाँच करने और सीखने के बजाय उन्हें नज़रअंदाज़ करे या उनसे इंकार करे?

इसे अलग तरीक़े से कहें, तो प्रदर्शन को बेहतर बनाने के प्रोत्साहनों का कई परिस्थितियों में प्रभाव तभी पड़ सकता है, जब पहले यह समझ लिया जाए कि सुधार दरअसल कैसे होता है। मध्ययुगीन डॉक्टरों के बारे में सोचें, जिन्होंने ख़ून निकालकर रोगियों, यहाँ तक कि अपने परिवार के सदस्यों की भी जान ले ली। ऐसा इसलिए नहीं हुआ, क्योंकि वे उन्हें कोई परवाह नहीं

थी, बल्कि इसलिए हुआ क्योंकि उन्हें सचमुच परवाह थी। उनके हिसाब से यही सबसे सफल उपचार था।

वे गैलन की सत्ता में विश्वास करते थे, जबकि उन्हें अपने विचारों के अपरिहार्य दोषों को उजागर करने के लिए प्रयोगशीलता व आलोचना की शक्ति में विश्वास करना चाहिए था और इस तरह प्रगति के लिए मंच तैयार करना चाहिए था। हम असफलता के बारे में जो धारणा रखते हैं, जब तक हम उसे नहीं बदलेंगे, तब तक सफलता को प्रोत्साहित करने की जितनी भी कोशिशें की जाएँगी, वे प्रायः कमज़ोर ही रहेंगी।

IV

वर्जीनिया मैसन और मिशिगन उन कई उजले स्थानों में से हैं, जो हाल के वर्षों में स्वास्थ्य सेवा के क्षेत्र में उभरे हैं। इसके अलावा कई अन्य अस्पताल भी हैं। मिसाल के तौर पर, मैसाचुसेट्स में ऐनस्थीसिया संबंधी गड़बड़ियों पर हुए एक अध्ययन में पाया गया कि दोष ऐनस्थीसिया देने वाली मशीनों की बनावट में था। आधी मशीनों में घड़ी की दिशा में डायल घुमाने से दवाओं की सांद्रता बढ़ जाती थी, जबकि बाक़ी आधी में इस तरह डायल घुमाने से सांद्रता कम हो जाती थी। कोई हैरानी नहीं कि गड़बड़ियाँ हो रही थीं।

यह उसी तरह का दोष था, जो 1940 में बी-17 विमान में परेशानी की वजह था, जहाँ कॉकपिट में अलग-अलग काम करने वाले एक जैसे स्विच आस-पास लगे थे, लेकिन एक आसान कारण से दोष को पहले नहीं पकड़ा गया था : दुर्घटनाओं का कभी विश्लेषण नहीं किया गया या उन पर ध्यान नहीं दिया गया।

बहरहाल, रिपोर्ट के बाद मशीनों को दोबारा डिज़ाइन किया गया और इसके बाद मृत्यु दर में 98 प्रतिशत तक कमी आई। यह चमत्कार जैसा लग सकता है, लेकिन हमें पूरी तरह हैरान नहीं होना चाहिए। यह वैसा ही था, जैसा बी-17 कॉकपिट में स्विचों पर डैनों और पहियों की तसवीर लगाने के बाद हुआ था, जिससे रनवे पर होने वाली दुर्घटनाएँ पूरी तरह से ख़त्म हो गईं।

लेकिन इन उजले स्थानों के बीच बड़ी चुनौतियाँ भी क़ायम हैं। मिसाल के तौर पर, ब्रिटेन के मिड स्टैफ़र्डशायर एनएचएस फ़ाउंडेशन ट्रस्ट ने एक

दशक से ज़्यादा समय तक बार-बार होने वाली ग़लतियों को दुरुस्त करने की कोई कोशिश नहीं की, जिससे संभवतः सैकड़ों ऐसी मौतें हुईं, जिनसे बचा जा सकता था। उपेक्षा और घटिया सेवा के चेतावनी के संकेत बरसों तक साफ़ दिखाई दे रहे थे, लेकिन न सिर्फ़ अस्पताल में स्टाफ़ ने उन्हें नज़रअंदाज़ किया, बल्कि एनएचएस का विनियमन करने के लिए ज़िम्मेदार हर संगठन ने भी उन्हें अनदेखा किया, जिनमें सरकार का स्वास्थ्य विभाग भी शामिल था।

कई मायनों में इससे यह तथ्य उजागर हुआ कि स्वास्थ्य सेवा के क्षेत्र में व्याप्त संस्कृति की समस्या कितनी गहरी थी। बात सिर्फ़ यही नहीं थी कि डॉक्टर अपनी ग़लतियों (और कई बार लापरवाही) के बारे में खुलकर नहीं बताते थे, बल्कि यह भी थी कि अधिकारियों ने भी उन ग़लतियों की जाँच करने की जहमत नहीं उठाई।

उत्तर इंग्लैंड में फ़र्नेस जनरल हॉस्पिटल में घटी एक शर्मनाक घटना ने इसी तरह की बहुतेरी समस्याओं को उजागर किया। इसकी प्रसूति इकाई में ग़लतियाँ बार-बार हो रही थीं और इलाज में लापरवाही बरती जा रही थी, लेकिन यह समस्या दस साल से ज़्यादा समय तक उजागर नहीं हुई। 2015 में 205 पृष्ठ की एक प्रभावी रिपोर्ट प्रकाशित हुई, जिसमें 'एफ़जीएच में सेवा में महत्त्वपूर्ण या बड़ी असफलताओं के 20 मामले पाए गए, जो तीन माताओं की मृत्यु और जन्म के समय या उसके ठीक बाद 16 शिशुओं की मृत्यु से जुड़े थे।'

लेकिन ये ऊँचे दर्जे की त्रासदियाँ वास्तव में आइसबर्ग की नोक हैं। ज़्यादा गहरी समस्या पूरे संसार के अस्पतालों में हर दिन होने वाली 'सामान्य दिनचर्या' की त्रासदियाँ हैं। ये सामान्य स्वास्थ्य सेवा का *सामान्य हिस्सा* बन चुकी हैं। इस पुस्तक के प्रिंट में जाने से कुछ सप्ताह पहले ही हाउस ऑफ़ कॉमन्स की पब्लिक एडमिनिस्ट्रेशन सिलेक्ट कमेटी की एक ऐतिहासिक रिपोर्ट से यह उजागर हुआ कि एनएचएस को अब भी ग़लतियों से सीखने की प्रक्रिया में मुश्किल आ रही है। "चिकित्सा की सबसे गंभीर असफलताओं से सीखने और घटनाओं की जाँच करने के लिए कोई सुनियोजित व स्वतंत्र प्रक्रिया नहीं है। कोई भी एक व्यक्ति या संगठन चिकित्सकीय जाँचों की गुणवत्ता के लिए ज़िम्मेदार और जवाबदेह नहीं है। कोई भी यह सुनिश्चित नहीं करता है कि सीखे गए सबक़ पूरे एनएचएस को ज़्यादा सुरक्षित और बेहतर बनाएँ।"

कमेटी ने यह स्वीकार किया कि हालाँकि अब विभिन्न प्रतिवेदन और घटना के विवरण देने की प्रक्रिया शुरू हो गई है, लेकिन ज़्यादा गहरी साँस्कृतिक समस्याओं की वजह से बहुत सी बाधाएँ बनी हुई हैं। मिसाल के तौर पर, स्कॉट मॉरिश नामक पिता ने इलाज में हुई ग़लती की वजह से अपने बेटे को खो दिया। उन्होंने पाया कि बाद में हुई जाँचें सबक़ सीखने के लिए नहीं, बल्कि उन्हें छिपाने के लिए की गई थीं। उन्होंने कमेटी के सामने अपनी गवाही में कहा, "हम जो ज़्यादातर चीज़ें जानते हैं, वे एनएचएस के विश्लेषण या जाँच की वजह से रोशनी में नहीं आईं। वे तो एनएचएस के बावजूद रोशनी में आईं।" एनएचएस इंग्लैंड पर व्यापक नज़र डालते हुए कमेटी ने यह निष्कर्ष दिया : "घटनाओं की जाँच करने और सीखने की प्रक्रियाएँ जटिल हैं, इनमें बहुत ज़्यादा समय लगता है और ये दोषपूर्ण हैं या इनका उद्देश्य आर्थिक मुआवज़ा देने से बचना है।* इसलिए ज़्यादातर जाँचों की गुणवत्ता उस अपेक्षा से काफ़ी कम होती है, जितना जानने का हक़ रोगी, उसके परिवार और एनएचएस स्टाफ़ को है।"

अमेरिकी चिकित्सा के बारे में भी कमोबेश यही बात कही जा सकती है। 2009 में हर्स्ट फ़ाउंडेशन की एक रिपोर्ट में बताया गया कि "20 राज्यों में चिकित्सा संबंधी किसी तरह की ग़लती की कोई रिपोर्टिंग नहीं होती है" और "जिन 20 राज्यों में चिकित्सकीय ग़लती की रिपोर्टिंग आवश्यक है, वहाँ भी अस्पताल बहुत कम प्रतिशत ग़लतियों को उजागर करते हैं। मानदंड बहुत अलग-अलग हैं और उनका पालन प्रायः होता ही नहीं है।" रिपोर्ट में यह भी पाया गया कि "केवल 17 राज्यों में ग़लतियों या असफलताओं की रिपोर्टिंग के लिए सुनियोजित तंत्र हैं, जो इतने पारदर्शी हैं कि रोगियों के लिए उपयोगी हो सकें।"

ग़लतियों से सीखने की क्षमता ही स्वास्थ्य सेवा की ख़ास समस्या नहीं है, बल्कि समस्या यह भी है कि ग़लतियाँ पकड़ में आने के बाद भी सीखने के अवसर या सबक़ पूरे तंत्र में प्रवाहित नहीं होते। इसे कई बार 'अभिग्रहण

---

*जून 2015 में यह बताया गया कि एनएचएस में रोकथाम-योग्य ग़लतियों की वजह से हर साल 1,000 शिशु पैदा होने से पहले, इसके दौरान या इसके बाद मर रहे हैं। शिशुओं की हृदय दर की निगरानी न करने की एक छोटी सी ग़लती लापरवाही के एक चौथाई भुगतानों के लिए ज़िम्मेदार है।

दर' कहा जाता है। जैसा हमने देखा है कि उड्डयन में ऐसे प्रोटोकॉल होते हैं, जिनकी वजह से नई जानकारी हर एयरलाइन, पायलट और प्रबंधकर्ता के लिए लगभग तुरंत ही उपलब्ध होती है। डाटा हर जगह उपलब्ध होता है और पूरे संसार में तेज़ी से लागू किया जाता है। अभिग्रहण दर लगभग तुरंत और शत-प्रतिशत होती है।

बहरहाल, स्वास्थ्य सेवा के क्षेत्र में अभिग्रहण दर कई सालों तक सुस्त रही है, जैसा माइक्रोसॉफ्ट मेडिकल मीडिया लैब के डायरेक्टर माइकल गिलैम ने बताया। 1601 में अँग्रेज़ नाविक कैप्टन जेम्स लैंकास्टर ने स्कर्वी की रोकथाम संबंधी प्रयोग किया, जिसकी वजह से समुद्र में बहुत सारे लोगों की जान चली जाती थी। भारत जाने वाले चार जहाज़ों में से एक में उन्होंने नाविकों को हर दिन तीन चम्मच नींबू का रस पीने को कहा। बाक़ी तीन जहाज़ों में आधे रास्ते में ही 278 में से 110 आदमी मर गए थे, जबकि नींबू के रस वाले जहाज़ पर एक भी नाविक की मौत नहीं हुई।

यह एक अत्यंत महत्त्वपूर्ण निष्कर्ष था। इसे लागू करके आगामी यात्राओं में अनावश्यक सैकड़ों मृत्युओं से बचा जा सकता था, लेकिन ख़ुराक संबंधी नए दिशा-निर्देश देने में ब्रिटिश रॉयल नैवी को 194 साल का समय लग गया। 1865 में जाकर ब्रिटिश बोर्ड ऑफ़ ट्रेड ने व्यापारी बेड़े के लिए ये दिशा-निर्देश जारी किए। यह बहुत ही सुस्त अभिग्रहण दर है। गिलैम कहते हैं, "स्कर्वी की रोकथाम कैसे की जाए, इस बारे में लैंकास्टर ने जो निर्णायक तरीक़ा प्रदर्शित किया था, उसके बाद भी पूरे ब्रिटिश साम्राज्य में उसे अपनाने में 264 साल का समय लग गया।"

आज भी चिकित्सा में अभिग्रहण दर बहुत धीमी है। एक अध्ययन में नौ बड़ी खोजों के बाद चिकित्सकीय प्रतिक्रिया की जाँच की गई, जिनमें यह खोज भी शामिल थी कि न्यूमोकोकल वैक्सीन श्वास संबंधी संक्रमणों से सिर्फ़ बच्चों को ही नहीं, बल्कि बड़ों को भी बचाता है। इस अध्ययन में बताया गया कि नए उपचार को आधे अमेरिकी रोगियों तक पहुँचाने में डॉक्टरों को औसतन सत्रह साल का समय लगा। *न्यू इंग्लैंड जर्नल ऑफ़ मेडिसिन* में प्रकाशित एक बड़ी समीक्षा में यह पाया गया कि केवल आधे अमेरिकियों को ही वह उपचार मिलता है, जिसकी अनुशंसा अमेरिका के राष्ट्रीय मापदंड करते हैं।

समस्या यह नहीं है कि जानकारी मौजूद नहीं है। इसके बजाय समस्या तो इसे पेश करने के तरीक़े में है। जैसा डॉक्टर और लेखक अतुल गवांडे ने कहा है :

> कारण... आमतौर पर आलस या अनिच्छा नहीं होता। कारण तो अक्सर यह होता है कि आवश्यक ज्ञान को आसान, उपयोगी और उद्देश्यपूर्ण ढंग से नहीं बताया जाता। यदि उड्डयन में लोग सिर्फ़ मोटे-ताज़े और लंबे-चौड़े बुलेटिन जारी करते... तो पायलटों को भी हर साल मेडिकल जर्नल के 7 लाख लेखों की बाढ़ का सामना करना पड़ता, जिस तरह डॉक्टरों को करना पड़ता है। तब इतनी विपुल जानकारी का प्रबंधन संभव ही नहीं होता। इसके बजाय... दुर्घटना की जाँच करने वाले लोग जानकारी को व्यावहारिक संदर्भ में सारगर्भित करते हैं।

स्वास्थ्य सेवा की संस्कृति को अब भी कितनी दूर तक यात्रा करनी है, इसका शायद सबसे स्पष्ट उदाहरण शव-परीक्षण के प्रति नज़रिये में देखा जा सकता है। जब रोगी जीवित होता है, तो डॉक्टर निदान पर पहुँचने के लिए सहज बोध का इस्तेमाल कर सकता है, परीक्षण करा सकता है, स्कैनरों का इस्तेमाल कर सकता है और इससे भी ज़्यादा चीजें कर सकता है, लेकिन शव-परीक्षण या ऑटोप्सी उसके सहकर्मियों को शरीर के भीतर देखने की अनुमति देती है। यह दरअसल मृत्यु के सटीक कारण का पता लगाने का अवसर देती है। शव-परीक्षण चिकित्सा के ब्लैक बॉक्स जैसा होता है।

इससे प्रगति के काफ़ी स्पष्ट अवसर खुल सकते हैं। अगर डॉक्टर ने मृत्यु के कारण को ग़लत समझा था, तो निश्चित रूप से उसने जो उपचार चुना, वह भी ग़लत हो सकता है। इससे वह अपने तर्क का दोबारा मूल्यांकन कर सकता है, जिससे उसे और उसके सहकर्मियों को सीखने के अवसर मिलते हैं। इससे भावी रोगियों की जान बच सकती है।

इसी कारण शव-परीक्षण से कई प्रगतियाँ हुई हैं। उनका इस्तेमाल टी.बी. के कारणों को समझने, अल्ज़ाइमर्स डिसीज़ से जूझने और कई अन्य बीमारियों को समझने के संदर्भ में किया गया है। 2001 के बाद के वर्षों में इराक और अफ़गानिस्तान में मरने वाले अमेरिकी सैनिकों के

शव-परीक्षण ने गोलियों, बमों और बम के टुकड़ों से चोटों के बारे में अत्यंत महत्त्वपूर्ण जानकारी प्रदान की है।

इस जानकारी से शरीर के रक्षाकवच और वाहन कवच की कमियाँ उजागर हुईं। यह रणभूमि में प्रयुक्त हेलमेटों, रक्षात्मक पोशाकों और चिकित्सकीय मशीनों में भारी सुधार की ओर ले गया (जैसे अब्राहम वाल्ड के 'ब्लैक बॉक्स' विश्लेषण ने द्वितीय विश्व युद्ध में बमवर्षक विमानों की सुरक्षा को बेहतर बनाया था)। बहरहाल, 2001 से पहले सैनिकों का शव-परीक्षण शायद ही कभी होता था, जिसका मतलब था कि सबक़ सतह पर नहीं आते थे। इससे उनके साथियों को भी वैसी ही घातक चोटें लगने की आशंका रहती थी।

आग्रह करने पर लगभग 80 प्रतिशत परिवार शव-परीक्षण करने की अनुमति दे देते हैं, काफ़ी हद तक इसलिए क्योंकि इससे उन्हें यह जवाब मिल जाता है कि प्रियजन की मृत्यु क्यों हुई, लेकिन इसके बावजूद शव-परीक्षण शायद ही कभी किया जाता है। आँकड़े बताते हैं कि अमेरिका में 10 प्रतिशत से भी कम मृत्युओं के बाद शव-परीक्षण किया जाता है। कई अस्पतालों में तो शव-परीक्षण होता ही नहीं है। हम नहीं जानते कि 1995 के बाद कितने शव-परीक्षण किए गए : द अमेरिकन नेशनल सेंटर फ़ॉर हेल्थ स्टैटिस्टिक्स ने अब आँकड़े इकट्ठे करना छोड़ दिया है।*

यह सारी मूल्यवान जानकारी धीरे-धीरे ग़ायब हो रही है। जिसे सीखने से लोगों की जान बच सकती है, उसे बहुत बड़ी मात्रा में गँवाया जा रहा है, लेकिन यह पहचानना मुश्किल नहीं है कि डॉक्टर इस मूल्यवान जानकारी का पता क्यों नहीं लगाना चाहते : ऐसा असफलता के प्रति विद्यमान नज़रिये की वजह से होता है।

देखिए, अगर जाँच से यह पता चलने की आशंका रहती है कि आपसे एक ग़लती हो गई, तो जाँच क्यों करें?

---

*इंग्लैंड और वेल्स में ऑटोप्सी या शव-परीक्षण का आदेश तब दिया जाता है, जब मृत्यु का कारण आधिकारिक रूप से अज्ञात होता है या जब मौत संदिग्ध परिस्थितियों में हुई हो। 2013 में लगभग 20 प्रतिशत मृत्युओं में ऑटोप्सी की आवश्यकता पड़ी।

इस खंड का इरादा डॉक्टरों, नर्सों और अस्पताल के बाक़ी स्टाफ़ की आलोचना करना नहीं है, जो हर दिन जनसेवा का नेक काम करते हैं। जब भी मैं अस्पताल गया हूँ, हर बार मेहनत और करुणा से मेरी देखभाल हुई है। साथ ही मैं यह भी कहना चाहूँगा कि उड्डयन का क्षेत्र हमेशा आदर्श ढंग से काम नहीं करता है। कई अवसरों पर इसने विपरीत घटनाओं से सीखने की अपनी महत्त्वाकांक्षा के अनुरूप काम नहीं किया है।

लेकिन इन दोनों संस्थाओं की साँस्कृतिक भिन्नता गहरे महत्त्व की है, अगर हम बंद फंदों की प्रकृति को समझना चाहते हैं या वे कैसे विकसित होते हैं, तब भी, जब लोग चतुर, प्रेरित और परवाह से भरे होते हैं - और उनसे कैसे मुक्त हुआ जाए।

यह ग़ौर करना भी महत्त्वपूर्ण है कि उड्डयन और स्वास्थ्य सेवा की किसी भी तरह की प्रत्यक्ष तुलना सावधानी से करनी चाहिए। शुरुआती बात तो यह है कि स्वास्थ्य सेवा ज़्यादा जटिल होती है। इसके पास बहुत सारे उपकरण होते हैं : मिसाल के तौर पर, सर्जिकल पंप ही 300 प्रकार के होते हैं, जबकि लंबी दूरी के विमानों के सिर्फ़ दो बड़े निर्माता हैं। यह ज़्यादा व्यावहारिक भी होती है और इसे शायद ही कभी ऑटोपायलट का लाभ मिलता है, जिससे ग़लती की गुंजाइश बढ़ जाती है।

लेकिन यह हमें सबसे बड़ी विसंगति की ओर ले जाता है। जब ग़लती की आशंका ज़्यादा हो, तो ग़लतियों से सीखना ज़्यादा अनिवार्य हो जाता है। जैसा तंत्र सुरक्षा के संसार के अग्रणी विशेषज्ञों में से एक प्रोफ़ेसर जेम्स रीज़न ने कहा है, "सारांश में यही विरोधाभास है : स्वास्थ्य सेवा की प्रकृति ही ऐसी है कि इसमें बहुत सी ग़लतियाँ हो सकती हैं, लेकिन चिकित्सा करने वाले लोग असफलता को बुरा मानते हैं और ग़लती का प्रबंधन करने या उसे पकड़ने का उनके पास कोई प्रशिक्षण ही नहीं होता या बहुत कम होता है।"

ज़ाहिर है, एक सुरक्षा-जोखिम वाले उद्योग से दूसरे तक समाधान के तरीक़े पहुँचाने की सीमा होती है। जाँचसूचियाँ उड्डयन के क्षेत्र से स्वास्थ्य सेवा की कुछ प्रणालियों तक सफलतापूर्वक पहुँच गई हैं, लेकिन इस बात की कोई गारंटी नहीं है कि दूसरे तंत्र भी ऐसा कर पाएँगे। बहरहाल, मुख्य मुद्दा प्रक्रिया का नहीं, बल्कि *नज़रिये* का हस्तांतरण है।

जैसा वर्जीनिया मैसन हेल्थ सिस्टम के सीईओ गैरी कापलान ने कहा है : “हो सकता है कि आपके पास संसार की सर्वश्रेष्ठ प्रक्रियाएँ हों, लेकिन वे तब तक काम नहीं करेंगी, जब तक कि आप ग़लती के प्रति अपने नज़रिये को न बदल लें।”

अंतर्निहित समस्या का संबंध मनोविज्ञान या प्रेरणा से नहीं है। यह काफ़ी हद तक अवधारणात्मक है। और हम असफलता के बारे में किस तरह *सोचते* हैं, जब तक हम उसे नहीं बदल देते, तब तक उच्च प्रदर्शन की महत्त्वाकांक्षा एक मृगमरीचिका ही बनी रहेगी, सिर्फ़ स्वास्थ्य सेवा में ही नहीं, बल्कि दूसरी जगह पर भी।

मई 2005 में मार्टिन ब्रॉमिली की लगन रंग लाई। जिस अस्पताल में उनकी पत्नी का देहांत हुआ था, उसके जनरल मैनेजर ने एक जाँच कराई। इसका नेतृत्व कार्डिफ़ यूनिवर्सिटी स्कूल ऑफ़ मेडिसिन में एनेस्थेटिक्स और इंटेंसिव केयर मेडिसिन के प्रोफ़ेसर माइकल हार्मर ने किया।

30 जुलाई को मार्टिन को इसके निष्कर्ष सुनने के लिए अस्पताल बुलाया गया। रिपोर्ट में कई अनुशंसाओं की सूची थी। ऐसा लग रहा था, मानो उनमें से प्रत्येक लगभग तीस साल पहले की यूनाइटेड एयरलाइंस 173 दुर्घटना पर जारी नेशनल ट्रांसपोर्टेशन सेफ्टी बोर्ड की रिपोर्ट से सीधे उठाई गई थी। इसने ऑपरेशन थिएटरों में बेहतर संवाद की आवश्यकता पर ज़ोर दिया, ताकि ‘स्टाफ़ का कोई भी सदस्य उपचार संबंधी सुझाव देने में आरामदेह महसूस करे।’

इसने मानवीय जागरूकता की सीमा पर भी चिंता व्यक्त की। रिपोर्ट में कहा गया था, “कितना समय बीत गया है, इस बारे में जागरूकता की समस्या के किसी भी भावी पुनरावृत्ति वाले मामले में स्टाफ़ के एक सदस्य को यह दायित्व सौंपना चाहिए कि वह घटनाओं के समय को दर्ज करे और सभी शामिल लोगों को समय के बारे में जागरूक बनाए।”

एक मायने में ये निष्कर्ष स्पष्ट थे। दूसरे मायने में वे क्रांतिकारी थे। ब्रॉमिली ने रिपोर्ट प्रकाशित कर दी (गोपनीयता बनाए रखने के लिए उन्होंने मेडिकल स्टाफ़ के नाम बदल दिए)। उन्होंने इसका अधिकतम प्रचार किया। वे चाहते थे कि सभी डॉक्टर इसे पढ़ें और इससे सीखें। उन्होंने तो इस मामले और इसके परिणामों पर बीबीसी टेलीविज़न डॉक्यूमेंटरी तक बनवा डाली।

फिर उन्होंने सुधार को आगे बढ़ाने के लिए एक सुरक्षा समूह प्रारंभ किया। इसका फ़ोकस सिर्फ़ बाधित श्वासमार्गों की समस्या तक ही सीमित नहीं था, बल्कि संस्था के सीखने के व्यापक क्षेत्र पर था। वे आज तक अवैतनिक रूप से इस संगठन - द क्लीनिकल ह्यूमन फ़ैक्टर्स ग्रुप - के मुखिया हैं। जल्दी ही मार्टिन को डॉक्टरों के ईमेल मिलने लगे। संदेश सिर्फ़ इंग्लैंड के डॉक्टरों के ही नहीं थे, बल्कि अमेरिका, एशिया और बाक़ी संसार के डॉक्टरों के भी थे। एक डॉक्टर ने लिखा : "... अपने करियर में पहली बार मेरे सामने 'न तो मुँह से हवा भेज सकने, न ही नली डाल सकने' वाली अप्रत्याशित स्थिति आई। दहशत के बावजूद... हमने सर्जिकल ट्रैकियोस्टॉमी करने का निर्णय जल्दी ही ले लिया और रोगी किसी तरह के नुक़सान के बिना ठीक हो गया।"

टेक्सस के एक डॉक्टर ने लिखा था :

> आज 5 घंटे के ऑपरेशन के बाद मेरा रोगी चित्त हो गया... आपकी पत्नी के प्रकरण से मैंने जो सीखा था, उसकी वजह से मैंने ऑपरेशन करके श्वासमार्ग तक पहुँचने का रास्ता अपनाया। आपातकालीन ट्रैकियोस्टॉमी कर दी... रोगी को आईसीयू में पहुँचा दिया और जब ऐनस्थीसिया की दवा का असर ख़त्म हुआ, तो वह जाग गया और उसने सही प्रतिक्रिया की। इस प्रकरण के अच्छे परिणाम का सीधा कारण वह जानकारी थी, जो आपने हम डॉक्टरों को दी थी। मैं आपको धन्यवाद देना चाहता हूँ।

एक अन्य डॉक्टर ने लिखा : "आपने मेरे पेशे में प्रशिक्षण को बेहतर बनाने के लिए जो अथक काम किया है, अगर वह नहीं होता, तो मेरे ख़याल से यह रोगी सफलतापूर्वक ठीक नहीं हो पाता (डॉक्टर ने हाल ही में आपातकालीन ट्रैकियोस्टॉमी की थी)। मैं आपका बहुत आभारी हूँ।"

ईलेन ब्रॉमिली की मृत्यु संबंधी अंतिम रिपोर्ट गूगल पर सर्च की जा सकती है। इसमें चिकित्सा संबंधी जानकारी के अठारह पेज हैं। बहरहाल, इसकी तकनीकी भाषा के बावजूद यह रिपोर्ट सबसे बढ़कर एक प्रिय पत्नी और माँ को दिली श्रद्धांजलि है। शुरुआती पृष्ठ पर सबसे नीचे मार्टिन ने, जो मुझे मिलने वाले सबसे प्रेरक व्यक्तियों में से एक हैं, एक इटैलिक वाक्य जोड़ दिया था।

इसलिए ताकि इसकी बदौलत दूसरे सीख सकें और ज़्यादा जीवित रह सकें।

खंड II

ज्ञानात्मक असंगति

4

ग़लत सज़ाएँ

I

17 अगस्त 1992 को इलिनॉय के एक छोटे कस्बे वॉकेगन में रहने वाली एक ग्यारह साल की लड़की हॉली स्टेकर अपने घर से थोड़ी दूर चलकर डॉन एंगलब्रेक्ट के अपार्टमेंट पहुँची। वह डॉन के दो छोटे बच्चों की बेबीसिटिंग करने आई थी। लड़की की उम्र दो साल थी और लड़के की पाँच साल।*

डॉन कुछ ब्लॉक दूर वाले एक बार में काम करती थी, जहाँ वह हॉली की माँ नैन्सी से पहली बार मिली थी। डॉन का हाल में तलाक़ हो चुका था और वह शाम को बार में काम करती थी, जिस दौरान छोटी हॉली अक्सर बेबीसिटिंग करती थी। दोनों परिवारों में अच्छी मित्रता हो गई थी।

हॉली पहले से तय समय यानी शाम को चार बजे दो मंज़िला अपार्टमेंट इमारत तक पहुँची। यह पेड़ों की क़तार वाली सड़क थी, जिसे हिकोरी रोड कहा जाता था। दिन सुहाना था और डॉन ने गर्मजोशी से उसका स्वागत किया। कुछ मिनट बाद डॉन ने अपने बच्चों और हॉली से विदा ली तथा काम पर चली गई। उसे लंबी शिफ्ट में काम करना था।

रात 8 बजे तक हॉली मर चुकी थी। एक अज्ञात घुसपैठिया अपार्टमेंट में घुस आया था, उसने दरवाज़ा बंद करके हॉली के साथ हिंसक बलात्कार

---

*इस प्रकरण से संबंधी सामग्री में इनोसेंस प्रोजेक्ट के काम, जुआन रिवेरा के साक्षात्कारों, रिवेरा के वकीलों से बातचीत और बैरी शेक से वार्तालाप तथा समाचार-पत्रों व मीडिया की रिपोर्टें शामिल हैं। साथ ही ऐंड्रयू मार्टिन के साथ ईमेल का आदान-प्रदान भी शामिल है, जिन्होंने न्यू यॉर्क टाइम्स में इस मुक़दमे के बारे में लिखा था।

किया था और वहशी आक्रमण करके सत्ताइस बार चाकू मारा था। छोटी लड़की की लाश पहचान में ही नहीं आ रही थी।

8 बजे के ठीक बाद एक पड़ोसी बार में गया, जहाँ डॉन काम करती थी। उसने बताया कि उसने डॉन के बेटे को देखा था, जो अपार्टमेंट के बाहर खड़ा था और अंदर नहीं घुस पा रहा था। डॉन ने अपार्टमेंट में फ़ोन किया, लेकिन कोई जवाब नहीं मिला, फिर उसने हॉली की माँ को फ़ोन किया।

डॉन ने ताबड़तोड़ पहुँचकर दरवाज़े का ताला खोला। उन्होंने देखा कि डॉन की दो साल की बेटी अकेली नज़र आ रही थी और उन्होंने तुरंत पुलिस को फ़ोन कर दिया। हॉली की रक्तरंजित लाश पुलिस वालों को एक बेडरूम के दरवाज़े के पीछे मिली।

इस घटना से स्थानीय समुदाय दहशत में आ गया। स्थानीय पुलिस वालों ने 600 सुरागों का पीछा किया और 200 लोगों से पूछताछ की, लेकिन कुछ सप्ताह के भीतर सुराग़ ठंडे पड़ने लगे। माता-पिता अपने बच्चों को अकेला छोड़ने में बुरी तरह घबरा रहे थे। पत्रकारों ने समुदाय को 'दहशतज़दा' कहा।

फिर जेल के एक मुख़बिर के बयान पर पुलिस ने एक नया संदिग्ध व्यक्ति खोजा : जुआन रिवेरा। वह उन्नीस साल का किशोर था, जो घटनास्थल से कुछ मील दूर दक्षिण में रहता था। रिवेरा का मनोवैज्ञानिक समस्याओं का इतिहास था। लेक काउंटी मेजर क्राइम्स टास्क फ़ोर्स ने उससे चार दिनों तक थकाने वाली पूछताछ की। एक बिंदु पर दबाव बहुत भारी हो गया। पुलिस वालों ने उसे अपने बालों का गुच्छा उखाड़ते हुए और अपना सिर दीवार से टकराते देखा।

तीसरे दिन जब पूछताछ आरोपात्मक हो गई और रिवेरा से पूछा गया कि क्या उसने अपराध किया है, तो उसने आख़िरकार अपना सिर हाँ में हिला दिया। उस समय वह पूरी तरह बँधा हुआ था (उसके हथकड़ी से बँधे हाथ उसके बेड़ियों वाले पैरों के बीच में थे और दोनों आपस में जुड़े थे)। उसे एक मानसिक रोगी कक्ष में अकेला बंद रखा गया था। जेल का मानसिक स्वास्थ्य स्टाफ़ इस निष्कर्ष पर पहुँचा कि उसे मानसिक रुग्णता का दौरा पड़ा था।

उसके द्वारा अपराध क़बूल करने के बाद पुलिस ने एक बयान तैयार करके उसके दस्तख़त कराए। समस्या यह थी कि अपराध संबंधी जानकारी से उसकी स्वीकारोक्ति इतनी असंगत थी कि पुलिस वालों को एक नई स्वीकारोक्ति पर दस्तख़त कराने के लिए अगले दिन फिर से जाना पड़ा, जिसमें से असंगतियों को हटा दिया गया था। अंतिम पूछताछ लगभग चौबीस घंटे तक चली। रिवेरा ने नई स्वीकारोक्ति पर भी हस्ताक्षर कर दिए।

दस्तख़त करने के कुछ घंटों बाद ही रिवेरा उस स्वीकारोक्ति से मुकर गया, लेकिन कुछ महीनों बाद मुक़दमे में यह दोबारा लिखी गई स्वीकारोक्ति ही अभियोजन पक्ष के मुक़दमे का मुख्य आधार थी। कोई गवाह नहीं थे। रिवेरा का मनोवैज्ञानिक समस्याओं का इतिहास था, लेकिन हिंसा का कोई इतिहास नहीं था, हालाँकि अपराध स्थल मानव ऊतक भरा पड़ा था, फिर भी कोई भौतिक प्रमाण नहीं थे कि इस घटना से रिवेरा का कोई संबंध था। रक्त, बाल, त्वचा के अंश और अनजान फ़िंगरप्रिंट जुआन रिवेरा से मेल नहीं खाते थे।

लेकिन एक छोटी लड़की की नृशंस हत्या हुई *थी*, एक समुदाय शोक संतप्त था और वह दस्तख़त वाली स्वीकारोक्ति थी।

जूरी को निर्णय लेने में ज़्यादा समय नहीं लगा। रिवेरा को पहले दर्जे की हत्या का अपराधी माना गया और आजीवन कारावास की सज़ा सुनाई गई। अदालत ने मृत्यु दंड देने के आग्रह को नामंज़ूर कर दिया।

इस फ़ैसले से कई लोग विचलित और बेचैन थे, जिनमें कुछ स्थानीय रिपोर्टर शामिल थे। उन्हें साफ़ दिख रहा था कि पूरा मामला एक संदिग्ध मानसिक स्वास्थ्य वाले किशोर की स्वीकारोक्ति पर टिका था, लेकिन पुलिस और अभियोजन पक्ष के वकीलों के मन में कोई ग्लानि या अपराधबोध नहीं था। यह अपराध मुश्किल था। अदालत ने एक आदमी को अपराधी घोषित कर दिया गया था और सज़ा सुना दी गई थी। हॉली का परिवार अब अपना अभियान समाप्त कर सकता था। दहशत आख़िरकार ख़त्म हो गई थी। समुदाय चैन की साँस ले सकता था।

लेकिन क्या सचमुच ऐसा था?

II

आपराधिक न्याय प्रणाली के मुख्य उद्देश्यों में से एक यह सुनिश्चित करना है कि लोगों को उन अपराधों की सज़ा न मिले, जो उन्होंने नहीं किए। यदि राज्य किसी बेगुनाह को जेल में बंद करके उसकी स्वतंत्रता से वंचित कर दे, तो यह गहरी संवेदनाओं पर आघात है। जैसा ब्रिटिश विधिवेत्ता विलियम ब्लैकस्टोन ने कहा था : "एक निरपराध को सज़ा हो जाए, इससे बेहतर तो यह है कि दस अपराधी बच जाएँ।"

लेकिन अदालत की ग़लतियों का एक काफ़ी अलग महत्त्व है : वे सीखने का क़ीमती अवसर होती हैं। हमने पिछले अध्याय में देखा कि उड्डयन उद्योग ने असफलता से सीख लेकर प्रभावशाली परिवर्तन किए। जाँचकर्ताओं ने दुर्घटनाओं की जाँच करके प्रक्रियाओं में सुधार किए। इस वजह से दुर्घटनाओं की संख्या में कमी आई। यही प्रगति का देहविज्ञान है : फ़ीडबैक की रोशनी में प्रणालियों में परिवर्तन करना।

न्याय प्रणाली के दो मुख्य उद्देश्यों के बीच में काफ़ी स्पष्ट अदला-बदली होती है : अपराधियों को दंड देना और निरपराधों को मुक्त करना। अगर आप ग़लत सज़ा को पूरी तरह ख़त्म करना चाहते हैं, तो आप अभियोजन पक्ष पर आवश्यक प्रमाण का बोझ बढ़ाकर 100 प्रतिशत तक कर सकते हैं, लेकिन इस परिणाम की एक ऊँची क़ीमत चुकानी होगी। इसका मतलब यह होगा कि कई वास्तविक अपराधी भी दोषमुक्त हो जाएँगे। यदि 100 प्रतिशत प्रमाण आवश्यक हो, तो कोई जूरी कैसे सज़ा सुना सकती है, भले ही इसे 99 प्रतिशत विश्वास हो कि वह व्यक्ति अपराधी हो?

हमारी रुचि इस बात में है कि ग़लत सज़ा की संख्या कम हो, लेकिन *सही सज़ा के साथ समझौता न किया जाए।* यह जीत-जीत वाला मामला है। इससे उदार व्यक्ति अदालत की ग़लतियों के बारे में चिंतित नहीं होंगे और अनुदार व्यक्ति खुले घूम रहे ज़्यादा अपराधी लोगों के बारे में चिंतित नहीं होंगे। सवाल यह है : ऐसा कैसे संभव है?

रेडियोलॉजी के बारे में सोचें, जिस पर हमने पिछले अध्याय में निगाह डाली थी। वहाँ भी दो क़िस्म की ग़लतियाँ होती हैं। पहली तब, जब डॉक्टर ट्यूमर होने की रिपोर्ट देता है, जबकि वहाँ दरअसल कोई ट्यूमर मौजूद ही नहीं होता। इसे कई बार टाइप वन ग़लती कहा जाता है : कार्य की ग़लती।

दूसरे प्रकार की ग़लती तब होती है, जब कोई डॉक्टर मौजूद ट्यूमर को पकड़ने में असफल रहता है, जो वहाँ पर है। इसे टाइप टू ग़लती कहा जाता है : अकार्य की ग़लती। एक तरह की ग़लती को कम करना और दूसरी तरह की ग़लती को एक साथ बढ़ाना संभव है, बशर्ते आपराधिक न्याय प्रणाली की तरह ही यहाँ भी 'प्रमाण सीमारेखा' को बदल दिया जाए, लेकिन इस अदला-बदली की वजह से यह तथ्य धुँधला न होने दें कि दोनों तरह की ग़लतियों को एक साथ कम करना संभव है। अंततः प्रगति इसी का नाम है।

कई मायनों में ग़लत सज़ा भी हवाई दुर्घटनाओं जैसी होती हैं। अगर उन्हें निर्णायक रूप से स्थापित किया जा सके (कहना होगा कि यह आसान काम नहीं है), तो वे प्रणाली की गंभीर असफलता का संकेत देती हैं। वे यह जाँच करने का अवसर प्रदान करती हैं कि पुलिस की जाँच से लेकर अदालत में पेश किए गए प्रमाण तक और जूरी के विचार-विमर्श से लेकर जज के निर्णय तक हर चीज़ में कहाँ ग़लती हुई। असफलता से सीखकर हम ऐसे सुधार कर सकते हैं, जिनसे यह सुनिश्चित हो जाए कि दोबारा वही ग़लतियाँ न हों।

लेकिन जैसा हम देख चुके हैं कि लोग असफलता को स्वीकार करना पसंद नहीं करते हैं। पुलिस को तब कैसा महसूस होगा, जब उन्हें यह बताया जाए कि जिस नृशंस हत्यारे को खोजने के लिए उन्होंने कड़ी मेहनत की थी, उससे सिर्फ़ यही फ़ायदा हुआ कि एक निरपराध व्यक्ति जेल चला गया? अक्सर अदालत में निर्णायक फ़र्क़ डालने वाले अभियोजन पक्ष के वकील कैसा महसूस करेंगे, जब उनके सारे प्रयासों की वजह से किसी निरपराध व्यक्ति का जीवन बर्बाद होगा? और जज व क़ानून के रखवाले किस तरह प्रतिक्रिया करेंगे, जब उनके सामने यह प्रमाण रखा जाएगा कि जिस प्रणाली के वे मुखिया हैं, वह असफल हो गई?

खंड 1 में हमने उड्डयन और स्वास्थ्य सेवा की तुलना करके असफलता की अवधारणा की जाँच की थी। हमने पाया था कि स्वास्थ्य सेवा में डॉक्टर अपनी ग़लतियों से इतना डरते हैं कि वे कई तरीक़ों से उन्हें छुपाते हैं, जिस वजह से उनसे सीखना असंभव हो जाता है। हमने यह भी देखा था कि यह प्रवृत्ति संसार के कई क्षेत्रों में असफलता पर आम प्रतिक्रिया होती है।

इस खंड में हम यह पूछने जा रहे हैं, *क्यों?* हम ग़लती नकारने के पीछे की सटीक मनोवैज्ञानिक कार्यविधियों की गहरी खुदाई करने जा रहे हैं, इसके

सूक्ष्म बहानों की रूपरेखा की जाँच करने जा रहे हैं और यह देखने जा रहे हैं कि समझदार तथा ईमानदार लोग भी किस तरह क्लोज़्ड लूप या बंद फंदों में फँस जाते हैं। इसे हम आपराधिक न्याय प्रणाली के लेंस से देखेंगे, लेकिन हम राजनीति, अर्थशास्त्र और व्यवसाय की कुछ सबसे विस्मयकारी असफलताओं पर भी नज़र डालेंगे - और इस बात पर भी कि प्रगति बार-बार कैसे रुकी है। अगर हम अपनी आँखें असुविधाजनक सत्यों की ओर से मूँद लें, तो हमें वे नहीं दिखेंगे, लेकिन हम यह समझेंगे कि इसे करने के लिए ही मानव मन को बनाया गया है - प्रायः आश्चर्यजनक तरीक़ों से।

मनोवैज्ञानिक संदर्भ में यह देखना मुश्किल नहीं है कि न्याय की ग़लतियाँ क़ानूनी प्रणाली के लिए पीड़ादायक विषय क्यों होती हैं। इतिहास इस बात को स्पष्ट करता है। 1932 में येल के विधि विषय के प्रोफ़ेसर ऐडविन बोरकार्ड ने अपनी मौलिक पुस्तक *कनविक्टिंग द इनोसेंट ऐंड स्टेट इनडेमिटी फ़ॉर एरर्स ऑफ़ क्रिमिनल जस्टिस* में ग़लत सज़ाओं की सूची बताई। इनमें से कई असफलताएँ ऐसी थीं, जो निर्विवाद थीं। जब लापता व्यक्ति को ग़लती से 'मृत' मान लिया गया था, ऐसे आठ प्रकरणों में लोगों को हत्या के जुर्म में सज़ा दी गई थी, लेकिन बाद में वह तथाकथित मृत व्यक्ति जीवित और सही-सलामत मिला।

इन उदाहरणों ने ग़लती के जाल को पहचानने और प्रणाली की कमज़ोरियों की जाँच करने का अवसर दिया। लेकिन कई प्रोसीक्यूटरों, पुलिस वालों और न्यायाधीशों ने (और शायद प्रतिवादी वकीलों ने भी) बिल्कुल ही अलग निष्कर्ष निकाले। उन्होंने इनकी उपेक्षा की। कई ने तो इस विचार को ही धृष्टता माना कि प्रणाली में कोई दोष है। जैसा वॉरसेस्टर काउंटी के डिस्ट्रिक्ट अटॉर्नी ने कहा, "निरपराध व्यक्तियों को कभी सज़ा नहीं दी जाती है। इस बारे में चिंता न करें... यह शारीरिक दृष्टि से असंभव चीज़ है।"

क्लोज़्ड लूप यानी बंद फंदे की सोच का इससे उत्तम उदाहरण मिलना मुश्किल है। देखिए, अगर न्याय की ग़लतियाँ असंभव हैं, तो उनसे सीखने में समय क्यों बर्बाद करें?

"ऐतिहासिक दृष्टि से क़ानूनी तंत्र बेहद आत्मसंतुष्ट रहा है," न्यू यॉर्क के प्रतिवादी वकील बैरी शेक ने मुझे बताया। "जब लोगों को सज़ा दी जाती है, तो लोग इसे इस बात की पुष्टि मान लेते हैं कि प्रणाली अच्छी तरह काम कर रही है। प्रणाली की जाँच करने की दिशा में बहुत ही कम गंभीर

काम किया गया था। ग़लत दंड आम थे, यह विचार दरअसल विचित्र नज़र आता है।"

ग़ौर करने लायक़ बात यह है कि जब उन्नीसवीं सदी के प्रारंभ में इंग्लैंड और वेल्स में आपराधिक अपील की अदालत का प्रस्ताव पहली बार रखा गया, तों इसका सबसे प्रबल विरोध न्यायाधीशों ने ही किया था। अदालत का एक सरल तर्क था : अन्याय को सही करने का अवसर प्रदान करना। यह इस बात की संस्थागत स्वीकृति थी कि ग़लतियाँ संभव हैं। जज इसके ख़िलाफ़ काफ़ी हद तक इसलिए थे, क्योंकि वे इसके पीछे के तर्क से ही इंकार करते थे। इस अदालत का सृजन 'क़ानूनी सुधार के इतिहास में सबसे लंबे और सबसे विकटता से लड़े गए अभियानों में से एक' साबित हुआ, जिसके लिए 'साठ साल की अवधि में इकतीस संसदीय विधेयकों' की आवश्यकता पड़ी।

अगले कुछ दशकों में उल्लेखनीय रूप से बहुत कम बदलाव हुए। न्याय की अभिप्रमाणित ग़लतियों को 'एक बार की' कहकर ख़ारिज कर दिया गया। इसे ऐसी प्रणाली की क़ीमत माना गया, जो कुल मिलाकर सही निर्णय देती थी। शायद ही कभी किसी ने पुलिस के तौर-तरीक़ों, अदालत की कार्यविधियों, फ़ोरेंसिक तकनीकों आदि पर सुनियोजित परीक्षण किए। अगर वे प्रणाली को आदर्श मानते हैं, तो वे ऐसा क्यों करेंगे?

जैसा राष्ट्रपति रीगन के अधीन अमेरिका के अटॉर्नी जनरल रहे ऐडविन मीज़ ने कहा था, "बात यह है कि आपके पास कई संदिग्ध व्यक्ति नहीं होते हैं, जो किसी अपराध के मामले में निरपराध हों। यह विरोधाभासी है। अगर कोई व्यक्ति किसी अपराध में बेगुनाह है, तो वह संदिग्ध नहीं है।"

लेकिन फिर सोमवार की सुबह 10 सितंबर 1984 को हर चीज़ बदल गई, जब एक शोध वैज्ञानिक अलेक जेफ़्रीज़ को डीएनए प्रयोग की एक्सरे फ़िल्म देखते वक़्त ज्ञान की कौंध दिखी। उन्हें अहसास हुआ कि जनेटिक कोड के अंतरों की जाँच करके एक जनेटिक फ़िंगरप्रिंट खोजना संभव है, एक अनूठा चिन्ह, जो किसी इंसान की लगभग निश्चित पहचान बता सकता है। बाद में वैज्ञानिक कैरी मलिस के साथ मिलकर, जिन्होंने आगे चलकर नोबेल पुरस्कार जीता। इस खोज ने अपराध विज्ञान में क्रांति कर दी।

जेफ़्रीज़ की खोज से पहले रक्त विश्लेषण काफ़ी हद तक अदालती विज्ञान का सबसे आधुनिक पहलू हुआ करता था। कुल चार रक्त समूह होते

हैं, जिसका मतलब था कि घटनास्थल पर मिलने वाले टिशू यानी ऊतक का इस्तेमाल करके संदिग्ध व्यक्तियों की सूची को सीमित किया जा सकता था, लेकिन बहुत ज़्यादा नहीं। ध्यान रहे, इंग्लैंड के लगभग 48 प्रतिशत लोगों का रक्त समूह ओ है।

डीएनए प्रमाण काफ़ी अलग होता है। यदि नमूना दूषित न हो और परीक्षण सही तरीक़े से किया जाए, तो दो असंबद्ध लोगों के समान डीएनए होने की संभावना एक अरब में लगभग एक होती है। इसके परिणाम काफ़ी महत्त्वपूर्ण थे और इन्हें समझने में क़ानूनी प्रणाली को ज़्यादा समय नहीं लगा।

निश्चित प्रकार के मुक़दमों में घटनास्थल पर टिशू के डीएनए को निर्णायक रूप से पहचानना संभव हो गया। मिसाल के तौर पर, बलात्कार के मामले में अगर पुलिस वाले पीड़िता में पाए गए वीर्य का नमूना हासिल कर लें, तो इससे संभावित संदिग्ध व्यक्तियों की संख्या सीमित होकर एक तक पहुँच सकती है। इसीलिए डीएनए फ़िंगरप्रिंटिंग ने सैकड़ों लोगों को सज़ा दिलाने में मदद की है। इसमें अपराधी को निर्विवाद रूप से प्रमाणित करने की अनूठी शक्ति है।

लेकिन उन मामलों में भी डीएनए बहुत महत्त्वपूर्ण है, जिनमें सज़ा पहले ही सुनाई जा चुकी है : दोषमुक्त करने की शक्ति। आख़िर, अगर किसी बलात्कार पीड़िता में वीर्य का नमूना उपलब्ध है और अगर यह जेल में सज़ा काट रहे व्यक्ति के डीएनए से मेल नहीं खाता है, तो हम इस सहज निष्कर्ष पर पहुँच सकते हैं : यह नमूना किसी दूसरे व्यक्ति यानी वास्तविक अपराधी का है।

“डीएनए परीक्षण का न्याय के क्षेत्र में वही महत्त्व है, जो दूरबीन का तारों के लिए है : बायोकेमिस्ट्री में सबक़ नहीं, आवर्धक लेंस के चमत्कारों का प्रदर्शन नहीं, बल्कि चीज़ों को उनके वास्तविक स्वरूप में देखना,” शेक ने कहा था। ‘यह रहस्योद्घाटक मशीन है।’

डीएनए परीक्षण पूरी तरह अचूक नहीं होते हैं, क्योंकि वे मानवीय ग़लती, धोखाधड़ी, ग़लत लेबल लगाने से दूषित हो सकते हैं। और जब मानव ऊतक के केवल छोटे अंश ही उपलब्ध हों, तो दोषपूर्ण व्याख्याओं की आशंका भी रहती है, लेकिन जब उन्हें ईमानदारी और सुनियोजित रूप से किया जाता है, तो वे काफ़ी हद तक निर्णायक होते हैं। 1989 की शुरुआत

तक जेफ्रीज़ द्वारा ईज़ाद की गई प्रयोगशाला तकनीकें फ़ोरेंसिक प्रयोगशालाओं में इस्तेमाल के लिए तैयार थीं। इसने क़ानूनी इतिहास में सबसे आश्चर्यजनक प्रयोग के लिए मंच तैयार कर दिया। और परिणाम सामने आने में ज़्यादा समय नहीं लगा।

शिकागो में बलात्कार के दोषी गैरी डॉटसन को 14 अगस्त 1989 को जेल से रिहा कर दिया गया, जो अपने निरपराध होने का लगातार दावा कर रहा था। पीड़िता द्वारा पहना गया अंडरवियर डीएनए परीक्षण के लिए भेजा गया था, जिससे यह उजागर हुआ कि वीर्य किसी दूसरे आदमी का है। डॉटसन जेल में दस साल की सज़ा काट चुका था।

कुछ महीनों बाद ब्रूस नेल्सन की सज़ा को रद्द कर दिया गया, जो पेनसिल्वेनिया में बलात्कार और हत्या के जुर्म में सज़ा काट रहा था, क्योंकि डीएनए जाँच में यह साबित हुआ कि वह लार उसकी नहीं थी, जो सिगरेट और पीड़िता के वक्ष, ब्रा तथा बालों पर मिली थी। तब तक वह नौ साल की सज़ा काट चुका था। लियोनार्ड कैलेस को न्यू यॉर्क स्टेट में अठारह साल की किशोरी पर यौन आक्रमण का अपराधी माना गया था और डीएनए परीक्षण में बरी होने पर उसे भी रिहा कर दिया। वह लगभग छह साल की सज़ा काट चुका था।

ब्रिटेन में डीएनए की वजह से जो पहला इंसान रिहा हुआ, वह था माइकल शर्ली। वह एक युवा नाविक था, जिसे 1986 में पोर्ट्समाउथ की बारमेड लिंडा कुक के बलात्कार और हत्या का दोषी मानकर सज़ा दी गई थी। पीड़िता के रक्त के नमूने लिए गए थे और मूल जूरी को बताया गया था कि रक्त समूह शर्ली का ही था (यह रक्त समूह 23.3 प्रतिशत ब्रिटिश वयस्क पुरुषों का भी था)।

शर्ली ने भारी विरोध जताया और भूख हड़तालें भी कीं। एक पत्रकार ने उसकी रिहाई का अभियान छेड़ा, लेकिन उसके अख़बार ने उसे नौकरी से निकाल दिया। गृह मंत्रालय ने उसका मामला अपीली अदालत में पहुँचाने से इंकार कर दिया। पुलिस का दावा था कि वीर्य के नमूने नष्ट कर दिए गए हैं, लेकिन दबाव पड़ने पर वे मिल गए। एक आसान डीएनए परीक्षण से यह बात उजागर हुई कि पीड़िता के शरीर में मिला वीर्य शर्ली का नहीं था। उसकी रिहाई के समय वह सोलह साल की सज़ा काट चुका था।

2005 तक डीएनए परीक्षणों के बाद तीन सौ लोगों की सज़ा रद्द कर दी गई थी। ऐसी स्थितियों में जहाँ प्रमाण भंडारित थे, वहाँ इनोसेंस प्रोजेक्ट (एक परोपकारी संस्था, जो क़ैदियों को उनकी बेगुनाही साबित करने में मदद करती है) के मुवक्किल *लगभग आधे प्रकरणों* में दोषमुक्त हो गए थे।

इन दोषमुक्तियों से दर्जनों सवाल खड़े हुए। पुलिस वाले ग़लत संदिग्ध व्यक्तियों का पीछा क्यों करते हैं? चश्मदीद गवाह अपराधियों को ग़लत क्यों पहचानते हैं? पुलिस वालों की पूछताछ की तकनीकें ग़लत निष्कर्षों की ओर क्यों ले जाती हैं? अदालतें सही न्याय करने में क्यों असफल होती हैं? और इसके बारे में क्या किया जा सकता है?

एक ज़्यादा व्यापक प्रश्न भी उभरकर सामने आता है : व्यापक न्याय प्रणाली को कैसे सुधारा जा सकता है? डीएनए की जाँच सिर्फ़ उन मुट्ठीभर मामलों में ही की जा सकती है (बलात्कार, हत्या आदि), जहाँ मानव ऊतक पाया जाता है और उसका नमूना लिया जाता है। बाक़ी दूसरे प्रकरणों के बारे में क्या, जहाँ जेल में बंद अपराधी के पास अपनी बेगुनाही साबित करने के लिए डीएनए फ़िंगरप्रिंटिंग का कोई उपाय नहीं होता? कुल मिलाकर कितने निरपराध लोग सींखचों के पीछे थे?

इसका सटीक अनुमान लगाना मुश्किल है, लेकिन यूनिवर्सिटी ऑफ़ मिशिगन लॉ स्कूल के प्रोफ़ेसर सैम्युअल आर. ग्रॉस के नेतृत्व में हुए अध्ययन का निष्कर्ष यह था : "अगर हम मृत्युदंडों जितनी ही सावधानी से जेल की बाक़ी सज़ाओं की समीक्षा करते, तो पिछले 15 वर्षों में अमेरिका में 28,500 से ज़्यादा लोग रिहा होते, जबकि अब तक सिर्फ़ 255 ही वास्तव में रिहा हुए हैं।"

इससे हमें हैरान नहीं होना चाहिए। जो प्रणालियाँ असफलता का विश्लेषण नहीं करती हैं, उनके लिए सीखना बहुत मुश्किल होता है। वकील बैरी शेक ने लिखा है, "सामने आने वाली तसवीर पर्याप्त स्पष्ट है। पुलिस स्टेशन से लेकर सुप्रीम कोर्ट तक पूरी आपराधिक न्याय प्रणाली जर्जर हो चुकी है...।" कोलंबिया यूनिवर्सिटी के एक अध्ययन का निष्कर्ष यह था कि राष्ट्रीय स्तर पर 1973 से 1995 के बीच दिए गए 66 प्रतिशत मृत्युदंड संवैधानिक दृष्टि से दोषपूर्ण थे, जिन्हें अदालतों ने उलट दिया।

2005 में जुआन रिवेरा के वकीलों ने डीएनए परीक्षण के लिए आवेदन दिया। उस वक़्त तक वह जेल में लगभग तेरह साल काट चुका था। रिवेरा इस अनूठे परीक्षण को लेकर बहुत रोमांचित था, जो आख़िरकार हक़ीक़त बता देगा कि एक दशक से भी ज़्यादा समय पहले वॉकेगन, इलिनॉय में उस गर्म रात को क्या हुआ था।

24 मई को डीएनए परीक्षण के परिणाम मिले। परिणामों से यह साफ़ हो गया कि हॉली स्टेकर की लाश के भीतर जो वीर्य मिला था, वह रिवेरा का नहीं था। पहले तो रिवेरा अभिभूत हो गया। वह इस तथ्य को पचा ही नहीं पाया कि लोग आख़िरकार यह सच्चाई देख सकेंगे कि वह जघन्य अपराध का दोषी नहीं है। उसने अपने वकीलों को बताया कि उसे ऐसा महसूस हो रहा था, जैसे वह 'हवा पर चल रहा हो'। उसने उस रात क़ैदख़ाने में जश्न मनाया।

लेकिन कहानी यहीं पर ख़त्म नहीं होती। वास्तव में, यह काफ़ी लंबी खिंचने वाली थी। रिवेरा को इसके बाद भी जेल में छह और साल काटने पड़े। क्यों? पुलिस वालों के बारे में सोचें। क्या वे अपनी ग़लती स्वीकार करने वाले थे? क्या अभियोजन पक्ष के वकील अपने हाथ खड़े करके यह मानने वाले थे कि उनसे ग़लती हो गई थी? क्या ज़्यादा व्यापक न्याय प्रणाली अपने उन दोषों को स्वीकार करने वाली थी, जो डीएनए प्रमाण में उजागर हो रहे थे?

संभवतः डीएनए दोषमुक्तियों के बारे में सबसे आकर्षक चीज़ यह नहीं है कि इसने ग़लत सज़ा पाने वाले क़ैदियों के लिए रिहाई के दरवाज़े खोले। सबसे आकर्षक चीज़ तो यह है कि उन क़ैदियों का डीएनए परीक्षण कराना कितना ज़्यादा मुश्किल था, किस तरह न्याय प्रणाली ने सूक्ष्म और गहरे दोनों तरीक़ों से उस प्रमाण के ख़िलाफ़ युद्ध किया, जो यह बता रहा था कि न्याय प्रणाली में चीज़ें ग़लत हो रही थीं।

यह क्यों हुआ? असफलता-अस्वीकृति मानव मन और प्रणालियों में इतनी गहराई तक कैसे जम गई? यह पता लगाने के लिए हम लियॉन फ़ेस्टिंगर के काम पर नज़र डालेंगे, जो पिछली अर्ध-शताब्दी के संभवतः सबसे प्रभावशाली सामाजिक विज्ञानी हैं। उन्होंने शिकागो में एक छोटे धार्मिक पंथ का जो अध्ययन किया था, उसी ने पहली बार क्लोज़्ड लूप यानी बंद फंदे वाले व्यवहार के उल्लेखनीय सत्य को उजागर किया था।

III

1954 के पतझड़ में मिनेसोटा यूनिवर्सिटी के शोधकर्ता फ़ेस्टिंगर ने अख़बार में एक असामान्य सुर्ख़ी देखी : 'पृथ्वी के विनाश की भविष्यवाणी : प्रलय से बचो।' यह ख़बर मैरियन कीच* नामक गृहिणी के बारे में थी, जिसने दावा किया था कि वह किसी दूसरे ग्रह के ईश्वर सदृश व्यक्ति के आत्मिक संपर्क में थी, जिसने उसे बताया था कि 21 दिसंबर 1954 की सुबह से पहले प्रलय हो जाएगा और पूरा संसार ख़त्म हो जाएगा।

कीच अपने मित्रों को आसन्न तबाही की चेतावनी दे चुकी थी। उनमें से कुछ अपने परिवार वालों के विरोध के बावजूद अपनी नौकरी और घर छोड़कर उस महिला के साथ रहने आ गए थे, जिसे वे अब अपना आध्यात्मिक गुरु मानने लगे थे। उन्हें बताया गया कि जो लोग सच्चा विश्वास करेंगे, उन्हें एक स्पेसशिप प्रलय से बचा लेगा, जो उपनगरीय मिशिगन में आधी रात को आसमान से नीचे उतरेगा और उन्हें कीच के छोटे घर के बगीचे से उठाकर ले जाएगा।

इस ख़बर में महत्त्वाकांक्षी वैज्ञानिक फ़ेस्टिंगर को एक दुर्लभ अवसर की झलक दिखी। अगर वे इस पंथ के क़रीब पहुँच सकें या इस दावे पर विश्वास करने का नाटक करके इस पंथ में शामिल हो सकें, तो वे यह देख पाएँगे कि प्रलय का समय क़रीब आने पर समूह का व्यवहार कैसा होता है। उनकी ख़ास रुचि यह देखने में थी कि भविष्यवाणी के *असफल होने पर समूह कैसे प्रतिक्रिया करता है।*

प्रश्न का उत्तर काफ़ी स्पष्ट लग सकता है। निश्चित रूप से भविष्यवाणी के असफल होने के बाद समूह के लोग अपने पुराने जीवन की ओर लौट जाएँगे। वे इस नतीजे पर पहुँचेंगे कि कीच धोखेबाज़ थी, जो किसी ईश्वर-सदृश व्यक्ति के संपर्क में नहीं थी। अगर भविष्यवाणी पूरी नहीं होती है, तो वे और किस निष्कर्ष पर पहुँच सकते थे? इससे ज़्यादा स्पष्ट असफलता के बारे में सोचना मुश्किल है - कीच के लिए भी और उन लोगों के लिए भी, जिन्होंने उस पर विश्वास किया था।

---

*उनका असली नाम डोरोथी मार्टिन था, लेकिन गोपनीयता बनाए रखने के लिए फ़ेस्टिंगर ने अपनी उल्लेखनीय पुस्तक व्हेन प्रोफ़ेसी फ़ेल्स में उनका नाम बदल दिया था।

लेकिन फ़ेस्टिंगर ने एक भिन्न प्रतिक्रिया की भविष्यवाणी की। उन्हें लग रहा था कि भविष्यवाणी असफल होने के बाद भी अनुयायी कीच को नहीं छोड़ेंगे और उनके विश्वास पर कोई फ़र्क़ नहीं पड़ेगा। वास्तव में फ़ेस्टिंगर को यह विश्वास था कि वे पंथ के प्रति पहले से ज़्यादा समर्पित हो जाएँगे।

नवंबर की शुरुआत में फ़ेस्टिंगर और उनके साथियों ने कीच को फ़ोन करके उसका विश्वास जीतने की कोशिश की। उनमें से एक ने यह कहानी गढ़ी कि उसे मैक्सिको में यात्रा करते वक़्त पारलौकिक अनुभव हुआ था। एक अन्य साथी ने व्यवसायी होने का नाटक किया, जो अख़बार की कहानी पढ़कर विचलित हो गया था। नवंबर के उत्तरार्ध में उन्हें कीच के पंथ में शामिल कर लिया गया और वे उसके घर में स्थापित हो गए तथा उन लोगों के छोटे समूह का अवलोकन करने लगे, जिन्हें यह विश्वास था कि संसार का अंत होने वाला है।

जब प्रलय की डेडलाइन गुज़र गई और कोई स्पेसशिप (या प्रलय) नहीं आया, तो फ़ेस्टिंगर और उनके साथियों ने लिविंग रूम में बैठे समूह को देखा (कीच के पति को इस दावे पर विश्वास नहीं था, इसलिए वह अपने बेडरूम में जाकर सो गया था)। पहले तो पंथ के सदस्य बाहर जाकर यह देखते रहे कि क्या स्पेसशिप आ गया है, फिर जब घड़ी आधी रात के पार हुई, तो वे उदास और हतप्रभ होने लगे।

अंततः वे अवज्ञापूर्ण हो गए। जैसी फ़ेस्टिंगर ने भविष्यवाणी की थी, कट्टर सदस्यों की आस्था उस चीज़ से अप्रभावित रही, जिससे उन्हें गहरी निराशा होनी चाहिए थी। वास्तव में, उनमें से कुछ की आस्था तो इससे ज़्यादा प्रबल बन गई।

यह कैसे संभव है? देखिए, यह एक स्पष्ट असफलता थी। कीच ने कहा था कि संसार का अंत हो जाएगा और स्पेसशिप उतरकर सच्चे विश्वासियों को बचा लेगा। दोनों में से एक भी चीज़ नहीं हुई। पंथ के सदस्य यह प्रतिक्रिया कर सकते थे कि वे कीच की पारलौकिक जानकारी के बारे में अपने विश्वास को बदल लें, लेकिन उन्होंने ऐसा नहीं किया। इसके बजाय उन्होंने 'प्रमाण' को बदल दिया।

जैसा फ़ेस्टिंगर अपनी कालजयी पुस्तक *व्हेन प्रोफ़ेसी फ़ेल्स* में बताते हैं, उन्होंने असफलता को नए सिरे से परिभाषित कर लिया। उन्होंने दावा किया,

"ईश्वर-सदृश व्यक्ति हमारी आस्था से इतना प्रभावित है कि उसने इस ग्रह को दूसरा मौक़ा देने का निर्णय लिया है! हमने संसार को बचा लिया!" पंथ को छोड़ने की बात तो रहने दें, इसके मुख्य सदस्यों ने नए लोगों को इसमें शामिल करने की मुहिम शुरू कर दी। जैसा फ़ेस्टिंगर ने लिखा : "सारी रात बैठे छोटे समूह ने इतना ज़्यादा प्रकाश फैला दिया कि ईश्वर ने संसार को विनाश से बचा लिया।" वे 'प्रफुल्लित' थे।

देखिए यह बहुत महत्त्वपूर्ण है। इसलिए नहीं, क्योंकि यह हमें पंथों के व्यवहार के बारे में बताता है, बल्कि इसलिए क्योंकि यह हमें हम सभी के बारे में भी जानकारी देता है। फ़ेस्टिंगर ने दिखाया कि यह पराकाष्ठा वाला व्यवहार दरअसल सर्वव्यापी मनोवैज्ञानिक प्रक्रियाओं की जानकारी देता है। जब हमारा सामना ऐसे प्रमाण से होता है, जो हमारे गहरे विश्वासों को चुनौती देता है, तो इस बात की कम संभावना रहती है कि हम अपने विश्वास बदलेंगे और इस बात की ज़्यादा संभावना रहती है कि हम प्रमाण की व्याख्या *नए सिरे* से करेंगे। हम बस नए कारण, नए तर्क, नए स्पष्टीकरण खोज लेते हैं। कई बार तो हम प्रमाण को पूरी तरह नज़रअंदाज़ कर देते हैं।

आइए, पलभर के लिए धार्मिक पंथों से दूर चलते हैं और राजनीति जैसी रोज़मर्रा की चीज़ पर निगाह डालते हैं। ख़ासतौर पर हम इराक युद्ध पर बात करते हैं। युद्ध की तैयारी के पक्ष में काफ़ी सारे तर्क इराक के सामूहिक विनाश के हथियारों (डब्ल्यूएमडी) के कथित जमावड़े पर केंद्रित थे। अटलांटिक के दोनों तरफ़ के नेताओं ने युद्ध छेड़ने के पीछे जो तर्क दिया, वह यह था कि सद्दाम हुसैन ने विनाशकारी हथियारों का जख़ीरा इकट्ठा कर लिया था। अफ़सोस, 2003 तक ही यह स्पष्ट हो गया कि इराक में डब्ल्यूएमडी नहीं थे।

जो लोग युद्ध के समर्थक थे, उनके लिए यह स्वीकार करना आसान नहीं था। इसका मतलब तो यह होता कि उनका विवेक सही नहीं था या उनका निर्णय ग़लत था। कई ने तो महीनों तक युद्ध और इसके पक्षधर लीडर्स की पैरवी की थी। उनका दृढ़ विश्वास था कि सैन्य आक्रमण ही सही काम था। डब्ल्यूएमडी के न मिलने से यह तो साबित नहीं हुआ कि युद्ध ग़लत था, लेकिन इसने कम से कम इसकी वैधता को कमज़ोर कर दिया, क्योंकि यह मूल आरोप का मुख्य आधार था।

बहरहाल, हमारे उद्देश्यों के लिए महत्त्वपूर्ण यह नहीं है कि इराक पर हमला करना सही था या ग़लत। महत्त्वपूर्ण तो यह है कि लोगों ने नए प्रमाण पर किस तरह प्रतिक्रिया की। परिणाम चौंकाने वाले थे। अक्टूबर 2003 में प्रकाशित नॉलेज नेटवर्क्स पोल के अनुसार जॉर्ज डब्ल्यू. बुश को वोट देने वाले आधे से ज़्यादा रिपब्लिकन्स ने इसे नज़रअंदाज़ कर दिया। उन्होंने कहा कि उन्हें यक़ीन था कि हथियार *मिले थे।*

जैसा सर्वे के डायरेक्टर ने बताया, "युद्ध के समर्थक कुछ अमेरिकियों की प्रबल इच्छा की वजह से उन्होंने संभवतः इस जानकारी को नज़रअंदाज़ कर दिया कि सामूहिक विनाश के हथियार नहीं मिले हैं। इस विषय पर इतनी ज़्यादा ख़बरें आई हैं और सार्वजनिक ध्यान आकर्षित किया गया है, उसे देखते हुए झूठी ख़बरों का यह स्तर उल्लेखनीय है।"

पलभर के लिए इस बारे में सोचें। डब्ल्यूएमडी की ग़ैर-मौजूदगी का प्रमाण ग़ायब हो गया था। इन लोगों ने डब्ल्यूएमडी की ग़ैर-मौजूदगी के बारे में लेख पढ़े थे और न्यूज़ देखी थी, लेकिन इसके बावजूद वे इसे भूल गए थे। दूसरी ओर, डेमोक्रेट्स डब्ल्यूएमडी की ग़ैर-मौजूदगी के बारे में पूरी तरह से जागरूक थे। जिन लोगों ने युद्ध का विरोध किया था, उनमें से कई के स्मृति-पटल पर यह जानकारी हमेशा के लिए अंकित हो गई थी, लेकिन आधे से ज़्यादा रिपब्लिकन्स? नहीं, उन्हें यह ज़रा भी याद नहीं रहा।

फ़ेस्टिंगर ने 'कॉग्निटिव डिसोनेंस' (संज्ञानात्मक असंगति) शब्दावली गढ़ी थी। इसका मतलब है वह आंतरिक तनाव, जिसे हम तब महसूस करते हैं, जब प्रमाण हमारे विश्वास या मान्यता को चुनौती देता है। हममें से ज़्यादातर लोग ख़ुद को तार्किक और समझदार मानते हैं। हम यह भी मानते हैं कि हम सही निर्णय पर पहुँचने में काफ़ी अच्छे हैं। हम ख़ुद को ग़लत नहीं मानना चाहते। इसीलिए जब हम गड़बड़ कर देते हैं, ख़ासतौर पर बड़े मुद्दों पर, तो हमारा आत्म-गौरव जोखिम में आ जाता है। हम असहज हो जाते हैं और छटपटाने लगते हैं।

इन परिस्थितियों में हमारे पास दो विकल्प होते हैं। पहला तो यह मानना है कि हमारा मूल निर्णय ग़लत था। हम यह सवाल पूछते हैं कि क्या किसी पंथ की गुरु पर विश्वास करना सही है, जिसकी भविष्यवाणियाँ सच नहीं हुईं। हम इस बारे में विचार करने के लिए ठहरते हैं कि क्या इराक

युद्ध सचमुच सही था, जबकि सद्दाम उतना बड़ा जोखिम नहीं था, जितनी हमने कल्पना की थी।

इस विकल्प की मुश्किल को समझना आसान है : यह जोखिम भरा है। इसके लिए हमें यह स्वीकार करना पड़ता है कि हम उतने समझदार नहीं हैं, जितना हम ख़ुद को मानते हैं। इसके लिए हमें यह स्वीकार करने के लिए विवश होना पड़ता है कि हम कई बार ग़लत हो सकते हैं, उन मुद्दों पर भी, जिन पर काफ़ी कुछ दाँव पर लगा है।

और यहाँ दूसरा विकल्प दिया जा रहा है : अस्वीकार करना। हम प्रमाण को नए सिरे से ढालते हैं। हम इसे तोड़ते-मरोड़ते हैं, हम इसे घुमाते हैं या इसे पूरी तरह से नज़रअंदाज़ कर देते हैं। इस तरह हम अपनी आरामदेह मान्यता को क़ायम रख सकते हैं कि हम हमेशा सही थे। हमने बिल्कुल सही काम किया था! हमने कोई ग़लती नहीं की थी! इस बात का क्या प्रमाण है कि हमने गड़बड़ की थी?

कीच वाले प्रसंग में पंथ के सदस्यों का काफ़ी कुछ दाँव पर लगा था। उन्होंने अपनी नौकरी छोड़ी थी और अपने परिवार वालों को नाराज़ किया था। पड़ोसियों ने भी उनकी हँसी उड़ाई थी। वे ग़लत थे, यह स्वीकार करना यह मानने जितना आसान नहीं था कि सुपरमार्केट जाते समय वे ग़लत मोड़ पर मुड़ गए थे। उनकी विश्वसनीयता दाँव पर लगी थी। इसी वजह से वे यह विश्वास करने के लिए बहुत प्रेरित थे कि कीच सचमुच वह गुरु थी, जो होने का वह दावा करती थी।

ज़रा सोचें कि उस घर से बाहर निकलना कितना शर्मनाक होता! ज़रा सोचें कि यह मानना कितना पीड़ादायक होता कि उन्होंने एक धोखेबाज़ पर विश्वास करने की मूर्खता की थी! क्या इसमें समझदारी नहीं दिखती कि वे असफलता को छिपी हुई सफलता (बहुत अच्छी तरह छिपी हुई!) साबित करने के लिए व्यग्र थे? ठीक उसी तरह, जिस तरह कई रिपब्लिकन्स के लिए यह ज़्यादा आसान था कि वे तथ्यों का सीधे सामना करने के बजाय डब्ल्यूएमडी की ग़ैर-मौजूदगी को अपनी स्मृति से ही हटा दें? दोनों कार्यविधियों ने असंगति की भावनाओं को दूर करने और इस आश्वस्तकारी अहसास को क़ायम रखा कि वे समझदार और तार्किक लोग हैं।

अग्रणी मनोवैज्ञानिक इलियट एरॉन्सन और उनके सहकर्मी जूडसन मिल्स ने एक प्रयोग किया। इसमें विद्यार्थियों को सेक्स के मनोविज्ञान पर विचार-विमर्श करने वाले समूह में शामिल होने के लिए आमंत्रित किया गया। समूह में शामिल होने से पहले विद्यार्थियों से प्रारंभिक तैयारी करने को कहा गया। कुछ विद्यार्थियों को इसमें बहुत शर्म आ रही थी (उत्तेजक उपन्यासों के स्पष्ट कामुक अंश पढ़कर सुनाना), जबकि बाक़ी के लिए यह केवल थोड़े संकोच की बात थी (डिक्शनरी से सेक्स संबंधी शब्द पढ़ना), फिर विद्यार्थियों के सामने उस समूह के सदस्यों के बीच होने वाले विचार-विमर्श का टेप चलाया गया, जिसमें वे उसी समय शामिल हुए थे।

एरॉन्सन ने विचार-विमर्श इस तरह कराया था, ताकि यह पूरी तरह नीरस हो। इतना नीरस कि पूर्वाग्रह से मुक्त हर व्यक्ति इस नतीजे पर पहुँचे कि ऐसे समूह में शामिल होकर उन्होंने ग़लत किया था। सदस्यों ने पक्षियों के द्वितीयक यौन लक्षणों पर बातचीत की : उनके पंख, रंग आदि। वे लगातार नीरस बातें करते रहे। कई को तो विषय की जानकारी भी नहीं थी, वे अटकते रहे और वाक्य भी पूरा नहीं कर पाए। यह शत-प्रतिशत नीरस था।

टेप के अंत में विद्यार्थियों से रेटिंग देने को कहा गया कि उन्हें यह विचार-विमर्श कितना रोचक लगा। जिनसे हल्की तैयारी कराई गई थी, उन्हें यह नीरस और उबाऊ लगा। ज़ाहिर है, उन्हें ऐसा लगा होगा। वे विचार-विमर्श की हक़ीक़त को देख सकते थे। वे एक सदस्य की बात से चिढ़ गए, जिसने यह स्वीकार किया था कि उसने एक दुर्लभ पक्षी प्रजाति की समागम क्रियाओं का अध्ययन नहीं किया था। उन्होंने कहा, "कितना ग़ैर-ज़िम्मेदार मूर्ख है! उसने बुनियादी अध्ययन तक नहीं किया! उसने समूह को नीचा दिखाया! उसके समूह में भला कौन रहना चाहेगा?"

लेकिन उन लोगों का क्या हाल था, जिन्होंने शर्म के साथ बहुत ज़्यादा तैयारी की थी? उनके दृष्टिकोण से हर चीज़ अलग थी। जैसा एरॉन्सन ने अपनी मनमोहक पुस्तक (जिसे उन्होंने हैरॉल टेवरिस के साथ लिखा) *मिस्टेक्स वर मेड (बट नॉट बाई मी)* में लिखा है : "...उन्होंने विचार-विमर्श को रोचक और रोमांचक तथा समूह के सदस्यों को आकर्षक व बुद्धिमान बताया। उन्होंने ग़ैर-ज़िम्मेदार मूर्ख को क्षमा कर दिया। उसकी सच्ची स्वीकारोक्ति ताज़गी भरी थी! ऐसे ईमानदार आदमी वाले समूह में कौन

नहीं रहना चाहेगा? यह विश्वास करना मुश्किल था कि उन दोनों समूहों ने एक ही रिकॉर्डिंग सुनी थी।"

हो क्या रहा था? यह और कुछ नहीं, संज्ञानात्मक असंगति का खेल था। अगर मुझे किसी समूह का सदस्य बनने के लिए बहुत प्रयास करना पड़ा है, अगर मैंने स्वेच्छा से भारी शर्म का अहसास झेला है, तो समूह के कमतर होने का मतलब यह मानना होगा कि मैं काफ़ी मूर्ख था। अपने आत्म-गौरव की रक्षा करने के लिए मैं ख़ुद को यह विश्वास दिलाना चाहूँगा कि समूह बहुत ज़्यादा अच्छा है। इसलिए इसे ऊपर उठाने और अपनी अनुभूतियों को सकारात्मक दिशा में दोबारा ढालने की आवश्यकता होती है।

ज़ाहिर है कि आसान तैयारी के मामले में यह बात लागू नहीं होती। तब अगर समूह समय की बर्बादी लगता है, तो इंसान यह बात ईमानदारी से बता सकता है और आत्म-गौरव संबंधी किसी तरह के जोखिम के बिना यह कह सकता है, "यह समूह इस लायक़ नहीं है कि मैं इसमें रहूँ।" जब हमारा अहं दाँव पर लग जाता है, तभी हमारे निर्णय की ग़लतियाँ जोखिम भरी बनती हैं। तब हम रक्षात्मक दीवारें बना लेते हैं और संज्ञानात्मक फ़िल्टर का इस्तेमाल करने लगते हैं।

इसी तरह का एक और प्रयोग मनोवैज्ञानिक चार्ल्स लॉर्ड के नेतृत्व में किया गया। स्वेच्छा से सम्मिलित होने वाले लोगों को दो समूहों में बाँटा गया। एक समूह में वे थे, जो मृत्युदंड के भारी समर्थक थे और दूसरे समूह में वे थे, जो इसके भारी विरोधी थे। मृत्युदंड के समर्थक उस प्रकार के लोग थे, जो टीवी पर इसकी हिमायत में चिल्लाते थे, जबकि उदार व्यक्ति क्षमा की पैरवी करते थे। ये समर्थक ख़ुशी-ख़ुशी अपने मित्रों को मृत्युदंड के प्रतिरोधक प्रभाव या लाभ बताते थे। दूसरे समूह में वे लोग थे, जो 'राज्य द्वारा अनुमोदित हत्या' से आतंकित थे तथा इस बारे में चिंतित थे कि इससे समाज क्रूर बनता है।

लॉर्ड ने इन दोनों समूहों को पढ़ने के लिए दो रिसर्च प्रोजेक्ट दिए। उन्होंने यह सुनिश्चित किया कि दोनों रिसर्च प्रोजेक्ट प्रभावशाली हों। दोनों में ही इस मुद्दे पर अच्छे शोध वाले प्रमाण थे। रिपोर्ट भारी-भरकम और वज़नदार थीं, लेकिन मुद्दे की बात यह है : एक रिपोर्ट में मृत्युदंड के समर्थन वाले सारे प्रमाण एकत्रित थे, जबकि दूसरी रिपोर्ट में मृत्युदंड के विरोध वाले सारे प्रमाण एकत्रित थे।

अब इन विरोधाभासी प्रमाणों से कम से कम यह निष्कर्ष तो निकाला ही जा सकता था कि मृत्युदंड के पक्ष और विपक्ष दोनों तरफ़ तर्क दिए जा सकते हैं। आप यह उम्मीद कर सकते थे कि इन रिपोर्टों को पढ़ने के बाद इस रेखा के दोनों सिरे वाले लोग अपने विचारों में थोड़े नरम पड़ते, लेकिन हुआ इसका ठीक उलटा। दोनों समूहों के बीच की दूरी और ज़्यादा बढ़ गई। जो लोग पक्ष में थे, उन्हें अपने दृष्टिकोण पर पहले से ज़्यादा विश्वास हो गया। विपक्ष वाले लोगों का भी यही हाल था।

जब बाद में उनसे उनके नज़रियों के बारे में पूछा गया, तो मृत्युदंड के समर्थकों ने कहा कि वे उस फ़ाइल से गहरे प्रभावित थे, जिसने उनके दृष्टिकोण के अनुरूप प्रमाण बताए थे। उन्होंने कहा कि आँकड़े मेहनत से इकट्ठे किए गए थे। यह व्यापक थी। यह दमदार थी, लेकिन दूसरी फ़ाइल? ओह, इसमें तो काफ़ी कमियाँ थीं, यह घटिया थी और इसमें हर जगह कमज़ोर बिंदु थे। कोई भी सम्मानित विद्वान ऐसे कूड़े को कैसे प्रकाशित कर सकता था?

जो लोग मृत्युदंड के ख़िलाफ़ थे, उन्होंने ठीक उलटे निष्कर्ष दिए। ऐसी बात नहीं थी कि वे निष्कर्षों से असहमत थे। उन्होंने तो (तटस्थ) आँकड़ों और कार्यप्रणालियों को भी प्रभावहीन पाया। एक ही सामग्री को पढ़कर दो समूह अपने दृष्टिकोणों में ज़्यादा दूर हो गए। उनमें से प्रत्येक ने प्रमाण को अपने पूर्व-विद्यमान विश्वासों के अनुरूप नए सिरे से ढाल लिया था।

फ़ेस्टिंगर की बड़ी उपलब्धि यह थी कि उन्होंने यह दिखा दिया कि संज्ञानात्मक असंगति एक ऐसी चीज़ है, जो मानव मन की गहराई में मौजूद होती है। हमारे निर्णयों पर जितना ज़्यादा दाँव पर लगा होता है, हमारे किसी भी नए प्रमाण को तोड़ने-मरोड़ने की उतनी ही ज़्यादा संभावना होती है, जो उन पर प्रश्न करता है।

अब आइए हम इस जानकारी को उस विषय पर लागू करते हैं, जिससे हमने यह अध्याय शुरू किया था। हम देखेंगे कि आपराधिक न्याय प्रणाली की कार्यविधि पर संज्ञानात्मक असंगति के विशाल और प्रायः आश्चर्यजनक प्रभाव पड़ते हैं।

IV

20 मार्च, 1987 को बिलिंग्स, मोन्टाना में एक छोटी लड़की पर उसके घर में हमला किया गया। न्यू यॉर्क के दो वकीलों बैरी शेक और पीटर न्यूफ़ेल्ड द्वारा स्थापित ग़ैर लाभकारी संगठन द इनोसेंस प्रोजेक्ट (जो डीएनए जाँच हासिल करने में क़ैदियों की मदद करता है) ने इसका वर्णन इस तरह किया है, :

> छोटी लड़की पर एक घुसपैठिए ने हमला किया था, जो खिड़की से अंदर घुसा था। उसके साथ बलात्कार किया गया था... हमलावर पर्स और जैकेट चुराने के बाद चंपत हो गया। पीड़िता की उसी दिन जाँच की गई। पुलिस ने उसका अंडरवियर और चादरें क़ब्ज़े में ले लीं, जिन पर अपराध हुआ था। अंडरवियर पर लगे वीर्य के नमूने लिए गए और चादरों से बाल इकट्ठे किए गए।

पीड़िता के वर्णन के आधार पर पुलिस ने हमलावर का स्केच तैयार कराया और इसे देखकर एक पुलिस अफ़सर ने उसी इलाक़े में रहने वाले अठारह साल के लड़के जिमी रे ब्रॉमगार्ड से पूछताछ की, क्योंकि उसका हुलिया स्केच से मिलता था। ब्रॉमगार्ड अंततः लाइन अप में खड़े होने के लिए तैयार हो गया। उसे पीड़िता ने पहचान लिया, लेकिन उसे पूरा विश्वास नहीं था। उसने कहा कि वह उसे '60-65 प्रतिशत' विश्वास से पहचान सकती थी।

सरकारी वकीलों का ज़्यादातर मुक़दमा अपराध स्थल पर मिले बालों के फ़ोरेंसिक प्रमाण पर आधारित था। यह प्रमाण (जैसा कि बाद में पता चला) काफ़ी हद तक सरकारी वकील द्वारा बुलाए गए 'विशेषज्ञ' ने गढ़ा था। कोई फ़िंगरप्रिंट नहीं थे और बालों के दोषपूर्ण प्रमाण के अलावा कोई भौतिक या शारीरिक प्रमाण नहीं थे। ब्रॉमगार्ड ने कहा कि अपराध के समय वह घर पर सो रहा था, लेकिन उसे दोषी क़रार दिया गया और चालीस साल क़ैद की सज़ा सुनाई गई।

वर्ष 2000 में द इनोसेंस प्रोजेक्ट ने इस मामले को अपने हाथ में लिया। एक डीएनए परीक्षण से यह स्पष्ट हो गया कि पीड़िता के अंडरवियर पर मिला वीर्य ब्रॉमगार्ड का नहीं था। यह इस तथ्य का बहुत शक्तिशाली प्रमाण था कि हमलावर वह नहीं है। बैरी शेक ने मुझे बताया, "मूल मुक़दमा सतही था और नए प्रमाण ने इसकी वैधता को धराशायी कर दिया था।

अभियोजन पक्ष के वकील इस मुक़दमे को ख़ारिज कर सकते थे। वे अपने हाथ उठाकर यह मान सकते थे कि उन्होंने ग़लत आदमी को पकड़ लिया था, लेकिन उन्होंने ऐसा नहीं किया।"

या शायद वे ऐसा कर ही नहीं सकते थे।

राज्य के सरकारी वकील माइकल मैकग्राथ ने नए प्रमाण पर प्रतिक्रिया करते हुए एक व्याख्या की, जो कई मायनों में कीच की असफल भविष्यवाणी पर पंथ की प्रतिक्रिया से भी ज़्यादा अनोखी थी। जैसा कैथरीन शुल्ज़ अपनी उत्कृष्ट पुस्तक *बीइंग रॉन्ग* में बताती हैं, "मैकग्राथ ने दावा किया कि ब्रॉमगार्ड एक 'काईमेरा' हो सकता है। इसका मतलब यह है कि किसी व्यक्ति में दो अलग-अलग प्रकार के रक्त समूह हो सकते हैं, जो गर्भ में जुड़वाँ संतानों में से एक की मृत्यु की वजह से संभव है। इतिहास में ऐसे लगभग तीस प्रकरण मिले हैं। यह काफ़ी आश्चर्यजनक अंदाज़ में प्रमाण को दोबारा गढ़ना था।"

कम से कम मैकग्राथ के लिए दुखद बात यह थी कि आगामी जाँच ने यह साबित कर दिया कि ब्रॉमगार्ड 'काईमेरा' नहीं था, लेकिन सरकारी वकील के तर्क अभी ख़त्म नहीं हुए थे। जब ब्रॉमगार्ड ने ग़लत सज़ा के लिए मोन्टाना राज्य पर दावा ठोंका, तो साक्ष्य के समय द इनोसेंस प्रोजेक्ट के पीटर न्यूफ़ेल्ड का मैकग्राथ से आमना-सामना हुआ। अब भी मैकग्राथ इस बात पर अड़े थे कि ब्रॉमगार्ड ही मुख्य संदिग्ध है। कोई भी चीज़ उनके इस विश्वास को डिगा नहीं सकती थी : किसी भी तरह के तर्क, कितने ही प्रमाण, कितनी ही गवाहियाँ।

न्यूफ़ेल्ड ने उनसे उस मुद्दे पर प्रश्न किया, जो तब तक एक अटल विश्वास बन चुका था। न्यूफ़ेल्ड ने पूछा कि अगर ब्रॉमगार्ड अपराधी था, तो मैकग्राथ पीड़िता में किसी भिन्न व्यक्ति के वीर्य की उपस्थिति को कैसे स्पष्ट कर सकते हैं?

> कैथरीन शुल्ज़ ने उनके बीच के संवाद को उद्धृत किया है :
>
> मैकग्राथ : वीर्य कई अलग-अलग स्रोतों से आ सकता था।
>
> न्यूफ़ेल्ड : आप मुझे यह क्यों नहीं बताते कि वे अलग-अलग स्रोत कौन से हैं?
>
> मैकग्राथ : यह बिल्कुल संभव है कि पीड़िता किसी और के साथ यौन दृष्टि से सक्रिय हो।

(पीड़िता की उम्र 8 साल थी)

मैकग्राथ : यह संभव है कि उसकी बहन किसी दूसरे के साथ यौन दृष्टि से सक्रिय हो।

(उसकी बहन की उम्र उस वक़्त 11 साल थी)

मैकग्राथ : यह संभव है कि कोई तीसरा व्यक्ति कमरे में हो। यह संभव है। यह संभव है कि पिता ने कई तरीक़ों से वह धब्बा छोड़ दिया हो।

न्यूफ़ेल्ड : कौन से भिन्न तरीक़ों से?

मैकग्राथ : हो सकता है कि उस कमरे में उन्होंने उस अंडरवियर में हस्तमैथुन किया हो... पिता और माँ ने उस कमरे में उस बिस्तर पर सेक्स किया हो, या किसी तरह उस अंडरवियर में धब्बा लगा दिया हो... पिता को सपने में स्खलन हो गया हो, हो सकता है कि वे उसी बिस्तर पर सो रहे हों, यह भी हो सकता है कि उनका अपनी किसी बेटी के साथ नाजायज़ संबंध हो।

सवाल-जवाब का यह सिलसिला 249 पेज तक इसी तरह के आश्चर्यजनक दावों के साथ चला।

शुल्ज़ लिखती हैं, "तो हमारे पास चार संभावनाएँ हैं। आठ साल की बच्ची यौन दृष्टि से सक्रिय थी, उसकी ग्यारह साल की बहन यौन दृष्टि से सक्रिय थी और अपनी बहन का अंडरवियर पहने थी, कोई तीसरा व्यक्ति कमरे में मौजूद था (हालाँकि पीड़िता ने एक ही घुसपैठिये की गवाही दी थी), या फिर पिता ने किसी न किसी विकृत तरीक़े से वीर्य वहाँ छोड़ दिया था।"

ज़ाहिर है, एक पाँचवीं संभावना भी थी, लेकिन इसके लिए मैकग्राथ को कपोल-कल्पित अनुमान लगाने के बजाय वास्तविक प्रमाण स्वीकार करने की ज़रूरत थी। ब्रॉमगार्ड निरपराध था। मोन्टाना स्टेट ने अंततः ब्रॉमगार्ड को 3.5 मिलियन डॉलर का मुआवज़ा दिया। और मैकग्राथ न्यूफ़ेल्ड के साथ हुए संवाद को प्रकाशित होने से नहीं रोक पाए।

हो क्या रहा था? इस वार्तालाप को समझने का एकमात्र तरीक़ा इसे संज्ञानात्मक असंगति के चश्मे से देखना है। कई सरकारी वकील अपने काम को नौकरी से बढ़कर मानते हैं, यह एक तरह का ईश्वरीय आह्वान होता है।

उन्होंने प्रदर्शन के उच्च स्तरों तक पहुँचने के लिए बरसों प्रशिक्षण लिया होता है। यह काफ़ी *कठोर* दीक्षा है। उनका आत्म-गौरव उनकी सक्षमता से जुड़ा है। वे जिस प्रणाली में शामिल हुए हैं, उसकी सच्चाई में विश्वास करने के लिए वे बेहद प्रेरित होते हैं।

जाँच के दौरान वे शोकसंतप्त परिवारों को अच्छी तरह जानने लगते हैं और काफ़ी स्वाभाविक है कि उनके दुख से परानुभूति रखने लगते हैं। और वे यह विश्वास करना चाहते हैं कि वे अपने ख़ुद के परिवार से दूर रहकर न्याय का पीछा करने में जो लंबे घंटे लगाते हैं, उनसे उन्हें संसार को ज़्यादा सुरक्षित जगह बनाने में मदद मिलती है।

कल्पना करें कि यह प्रमाण मिलने पर उन्हें कैसा लगेगा कि उन्होंने ग़लत आदमी को जेल भिजवा दिया है, उन्होंने एक निरपराध व्यक्ति की ज़िंदगी बर्बाद कर दी है और पीड़ित परिवार के घाव दोबारा खुलने वाले हैं। इससे उनके पेट में खलबली मच जाएगी। संज्ञानात्मक असंगति के संदर्भ में इससे ज़्यादा जोखिम भरी चीज़ नहीं हो सकती।

जैसा सामाजिक मनोवैज्ञानिक रिचर्ड ऑफ़शे ने कहा है, "यह (ग़लत व्यक्ति को सज़ा देना) उन सबसे बुरी पेशेवर ग़लतियों में से एक है, जो आप कर सकते हैं, जैसे कोई डॉक्टर ग़लत हाथ काट दे।"

ज़रा सोचें कि वे घटनाक्रम को दोबारा गढ़ने के लिए कितने व्यग्र होंगे। संज्ञानात्मक असंगति का सिद्धांत उस चीज़ को समझने का एकमात्र तरीक़ा है, जो डीएनए प्रमाण को झुठलाने की सरकारी वकीलों और पुलिस (और दरअसल ज़्यादा व्यापक प्रणाली) की आश्चर्यजनक प्रतिक्रिया में नज़र आती है। शेक कहते हैं, "यह लगभग नकारने जैसा है। वे नए प्रमाण की सच्चाई को देख ही नहीं सकते।"

विरोधात्मक प्रणाली की वजह से यह स्वाभाविक है कि सरकारी वकील मुजरिम के वकील द्वारा हासिल किसी नए प्रमाण को स्वस्थ संदेह से देखें। आप उनसे इसकी जाँच करने की उम्मीद करेंगे। आप यह उम्मीद करेंगे कि वे इसकी वास्तविकता सुनिश्चित करने के लिए ज़्यादा व्यापक पृष्ठभूमि को देखें, लेकिन द इनोसेंस प्रोजेक्ट द्वारा लड़े गए ढेरों मुक़दमों में कई सरकारी वकीलों और पुलिस वालों का अस्वीकृति का अहसास इससे बहुत आगे तक गया था।

कोई भी चीज़ उनके इस विश्वास को डिगा नहीं पा रही थी कि जिस आदमी को जेल भेजा गया था, वह अपराधी था। डीएनए जाँच के बावजूद। सज़ा रद्द होने के बावजूद। क़ैदी के जेल से रिहा होने के बावजूद। प्रमाण की समस्या नहीं थी, जो अक्सर प्रबल और प्रभावशाली था, समस्या तो अपनी ग़लती मानने की मनोवैज्ञानिक मुश्किल थी।

प्रमाण को दोबारा गढ़ने के इस अभ्यास के फलस्वरूप एक ख़ास परिपाटी शुरू हो गई। पहले तो सरकारी वकील इस बात से ही इंकार कर देते थे कि डीएनए का प्रमाण मौजूद है। जब न्यायाधीशों ने उनकी इस रणनीति को विफल किया और परीक्षण में यह साबित हुआ कि क़ैदी का डीएनए वास्तविक अपराधी के डीएनए से मेल नहीं खाता था, तो वे दावा करते थे कि यह परीक्षण सही तरीक़े से नहीं किया गया था।

उनका यह तर्क भी लंबे समय तक नहीं चलता था, क्योंकि दोबारा परीक्षण करने पर भी हमेशा वही परिणाम मिलता था। अगली अवस्था में सरकारी वकील यह तर्क देता था कि वीर्य किसी भिन्न व्यक्ति का था, *जो हत्यारा नहीं था।* दूसरे शब्दों में, पीड़िता ने अपनी सहमति से किसी दूसरे व्यक्ति के साथ यौन संबंध स्थापित किया, लेकिन इसके बाद क़ैदी ने उसके साथ बलात्कार किया और उसने यह काम निरोध लगाकर किया।

यह संज्ञानात्मक असंगति का डोमिनो प्रभाव है : दोबारा गढ़ने की प्रक्रिया सजीव बन जाती है।

एक बिल्कुल नए व्यक्ति की उपस्थिति, जिसका ज़िक्र शुरुआती मुक़दमे में नहीं किया गया था, जिसके कोई चश्मदीद गवाह नहीं हैं और जिसके साथ यौन संबंध की पीड़िता को याद भी नहीं है, प्रमाण को झुठलाने की एक व्यग्र कोशिश नज़र आ सकती है। लेकिन इसका इस्तेमाल इतनी ज़्यादा बार किया गया है कि मुलज़िम के वकीलों ने इसके लिए एक नाम ईज़ाद कर दिया है : 'अज्ञात सह-स्खलनकर्ता।'

यह शब्दावली संज्ञानात्मक असंगति की शक्ति को काफ़ी उपयोगी ढंग से पकड़ती है।

शुल्ज़ द इनोसेंस प्रोजेक्ट के पीटर न्यूफ़ेल्ड के साथ एक मनमोहक बातचीत को उद्धृत करती हैं :

> हम जब क़ैदी के दोषमुक्त होने के बाद अदालत से बाहर जाते हैं, तो सरकारी वकील यही कहता है, "हम अब भी मानते हैं कि आपका मुवक्किल अपराधी है और हम दोबारा उस पर मुक़दमा चलाएँगे।" महीनों गुज़र जाते हैं और फिर आख़िरकार सरकारी वकील लौटकर कहता है, "हम आरोप ख़ारिज करने से सहमत हो रहे हैं, इसलिए नहीं क्योंकि आपका मुवक्किल निर्दोष है, बल्कि इसलिए क्योंकि इतने समय बाद गवाह खोजना बहुत ज़्यादा मुश्किल हो गया है...।" सरकारी वकीलों और पुलिस वालों की एक पूरी श्रेणी है, जो अब भी यही कहती है, "मैं आपको बता नहीं सकता कि कैसे, मैं आपको कोई तार्किक स्पष्टीकरण नहीं दे सकता, लेकिन मेरे मन में कोई शक नहीं है कि आपका मुवक्किल ही दोषी है।"

अगर विषय इतना गंभीर नहीं होता, तो इनमें से कुछ विकृतियाँ हास्यास्पद लगतीं। *द न्यू यॉर्क टाइम्स* के ऐंड्रयू मार्टिन ने एक जाँच में दर्जनों स्वप्निल व्याख्याएँ खोजीं :

> लॉन्ग आइलैंड पर नसाऊ काउंटी में जब डीएनए प्रमाण ने दिखा दिया कि बलात्कार और हत्या के जुर्म में सज़ा काट रहे व्यक्ति का वीर्य 16 साल की पीड़िता में मिले वीर्य से मेल नहीं खाता था, तो सरकारी वकीलों ने तर्क दिया कि यह वीर्य सहमति से यौन संबंध स्थापित करने वाले प्रेमी का होगा, हालाँकि पीड़िता की माँ और सबसे अच्छी सहेली इस बात पर ज़ोर दे रही थीं कि उसका कौमार्य भंग नहीं हुआ था। फ्लोरिडा में जब डीएनए ने यह साबित कर दिया कि बलात्कार स्थल पर मिलने वाले गुप्तांगों के बाल सज़ायाफ्ता बलात्कारी के नहीं थे, तो सरकारी वकीलों ने तर्क दिया कि पीड़िता के बिस्तर पर पाए गए बाल उन पैकिंग करने वालों के होंगे, जिन्होंने एक सप्ताह पहले बेडरूम में फ़र्नीचर लगाया था।

ज़ाहिर है, बचाव पक्ष के वकीलों के दावों का परीक्षण करना सरकारी वकीलों का कर्तव्य है। यह *संभव* है कि बलात्कार स्थल पर मिला वीर्य किसी दूसरे का हो, जिसने हत्या न की हो। पृष्ठभूमि की पड़ताल करना तार्किक है और कई परिस्थितियों में आवश्यक भी है। वे बस अपना काम कर रहे हैं।

लेकिन फ़र्क़ पर ग़ौर करें। जब सरकारी वकील किसी मुक़दमे के शुरू में प्रमाण को तौलते हैं, तो डीएनए को सबसे शक्तिशाली प्रमाण कहा जाता है। इसीलिए डीएनए की वजह से इतने सारे अपराधियों को सज़ा मिली है, लेकिन एक बार जब सरकारी वकील किसी को सज़ा दिलवा देते हैं, तो फिर उसे दोषमुक्त करने वाला डीएनए प्रमाण उनकी नज़रों में अचानक बहुत संदिग्ध बन जाता है। ऐसा क्यों होता है? फ़ेस्टिंगर ने इसका बहुत आसान कारण बताया है : डीएनए प्रमाण सचमुच शक्तिशाली होता है, लेकिन यह अपने आत्म-गौरव की रक्षा करने की इच्छा जितना शक्तिशाली नहीं होता।

सरकारी वकीलों के व्यवहार में कई बाहरी प्रोत्साहन भी काम कर सकते हैं, जैसा वर्जीनिया यूनिवर्सिटी के लॉ प्रोफ़ेसर ब्रान्डन गैरेट ने बताया है। "मुद्दे को देख रहे विधिवेत्ता सुझाव देते हैं कि अपने राजनीतिक भविष्य संबंधी सरकारी वकीलों की चिंताएँ और विजय को न्याय से ज़्यादा महत्त्वपूर्ण मानने वाली संस्कृति भी सक्रिय हो जाती हैं," उन्होंने *न्यू यॉर्क टाइम्स* को दिए इंटरव्यू में कहा। "वे अपने विश्वासों से जुड़े होते हैं और नहीं चाहते कि उनके काम पर सवालिया निशान लगाया जाए।"

लेकिन अक्सर अस्वीकृति का मूल कारण इससे भी आगे तक जाता है। जैसा शेक ने मुझे बताया, "मैं कोई मनोवैज्ञानिक नहीं हूँ, लेकिन यह काफ़ी स्पष्ट है कि कुछ सरकारी वकील यह स्वीकार ही नहीं कर सकते कि उन्होंने इसे ग़लत समझ लिया था। यह बहुत ज़्यादा मुश्किल काम होता है।"

और इससे हम जुआन रिवेरा पर लौटते हैं। आपको याद होगा कि उन्नीस साल के रिवेरा को ग्यारह साल की लड़की के बलात्कार और उसकी हत्या के जुर्म में सज़ा सुनाई गई थी, जिसका आधार यह था कि चार दिन लंबी पूछताछ के दौरान एक मनोरोगी दौरे के बीच में उससे एक स्वीकारोक्ति पर हस्ताक्षर कराए गए थे। आपको यह भी याद होगा कि डीएनए परीक्षण ने यह साबित कर दिया था कि पीड़िता के भीतर पाया गया वीर्य उसका नहीं था।

"जब डीएनए परीक्षण के परिणाम आए और उनसे यह स्पष्ट हो गया कि जुआन रिवेरा हॉली स्टेकर के बलात्कार के लिए ज़िम्मेदार नहीं था, तो हर व्यक्ति ने यह मान लिया कि मामला ख़त्म हो चुका है," स्टैनफ़ोर्ड यूनिवर्सिटी के लॉ प्रोफ़ेसर लैरी मार्शल ने कहा। "यह आदर्श दोषमुक्ति थी।"

लेकिन राज्य के सरकारी वकीलों ने यह नहीं माना। डीएनए प्रमाण की रोशनी में उन्होंने एक नई कहानी गढ़ी। यह कहानी मूल मुक़दमे में पेश की गई उनकी कहानी से बिल्कुल अलग थी। सरकारी वकीलों ने दावा किया कि ग्यारह साल की बच्ची हॉली ने हमले के कुछ घंटे पहले एक प्रेमी के साथ सहमतिपूर्ण सेक्स किया था। इससे वीर्य का प्रमाण बेमानी हो जाता है। और रिवेरा? उसने हॉली के सेक्स के *बाद* उस पर हमला किया था। उनका दावा था कि हो सकता है रिवेरा का वीर्य वहाँ न निकला हो, लेकिन उसी ने उसकी हत्या की थी।

रिवेरा के एक वकील स्टीवन आर्ट ने मुझे बताया, "यह नए प्रमाण को उनके इस अटल विश्वास के साथ जोड़ने का काफ़ी भोंडा तरीक़ा था कि रिवेरा ही अपराधी है, लेकिन यह उस प्रत्यक्ष प्रमाण भी से क़तई मेल नहीं खाता था कि हॉली के साथ बलात्कार हुआ था, काफ़ी क्रूरता से। उसके गुप्तांग और गुदा में यातना के निशान थे तथा उसके गुप्तांगों में गोदे जाने के घाव थे।"

सरकारी वकीलों की नई कहानी विचित्र और असंभव लग सकती है, लेकिन परिणाम बहुत वास्तविक थे। रिवेरा छह साल और जेल में ही रहा। 2009 में दोबारा चलाए गए मुक़दमे में जूरी ने डीएनए प्रमाण को नज़रअंदाज़ कर दिया। हस्ताक्षरयुक्त स्वीकारोक्ति और हत्या की नृशंस प्रकृति इतनी ज़्यादा शक्तिशाली थीं कि उन्हें नज़रअंदाज़ नहीं किया जा सकता था।

रिवेरा को चौथे मुक़दमे के बाद 2012 में अंततः रिहा किया गया, मैंने उससे पूछा, "अपनी कालकोठरी में बैठना कैसा था, जब प्रणाली उसे दोषमुक्त करने वाले प्रमाण का प्रतिरोध कर रही थी।" ज़ाहिर है, इस पर वह काफ़ी भावुक हो गया। उसने कहा :

> डीएनए परिणाम आने पर मैं बहुत ख़ुश था। इसने सबके सामने यह साबित कर दिया कि मैं शुरू से ही सच बोल रहा था। इसने समाज को दिखा दिया कि मैं बलात्कारी या हत्यारा नहीं था। यह भारी राहत की बात थी।
>
> लेकिन जब मेरे वकील मुझे परिणाम बताने के लिए मेरी कालकोठरी में आए, तो मेरे दिमाग़ के किसी कोने में यह डर था कि यह मामला ख़त्म नहीं हुआ था। मैं जानता था कि सरकारी

> वकील नए प्रमाण का प्रतिरोध करेंगे। मैं इस दहशत में था कि वे मुझे जेल में रखने का कोई तरीक़ा खोज लेंगे, लेकिन उन्होंने जो नई कहानी गढ़ी, उससे तो मैं भी सदमे में आ गया। ऐसा लगता था कि *कोई भी चीज़* उन्हें यह विश्वास नहीं दिला सकती थी कि मैंने यह काम नहीं किया था।

जेल में उन्नीस साल बिताने का नुक़सान बहुत ज़्यादा था। उसने कहा, "मुझे दो बार चाकू मारे गए और तीन बार बलात्कार की कोशिश हुई। लोग मुझे चोट पहुँचाना चाहते थे, वे सोचते थे कि मैंने एक बच्ची के साथ बलात्कार किया था, लेकिन शायद सबसे मुश्किल चीज़ यह अहसास था कि मैं निर्दोष हूँ। चाहे वे नए प्रमाण को शामिल करने के लिए कहानी को कितना ही तोड़-मरोड़ लें, मैं कम से कम उस सत्य को पकड़े रख सकता था।"

V

आपराधिक न्याय प्रणाली प्रमाण को गंभीरता से लेती है। एक तरह से आप यह कह सकते हैं कि पूरी प्रणाली ही इस धारणा पर आधारित है कि प्रमाण पवित्र होता है और पूर्वाग्रह के बिना प्रमाण की जाँच करना ही सही जवाब पर पहुँचने का सबसे अच्छा तरीक़ा होता है, वरना निर्णय दोषपूर्ण हो सकते हैं, लेकिन अगर प्रशिक्षित सरकारी वकील असफलता के डर की वजह से अपना आपा खो देते हैं, तो बाक़ी लोगों के मामले में क्या उम्मीद की जा सकती है?

बहरहाल, सभी मुक़दमे रिवेरा या ब्रॉमगार्ड की तर्ज़ पर नहीं चले। कई सरकारी वकीलों ने डीएनए परीक्षणों की शक्ति को स्वीकार किया और उपयुक्त जाँच के बाद यह मान लिया कि ग़लत सज़ा सुनाई गई थी। वास्तव में, कई लोग द इनोसेंस प्रोजेक्ट के काम का समर्थन करते हैं और इस बात को पहचानते हैं कि ये असफलताएँ प्रणाली को बेहतर बनाने का अवसर प्रदान करती हैं, लेकिन अस्वीकृति का ज़्यादा व्यापक अहसास असंदिग्ध है। कई बार तो प्रणाली ही ऐसी दिखती है कि ग़लतियों से सीखने के बजाय उन्हें दफ़न कर दिया जाए। मिसाल के तौर पर, कुछ समय पहले तक कई अमेरिकी राज्यों ने तथाकथित 'निश्चयात्मक सिद्धांतों' के ज़रिये डीएनए परीक्षण कराने से इंकार कर दिया। इन्होंने पुराने मुक़दमे दोबारा खोलने के

लिए एक समयसीमा तय कर दी और इस तरह उस प्रमाण तक पहुँचने की संभावना को ही ख़त्म कर दिया, जिससे यह साबित हो सकता था कि ग़लत सज़ा दी गई थी।

शेक ने लिखा है, "द इनोसेंस प्रोजेक्ट और अन्य वकीलों ने निश्चयात्मक सिद्धांतों के ख़िलाफ़ सैकड़ों घंटों तक बहस की, जिनका इस्तेमाल करके डीएनए जाँच को रोका जाता है, जिनका कोई न्यायपूर्ण व्यक्ति विरोध नहीं कर सकता।"

1999 तक न्यू यॉर्क और इलिनॉय ही दो ऐसे राज्य थे, जहाँ सज़ा सुनाने के बाद डीएनए परीक्षणों की अनुमति थी : इसमें हैरानी की कोई बात नहीं कि इन्हीं राज्यों में सबसे ज़्यादा क़ैदी दोषमुक्त होते थे। आज अमेरिका के सभी राज्यों में ऐसे क़ानून हैं, जो सज़ा के बाद डीएनए परीक्षणों की अनुमति देते हैं, लेकिन कई राज्यों ने इसकी समयसीमा तय कर रखी है। कई राज्य डीएनए परीक्षण की अनुमति नहीं देते हैं, अगर संदिग्ध व्यक्ति ने स्वयं अपना अपराध स्वीकार किया हो (रिवेरा की तरह), भले ही परीक्षण उसे निरपराध साबित कर सकता हो।

और फिर शिखर पर बैठे लोगों का नज़रिया भी ग़लत दिशा में है। उल्लेखनीय है कि संसार की कई सर्वोच्च अदालतों ने, जिनमें अमेरिका का सर्वोच्च न्यायालय शामिल है, प्रभावी ढंग से कहा है कि वे केवल वही मुक़दमे दोबारा सुनेंगे, जिनमें यह प्रदर्शित हो कि तथ्य के बजाय प्रक्रिया में ग़लती हुई थी। जैसा पूर्व मुख्य न्यायाधीश विलियम रेंक्विस्ट ने कहा था, "वास्तविक बेगुनाही अपने आप में संवैधानिक दावा नहीं है।"*

पलभर के लिए इस बारे में सोचें, क्योंकि इसके काफ़ी हास्यास्पद अर्थ हैं। देखिए, *प्रक्रियाओं का अनुसरण* करने के बावजूद दोषपूर्ण प्रणालियों में ग़लतियाँ होती हैं। यूनाइटेड एयरलाइंस 173 के बारे में सोचें, जहाँ पायलटों

---

*जस्टिस एंटोनिन स्केलिया तो और भी आगे तक गए हैं। 2009 में एक मुक़दमे में उन्होंने कहा था, "इस अदालत ने कभी यह नहीं माना कि संविधान किसी अपराधी के मृत्युदंड पर प्रतिबंध लगाता है, जिस पर पूरा और निष्पक्ष मुक़दमा चलाया गया हो, लेकिन वह बाद में किसी अदालत को यह विश्वास दिलाने में समर्थ हुआ हो कि वह 'सचमुच' बेकसूर है।"

ने प्रक्रिया का अनुसरण किया, लेकिन इसके बावजूद विमान दुर्घटनाग्रस्त हो गया। दुर्घटना में मिले प्रमाण की वजह से ही प्रक्रियाओं में परिवर्तन हुआ (मिसाल के तौर पर, क्रू रिसोर्स मैनेजमेंट शुरू किया गया)। यह उन मुख्य तरीक़ों में से एक है, जिनसे प्रगति होती है।

लेकिन सर्वोच्च अदालतें तथ्यात्मक बेगुनाही के दावे सुनने से इंकार कर रही हैं, जब तक कि मूल मुक़दमे में प्रक्रियात्मक ग़लतियाँ न हों। इसका अर्थ था कि प्रक्रियात्मक ग़लतियों द्वारा उत्पन्न तथ्यात्मक ग़लतियों को दूर करने की बात तो रहने ही दें, उनकी जाँच ही नहीं की जाएगी। सलाखों के पीछे बंद बेगुनाह लोगों के लिए यह काफ़ी गंभीर और जटिल समस्या थी। और इससे यह उजागर होता है कि क़ानूनी प्रणाली के भीतर क्लोज़्ड लूप व्यवहार कितने आश्चर्यजनक पैमाने पर है।

अध्याय 6 में हम आपराधिक न्याय प्रणाली के सुधार पर नज़र डालेंगे (और यह भी देखेंगे कि जुआन रिवेरा के साथ क्या हुआ)। हम देखेंगे कि जब द इनोसेंस प्रोजेक्ट द्वारा ग़लत व्यक्ति पर अपराध मढ़ने की जाँच की गई, तो पुलिस कार्यविधि से लेकर फ़ोरेंसिक विज्ञान तक हर चीज़ में तंत्रात्मक दोष उजागर हुए। अगर ये जाँचें ज़्यादा जल्दी हो जातीं और समस्याओं को सुलझा लिया जाता, तो सैकड़ों बेगुनाह लोग ग़लत सज़ा से बच सकते थे। जैसा शेक ने लिखा है :

> अमेरिका में जब कोई विमान आसमान से गिरता है, तो इसके गंभीर परिणाम होते हैं... गंभीर जाँचें की जाती हैं : ग़लती कहाँ हुई? क्या तंत्र या प्रणाली में कोई ख़राबी है? या किसी व्यक्ति की ग़लती है? क्या अधिकारियों का व्यवहार ग़लत था? क्या इसे दोबारा होने से रोकने के लिए कुछ किया जा सकता है?... (लेकिन) जब बेगुनाही के नए प्रमाण के आधार पर किसी सज़ा को रद्द कर दिया जाता है या उलट दिया जाता है, तो अमेरिका में कोई रिकॉर्ड नहीं रखा जाता है। जज आमतौर पर आधिकारिक राय नहीं, बल्कि एक पंक्ति के आदेश लिख देते हैं, जिसका अर्थ यह है कि वे इस बात का विश्लेषण नहीं करते हैं कि ग़लती कहाँ हुई थी। कोई दूसरा भी इतनी जहमत नहीं उठाता है।

5

बौद्धिक विकृतियाँ

I

संज्ञानात्मक असंगति को अक्सर मानव मनोविज्ञान की विचित्रता का लक्षण समझा जाता है। यह देखकर हँसना आसान होता है कि हम अपने निर्णयों को तर्कसंगत साबित करने के लिए कितनी दूर तक जाने को तैयार रहते हैं, कई बार तो विरोधाभासी प्रमाण को हटा ही देते हैं। कहा जाता है कि यह मानव मस्तिष्क को भरमाने वाली चाल का हिस्सा है, जो मानव जाति के रूप में हमारी विचित्रता का एक मनमोहक और कभी-कभार परेशान करने वाला पहलू है।

लेकिन अब हम देख सकते हैं कि यह इससे बहुत ज़्यादा है। अब तक इस पुस्तक में यह तर्क दिया गया है कि ज़्यादातर मानवीय गतिविधियों में प्रगति काफ़ी हद तक असफलता से सीखने की हमारी इच्छा पर निर्भर होती है। अगर हम अपनी असफलता को संपादित करते हैं या अपनी ग़लतियों को सही साबित करने के लिए उलटे-सीधे तर्क देते हैं, तो हम सीखने के अपने पास मौजूद सबसे मूल्यवान अवसरों में से एक को नष्ट कर रहे हैं।

और सबसे डरावनी चीज़ यह है कि हमें इस बात का प्रायः अहसास ही नहीं होता कि हम ऐसा कर रहे हैं। पिछले अध्याय में हमने सेक्स के शुरुआती शिक्षण संबंधी प्रयोग के बारे में बताया था। इसमें जिन विद्यार्थियों को शर्मिंदा करने वाला शिक्षण दिया गया था, उन्हें जब असली कारण बताए गए कि उन्हें यह थकाऊ और पकाऊ विचार-विमर्श इतना मनमोहक क्यों लगा, तो वे इसे मानने को ही तैयार नहीं थे। एरॉन्सन ने कहा, "हर प्रतिभागी की बात पूरी होने पर मैंने अध्ययन को विस्तार से स्पष्ट किया और इस

सिद्धांत (संज्ञानात्मक असंगति के) पर सावधानी से चर्चा की।"

> हालाँकि गंभीर शुरुआती शिक्षण से गुज़रे हर व्यक्ति ने कहा कि उन्हें यह परिकल्पना रोचक लगी और वे देख सकते हैं कि ज़्यादातर लोगों पर ऐसा ही प्रभाव पड़ा होगा, लेकिन उन्होंने मुझे आश्वस्त करने की पूरी कोशिश की कि उनके द्वारा समूह को पसंद करने का शुरुआती शिक्षण की गंभीरता से कोई संबंध नहीं है। उनमें से प्रत्येक ने दावा किया कि उन्हें समूह इसलिए पसंद था, क्योंकि वे सचमुच ऐसा ही महसूस करते थे, लेकिन वे सभी समूह को कम शिक्षण वाले लोगों से ज़्यादा पसंद करते थे।

यह बाहरी और आंतरिक छल के बीच के एक सूक्ष्म फ़र्क़ को उजागर करता है। जान-बूझकर किए गए छल (अपने सहकर्मियों, रोगी या बॉस को भरमाना) का एक स्पष्ट लाभ होता है। इसमें धोखा देने वाला व्यक्ति धोखे को पहचानता है और मन ही मन अपनी असफलता को स्वीकार कर लेता है, फिर वह अपनी नीतियों में सुधार करेगा, ताकि उसे भविष्य में ऐसी असफलता न मिले।

स्व-औचित्य ज़्यादा हानिकारक होता है। ख़ुद से झूठ बोलने की वजह से सीखने की संभावना ही नष्ट हो जाती है। अगर स्व-औचित्य, कथात्मक तोड़-मरोड़ और असंगति में घटाव के ज़्यादा व्यापक मनोवैज्ञानिक शस्त्रागार के सूक्ष्म साधनों के ज़रिये कोई ख़ुद को यह विश्वास दिला देता है कि असफलता वास्तव में मिली ही नहीं है, तो फिर वह असफलता से कैसे सीख सकता है?

सार्थक यह रहेगा कि हम अपनी असफलताओं की अस्पष्टता और संज्ञानात्मक असंगति के आपसी संबंध पर ग़ौर करें। जब किसी विमान की दुर्घटना होती है, तो कोई भी यह नाटक नहीं कर सकता कि प्रणाली ने सही तरीक़े से काम किया था। असफलता इतनी ज़्यादा कठोर और बड़ी होती है कि ऐसा किया ही नहीं जा सकता। इसे ही इंजीनियर लाल झंडा कहते हैं : भौतिक जगत का स्पष्ट संकेत, जो आपको पूरी स्पष्टता से बता देता है, "आप ग़लत कर रहे हैं।" यह किसी मित्र के घर कार से जाते वक़्त एक ग़लत मोड़ मुड़ने और बंद गली में पहुँचने जैसा होता है। आप किसी तरह आगे नहीं जा सकते, आपको पलटकर मुड़ना ही होगा।

ज़्यादातर असफलताएँ ऐसी नहीं होती हैं। ज़्यादातर असफलताओं को नक़ली जामा पहनाया जा सकता है। इसके लिए आप औचित्य सिद्ध करने वाले किसी भी तरह के तर्क का सहारा ले सकते हैं : 'यह एक बार की बात थी,' 'यह अनूठा मामला था,' 'हमने वह सब किया, जो हम कर सकते थे।' आप चुनिंदा आँकड़े बता सकते हैं, जो आपको सही साबित करते हों और विपरीत आँकड़ों को नज़रअंदाज़ कर सकते हैं। आप ख़ुद को सही साबित करने वाले नए प्रमाण खोज सकते हैं, जो उस वक़्त आपके दिमाग़ में आए भी नहीं थे और अगर आते भी, तो आप उन्हें ख़ारिज कर देते, लेकिन अब आप सुविधाजनक और आरामदेह तरीक़े से अपने बचाव के लिए उनका इस्तेमाल कर लेते हैं।

मनोवैज्ञानिक अक्सर बताते हैं कि स्व-औचित्य के कई लाभ भी होते हैं। इसका एक लाभ यह है कि हम हर निर्णय पर दुखी नहीं होते हैं, हर निर्णय पर प्रश्न नहीं करते हैं और रातभर जागकर यह सोच-विचार नहीं करते हैं कि क्या शादी करने, इस कंपनी में नौकरी करने या कोई दूसरा काम करने का निर्णय सही था या नहीं। समस्या तब आती है, जब यह स्व-औचित्य विचारहीन हो जाता है : जब हम अपने आप चीज़ों को अपने मनचाहे साँचे में रखने लगते हैं, जब हम स्वेच्छाचारी तरीक़े से घटनाओं को दोबारा ढालते हैं, जब असफलता इतनी जोखिम भरी होती है कि हम उससे नहीं सीख सकते।

और इससे हम उस प्रश्न की ओर लौटते हैं, जो इस पुस्तक के शुरुआती खंड से ही मँडरा रहा है, जब हमने रोकथाम योग्य चिकित्सकीय ग़लती की वजह से होने वाली मृत्यु की भारी तादाद की जाँच की थी। डॉक्टर और नर्स इसके प्रति आँखें कैसे मूँद सकते हैं? ये सम्मानजनक लोग अपनी ग़लतियों को इतने निर्लज्ज तरीक़े से ढँक कैसे सकते हैं? वे ख़ुद के साथ कैसे जी सकते हैं?

संज्ञानात्मक असंगति की हमारी पड़ताल में हमें आख़िरकार इस प्रश्न का जवाब मिलता है। डॉक्टर और नर्स अपनी ग़लतियों को इसीलिए ढँकते और नई व्याख्या में ढालते हैं, ताकि वे अपने साथ जी सकें। यदि उन्हें यह लगे कि उन्होंने रोगियों को नुक़सान पहुँचाया है, तो वे ऐसा नहीं कर पाएँगे। ग़लतियों को नए साँचे में ढालने से उनके पेशेवर स्व-महत्त्व की रक्षा होती है और उजागर न करने की परंपरा नैतिक दृष्टि से उचित सिद्ध होती है।

आख़िर जब दरअसल कोई ग़लती हुई ही नहीं है, तो उजागर करने का सवाल ही नहीं उठता!

और यही आंतरिक और बाहरी छल के बीच के फ़र्क़ की गहराई है। अगर नर्स और डॉक्टर उन घातक ग़लतियों के बारे में पूरी तरह से जागरूक हों, तो उन्हें *छिपाने* से उनकी भावनात्मक पीड़ा बढ़ जाएगी। उन्हें यह ज्ञान होगा कि उन्होंने एक रोगी को नुक़सान पहुँचाया है, उन्होंने जान-बूझकर रोगियों को धोखा दिया है और यह भी कि उन्होंने अतीत में भी ग़लतियाँ की थीं तथा भविष्य में भी करेंगे।

यह संभव नहीं है कि स्वास्थ्य सेवा के पेशेवर लोग इतने बड़े पैमाने पर इतना बड़ा धोखा देंगे। ज़्यादातर डॉक्टर और नर्सें समर्पित व भले होते हैं। वास्तव में कई तो अपने रोगियों की परवाह में साहसी होते हैं। और यही संज्ञानात्मक असंगति की त्रासदी कही जा सकती है। यह भले व समर्पित लोगों को उन लोगों को नुक़सान पहुँचाने की अनुमति देती है, जिनकी रक्षा करने के लिए वे काम कर रहे हैं, सिर्फ़ एक बार नहीं, बल्कि बार-बार।

इसे थोड़े अलग तरीक़े से कहें, तो सबसे प्रभावशाली दुराव-छुपाव वे लोग नहीं करते हैं, जो आत्म-रक्षा में कुछ छिपा रहे होते हैं, बल्कि वे करते हैं, जिन्हें यह अहसास ही नहीं होता कि उनके पास छिपाने के लिए कुछ है।

अपनी पुस्तक *मेडिकल एरर्स ऐंड मेडिकल नार्सिसिज़्म* में एमरी यूनिवर्सिटी में मेडिकल इथिक्स के प्रोफ़ेसर जॉन बांजा चिकित्सकों द्वारा प्रयुक्त किसी घटना को दोबारा गढ़ने की तकनीकों पर विस्तार से ग़ौर करते हैं। शब्द भिन्न हो सकते हैं, लेकिन अंतर्निहित अर्थविज्ञान सरकारी वकीलों के पैंतरों से बहुत मिलता-जुलता है, जब डीएनए की वजह से क़ैदी रिहा होता है। ये ग़लतियों के डर को बाहर न निकालने और उजागर न करने को तर्कसंगत बनाने के तरीक़े हैं।

> 'देखिए, हमने अपनी तरफ़ से पूरी कोशिश की। ये चीज़ें होती हैं।'
>
> 'ग़लती को उजागर क्यों करना? रोगी तो वैसे भी मरने वाला था।'
>
> 'ग़लती के बारे में परिवार वालों को बताने से उन्हें ज़्यादा बुरा महसूस होगा।'
>
> 'यह मरीज़ का दोष था। अगर वह इतना (मोटा, बीमार आदि) नहीं होता, तो इस ग़लती से इतना ज़्यादा नुक़सान नहीं होता।'

> 'अगर हमें पूरा और शत-प्रतिशत पक्का यक़ीन न हो कि इस ग़लती से नुक़सान हुआ था, तो हमें बताने की ज़रूरत नहीं है।'

बांजा लिखते हैं, "स्वास्थ्य सेवा के पेशेवर जिस भाषा का इस्तेमाल करते हैं, उसके ज़रिये वे ध्यान को ग़लती या भूल से दूर हटाने या ढँकने में बेहद चतुर माने जाते हैं। यह मानने के पीछे अच्छा कारण है कि उनके शुरुआती प्रशिक्षण या विशेष प्रशिक्षण के वर्षों में वे भाषाई छल में निपुण होने लगते हैं।"

द सोशल साइंस ऐंड मेडिकल जर्नल में प्रकाशित तीन साल के एक मशहूर परीक्षण के निष्कर्ष भी यही थे कि अस्वीकृति की प्रक्रिया के ज़रिये चिकित्सक अपनी ग़लतियों से संघर्ष करते हैं। वे 'ग़लतियों को चेतन विचार में दाख़िल होने से रोक देते हैं' और 'ग़लती की परिभाषा को संकीर्ण कर लेते हैं, ताकि वे ग़ायब हो जाएँ या महत्त्वहीन दिखें।*

---

*ग़लती की परिभाषा को इस तरह सँकरा करने की गूँज विज्ञान के प्रति 'ग़लत' नीति में सुनाई देती है। अध्याय 3 में हमने एक परिकल्पना का उदाहरण देखा था कि पानी 100 डिग्री सेंटीग्रेड पर उबलता है। अब हम जानते हैं कि जब पानी को ज़्यादा ऊँचाई पर उबाला जाता है, तो यह परिकल्पना खंडित हो जाती है, लेकिन हम इसकी परिभाषा को सीमित करके इस शुरुआती परिकल्पना को बचा सकते हैं, जैसा दार्शनिक ब्रायन मैगी ने संकेत दिया है। हम इस परिकल्पना को दोबारा इस तरह ढाल सकते हैं, "पानी समुद्र स्तर के वायुमंडलीय दाब में 100 डिग्री सेंटीग्रेड पर उबलता है।" और जब हमें यह पता चलता है कि पानी बंद बर्तनों में 100 डिग्री सेंटीग्रेड पर नहीं उबलता है, तो हम इस परिकल्पना को और ज़्यादा सँकरा कर सकते हैं, "पानी समुद्र स्तर के वायुमंडलीय दाब में खुले बर्तनों में 100 डिग्री सेंटीग्रेड पर उबलता है।" लेकिन इस मार्ग पर जाने से, परिकल्पना में ज़्यादा अपवाद जोड़ने से और इस तरह इसके व्यावहारिक अमल को क्रमशः संकीर्ण करने से इसकी उपयोगिता नष्ट हो जाएगी। इससे स्थिति का सबसे महत्त्वपूर्ण लक्षण धुँधला हो जाएगा, यानी शुरुआती परिकल्पना की असफलता इसे नुक़सान से बचाने का नहीं, बल्कि इसे सुधारने का अवसर था। यह एक ऐसा सिद्धांत बनाने का अवसर था, जो यह भी स्पष्ट करता है कि पानी समुद्र स्तर पर 100 डिग्री सेंटीग्रेड पर क्यों उबलता है और यह भी कि यह ऊँचाई पर तथा बंद बर्तनों में इस तापमान पर क्यों नहीं उबलता है। विज्ञान केवल ग़लतियों का पता लगाने के बारे में ही नहीं है, बल्कि एक प्रगतिशील ढंग से प्रतिक्रिया करने के बारे में भी है।

यही निष्कर्ष स्वास्थ्य सेवा के पेशेवरों के सीधे सर्वेक्षण में प्रकट होते हैं। मिसाल के तौर पर, 2004 में एक अध्ययन में डलास, कंसास सिटी, रिचमंड और कोलंबस के सम्मेलनों में डॉक्टरों का सर्वे किया गया। उनसे पूछा गया कि क्या "अस्पतालों में ऐसी बुद्धिसंगत व्याख्या आम है, जो चिकित्सकीय ग़लतियों को क्षमा करती हो (और उन ग़लतियों को उजागर करने तथा उनकी घोषणा करने की आवश्यकता को क्षमा करती हो)।" आश्चर्यजनक रूप से 86 प्रतिशत डॉक्टर, जो सचमुच स्वास्थ्य सेवा प्रणाली में काम करते हैं, इससे सहमत या प्रबल सहमत थे।

एक बार फिर इस पुस्तक की शुरुआत में बताए गए प्रकरण के डॉक्टरों के बारे में सोचें, जिन्होंने ईलेन ब्रॉमिली का ऑपरेशन किया था। ऐसा लग सकता है कि उस वक़्त उनका व्यवहार उनकी ग़लती के बाहरी परिणामों से बचने की ज़बर्दस्त कोशिश से जुड़ा था, जैसे प्रबंधन की फटकार या मरीज़ के परिवार का दावा, लेकिन अब हम देख सकते हैं कि इसमें असंगति को घटाने की स्पष्ट विशेषताएँ नज़र आती हैं। डॉक्टर *ख़ुद के सामने* अपनी ग़लती स्वीकार नहीं करना चाहते थे।

उन्होंने उच्च स्तर तक पहुँचने के लिए बरसों तक प्रशिक्षण लिया था। यह काफ़ी मुश्किल प्रशिक्षण था। ज़्यादातर अच्छे डॉक्टर चिकित्सा को नौकरी से ज़्यादा मानते हैं, यह एक ईश्वरीय आह्वान है। उनका आत्म-गौरव उनकी चिकित्सकीय सक्षमता से जुड़ा हुआ था। वे कष्ट बढ़ाने के लिए नहीं, घटाने के लिए चिकित्सा के क्षेत्र में आए थे। और अब उनके सामने यह सच्चाई थी कि उन्होंने सैंतीस वर्षीय स्वस्थ महिला की जान ले ली थी।

ज़रा सोचें कि वे इस घातक घटना को सिर्फ़ 'जटिलता' बताने के लिए कितने व्यग्र होंगे। शोधकर्ता नैन्सी बर्लिंगर द्वारा इस संदर्भ में की गई जाँच के बारे में भी सोचें कि डॉक्टर अपनी ग़लती किस तरह बताते हैं। उन्होंने लिखा था कि प्रकटीकरण के प्रतिरोध के लिए 'डॉक्टर गहराई तक जा सकते हैं' और कुछ तो प्रकट न करने की आदत को तर्कसंगत ठहराने के लिए बहुत दूर तक जाएँगे - "यह एक तकनीकी ग़लती थी, चीज़ें बस हो जाती हैं...।"

शायद यह शोध स्वास्थ्य सेवा की संस्कृति पर आरोप जैसा लगता है, लेकिन अब हम देख सकते हैं कि यह संज्ञानात्मक असंगति के प्रभावों का दर्दभरा सटीक वर्णन है। स्व-औचित्य और अपनी आत्म-छवि को सुरक्षित

रखने की इच्छा हम सभी को अपने जाल में फँसा सकती है। स्वास्थ्य सेवा और आपराधिक न्याय प्रणालियाँ तो ज़्यादा व्यापक कहानी में बस दो सूत्र हैं, जो हमारी भावी प्रगति के लिए स्पष्ट और आसन्न ख़तरा हैं।

II

आइए लौटकर इराक युद्ध पर संक्षिप्त निगाह डालते हैं, क्योंकि इससे हम संज्ञानात्मक असंगति से जुड़ी मनोवैज्ञानिक प्रक्रियाओं में ज़्यादा गहराई तक छानबीन कर सकते हैं। विवाद से बचने के लिए हम इस बारे में कोई दृष्टिकोण नहीं रखेंगे कि हमला सही था या ग़लत।* इसके बजाय हम तो युद्ध के हिमायती नेताओं के बौद्धिक विकारों पर निगाह डालेंगे। यह इस बारे में झलक प्रदान करेगी कि दोबारा गढ़ना किस तरह स्वाभाविक और जीवंत बन सकता है।

याद रखें कि टोनी ब्लेयर जैसे इंसान के लिए यह उनके राजनीतिक जीवन का सबसे बड़ा निर्णय था। वे युद्ध का समर्थन करने वाले मतदाता नहीं थे। वे तो प्रधानमंत्री थे, जिन्होंने इस युद्ध पर अपने करियर को दाँव पर लगा दिया था, जिन्होंने अपने सैनिकों को इसमें समर्पित कर दिया था, जिनमें से 179 की जान चली गई थी। उनकी राजनीतिक प्रतिष्ठा काफ़ी हद तक इस निर्णय पर टिकी थी। अगर कोई इसकी रक्षा के लिए प्रेरित होगा, तो वे निश्चित रूप से होंगे।

तो आइए अब विकारों की पड़ताल करते हैं।

24 सितंबर 2002 को युद्ध से पहले ब्लेयर ने हाउस ऑफ़ कॉमन्स में सद्दाम हुसैन के सामूहिक संहार के हथियारों के बारे में भाषण दिया : "उसका डब्ल्यूएमडी कार्यक्रम सक्रिय, विस्तृत और प्रगतिशील है," उन्होंने कहा था, "सद्दाम उनका उत्पादन जारी रखे हुए है... उसके पास रासायनिक

---

*क्या यह सही था या गलत था? कुछ निर्णयों के बारे में निश्चित जवाबों पर पहुँचना बहुत मुश्किल होता है। स्थिति जटिल है और आप यह देखने के लिए घड़ी को पीछे नहीं घुमा सकते कि क्या वैकल्पिक नीति बेहतर काम करती है। इसे कई बार 'प्रतितथ्यात्मक समस्या' कहते हैं। अगले खंड में हम देखेंगे कि ऐसी स्थितियों में कैसे सीखना है।

और जैविक हथियारों के इस्तेमाल की विद्यमान तथा सक्रिय सैन्य योजनाएँ हैं, जिन्हें 45 मिनट के भीतर सक्रिय किया जा सकता है...।"

ज़ाहिर है कि युद्ध के चंद महीनों के भीतर ही यह स्पष्ट हो गया कि ये दावे सही नहीं थे। सबसे पहली बात, सद्दाम की सेना ने बढ़ती हुई पश्चिमी सेना को रोकने के लिए इन विनाशकारी हथियारों का इस्तेमाल नहीं किया था। इसके अलावा, सद्दाम के पतन के तुरंत बाद डब्ल्यूएमडी की खोज में कुछ भी नहीं मिला।

लेकिन जैसा एरिज़ोना यूनिवर्सिटी के सामाजिक मनोवैज्ञानिक जेफ़ स्टोन और निकोलस फ़र्नांडीज़ इराक युद्ध पर एक शक्तिशाली निबंध में विस्तार से बताते हैं कि ब्लेयर ने अपना बचाव किया। हाउस ऑफ़ कॉमन्स के सामने भाषण में उन्होंने कहा, "दरअसल हज़ारों जगहें हैं... लेकिन इराक सर्वे ग्रुप अभी-अभी ही बना है, ताकि लोगों की समर्पित टीम, जिसमें पूर्व यूएन निरीक्षक, वैज्ञानिक और विशेषज्ञ हों, इस काम में जुटे और काम को सही तरह से करे... मुझे कोई संदेह नहीं है कि वे सद्दाम के सामूहिक संहार के हथियारों के सबसे स्पष्ट प्रमाण खोज लेंगे।"

डब्ल्यूएमडी के न मिलने से ब्लेयर को यह नहीं लगा कि वे हथियार सचमुच वहाँ नहीं थे, बल्कि उन्हें तो यह इस बात का प्रमाण लगा कि निरीक्षक पर्याप्त मेहनत से नहीं देख रहे थे। एक और बात पर भी ग़ौर करें। डब्ल्यूएमडी के अभाव से उनका यह विश्वास और *ज़्यादा मज़बूत* हुआ कि वे मिल जाएँगे।

यह संज्ञानात्मक असंगति पर की जाने वाली एक और स्पष्ट प्रतिक्रिया है : हमारे विश्वास ज़्यादा दृढ़ हो जाते हैं (जैसे मृत्युदंड वाले प्रयोग में, जिनके दृष्टिकोण विपक्षी दृष्टिकोण के प्रमाण को पढ़ने के बाद ज़्यादा पुष्ट हो गए थे और पंथ के सदस्यों वाले प्रकरण में, जो प्रलय की भविष्यवाणी के असफल होने के बाद अपने विश्वास पर ज़्यादा अडिग हो गए थे)। ब्लेयर ने कहा, "मुझे कोई *संदेह* नहीं है कि वे सद्दाम के सामूहिक संहार के हथियारों के सबसे *स्पष्ट प्रमाण खोज* लेंगे।"

बारह महीने बाद जब ब्लेयर की पसंद का निरीक्षक यानी इराक सर्वे ग्रुप भी हथियार नहीं खोज पाया, तो उन्होंने एक बार फिर अपनी पटरी बदली। हाउस ऑफ़ कॉमन्स लाएज़न कमेटी के सामने उन्होंने कहा, "मुझे

यह स्वीकार करना होगा कि हमें वे नहीं मिले हैं और शायद कभी मिलेंगे भी नहीं, हम नहीं जानते कि उनके साथ क्या हुआ है... हो सकता है उन्हें हटा लिया गया हो, उन्हें छिपा लिया गया हो, उन्हें नष्ट कर दिया गया हो।"

प्रमाण का नृत्य अब पूरे शबाब पर था। ब्लेयर के अनुसार इराक में डब्ल्यूएमडी के प्रमाण का अभाव अब इस वजह से नहीं था, क्योंकि सैनिकों के पास उन्हें खोजने के लिए पर्याप्त समय नहीं था या निरीक्षक इसमें सक्षम नहीं थे। हथियार तो इसलिए नहीं मिले, क्योंकि इराकी सेना ने उन्हें ग़ायब कर दिया था।

लेकिन कुछ महीनों के भीतर यह रवैया भी बहुत लचर बन गया, जिसकी रक्षा करना संभव नहीं था। जब खोज लगभग व्यग्रता की अवस्था में जारी रही, तो यह बिल्कुल स्पष्ट हो गया कि डब्ल्यूएमडी कभी नहीं थे, क्योंकि उनके कोई अवशेष भी नहीं मिले। इराकी सेना उन्हें जादू से ग़ायब नहीं कर सकती थी। इस पर ब्लेयर ने एक बार फिर अपनी रक्षा की। लेबर पार्टी के सम्मेलन में अपने भाषण में उन्होंने अंततः इस बात को स्वीकार किया कि सद्दाम के पास रासायनिक या जैविक हथियार नहीं थे, लेकिन उन्होंने दलील दी कि इसके बावजूद हमला करने का निर्णय सही था।

"समस्या यह है कि मैं इस जानकारी के लिए क्षमायाचना कर सकता हूँ कि यह ग़लत साबित हुई, लेकिन मैं सद्दाम को हटाने के लिए क्षमायाचना नहीं कर सकता, कम से कम संजीदगी से तो नहीं," उन्होंने कहा। "सद्दाम के जेल में रहने से संसार एक बेहतर जगह बन गया है...।"

ये विकार अगले दस साल तक जारी रहे। कई बार ब्लेयर उनके सटीक क्रम को याद रखने के लिए जूझे और प्रश्न पूछने पर दबाव में नज़र आए। जब तथाकथित इस्लामिक स्टेट ने 2014 में इराक में एक बड़ा आक्रमण शुरू किया और देश गृहयुद्ध की कगार पर था, जिसे कुछ टिप्पणीकर्ताओं ने 2003 के युद्ध से जोड़ा, तो ब्लेयर को औचित्य का एक और मार्ग मिल गया।

उन्होंने सीरिया में ग़ैर-हस्तक्षेप की नीति की ओर संकेत दिया, जो रक्तरंजित गृहयुद्ध में फिसल गया था। अपनी व्यक्तिगत वेबसाइट पर लिखे एक लेख में उन्होंने कहा, '"सीरिया में हमने प्रशासन को बदलने का आह्वान किया, कोई सक्रिय कार्य नहीं किया और यह सबसे बुरी अवस्था में है।"

दूसरे शब्दों में, "अगर स्थितियाँ इस समय इराक में बुरी दिख रही हैं, तो वे और भी ज़्यादा भयंकर होतीं, अगर हमने 2003 में इस पर हमला नहीं किया होता।"

हमारे उद्देश्यों में सबसे महत्त्वपूर्ण बात यह नहीं है कि इस बिंदु पर ब्लेयर सही थे या ग़लत। महत्त्वपूर्ण चीज़ तो यह अहसास करना है कि सीरिया में ग़ैर-हस्तक्षेप की वजह से अगर सबसे स्वर्गतुल्य परिणाम मिलता (शांति, ख़ुशी, आसमान में हंसों का मँडराना), तब भी ब्लेयर इसकी इस तरह व्याख्या करने का तरीक़ा खोज लेते, जिससे इराक पर हमला करने का उनका निर्णय सही दिखता। वास्तव में वे इसके सही होने पर कम नहीं, *ज़्यादा विश्वास* करते। यह संज्ञानात्मक असंगति का डोमिनो प्रभाव है। ऐसा ही डोमिनो प्रभाव जॉर्ज डब्ल्यू. बुश के व्यवहार में देखा जा सकता है। युद्ध के पहले और इसके बाद के बुश के लगभग सभी दावे ग़लत साबित हुए। वे इस मामले में ग़लत थे कि सद्दाम के पास डब्ल्यूएमडी थे और इस बारे में भी ग़लत थे कि इराकी नेता सद्दाम के अल क़ायदा से संबंध थे। जब वे आक्रमण शुरू होने के छह सप्ताह बाद 'लक्ष्य हासिल' का दावा करने वाले झंडे तले खड़े हुए और कहा कि 'इराक में बड़ी संग्राम गतिविधियाँ' ख़त्म हो गई हैं, तो वे उसके बारे में भी ग़लत थे।

लेकिन उन्होंने असुविधाजनक प्रमाण को प्रयासरहित तरीक़े से दोबारा गढ़ लिया। जैसा एरॉन्सन और टार्विस ने अपनी पुस्तक *मिस्टेक्स वर मेड (बट नॉट बाई मी)* में लिखा था :

> बुश ने युद्ध के लिए नए औचित्य खोजकर प्रतिक्रिया की : "एक बहुत बुरे आदमी' से छुटकारा पाना, आतंकवादियों से लड़ना, मध्य पूर्व में शांति स्थापित करना... अमेरिकी सुरक्षा को बढ़ाना, और उस काम को पूरा करना, जिसके लिए हमारे सैनिकों ने अपनी जान दी... 2006 में इराक गृहयुद्ध में फिसल गया... बुश ने अनुदार स्तंभकारों के एक प्रतिनिधिमंडल से कहा, "मैंने जो निर्णय लिए वे सही निर्णय हैं, इस बात का मुझे इस वक़्त जितना ज़्यादा विश्वास है, उतना कभी नहीं रहा।"

यदि अपनी मानसिकता बदलना असहनीय है, अगर कोई भी संभव प्रमाण आपको अपनी ग़लती स्वीकार नहीं करने देगा, अगर अहं के प्रति जोखिम

इतना गंभीर है कि दोबारा गढ़ने की प्रक्रिया अपना ख़ुद का जीवन ले चुकी है, तो आप प्रभावी ढंग से क्लोज़्ड लूप या बंद फंदे में फँस चुके हैं। यदि वहाँ सीखने लायक़ कोई सबक़ हैं, तो उनसे सीखने की बात तो रहने ही दें, उन्हें स्वीकार करना भी असंभव है।

यहाँ इरादा ब्लेयर या बुश या उनके समर्थकों के ख़िलाफ़ तर्क देना नहीं है। युद्ध और शांति के मुद्दे जटिल होते हैं और दोनों ही पक्षों में हमेशा तर्क होते हैं (हम खंड 3 में देखेंगे कि जटिलता वाली स्थितियों में कैसे सीखें)। ग़लतियाँ करने पर किसी भी राजनीतिक दल का एकाधिकार नहीं है। इससे बस यह स्पष्ट हो जाता है कि संज्ञानात्मक असंगति के प्रभावों से बुद्धिमान लोग भी सुरक्षित नहीं हैं।

यह महत्त्वपूर्ण है, क्योंकि हम अक्सर यह मान लेते हैं कि प्रतिभाशाली लोग सबसे दमदार निर्णय पर पहुँच सकते हैं। हम बुद्धि को, चाहे इसे जैसे भी परिभाषित किया गया हो, सत्य तक पहुँचने का सर्वश्रेष्ठ मार्ग मानते हैं। सच तो यह है कि बुद्धि का इस्तेमाल अक्सर असंगति को कम करने के लिए किया जाता है। वास्तव में कई बार तो सबसे प्रतिष्ठित विचारक प्रमाण को दोबारा गढ़ने की तकनीकों के इस्तेमाल में सबसे चतुर होते हैं, अक्सर ऐसे सूक्ष्म तरीक़ों से कि हमारे लिए, उनके लिए, या किसी के लिए भी उन पर ग़ौर करना मुश्किल होता है।

दिसंबर 2012 में मैंने टोनी ब्लेयर से संक्षिप्त बातचीत की थी। हम पहले भी मिल चुके थे। पहले कुछ मिनटों तक हमने इस बारे में बात की कि 2007 में डाउनिंग स्ट्रीट छोड़ने के बाद से वे क्या कर रहे हैं। वे बातूनी थे और हमेशा की तरह शिष्ट। वे थोड़े दबाव में भी थे : इराक युद्ध के प्रति सार्वजनिक नापसंदगी लगातार बढ़ती जा रही थी।

एक-दो मिनट बाद मैंने वह प्रश्न पूछा, जिसे पूछने के लिए मैं सबसे ज़्यादा उत्सुक था। जब हज़ारों मौतें हो चुकी हैं, डब्ल्यूएमडी नहीं मिले, भारी उथल-पुथल हुई है, तो अब वे जो जानते हैं, उसके आधार पर क्या वे अब भी यह सोचते हैं कि इराक पर हमला करने का उनका निर्णय सही था। "युद्ध और शांति के निर्णय विवादास्पद होते हैं और मैं झूठ बोल रहा होऊँगा, अगर मैं यह कहूँ कि निर्णय आसान था," उन्होंने कहा। "लेकिन

क्या मैं सोचता हूँ कि मैंने सही निर्णय लिया? हाँ, मुझे इस समय इस बात पर जितना ज़्यादा विश्वास है, उतना पहले कभी नहीं रहा।"

कुछ महीनों बाद मैं अलेस्टेयर कैंपबेल से मिला, जो ब्लेयर के पूर्व संवाद प्रमुख और उनके सबसे विश्वसनीय सिपहसालारों में से एक थे। हमने संज्ञानात्मक असंगति के विषय पर काफ़ी लंबी बातचीत की। कैंपबेल हमेशा की तरह विचारशील थे, जब उन्होंने युद्ध की तैयारी और डाउनिंग स्ट्रीट में प्रेशर कुकर जैसे माहौल पर बात की।

मैंने उनसे पूछा कि क्या वे अब भी हमला करने के अपने निर्णय का समर्थन करते हैं। उन्होंने कहा, "ऐसे समय आते हैं, जब मैं इस बारे में सोचता हूँ, ख़ासतौर पर जब ज़्यादा लोगों की मृत्यु की ख़बर आती है, लेकिन कुल मिलाकर मैं सोचता हूँ कि हम सही थे, जो सद्दाम से छुटकारा मिल गया।" मैंने पूछा, क्या आपके हिसाब से यह संभव है कि आप अपना मन कभी बदल सकते हैं। उनका जवाब था, "जो हुआ है, उसे देखते हुए यह मुश्किल होगा, लेकिन यह असंभव नहीं है।"

मैंने पूछा, "क्या टोनी भी ऐसा कर सकते हैं?" कैंपबेल ने जवाब दिया, " ज़रा सोचें कि अगर टोनी यह स्वीकार कर लेते हैं कि वे ग़लत थे, तो इसका क्या मतलब होगा? यह हर उस चीज़ को ढँक लेगी, जिसके लिए उन्होंने कभी काम किया था। इससे उनकी उपलब्धियाँ कलंकित हो जाएँगी। टोनी तार्किक और प्रबल मानसिकता वाले इंसान हैं, लेकिन मैं नहीं सोचता कि वे यह स्वीकार करने में सक्षम होंगे कि इराक पर हमला करने का निर्णय ग़लत था। यह बहुत ज़्यादा विनाशकारी होगा, उनके लिए भी।"

III

नवंबर 2010 में मशहूर अर्थशास्त्रियों, लोकप्रिय बुद्धिजीवियों और व्यवसायियों के एक समूह ने फ़ेडरल रिज़र्व के तत्कालीन चेयरमैन बेन बर्नान्के को एक खुला पत्र लिखा। फ़ेडरल रिज़र्व ने तथाकथित संख्यात्मक रियायत के अपने दूसरे भाग की घोषणा की थी। इसने नए छापे गए पैसों से बॉन्ड्स ख़रीदने और समय के साथ अमेरिकी अर्थव्यवस्था में अतिरिक्त 600 अरब डॉलर डालने का प्रस्ताव रखा था।

हस्ताक्षरकर्ता इस नीति के बारे में चिंतित थे। वास्तव में, वे मानते थे कि यह योजना विनाशकारी होगी। *वॉल स्ट्रीट जर्नल* में प्रकाशित हुए इस पत्र में उन्होंने तर्क दिया कि योजना 'वर्तमान परिस्थितियों में आवश्यक या उचित नहीं थी' और यह 'रोज़गार बढ़ाने के फ़ेड के उद्देश्य को हासिल' नहीं कर पाएगी। उनका निष्कर्ष था कि इस पर 'पुनर्विचार करना चाहिए और इसे रोक देना चाहिए।'

इन हस्ताक्षरकर्ताओं में अपने क्षेत्रों के कुछ सबसे मशहूर नाम शामिल थे, जिनमें प्रेसिडेंट के काउंसिल ऑफ़ इकॉनॉमिक एडवाइज़र्स के पूर्व चेयरमैन माइकल जे. बॉस्किन, निवेश कंपनी बाउपोस्ट ग्रुप के अरबपति संस्थापक सेट क्लारमैन, स्टैनफ़ोर्ड यूनिवर्सिटी में अर्थशास्त्र के प्रोफ़ेसर जॉन टेलर, इलियट मैनेजमेंट कॉरपोरेशन के अरबपति संस्थापक पॉल सिंगर और हार्वर्ड यूनिवर्सिटी में इतिहास के मशहूर प्रोफ़ेसर नियाल फ़र्ग्युसन शामिल थे।

शायद वे मुद्रास्फीति को लेकर सबसे ज़्यादा चिंतित थे और डर रहे थे कि नोट छापने से महँगाई बहुत बढ़ जाएगी। इस चिंता को अक्सर नीति-निर्धारण के 'मुद्रावादी' विचारधारा के अर्थशास्त्रियों से जोड़कर देखा जाता है। हस्ताक्षरकर्ताओं ने चेतावनी दी कि संख्यात्मक रियायत से 'मुद्रा के अवमूल्यन और मुद्रास्फीति' का जोखिम होगा और इससे 'वित्तीय बाज़ार विकृत' हो जाएँगे।

यह पत्र, जिसे *द न्यू यॉर्क टाइम्स* में पूरे पेज के विज्ञापन के रूप में प्रकाशित किया गया, पूरे संसार की सुर्ख़ियों में आ गया। डर अच्छी तरह व्यक्त किए गए थे, तर्क अच्छे थे और अमेरिकी अर्थव्यवस्था की भावी मुश्किलों की भविष्यवाणी पर वित्तीय शेयर बाज़ारों में थोड़ी कँपकँपी नज़र आई।

लेकिन वास्तव में क्या हुआ? क्या भविष्यवाणी सचमुच सही साबित हुई? क्या मुद्रास्फीति नियंत्रण के बाहर हो गई?

जिस समय यह पत्र प्रकाशित हुआ था, उस समय मुद्रास्फीति की दर 1.5 प्रतिशत थी। चार साल बाद दिसंबर 2014 में मुद्रास्फीति न सिर्फ़ ऐतिहासिक दृष्टि से कम स्तरों पर बनी हुई थी, बल्कि इसमें दरअसल गिरावट आई थी। ब्यूरो ऑफ़ लेबर स्टैटिस्टिक्स द्वारा मासिक रूप से प्रकाशित कन्ज़्यूमर प्राइसेस इंडेक्स के अनुसार मुद्रास्फीति 0.8 प्रतिशत थी। जनवरी 2015 तक, इन शब्दों के लिखे जाने के ठीक पहले, यह नकारात्मक

स्तर पर पहुँच गई थी। मुद्रास्फीति अपस्फीति में बदल गई थी। अमेरिका में हेडलाइन दर माइनस 0.1 प्रतिशत थी।

ऐसे में यह कहना उचित है कि भविष्यवाणियाँ अपेक्षा के अनुरूप सच नहीं हो पाईं। वास्तव में अमेरिकी अर्थव्यवस्था एक बिल्कुल ही अलग दिशा में चली गई। सिर्फ़ मुद्रास्फीति ही नहीं थी, जो नियंत्रण के बाहर नहीं हुई। नौकरियाँ भी बढ़ रही थीं, हस्ताक्षरकर्ताओं की इस चेतावनी के बावजूद कि वे नहीं सोचते कि इस नीति से 'रोज़गार में वृद्धि' होगी। 2014 की पतझड़ तक अमेरिकी अर्थव्यवस्था 2005 के बाद सबसे तीव्र गति से नौकरियों का सृजन कर रही थी और बेरोजगारी की दर 9.8 प्रतिशत से घटकर 6.1 प्रतिशत तक गिर गई। अमेरिकी कंपनियों की हालत भी अच्छी थी, उनका कर्ज़ कम हुआ था, नक़दी का स्तर बढ़ा था और मुनाफ़ा भी काफ़ी बढ़ गया था।

ज़ाहिर है कि भविष्यवाणी में ग़लतियाँ होना स्वाभाविक बात है। संसार जटिल है और बहुत सी अनिश्चितताएँ रहती हैं, ख़ासतौर पर आर्थिक क्षेत्र में। वास्तव में, यह समूह का बौद्धिक साहस था, जिसकी बदौलत इसने अपनी भविष्यवाणियाँ सार्वजनिक तौर पर कीं। निश्चित रूप से उनकी अपेक्षाएँ ग़लत साबित होने पर उनके सामने यह स्वर्णिम अवसर था कि वे अपनी सैद्धांतिक मान्यताओं को बदल लें या समृद्ध कर लें। आख़िर, असफलता का यही मतलब है।

लेकिन हस्ताक्षरकर्ताओं ने सचमुच कैसी प्रतिक्रिया की? अक्टूबर 2014 में मीडिया कंपनी ब्लूमबर्ग ने उन्हें बाद में हुई घटनाओं की रोशनी में उनके पत्र पर विचार करने के लिए आमंत्रित किया। इन प्रतिक्रियाओं के बारे में जो बात आश्चर्यजनक थी (नौ हस्ताक्षरकर्ताओं ने इंटरव्यू के आग्रह को स्वीकार किया था*), वह यह नहीं थी कि इन विचारकों ने यह स्पष्ट करने की कोशिश की कि भविष्यवाणियाँ क्यों असफल रही थीं या उन्होंने क्या सीखा था। आश्चर्यजनक बात तो यह थी कि उनके हिसाब से भविष्यवाणी बिल्कुल भी असफल या ग़लत नहीं हुई थी।

---

*कुछ ने बातचीत के आग्रह को अस्वीकार कर दिया, बाक़ी ने कोई प्रतिक्रिया नहीं दी। बीच की अवधि में एक हस्ताक्षरकर्ता की मृत्यु हो गई।

दरअसल उनमें से कई तो यह सोचते थे कि उनका विश्लेषण पूरी तरह से सच साबित हुआ था।

पूर्व डिप्टी असिस्टेंट ट्रेज़री सेक्रेटरी डेविड मैल्पास ने कहा, "पत्र बिल्कुल सही था, जैसा बताया गया था।"

स्टैनफ़ोर्ड यूनिवर्सिटी में अर्थशास्त्र के प्रोफ़ेसर जॉन टेलर ने कहा, "पत्र में कई चीज़ों का ज़िक्र किया गया था, जैसे मुद्रास्फीति का जोखिम, रोज़गार, यह वित्तीय बाज़ारों को नष्ट कर देगा, यह मौद्रिक नीति को सामान्य करने के फ़ेड के प्रयास को जटिल बना देगा - और यह सब हुआ है।"

ग्रांट्स इन्ट्रेस्ट रेट ऑब्ज़र्वर के प्रकाशक जिम ग्रांट ने कहा, "लोग कहते हैं कि आप लोग ग़लत थे, क्योंकि आपने मुद्रास्फीति की भविष्यवाणी की थी और यह नहीं बढ़ी। मैं सोचता हूँ कि बहुत सारी मुद्रास्फीति है - शायद स्टोर में नहीं, लेकिन वॉल स्ट्रीट में तो है।"

यह तो लगभग वैसा ही था, जैसे वे किसी अलग अर्थव्यवस्था को देख रहे हों।

बाक़ी ने तर्क दिया कि हो सकता है कि भविष्यवाणी अब तक सच नहीं हुई हो, लेकिन यह जल्दी ही सच हो जाएगी। काँग्रेशनल बजट ऑफ़िस के पूर्व निदेशक डगलस होल्ट्ज़-ईकिन ने कहा, " वे बुनियादी मुद्रास्फीति को बढ़ाने वाले हैं। यह 2 प्रतिशत से ऊपर जाने वाली है। मैं नहीं जानता कि कब, लेकिन यह होगी।"

यह अंतिम प्रतिक्रिया निश्चित रूप से इस मायने में सच है कि मुद्रास्फीति में वृद्धि, शायद तेज़ी से, इसके हाल के ऐतिहासिक न्यूनतम स्तरों से ऊपर हो गई है, लेकिन इससे ब्रेंटफ़ोर्ड फुटबॉल क्लब के प्रशंसक की याद आ जाती है, जिसने 2012-13 के सीज़न की शुरुआत में यह भविष्यवाणी की थी कि उसकी टीम एफ़ए कप जीतेगी। जब चेल्सी ने उसकी टीम को हरा दिया, तो लोगों ने उससे पूछा कि उसकी भविष्यवाणी ग़लत क्यों हुई। उसने कहा, "मैंने कहा था कि यह एफ़ए कप जीतेगी, लेकिन मैंने यह नहीं कहा था कि कब।"

यह उदाहरण संज्ञानात्मक असंगति की पहुँच का एक और नमूना है। असंगति के शिकार सिर्फ़ टोनी ब्लेयर या डॉक्टर या वकील या धार्मिक पंथ के सदस्य ही नहीं हैं, विश्वप्रसिद्ध व्यवसायी, इतिहासकार और अर्थशास्त्री

भी इसके उतने ही बड़े शिकार हैं। अंततः इसका संबंध इस बात से है कि ग़लती को कलंक मानने का हमारी संस्कृति का दृष्टिकोण प्रमाण को स्पष्ट निगाह से देखने की हमारी क्षमता को कैसे कम करता है। यह बड़े निर्णयों और छोटे निर्णयों के बारे में है : वास्तव में, हर वह चीज़ जो इंसान के आत्म-गौरव को जोखिम में डालती है।

मैं त्वरित ढंग से एक व्यक्तिगत उदाहरण देना चाहूँगा। जब मैं यह अध्याय लिख रहा था, तो मैंने अपने घर से कुछ मील दूर स्थित एक जिम की सदस्यता ले ली। सदस्यता महँगी थी और मेरी पत्नी ने मुझे आगाह किया कि लंबी यात्रा की वजह से मैं इसका इस्तेमाल नहीं करूँगा। उसने बताया कि हमारे घर के बिल्कुल बग़ल में सस्ता जिम है, जो ज़्यादा बेहतर विकल्प होगा। उसे चिंता थी कि यात्रा का समय बहुत लंबा है, इसलिए व्यायाम का समय कम हो जाएगा। मैं असहमत था।

काम के बाद हर शाम को मैं जिम जाता था। यात्रा में समय बहुत लगता था। कई बार तो इसमें तीस मिनट से ज़्यादा समय लग जाता था। मैंने पाया कि मैं तेज़ी से वहाँ जाता था और लौटता था, जबकि मेरी पत्नी पड़ोस के जिम का आनंद लेती थी। यात्रा हालाँकि मुश्किल थी, लेकिन मैं यात्रा करता रहा। यह अहसास होने में मुझे एक साल का समय लग गया कि ये सारी यात्राएँ मेरे मूल निर्णय को तर्कसंगत या उचित ठहराने की कोशिशें थीं। मैं यह स्वीकार नहीं करना चाहता था कि उस जिम में जाने का मेरा निर्णय ग़लत था।

मेरी पत्नी ने इस अध्याय का शुरुआती ड्राफ्ट पढ़ा और जिम की एक ऐसी ही यात्रा के बाद मुस्कराते हुए कहा, "संज्ञानात्मक असंगति।" और उसकी बात सही थी। महँगे सदस्यता शुल्क को बारह महीने तक चुकाने के बाद मैंने आख़िरकार पड़ोस वाले जिम की सदस्यता ले ली। अगर मैं अपनी ग़लती को ज़्यादा जल्दी मान लेता, तो मुझे साल भर कुंठा नहीं होती, लेकिन मेरे अहं ने मुझे ऐसा नहीं करने दिया। यह स्वीकार करना बहुत ही मुश्किल था कि मैं पूरे समय ग़लत था - और मैंने बहुत सारा पैसा बर्बाद किया था।

यह एक छोटा उदाहरण लग सकता है, लेकिन यह संज्ञानात्मक असंगति के दायरे को प्रकट करता है। अब तक इस पुस्तक में बताए विभिन्न उदाहरणों के बारे में सोचें, जिनमें ज़्यादा महत्त्व वाले निर्णय शामिल थे -

और इस तरह आत्म-गौरव के लिए ज़्यादा बड़ा जोखिम था। ऑपरेशन थिएटर में हुई दुर्घटना 'उन चीज़ों में से एक' बन गई, डीएनए का रिहाई कराने वाला परीक्षण 'निर्दोष सह-स्खलनकर्ता' की ओर संकेत करता था, प्रलय की भविष्यवाणी की असफलता ने यह साबित किया कि 'हमारे कार्यों से ईश्वर शांत हो गया है।'

बर्नान्के को लिखे खुले पत्र के हस्ताक्षरकर्ताओं पर भी यही विश्लेषण लागू होता है। आर्थिक भविष्यवाणी की असफलता ने यह नहीं दिखाया कि वे ग़लत थे, बल्कि यह दिखाया कि वे बिल्कुल सही थे। अगर मुद्रास्फीति आसमान छूने लगती, तो वे निस्संदेह इसे सबूत के तौर पर इस्तेमाल करते, लेकिन जब मुद्रास्फीति कम रही, तब भी उन्होंने सफलता का दावा किया, जिस तरह ब्लेयर ने इराक में अपनी रणनीति की पुष्टि का दावा किया था, जबकि घटनाएँ उनकी शुरुआती अपेक्षाओं के पूरे विरोध में थीं। हेड आया, तो मैं जीतूँगा, टेल आया तो मैं नहीं हारूँगा।

यह कहना शायद न्यायपूर्ण है कि अर्थशास्त्र विषय को असफलता के प्रति अपने दृष्टिकोण में एक ख़ास समस्या आती है। यह सिर्फ़ पत्र के हस्ताक्षरकर्ताओं तक ही सीमित नहीं है। यह समस्या तो इस विषय की व्यापक संस्कृति की है। जैसा 1990 के दशक की शुरुआत में अर्थशास्त्र के विद्यार्थी के रूप में मैंने इस बात पर ग़ौर किया था कि ज़्यादातर अर्थशास्त्री शुरुआती अवस्था से ही प्रतिद्वंद्वी वैचारिक समूहों में विभाजित हो जाते हैं, जैसे कीन्सवादी या मुद्रावादी। एक या दूसरे समूह में शामिल होने के निर्णय अक्सर सबसे कमज़ोर कारणों से किए जाते थे, लेकिन इसके दीर्घकालीन परिणाम उल्लेखनीय होते थे। बहुत कम अर्थशास्त्री अपने वैचारिक दृष्टिकोण को बदलते हैं। वे जीवनभर उसी से चिपके रहते हैं।

अर्थशास्त्रियों के एक अनधिकृत सर्वे में यह उजागर हुआ कि 10 प्रतिशत से भी कम अर्थशास्त्री अपने करियर में 'समूह' बदलते हैं या अपनी सैद्धांतिक मान्यताओं को 'महत्त्वपूर्ण रूप से बदलते हैं।'* मार्गरेट थैचर के पूर्व आर्थिक सलाहकार प्रोफ़ेसर सर टेरी बर्न्स (जो बाद में सैनटैंडर यूके के

*बारह अर्थशास्त्रियों के साथ लेखक की चर्चा, जिनमें से तीन शिक्षाविद् थे और नौ वित्तीय संस्थाओं में काम कर रहे थे।

चेयरमैन बने) ने मुझे बताया, "यह लगभग उतना ही आम है, जितना कि किसी मुसलमान का ईसाई में धर्म परिवर्तन या इसका विपरीत।"

यह निश्चित रूप से चेतावनी का संकेत है कि डाटा से सीखने के बजाय कुछ अर्थशास्त्री इसे घुमा देते हैं। इससे यह संदेह होने लगता है कि विश्व के कुछ सबसे विकट विचारकों की बौद्धिक ऊर्जा का उद्देश्य नए या ज़्यादा समृद्ध या ज़्यादा व्याख्यात्मक सिद्धांत उत्पन्न करना नहीं है, बल्कि हमेशा घुमा-फिराकर तर्क देना है कि वे पूरे समय सही क्यों थे।

और इससे हम संज्ञानात्मक असंगति के शायद सबसे विरोधाभासी पहलू पर पहुँच जाते हैं। यह उन विचारकों के साथ सबसे ज़्यादा होता है, जो सबसे ज़्यादा मशहूर होते हैं, जो अपने प्रतिभाशाली मस्तिष्क के लिए मशहूर होते हैं और जिनके पास ग़लतियों से खोने के लिए सबसे ज़्यादा रहता है। और इसीलिए अक्सर सबसे प्रभावी लोग ही हैं, जिन्हें नए प्रमाण से संसार को सिखाने की सर्वश्रेष्ठ स्थिति में होना चाहिए, जिनके पास नए प्रमाण को नए सिरे से गढ़ने का सबसे ज़्यादा प्रोत्साहन रहता है। और ये लोग (या संस्थाएँ) अपने औचित्य की पुष्टि करने के लिए महँगी पीआर फ़र्म का प्रायः इस्तेमाल कर सकते हैं। उनके पास प्रबल अवचेतन आकांक्षा के अलावा वित्तीय साधन होते हैं, जिससे वे विश्वासों और प्रमाण के बीच की खाई को पाट सकते हैं, सीखकर नहीं, बल्कि घुमा-फिराकर। यह तो वैसा ही है, जैसे कोई गोल्फ़ खिलाड़ी गेंद को बहुत दूर तक मार दे और फिर एक दमदार पीआर कंपनी को नियुक्त करके संसार को यह विश्वास दिलाना चाहे कि इसका उससे कोई संबंध नहीं है, यह तो हवा के तेज़ झोंके की कारिस्तानी थी!

शायद यह बात पेनसिल्वेनिया यूनिवर्सिटी के मनोवैज्ञानिक फ़िलिप टेटलॉक के मशहूर अध्ययन में सबसे ज़्यादा स्पष्टता से उजागर हुई है। 1985 में टेटलॉक ने 284 विशेषज्ञों से कहा कि वे निकट भविष्य में हो सकने वाली ख़ास, निश्चित घटनाओं की भविष्यवाणी करें। उन सभी को उनके क्षेत्र में लीडर माना जाता था। उनमें से आधे से ज़्यादा के पास पीएच.डी. उपाधि थी। काल्पनिक घटनाओं में ऐसी चीज़ें शामिल थीं, 'क्या तख़्तापलट में गोर्बाचेव को हटाया जाएगा?' और 'क्या दक्षिण अफ़्रीका में रंगभेद का ग़ैर-हिंसक अंत होगा?' कुल मिलाकर उन्होंने हज़ारों भविष्यवाणियाँ एकत्रित कर लीं।

कुछ वर्षों बाद टेटलॉक ने इन भविष्यवाणियों की तुलना वास्तविकता में हुई घटनाओं से की। उन्होंने पाया कि विशेषज्ञों की भविष्यवाणियाँ स्नातकों के समूह से ज़रा सी बेहतर थीं, लेकिन ज़्यादा नहीं। इसमें आश्चर्य की कोई बात नहीं है। संसार जटिल है। जब बहुत सारी परिवर्तनशील चीज़ें बहुत सारे तरीक़ों से पारस्परिक क्रिया कर रही हों, तो जानकार विशेषज्ञों के लिए भी यह कहना आसान नहीं होता कि क्या होगा। जैसा टेटलॉक ने कहा है, "हम काफ़ी जल्दी ही ज्ञान के घटते सीमांत भविष्यवाणी प्रतिफल के बिंदु पर पहुँच जाते हैं।"

लेकिन शायद सबसे आश्चर्यजनक खोज यह थी कि मशहूर विशेषज्ञों का हाल सबसे बुरा था, ऐसे लोग जो टेलीविज़न स्टूडियो जाते हैं और बुक टूर करते हैं। जैसा टेटलॉक ने कहा, "विडंबना यह है कि विशेषज्ञ जितना ज़्यादा मशहूर था, उसकी भविष्यवाणी उतनी ही कम सटीक थी।"

ऐसा क्यों? इसका जवाब है संज्ञानात्मक असंगति। ये वे लोग हैं, जो सार्वजनिक तौर पर अपनी भविष्यवाणियों से जुड़े होते हैं। उनकी आजीविका और अहं उनकी विशेषज्ञता से बँधे होते हैं, जिसकी वजह से उनके द्वारा ग़लतियों को दोबारा गढ़ने और उनसे न सीखने की सबसे ज़्यादा संभावना होती है।

इन खोजों के भारी परिणाम हुए हैं, सिर्फ़ अर्थशास्त्र, स्वास्थ्य सेवा और क़ानून के क्षेत्र में ही नहीं, बल्कि व्यवसाय के क्षेत्र में भी। देखिए, आपके मन में यह धारणा हो सकती है कि आप किसी कंपनी में जितने ज़्यादा ऊपर जाएँगे, आपको संज्ञानात्मक असंगति के परिणाम उतने ही कम दिखेंगे। जो लोग बड़ी कंपनियों के शिखर पर पहुँचते हैं, क्या उन्हें तार्किक, विवेकपूर्ण और कुशाग्र बुद्धि वाला नहीं मानना चाहिए?

वास्तविकता इसके ठीक विपरीत होती है। अपनी प्रभावशाली पुस्तक *व्हाई स्मार्ट एक्ज़ीक्यूटिव्ज़ फ़ेल : ऐंड व्हाट यू कैन लर्न फ़्रॉम देयर मिस्टेक्स* में डार्टमाउथ कॉलेज के प्रबंधन विषय के प्रोफ़ेसर सिडनी फ़िंकेलस्टाइन ने पचास कंपनियों की बड़ी असफलताओं की जाँच की। उन्होंने पाया कि जैसे-जैसे आप पदक्रम में ऊपर जाते हैं, ग़लती को अस्वीकार करना *बढ़* जाता है।

> विडंबना यह है कि लोग प्रबंधन के पदक्रम में जितनी ज़्यादा ऊँचाई पर होते हैं, उनमें असफलता को गोल-मोल घुमाने की उतनी ही

> ज़्यादा प्रवृत्ति होती है, जिनमें सीईओ अमूमन सबसे ज़्यादा बुरे होते हैं। मिसाल के तौर पर, हमने जिस एक संगठन का अध्ययन किया, उसमें सीईओ ने पूरे पैंतालीस मिनट के इंटरव्यू में तमाम कारण गिनाए कि दूसरे लोग उसकी कंपनी की तबाही के लिए ज़िम्मेदार क्यों थे। नियामक संस्थाएँ, ग्राहक, सरकार और कंपनी के बाक़ी एक्ज़ीक्यूटिव्ज़ - सभी ज़िम्मेदार थे। बहरहाल उसने ख़ुद के दोषों या ग़लती का कोई ज़िक्र नहीं किया।

अब तक कारण स्पष्ट हो जाना चाहिए। कंपनियों के शिखर पर बैठे लोग ही रणनीति बनाने के लिए ज़िम्मेदार होते हैं और इसलिए अगर हालात बिगड़ते हैं, तो उनके पास खोने के लिए सबसे ज़्यादा होता है। इसी कारण उनके इस विचार को जकड़ने की कहीं ज़्यादा संभावना होती है कि रणनीति समझदारीपूर्ण है, भले ही यह बिखर रही हो और इसी कारण वे उनकी कमज़ोरी उजागर करने वाले प्रमाण को दोबारा गढ़ लेते हैं। असंगति की वजह से अंधे होने का नतीजा यह भी होता है कि उनके सबक़ सीखने की सबसे कम संभावना रहती है।

IV

संज्ञानात्मक असंगति के सिद्धांत के बारे में एक आम ग़लतफ़हमी यह होती है कि इसका संबंध बाहरी प्रोत्साहनों से होता है। देखिए, अगर लोगों के निर्णय ग़लत साबित होते हैं, तो उनके पास खोने के लिए बहुत कुछ होता है, तो फिर क्या इसमें समझदारी नज़र नहीं आती कि वे उन्हें दोबारा गढ़ना चाहेंगे? यहाँ विचार यह है कि किसी ग़लती से सीखने से उतना लाभ नहीं होता, जितनी उसे स्वीकार करने से प्रतिष्ठा की हानि होती है।

लेकिन इस दृष्टिकोण से संज्ञानात्मक असंगति का पूर्ण प्रभाव स्पष्ट नहीं होता। समस्या सिर्फ़ बाहरी प्रोत्साहन तंत्र ही नहीं होता है, समस्या आंतरिक होती है। समस्या यह है कि हम सभी को अपनी ग़लतियाँ स्वीकार करने में भारी मुश्किल होती है, भले ही हमें ऐसा करने के लिए प्रोत्साहित किया जाए।

इसे सबसे ज़्यादा स्पष्टता से देखने के लिए तथाकथित प्रवृत्ति प्रभाव पर विचार करें, जो शेयर बाज़ार के क्षेत्र का ऐसा पहलू है, जिसका काफ़ी

अच्छा अध्ययन किया गया है। मान लें कि आपके पोर्टफ़ोलियो में बहुत से शेयर हैं, जिनमें से कई में आपको घाटा हो रहा है और कुछ में फ़ायदा हो रहा है। आप कौन से शेयर बेचेंगे? और कौन से शेयर रोककर रखेंगे?

तार्किक व्यक्ति को वही शेयर रखने चाहिए, जिनके भविष्य में बढ़ने की सबसे ज़्यादा संभावना हो और उन शेयरों को बेच देना चाहिए, जिनके भाव घटने की आशंका हो। वास्तव में, अगर आप अपने वित्तीय प्रतिफल को अधिकतम करने की कोशिश कर रहे हैं, तो आपको ठीक ऐसा ही करना *चाहिए*। शेयर बाज़ार उन लोगों को पुरस्कार देता है, जो कम भाव पर ख़रीदते हैं और ऊँचे भाव पर बेचते हैं।

लेकिन दरअसल हममें उन शेयरों को रोककर रखने की प्रवृत्ति होती है, जिनमें हमें नुक़सान हो रहा है, चाहे उनकी भावी संभावनाएँ जो भी हों। क्यों? क्योंकि हम नुक़सान से नफ़रत करते हैं। जिस पल हम किसी घाटे वाले शेयर को बेचते हैं, पेपर लॉस वास्तविक नुक़सान में बदल जाता है। तब यह इस बात का निर्विवाद प्रमाण बन जाता है कि उस शेयर को ख़रीदने का हमारा निर्णय ग़लत था। इसीलिए लोग गिरते शेयर को ज़रूरत से ज़्यादा समय तक रोके रखते हैं और बेताबी से उम्मीद करते हैं कि उसका भाव बढ़ जाएगा।

लेकिन जब विजेता शेयरों की बात आती है, तो हर चीज़ बदल जाती है। हमारे मन में अचानक मुनाफ़ावसूली करने की अवचेतन इच्छा जाग जाती है। देखिए, जब आप कोई शेयर मुनाफ़े में बेचते हैं, तो आपके पास इस बात का सच्चा प्रमाण होता है कि आपका शुरुआती निर्णय सही था। यह एक सबूत है। इसीलिए विजेता शेयरों को बेचने में पूर्वाग्रह होता है, भले ही वे भविष्य में और ऊपर जा सकते हों और आप उस अतिरिक्त लाभ से वंचित रह सकते हों।

यूसीएल बर्कले में वित्त के प्रोफ़ेसर टेरेंस ओडियन ने एक अध्ययन में यह पाया कि निवेशकों ने जो विजेता शेयर बेचे, वे उनके घाटे वाले शेयरों से 3.4 प्रतिशत ज़्यादा बढ़े, जो उन्होंने नहीं बेचे। दूसरे शब्दों में, लोग घाटे वाले शेयर ज़रूरत से ज़्यादा समय तक रोककर रखते थे, क्योंकि वे यह मानने को तैयार ही नहीं होते थे कि उन्होंने ग़लती कर दी थी। यहाँ तक कि शेयर चुनने वाले पेशेवर लोग भी - वे अति-तार्किक माने जाने वाले लोग,

जो कठोर, भावहीन तर्क के अनुसार काम करते हैं – इस प्रवृत्ति के शिकार थे। वे घाटे वाले शेयर मुनाफ़े वाले शेयरों से 25 प्रतिशत ज़्यादा समय तक रोककर रखते थे।

अल्पकाल में असफलता से बचने का एक अवश्यंभावी परिणाम होता है : आगे चलकर हमें ज़्यादा नुक़सान होता है। यह आज के संसार में ग़लती-अस्वीकृति की एक आदर्श उपमा है : अक्सर आत्म-गौरव की रक्षा करने की आंतरिक प्रवृत्ति बाहरी प्रोत्साहनों पर भारी पड़ती है। तब भी जब वे असफलता के स्पष्ट विश्लेषण को पुरस्कृत करते हों। जब हमें क़ीमत चुकानी पड़ती है, तब भी हम प्रमाण को दोबारा गढ़ या बुन लेते हैं।

पुष्टि पूर्वाग्रह संज्ञानात्मक असंगति से जुड़ी एक और मनोवैज्ञानिक विचित्रता है। इसके प्रभावों को देखने का सर्वश्रेष्ठ तरीक़ा नीचे दिए अंकों की श्रँखला पर विचार करना है : 2, 4, 6। मान लें कि आपको इस श्रँखला में निहित पैटर्न को खोजना हो। इसके अलावा, यह भी मान लें कि आपको संभावनाओं की पड़ताल करने के लिए तीन अंकों के वैकल्पिक समूहों का प्रस्ताव रखने का अवसर दिया जाता है।

इस खेल को खेलने वाले ज़्यादातर लोग एक परिकल्पना पर काफ़ी जल्दी पहुँच जाएँगे। मिसाल के तौर पर, वे अनुमान लगा लेंगे कि निहित पैटर्न है, 'सम संख्याओं का क्रम से बढ़ना।' ज़ाहिर है, दूसरी संभावनाएँ भी मौजूद हैं। वह पैटर्न यह भी हो सकता है : 'सम संख्याएँ।' या 'तीसरी संख्या पहली दो संख्याओं का योग है।' आदि।

मुख्य प्रश्न यह है कि आप यह कैसे पता लगाएँ कि आपका शुरुआती अनुमान सही है या नहीं? ज़्यादातर लोग तो बस अपनी परिकल्पना की पुष्टि करने की कोशिश करते हैं। इसलिए अगर वे सोचते हैं कि 'सम संख्याएँ क्रम से बढ़ रही हैं' ही पैटर्न है, तो वे '10, 12, 14' का सुझाव दे देंगे और जब इसकी पुष्टि हो जाती है, तो वे '100, 102, 104' का प्रस्ताव दे देंगे। ऐसे तीन परीक्षणों के बाद ज़्यादातर लोगों को इस बारे में काफ़ी भरोसा हो जाता है कि उन्हें सही जवाब मिल गया है।

लेकिन इसके बावजूद वे ग़लत हो सकते हैं। अगर पैटर्न दरअसल 'कोई भी बढ़ती हुई संख्या' है, तो उनके अनुमानों से उन्हें ज़्यादा मदद नहीं मिलेगी। दूसरी ओर, अगर उन्होंने अपनी परिकल्पना की पुष्टि करने

के बजाय इसे झूठा साबित करने की कोशिश के लिए भिन्न रणनीति का इस्तेमाल किया होता, तो उन्हें इसका ज़्यादा जल्दी पता चल जाता। मान लें, अगर उन्होंने 4, 6, 11 का सुझाव दिया होता (पैटर्न के हिसाब से सही है), तो उन्हें पता चल जाता कि उनका शुरुआती अनुमान ग़लत था। अगर इसके बाद उन्होंने 5, 2, 1 का सुझाव दिया होता (जो सही नहीं बैठता), तो वे काफ़ी स्पष्ट हो चुके होते।

जैसा पेनसिल्वेनिया यूनिवर्सिटी के व्हार्टन स्कूल के मैक इंस्टीट्यूट फ़ॉर इनोवेशन मैनेजमेंट के रिसर्च डायरेक्टर पॉल स्कूमेकर कहते हैं :

> पैटर्न शायद ही कभी खोजा जाता है, जब तक कि लोग ग़लतियाँ करने के लिए तैयार न हों, यानी, ऐसी संख्याओं की जाँच करने के लिए, जो उनके विश्वास का उल्लंघन करती हो। इसके बजाय ज़्यादातर लोग एक सँकरी और ग़लत परिकल्पना में अटक जाते हैं, जो अक्सर असली ज़िंदगी में भी होता है। बाहर निकलने का एकमात्र रास्ता ग़लती करना है, ताकि अंततः कोई ग़लती न हो। कई बार ग़लतियाँ करना सही जवाब तक पहुँचने का सबसे तेज़ तरीक़ा ही नहीं होता। यह एकमात्र तरीक़ा होता है। जब यह प्रयोग कॉलेज विद्यार्थियों को दिया गया, तो उन्हें अपनी इच्छानुसार तीन संख्याओं के जितने चाहे उतने समूहों के इस्तेमाल की अनुमति दी गई। 10 प्रतिशत से भी कम विद्यार्थी पैटर्न को खोजने में कामयाब हुए।

यह सक्रिय पुष्टि पूर्वाग्रह है और यह शुरुआती चिकित्सा की डरावनी याद को ताज़ा कर देता है (जहाँ डॉक्टरों ने अपने रोगियों में किसी भी तरह के परिणाम को ख़ून निकालने की पुष्टि मान लिया था)। इससे एक और कारण मिल जाता है कि वैज्ञानिक मानसिकता, ग़लतियाँ साबित करने पर स्वस्थ ज़ोर देने के साथ, इतनी अनिवार्य क्यों है। इससे हमारी यह प्रवृत्ति सही हो जाती है, जिसके तहत हम अपना समय उसकी पुष्टि में व्यतीत करते हैं, जिसे हम पहले से जानते हैं, जबकि हमें उसका पता लगाना चाहिए, जिसे हम नहीं जानते।

जैसा दार्शनिक कार्ल पॉपर ने लिखा था : "अगर हम आलोचक नहीं होंगे, तो हमें हमेशा वही मिलेगा जो हम चाहते हैं : हम पुष्टियों की तलाश करेंगे और उन्हें खोज लेंगे और जो चीज़ें हमारे प्रिय विचारों के लिए

ख़तरनाक हो सकती हैं, हम उनसे दूर देखने लगेंगे। इस तरह ऐसे सिद्धांत के पक्ष में ज़बर्दस्त प्रमाण हासिल करना बहुत ज़्यादा आसान है... जिसके प्रति अगर आलोचनात्मक रवैया रखा जाता, तो उसका खंडन हो जाता।"

V

अंतिम उदाहरण के रूप में आइए एक घटना की जाँच करते हैं, जो अब तक की विभिन्न जानकारियों को समाहित करती है। इसमें पीटर प्रोनोवॉस्ट शामिल थे, वही डॉक्टर जिनसे हम अध्याय 3 में मिले थे और जिन्होंने जॉन्स हॉपकिन्स यूनिवर्सिटी हॉस्पिटल में गहन चिकित्सा जाँच सूची लागू करके केंद्रीय लाइन की संक्रमण दर को 11 प्रतिशत से घटाकर शून्य कर दिया था।

प्रोनोवॉस्ट ऐनस्थीसिया में प्रशिक्षित थे और उनके करियर की शुरुआत की बात है। वे ऑपरेशन थिएटर में हर्निया के एक दीर्घकालीन रोगी के ऑपरेशन में मदद कर रहे थे। नब्बे मिनट तक ऑपरेशन चलने के बाद मरीज़ को साँस लेने में मुश्किल आने लगी, उसका चेहरा लाल पड़ गया और उसका ब्लड प्रेशर तेज़ी से कम होने लगा। प्रोनोवॉस्ट को स्पष्ट अंदेशा हो गया कि मरीज़ को लेटेक्स एलर्जी है और यह सर्जन के ऑपरेशन वाले ग्लव्ज़ की वजह से हुई होगी।

प्रोनोवॉस्ट ने अनुशंसित दवा एपिनेफ्राइन की ख़ुराक दी, जिसके बाद मरीज़ के लक्षण कम होने लगे, फिर उन्होंने सर्जन को सलाह दी कि वे अपने ग्लव्ज़ बदलकर दूसरे ग्लव्ज़ पहन लें, लेकिन सर्जन इसके लिए तैयार नहीं थे। वे बोले, "आप ग़लत हैं। यह लेटेक्स एलर्जी नहीं हो सकती। हम डेढ़ घंटे से उसका ऑपरेशन कर रहे हैं, लेकिन इससे पहले मरीज़ ने लेटेक्स पर प्रतिक्रिया नहीं की।"

अब दृष्टिकोणों का टकराव शुरू हो गया था। सर्जन ने अपना निर्णय दे दिया था। वे बॉस थे, प्रभारी कैप्टन थे, पदक्रम के शिखर पर थे। अब रोगी की मदद करने के संदर्भ में किसी भी नए प्रमाण या तर्क की व्याख्या सर्जन इस तरह करने वाले थे कि उनकी योग्यता और सत्ता को चुनौती दी जा रही है। संक्षेप में संज्ञानात्मक असंगति का खेल शुरू हो गया था।

बहरहाल, प्रोनोवॉस्ट अपनी चिंता को स्पष्ट करने से नहीं चूके। उन्हें एलर्जियों का गहरा ज्ञान था और उन्होंने अपने तर्क को स्पष्ट करने की

कोशिश की। “लेटेक्स एलर्ज़ी इस तरह के रोगी में अक्सर तब होती है, जिसके कई ऑपरेशन हुए हों और यह प्रकरण के दौरान किसी भी समय शुरू हो सकती है,” उन्होंने कहा। “आपने अभी-अभी उसके पेट में हाथ डाला है और लेटेक्स हाल ही में उसके ख़ून के संपर्क में आया है, इसीलिए हमें पहले प्रतिक्रिया नहीं दिखी।”

लेकिन उनकी बात से सर्जन सहमत नहीं हुए। सर्जन ऑपरेशन करते रहे और रोगी में दोबारा एलर्जी के लक्षण दिखाई दिए, जिससे प्रोनोवॉस्ट को एपिनेफ़्राइन का एक और डोज़ देना पड़ा। एक बार फिर उन्होंने सर्जन से कहा कि लेटेक्स की वजह से रोगी की जान को ख़तरा है, लेकिन एक बार फिर सर्जन उनकी बात से असहमत हुए। यह सर्जरी का नहीं, चिकित्सा का मुद्दा था, इसलिए प्रोनोवॉस्ट राय व्यक्त करने के लिए ज़्यादा योग्य थे, लेकिन सर्जन प्रभारी थे और वे टस से मस नहीं हो रहे थे।

अब तक विवाद बढ़ चुका था और कमरे में कनिष्ठ डॉक्टर तथा नर्सों के चेहरे पीले पड़ गए थे। प्रोनोवॉस्ट को पूरा विश्वास हो चुका था कि यह लेटेक्स एलर्जी थी, क्योंकि इस पर दूसरी बार विपरीत प्रतिक्रिया मिली थी और अगर सर्जन ने ग्लव्ज़ नहीं बदले, तो मरीज़ की जान भी जा सकती थी, संभवतः कुछ ही मिनटों में। इसलिए उन्होंने अपनी नीति बदल ली। अब वे बहस को इस तरह ख़त्म करना चाहते थे, ताकि सर्जन के अहं को चोट न पहुँचे। वे एक बुनियादी प्रस्ताव रखने वाले थे, जिससे निश्चित रूप से बहस हमेशा के लिए ख़त्म हो जाएगी।

उन्होंने नरमी से कहा, “आइए इस स्थिति पर विचार करते हैं। अगर मैं ग़लत हूँ, तो ग्लव्ज़ बदलने में आपके पाँच मिनट बर्बाद होंगे। अगर आप ग़लत हैं, तो मरीज़ की जान जा सकती है। क्या आपको यह नहीं लगता कि इस तरह के जोखिम-लाभ अनुपात को देखते हुए आपको अपने ग्लव्ज़ बदल लेने चाहिए?”

इस बिंदु पर आप यह कल्पना कर सकते हैं कि सर्जन स्थिति के तर्क को स्वीकार करने के लिए विवश हो गए होंगे। निश्चित रूप से वे प्रतिरोध नहीं कर पाए होंगे, लेकिन संज्ञानात्मक असंगति का सिद्धांत एक भिन्न संभावना को बताता है। जोखिम-लाभ अनुपात रोगी की जान और ग्लव्ज़ बदलने में लगने वाले समय के बीच नहीं था। इसके बजाय जोखिम-लाभ अनुपात रोगी की जान और सर्जन की प्रतिष्ठा के बीच था, जिनका पूरा

आत्म-गौरव उनकी अचूकता के साँस्कृतिक परोक्ष संकेत पर टिका था।

तौलने की कोशिश का कोई फ़ायदा नहीं हुआ। सर्जन अपनी बात पर ज़्यादा अड़ गए, उन्हें अपने ख़ुद के निर्णय पर पूरा भरोसा हो गया, उन्होंने प्रोनोवॉस्ट के सुझाए अनुपात पर विचार करना भी ज़रूरी नहीं समझा। सर्जन ने कहा, "आप ग़लत हैं। साफ़ दिख रहा है कि यह एलर्जिक प्रतिक्रिया नहीं है, इसलिए मैं अपने ग्लव्ज़ नहीं बदल रहा हूँ।"

यहीं पर मुद्दा ख़त्म हो सकता था और सामान्यतः ख़त्म भी हो जाता। आख़िरकार सर्जन उस वक़्त प्रभारी थे। आपको उनके निर्णय को चुनौती नहीं देनी चाहिए, लेकिन प्रोनोवॉस्ट ने चिकित्सकीय ग़लती के कारण अपने पिता को गँवाया था और रोगियों की सुरक्षा के लिए अपना जीवन समर्पित किया था, इसलिए वे अपनी बात पर अड़ गए। उन्होंने नर्स से कहा कि वे जॉन्स हॉपकिन्स के डीन और प्रेसिडेंट को फ़ोन करें, ताकि वे सर्जन को ग्लव्ज़ बदलने के लिए राज़ी कर सकें।

ऑपरेशन थिएटर में अब स्तब्ध ख़ामोशी थी। नर्स ने फ़ोन उठाया, लेकिन दोनों व्यक्तियों की तरफ़ देखते हुए झिझकने लगी। उसे पक्का नहीं था कि क्या करना चाहिए। अब भी रोगी की जान अधर में लटकी थी। लेटेक्स ग्लव्ज़ का आगामी संपर्क जानलेवा हो सकता था। प्रोनोवॉस्ट ने दृढ़ता से कहा, "उन्हें इसी समय फोन करो। इस रोगी को लेटेक्स एलर्जी हो रही है। मैं उसे सिर्फ़ इस वजह से नहीं मरने दे सकता, क्योंकि हमने ग्लव्ज़ नहीं बदले।"

जब फ़ोन डायल किया जा रहा था, तब कहीं जाकर सर्जन अंततः टस से मस हुए। उन्होंने भड़ास निकालने वाले शब्द कहे, ग्लव्ज़ उतारे और उन्हें बदलने के लिए धड़धड़ाते हुए बाहर चले गए। तनाव आख़िरकार कम होने लगा।

जब ऑपरेशन ख़त्म हो गया, तो जाँच से उस बात की पुष्टि हुई, जिसका प्रोनोवॉस्ट को पूरे समय शक था : मरीज़ को लेटेक्स एलर्जी थी। अगर सर्जन अपने हिसाब से काम करते रहते, जो कि वे 99.99 प्रतिशत समय करते, तो मरीज़ की मौत तय थी।

और यह हमारे संसार के मुख्य क्षेत्रों में प्रगति की कमी तथा असफलता से सीखने के अभाव के बीच की जटिल कड़ी को उजागर करता

है। स्वास्थ्य सेवा तो सिर्फ़ पृष्ठभूमि है, लेकिन इसके सबक़ ज़्यादा व्यापक हैं।

इसे इस तरह से सोचें : डॉक्टर कई बार अपनी ग़लतियों से अनजान रहते हैं, क्योंकि वे पहले ही उन पर पर्दा डाल चुके हैं। वे बेईमान लोग नहीं होते हैं। वे ग़लतियों पर पर्दा डालने की आदत के बारे में अक्सर अनजान रहते हैं, क्योंकि यह काफ़ी हद तक अवचेतन में होता है। अगर चिकित्सा की ग़लतियों की भी स्वतंत्र जाँच होती, तो ये ग़लतियाँ 'ब्लैक बॉक्स' विश्लेषण में पकड़ ली जातीं और डॉक्टरों को सीखने का मौक़ा मिलता, लेकिन चिकित्सा के पेशे में सही स्वतंत्र जाँच लगभग अनुपस्थित है। यही नहीं, ऐसी जाँचें आमतौर पर डॉक्टरों द्वारा दी गई जानकारी पर निर्भर होती हैं, जो ग़लती को कलंक मानने वाली संस्कृति में अक्सर दी ही नहीं जाती है।

इसका मतलब है कि डॉक्टर वही ग़लतियाँ बार-बार करते रहते हैं और यह मुग़ालता पाले रहते हैं कि वे अचूक हैं। इससे ग़लतियों से जुड़ी संज्ञानात्मक असंगति बढ़ती है, जो फंदे को और ज़्यादा कस देती है। ग़लती स्वीकार करना इतना जोखिम भरा हो जाता है कि कई मामले में सर्जन (भले और सम्मानजनक लोग) किसी मरीज़ की जान जोखिम में डालने तक को तैयार रहते हैं, लेकिन यह मानने को तैयार नहीं होते कि वे ग़लत हो सकते हैं। मशहूर चिकित्सक डेविड हिल्फ़ाइकर ने इसे इस तरह से कहा था :

> डॉक्टर अपनी ग़लतियों को रोगियों से, दूसरे डॉक्टरों से, यहाँ तक कि ख़ुद से भी छिपाते हैं... हमारी ग़लतियों के गंभीर परिणाम, उन्हें करने के बार-बार अवसर, अपने दोष के बारे में अनिश्चितता और ग़लतियाँ होने की पेशेवर अस्वीकृति सब मिलकर काम करती हैं और डॉक्टर के लिए एक असहनीय दुविधा खड़ी कर देती हैं। हम अपनी ग़लतियों की विभीषिका को देखते हैं, लेकिन हम उनके भारी भावनात्मक प्रभाव से नहीं निपट सकते।

अब स्वास्थ्य सेवा में टाल-मटोल के पैमाने के बारे में एक आख़िरी अध्ययन पर विचार करें। हमने अब तक संख्याओं को उनके घटक हिस्सों में नहीं तोड़ा है। गुप्त रखने की कोशिश में सबसे ज़्यादा कौन शामिल होता है? क्या ये स्टाफ़ की कनिष्ठ सदस्य नर्सें हैं? या ये डॉक्टर होते हैं, जिनकी शिक्षा प्रतिष्ठित होती है और जो उद्योग को आगे बढ़ाते हैं?

यह सुनकर आपको हैरानी नहीं होगी कि इस मामले में ज़्यादातर दोष डॉक्टरों का होता है। बुद्धिमत्ता और वरिष्ठता जब संज्ञानात्मक असंगति तथा अहं के साथ मिल जाती हैं, तो संसार में प्रगति के सबसे बड़े अवरोधों में से एक खड़ा हो जाता है। अमेरिका के 26 गहन चिकित्सा इकाई वाले अस्पतालों पर एक अध्ययन किया गया। इसमें जो ग़लतियाँ बताई गईं, उनमें से लगभग आधी पंजीकृत नर्सों ने बताई थीं। चिकित्सकों ने 2 प्रतिशत से भी कम ग़लतियाँ बताईं।

जब मरीज़ लेटेक्स के सर्जिकल ग्लव्ज़ पर विपरीत प्रतिक्रिया कर रही थी, उस दिन अगर ऑपरेशन थिएटर में पीटर प्रोनोवॉस्ट नहीं होते, तो एक रोगी ही नहीं मरती। ज़्यादा गहरी त्रासदी यह होती कि इससे कोई कुछ नहीं सीख पाता। तब असफलता की लीपा-पोती कर दी जाती : दोष इस बात को नहीं दिया जाता कि सर्जन ने अपने ग्लव्ज़ नहीं हटाए थे, बल्कि दोष रोगी के असामान्य लक्षणों पर मढ़ दिया जाता। इससे सर्जन वही ग़लती दोबारा करने के लिए स्वतंत्र हो जाता।

आज प्रोनोवॉस्ट अमेरिकी स्वास्थ्य सेवा के सबसे प्रभावी चिकित्सकों में से एक हैं। चिकित्सकीय ग़लतियों के क्षेत्र में उनके युद्ध स्तर के काम ने हज़ारों लोगों की जान बचाई है। उन्हें मैकआर्थर फ़ेलोशिप का पुरस्कार दिया गया है, जिसे जीनियस ग्रांट के रूप में जाना जाता है। 2008 में उन्हें संसार के 100 सबसे प्रभावी लोगों में से एक चुना गया, लेकिन उस ऑपरेशन थिएटर में वे एक कनिष्ठ चिकित्सक थे। अब भी वे यह स्वीकार करते हैं कि उस रोगी की जान बचाना काफ़ी क़रीबी मामला था। उन्होंने कहा :

> रोगी ख़ुशक़िस्मत थी, क्योंकि सुरक्षा लीडर के नाते मेरी प्रतिष्ठा पहले से ही बन चुकी थी। इसीलिए मैं बोलने की हिम्मत कर पाया... अगर मैं अपना करियर शुरू कर रहा होता, तो क्या होता? क्या मैं इतना बड़ा जोखिम लेता? शायद नहीं। अगर रोगी मर जाती, तो इसका दोष सर्जन पर नहीं, बल्कि उस रोगी की एलर्जी पर मढ़ दिया जाता। ऐसे नाटक देशभर के अस्पतालों में हर दिन खेले जाते हैं। इसके फलस्वरूप कितने रोगियों को नुक़सान हुआ है या उनकी जान गई है? क्या हमें कभी सचमुच उनकी संख्या का पता चल पाएगा?

6

आपराधिक न्याय में सुधार करना

I

ट्रॉफ़िम लाइसेंको काले बालों और चमकदार आँखों वाले जीवविज्ञानी थे। वे अपने देश के पश्चिम के उस खेतिहर इलाक़े से आए थे, जो बाद में सोवियत संघ बना। जब उन्होंने फ़सल की पैदावार बढ़ाने का तरीक़ा खोजने का दावा किया, तो 1920 के दशक में साम्यवादी क्रांति के नेताओं की निगाह उन पर पड़ी।

यह तकनीक उतनी सफल तो नहीं रही, जितना लाइसेंको ने दावा किया था, लेकिन युवा वैज्ञानिक लाइसेंको महत्त्वाकांक्षी और राजनीतिक दृष्टि से व्यवहारकुशल थे। दस वर्षों की अवधि में वे धीरे-धीरे शैक्षिक पायदान चढ़ते गए। 1934 में उन्हें लेनिन ऑल-यूनियन अकेडमी ऑफ़ एग्रिकल्चरल साइंसेस में नियुक्त किया गया।

तब उन्होंने एक बड़ा जुआ खेला। बीसवीं सदी की शुरुआत में जर्मन फ़्रायर और वैज्ञानिक ग्रेगर मेंडल के काम पर आधारित जनेटिक्स का विज्ञान शुरू हुआ था। इसकी अवधारणा यह थी कि आनुवांशिकता जीन्स कही जाने वाली छोटी इकाइयों में कूटरूप में होती है और सांख्यिकीय नियमों का इस्तेमाल करके इसका वर्णन किया जा सकता है। लाइसेंको इस नए सिद्धांत के मुखर आलोचक बन गए और ख़ुद को वैज्ञानिक राय के प्रगतिशील ज्वार के ख़िलाफ़ स्थापित कर लिया।

लाइसेंको मूर्ख नहीं थे। उन्होंने हिसाब लगा लिया था कि जनेटिक्स की मुख़ालफ़त करके वे राजनीतिक आकाओं के ज़्यादा प्रिय बन जाएँगे। मार्क्सवाद इस विचार पर आधारित था कि मानव स्वभाव लचीला होता है। दूसरी ओर, जनेटिक्स का मानना था कि निश्चित विशेषताएँ पीढ़ी दर पीढ़ी हस्तांतरित होती हैं और इस तरह यह मार्क्सवाद की विचारधारा के विरोध में था। लाइसेंको एक अलग विचार की रक्षा करने लगे : यह धारणा कि इंसान अपने जीवनकाल में हासिल किए गए गुणों को हस्तांतरित कर सकता है। इसे इस सिद्धांत के मूल प्रवर्तक लेमार्क के नाम पर लेमार्कवाद भी कहा जाता है।

वैज्ञानिक विचार तार्किक वाद-विवाद और प्रमाण के अनुरूप सफल या असफल होते हैं, या उन्हें होना चाहिए। विज्ञान धर्मसिद्धांत के बारे में नहीं, डाटा के बारे में है, लेकिन लाइसेंको को अहसास हो गया कि वे सिर्फ़ वाद-विवाद से ही जनेटिक विज्ञानियों को ख़ामोश नहीं रख पाएँगे। पूरे सोवियत संघ के हज़ारों वैज्ञानिक नई जनेटिक खोज से रोमांचित थे। वे सचमुच विश्वास करते थे कि इसमें दम है और इस क्षेत्र में प्रगति करनी चाहिए। और डाटा भी उनके विश्वासों की पुष्टि कर रहा था।

इसलिए लाइसेंको ने एक चाल चली : वाद-विवाद करने के बजाय उन्होंने जनेटिक्स पर पाबंदी लगवाने की कोशिश की। उन्होंने स्टालिन से आग्रह किया कि वे जनेटिक्स के नए सिद्धांत को ग़ैर-क़ानूनी घोषित कर दें। स्टालिन मान गए, इसलिए नहीं क्योंकि जनेटिक्स वैज्ञानिक दृष्टि से कमज़ोर थी, बल्कि इसलिए क्योंकि यह साम्यवादी विचारधारा से मेल नहीं खाती थी। मिलकर उन्होंने जनेटिक्स को 'बर्जुआ विकृति' घोषित कर दिया। दूसरी ओर, लेमार्क के विचारों पर साम्यवादी अनुमोदन की मुहर लगा दी गई।

जो लोग साम्यवादी दल की नीति से असहमत थे, उन्हें निर्मम यातना दी गई। इज़राइल अगोल, सोलोमन लेविट, ग्रिगोरी लेविट्स्की, जॉर्जी कारपेचेन्को और जॉर्जी नैडसन सहित कई जनेटिक विज्ञानियों को मार डाला गया या लेबर कैंप भेज दिया गया। सबसे मशहूर सोवियत वैज्ञानिकों में से एक निकोलाई वाविलॉव को 1940 में गिरफ़्तार किया गया और 1943 में उनकी जेल में मौत हो गई। किसी भी प्रकार के जनेटिक शोध पर प्रतिबंध लगा दिया गया और देशभर की वैज्ञानिक सभाओं में जनेटिक विज्ञानियों की निंदा की गई तथा उन्हें ख़ारिज किया गया।

इस तरह लाइसेंको ने अपने आलोचकों को ख़ामोश कर दिया और काफ़ी हद तक यह सुनिश्चित कर लिया कि जीत उन्हीं के विचार की हो, लेकिन इस 'सफलता' की पूँछ में एक जाना-पहचाना डंक भी था। विरोध से अपने विचारों की रक्षा करके उन्होंने खुद को एक मूल्यवान चीज़ से वंचित कर लिया था : असफलता की आशंका। उन्होंने फ़सल की पैदावार बेहतर बनाने के लिए बहुत सी तकनीकें सुझाईं, लेकिन उत्पीड़न के डर से किसी ने भी उनका परीक्षण नहीं किया। राजनीतिक फ़रमान की बदौलत विज्ञान ग़लतियों से सीखने की फ़ीडबैक प्रक्रिया से पृथक हो गया था।

परिणाम विनाशकारी थे। लाइसेंको के आने से पहले रूसी जीवविज्ञान समृद्ध हो रहा था। दिमित्री इवानोव्स्की ने 1892 में पौधों के वायरस खोजे थे। इवान पाव्लोव ने पाचन संबंधी शोध के लिए 1904 में चिकित्सा का नोबेल पुरस्कार जीता था। इल्या मेक्निकोव ने संक्रमण पर कोशिकीय प्रतिक्रिया के अपने सिद्धांतों के लिए 1908 में नोबेल पुरस्कार जीता था। 1927 में निकोलाई कोल्त्सोव ने प्रस्ताव रखा था कि विरासत में मिलने वाली विशेषताएँ दो सूत्रों के बड़े मॉलेक्यूल्स में रहती हैं। इस तरह उन्होंने डीएनए की डबल हेलिक्स संरचना का पूर्वानुमान लगाया था।

बहरहाल, लाइसेंको की सफ़ाई ख़त्म होने तक रूसी विज्ञान नेस्तनाबूद हो चुका था। जैसा लाइसेंको युग के दौरान सताए गए रूसी वैज्ञानिक वैलेरी सोयफ़ॉर ने कहा, "विज्ञान की प्रगति धीमी कर दी गई या रोक दी गई और यूनिवर्सिटी तथा हाई स्कूल के लाखों-करोड़ों विद्यार्थियों को विकृत शिक्षा मिली।" इसका करोड़ों रूसियों के जीवन की गुणवत्ता पर विपरीत प्रभाव पड़ा, इसलिए भी क्योंकि लाइसेंको की बताई कृषि तकनीकें प्रायः बेअसर रहती थीं। जब विचारों को असफल होने की अनुमति नहीं दी जाती, तो यही होता है।

साम्यवादी चीन ने भी लाइसेंको के विचारों को अपना लिया और चीन को ज़्यादा विनाशकारी परिणाम झेलने पड़े। लाइसेंको ने कहा कि पैदावार बढ़ाने के लिए फ़सल के बीज ज़्यादा क़रीब बोना चाहिए। इसके पीछे यह सिद्धांत था कि एक ही प्रजाति के पौधे पोषक पदार्थों के लिए आपस में प्रतिस्पर्धा नहीं करेंगे।

यह मार्क्सवादी और माओवादी विचारों के सामंजस्य में था कि उसी श्रेणी के लोग प्रतिस्पर्धा के बजाय सद्भाव में एक साथ रहें। माओ ने

सहकर्मियों से कहा था, "साथी पास होने पर वे आसानी से उगेंगे। जब वे इकट्ठे बढ़ेंगे, तो वे आरामदेह होंगे।" चीनी नेता ने लाइसेंको से प्रेरित होकर ग्रेट लीप फॉरवर्ड के लिए आठ बिंदुओं का ब्लूप्रिंट बना डाला। चीन में भी पाश्चात्य प्रशिक्षित वैज्ञानिकों और जनेटिक विज्ञानियों को उतने ही खूँख़ार तरीक़े से यातना दी गई, जितनी कि सोवियत संघ में दी गई थी।

पौधों को पास-पास लगाने के सिद्धांत का परीक्षण कर लेना चाहिए था। इसे संभावित असफलता के प्रयोग से गुज़ारना चाहिए था। इसके बजाय इसे वैचारिक आधार पर सीधे अपना लिया गया। जैस्पर बेकर ने *हंगरी घोस्ट्स, माओज़ सीक्रेट फ़ैमिन* में लिखा है, "आमतौर पर दक्षिण चीन में हर ढाई एकड़ में 15 लाख अंकुर लगाए जाते थे, लेकिन 1958 में किसानों को हर ढाई एकड़ में 65 लाख अंकुर बोने के आदेश दिए गए।"

बहुत देर बाद जाकर यह पता चला कि बीज सचमुच एक दूसरे के साथ प्रतिस्पर्धा कर रहे थे, जिससे उनका विकास अवरुद्ध हुआ और पैदावार को भारी नुक़सान हुआ। इससे चीन के इतिहास की सबसे बुरी विभीषिकाओं में योगदान मिला, एक ऐसी त्रासदी जिसे अब तक पूरी तरह उजागर नहीं किया गया है। इतिहासकारों का अनुमान है कि मानव इतिहास के सबसे विनाशकारी अकालों में से एक के दौरान 200 से 430 लाख तक लोग मारे गए।

लाइसेंको घटना को विज्ञान के इतिहास की सबसे लज्जाजनक घटनाओं में से एक माना जाता है और यह सचमुच है भी। इस पर दर्जनों पुस्तकें (जिसमें प्रतिष्ठित पुस्तक *लाइसेंको ऐंड द ट्रेजेडी ऑफ़ सोवियत साइंस* शामिल है) और जर्नल में सैकड़ों लेख लिखे जा चुके हैं तथा सभी शोधकर्ता इससे परिचित हैं। यह एक स्पष्ट चेतावनी है कि असफलता की संभावना से विचारों की रक्षा करना कितना ख़तरनाक हो सकता है।

लेकिन लाइसेंको प्रवृत्ति का एक भिन्न और ज़्यादा सूक्ष्म रूप आज भी संसार में मौजूद है। सभी तरह के विचारों और मान्यताओं की असफलता से रक्षा की जाती है, लेकिन यह काम कोई निरंकुश नेता या तानाशाह राज्य नहीं करता। इसके बजाय असफलता से उनकी रक्षा हम ख़ुद करते हैं।

संज्ञानात्मक असंगति का कोई सबूत नहीं छूटता है। जब हम असुविधाजनक सत्यों को नए रूप में ढालते हैं, तो कोई दस्तावेज़ नहीं होते

हैं, जिनकी ओर संकेत किया जा सके। राज्य या किसी दूसरे द्वारा कोई हिंसा नहीं की जाती है। यह *ख़ुद के साथ छल* करने की प्रक्रिया है। और इसके विनाशकारी परिणाम हो सकते हैं, उन लोगों के मामले में भी, जिनके बारे में हमने अध्याय 4 में बात की थी : ग़लती से सज़ा काटने वाले बेगुनाह लोग।

एक बार फिर हम डीएनए से दोषमुक्ति के युग की ओर वापस लौट आते हैं। हम देख चुके हैं कि इन प्रकरणों को स्वीकार करना पुलिस वालों और सरकारी वकीलों के लिए मुश्किल था। आइए अगले खंड में हम आपराधिक न्याय प्रणाली की इन स्पष्ट ग़लतियों व असफलताओं को टटोलते हैं। हम देखेंगे कि वे हमें इस बारे में क्या बताती हैं कि उन्हें दोबारा होने से रोकने के लिए प्रणाली में कैसे सुधार करने चाहिए।

निष्कर्ष यह है कि जवाब एक ऐसी प्रणाली बनाना है, जो मानव स्मृति में निहित दोषों के प्रति संवेदनशील हो।*

II

नील डीग्रास टाइसन एक प्रतिष्ठित एस्ट्रो-फ़िज़िसिस्ट, लोकप्रिय विज्ञान लेखक और मीडिया हस्ती हैं। उनके पास अठारह मानद डॉक्टरेट हैं और उन्हें संसार का सबसे सेक्सी एस्ट्रो-फ़िज़िसिस्ट घोषित किया गया था। वे प्रखर सार्वजनिक वक्ता भी हैं। यूट्यूब पर भी उनके कई वीडियो देखे जा सकते हैं।

9/11 के कई साल बाद टाइसन ने जॉर्ज डब्ल्यू. बुश के बारे में एक ख़ास ख़बर पढ़ी। पूर्व राष्ट्रपति ने दो मीनारों पर हमले के बाद के दिनों में एक भाषण दिया था। टाइसन ने बताया कि बुश ने अपने भाषण में कहा था : "हमारा ईश्वर वह ईश्वर है, जिसने तारों को नाम दिया।"

---

*एपि-जनेटिक्स में तरक़्क़ी की वजह से हाल के वर्षों में लेमार्कवाद का तत्व दोबारा उठा है। एपि-जनेटिक्स का मतलब है जीवों में जनेटिक कोड बदलने के बजाय जीन अभिव्यक्ति में हेरफेर की वजह से उत्पन्न परिवर्तन, लेकिन इसे इस बात का प्रमाण नहीं मानना चाहिए कि किसी अजीब तरीक़े से लाइसेंको सही थे। आखिर, यह वाद-विवाद ख़तरों और धमकियों के बजाय परीक्षणों तथा डाटा के आधार पर किया जा रहा है। और इसमें निश्चित रूप से यह निहित नहीं है कि विज्ञान को प्रमाण के बजाय विचारधारा पर आधारित करना वैध है।

टाइसन की नज़रों में यह बात कहना राष्ट्रपति के लिए बहुत ही ग़लत चीज़ थी। उन्हें महसूस हुआ कि बुश इस्लामी आतंकवादियों के हमले के बाद ईसाइयों और मुसलमानों में फूट डालने की कोशिश कर रहे थे। यह एक परोक्ष संकेत भी था कि ईसाई सच्चे ईश्वर में विश्वास करते थे, क्योंकि उसी ईश्वर ने तारों को नाम दिया था।

जैसा टाइसन ने कहा, "जार्ज बुश ने हमलों के एक सप्ताह के भीतर एक भाषण दिया, जिसमें उन्होंने 'हम' और 'वे' में फ़र्क़ डालने की कोशिश की। और 'वे' कौन हैं? वे इस्लामी कट्टरपंथी हैं... और बुश ने ऐसा कैसे किया? उन्होंने कहा... "हमारा ईश्वर वह ईश्वर है, जिसने तारों को नाम दिया"।"

लेकिन टाइसन की बात पूरी नहीं हुई थी। टाइसन ने कहा कि बुश केवल धर्मान्ध ही नहीं थे, बल्कि ग़लत भी थे। अगले वाक्य में टाइसन ने इस हक़ीक़त को उजागर किया कि दो तिहाई तारों के नाम दरअसल अरबी हैं, जिन्हें मुस्लिम विद्वानों ने खोजा था। टाइसन ने कहा, "मैं नहीं सोचता कि बुश को यह बात पता थी। इससे वह बिंदु ही उलट जाएगा, जो वे बताने की कोशिश कर रहे थे।"

यह भाषण बेहद प्रभावी रहा। इसने श्रोताओं को मंत्रमुग्ध कर दिया और एक गहन राजनीतिक संदेश दिया। इसने बुश को एक ग़ैर-ज़िम्मेदार राष्ट्रपति भी करार दिया, जिन्होंने बेहद संवेदनशील पल में अमेरिकियों के बीच फूट डालने के लिए एक त्रासदी का इस्तेमाल किया था, लेकिन एक छोटी सी समस्या थी। जब संघीय वेबसाइट के एक पत्रकार ने बुश के उद्धरण की तलाश की, तो वह उसे नहीं मिला। उसने 9/11 के बाद राष्ट्रपति के वक्तव्यों और कथनों के लिए टीवी तथा अख़बारों के लेखागार को छान मारा, लेकिन 'तारों वाला उद्धरण' वहाँ नहीं मिला।

जब टाइसन से संपर्क किया गया, तो वे अटल थे कि बुश ने वह कथन कहा था। उन्होंने कहा, "मुझे राष्ट्रपति द्वारा बोले गए शब्द स्पष्ट याद हैं। मैंने उसी जगह उन्हें दर्ज किया था, ताकि मैं बाद में अपने सार्वजनिक रहस्योद्घाटन में उसका हवाला दे सकूँ। अजीब बात है कि यह उद्धरण किसी को भी नहीं मिल रहा है।"

लेकिन पत्रकारों की कड़ी मेहनत के बाद भी वह कथन नहीं मिला। बुश ने हमलों के बाद जो एकमात्र भाषण दिया था, वह टाइसन के बताए भाषण से बहुत अलग था। बुश ने कहा था, “अमेरिका के शत्रु हमारे कई मुस्लिम मित्र नहीं हैं। ये हमारे कई अरब मित्र नहीं हैं। हमारा शत्रु तो आतंकवादियों का कट्टरपंथी नेटवर्क और हर वह सरकार है, जो उनका समर्थन करती है।” यह मैत्रीपूर्ण था और जहाँ तक तारों का सवाल है, उन्होंने उनका ज़िक्र ही नहीं किया था।

बाद में शोधकर्ताओं को एक उद्धरण मिला, जहाँ बुश ने तारों का ज़िक्र किया था, लेकिन उन्होंने यह बात 9/11 के बाद नहीं कही थी, यह तो उन्होंने स्पेस शटल कोलंबिया की विभीषिका के बाद कही थी। बुश ने कहा था, “जिस ईश्वर ने तारों को नाम दिया है, वही उन सात आत्माओं के नाम भी जानता है, जिनका हम आज शोक मनाते हैं।”

कहने की ज़रूरत नहीं है कि पृष्ठभूमि के लिहाज़ से यह उद्धरण एकदम सटीक था और टाइसन की व्याख्या एक तरह से मज़ाक़ बनकर रह गई थी। यहाँ राष्ट्रपति कोलंबिया हादसे में मारे गए लोगों के परिवारों को सांत्वना और आशा के शब्द कह रहे थे और वे इस्लाम के साथ कोई तुलना नहीं कर रहे थे।

लेकिन टाइसन फिर भी अड़े रहे। उन्होंने कहा कि उन्हें स्पष्ट रूप से याद है कि बुश ने 9/11 के बाद ही ये शब्द कहे थे। कुछ समय तक वे टस से मस नहीं हुए। जब हफ़्तों तक उनसे मूल उद्धरण का प्रमाण माँगा जाता रहा, तो आख़िरकार उन्होंने पीछे हटते हुए एक खंडन जारी किया। उन्होंने कहा, “मैं यहाँ राष्ट्रपति से सार्वजनिक रूप से क्षमा माँगता हूँ कि मैंने उनके उद्धरण की व्याख्या कोलंबिया की मृत आत्माओं के प्रति काव्यात्मक संदर्भ के बजाय धर्मों की तुलना के संदर्भ में कर ली।”

जॉर्ज डब्ल्यू. बुश ने 9/11 के बाद ‘तारों’ वाला भाषण कभी दिया ही नहीं था।

यह प्रसंग सत्य को उजागर करता है, क्योंकि यह दिखाता है कि वैज्ञानिक भी स्मृति की दिखने वाली अनुल्लंघनीय शक्ति के सामने विवश हो जाते हैं। जब हमें किसी चीज़ को देखना याद होता है, तो ऐसा महसूस होता है, जैसे हम किसी सच्ची, मूर्त, ठोस घटना का वीडियोटेप देख रहे हों।

ऐसा महसूस होता है कि यह ज़रूर हुई होगी। जब लोग किसी की स्मृति पर सवाल करते हैं, तो वह स्वाभाविक रूप से चिढ़ जाता है।

लेकिन टाइसन पहले व्यक्ति नहीं हैं, जिन्होंने काल्पनिक स्मृति उत्पन्न की हो। स्कॉटलैंड में एक अध्ययन में लोगों ने दृढ़ता से कहा कि वे यह याद कर सकते हैं कि एक नर्स उनकी छोटी अँगुली से त्वचा का सैंपल ले रही है, लेकिन यह कभी हुआ ही नहीं था। शोधकर्ताओं ने एक सप्ताह पहले इन स्वयंसेवियों से यह *कल्पना* करने को कहा था कि नर्स सैंपल ले रही है, लेकिन यह कल्पना बाद में उनकी स्मृति में एक सच्ची घटना में बदल गई। जिन लोगों ने ऐसी कोई कल्पना नहीं की थी, उनकी तुलना में कल्पना करने वाले लोगों के इसे सच्ची घटना मानने की चार गुना ज़्यादा संभावना थी।

एक अन्य अध्ययन में स्वयंसेवियों से कहा गया कि वे कार बंपर की फ़िल्मों को देखें, जिनमें कोई खिड़की या हेडलाइट नहीं टूटी थी। बाद में उनसे पूछा गया कि कारें कितनी तेज़ी से जा रही थीं, जब वे एक दूसरे से 'टकरा' गईं। अचानक उन्होंने काँच टूटने की स्मृतियाँ बताना शुरू कर दिया, जबकि कोई काँच टूटा ही नहीं था। उन्होंने अपनी स्मृति को दोबारा बनाया था, ताकि वे 'टकरा गईं' शब्दों द्वारा दी जाने वाली नई जानकारी को शामिल कर सकें।

ऐसा पता चलता है कि स्मृति उतनी विश्वसनीय नहीं होती, जितना हम इसे मानते हैं। हमारे अनुभवों की कोडिंग बहुत स्पष्ट फ़िल्मों में नहीं होती है, जिन्हें हम बाद में इच्छानुसार देख सकें। इसके बजाय स्मृति तो एक ऐसी प्रणाली है, जो पूरे मस्तिष्क में बिखरी हुई है और यह सभी तरह के पूर्वाग्रहों से प्रभावित होती है। स्मृतियाँ सुझाव से प्रभावित होती हैं। हम प्रायः पूरी तरह से अलग अनुभवों के अंश इकट्ठे करते हैं और उन्हें बुनकर एक बिल्कुल नया अनुभव बना लेते हैं। याद करने की हर प्रक्रिया में हम संपादन में संलग्न हो जाते हैं।*

---

*हाल का शोध यह सुझाव देता है कि स्मृति की इस विशेषता के हमारी कल्पना के संदर्भ में लाभ हो सकते हैं। मिसाल के तौर पर, हम सभी डेविड बेकहेम के साथ एक कॉफ़ी हाउस में जाने और कैप्युचीनो पीने की कल्पना कर सकते हैं। इसके लिए हम बस उस स्मृति को लेते हैं, जब हमने पिछली बार कॉफ़ी हाउस में कॉफ़ी पी थी और उसमें डेविड बेकहेम की छवि जोड़ देते हैं।

अलग-अलग यादों को लेकर, संपादित करके और एकीकृत करके हम एक बिल्कुल नई घटना की कल्पना कर लेते हैं। बहरहाल, एमनेसिया या विस्मरण के मरीज़ यह नहीं कर सकते। वे अतीत को याद करने में जूझते हैं, लेकिन वे भविष्य की कल्पना ही नहीं कर सकते।

संक्षेप में, स्मृति बहुत लचीली होती है, इसलिए घटनाओं को याद करते समय हम भटक सकते हैं। दूसरी ओर, यही बात भावी घटनाओं की कल्पना करने और उन्हें भाँपने में एक अति महत्त्वपूर्ण भूमिका भी निभा सकती है।

हम देखी हुई चीज़ के बजाय नवीनतम जानकारी के अनुरूप स्मृति को ढालने की कोशिश करते हैं। मिसाल के तौर पर, जीन चार्ल्स डी मेनेज़ेस का प्रकरण लें, जिसे पुलिस ने 2005 में लंदन आतंकवादी नृशंसता के बाद एक अंडरग्राउंड स्टेशन में गोली मार दी थी। चश्मदीद गवाहों ने कहा था कि वह एक भारी जैकेट पहने था, पुलिस से दूर भागा था और उसने एक टिकट बैरियर को कूदकर पार किया था।

लेकिन बाद में पता चला कि यह सब झूठ था। मेनेज़ेस एक निरपराध यात्री था, जो दरअसल 'एक हल्की डेनिम शर्ट या जैकेट पहने था, वह एक मुफ़्त अख़बार उठाने के बाद बैरियरों के बीच से गुज़रा था और सिर्फ़ तभी भागा था, जब उसे अपनी ट्रेन आते दिखी थी।' गवाहों ने जो देखा था, उसमें उन्होंने वह सब जोड़ दिया था, जो उन्होंने बाद में अख़बारों में उस घटना के बारे में पढ़ा था।

इसे ध्यान में रखते हुए यह आश्चर्यजनक नहीं लगेगा कि जब इनोसेंस प्रोजेक्ट ने ग़लत सज़ाओं के जाने-पहचाने संकेतों की जाँच शुरू की, तो उन्होंने पाया कि गवाहों की ग़लत शिनाख़्त 75 प्रतिशत प्रकरणों में ग़लत सज़ा दिलाने के लिए उत्तरदायी थी। लोग सरेआम अदालत में गवाही दे रहे थे कि उन्होंने मुजरिम को अपराध स्थल पर देखा था, जबकि वास्तव में वह उस वक़्त कहीं और था।

ज़रूरी नहीं है कि ये गवाह झूठ बोल रहे हों। वे झूठ नहीं बोल रहे हैं, लेकिन नील टाइसन भी झूठ नहीं बोल रहे थे, जब उन्होंने बुश के तारों वाले भाषण की व्याख्या की थी। जब गवाह कह रहे थे कि उन्हें घटना स्थल पर संदिग्ध व्यक्ति को देखने की *याद* थी, तो वे सच बोल रहे थे। उन्हें

उसके वहाँ होने की याद थी, लेकिन उन्होंने उसे दरअसल वहाँ नहीं देखा था। ये दोनों बिल्कुल अलग-अलग चीज़ें हैं।

इसका मतलब यह नहीं है कि चश्मदीद गवाहों की गवाहियाँ बेमानी होती हैं, बल्कि वे बहुत अहम होती हैं। कुछ परिस्थितियों में तो वे सज़ा दिलाने में अमूल्य भूमिका निभाती हैं। इसके बजाय इसका मतलब तो यह है कि गवाहों की स्मृतियों को उनके मस्तिष्क से संवेदनशीलता के साथ बाहर निकालना चाहिए और इस प्रक्रिया में उन पूर्वाग्रहों के प्रति जागरूक रहना चाहिए, जो प्रमाण को दूषित कर सकते हैं। त्रासदी यह है कि पुलिस जिन तरीक़ों का इस्तेमाल करती है, उनमें इस तरह की संवेदनशीलता बहुत कम नज़र आती थी, कम से कम कुछ समय पहले तक।

मिसाल के तौर पर, 'ड्राइव बाइ' की परंपरा दशकों से चली आ रही है और इसका दुरुपयोग किया जा रहा है : इसमें पुलिस चश्मदीद गवाह को किसी संदिग्ध व्यक्ति को सड़क पर या ऑफ़िस में दिखाने ले जाती है। जब गवाह अच्छी तरह जानता है कि पुलिस को इस व्यक्ति पर शक़ है, वरना उसे वहाँ क्यों ले जाया जाता, तो इससे उसकी मानसिकता पर इसका ख़तरनाक रूप से सुझाववादी प्रभाव पड़ता है।

एक और स्पष्ट समस्या यह है कि एक बार जब कोई गवाह संदिग्ध व्यक्ति को देख लता है, तो यह संभावना भी बन जाती है कि वह उसका चेहरा असली अपराधी के ऊपर लगा देगा। जब भी वह अपराध के दृश्य को याद करेगा, हर बार उसे उतना ही पक्का यक़ीन होता जाएगा कि संदिग्ध व्यक्ति सचमुच वहाँ पर था। एक अनिश्चित पहचान तेज़ी से अटल निश्चितता में बदल जाती है। जैसा मेलबर्न के मनोवैज्ञानिक डोनाल्ड थॉमसन ने कहा था, "दो महीने बाद वे गवाह के कठघरे में खड़े होते हैं और कहते हैं कि उन्हें पूरा यक़ीन है।"

लाइन-अप तरीक़े यानी एक पंक्ति में खड़ा करके मुजरिम की शिनाख़्त कराना (जहाँ एक संदिग्ध व्यक्ति को बाक़ी सामान्य लोगों के साथ एक कमरे में खड़ा किया जाता है), 'ड्राइव बाइ' तरीक़े से शिनाख़्त कराने से ज़्यादा विश्वसनीय होते हैं, लेकिन इनका भी दुरुपयोग किया जा सकता है। अक्सर इनकी व्यवस्था वह पुलिस अफ़सर करता है, जो संदिग्ध व्यक्ति को पहचानता है, जिससे यह संभावना उत्पन्न हो जाती है कि वह इस प्रक्रिया को

जाने-अनजाने में शाब्दिक और ग़ैर-शाब्दिक संकेतों से प्रभावित कर सकता है। बाक़ी प्रकरणों में लाइन-अप इस तरह किए जा सकते हैं, जहाँ केवल एक व्यक्ति यानी संदिग्ध व्यक्ति ही मुजरिम के वर्णन से मेल खाता है।*

और यह सिलसिला यूँ ही चलता जाता है। पुलिस द्वारा प्रयुक्त तरीक़ों में इतनी सारी ग़लतियों के जाल हैं कि उनके बारे में पूरी पुस्तकें लिखी जा चुकी हैं। अगर न्याय की ग़लतियों की जाँच की जाती, तो ये संभावित समस्याएँ पता हो चुकी होतीं और इन्हें सुलझाया जा सकता था। इसके बजाय दशकों तक इन्हीं तरीक़ों का इस्तेमाल किया गया है और इनमें केवल छुटपुट परिवर्तन ही किए गए हैं।

यह न सिर्फ़ संदिग्ध व्यक्तियों के लिए ख़राब रहा है, बल्कि पुलिस वालों, सरकारी वकीलों और जनता के लिए भी ख़राब रहा है। आख़िर, ग़लत पहचान की वजह से पुलिस वाले दूसरे सुराग़ों को नज़रअंदाज़ कर देते हैं, जिससे अक्सर असली अपराधी को सड़क पर खुला घूमने और ज़्यादा अपराध करने की छूट मिल जाती है।

द इनोसेंस प्रोजेक्ट ने बहुत से सुधारों के लिए अभियान चलाया है। यह तर्क देती है कि लाइन-अप हमेशा उस पुलिस अफ़सर को कराना चाहिए, जिसे संदिग्ध व्यक्ति की पहचान मालूम न हो। यह क्रमिक लाइन-अप की माँग भी करती है, जहाँ संदिग्ध व्यक्ति और अन्य लोगों को एक साथ दिखाने के बजाय एक-एक करके दिखाया जाए।

जब इन तरीक़ों से परीक्षण किया गया, तो उनसे ग़लत पहचानों की संख्या में भारी कमी आई, जबकि *सटीक पहचानों पर कोई फ़र्क़ नहीं पड़ा।* मिसाल के तौर पर, 2011 में हुई एक फ़ील्ड स्टडी में यह पाया गया कि पुलिस विभाग द्वारा पूरे देश में डबल-ब्लाइंड क्रमिक लाइन अप के फलस्वरूप उतनी ही संख्या में संदिग्ध व्यक्तियों को पहचाना गया, लेकिन डबल ब्लाइंड एक साथ लाइन अप की तुलना में ज़्यादा कम ज्ञात-निरपराध लोगों की शिनाख़्त की गईं।

---

* एक लाइन अप के साथ अख़बार का एक मशहूर कार्टून है, जिसमें फ़्रिज, मुर्गी, एक श्वेत व्यक्ति और एक अफ़्रीकी हैं।

कुछ ने इन निष्कर्षों के विरोध में तर्क दिए हैं और ज़्यादा परीक्षणों का प्रस्ताव रखा है, लेकिन यह अपने आप में प्रगति का परिचायक है। प्रणालियों का परीक्षण किया जा रहा है। लोग प्रयोग कर रहे हैं। 2014 तक तीन अमेरिकी राज्य डबल-ब्लाइंड क्रमिक लाइन अप का इस्तेमाल कर रहे हैं और छह अन्य राज्यों ने इनकी सिफ़ारिश कर दी है। ओपन लूप यानी खुला फंदा इसी तरह का होता है।

द इनोसेंस प्रोजेक्ट द्वारा ग़लती का दूसरा जाल झूठी स्वीकारोक्ति को पहचाना गया, जिसने 30 प्रतिशत ग़लत सज़ाओं में योगदान दिया। ये स्वीकारोक्तियाँ अक्सर असुरक्षित या अति संवेदनशील लोगों से हासिल कर ली जाती हैं, जिन्हें चालाकी से या धमकाकर उन अपराधों को स्वीकार करने के लिए राज़ी कर लिया जाता है, जो उन्होंने किए ही नहीं थे। आपको याद होगा, जुआन रिवेरा एक असुरक्षित युवक था, जिसका मनोवैज्ञानिक समस्याओं का इतिहास था, जिसने कई दिनों की पूछताछ के बाद अपना अपराध स्वीकार कर लिया था। पुलिस विशेषज्ञों ने बताया था कि उसे मनोरोग का दौरा पड़ा था।

झूठी स्वीकारोक्तियों को ख़त्म करने की दिशा में एक सुधार यह हो सकता है कि पूछताछ करते समय उसका वीडियो बनाना अनिवार्य कर दिया जाए। इससे संदिग्ध व्यक्तियों को धमकाकर या चालाकी से स्वीकारोक्ति हासिल करने की आशंका कम हो जाएगी।

कुछ पुलिस वालों को यह चिंता सताती है कि इस परिवर्तन से वे सचमुच के अपराधियों की स्वीकारोक्ति कम हासिल कर पाएँगे। अगर यह सच है, तो यह बात इस सुधार के ख़िलाफ़ जाती है, लेकिन न्याय विभाग द्वारा की गई एक व्यापक समीक्षा में यह पाया गया कि जिन पुलिस विभागों ने स्वेच्छा से पूछताछ के वीडियो टेप बनाए थे, उनके द्वारा सच्ची स्वीकारोक्तियाँ हासिल करने में कोई कमी नहीं आई थी। जैसा मिनेसोटा के डिस्ट्रिक्ट अटॉर्नी ने कहा, "पिछले आठ वर्षों में यह स्पष्ट हो गया है कि पूछताछ के वीडियो बनाने से अपराधियों को सज़ा दिलाने की पुलिस वालों और सरकारी वकीलों की योग्यता मज़बूत हुई है।"

फ़ोरेंसिक विज्ञान एक और क्षेत्र है, जहाँ बड़े सुधार की आवश्यकता है। इसकी कुछ तकनीकों, जैसे बालों की माइक्रोस्कोपी की वैज्ञानिक वैधता सीमित

है। एक हत्या के प्रकरण में विशेषज्ञों ने अपराध स्थल पर मिले सत्रह बालों और संदिग्ध व्यक्ति से लिए गए बालों को 'समान' घोषित कर दिया। उसे बाद में सज़ा सुना दी गई। काफ़ी बाद डीएनए प्रमाण के परीक्षण ने दर्शाया कि सत्रह बालों को ग़लत पहचाना गया था। गुप्तांग का एक बाल, जिसकी समानता संदिग्ध पुरुष से बताई गई, दरअसल महिला पीड़िता का निकला।

महत्त्वपूर्ण बात यह है कि बालों में समानता खोजना बेहद व्यक्तिपरक होता है। 2013 में एफ़बीआई ने स्वीकार किया कि 1985 से 2000 के बीच में दो हज़ार से ज़्यादा प्रकरणों में विश्लेषकों ने बालों के विश्लेषण के महत्त्व को संभवतः बढ़ा-चढ़ाकर बताया है या उनका ग़लत मिलान किया है। द नेशनल अकेडमी ऑफ़ साइंस ने कहा है कि बालों का मिलान 'अविश्वसनीय' है। यह ग़लती का जाल है, जिसकी बदौलत अध्याय 4 में बताए जिमी रे ब्रॉमगार्ड को एक ऐसे अपराध के लिए पंद्रह साल तक जेल में रहना पड़ा, जो उसने किया ही नहीं था।

और इसी तरह सिलसिला चलता है। एक के बाद एक प्रकरण में द इनोसेंस प्रोजेक्ट ने असफलता के भविष्यसूचक मार्ग यानी ऐसी कमज़ोरियाँ खोजीं, जिन्हें पहचानकर सुधारना चाहिए था। ग़लत सज़ा के बाक़ी संकेतों में शासकीय अमले का दुर्व्यवहार, वकीलों की ख़राब सलाह, जेल के मुख़बिरों का इस्तेमाल (अक्सर उन्हें संदिग्ध व्यक्ति के ख़िलाफ़ गवाही देने के लिए छिपे हुए प्रोत्साहन दिए जाते हैं) और वैज्ञानिक धोखाधड़ी शामिल हैं।

शेक ने इनमें से प्रत्येक क्षेत्र में सुधार का सुझाव दिया, लेकिन उन्होंने शायद जिस सबसे महत्त्वपूर्ण सुधार की माँग की है, वह है क्रिमिनल जस्टिस रिफ़ॉर्म कमीशन की स्थापना। वायु-दुर्घटना जाँच टीमों की तर्ज़ पर बनने वाली इस स्वतंत्र संस्था को ग़लत दंडों की जाँच करने और सुधारों की अनुशंसा करने का अधिकार होगा। प्रकाशन के समय तक अमेरिका के पचास में से सिर्फ़ ग्यारह राज्यों में ऐसे आयोग हैं।

ब्रिटेन में एक प्रकार का सुधार आयोग 1995 में स्थापित किया गया। यह न्याय प्रणाली की कई आश्चर्यजनक ग़लतियों के बाद हुआ था, जिनमें बर्मिंघम सिक्स और गिल्डफ़ोर्ड फ़ोर शामिल थीं। द क्रिमिनल केसेस रिव्यू कमीशन, जो एक स्वतंत्र संस्था है, के पास संदिग्ध फ़ैसलों को अपीली अदालत में भेजने का अधिकार है। 1997 से लेकर अक्टूबर 2013 के अंत तक कमीशन ने कुल 538 मामले अपीली अदालत में भेजे हैं।

इनमें से 70 प्रतिशत फ़ैसले अपीली अदालत ने उलट दिए।

टाइसन बुश प्रकरण का एक रोचक परिशिष्ट भी है, जैसा दो मनोवैज्ञानिक क्रिस्टोफ़र चाब्रिस और डेनियल साइमन्स *न्यू यॉर्क टाइम्स* में प्रकाशित एक निबंध में बताते हैं, क्योंकि इससे यह पता चलता है कि 9/11 के बारे में जॉर्ज डब्ल्यू. बुश की स्मृति भी ग़लत थी।

पूर्व राष्ट्रपति बुश ने अक्सर यह दावा किया है कि उन्होंने फ्लोरिडा में एक क्लासरूम में जाने से पहले विमान को उत्तरी टॉवर से टकराते देखा था। टॉवर से विमान टकराने का कोई लाइव फुटेज उपलब्ध नहीं था, इसलिए वे क्लासरूम में जाने से पहले इसे नहीं देख सकते थे। जैसा चाब्रिस ने कहा, "श्री बुश ने बाद में मिली जानकारी को उनके वास्तविक अनुभव के अवशेषों से मिलाकर घटनाओं का एक नया संस्करण तैयार कर लिया होगा, ठीक वैसा ही जैसा डॉ. टाइसन ने किया था।"

बुश की इस ग़लत स्मृति का एक और प्रभाव भी पड़ा। लोगों ने यह मान लिया कि अगर उन्होंने क्लासरूम में जाने से पहले दुर्घटना का वीडियो देखा था, तो इसका मतलब था कि उन्हें पहले से हमलों के बारे में जानकारी थी। कुछ लोगों ने पूछा कि क्या वे भी उनकी योजना बनाने में शामिल थे? कहीं यह षड्यंत्र की कहानी जानी-पहचानी कहानी तो नहीं थी? लेकिन वास्तव में कोई षड्यंत्र नहीं था। बात बस यह है कि अमेरिका के राष्ट्रपति की स्मृति भी धोखा दे सकती है।

III

आपराधिक न्याय प्रणाली की हमारी बातचीत में हमने ग़लत सज़ाओं पर काफ़ी हद तक ध्यान केंद्रित किया है, लेकिन इससे उतने ही ज्वलंत बाक़ी मुद्दे धुँधले नहीं होने चाहिए। पहचान के तरीक़ों को बेहतर बनाने की ज़रूरत है, ताकि अनसुलझे अपराधों को मुक़दमे तक पहुँचाया जा सके। अपराधी लोगों के स्वतंत्र घूमने की दर को कम करने का अति महत्त्वपूर्ण काम भी करने की ज़रूरत है। ये भी त्रासदियाँ हैं, क्योंकि पीड़ितों को न्याय नहीं मिलता है और प्रणाली का निरोधक प्रभाव कमज़ोर होता है।

बड़ी संख्या में मुक़दमों की समस्या भी है, जहाँ निरपराध अभियुक्तों को कठघरे में खड़ा कर दिया जाता है। डाटा से पता चलता है कि रिहाई

की दर ऊँची है। इसे अक्सर इस बात का प्रमाण बताया जाता है कि न्याय प्रणाली निरपराध लोगों को निर्दोष क़रार दे रही है, लेकिन इसका यह मतलब भी हो सकता है कि अनावश्यक मुक़दमों पर करोड़ों पौंड बर्बाद किए जा रहे हैं, जबकि असली अपराधी खुले घूमते रहते हैं।

बहरहाल, इनमें मुख्य मुद्दा यह है कि इन उद्देश्यों के बीच अनुभूत अदला-बदली की वजह से इस ज़्यादा गहरे तथ्य को धुँधला न होने दिया जाए कि इनमें से प्रत्येक में एक साथ प्रगति की जा सकती है। यही ग़लत सज़ाओं के मामले में अहम बिंदु था : सुधार से न्याय प्रणाली के दाँत भौंथरे नहीं होंगे। इसके विपरीत, कई मायनों में सुधार से वे ज़्यादा पैने बन जाएँगे।

दूसरी गहरी समस्याएँ भी हैं, जैसे वे विशेषताएँ, जो प्रणाली की बनावट में इतनी रची-बसी हैं कि उन पर सवाल ही नहीं किया जाता। मिसाल के तौर पर, जूरी द्वारा मुक़दमे को अक्सर पवित्र माना जाता है और यह आपराधिक प्रकरणों में विचार-विमर्श का सबसे प्रभावी रूप हो सकता है, लेकिन क्या इसका परीक्षण नहीं होना चाहिए? अगर जूरी किन्हीं स्पष्ट कारणों से ग़लत निष्कर्षों पर पहुँच रही हैं, तो क्या निहित समस्याओं को दूर करने के लिए प्रक्रियाओं का सुधार करने में समझदारी नहीं है?

यह कैसे किया जाए, यह देखने के लिए हम जूरी नहीं, बल्कि न्यायाधीशों पर हुए एक प्रयोग पर विचार करेंगे। दस महीने की अवधि में तेल अवीव यूनिवर्सिटी के न्यूरोसाइंटिस्ट शाई डैनज़िगर और सहकर्मियों ने आठ इज़राइली न्यायाधीशों के पैरोल संबंधी निर्णयों का विश्लेषण किया। हर दिन हर न्यायाधीश चौदह से पैंतीस के बीच असली जीवन के मुक़दमों का फ़ैसला करता था और हर निर्णय में लगभग छह मिनट लगते थे। ये फ़ैसले दस महीनों की अवधि में इज़राइल के पैरोल निर्णयों के 40 प्रतिशत थे। हर न्यायाधीश के पास औसतन बाईस साल का अनुभव था।

देखिए, न्यायाधीश तार्किक और विचारशील माने जाते हैं। माना जाता है कि वे कठोर प्रमाण के आधार पर निर्णय लेते हैं, लेकिन डैनज़िगर ने एक बिल्कुल ही अलग चीज़ पाई : यदि कोई जज नाश्ता करने के बाद मुक़दमा सुनता था, तो क़ैदी के पैरोल पर छूटने की 65 प्रतिशत संभावना रहती थी, लेकिन जब सुबह का समय आगे बढ़ता जाता था और न्यायाधीशों को भूख सताने लगती थी, तो पैरोल की संभावना *धीरे-धीरे घटकर शून्य हो जाती*

थी। जब न्यायाधीश खाना खाने के बाद लौटते थे, तो संभावनाएँ एक बार फिर बढ़कर 65 प्रतिशत तक पहुँच जाती थीं और शाम तक आते-आते एक बार फिर घटकर शून्य हो जाती थीं।

न्यायाधीश अपने फ़ैसलों में इस आश्चर्यजनक पूर्वाग्रह के बारे में अनजान थे। अपराधशास्त्री और सामाजिक कार्यकर्ता भी इसके बारे में अनभिज्ञ थे। क्यों? क्योंकि इसका कभी विश्लेषण ही नहीं किया गया था। जैसा अध्ययन के एक सह-लेखक ने कहा, "न्यायाधीशों के निर्णय की कोई जाँच नहीं होती है, क्योंकि किसी ने भी इस प्रवृत्ति को पहले कभी दर्ज नहीं किया था। यह कहने की ज़रूरत नहीं है कि मैं यह उम्मीद करूँगा कि इसके बाद इस संबंध में कुछ किया जाए।"

जूरी के मामले में स्थितियाँ और भी बुरी हैं। ब्रिटेन में इस तरह का अध्ययन भी ग़ैर-क़ानूनी है कि जूरी अपने विवेचन कैसे करती हैं। इस पाबंदी का अकथित तर्क यह है कि अगर जनता को पता चल जाए कि जूरी कैसे काम करती है, तो उनका प्रणाली पर से भरोसा उठ जाएगा। यह 'अज्ञानता ही आनंद है' वाली नीति है, लेकिन यह बौद्धिक धोखाधड़ी है, जैसे विमान से ब्लैक बॉक्स को हटाकर यह सुनिश्चित करना कि लोगों को कभी पायलट की ग़लतियों के बारे में पता न चल पाए। परिणाम अपरिहार्य है : वही ग़लतियाँ बार-बार की जाएँगी।

इसमें से किसी भी कथन का मतलब यह तर्क देना नहीं है कि जूरी की परिपाटी को ख़त्म कर देना चाहिए। कई जूरी तनावपूर्ण परिस्थितियों में ज़बर्दस्त काम करती हैं। यह तो सिर्फ़ प्रमाण के लगभग पूर्ण अभाव को रेखांकित करना है कि क्या जूरी संभव विकल्पों की तुलना में प्रभावी ढंग से काम कर रही हैं।* हम इस नीति को अनिश्चितकाल तक जारी नहीं रख सकते, क्योंकि न्याय की ग़लतियों और दूसरी ऊँचे दर्जे की ग़लतियों की

---

*कुछ लोग तर्क देते हैं कि जूरी महत्त्वपूर्ण है और इससे कोई फ़र्क़ नहीं पड़ता कि वे कितनी अच्छी तरह सटीक निर्णयों पर पहुँचती हैं, क्योंकि न्याय प्रणाली में जनता का प्रतिनिधित्व होना प्रजातंत्र का एक महत्त्वपूर्ण पहलू है और इसका कार्य वैधता बनाए रखना है। लेकिन फिर भी हमें जूरी के काम करने के तरीक़े को बेहतर बनाने की कोशिश नहीं छोड़ना चाहिए। न्याय का यही मतलब है।

वजह से प्रणाली विश्वास खो रही है। सार्वजनिक जीवन के कई दूसरे क्षेत्रों की तरह ही आपराधिक न्याय की प्रणाली में सफल क्रांति होने की ज़रूरत है, ताकि यहाँ भी वह प्रगतिशील सुधार हो सके, जो ऐतिहासिक दृष्टि से लगभग असंभव साबित हुआ है : ग़लतियों से सीखना।

ग्यारह साल की हॉली स्टेकर की हत्या के लिए जुआन रिवेरा को आजीवन कारावास की सज़ा सुनाने के लगभग बीस साल बाद लकड़ी के एक रक्तरंजित टुकड़े का डीएनए परीक्षण किया गया, जिसका इस्तेमाल एक अन्य हत्या में किया गया था। लेक काउंटी में रहने वाले डेल्विन फ़ॉक्सवर्थ को लकड़ी के लट्ठे से बुरी तरह पीटा गया था और उस पर गैसोलिन छिड़ककर उसे जला दिया गया था। 80 प्रतिशत शरीर जलने के कारण वह बाद में मर गया।

हत्यारा कभी नहीं पकड़ा गया, लेकिन डीएनए परीक्षण निर्णायक था। इसमें रक्त का जो डीएनए मिला, वह हॉली स्टेकर में मिले वीर्य के डीएनए से मेल खाता था। पुलिस को अब पक्का विश्वास है कि जो व्यक्ति 1992 में एक मासूम ग्यारह साल की लड़की के साथ बलात्कार और हत्या करके बच निकला था, उसने आठ साल बाद एक और हत्या कर दी थी। इसलिए फ़ॉक्सवर्थ दरअसल जुआन रिवेरा की ग़लत सज़ा का एक और शिकार था। इसकी वजह से असली अपराधी को बचकर निकलने और दोबारा हत्या करने का मौक़ा मिला।

न्यू यॉर्क के वकील स्टीव आर्ट ने कहा है, "जब हम न्याय की ग़लतियों के बारे में सोचते हैं, तो हम अक्सर उस बेगुनाह व्यक्ति पर ध्यान केंद्रित करते हैं, जिसे उस अपराध की सज़ा दी गई, जो उसने किया ही नहीं था, लेकिन इसके दूसरे परिणाम भी होते हैं। जब आप ग़लत इंसान को सज़ा देते हैं, तो असली अपराधी सड़कों पर खुला घूमता रहता है और कई बार तो विनाशकारी अपराध कर देता है। इस कारण भी हमें सबक़ सीखने की ज़रूरत है।"

जहाँ तक रिवेरा का सवाल था, उसे आख़िरकार 6 जनवरी 2012 को रिहा कर दिया गया। उसने स्वतंत्र होने के बाद कहा, "मैं इसे स्पष्ट नहीं कर सकता। यह एक बार फिर से ज़िंदगी शुरू करने जैसा है। मैं जीवन के अनुभव लेना चाहता हूँ। फ़ुटबॉल मैच देखना चाहता हूँ। फ़ुटपाथ पर चलना

चाहता हूँ और यह जानना चाहता हूँ कि मैं स्वतंत्र हूँ।" भीड़ में से किसी ने उसे पिज़्ज़ा की स्लाइस पकड़ा दी, जिसे वह थोड़े संकोच के साथ एक कार तक लेकर गया, जिसकी व्यवस्था उसके समर्थकों ने की थी।

मित्रों ने उसका साथ दिया, लेकिन रिवेरा को वे उन्नीस साल दोबारा कभी नहीं मिलेंगे, जो उसने जेल में गुज़ारे थे। "अगर मैं यह कहूँ कि मैंने अपने बीते अनुभवों से तालमेल बैठा लिया है, तो यह झूठ होगा," उसने मुझे बताया। "मैं अब भी असहज और घबराया रहता हूँ। मैं रात को सो नहीं पाता। मैं भीड़ भरे सुपरबाज़ार में जा नहीं पाता। सड़क पर चलते समय मैं चारों तरफ़ देखता रहता हूँ। जो अपराध आपने किया ही नहीं, उसके लिए जेल में उन्नीस साल काटने से निशान तो छूटते हैं।"

लेकिन उन लोगों का हाल कैसा है, जो उसे जेल भेजने के लिए ज़िम्मेदार थे? वे आज इसके बारे में कैसा महसूस करते हैं? शायद इसमें कोई हैरानी नहीं होनी चाहिए कि उनमें से कई को तो अब भी विश्वास है कि रिवेरा ही अपराधी था। अक्टूबर 2014 में *शिकागो ट्रिब्यून* ने जाँचकर्ता चार्ल्स फ़ैगन का इंटरव्यू लिया, जिन्होंने रिवेरा की स्वीकारोक्ति हासिल करने में मदद की थी। फ़ैगन से पूछा गया कि क्या उन्हें अब भी विश्वास है कि रिवेरा ने ही हत्या की थी। उनका जवाब था, "मैं ऐसा ही सोचता हूँ।"

और सरकारी वकीलों का दृष्टिकोण? जब रिवेरा को रिहा किया गया, तब भी लेक काउंटी के कुछ वकील उस पर दोबारा मुक़दमा चलाना चाहते थे। अगली बार सज़ा दिलाने के बाद ही वे यह कह पाएँगे कि वे पूरे समय सही थे। सिर्फ़ उसे सज़ा दिलाने से ही उनकी असंगति शांत होगी। स्वतंत्र घूमता रिवेरा उनकी सक्षमता पर एक आरोप जैसा था।

इलिनॉय अपीलीय कोर्ट ने एक ऐसा क़दम उठाया, जो आश्चर्यजनक लग सकता है : उसने लेक काउंटी पर यह पाबंदी लगा दी कि यह हॉली स्टेकर की हत्या के लिए जुआन रिवेरा पर दोबारा कभी मुक़दमा न चलाए।

खंड III

जटिलता से सामना

7

नोज़ल विरोधाभास

I

यूनीलीवर के सामने एक समस्या थी। वे इंग्लैंड के उत्तर-पश्चिम में लिवरपूल के समीप अपनी फ़ैक्टरी में वॉशिंग पाउडर का आम तरीक़े से उत्पादन कर रहे थे। दरअसल, उसी तरीक़े से जिस तरह वॉशिंग पाउडर आज भी बनाया जाता है। उबलते हुए गर्म रसायनों को बहुत ऊँचे दाब और गति से एक नोज़ल में डाला जाता है और दूसरी तरफ़ निकाला जाता है, जब दाब कम होता है, तो वे वाष्प और पाउडर में विभक्त हो जाते हैं।

वाष्प को अलग करके पाउडर को एक बर्तन में इकट्ठा किया जाता है, जहाँ कॉलेजन और अन्य तत्व मिलाए जाते हैं, फिर इसे बक्सों में पैक किया जाता है, इस पर डैज़ तथा बोल्ड जैसे ब्रांड नेम के लेबल चिपकाए जाते हैं और ऊँचे मुनाफ़े के साथ बेचा जाता है। यह एक साफ़-सुथरी व्यावसायिक अवधारणा है और एक विशाल उद्योग बन चुकी है। सिर्फ़ अमेरिका में ही एक साल में 3 अरब डॉलर से ज़्यादा का वॉशिंग पाउडर बिकता है।

लेकिन यूनीलीवर की समस्या यह थी कि नोज़ल सही से काम नहीं कर रहे थे। स्टीव जोन्स विश्व के सबसे प्रभावी विकासवादी जीवविज्ञानी थे, लेकिन इससे पहले उन्होंने 1970 के दशक में लिवरपूल की साबुन फैक्टरी में कुछ समय तक काम किया था। जोन्स बताते हैं कि ये नोज़ल बार-बार अवरुद्ध होते रहते थे। उन्होंने कहा है, "नोज़ल बहुत बड़ी समस्या थे। वे अकार्यकुशल थे, अवरुद्ध होते रहते थे और अलग-अलग आकार के डिटर्जेंट कण बनाते थे।"

यह कंपनी के लिए एक बड़ी समस्या थी, न सिर्फ़ रखरखाव और खोए हुए समय की वजह से, बल्कि प्रॉडक्ट की गुणवत्ता के संदर्भ में भी। उन्हें श्रेष्ठ नोज़ल खोजने की ज़रूरत थी। और वह भी जल्दी।

उपाय की तलाश में यूनीलीवर गणितज्ञों की अपनी शानदार टीम के पास गई। यूनीलीवर तब भी अमीर कंपनी थी, इसलिए यह सबसे प्रतिभाशाली और सर्वश्रेष्ठ लोगों का ख़र्च उठा सकती थी। ये सिर्फ़ सामान्य गणितज्ञ नहीं थे, बल्कि उच्च-दाब प्रणालियों, द्रव गतिकी और रासायनिक विश्लेषण के विभिन्न पहलुओं के विशेषज्ञ थे। वे 'अवस्था रूपांतरण' की भौतिकी में विशेष प्रवीण थे : वे प्रक्रियाएँ, जो पदार्थ के एक अवस्था (द्रव) से दूसरी अवस्था (गैस या ठोस) में होने वाले रूपांतरण को शासित करती हैं।

ये गणितज्ञ वे थे, जिन्हें हम आज 'बुद्धिमान डिज़ाइनर' कह सकते हैं। ये ऐसे लोग हैं, जिनकी ओर हम आमतौर पर तब मुड़ते हैं, जब हमें समस्याओं को सुलझाना होता है, चाहे समस्याएँ व्यवसाय संबंधी हों, तकनीकी हों या राजनीतिक हों : सही तरीक़े से प्रशिक्षित सही लोगों से कहें कि वे सोचकर आदर्श योजना बताएँ।

वे अवस्था रूपांतरण की समस्या में ज़्यादा गहराई तक गए और उन्होंने अधुनातन समीकरण बनाए। उन्होंने मीटिंगें और सेमिनार आयोजित किए। और लंबे अध्ययन के बाद उन्होंने एक नया डिज़ाइन तैयार किया।

आपने शायद अंदाज़ा लगा लिया होगा कि मैं आगे क्या कहने वाला हूँ : यह कारगर नहीं रहा। यह नोज़ल भी अवरुद्ध होता रहा। पाउडर के कण कभी छोटे, कभी बड़े बनते रहे। यह कार्यकुशल नहीं था।

लगभग हताशा में यूनीलीवर जीववैज्ञानिकों की अपनी टीम की ओर मुड़ी। इन लोगों को द्रव गतिकी की बहुत कम समझ थी। उन्हें अवस्था रूपांतरण का रत्ती भर भी ज्ञान नहीं था, लेकिन उनके पास एक ज़्यादा मूल्यवान चीज़ थी : असफलता और सफलता के आपसी संबंध की गहरी समझ।

उन्होंने दस नोज़ल लिए और प्रत्येक में छोटे परिवर्तन करके उनका परीक्षण किया, ताकि यह पता लग सके कि कौन सा सफल हो रहा है। जोन्स कहते हैं, "कुछ नोज़ल ज़्यादा लंबे थे, कुछ ज़्यादा छोटे थे, कुछ का छेद ज़्यादा बड़ा था, कुछ का ज़्यादा छोटा था, शायद अंदर कुछ खाँचे भी

थे। परिणामों में नज़र आया कि उनमें से एक नोज़ल मूल नोज़ल से बहुत थोड़ी मात्रा में बेहतर था, शायद एक या दो प्रतिशत।"

फिर उन्होंने 'विजेता' नोज़ल को लिया और इसमें दस छुटपुट बदलाव किए और प्रक्रिया को दोहराया। उन्होंने यही काम बार-बार किया। 45 पीढ़ियों और 449 'असफलताओं' के बाद उन्होंने एक ऐसा नोज़ल तैयार कर लिया, जो असाधारण था। यह 'मूल नोज़ल से कई गुना बेहतर काम' करता था।

प्रगति सुंदरता से बनाए गए मास्टरप्लान *(कोई योजना थी ही नहीं)* की बदौलत नहीं हुई थी, बल्कि संसार के साथ तीव्र पारस्परिक व्यवहार के ज़रिये हुई थी। परीक्षण करने और 449 बार असफल होने के फलस्वरूप ही यह असाधारण नोज़ल बना था।

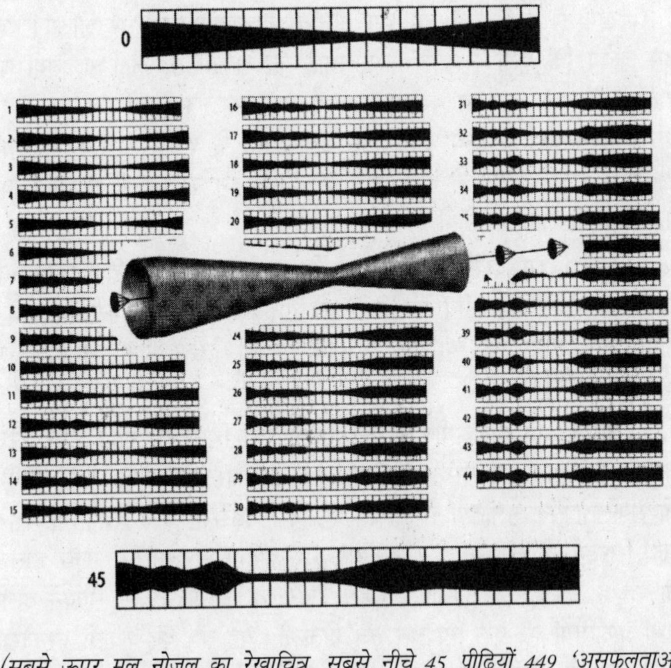

(सबसे ऊपर मूल नोज़ल का रेखाचित्र, सबसे नीचे 45 पीढ़ियों 449 'असफलताओं' के बाद तैयार नोज़ल। यह ऐसा आकार है, जिसका अनुमान संभवतः कोई गणितज्ञ नहीं लगा सकता था।)

II

इस पुस्तक में हमने अब तक देखा है कि ग़लतियों से सीखना दो घटकों पर निर्भर करता है : सबसे पहले, आपके पास सही क़िस्म की प्रणाली होनी चाहिए, जो ग़लतियों को प्रगति की प्रेरक सीढ़ी माने, और दूसरे, आपकी मानसिकता ऐसी होनी चाहिए कि यह ऐसी प्रणाली को फलने-फूलने की अनुमति दे।

पिछले खंड में हमने इस समीकरण के मानसिकता वाले पहलू से सरोकार रखा था। संज्ञानात्मक असंगति तब होती है, जब ग़लतियाँ इतनी जोखिम भरी होती हैं कि उन्हें स्वीकार नहीं किया जा सकता, इसलिए उन्हें दोबारा गढ़ा जाता है या नज़रअंदाज़ कर दिया जाता है। इसे हम असफलता का आंतरिक डर भी कह सकते हैं : हम किस तरह अपने ख़ुद के सामने भी ग़लतियाँ स्वीकार करने में जूझते हैं।

खंड 5 और 6 में हम इस अत्यंत महत्त्वपूर्ण मुद्दे पर लौटेंगे। वहाँ हम देखेंगे कि ऐसी संस्कृति कैसे बनाई जा सकती है, जहाँ ग़लतियों को दोबारा गढ़ा न जाए या दबाया न जाए, बल्कि उनका इस्तेमाल प्रगति को प्रेरित करने के लिए किया जाए। हम असफलता के बाहरी डर पर भी नज़र डालेंगे - अनुचित रूप से दोष लगने या दंड मिलने का डर - क्योंकि इसकी वजह से भी लोग ग़लतियों से कम सीखते हैं।

अंततः हम देखेंगे कि शक्तिशाली, लचीली, प्रगति-केंद्रित संस्कृतियाँ विशिष्ट मनोवैज्ञानिक नींव पर टिकी होती हैं। हम शीर्षस्थ कंपनियों, खेल टीमों और स्कूलों के व्यावहारिक उदाहरण भी देखेंगे, जो इस दिशा में मार्गदर्शन करेंगे।

लेकिन अब हम समीकरण के प्रणाली वाले हिस्से की गहन शोध करने जा रहे हैं। हमने उन संस्थाओं की जाँच में इस पर थोड़ी नज़र डाल ली है, जो सफलतापूर्वक ग़लतियों से सीखती हैं, जैसे उड्डयन और वर्जीनिया मैसन हेल्थ सिस्टम, लेकिन अब हम उस समृद्ध सैद्धांतिक संरचना पर नज़र डालने जा रहे हैं, जो इसका आधार है। हम देखेंगे कि असफलता से सीखने वाली सभी प्रणालियों का एक निश्चित तंत्र होता है। यह तंत्र कई स्थानों पर देखा जा सकता है, जिनमें प्राकृतिक जगत, आर्टफ़िशल इन्टेलिजन्स और विज्ञान शामिल हैं। इससे हमें उन तरीक़ों की जाँच करने का अवसर मिलेगा, जिनसे

संसार के कुछ सबसे नवाचारी संगठन इस तंत्र का दोहन कर रहे हैं और उन्हें आश्चर्यजनक परिणाम मिल रहे हैं।

यह वही तंत्र है, जिसे यूनीलीवर में इतने शानदार तरीक़े से उत्पन्न किया गया। नोज़ल का विकास सबसे बढ़कर परीक्षण की शक्ति को उजागर करता है, हालाँकि जीवविज्ञानी अवस्था रूपांतरण की भौतिकी के बारे में कुछ नहीं जानते थे, लेकिन वे विकास की प्रक्रिया के बारे में जानते थे। उन्होंने बहुत सारे अलग-अलग नोज़लों का परीक्षण किया। जो नोज़ल कारगर नहीं थे, उन्हें हटा दिया गया। हर पीढ़ी में जो नोज़ल सबसे ज़्यादा सफल था, उसमें थोड़ा बहुत बदलाव करके उन्होंने दोबारा परीक्षण किया। इस तरह वे अंततः एक कार्यकुशल नोज़ल बनाने में सफल रहे।

जीवविज्ञानियों की यह रणनीति महज़ संयोग नहीं थी : प्रकृति में भी विकास इसी तरह होता है। विकास वह प्रक्रिया है, जो प्राकृतिक चयन कहे जाने वाले 'असफलता परीक्षण' पर निर्भर करती है। ज़्यादा 'उपयुक्तता' वाले जीव बच जाते हैं और संतति उत्पन्न करते हैं, जबकि उनकी संतानें म्यूटेशन नामक अनियमित प्रक्रिया के तहत उनके जीन्स ग्रहण करती हैं। ग़लतियाँ कर-कर के सीखने की यह प्रणाली यूनीलीवर के नोज़ल-निर्माण की प्रक्रिया से मिलती-जुलती है।

एक तरह से ये असफलताएँ उन असफलताओं से भिन्न हैं, जिनकी जाँच हमने उड्डयन, स्वास्थ्य सेवा और आपराधिक न्याय प्रणाली में की थी। जीवविज्ञानियों को अहसास था कि उनसे कई ग़लतियाँ होंगी और उन्हें कई असफलताएँ मिलेंगी। वास्तव में उन्होंने यह पता लगाने के लिए जान-बूझकर ग़लतियाँ की थीं कि कौन से डिज़ाइन काम करते हैं और कौन से नहीं करते। उड्डयन के क्षेत्र में कोई भी जान-बूझकर ग़लतियाँ करने या असफल होने की कोशिश नहीं करता। पूरा विचार दुर्घटनाओं को न्यूनतम करने पर केंद्रित होता है।

लेकिन इस फ़र्क़ के बावजूद एक अति महत्त्वपूर्ण समानता है। उड्डयन में असफलताएँ सुधार के लिए मंच तैयार करती हैं। ग़लतियाँ परिवर्तन की प्रगतिशील प्रक्रिया का हिस्सा होती हैं : सिर्फ़ असली जीवन की दुर्घटनाएँ और असफलताएँ ही नहीं, बल्कि सिमुलेटर्स में होने वाली असफलताएँ और बाल-बाल बचने वाली दुर्घटनाएँ भी। इसी तरह, असफल होने वाले नोज़लों ने

डिज़ाइन की प्रगति को आगे बढ़ाने में मदद की। उन सभी में एक अनिवार्य समानता थी : एक अनुकूलनीय प्रक्रिया, जो असफलता को पहचानने और उस पर प्रतिक्रिया करने पर केंद्रित थी।

प्रगतिशील विकास अपनी *संचित प्रकृति* की वजह से शक्तिशाली होता है। रिचर्ड डॉकिन्स अपनी अद्भुत पुस्तक *द ब्लाइंड वॉचमेकर* में संचित चयन के बारे में सोचने का एक साफ़-सुथरा तरीक़ा बताते हैं। वे हमें यह सोचने के लिए आमंत्रित करते हैं कि एक बंदर *हैमलेट* की एक पंक्ति टाइप करने की कोशिश कर रहा है : 'मीथिंक्स इट इज़ लाइक अ वीज़ल।' बंदर यह काम सही तरीक़े से कर लेगा, इस बात की संभावना काफ़ी कम है।

अगर बंदर क्रमरहित ढंग से टाइपिंग कर रहा है और 27 अक्षर हैं (स्पेस बार को भी एक अक्षर के रूप में गिनते हुए), तो पहला शब्द सही लिखने की इसकी संभावना 27 में से 1 होगी, अगले अक्षर के लिए भी 27 में से 1 और इसी तरह। तो सही तरीक़े से पहले तीन अक्षरों को टाइप करने के लिए 1/27 का गुना 1/ 27 में और फिर से 1/ 27 में करना होगा, यानी 19,683 में से 1 की संभावना। सभी 28 अक्षरों को आदर्श क्रम में टाइप करने की संभावना 10,000 मिलियन, मिलियन, मिलियन, मिलियन, मिलियन, मिलियन में 1 के आस-पास होगी।

लेकिन अब मान लें कि हम एक चयन कार्यविधि प्रदान कर दें (यानी एक असफलता परीक्षण), जो संचयी है। डॉकिन्स ने एक कंप्यूटर को यही करने के लिए प्रोग्राम किया। वाक्यांश लिखने की इसकी पहली कुछ कोशिशें क्रमरहित हैं, बंदर की ही तरह, लेकिन फिर कंप्यूटर विभिन्न बकवास वाक्यांशों की जाँच करके देखता है कि कौन सा लक्ष्य वाक्यांश के सबसे क़रीब है, भले ही यह थोड़ा सा भी क्यों न हो। यह बाक़ी सबको अस्वीकार कर देता है, फिर यह विजेता वाक्यांश को क्रमरहित अंदाज़ में पृथक करता है और फिर नई पीढ़ी की जाँच करता है। और इसी तरह यह सिलसिला चलता जाता है।

कंप्यूटर पर प्रयोग शुरू करने के बाद पहली कोशिश या पीढ़ी में विजेता वाक्यांश था : WDLTMNLTDTJBSWIRZREZLMQCOP। दस कोशिशों या पीढ़ियों के बाद लक्ष्य वाक्यांश के सबसे क़रीबी वाक्यांश को तराशकर और बाक़ी सबको अस्वीकार करने के बाद यह हो गया :

MDLDMNLSITJISWHRZREZ MECS P। बीस पीढ़ियों के बाद यह इस तरह दिखने लगा : MELDINLS IT ISWPRKE Z WECSEL। तीस पीढ़ियों के बाद समानता आँखों से दिखने लगी थी : METHINGS IT ISWLIKE B WECSEL। तेतालीसवीं पीढ़ी तक कंप्यूटर ने सही वाक्यांश को पकड़ लिया। वहाँ पहुँचने में बस कुछ पल लगे।

तो संचित चयन काम करता है, बशर्ते किसी तरह की 'स्मृति' हो : यानी, अगर एक चयन परीक्षण के परिणाम अगले परीक्षण में डाले जा सकें और उसके अगले में आदि। यह प्रक्रिया इतनी शक्तिशाली है कि प्राकृतिक जगत में इसे 'निर्माण का भ्रम' कहा जाता है : जानवर ऐसे दिखते हैं, मानो उन्हें किसी विराट बुद्धि ने बनाया हो, जबकि वे वास्तव में एक अंधी प्रक्रिया से बने थे।

इस भ्रम की गूँज नोज़ल वाले उदाहरण में देखी जा सकती है। अंतिम आकार महीन दाने वाले डिटर्जेंट बनाने के लिए इतने अनूठे रूप से उपयुक्त है कि इसे देखकर लगता है कि यह काम किसी सर्वश्रेष्ठ डिज़ाइनर का होगा। वास्तव में, जैसा हम देख चुके हैं, जीवविज्ञानियों में किसी तरह की 'डिज़ाइन' योग्यता या क्षमता नहीं थी। उन्होंने तो बस विकासवादी प्रक्रिया की शक्ति का इस्तेमाल किया था।

संसार में कई प्रणालियाँ मूलतः विकासवादी प्रकृति की होती हैं। वास्तव में, पिछली दो सदियों के कई महान विचारकों ने स्वतंत्र बाज़ार प्रणाली या पूँजीवाद का पक्ष इसीलिए लिया, क्योंकि यह जीवविज्ञानी परिवर्तन का प्रतिबिंब है, जैसा लेखक टिम हार्फोर्ड ने अपनी उत्कृष्ट पुस्तक *एडाप्ट* में बताया है। एक दूसरे के साथ प्रतिस्पर्धा कर रही अलग-अलग कंपनियाँ, जिनमें से कुछ असफल हो रही हैं और कुछ बच रही हैं, प्रणाली के अनुकूलन को सुगम बनाती हैं। इसीलिए बाज़ार - बशर्ते उनका अच्छी तरह नियमन हो - समस्याओं को इतनी कार्यकुशलता से सुलझा लेते हैं : वे कोशिशों और ग़लतियों पर आधारित प्रक्रिया बनाते हैं।

दिवालिया होना बाज़ार प्रणाली में प्राकृतिक चयन का समतुल्य है। जब कोई कंपनी दिवालिया हो जाती है, तो यह कुछ हद तक किसी ख़ास नोज़ल डिज़ाइन की असफलता जैसा है। इससे यह पता चलता है कि कोई चीज़ (प्रॉडक्ट, भाव, रणनीति, विज्ञापन, प्रबंधन, प्रक्रिया आदि) प्रतिस्पर्धा की

तुलना में काम नहीं कर पाई थी। इसके बाद दूसरी कंपनियाँ कमज़ोर विचारों और प्रॉडक्ट्स को हटा देती हैं तथा सफल विचारों को अपना लेती हैं। प्रणाली का विकास संचयी अनुकूलन द्वारा संचालित होता है, जैसा यूनीलीवर नोज़ल के डिज़ाइन में हुआ।

मुक्त बाज़ार या पूँजीवाद में कंपनियों का दिवालियापन प्रणाली का दोष या प्रतिस्पर्धा का दुर्भाग्यपूर्ण परिणाम नहीं है। इसके बजाय यह तो *किसी भी* विकासवादी प्रक्रिया का एक अनिवार्य पहलू है। एक अर्थशास्त्री के अनुसार अमेरिका में हर साल 10 प्रतिशत कंपनियाँ दिवालिया होती हैं। अर्थशास्त्री जोसेफ़ शुम्पीटर ने इसे 'सृजनात्मक विनाश' कहा था।

अब इसकी तुलना केंद्रीय रूप से नियोजित अर्थव्यवस्थाओं से करें, जहाँ एक भी कंपनी असफल या दिवालिया नहीं होती। सरकार अनुदान देकर असफलता से कंपनियों को बचाती है। सरकार नोट छापकर ख़ुद को मुश्किलों से बाहर निकालती है। पहले पहल तो यह आर्थिक उत्पादन, वितरण और विनिमय की समस्याओं को सुलझाने का एक प्रबुद्ध तरीक़ा लग सकता है। कोई भी चीज़ कभी असफल नहीं होती और हर चीज़ सफल दिखती है।

लेकिन ठीक इसी कारण नियोजित अर्थव्यवस्थाएँ कारगर नहीं हो पाईं। उनकी योजना बुद्धिमान योजनाकारों ने बनाई थी, जिन्होंने यह निर्णय लिया था कि कितना अनाज उगाना है, कितना लोहा खदान में से निकालना है और जिन्होंने सर्वश्रेष्ठ समाधान तय करने के लिए जटिल हिसाब-किताब किया था, लेकिन उनके सामने भी वही समस्या थी, जो यूनीलीवर के गणितज्ञों के सामने थी : उनके विचार चाहे जितने प्रबुद्ध क्यों न हों, पर्याप्त तेज़ी से उनकी जाँच नहीं हो पा रही थी और इसलिए असफलता की रोशनी में सुधार करने का अवसर ही नहीं था।

भले ही योजनाकार पूँजीवादी अर्थव्यवस्था में काम करने वाले व्यवसायियों से दस गुना ज़्यादा बुद्धिमान हों, लेकिन इसके बावजूद वे पीछे रह जाएँगे। जो भी प्रणाली वैध परीक्षण के लाभ से वंचित रहती है, उसमें कठोरता की समस्या होगी। दूसरी तरफ़, पूँजीवाद में हज़ारों छोटी-छोटी असफलताएँ प्रणाली को सुगम बनाती हैं और एक तरह से सही राह दिखाती हैं। जब कंपनियाँ दिवालिया हो जाती हैं, तो दूसरे उद्यमी इन ग़लतियों से सीखते हैं, प्रणाली नए विचार उत्पन्न करती है और अंततः उपभोक्ताओं को लाभ होता है।

लगभग इसी तरह उड्डयन में दुर्घटनाएँ हालाँकि उन विमानों के यात्रियों के लिए त्रासदी होती हैं, लेकिन वे भावी उड़ानों की सुरक्षा को बढ़ा देती हैं। असफलता अर्थपूर्ण परिवर्तन के लिए मंच तैयार कर देती है।

इसका मतलब यह नहीं है कि पूँजीवादी बाज़ार आदर्श होते हैं। एकाधिकार, मिलीभगत, असमानता, भाव में साँठ-गाँठ की समस्याएँ रहती हैं। इसके अलावा उन कंपनियों की भी दिक्क़त है, जो इतनी बड़ी हैं कि असफल हो ही नहीं सकतीं, इसलिए टैक्स चुकाने वालों की गारंटी के ज़रिये उनकी रक्षा की जाती है। ये सारी चीज़ें अनुकूलन की प्रक्रिया के ख़िलाफ़ संघर्ष करती हैं, लेकिन इसके बावजूद यह कथन सत्य साबित होता है : बाज़ार कंपनियों की असफलताओं के बावजूद नहीं, बल्कि उनकी वजह से काम करते हैं।

परीक्षण और सीखने की प्रतिक्रिया से सिर्फ़ प्रणालियों को ही नहीं, बल्कि कंपनियों को भी लाभ हो सकता है। वास्तव में, संसार की कई सबसे नवाचारी कंपनियाँ विकासवादी सिद्धांत के कुछ बुनियादी सबक़ों के आधार पर रणनीतियाँ बना रही हैं। कुछ कंपनियाँ यूनीलीवर के जीवविज्ञानियों की तरह क्रमरहित अंदाज़ में हाथ-पैर मारती हैं, क्योंकि जटिल समस्याओं के समाधान खोजने में लंबा समय लग सकता है।

ये कंपनियाँ परीक्षणों का विवेकपूर्ण इस्तेमाल करती हैं, अपनी मान्यताओं को चुनौती देती हैं और रणनीति बनाने के सबक़ सीखती हैं। यह ऊपर से नीचे के तर्क (जैसा गणितज्ञों के साथ था) और नीचे से ऊपर के दोहराव (जैसा जीवविज्ञानियों ने किया) का मिश्रण है। यह उनके वर्तमान ज्ञान का उस भावी ज्ञान के साथ मिश्रण है, जो वर्तमान ज्ञान के दोषों को उजागर करके हासिल किया जा सकता है। यह अपने विश्वासों पर हिम्मत से काम करने के बारे में है, लेकिन साथ ही जल्दी परीक्षण करने की विनम्रता रखने और तेज़ी से अनुकूलन करने के बारे में भी है।

इन विचारों की गूँज प्रौद्योगिकी परिवर्तन की प्रक्रिया में देखी जा सकती है। प्रौद्योगिकी के बारे में सोचने का हमारा पारंपरिक तरीक़ा यह है कि यह अनिवार्यतः शिखर से नीचे तक आती है। शिक्षाविद् उच्च-स्तरीय शोध आयोजित करते हैं, जो वैज्ञानिक सिद्धांत बनाता है, जिनके आधार पर व्यावहारिक लोग मशीन, यंत्र और दूसरी प्रौद्योगिकियाँ बनाते हैं।

इसे कई बार लीनियर मॉडल कहा जाता है और इसका प्रतिनिधित्व एक आसान फ्लोचार्ट से किया जा सकता है : शोध और सिद्धांत → प्रौद्योगिकी → व्यावहारिक इस्तेमाल। मिसाल के तौर पर, औद्योगिक क्रांति के मामले में पारंपरिक तसवीर यह है कि यह काफ़ी हद तक शुरुआती वैज्ञानिक क्रांति से प्रेरित थी, बॉयल, हुक और लॉक के विचारों ने ऐसी मशीनों का रास्ता प्रशस्त किया, जिन्होंने संसार को बदल दिया।

लेकिन लीनियर मॉडल के साथ एक समस्या है : मानव विकास के ज़्यादातर क्षेत्रों में यह नीचे से ऊपर तक परीक्षण करने और यूनीलीवर के जीवविज्ञानियों द्वारा हासिल सीख का कम आकलन करती है। अपनी पुस्तक *द इकोनॉमिक लॉज़ ऑफ़ साइंटिफ़िक रिसर्च* में वैज्ञानिक टेरेंस कीली औद्योगिक क्रांति के इर्द-गिर्द के पारंपरिक कथात्मक वर्णन को धराशायी कर देते हैं :

> 1733 में जॉन.के ने फ्लाइंग शटल का आविष्कार किया, जिससे वस्त्र बुनने का काम मशीनों से होने लगा और 1770 में जेम्स हार्ग्रीव्ज़ ने स्पिनिंग जेनी का आविष्कार किया, जिसके नाम से ही यह स्पष्ट होता है कि इसने कताई का मशीनीकरण कर दिया। टेक्सटाइल प्रौद्योगिकी में इनके अलावा व्याट और पॉल (स्पिनिंग फ़्रेम, 1758), आर्कराइट (वाटर फ़्रेम, 1769) ने औद्योगिक क्रांति की पूर्व-सूचना दी, लेकिन ये आविष्कार वैज्ञानिकों ने नहीं किए थे। इन लोगों ने विज्ञान के प्रति कोई सैद्धांतिक योगदान नहीं दिया। ये आविष्कार तो सुयोग्य कारीगरों की कोशिशों, ग़लतियों और प्रयोगशीलता पर आधारित व्यावहारिक आविष्कार थे, जो अपनी फ़ैक्टरियों की उत्पादकता तथा मुनाफ़े को बेहतर बनाने की कोशिश कर रहे थे।

अंतिम वाक्य पर ग़ौर करें : संसार को बदलने वाली ये मशीनें भी यूनीलीवर के नोज़ल की तरह ही कोशिश और ग़लती की प्रक्रिया से विकसित हुई थीं। व्यावहारिक समस्याओं से प्रेरित शौकिया लोगों और व्यावहारिक बुद्धिमत्ता वाले कारीगरों ने कोशिश करके, असफल होकर और असफलता से सीखकर पता लगाया कि ये मशीनें कैसे बनाना है। वे अपने आविष्कारों के पीछे के वैज्ञानिक सिद्धांत को पूरी तरह नहीं समझते थे। वे विज्ञान की भाषा में बात

नहीं कर सकते थे, लेकिन यूनीलीवर के जीवविज्ञानियों की तरह ही – उन्हें दरअसल ऐसा करने की ज़रूरत भी नहीं थी।*

और यहाँ पर कारण-कार्य सिद्धांत की दिशा पलट सकती है। पानी को पंप करने के लिए भाप के बने पहले इंजन को लें। इसे थॉमस न्यूकॉमेन ने बनाया था, जो नाम मात्र के साक्षर थे, प्रांतीय लुहार और बैप्टिस्ट प्रीचर थे। इस इंजन को बाद में जेम्स वाट ने बेहतर बनाया। इन दोनों आदमियों की समझ सहज बोध से भरी और व्यावहारिक थी, लेकिन इस इंजन की सफलता ने एक गहरा प्रश्न उठाया : यह अविश्वसनीय मशीन दरअसल *क्यों* काम करती है (इसने तब के भौतिकी के कानूनों को तोड़ा था)? इस प्रश्न ने फ्रेंच भौतिकीविद् लियोनार्ड सादी कारनॉट को थर्मोडाइनैमिक्स के नियम विकसित करने के लिए प्रेरित किया। कोशिश और ग़लती ने प्रौद्योगिकी को प्रेरित किया, जिससे बाद में सिद्धांत प्रेरित हुआ। यह लीनियर मॉडल का ठीक उलटा है।

अपनी महत्त्वपूर्ण पुस्तक *एंटीफ्रेजाइल* में नासिम निकोलस तालेब दिखाते हैं कि साइबरनेटिक्स से लेकर डेरिवेटिव्ज़ तक, चिकित्सा से लेकर जेट इंजन तक लीनियर मॉडल कैसे ग़लत है (या कम से कम भ्रामक है)। हर क्षेत्र की हर केस हिस्ट्री उजागर करती है कि ये नवाचार यूनीलीवर के जीवविज्ञानियों जैसी ही प्रक्रिया का परिणाम थे। इनकी जड़ें अनुमानों (सामान्य नियमों) और व्यावहारिक ज्ञान में थीं। समस्याएँ अक्सर इतनी ज़्यादा जटिल थीं कि उन्हें सैद्धांतिक दृष्टि से या ब्लूप्रिंट के ज़रिये या सेमिनार रूम में नहीं सुलझाया जा सकता था। उन्हें असफल होकर, सीखकर और दोबारा असफल होकर सुलझाया गया।

---

*इसकी खेल जगत में समानता है। शीर्ष फुटबॉल खिलाड़ी तीस गज़ से एक फ्री किक लेकर इसे मोड़कर गोल के ऊपरी कोने में पहुँचा सकता है। ऐसा करने के लिए उसे डिफ़रेंशियल इक्वेशन्स और वायुगतिकी की विभिन्न समस्याओं को सुलझाना होगा, लेकिन वह इन समस्याओं को गणितीय दृष्टि से नहीं सुलझाता है। उसका ज्ञान व्यावहारिक होता है : वह अप्रत्यक्ष तरीक़े से इन समस्याओं को सुलझाता है। यह व्यावहारिक समझ कहाँ से आती है? एक बार फिर, यह कोशिशों और ग़लतियों (यानी अभ्यास) से आती है। हज़ारों घंटों तक वह फुटबॉल को लक्ष्य की ओर मारता है और यह जहाँ जाती है और जहाँ इसे जाना चाहिए, उनके बीच की दूरी को अपनी तकनीक में हेरफेर करके तथा इसे बेहतर बनाकर कम करता है।

आर्किटेक्चर एक ख़ासतौर पर रोचक प्रकरण है। लोकप्रिय मान्यता यह थी कि प्राचीन इमारतों तथा गिरजाघरों के आश्चर्यजनक आकार और घुमाव यूक्लिड की औपचारिक ज्यामिति से प्रेरित थे, वरना प्राचीन लोग इतनी जटिल इमारतें कैसे बना सकते थे? सच तो यह था कि ज्यामिति की तो कोई भूमिका ही नहीं थी। जैसा तालेब दिखाते हैं, यह लगभग तय है कि आर्किटेक्ट्स की व्यावहारिक बुद्धिमत्ता ने यूक्लिड को बुक ऑफ़ एलिमेंट्स लिखने के लिए प्रेरित किया, जिससे भवन निर्माताओं का ज्ञान औपचारिक बना।

"विट्रूवियस के मैन्युअल *डी आर्किटेक्चरा* पर एक निगाह डालें, जो आर्किटेक्ट्स की बाइबल है और यूक्लिड की एलिमेंट्स पुस्तक के लगभग तीन सौ साल बाद लिखी गई थी," तालेब कहते हैं। 'इसमें बहुत कम औपचारिक ज्यामिति है और ज़ाहिर है यूक्लिड का कोई ज़िक्र नहीं है। इसका ज़्यादातर ज्ञान अनुमान पर आधारित है और वैसा ज्ञान है, जो किसी कुशल व्यक्ति द्वारा अपने प्रशिक्षुओं को मार्गदर्शन देने से मिलता है... निर्माता आधुनिक युग में उपलब्ध जटिल समीकरणों के बिना ही सामग्री के प्रतिरोध का अनुमान लगा सकते थे - और उनकी इमारतें ज़्यादातर मामलों में अब भी खड़ी हुई हैं।

इन उदाहरणों से यह साबित नहीं होता है कि सैद्धांतिक ज्ञान निरर्थक है। वास्तविकता इसके विपरीत है। अवधारणात्मक संरचना सबसे व्यावहारिक लोगों के काम करने के लिए भी अति आवश्यक है। कई परिस्थितियों में नए सिद्धांत सीधे प्रौद्योगिकी क्रांतियों की ओर ले गए हैं (जैसे सापेक्षता के सिद्धांत से उत्पन्न एटम बम)।

यहाँ असली मुद्दा गति है। सैद्धांतिक परिवर्तन एक फ़ीडबैक प्रक्रिया द्वारा संचालित होता है, जैसा हमने अध्याय 3 में देखा था : विज्ञान असफलता से सीखता है, लेकिन जब कोई सिद्धांत असफल होता है, जैसे मान लें, जब यूनीलीवर के गणितज्ञ एक कार्यकुशल नोज़ल डिज़ाइन बनाने की कोशिश में नाकाम रहे, तो एक नए, सबको शामिल करने वाले सिद्धांत को बनाने में समय लगता है। व्यावहारिक ज्ञान हासिल करने के लिए आपको बस एक नए तरीक़े से प्रयोग करने की ज़रूरत होती है। उठापटक करना, मोड़ना, घुमाना, व्यावहारिक ग़लतियों से सीखना - ये सभी तुरंत हो सकते हैं। सैद्धांतिक छलाँगें हालाँकि विलक्षण होती हैं, लेकिन वे अपेक्षाकृत कम बार होती हैं।

अंततः प्रौद्योगिकी प्रगति सैद्धांतिक और व्यावहारिक ज्ञान की एक जटिल पारस्परिक क्रिया है, जिनमें से प्रत्येक दूसरे को एक ऊर्ध्वगामी चक्र में सूचित करता है,* लेकिन हम अक्सर इस परिवर्तन के अप्रिय, पुनरावृत्तीय, नीचे से ऊपर के पहलू को नज़रअंदाज़ कर देते हैं, क्योंकि संसार को ऊपर से नीचे की शैली में जानना आसान होता है। हम नीचे से इसकी खोज करने के बजाय इसे ऊपर से समझने की कोशिश करते हैं।

आप इस दृष्टिकोण की बुनियादी रूपरेखा आर्टफ़िशल इन्टेलिजन्स के आधुनिक इतिहास में भी देख सकते हैं। जब शतरंज के ग्रैंडमास्टर गैरी कास्पारोव को डीप ब्लू ने 1997 में 'मशीन की मशहूर विजय' में हरा दिया, तो इससे तूफ़ान खड़ा हो गया। इसकी लोकप्रिय व्याख्या थी 'कंप्यूटर इंसान से बेहतर हैं!'

वास्तव में, असली हैरानी की बात तो यह थी कि कास्पारोव इतने क़रीब कैसे पहुँच गए। इंसान एक सेकंड में केवल तीन चालों तक ही खोज सकते हैं। डीप ब्लू एक सेकंड में 200 मिलियन चालें खोज सकता था। इसे विभिन्न संभावनाओं की गहरी पड़ताल करने के लिए बनाया गया था, लेकिन अति महत्त्वपूर्ण बात यह है कि यह क्रमिक परिवर्तनों की विशाल संख्या की वजह से हर संभावना को नहीं खोज सकता था (शतरंज में एक निश्चित प्रकार की जटिलता होती है)। यही नहीं, हालाँकि शतरंज के भारी-भरकम ज्ञान से इसकी प्रोग्रामिंग की गई थी, लेकिन यह खेलते समय अपनी ग़लतियों से नहीं सीख सकता था।

इससे कास्पारोव को जूझने का अवसर मिला, क्योंकि उनके पास एक ऐसी चीज़ थी, जिसका कंप्यूटर में अभाव था : कोशिश और ग़लती के ज़रिये विकसित व्यावहारिक ज्ञान। वे बोर्ड पर मोहरों की जमावट को देखते ही लंबे अनुभव के आधार पर इसका अर्थ पहचान सकते थे और फिर तुरंत चालें

---

*दार्शनिक फ़्रांसिस बेकन ने इस प्रगतिशील पारस्परिक क्रिया को सत्रहवीं सदी में ही पहचान लिया था। अपनी पुस्तक नोवम ऑर्गैनम में वे लिखते हैं : "किसी व्यक्ति को विज्ञानों में ज़्यादा प्रगति की तलाश नहीं करनी चाहिए - ख़ास तौर पर उनके व्यावहारिक हिस्से में - जब तक कि प्राकृतिक दर्शन को ख़ास विज्ञानों पर लागू न किया जाए और ख़ास विज्ञान प्राकृतिक दर्शन की ओर दोबारा न लौटें।"

चुन सकते थे। व्यावहारिक ज्ञान की बदौलत ही वे लगभग विजय की ओर बढ़े, हालाँकि गणना के स्तर पर वे कंप्यूटर से बहुत कमज़ोर थे। डीप ब्लू ने सीरीज़ 3.5-2.5 से जीत ली।

लेकिन आर्टफ़िशल इन्टेलिजन्स तब से आगे बढ़ गई है। एक प्रचलित विचार है, जिसे *'अस्थायी फ़र्क़ सीखना'* कहा जाता है। जब डिज़ाइनरों ने ब्लैकगैमन खेलने के लिए टीडी-गैमन प्रोग्राम बनाया, तो उन्होंने इसे पहले से प्रोग्राम किया हुआ शतरंज का ज्ञान या गहरी खोज करने की क्षमता नहीं दी। इसके बजाय, यह चालें चलता था, भविष्यवाणी करता था कि आगे क्या होगा और फिर यह देखता था कि इसकी अपेक्षाएँ उम्मीद से कितनी दूर गईं। इससे यह अपनी अपेक्षाओं को अपडेट करने में समर्थ हुआ, जिन्हें यह अगले मैच में याद रखता था।

वास्तव में, टीडी-गैमन कोशिश और ग़लती पर आधारित प्रोग्राम था। इसे दिन-रात ख़ुद के ख़िलाफ़ खेलने के लिए छोड़ दिया गया था, जिससे इसने व्यावहारिक ज्ञान विकसित कर लिया। जब मानवीय विरोधियों से इसका मुक़ाबला कराया गया, तो इसने संसार के सर्वश्रेष्ठ लोगों को पछाड़ दिया। जिस सॉफ्टवेयर ने इसे ग़लती से सीखने में सक्षम बनाया था, वह बहुत उन्नत था, लेकिन इसकी मुख्य शक्ति यह थी कि इसे नींद लेने की ज़रूरत नहीं थी, इसलिए यह चौबीसों घंटे अभ्यास कर सकता था।

दूसरे शब्दों में, इसके पास ज़्यादा बार असफल होने का अवसर था।

III

इस सबका अभ्यास में क्या मतलब है और हम कंपनियों तथा अपने जीवन में विकासवादी प्रक्रिया का दोहन कैसे कर सकते हैं, इस पर नज़र डालने से पहले आइए एक प्रश्न से निपटते हैं, जो तुरंत उठता है : अगर हमारे पास अपनी मान्यताओं की जाँच करने का कोई किफ़ायती तरीक़ा हो, तो क्या यह *स्पष्ट* नहीं कि हमें अपनी मान्यताओं की जाँच करनी चाहिए? कोई व्यवसायी, नेता या खेल टीम ऐसा क्यों नहीं करना चाहेगी?

बहरहाल, यह पता चलता है कि परीक्षण के मामले में एक गहरी बाधा होती है, एक अवरोध होता है, जो हममें से कई लोगों को विकासवादी प्रक्रिया के लाभों का दोहन करने से रोकता है। इसका सारांश आसानी से बताया

जा सकता है, हालाँकि इसके परिणाम आश्चर्यजनक रूप से गहरे होते हैं : हमारे अंदर यह विचार डाल दिया जाता है कि संसार वास्तविकता से ज़्यादा सरल है। और अगर संसार सरल है, तो परीक्षण या जाँच करने की झंझट क्यों पालना? अगर हमारे पास पहले से ही जवाब हैं, तो हम उन्हें चुनौती देने की ज़रूरत क्यों महसूस करेंगे?

अपने आस-पास की जटिलता को कम आँकने की यह प्रवृत्ति अब मानव मनोविज्ञान का ऐसा पहलू है, जिसका अच्छी तरह अध्ययन किया गया है। यह प्रवृत्ति आंशिक तौर पर तथाकथित कथात्मक भ्रांति पर आधारित है। यह शब्दावली दार्शनिक नासिम निकोलस तालेब ने गढ़ी थी और इसका अध्ययन नोबेल पुरस्कार विजेता डेनियल काहनेमैन ने किया है : यह हमारी इस प्रवृत्ति को बताता है कि हम जो देखते हैं, उसके बारे में *घटना के बाद* कहानियाँ गढ़ लेते हैं।

आप कथात्मक भ्रांति को सक्रिय रूप में तब देखते हैं, जब कोई अर्थशास्त्री शाम की न्यूज़ में आकर बताता है कि दिन में शेयर बाज़ार एक ख़ास दिशा में क्यों गया। उसके तर्क अक्सर बेदाग़ ढंग से पेश किए जाते हैं। वे सहज बोध से भरपूर और समझने में आसान होते हैं, लेकिन उनसे एक सवाल उठता है : अगर शेयर बाज़ार की गतिविधियों को समझना इतना ही आसान है, तो वह पहले से इसकी गतिविधियों की भविष्यवाणी क्यों नहीं कर पाया? वह आमतौर पर बाद में ही सारा ज्ञान या जानकारी क्यों देता है?

कथात्मक भ्रांति का एक और उदाहरण खेल विशेषज्ञों के क्षेत्र में देखा जाता है। दिसंबर 2007 में इटली के फ़ेबियो केपेलो इंग्लैंड फ़ुटबॉल टीम के मुख्य कोच बने। वे बहुत अनुशासनपसंद थे। उन्होंने खिलाड़ियों को बैठकों में पाँच मिनट पहले आने का आदेश दिया, मोबाइल फ़ोनों पर पाबंदी लगा दी और कैंटीन में टमाटो केचप पर भी प्रतिबंध लगा दिया। ये काम काफ़ी लोगों की निगाह में आए और इनका काफ़ी प्रचार हुआ। इसे मनोवैज्ञानिक 'सेलिएंस' यानी ख़ासियत कहते हैं। और मैदान में परिणाम शुरुआत में बहुत अच्छे दिख रहे थे।

शाम की न्यूज़ वाले अर्थशास्त्रियों की तरह ही फ़ुटबॉल पत्रकार भी टीम की सफलता को स्पष्ट करने के लिए एक सरल और विश्वसनीय कहानी बताने लगे : यह केपेलो के दबंग अंदाज़ का परिणाम था। उनके तौर-तरीक़ों की भूरि-भूरि प्रशंसा की गई। आख़िरकार एक कोच आ गया

था, जो खिलाड़ियों को लात मारकर सही करता था! आख़िरकार एक कोच आ गया था, जिसने इन मक्कारों को अनुशासन का पाठ पढ़ा दिया था! एक प्रशंसात्मक हेडलाइन में लिखा था : 'बॉस!'

लेकिन फ़ुटबॉल की सबसे बड़ी प्रतिस्पर्धा फ़ीफ़ा वर्ल्ड कप में इंग्लैंड की टीम चारों खाने चित्त हो गई। यह क्वालिफ़ाइंग अवस्था में डगमगाती रही और फिर जर्मनी ने इसे 4–1 से हराकर निर्णायक रूप से बाहर निकाल दिया। लगभग तुरंत ही कहानी को उलट दिया गया। केपेलो बहुत सख़्त थे! वे खेल का आनंद ख़त्म कर रहे थे! इतालवी कोच हमारे खिलाड़ियों के साथ बच्चों जैसा व्यवहार कर रहा है! कई फ़ुटबॉल पत्रकारों ने तो इस बात पर ग़ौर भी नहीं किया कि उन्होंने उसी कारण से इसके विपरीत परिणामों की व्याख्या की थी।

यही कथात्मक भ्रांति की शक्ति है। हम जो देखते हैं, उसे निश्चित लीक में ढालने के लिए इतने उत्सुक होते हैं, व्याख्या करने के इतने आदी होते हैं कि हम असंगति को देखे बिना उसी कारण का हवाला देकर विपरीत परिणामों की 'व्याख्या' करने में सक्षम होते हैं।

वास्तव में फ़ुटबॉल में इंग्लैंड के सफल या असफल परिणाम कोच के कार्यों की बदौलत नहीं, बल्कि ढेर सारे घटकों की बदौलत मिले थे, जिनकी पहले से भविष्यवाणी नहीं की जा सकती थी। इसीलिए फ़ुटबॉल पत्रकार, जो मैच के बाद यह व्याख्या करने में प्रतिभाशाली होते हैं कि टीमें क्यों हारीं या जीतीं, इस बारे में पहले से भविष्यवाणी करने में नौसिखियों से ज़्यादा बेहतर नहीं होते हैं कि कौन हारने या जीतने वाला है। डेनियल काहनेमैन ने कहा है :

> कथात्मक भ्रांतियाँ संसार को समझने की हमारी सतत कोशिश से अवश्यंभावी रूप से उत्पन्न होती हैं। लोगों को मनमोहक लगने वाली व्याख्यात्मक कहानियाँ सरल होती हैं। वे अमूर्त होने के बजाय ठोस होती हैं; वे प्रतिभा, मूर्खता और इरादों को क़िस्मत से ज़्यादा श्रेय देती हैं और होने वाली चंद आश्चर्यजनक घटनाओं पर ध्यान केंद्रित करती हैं तथा न होने वाली असंख्य घटनाओं को नज़रअंदाज़ कर देती हैं। कोई भी प्रमुख घटना कारण बताने वाली कहानी का बीज बनने का उम्मीदवार होती है।

लेकिन ज़रा इस बारे में सोचें कि वास्तविक संसार में इसका क्या मतलब है। अगर हम संसार को सरल मानते हैं, तो हम यह अपेक्षा रखेंगे कि इसे समझने के लिए जाँच करने और सीखने की कोई ज़रूरत ही नहीं है। वास्तव में कथात्मक भ्रांति हमें नीचे से ऊपर के बजाय ऊपर से नीचे की ओर वाले पूर्वाग्रह से ग्रस्त कर देती है। अपने आभासों, अपने विद्यमान ज्ञान और अपने सामने की समस्याओं के बारे में हम ख़ुद को जो कहानियाँ बताते हैं, हम उन पर विश्वास कर लेते हैं। हम अपनी मान्यताओं की जाँच करने, उनके दोष देखने और सीखने के उतने इच्छुक नहीं होते हैं।

लेकिन यह प्रवृत्ति कंपनियों और प्रणालियों के मनोवैज्ञानिक ढाँचे को बदल देती है। जैसा हम देख चुके हैं, कई लोग जिस सबसे बड़ी मुश्किल का सामना करते हैं, वह यह है कि वे अपनी व्यक्तिगत असफलताओं को स्वीकार नहीं करते हैं और उनसे नहीं सीखते हैं। हम संज्ञानात्मक असंगति को देख चुके हैं, जो इतनी गंभीर बन जाती है कि हम अक्सर अपनी ग़लतियों को दोबारा गढ़ लेते हैं, बुन देते हैं और कई बार तो उन्हें संपादित करके हटा ही देते हैं।

अब यूनीलीवर के जीवविज्ञानियों के बारे में सोचें। उन्होंने असफल नोज़लों को असफलता नहीं माना, क्योंकि वे सीखने का हिस्सा थे। उन सारे अस्वीकृत डिज़ाइनों को संचित चयन की उनकी रणनीति के लिए केंद्रीय माना गया था, उनके विवेक पर अभियोग नहीं माना गया था। वे जानते थे कि उन्हें दर्जनों असफलताएँ मिलेंगी और इसलिए वे उनसे हतोत्साहित नहीं हुए थे।

लेकिन जब हम ग़लती से संसार को वास्तविकता से ज़्यादा सरल मानने लगते हैं, तो हम न सिर्फ़ अपनी ऊपर से नीचे की रणनीतियों और मान्यताओं की जाँच करने का प्रतिरोध करते हैं, बल्कि हम ज़्यादा रक्षात्मक भी बन जाते हैं, जब हमारे साथी या डाटा उन्हें चुनौती देता है। अगर संसार सरल है, तो आप काफ़ी मूर्ख होंगे, जो इसे नहीं समझ पाए।

उड्डयन और स्वास्थ्य सेवा के फ़र्क़ के बारे में सोचें। उड्डयन में जटिलता के प्रति गहरा सम्मान होता है। पायलट और प्रणाली विशेषज्ञ गहराई से जानते हैं कि वे एक ऐसे संसार से निपट रहे हैं, जिसे वे पूरी तरह नहीं समझते हैं और कभी समझ भी नहीं पाएँगे। वे असफलताओं को प्रणाली की जटिलता और इसे समझने की उनकी क्षमता के बीच की असमानता के अवश्यंभावी परिणाम मानते हैं।

यह ग़लतियों की असंगति को कम कर देता है, सिमुलेटर्स तथा बाक़ी जगहों पर मान्यताओं की जाँच करने की प्रेरणा को बढ़ा देता है और जब लोग चिंता के मुद्दे देखते हैं, तो उन्हें बताने को 'सुरक्षित' बना देता है। यह पूरी प्रणाली असफलता को रोकने के बारे में है, ग़लतियों को होने से रोकने के लिए हर संभव चीज़ करने के बारे में है, लेकिन इसके साथ ही यह अहसास भी रहता है कि असफलताएँ, एक मायने में, 'सामान्य' हैं।

स्वास्थ्य सेवा में मान्यताएँ बहुत अलग होती हैं। यहाँ असफलताओं को जटिलता का अवश्यंभावी परिणाम नहीं माना जाता है, बल्कि उन्हें व्यक्तियों की असफलताओं के रूप में देखा जाता है, ख़ासतौर पर वरिष्ठ डॉक्टरों द्वारा, जिनका आत्म-गौरव उनके हमेशा सफल होने की धारणा से जुड़ा होता है। शक्तिशाली अहं की वजह से चिंताओं के बारे में बोलना मुश्किल होता है। परिणाम आसान है : प्रणाली विकसित नहीं हो पाती है।

अब आइए इन जानकारियों को असल संसार में ले चलते हैं, ख़ासतौर पर उच्च प्रौद्योगिकी के तेज़ी से बढ़ते हुए उद्योग में।

IV

ड्रयू ह्यूस्टन कुंठित हो रहे थे। वे मैसाचुसेट्स के युवा कंप्यूटर प्रोग्रामर थे और उनके मन में एक हाई-टेक कंपनी शुरू करने का सृजनात्मक विचार आया था। यह ऑनलाइन फ़ाइल शेयरिंग और स्टोरेज सेवा का विचार था, जो फ़ाइलों को अपलोड करके सभी कंप्यूटरों तथा उपकरणों पर पहुँचा देती थी।

ह्यूस्टन के दिमाग़ में यह विचार बोस्टन से न्यू यॉर्क की बस यात्रा के दौरान आया। अपना लैपटॉप खोलते ही उन्हें यह अहसास हुआ कि वे अपनी पेन ड्राइव घर भूल आए थे, जिसका मतलब था कि वे उस काम को नहीं कर सकते थे, जो वे करना चाहते थे। उन्होंने कहा, "मेरे पास कामों की काफ़ी बड़ी सूची थी, जिसे मैं निपटाना चाहता था। मैंने अपनी जेबें टटोलीं कि कहीं पेन ड्राइव वहाँ तो नहीं रखी थी, लेकिन कुछ समय में ही यह स्पष्ट हो गया कि मैं अपनी पेन ड्राइव भूल आया था। मैंने सोचा कि मैं इस तरह की समस्या दोबारा कभी नहीं चाहता।"

वे ख़ुद से इतने नाराज़ थे कि कुछ कोड लिखने लगे, जिससे पेन ड्राइव की ज़रूरत ही ख़त्म हो जाए, फिर उन्हें अहसास हुआ कि इस नवाचार से

तो हर व्यक्ति को लाभ हो सकता है। उन्होंने कहा, "यह समस्या मेरे अकेले की नहीं थी, यह तो हर के सामने आती थी। इस तरह का प्रॉडक्ट अच्छी तरह बिक सकता था।"

ह्यूस्टन ने वेंचर कैपिटल कंपनियों के चक्कर लगाए, लेकिन वे सब एक ही समस्या बताते रहे। स्टोरेज और फ़ाइल शेयरिंग के बाज़ार में पहले से ही काफ़ी भीड़ थी। ह्यूस्टन ने स्पष्ट किया कि इन वैकल्पिक प्रॉडक्ट्स का शायद ही कभी इस्तेमाल किया जाता था, क्योंकि वे जटिल और समयखाऊ थे। उन्होंने कहा कि वे एक सरल प्रॉडक्ट बनाने जा रहे हैं, जो सबसे अलग हटकर होगा, लेकिन उनके इस दावे के बावजूद वे वेंचर कैपिटल हासिल नहीं कर पाए।

'शुरुआती पैसा इकट्ठा करना एक चुनौती थी, क्योंकि ये निवेशक कहते थे : "स्टोरेज कंपनियाँ सैकड़ों की तादाद में हैं। संसार को एक और स्टोरेज कंपनी की ज़रूरत क्यों है?" मैं जवाब देता था : "हाँ, बाज़ार में ढेरों कंपनियाँ हैं, लेकिन क्या आप उनमें से किसी का इस्तेमाल करते हैं?" और हमेशा वे जवाब देते थे : "अरे नहीं।"

ह्यूस्टन इतने समझदार थे कि वे अच्छी तरह जानते थे कि उनके प्रॉडक्ट की सफलता की शत-प्रतिशत गारंटी नहीं थी। उपभोक्ता सचमुच कोई प्रॉडक्ट ख़रीदेंगे या नहीं, यह भविष्यवाणी करना अक्सर अँधेरे में तीर चलाने जैसा होता है, लेकिन उन्हें अपने विचार की सफलता पर काफ़ी विश्वास था और वे इसकी कोशिश करना चाहते थे। बहरहाल, एक साल बाद वे सोचने लगे कि क्या वे कभी यह कोशिश कर पाएँगे। वे हताशा के बहुत क़रीब थे।

आइए पल दो पल के लिए ह्यूस्टन को छोड़कर दो अन्य टेक उद्यमियों पर नज़र डालते हैं - आंद्रे वैनियर और माइक स्लेमर, जो एक अलग प्रकार की समस्या से जूझ रहे थे। उनके दिमाग़ में 1-800-411-SAVE नामक मुफ़्त ऑनलाइन जानकारी सेवा का विचार था। ह्यूस्टन के विपरीत उनके पास सॉफ्टवेयर बनाने के लिए पर्याप्त पैसा था, लेकिन कोड कैसे लिखा जाए, इस बारे में उनके विचार बहुत अलग-अलग थे, जैसा लेखक पीटर सिम्स अपनी पुस्तक *लिटिल बेट्स* में बताते हैं।

वैनियर मैकिन्ज़ी के पूर्व परामर्शदाता थे और वे सोच रहे थे कि उन्हें ऑफ़िस में पर्याप्त समय लगाकर सॉफ्टवेयर को बिल्कुल सही बना लेना

चाहिए, ताकि उन करोड़ों उपयोगकर्ताओं को कोई असुविधा न हो, जिन्हें वे आकर्षित करने की उम्मीद कर रहे थे। उन्हें यक़ीन था कि उनकी कंपनी के कर्मचारियों में भारी योग्यता थी और अगर उन्हें समय दिया जाए, तो वे एक ऐसा सॉफ्टवेयर तैयार कर लेंगे, जिसमें एक भी गड़बड़ न हो और जो पूरी तरह से आदर्श हो। यह विकास संबंधी पुराना दृष्टिकोण है, जिसमें ऊपर से नीचे की कठोर योजना पर ज़ोर दिया जाता है।

स्लेमर का दृष्टिकोण अलग था। वे पहले ही दो टेक कंपनियाँ शुरू कर चुके थे और उन्हें एक गहरी चीज़ का अहसास हो चुका था : पहली बार में आदर्श कोड बनाना लगभग असंभव होता है। जब लोग सॉफ्टवेयर का इस्तेमाल करने लगते हैं, इस पर दबाव डालते हैं, तब कहीं जाकर आपको इसकी ऐसी कमियाँ और बग्स दिखाई देते हैं, जिनकी आप पहले से कभी उम्मीद नहीं कर सकते थे। वे मानते थे कि बस एक अच्छा सा कोड बाज़ार में उतार दें और कोशिश व ग़लती की प्रक्रिया शुरू कर दें। इससे आपको नई जानकारी मिलेगी, जिसकी मदद से आप प्रगति कर सकते हैं। उन्होंने वैनियर से पूछा, आपके पास जब एक भी उपयोगकर्ता नहीं है, तो आप हर प्रश्न का जवाब देने की कोशिश क्यों कर रहे हैं?

स्लेमर और वैनियर के बीच की बहस यूनीलीवर में जीवविज्ञानियों और गणितज्ञों के बीच की विषमता की गूँज है (और अमूर्तता के ज़्यादा ऊँचे स्तर पर प्रगति के बारे में कीले के विचार और उन लोगों के विचारों के बीच, जो सोचते हैं कि प्रगति हमेशा सैद्धांतिक तरक़्क़ी से प्रेरित होती है) : यह ऊपर से नीचे की प्रक्रिया को नीचे से ऊपर की प्रक्रिया के ख़िलाफ़ खड़ा करना है। वैनियर चाहते थे कि ब्लूप्रिंट के ज़रिये हर चीज़ सही हो, जबकि स्लेमर इसकी त्वरित जाँच करना चाहते थे और फिर तेज़ी से पुनरावृत्ति करना चाहते थे, ताकि उन्हें उपभोक्ताओं से फ़ीडबैक मिलता रहे और नई जानकारी हासिल होती रहे। वे अपनी मान्यताओं का परीक्षण करना चाहते थे।

स्लेमर के तर्क जीत गए। कंपनी ने शुरुआती सॉफ्टवेयर बाज़ार में उतार दिया। इसके बाद के तर्क-वितर्क में उन्हें अवश्यंभावी दोषों की जानकारी तेज़ी से मिली। उन्हें बड़े खंड दोबारा लिखने पड़े, उन्होंने नई जानकारी सीखी, जो बढ़ते उपयोगकर्ताओं के सीधे अनुपात में बढ़ी। अंततः उन्होंने अपने उद्योग का संभवतः सबसे ज़्यादा परिष्कृत सॉफ्टवेयर विकसित कर लिया।

"हालाँकि उन्होंने बहुत ज़्यादा बड़ी, बहुत ज़्यादा धनाढ्य कंपनियों के ख़िलाफ़ प्रतिस्पर्धा की... लेकिन वे लगातार नई विशेषताओं और सेवाओं को पहचानने में अव्वल रहे, जैसे संचालन की दिशाएँ और एकीकृत वेब-फ़ोन विज्ञापन ऑफ़र्स," कंपनी की प्रगति पर प्रकाश डालते हुए टेक लेखक पीटर सिम्स ने कहा। "जैसा वैनियर बताते हैं, हमारा प्रतिस्पर्धी जितने समय में एक विशेषता जोड़ता है, अगर उतने समय में वे दस विशेषताएँ जोड़ सकें, तो उनके पास यह पता लगाने के लिए दस गुना ज़्यादा अनुभव होगा कि ग्राहक स्वीकृति के संदर्भ में क्या असफल हुआ है और क्या सफ़ल हुआ है।"

यह कहानी 'आदर्शवाद' या 'पूर्णतावाद' के ख़तरों की ओर संकेत करती है : पहली बार में चीज़ों को सही करने की कोशिश करना। सिलिकॉन वैली में रहने वाले प्रतिभाशाली कंप्यूटर वैज्ञानिक रिक की कहानी इस समस्या को और भी ज़्यादा स्पष्टता से रेखांकित करेगी।

रिच के मन में एक ऐसी वेब सर्विस शुरू करने का विचार था, जिससे लोग अपने लेख ऑनलाइन प्रकाशित कर सकें। यह विचार उनके मन में ब्लॉगिंग क्रांति से काफ़ी पहले आ गया था। उन्होंने भाँप लिया कि यह बहुत बड़ा अवसर है, इसलिए वे हर दिन इस पर पंद्रह घंटे मेहनत करते थे। जल्दी ही उन्होंने एक कामकाजी नमूना बना लिया, लेकिन उपभोक्ताओं को इसके इस्तेमाल का अवसर देने के बजाय, इसकी कमज़ोरियों को इंगित करने के बजाय और फिर परिवर्तन करने के बजाय उन्होंने निर्णय लिया कि अगर वे ज़्यादा परिष्कृत प्रोग्रामिंग भाषा तैयार कर लें, तो उनका सॉफ्टवेयर ज़्यादा अच्छी तरह चलेगा। उन्होंने इस नई भाषा को तैयार करने में चार साल लगा दिए। यह रणनीति अनर्थकारी साबित हुई। दो मनोवैज्ञानिकों र्‍यान बैबिनिऑक्स और जॉन क्रमबोल्ट्ज़ ने लिखा है :

> अगले चार सालों तक वे तकनीकी विवरणों के दलदल में गहराई तक धँसते चले गए और उन्होंने अपने मौलिक विचार से निगाह हटा ली। इस दौरान बाक़ी उद्यमी ब्लॉगिंग प्लेटफ़ार्म बनाने लगे, जो न तो आदर्श थे, न ही प्रौद्योगिकी की दृष्टि से उन्नत थे। फ़र्क़ यह था कि उन्होंने अपने दोषपूर्ण प्रयास जल्दी ही संसार के सामने रख दिए, ताकि दूसरे कोशिश कर सकें। ऐसा करने से उन्हें अति

> महत्त्वपूर्ण फ़ीडबैक मिला, उनके सॉफ्टवेयर का विकास हुआ और उन्होंने मिलियनों डॉलर कमाए।

पूर्णता की इच्छा दो भ्रांतियों पर टिकी होती है। पहली यह ग़लत अनुमान है कि आप बेडरूम में बैठकर या दुनिया से दूर बैठकर सर्वश्रेष्ठ समाधान तैयार कर सकते हैं और चीज़ों को पूरी तरह से सोच सकते हैं। असल संसार में कूदकर अपनी मान्यताओं की जाँच किए बिना आपको उनके दोषों का पता चल ही नहीं सकता। यह ऊपर से नीचे की प्रक्रिया को ज़्यादा महत्त्व देने की समस्या है।

दूसरी भ्रांति है असफलता का डर। पहले हमने ऐसी स्थितियों को देखा था, जहाँ लोग असफल होने के बाद अपनी असफलताओं को या तो नज़रअंदाज़ कर देते हैं या उन्हें छिपा लेते हैं। पूर्णतावाद कई मायनों में ज़्यादा अतिवादी होता है। आप डिज़ाइन बनाने और रणनीति बनाने में इतना ज़्यादा समय बर्बाद करते हैं कि आपको असफल होने का मौक़ा ही नहीं मिलता, कम से कम तब तक, जब तक बहुत ज़्यादा देर नहीं हो जाती। यह बंद फंदे वाला व्यवहार होता है। आप गड़बड़ करने के बारे में इतने ज़्यादा चिंतित होते हैं कि आप कभी खेल के मैदान में ही नहीं पहुँच पाते हैं।

अपनी पुस्तक *आर्ट ऐंड फ़ियर* में डेविड बेल्स और टेड ऑरलैंड एक सिरेमिक शिक्षक की कहानी बताते हैं, जिन्होंने टर्म के पहले ही दिन विद्यार्थियों को दो समूहों में बाँट दिया था। आधों को यह बताया गया कि उन्हें उनके बताए बर्तनों की संख्या के आधार पर ग्रेड दिया जाएगा। टर्म के आख़िरी दिन शिक्षक ने कहा कि वे तराजू लेकर क्लास में आएँगे और उनके बनाए बर्तनों को तौलेंगे। 50 पौंड वज़न वाले बर्तनों पर उन्हें ए मिलेगा, 40 पौंड पर बी आदि। बाक़ी आधे विद्यार्थियों को गुणवत्ता के आधार पर ग्रेड मिलने वाले थे। उन्हें बस एक आदर्श बर्तन लाना था।

परिणाम चौंकाने वाले थे : सर्वोच्च गुणवत्ता वाले सारे बर्तन उस समूह ने बनाए थे, जिसकी ग्रेडिंग *संख्या* के आधार पर हुई थी। जैसा बेल्स और ऑरलैंड ने कहा, "ऐसा नज़र आता है कि जब 'संख्या' वाला समूह ढेर सारे बर्तन बनाने और अपनी ग़लतियों से सीखने में में व्यस्त था, तब 'गुणवत्ता' वाला समूह बैठकर पूर्णता के बारे में सिद्धांत बना रहा था और

अंत में इसके पास दिखाने के लिए ज़्यादा कुछ नहीं था, सिर्फ़ ऊँचे-ऊँचे सिद्धांत थे और मुर्दा मिट्टी का ढेर था।'

आप इसे राजनीति में भी देखते हैं। नेता बहुत सारे सिद्धांत (जो विचारधारा के क़रीब होते हैं) लेकर आते हैं, जैसे स्कूल यूनिफ़ॉर्म पहनने से अनुशासन बेहतर होता है। वे मनोवैज्ञानिकों से बात करते हैं और उच्च-स्तरीय बैठकों में इस मुद्दे पर वाद-विवाद करते हैं। यह एक व्यापक, ऊपर से नीचे तक की प्रक्रिया है, जो समय की बर्बादी है। अंत में उनके पास मुर्दा मिट्टी ही रह जाती है। इसके बजाय उन्हें एक परीक्षण आयोजित करना चाहिए, देखना चाहिए कि क्या काम करता है और क्या नहीं करता। वे ज़्यादा असफल होंगे, लेकिन इस वजह से ज़्यादा सीखेंगे भी।

मनोवैज्ञानिक बैबिनिऑक्स और क्रमबोल्ट्ज़ के पास उन लोगों के लिए कुछ अच्छी सलाह है, जो पूर्णतावाद की ग़लत दिशा में जाते हैं। इसमें नीचे दिए मंत्र शामिल हैं : "अगर मैं महान संगीतकार बनना चाहता हूँ, तो पहले मुझे बहुत सारा ख़राब संगीत बजाना होगा।" "अगर मैं महान टेनिस खिलाड़ी बनना चाहता हूँ, तो पहले मुझे बहुत सारे टेनिस मैच हारने होंगे।" "अगर मैं ऊर्जा-कार्यकुशल, न्यूनतावादी डिज़ाइनों के लिए मशहूर शीर्ष वाणिज्यिक आर्किटेक्ट बनना चाहता हूँ, तो पहले मुझे अकार्यकुशल, भद्दी इमारतें बनानी होंगी।"

कोशिश और ग़लती की प्रक्रिया जल्दी शुरू करने की धारणा हाई-टेक क्रांति से उत्पन्न एक बहुत शानदार विचार प्रदान करती है : *लीन स्टार्ट-अप* यानी छोटी कारोबारी शुरुआत। इस नीति में बहुत सारी विशिष्ट शब्दावली शामिल है, लेकिन इसकी नींव एक सरल विचार पर टिकी है : परीक्षण और अनुकूलन का महत्त्व। हाई-टेक उद्यमी अक्सर प्रतिभाशाली सिद्धांतवादी होते हैं। वे नींद में भी गणित की जटिल समस्याएँ हल कर सकते हैं, लेकिन लीन स्टार्ट-अप नीति इन योग्यताओं को असफलता के सबक़ों से मिश्रित करने के लिए विवश करती है।

यह कैसे होता है? शून्य से किसी प्रॉडक्ट को डिज़ाइन करने की बजाय ये हाई-टेक लोग 'मिनिमम वाएबल प्रॉडक्ट' यानी न्यूनतम व्यावहारिक प्रॉडक्ट या एमवीपी बनाने की कोशिश करते हैं। यह एक नमूना होता है, जिसमें अंतिम प्रॉडक्ट की पर्याप्त विशेषताएँ होती हैं, लेकिन इसका परीक्षण

शुरुआती प्रायोगिक उपभोक्ताओं पर किया जा सकता है (ऐसे उपभोक्ता, जो नए प्रॉडक्ट्स को शुरुआत में ख़रीदते हैं और बाज़ार में दूसरे लोगों को प्रभावित करते हैं)।

ये परीक्षण दो अति महत्त्वपूर्ण प्रश्नों का जवाब देते हैं। पहला बुनियादी है : क्या लोग हमारा प्रॉडक्ट ख़रीदेंगे? अगर एमवीपी प्रस्तावित अंतिम प्रॉडक्ट से पर्याप्त रूप से मेल खाता है, लेकिन शुरुआती प्रायोगिक उपभोक्ताओं में से कोई भी इसमें रुचि नहीं लेता है, तो आप यह पक्का विश्वास रख सकते हैं कि पूरी कारोबारी योजना फाड़ने लायक़ है। सकारात्मक बात यह है कि आपने जल्दी असफल होकर अपना बहुत सारा समय और पैसा बचा लिया है।

लेकिन अगर एमवीपी संभव विजेता जैसा दिखता है, तो आप यह पता लगा सकते हैं कि इसे और बेहतर कैसे बनाया जा सकता है। यह दूसरा प्रश्न है, जिसका जवाब लीन स्टार्ट-अप नीति देती है। आप देख सकते हैं कि उपभोक्ता किन विशेषताओं को पसंद करते हैं और किन्हें पसंद नहीं करते। जब आप प्रॉडक्ट को अंतिम रूप देते हैं, तो आप अपनी शुरुआती अवधारणा के दोष देख सकते हैं और इसकी मान्यताओं में बदलाव कर सकते हैं। दूसरे शब्दों में, आपने विकासवादी प्रक्रिया को व्यवसाय की संरचना में अच्छी तरह बुन दिया है।

और यहाँ हम एक बार फिर ड्रयू ह्यूस्टन के पास चलते हैं। आपको याद होगा, उनकी समस्या यह थी कि वे फ़ाइल शेयरिंग वाले विचार को शुरू करने के लिए पर्याप्त धनराशि नहीं जुटा पा रहे थे। निवेशकों को विश्वास नहीं था कि उनका विचार कामयाब हो पाएगा।

इससे भी बदतर बात यह थी कि इसका कामकाजी नमूना बनाना मुश्किल था। ह्यूस्टन का बुनियादी आग्रह यह था कि उनका फ़ाइल शेयरिंग प्रॉडक्ट अपने महत्त्व को तभी साबित कर पाएगा, जब यह बहुत से प्लेटफ़ॉर्मों और ऑपरेटिंग सिस्टमों के साथ सुचारू रूप से काम कर सके। न्यूनतम रूप में ऐसा करने के लिए भी बहुत सारे काम की ज़रूरत थी और विभिन्न प्रणालियों का गहरा ज्ञान हासिल करना ज़रूरी था।

लेकिन ह्यूस्टन के दिमाग़ में एक विचार कौंधा। उन्हें अहसास हुआ कि यह ज़रूरी नहीं है कि एमवीपी सचमुच कामकाजी नमूना हो। इसे तो बस

अंतिम प्रॉडक्ट की बुनियादी विशेषताएँ बताना है। अगर यह विशेषताओं को अच्छी तरह बता देता है, तो इससे पता चल जाएगा कि उपभोक्ता सचमुच इसे ख़रीदना चाहते हैं या नहीं। इस तरह कोशिश और ग़लती की प्रक्रिया शुरू हो जाएगी।

इसलिए ह्यूस्टन ने एक वीडियो बनाया, जिसमें यह दिखाया गया कि प्रॉडक्ट वास्तव में कैसे काम करेगा। कोई सॉफ्टवेयर नहीं था, कोई कोड नहीं था, लेकिन अपने एमवीपी के लिए उन्हें इसकी ज़रूरत भी नहीं थी। आख़िर, आप किसी सॉफ्टवेयर को ख़रीदने का निर्णय कैसे लेते हैं? आप अक्सर इसे चलाने वाले और इसकी तारीफ़ों के पुल बाँधने वाले व्यक्ति के पीछे खड़े होकर देखते हैं कि यह क्या करता है। ह्यूस्टन ने अपने वीडियो में बिल्कुल यही किया।

प्रौद्योगिकी उद्यमी और लेखक ऐरिक रिएस कहानी को आगे बढ़ाते हैं :

> वीडियो अत्यंत साधारण था। यह उस प्रौद्योगिकी का आसान तीन-मिनट का प्रदर्शन था कि यह कैसे काम करेगी, लेकिन इसका लक्ष्य शुरुआती प्रायोगिक उपभोक्ताओं का समुदाय था। वीडियो में ड्रयू ने ख़ुद वर्णन किया था और जब वे बोल रहे थे, तो दर्शक को उनकी स्क्रीन दिखती है। जब वे विभिन्न प्रकार की फ़ाइलों का वर्णन करते हैं, जिन्हें वे सिन्क्रोनाइज़ करना चाहेंगे, तो दर्शक यह देख सकता है कि उनका माउस उनके कंप्यूटर का कैसे उपयोग करता है। ज़ाहिर है, अगर आप ध्यान दे रहे हैं, तो आप ग़ौर करने लगते हैं कि वे जो फ़ाइलें इस्तेमाल कर रहे हैं, वे चुटकुलों और मज़ाकिया संदर्भों वाली हैं, जिन्हें शुरुआती पीढ़ी के इस समुदाय ने पसंद किया।

परिणाम आश्चर्यजनक थे। ह्यूस्टन ने कहा, “इसकी वजह से लाखों लोग वेबसाइट पर पहुँच गए। हमारी बीटा प्रतीक्षा सूची 5,000 लोगों से रातोंरात बढ़कर 75,000 पर पहुँच गई। यह देखकर हमने दाँतों तले अँगुलियाँ दबा लीं।”

ह्यूस्टन ने यह साबित कर दिया था कि लोग उनके प्रॉडक्ट को ख़रीदना चाहते थे। इससे वे ज़्यादा पूँजी इकट्ठी करने में सक्षम बने और

विश्वास के साथ प्रॉडक्ट बना सके, लेकिन इसने उन्हें शुरुआती प्रायोगिक उपभोक्ताओं का फ़ीडबैक लेने, व्यावहारिक ज्ञान हासिल करने और प्रॉडक्ट को तराशने में भी सक्षम बनाया। यही लीन स्टार्ट-अप का महत्त्व है।

एक और प्रौद्योगिकी उद्यमी निक स्विनमर्न ने एक अलग एमवीपी बनाया। उनका अनुमान था कि जूतों के आकर्षक संग्रह को ख़रीदने के लिए संसार को एक वेबसाइट की ज़रूरत है। वे यह काम सामान्य तरीक़े से भी कर सकते थे : मिलियनों डॉलर की पूँजी इकट्‌ठी करना, जूतों का विशाल स्टॉक रखना और विभिन्न निर्माताओं से संबंध बनाना : यानी पूरी कंपनी को शुरू से लेकर ब्लूप्रिंट तक बनाना। दूसरे शब्दों में, ऊपर से नीचे।

इसके बजाय उन्होंने विभिन्न दुकानों में जाकर पूछा कि क्या वे उनके जूतों के फ़ोटो ले सकते हैं। जब दुकानदारों ने उन्हें फ़ोटो खींचने और उन्हें ऑनलाइन पोस्ट करने की अनुमति दे दी, तो स्विनमर्न ने कहा कि अगर ग्राहकों ने रुचि ली, तो वे लौटकर पूरी क़ीमत पर जूते ख़रीद लेंगे। इस प्रक्रिया का लाभ यह हुआ कि स्विनमर्न तथाकथित महत्त्व परिकल्पना की जाँच कर पाए : क्या ग्राहक जूतों को सचमुच ऑनलाइन ख़रीदना चाहते हैं? बाद में यह पता चला कि वे सचमुच चाहते थे।

लेकिन उन्हें बाक़ी बहुत सारी चीज़ें भी पता चलीं। असली ग्राहकों से बातचीत करके उन्होंने ऐसी चीजें सीखीं, जिनकी कल्पना वे पहले से नहीं कर सकते थे। उन्हें वापसी, शिकायतों और ऑनलाइन भुगतान लेने से निपटना था। रिएस लिखते हैं, “यह बाज़ार शोध से निश्चित रूप से अलग है। अगर स्विनमर्न ने विद्यमान बाज़ार शोध पर भरोसा किया होता या सर्वे आयोजित किया होता, तो यह पूछ सकता था कि ग्राहक क्या चाहते हैं। इसके बजाय एक आसान सा प्रॉडक्ट बनाकर कंपनी ने बहुत ज़्यादा सीखा।”

2009 में स्विनमर्न ने अपनी कंपनी ज़ैप्पोज़ ऐमज़ॉन को 1.2 अरब डॉलर में बेच दी।

स्टीव जॉब्स एक ऐसे इंसान हैं, जिनकी भविष्यदृष्टि की बहुत प्रशंसा की जाती है। फ़ीडबैक और पुनरावृत्ति में उनकी रुचि नहीं थी। वे तो संसार को बदलना चाहते थे। हम इस बारे में अध्याय 10 में पड़ताल करेंगे कि बड़े और सृजनात्मक कदम कैसे उठाए जाते हैं, लेकिन इस दौरान यह ग़ौर करने लायक है कि कई रणनीतिक निर्णयों में जॉब्स ने फ़ीडबैक का भरपूर लाभ लिया।

मिसाल के तौर पर, जब 2000 के दशक की शुरुआत में वे ऐपल को रिटेल में ले गए, तो उन्होंने बहुत से स्टोर नहीं ख़रीदे और पूरी चीज़ को तुरंत आसमान में पहुँचाने की कोशिश नहीं की। इसके बजाय उन्होंने एक वेयरहाउस ख़रीदा। उन्होंने अपने तथा रिटेल विशेषज्ञों के विचारों और उनकी मान्यताओं को परखना शुरू कर दिया। जैसा जिम कॉलिन्स अपनी पुस्तक *ग्रेट बाइ चॉइस* में उजागर करते हैं, उनकी पहली नीति नाकामयाब रही। जॉब्स ने कहा, "हमारी हालत तो ऐसी थी, 'हे भगवान, हमारा बेड़ा गर्क हो गया!'"

जॉब्स अपने रिटेल लीडर रॉन जॉनसन के साथ नए डिज़ाइन बनाते रहे और परीक्षण करते रहे। अंततः उन्होंने वर्जीनिया और लॉस एंजेलिस में दो स्टोर खोले, जिनसे उन्हें ज़्यादा परीक्षण करने की स्वतंत्रता मिली। जब उन्होंने सीधे फ़ीडबैक और शुरुआती असफलताओं से सीख लिया, तब कहीं जाकर उन्होंने अनुशासित निरंतरता के साथ पूरे देश में बड़े पैमाने पर स्टोर खोले।

नवाचारी कंपनियों की कार्यविधि में लीन स्टार्ट-अप नीति की झलक साफ़ नज़र आती है। अपने शुरुआती दिनों में प्रौद्योगिकी दिग्गज 3एम ने नए विचारों के लिए प्रॉडक्ट डेवलपर्स की टीम पर भरोसा किया। वे विचारमंथन करते थे, गहराई से सोचते थे और फिर जब वे पूर्ण प्रॉडक्ट विकसित कर लेते थे, तो वे अंतिम उपयोगकर्ताओं को दिखाकर उनकी प्रतिक्रिया देखते थे। यह एक तार्किक प्रक्रिया नज़र आ सकती है, लेकिन यह बहुत ज़्यादा धीमी थी।

1990 के दशक के बीच में उन्होंने अपनी नीति बदल ली और शुरुआती प्रायोगिक उपभोक्ताओं को डिज़ाइन बनाते समय ही शामिल कर लिया। उन्होंने उनसे कहा कि वे शुरुआती नमूनों को आज़माएँ, प्रॉडक्ट्स का इस्तेमाल करते वक़्त उनका अवलोकन किया और इस बात पर ग़ौर किया कि उन्हें क्या पसंद आ रहा था और क्या पसंद नहीं आ रहा था। इससे वे बार-बार अपनी मान्यताओं की जाँच करने में सक्षम बने।

फिर 3एम ने दोनों नीतियों की तुलना की। परिणामों में बहुत बड़ा फ़ासला था। जैसा लेखक पीटर सिम्स ने कहा है, "2002 में प्रकाशित अध्ययन में पाया गया कि विचारों को पहचानने और विकसित करने में सक्रिय उपयोगकर्ता रणनीति का इस्तेमाल करने से पाँच साल बाद

औसतन 146 मिलियन डॉलर उत्पन्न हुए, जो पारंपरिक, इन-हाउस 3एम विचार-उत्पन्न करने वाली प्रणालियों का इस्तेमाल करके विकसित किए औसत प्रोजेक्ट से आठ गुने से भी ज़्यादा था।"

व्यवसाय के क्षेत्र में कई अन्य 'असफलता-आधारित' धारणाएँ आती जा रही हैं। फुर्तीली जमघट विकास और तेज़ी से असफल होने की नीति ऐसी ही दो धारणाएँ हैं। ये निस्संदेह बाकी से ज़्यादा प्रभावी हैं। ये सभी आगामी जाँच से लाभ लेती हैं (जो प्रणालियाँ कोशिश और ग़लती के प्रति समर्पित होती हैं, उन्हें भी कोशिश और ग़लती से लाभ होता है)। इनमें से किसी का भी इस्तेमाल ग़लत पृष्ठभूमि में नहीं करना चाहिए।

लेकिन विचारों के इस परिवार का मुख्य महत्त्व, जिसने संसार के कई सबसे नवाचारी प्रॉडक्ट्स विकसित करने में मदद की है, यह है कि वे नीचे से ऊपर के बजाय ऊपर से नीचे की ऐतिहासिक परिकल्पना का प्रत्युत्तर पेश करते हैं।

उद्यमी ड्रयू ह्यूस्टन से हमने यह खंड शुरू किया था। उन्होंने एक महत्त्वपूर्ण मनोवैज्ञानिक सबक़ भी सीखा। असफलता की शक्ति का लाभ लेने के लिए आपको लचीला और खुला होना पड़ता है। दूसरे शब्दों में, सही मानसिकता के साथ आपके पास सही प्रणाली भी होनी चाहिए। उन्होंने कहा, "यह बहुत दुष्कर अनुभव है। एक दिन आप संसार के शिखर पर होते हैं... अगले दिन एक बड़ा बग आ जाता है, जिस वजह से आपकी साइट बैठ जाती है और आप अपने बाल नोंचने लगते हैं... और ज़रा अंदाज़ा लगाएँ : यह आज भी सच है।"

2014 में ह्यूस्टन की कंपनी का मूल्य 10 अरब डॉलर से ज़्यादा आँका गया। इसका नाम है ड्रॉपबॉक्स।

V

इन सारी जानकारियों का सार एक उपमा में दिया जा सकता है। इसे हेनली बिज़नेस स्कूल के प्रोफ़ेसर और जटिलता संबंधी अग्रणी विचारक डेविड लेन ने बताया है। वे कहते हैं कि आज समस्या यह है कि हम सफलता के *बलिस्टिक मॉडल* से काम करते हैं। विचार यह होता है कि एक बार जब आप किसी लक्ष्य को पहचान लें (एक नई वेबसाइट बनाना, एक नया प्रॉडक्ट

तैयार करना, किसी राजनीतिक परिणाम को बेहतर बनाना), तो आप सीधे लक्ष्य पर प्रहार करने के लिए सचमुच चतुर रणनीति सोचते हैं।

आप आदर्श राइफ़ल बनाते हैं। आप एक मॉडल बनाते हैं कि गोली पर हवा और गुरुत्वाकर्षण का कितना प्रभाव पड़ेगा। आप अपनी रणनीति को बिल्कुल आदर्श बनाने के लिए जोड़ते-घटाते हैं, फिर आप राइफ़ल के उठाव की जाँच करते हैं, ट्रिगर दबाते हैं और देखते हैं, जब गोली लक्ष्य की ओर तैरती हुई जाती है।

यह नीति दो कारणों से दोषपूर्ण है : पहला दोष यह है कि असली संसार में हवा और गुरुत्वाकर्षण से ज़्यादा जटिलताएँ होती हैं : परिवर्तनशील वस्तुएँ और अंतर्निर्भरताएँ अंतहीन होती हैं। सिगरेट में टार और निकोटीन कम करके धूम्रपान के ख़तरे को कम करने की सरल नीति को ही लें। यह सिद्धांततः बेहतरीन लगती है, ख़ासतौर पर जब इसका चतुराई से प्रचार किया जाए। यह बलिस्टिक रणनीति है, जो एक महत्त्वपूर्ण सार्वजनिक स्वास्थ्य लक्ष्य पर प्रहार करने के लिए आदर्श रूप से तैयार है।

लेकिन वास्तव में जब इस विचार पर अमल किया गया, तो यह असफल हो गया। धूम्रपान करने वालों ने कम निकोटीन की भरपाई करते हुए ज़्यादा सिगरेटें पीं और ज़्यादा लंबे तथा गहरे कश लगाए। इसके फलस्वरूप कार्सिनोजेन और कार्बन मोनोऑक्साइड में *वृद्धि* हो गई। इंसानों से भरी प्रणालियों में यही होता है : ग़ैर-इरादतन परिणाम होते हैं।

और इसीलिए ब्लूप्रिंट के ज़रिये प्रभावी रणनीति बनाना मुश्किल होता है। दूसरी समस्या और भी ज़्यादा प्राथमिक है। ट्रिगर दबाने की बात तो रहने ही दें, जब तक आप राइफ़ल को तैयार करते हैं, तब तक लक्ष्य हट चुका होगा। यह तेज़ी से बदलते संसार की समस्या है। ज़रा देखें कि आईटी प्रॉडक्ट्स उत्पादन प्रक्रिया के पूरी होने से पहले ही पुराने पड़ रहे हैं। इस तरह के तीव्र परिवर्तन के और भी ज़्यादा बढ़ने की संभावना है।

क्या करें? प्रोफ़ेसर लेन सफलता की एक बिल्कुल ही अलग अवधारणा की अनुशंसा करते हैं : *गाइडेड मिसाइल* नीति। निश्चित रूप से आप एक बेहतर राइफ़ल बनाना चाहते हैं, आप चाहते हैं कि यह लक्ष्य की तरफ़ जाए और आप इस बात का अच्छा मॉडल बनाना चाहते हैं कि यह हवा तथा गुरुत्वाकर्षण जैसी ज्ञात परिवर्तनशील चीज़ों से कैसे प्रभावित होगी,

लेकिन *आपके ट्रिगर दबाने के बाद* जो होता है, *उस पर* प्रतिक्रिया करना भी अत्यंत महत्त्वपूर्ण है।

जैसे ही गोली नाल से निकलती है, जैसे ही यह असली संसार के संपर्क में आती है, तब ब्लूप्रिंट की ख़ामियों का पता लगना शुरू होता है। आपको पता चलता है कि हवा आपकी उम्मीद से ज़्यादा शक्तिशाली है, बारिश हो रही है और अन्य अज्ञात परिवर्तनशील चीज़ें हैं, जो एक दूसरे के साथ और गोली के साथ अंतर्क्रिया कर रही हैं, जिनका आप पहले से अनुमान नहीं लगा सकते थे।

कुंजी गोली की उड़ान को संतुलित करना है, इस नई जानकारी को विद्यमान दिशा के साथ एकीकृत करना है। *सफलता घटना से पहले के तर्क पर ही निर्भर नहीं होती है,* यह तो *ट्रिगर के बाद के अनुकूलन पर भी निर्भर होती है।* आपको असफलता (यानी लक्ष्य से अंतर) का जितना ज़्यादा पता लगता है, आप गोली के मार्ग को उतनी ही ज़्यादा कुशलता से सही रख सकते हैं। और ज़ाहिर है, यह उड्डयन, जीवविज्ञानी विकास और अच्छी तरह काम कर रहे बाज़ारों की कहानी है।

यह तर्क ऊपर से नीचे और नीचे से ऊपर के बीच का संतुलन बताता है। अगर मूल बलिस्टिक योजना निराशाजनक है, अगर गोली बस नाल से टपकती भर है, तो सटीक दिशा-दर्शन से बहुत ज़्यादा मदद नहीं मिलने वाली है, लेकिन इसी तरह, अगर आप सिर्फ़ बलिस्टिक योजना पर ही निर्भर रहते हैं, चाहे यह कितनी ही अधुनातन क्यों न हो, तो आप कोरी हवा पर वार करने वाले हैं। आप तो ऊपर से नीचे की रणनीति और कठोर अनुकूलन प्रक्रिया के बीच के संतुलन को सही करके लक्ष्य पर वार करते हैं। हम जो पहले से जानते हैं और हम जो सीख सकते हैं, यह उसका मिश्रण है।

प्रोफ़ेसर लेन का तर्क है कि आने वाले दशकों में सफलता सिर्फ़ बुद्धिमत्ता और प्रतिभा की बदौलत ही नहीं मिलेगी। ये चीजें महत्त्वपूर्ण हैं, लेकिन उन्हें कभी यह पहचानने के महत्त्व से बड़ा नहीं मानना चाहिए कि व्यक्ति की रणनीति कहाँ ग़लत हो रही है तथा इसे देखते हुए कहाँ सुधार या विकास किया जाना चाहिए।

सभी तरह के ज्ञान के विकास को बढ़ावा देने वाली प्रणालियाँ और कंपनियाँ वर्चस्व जमा लेंगी। यह वह जानकारी है, जिसकी तरफ़ हाई टेक

संसार मुड़ रहा है और कुछ साहसिक अपवादों को छोड़कर बाक़ी का ज़्यादातर संसार गहनता से प्रतिरोध कर रहा है।

एक बार फिर यूनीलीवर के अनुपात के बारे में सोचें : एक अकेली सफलता हासिल करने के लिए 449 असफलताएँ। क्या आपकी कंपनी इतनी बार असफल हुई है और इतनी ईमानदार रही है कि इसे स्वीकार कर ले? क्या आपका स्कूल? क्या आपका सरकारी विभाग? अगर वे नहीं हुए हैं, तो संभवतः आप लक्ष्य से दूर हैं।

इस बारे में परेशान होने में कोई तुक नहीं है। आप अपने लाड़ले विचारों के साथ व्यक्तिगत रूप से जुड़ गए हैं, इसलिए उनसे चिपके रखना कट्टरपन जैसा है। जैसा महान ब्रिटिश अर्थशास्त्री जॉन मेनार्ड कीन्स ने कहा है, "जब मेरी जानकारी बदलती है, तो मैं अपने निष्कर्ष बदल लेता हूँ। आप क्या करते हैं, सर?"

VI

इस अध्याय का समापन करते हुए आइए एक अंतिम उदाहरण देखते हैं, जो परीक्षण और सीखने के बजाय कहानी पर विश्वास करने के ख़तरे उजागर करता है। यह उदाहरण अंतरराष्ट्रीय विकास के क्षेत्र से लिया गया है और एक शक्तिशाली केस स्टडी है, क्योंकि इससे यह उजागर होता है कि ऊपर से नीचे के सहज बोध पर भरोसा करने के फलस्वरूप बहुत से लोगों की जान भी जा सकती है।

अफ़्रीका में एड्स और एचआईवी के अभिशाप पर नज़र डालें। इस रोग की रोकथाम करने और उपचार करने की कई वैकल्पिक नीतियाँ हैं, जो सभी को ऊपरी तौर पर बहुत तार्किक लगती हैं। वे सभी एक गंभीर (और अक्सर घातक) समस्या को कम करने के सकारात्मक तरीक़ों जैसी दिखती हैं, लेकिन सबसे प्रभावी कौन सी है? ऊपर से नीचे का विवेक आपको क्या बताता है?

विकल्प 1 : कैपोसीज़ सार्कोमा, एड्स को परिभाषित करने वाले एक रोग का ऑपरेशन

विकल्प 2 : संक्रमित लोगों में वाइरस से लड़ने के लिए एंटीरिट्रोवाइरल थेरेपी

विकल्प 3 : गर्भावस्था के दौरान माता से शिशु में संक्रमण की रोकथाम

विकल्प 4 : सामान्य संक्रमण को रोकने के लिए निरोध का वितरण

विकल्प 5 : सेक्स वर्कर जैसे ज़्यादा जोखिम वाले समूहों के लिए शिक्षा

ये सभी विकल्प काफ़ी अच्छे दिखते हैं, है ना? आप कल्पना कर सकते हैं कि प्रत्येक नीति की अपनी खुद की परोपकारी संस्था होगी, उसकी वेबसाइट होगी, उसमें चमकदार सामग्री होगी, उन लोगों की गवाहियाँ होंगी, जिन्हें उस कार्यक्रम से व्यक्तिगत लाभ हुआ है और प्रचारात्मक वीडियो होगा। ज़्यादातर परोपकारी संस्थाएँ इसी तरह काम करती हैं। और इस आधार पर आप शायद उस संगठन में अपने पैसों का निवेश करेंगे, जिसकी कहानी सबसे ज़्यादा विश्वसनीय होगी। डाटा के अभाव में कहानी ही वह सर्वश्रेष्ठ चीज़ है, जो हमारे पास होती है।

लेकिन इसीलिए हमें परीक्षण करने, अपने आभासों को चुनौती देने और वे जिन पर अक्सर आधारित होते हैं, उन कथात्मक भ्रांतियों को चुनौती देने की ज़रूरत है। और जब उचित परीक्षण आयोजित किए जाते हैं, तो यह पता चलता है कि प्रभावशाली दिखने वाली इन सभी योजनाओं के बहुत अलग-अलग परिणाम होते हैं। बात इतनी नहीं है कि कुछ नीतियाँ दोगुनी बेहतर हैं या पाँच गुना बेहतर हैं या दस गुना बेहतर हैं। ऊपर जिन विकल्पों की सूची दी गई है, उनमें से सर्वश्रेष्ठ विकल्प सबसे बुरे विकल्प से *1,400 गुना किफ़ायती* है।

नीचे दिए गए ग्राफ़ में कैपोसीज़ सार्कोमा का ऑपरेशन तो जैसे दर्ज ही नहीं हुआ।

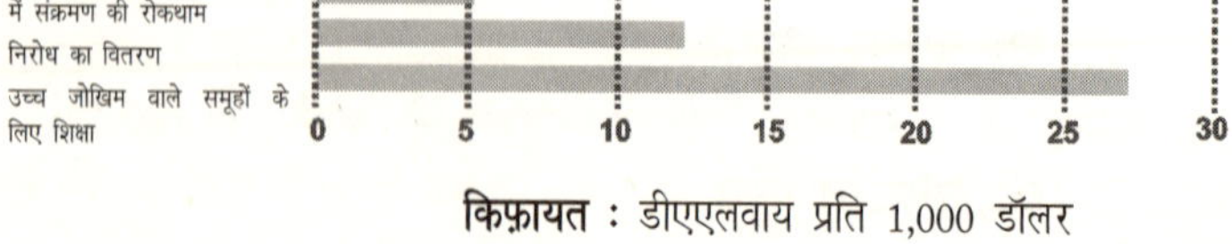

किफ़ायत : डीएएलवाय प्रति 1,000 डॉलर

इसी कारण कई सबसे प्रभावशाली विकास अभियानकर्ता तर्क देते हैं कि जब परोपकारी दान देने की बात आती है, तो सबसे महत्त्वपूर्ण मुद्दा ज़्यादा पैसे इकट्ठे करना ही नहीं है, बल्कि परीक्षण आयोजित करना है, यह समझना है कि क्या काम कर रहा है और क्या नहीं कर रहा है और सीखना है। कहानी में विश्वास करने के बजाय हमें विकासवादी प्रक्रिया की शक्ति का उपयोग करना चाहिए।

ऑक्सफ़ोर्ड यूनिवर्सिटी के दार्शनिक टोबी ऑर्ड ने कहा है, "प्रभावकारिता को नज़रअंदाज़ करने का मतलब स्वास्थ्य बजट के संभावित 10 या 20 प्रतिशत लाभ गँवाना नहीं है, बल्कि इसका मतलब आसानी से 99 प्रतिशत या अधिक लाभ गँवाना हो सकता है। व्यावहारिक संदर्भ में इसका मतलब प्राथमिकता तय करने की असफलता की वजह से सैकड़ों, हज़ारों या लाखों अतिरिक्त मौतें हो सकता है। जान के जोखिम से रहित पृष्ठभूमियों में इसका मतलब यह है कि हज़ारों या लाखों लोग उपचार के बिना ख़राब स्थितियों में रहे।"

समस्या सिर्फ़ यह नहीं है कि दानदाता प्रतिद्वंद्वी नीतियों की कार्य साधकता को नहीं जानते, वैसे कई परोपकारी संस्थाएँ भी नहीं जानती हैं। कथात्मक भ्रांति की शक्ति, बचाई गई जानों की कहानियाँ, जिन लोगों को लाभ हुआ है, उनकी गवाहियाँ परोपकारी संस्थाएँ चलाने वाले लोगों के लिए भी उतनी ही विश्वसनीय होती हैं, जितनी कि दान देने वाले लोगों के लिए। वास्तव में, आप डाटा इकट्ठा क्यों करना चाहेंगे, जब आप उन लोगों से मिल और बात कर सकते हैं, जिनकी जान बचाई गई है?

लेकिन अगर हम यह मानते हैं कि एक वैकल्पिक उपचार ज़्यादा जानें बचा सकता है, ज़्यादा लोगों को लाभ पहुँचा सकता है - कई बार तो सैकड़ों या हज़ारों ज़्यादा - तो अपनी ख़ुद की आँखों के प्रमाण में हमारी आस्था प्रायः काफ़ी नहीं होती। परीक्षण करके ही हम उस फ़ीडबैक तक पहुँच पाते हैं, जो प्रगति को प्रेरित करता है और परोपकारी संस्थाओं के मामले में जान बचाता है।

परोपकारी व्यय की एक विडंबना यह है कि कई दानदाता जिस एक आँकड़े पर विशेष ध्यान *देते* हैं, *उससे* दरअसल प्रमाण की जाँच में कमी आ सकती है। तथाकथित ओवरहेड रेशो का मतलब होना है प्रशासनिक व्यय

और यह सहायता में लगने वाली राशि से अलग होता है। ज़्यादातर दानदाता चाहते हैं कि परोपकारी संस्थाएँ ओवरहेड रेशो के अनुपात को कम रखें : वे चाहते हैं कि पैसा ऑफ़िस स्टाफ़ के बजाय उन लोगों के पास जाए, जिन्हें इसकी ज़रूरत है।

लेकिन चूँकि प्रमाण इकट्ठे करने को प्रशासकीय लागत माना जाता है, इसलिए परोपकारी संस्थाओं के लिए परीक्षण आयोजित करना ज़्यादा मुश्किल हो जाता है। जैसा ऑर्ड कहते हैं, "आपको लगता है कि संगठनों को सबसे प्रभावी उपचार का पता होगा, लेकिन अक्सर उन्हें यह पता नहीं होता और इसका एक कारण यह है कि वे कार्यक्रम का उतना ज़्यादा मूल्यांकन नहीं करते हैं, जितना वे करना चाहते हैं, क्योंकि वे ओवरहेड रेशो को कम रखने की कोशिश कर रहे हैं। इसके अलावा, वे आमतौर पर इन आँकड़ों के बारे में जागरूक ही नहीं होते हैं।"

ऑर्ड ने एक संगठन बनाया है, जो लोगों को प्रोत्साहित करता है कि वे अपनी आजीवन आमदनी का 10 प्रतिशत परोपकार में दें, लेकिन सिर्फ़ उन्हीं प्रोजेक्ट्स को दें, जिनके पास सफलता का आज़माया हुआ ट्रैक रिकॉर्ड हो। वे कहते हैं, "क्या कारगर है और क्या नहीं, इस बारे में हमारे सहज बोध अक्सर ग़लत होते हैं। अगर हम जान बचाने और पीड़ा कम करने के बारे में गंभीर हैं, तो हमें परीक्षण करना और सीखना होगा।"

8

सीधे डराना?

I

1978 में वसंत की एक ठंडी सुबह न्यू जर्सी और न्यू यॉर्क के सत्रह किशोरों को शहर के पार रावे स्टेट प्रिज़न ले जाया जा रहा था, जो उत्तर अमेरिका की सबसे कुख्यात जेलों में से एक है। जब किशोर डरावनी इमारतों की तरफ़ जाने वाले बजरी के रास्ते पर चले, तो वे मज़ाक़ कर रहे थे और खी-खी कर रहे थे। वे बहुत अकड़ दिखा रहे थे और इतराकर चल रहे थे।

इन सभी बच्चों में एक समानता थी, हालाँकि इनमें अलग-अलग जातीय समूहों के चौदह लड़के व तीन लड़कियाँ थीं और जिनकी उम्र पंद्रह से सत्रह साल के बीच थी। समानता यह थी कि वे सभी क़ानून तोड़ने के शौकीन थे। सत्रह साल के अफ़्रीकी-अमेरिकी टेरेंस ने कारें चुराई थीं। चौड़ी मुस्कान और बड़ी बालियों वाली सुंदर श्वेत सोलह वर्षीय लोरी चोर थी और मादक द्रव्य बेचती थी। एंजेलो के बाल बिखरे थे, उसकी झाड़ू जैसी मूँछ थी और उसने अपने इलाक़े की दुकानों में लूटपाट की थी।

उस वक़्त अमेरिका के लगभग आधे गंभीर अपराध दस से सत्रह साल के बच्चे करते थे। चोरी के लिए होने वाली गिरफ़्तारियों में 54 प्रतिशत किशोर होते थे। कार चोरी के 53 प्रतिशत मामलों में भी किशोर ही गिरफ़्तार होते थे। बलात्कार के मामले बढ़ रहे थे। जेल के दरवाज़े के पास पहुँचने पर भी हँसी-मज़ाक़ करने वाले ये सत्रह बच्चे किशोर अपराधियों के अलग-थलग समूह से नहीं थे, वे तो अमेरिका के सामने मौजूद ज़्यादा व्यापक सामाजिक समस्या के प्रतीक थे।

रावे की यह यात्रा 'स्केयर्ड स्ट्रेट' नामक अपराध कम करने वाले कार्यक्रम का हिस्सा थीं। विचार यह था कि जब ये किशोर जेल के जीवन की एक झलक देख लेंगे - अधिकतम सुरक्षा वाली जेल के भीतर का माहौल सचमुच कैसा होता है - तो उन्हें सदमा लगेगा या वे व्यवहार बदलने के लिए प्रेरित होंगे। इस कार्यक्रम की योजना क़ैदियों ने बनाई थी और यह दो साल से चल रहा था।

ज़ाहिर है, बच्चे यह नहीं मानते थे कि कोई भी चीज़ उन्हें चोरी और अपराध करने से डरा सकती है। वे इतने उपद्रवी थे कि किसी के धमकाने से कोई फ़र्क़ नहीं पड़ने वाला था, रावे के क़ैदियों के धमकाने से तो बिल्कुल भी नहीं। एक किशोर ने कंधे उचकाकर कहा, "उनसे मुझे डर नहीं लगेगा।" लोरी ने हँसते हुए कहा, "मैं सोचती हूँ कि उन सभी बुझे हुए दीपकों को देखने जाना बेहतरीन रहेगा।"

बहरहाल, जब वे जेल के प्रवेश द्वार पर मेटल डिटेक्टर से होकर गुज़रे, तो किशोरों को आशंका की पहली थरथरी महसूस हुई। सर्जेन्ट चिल्लाया, "दीवार से टिककर खड़े हो जाओ!" एक सिपाही चिल्लाया। "तुम्हें लग रहा होगा कि तुम यहाँ पिकनिक मनाने आए हो। ऐसा नहीं है। इस दरवाज़े से अंदर आने के बाद तुम्हें लाने वाले आदमी का तुम पर कोई अधिकार नहीं है। तुम अब हमारे हाथों में हो। तुम वही करोगे, जो हम कहेंगे। पहली चीज़ यह है कि सिगरेट मत पिओ! और च्युइंग ग़म मत खाओ! और अपनी टोपियाँ उतार दो!"

यह वह नहीं था, जिसकी वे उम्मीद कर रहे थे। उन्हें आदेश दिया गया कि वे मुख्य जेल इलाक़े में एक लाइन में चलें और फिर लोहे का दरवाज़ा उनके पीछे धड़ाम से बंद हो गया। अब वे अधिकतम सुरक्षा वाली जेल के भीतर थे। बालकनी से सज़ायाफ़्ता क़ैदी उन्हें देख रहे थे। एक गठीला अश्वेत क़ैदी चिल्लाया, "वह प्यारी सी.... वहाँ पर है, पीली शर्ट पहने हुए!" दूसरे ने डरावनी आवाज़ में कहा, "जब तुम यहाँ आओगी, तो मेरी रखैल बनोगी।" किशोरों ने सोचा कि इस पर सिपाही प्रतिक्रिया करेंगे, लेकिन सिपाहियों ने कुछ नहीं कहा। उनका डर बढ़ गया।

फिर उन्हें 'छिद्र' कही जाने वाली कोठरियों के समूह के सामने से ले जाया गया, जिसमें एकांत कारावास वाले क़ैदी रहते थे। यहाँ कामुक

टिप्पणियाँ इतनी अश्लील थीं कि उन्हें बताना भी आपत्तिजनक होगा। किशोर अब और भी अनिश्चित हो गए। उनकी अकड़ हवा हो गई थी। आप उनके चेहरे पर दुविधा और डर के भाव देख सकते थे, जबकि अभी उन्हें जेल में घुसे तीस मिनट भी नहीं हुए थे।

अगले दो घंटों के लिए उन्हें आजीवन कारावास की सज़ा काट रहे बीस क़ैदियों के साथ एक छोटे कमरे में तालाबंद कर दिया गया : ऐसे क़ैदी, जिन्हें न्यूनतम 25 साल की सज़ा सुनाई गई थी। कुल मिलाकर उनकी सज़ाएँ लगभग एक हज़ार साल तक की थीं। दरअसल, यहीं पर असली नसीहत के पाठ शुरू हुए। एक-एक करके ये क़ैदी उठकर खड़े हुए और बताया कि अगर वे किशोर रावे में कभी आए, तो उन्हें किस चीज़ की उम्मीद करनी चाहिए।

हत्या के लिए आजीवन कारावास की सज़ा काट रहा एक क़ैदी बच्चों की तरफ़ देखकर चिल्लाकर बोला, "तुममें से दो लड़कों को मैं पसंद नहीं करता। मैं तुम्हें पसंद नहीं करता और मैं तुम्हें पसंद नहीं करता। तुम मेरी तरफ़ देखकर एक बार भी मुस्कराए, तो मैं तुम्हारी बत्तीसी बाहर निकाल दूँगा। तुम समझ गए? मैं आज अभी-अभी 'छिद्र' से बाहर निकला हूँ और मैं तुम्हारी बत्तीसी निकालने वाला हूँ।"

किशोर जब रावे आए थे, तो उनके मन में यह अस्पष्ट विचार था कि वे जेल में घूमकर लौट आएँगे। उन्होंने सोचा था कि वे सपाटे से पूरी यात्रा कर लेंगे। वे सोचते थे कि वे सख़्त दिमाग़ के हैं। उनका सुनियोजित अपमान करके उनकी नादानी दूर की गई। एक और क़ैदी ने कहा,

> जब हमारे मन में सेक्स की इच्छा होती है, तो हमें क्या मिलता है? मोटा अंदाज़ा लगाकर देखो... हमें कोई मूर्ख लड़की मिलती है... तुम जैसी। मैं यहाँ दस साल से हूँ और मैं इसी सड़ियल जगह पर मरने वाला हूँ। और अगर कोई मुझे यहाँ पर ये तीन वेश्याएँ दे दे, तो मैं उन पर कंगारू की तरह टूट पड़ूँगा...
>
> एक दिन तुम अपने कंबल के नीचे सो रहे होगे और तुम्हारा दिमाग़ उन तीस फ़ुट ऊँची दीवारों के पार मँडरा रहा होगा और तुम सोच रहे होगे कि तुम्हारी प्रेमिका किसके साथ होगी, तभी तीन क़ैदी तुम्हारी कोठरी में चुपके से घुस आएँगे, तुम्हें उसी कंबल में लपेट लेंगे और तुम ख़ुद को चाहे जितना कठोर या

> शक्तिशाली मानते हो, लेकिन वे तुम्हें लात मारकर उस बिस्तर के एक तरफ़ कर देंगे और तुम्हारे साथ बलात्कार कर देंगे।

अब किसी किशोर की बोलती नहीं निकल रही थी। एक-दो तो रोने लगे थे। ये आजीवन कारावास वाले क़ैदी द्वेष के वशीभूत होकर नहीं बोल रहे थे। वे तो दरअसल किशोरों को चेतावनियाँ दे रहे थे, ताकि बहुत ज़्यादा देर होने से पहले वे अपनी आदतों को बदल लें। यह अपराधियों की अगली पीढ़ी को आगाह करने की कोशिश थी। आजीवन कारावास पाने वाले ये क़ैदी यह नहीं चाहते थे कि वे किशोर भी वही ग़लतियाँ करें, जो उन्होंने ख़ुद की थीं।

बच्चों को बताया गया, "हमें यह करने के लिए कोई पैसे नहीं मिलते हैं। हमें कोई अतिरिक्त पुरस्कार नहीं मिलता, कोई अतिरिक्त लाभ नहीं मिलता, कुछ नहीं मिलता। हम यह इसलिए करते हैं, क्योंकि हम इसे करना *चाहते* हैं, ताकि हम तुम्हारी मदद कर सकें।" एक और अपराधी ने कहा, "मैं यहाँ सात साल से हूँ। मैं जब से यहाँ हूँ, हर दिन अफ़सोस करता हूँ... तुम्हारे पास (जेल से बचने का) संसार में सर्वश्रेष्ठ अवसर है... तुम निरे मूर्ख होगे, जो इस अवसर का लाभ नहीं लोगे।"

बच्चे तीन घंटे रावे के अंदर रहे, लेकिन उन्हें लग रहा था, मानो वे तीन दिन वहाँ रहे हों। उन्होंने जेल की हक़ीक़त देख ली थी और यह दृढ़ संकल्प ले लिया था कि वे कभी जेल नहीं आएँगे। अपराध अब शानदार नहीं लग रहा था, बल्कि निराशा और हताशा की ओर ले जाने वाला खेल लग रहा था। घर लौटते समय वे ख़ामोश थे। एक जगह तो ड्राइवर को कार रोकनी पड़ी, ताकि एक लड़का उल्टी कर सके।

बड़ी बालियों वाली लड़की लोरी बोली, "मैं बहुत डर गई हूँ। मैं वैसी नहीं बनना चाहती। इसने तो मेरी सारी हवा ही निकाल दी। मुझे यह बिल्कुल पसंद नहीं आया।"

"मैं सोचता हूँ कि इससे मेरी ज़िंदगी बदल जाएगी," दूसरे ने आँखें फाड़कर कहा। "मेरा मतलब है, मुझे अपराध को छोड़ना होगा। अगर संभव हो, तो पूरा... मैं बहुत कठोर कोशिश करने जा रहा हूँ।" बाक़ी ने कॉलेज जाने के बारे में बात की। जेल से बचने के लिए वे कुछ भी करने को तैयार थे।

इस जेल यात्रा की रिकॉर्डिंग डॉक्यूमेंटरी निर्माता अर्नोल्ड शापिरो ने की थी। यह फ़िल्म बाद में लॉस एंजेलिस में केटीएलए, चैनल 5 पर प्रसारित हुई और *कोलंबो* फ़ेम वाले पीटर फ़ाक ने सामने खड़े होकर वर्णन किया। जेल जीवन की स्याह वास्तविकता देखकर दर्शक स्तब्ध रह गए। वे 'स्केयर्ड स्ट्रेट' कार्यक्रम के अविश्वसनीय परिणामों से भी प्रभावित थे। फ़ाक ने उजागर किया कि तीन महीने बाद इन सत्रह किशोरों में से सोलह ने एक भी अपराध नहीं किया था। उन्होंने यह भी बताया कि ज़्यादा व्यापक कार्यक्रम का दोबारा अपराध की दरों पर नाटकीय प्रभाव पड़ा था। फ़ाक ने कहा :

> 8,000 से ज़्यादा किशोर अपराधी लकड़ी की उन सख़्त बेंचों पर दहशत में बैठे और उन्होंने पहली बार अपराध तथा जेल की बेरहम हक़ीक़त को सुना। इस अनूठे कार्यक्रम के परिणाम आश्चर्यजनक थे। सहभागिता करने वाले समुदाय बताते हैं कि जिन बच्चों को वे रावे भेजते हैं, उनमें से 80-90 प्रतिशत बाद में सुधर जाते हैं। यह सफलता की आश्चर्यजनक कहानी है। और इसकी तुलना पुनर्वास के पारंपरिक तरीक़ों से नहीं की जा सकती।

राजनेता भी कार्यक्रम की भूरि-भूरि प्रशंसा करने लगे। अख़बारों में कॉलम लिखे गए। सामाजिक टिप्पणीकारों ने 'स्केयर्ड स्ट्रेट' नीति की प्रशंसा की। लापरवाह बच्चों को उनके कार्यों के परिणाम दिखा दिए गए। यह सदमे भरा संक्षिप्त और पैना उपचार था, जिसकी माँग विद्वान कर रहे थे। यह अपराध की पैनी रोकथाम थी।

5 मार्च 1979 के सप्ताह में शापिरो का वृत्तचित्र दो सौ बड़े शहरों में दिखाया गया। अगले माह इसने अकैडमी अवाड्र्स में सर्वश्रेष्ठ डॉक्यूमेंटरी फ़ीचर के लिए ऑस्कर जीता। 'स्केयर्ड स्ट्रेट' कार्यक्रम पूरे अमेरिका, कनाडा, इंग्लैंड, ऑस्ट्रेलिया और नॉर्वे में फैल गया। इसकी सफलता की पुष्टि न्यायाधीशों, सुधार अधिकारियों और अन्य विशेषज्ञों ने की।

आँकड़े उल्लेखनीय नज़र आते थे। जैसा किशोर अपराधों के न्यायाधीश जॉर्ज निकोला ने कहा, जो रावे से कुछ मील दूर न्यू ब्रन्सविक में काम करते थे : "जब आप कार्यक्रम देखते हैं और एकत्रित आँकड़ों की समीक्षा करते हैं, तो मेरे दिमाग़ में कोई शक नहीं है कि रावे स्टेट प्रिज़न का तरुण

जागरूकता प्रोजेक्ट संभवतः आज पूरे अमेरिका में सबसे सफल, किफ़ायती सुधारक व निवारक प्रक्रिया है।"

लेकिन 'स्केयर्ड स्ट्रेट' के साथ एक बहुत बड़ी समस्या थी, जो बाद में पता चली। यह कार्यक्रम कारगर नहीं था। बाद में हुए एक कठोर परीक्षण में यह साबित हुआ कि जिन बच्चों को जेल घुमाने ले जाया जाता था, उनके भविष्य में अपराध करने की कम नहीं, बल्कि *ज़्यादा आशंका* थी - जैसा हम देखेंगे। 'स्केयर्ड स्ट्रेट' का ज़्यादा उचित नाम 'स्केयर्ड क्रुकड' किया जा सकता है। इसे निर्विवाद असफलता कहा जा सकता था। इसने कई मायनों में बच्चों को तबाह कर दिया।

लेकिन सबसे पहले हम देखेंगे : यह कैसे संभव है? कोई चीज़ असफल कैसे हो सकती है, जबकि आँकड़े इसे सफल बता रहे हों? यह असफल कैसे हो सकती है, जब लगभग हर विशेषज्ञ इसके पक्ष में खड़ा हो? इस प्रश्न का जवाब देने के लिए हम पिछले दो सौ वर्षों के सबसे महत्त्वपूर्ण वैज्ञानिक नवाचारों में से एक की जाँच करेंगे, जो हमें क्लोज़्ड-लूप यानी बंद फंदे के केंद्र तक ले जाएगा - और यह भी बताएगा कि हम इससे कैसे उबरें।

रैंडमाइज़्ड कंट्रोल ट्रायल यानी क्रमरहित नियंत्रित परीक्षण।

II

लोग जब अपनी ग़लतियों को छिपाते हैं, तो क्लोज़्ड लूप जारी रहते हैं। वहाँ भी, जहाँ लोग अपनी ग़लतियों का सीधे सामना करने के बजाय बहाने बुनते हैं, लेकिन एक तीसरा तरीक़ा भी है, जिससे क्लोज़्ड लूप जारी रहते हैं : एकांगी व्याख्या से।

ख़ून निकालकर इलाज करने की तकनीक के साथ भी यही समस्या थी, जिसका अभ्यास मध्ययुगीन डॉक्टर करते थे। डॉक्टर को लगता था कि उसे स्पष्ट फ़ीडबैक मिल रहा है कि क्या कारगर है और क्या नहीं है। मरीज़ या तो ख़ून निकालने के बाद मर जाता था या ज़िंदा रहता था। प्रमाण सबकी नज़रों के सामने मौजूद रहता था।

लेकिन इस प्रमाण की व्याख्या कैसे करें? जैसा हम देख चुके हैं, डॉक्टर गैलन जैसे बुद्धिमान लोगों की बुद्धिमत्ता पर विश्वास करते थे, इसलिए उन्हें पूरा भरोसा रहता था कि ख़ून निकालने से मरीज़ ठीक हो जाएगा। जब कोई

मरीज़ मर जाता था, तो वह इस वजह से मरता था, क्योंकि वह इतना ज़्यादा बीमार होता था कि ख़ून निकालने से भी उसकी जान नहीं बच सकती थी, लेकिन जब वह ज़िंदा रह जाता था, तो यह इस बात की पुष्टि मानी जाती थी कि यह तकनीक कारगर है।

ज़रा सोचें कि मध्ययुगीन संसार में सफलता की कितनी सारी कहानियाँ प्रचारित हुई होंगी : जो लोग गंभीर रूप से बीमार थे, शायद मौत के भी क़रीब थे, लेकिन ख़ून निकालने के बाद वे बिल्कुल ठीक हो गए। उनका प्रमाण कितना विश्वसनीय लगा होगा, "मैं मौत की कगार पर था, एक डॉक्टर ने मेरा थोड़ा ख़ून निकाला और अब मैं पूरी तरह ठीक हो चुका हूँ!"

ज़रा सोचें कि बाज़ार के चौराहों पर उन्होंने इस तकनीक की कितनी प्रशंसा की होगी। दूसरी तरफ़ जो लोग मर गए थे, उनका क्या? देखिए, वे कुछ कहने के लिए वहाँ मौजूद नहीं थे, है ना? उनकी गवाही ग़ायब हो गई थी।

अब नीचे दिए रेखाचित्र पर नज़र डालें।

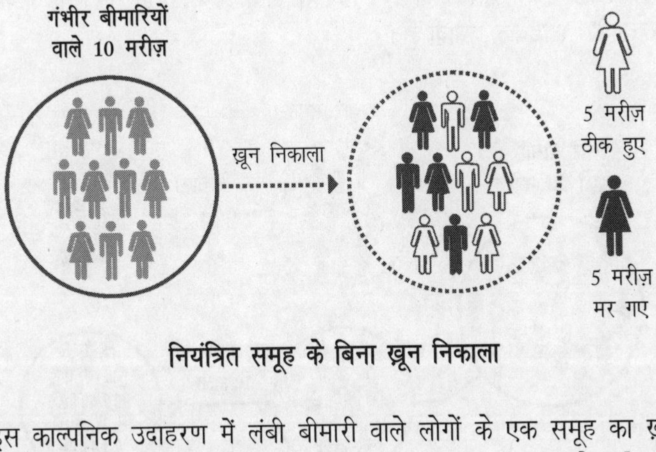

नियंत्रित समूह के बिना ख़ून निकाला

इस काल्पनिक उदाहरण में लंबी बीमारी वाले लोगों के एक समूह का ख़ून निकाला गया। उनमें से कुछ ठीक हो गए। यह वह 'प्रमाण' है, जो इस उपचार को उचित साबित करता है। लोग ठीक होते हैं और ज़ाहिर है, इस बारे में ख़ुश होते हैं।

बहरहाल, जो डॉक्टर नहीं देखते हैं और जो मरीज़ भी नहीं देखते हैं, वह यह है कि *अगर उपचार नहीं दिया जाता,* तो क्या होता। प्रयोगों में

इसे आमतौर पर 'काउंटरफ़ैक्चुअल' यानी प्रतितथ्यात्मक कहा जाता है। बहुत सारी चीज़ें हो सकती थीं, लेकिन रोज़मर्रा के अनुभव में हम उन पर कभी ग़ौर ही नहीं करते हैं, क्योंकि हमने कोई दूसरी चीज़ की थी।

हम यह अवलोकन ही नहीं करते कि अगर हमने शादी नहीं की होती, तो क्या हुआ होता? या यह नहीं देखते कि अगर हमने अलग नौकरी कर ली होती, तो क्या हुआ होता? हम इस बारे में अटकलें लगा सकते हैं कि क्या हुआ होता और हम अच्छे अंदाज़े भी लगा सकते हैं, लेकिन हमें सचमुच पता नहीं होता। यह एक छोटी सी बात लग सकती है, लेकिन इसके परिणाम गहरे होते हैं।

अब नीचे दिए दूसरे रेखाचित्र को देखें। यहाँ रोगियों को क्रमरहित तरीक़े से दो समूहों में विभाजित कर दिया गया है। इनमें से कुछ का ख़ून निकाला गया, जबकि दूसरे (जिसे नियंत्रण समूह कहा जाता है) का नहीं निकाला गया। इसे क्रमरहित नियंत्रित परीक्षण (आरसीटी) कहा जाता है, चिकित्सा के क्षेत्र में इसे क्लीनिकल ट्रायल कहा जाता है। हम रेखाचित्र से देखते हैं कि जिन रोगियों का ख़ून निकाला गया, वे ठीक हो गए। यह सफल दिखता है। फ़ीडबैक प्रभावी है।

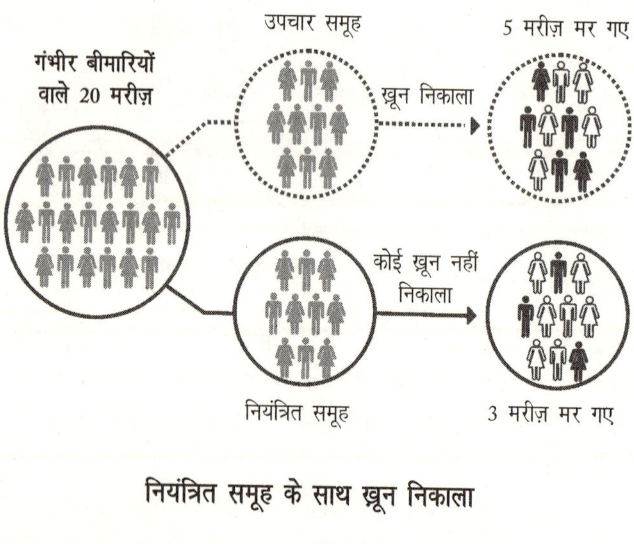

नियंत्रित समूह के साथ ख़ून निकाला

लेकिन अब हम उस समूह को देखते हैं, जिसका उपचार नहीं किया गया। ख़ून निकालने वाले समूह के जितने लोग ठीक हुए, उससे ज़्यादा उस समूह के लोग ठीक हुए, जिनका ख़ून नहीं निकाला गया था। कारण सरल है : शरीर के पास ख़ुद का इलाज करने की शक्तियाँ होती हैं। लोग किसी इलाज के बिना ही कुदरती रूप से अपने आप ठीक हो जाते हैं। वास्तव में दोनों समूहों की तुलना करके यह देखना संभव है कि मध्ययुगीन डॉक्टरों के विश्वास के विपरीत ख़ून निकालने से उनकी जान बच नहीं रही थी, बल्कि आमतौर पर उनकी जान जा रही थी। नियंत्रण समूह के बिना यह तथ्य दिखाई ही नहीं देता।* और इसीलिए, जैसा हमने अध्याय 1 में देखा था, ख़ून निकालना उन्नीसवीं सदी तक मान्यताप्राप्त उपचार बना रहा।

अब तक हमने इस पुस्तक में निर्विवाद स्पष्ट ग़लती के उदाहरण देखे हैं। जब कोई विमान दुर्घटनाग्रस्त होता है, तो आप जानते हैं कि तरीक़ों में दोष होगा। जब डीएनए प्रमाण दिखाता है कि किसी निर्दोष व्यक्ति को सज़ा दी गई है, तो आप जानते हैं कि मुक़दमा या जाँच दोषपूर्ण थी। जब शुरुआती प्रायोगिक उपभोक्ता किसी न्यूनतम व्यावहारिक प्रॉडक्ट को ठुकरा देते हैं, तो आप यह यक़ीन कर सकते हैं कि अंतिम प्रॉडक्ट ख़राब निकलेगा। जब कोई नोज़ल बाधित हो रहा है, तो आप जानते हैं कि इसमें आपके पैसे ख़र्च होंगे। ये उदाहरण हमें असफलता की सीधी जाँच करने का अवसर देते हैं।

असल संसार की ज़्यादातर असफलताएँ ऐसी नहीं होतीं। असफलता पर अक्सर संदिग्धता की चादर ढँकी होती है। जो सफलता जैसा दिखता है, हो सकता है दरअसल वह असफलता हो, इसका विपरीत भी सही है। और यह प्रगति के मामले में एक गंभीर बाधा है। देखिए, आप असफलता से कैसे सीख सकते हैं, अगर आपको यही पक्का विश्वास न हो कि आप सचमुच असफल हो गए हैं? या इसे पिछले अध्याय की भाषा में कहें, तो आप स्पष्ट चयन प्रक्रिया के बिना विकास को संचालित कैसे कर सकते हैं?

---

*क्रमरहित आवंटन (जो एक तरह से सिक्का उछालने जैसा है) महत्त्वपूर्ण है, क्योंकि इसका मतलब यह है कि अगर नमूने का आकार पर्याप्त बड़ा है, तो दोनों समूहों के समान होने की संभावना है। समूहों के बीच एकमात्र तंत्रात्मक फ़र्क़ यह होता है कि एक को उपचार दिया जाता है, जबकि दूसरे को नहीं दिया जाता।

एक ठोस उदाहरण लेते हैं। मान लें कि आप अपनी कंपनी की वेबसाइट का नया डिज़ाइन बनाते हैं और इसके बाद बिक्री बढ़ जाती है। इससे आप यह विश्वास कर सकते हैं कि वेबसाइट के नए डिज़ाइन की वजह से आपकी बिक्री बढ़ गई। देखिए, एक चीज़ पहले हुई और दूसरी बाद में, लेकिन आप इसे पक्के तौर पर कैसे कह सकते हैं? शायद बिक्री नई वेबसाइट के कारण नहीं बढ़ी, बल्कि इसलिए बढ़ी, क्योंकि कोई प्रतिद्वंद्वी कंपनी दिवालिया हो गई थी या ब्याज दर कम हो गई थी या इस महीने बारिश हुई थी, इसलिए ज़्यादा लोगों ने ऑनलाइन ख़रीदारी की। वास्तव में, यह भी संभव है कि अगर आपने वेबसाइट *नहीं* बदली होती, तो बिक्री और ज़्यादा होती।

बिक्री के आँकड़ों को देखने से आपको जवाब खोजने में उतनी ही मदद मिलेगी, जितनी कि ख़ून निकालने से ठीक हुए लोगों की संख्या से आपको उपचार के असरदार होने का पता लगाने में मदद मिलेगी। कारण आसान है : आप प्रतितथ्यात्मक का अवलोकन नहीं कर सकते। आप यह नहीं जानते कि क्या बिक्री में परिवर्तन किसी दूसरी चीज़ की वजह से हुआ था, शायद किसी ऐसी चीज़ की वजह से, जिस पर आपने विचार ही नहीं किया था।

आरसीटी इस समस्या को सुलझा देती है। वास्तव में यह विश्वसनीय परीक्षण प्रदान करती है। यह अस्पष्ट रंगों को बदलकर काले और सफ़ेद के ज़्यादा क़रीब ले आती है। हस्तक्षेप (ख़ून निकालना, नई वेबसाइट आदि) तथा दूसरे प्रभावों द्वारा अस्पष्ट न हुए परिणाम (बीमारी का ठीक होना, बिक्री का बढ़ना) के बीच के संबंध को पृथक करके यह फ़ीडबैक को स्पष्ट कर देती है। ऐसी जाँच के बिना आप ग़लत निष्कर्ष निकाल सकते हैं, केवल एक बार नहीं, बल्कि संभवतः अनंत काल तक।

आरसीटी ने फ़ार्मेकोलॉजी यानी औषधि विज्ञान में क्रांति कर दी है। प्रमाण-आधारित चिकित्सा के प्रचारक डॉक्टर और लेखक बेन गोल्डएकर ने कहा है, "इस एक विचार ने शायद ज़्यादा बड़े पैमाने पर इतनी ज़्यादा जानें बचाई हैं, जितनी किसी दूसरे विचार ने नहीं बचाई हैं, जो आपको इस साल देखने को मिलेगा।" *द टाइम्स* के पूर्व विज्ञान संपादक मार्क हेंडरसन ने कहा था, "क्रमरहित नियंत्रित परीक्षण आधुनिक विज्ञान के सबसे बड़े आविष्कारों में से एक है।"

शायद यह ज़ोर देने लायक़ है कि आरसीटी कोई संजीवनी बूटी नहीं है। ऐसी स्थितियाँ होती हैं, जहाँ उनका इस्तेमाल करना मुश्किल होता है और जहाँ उन्हें अनैतिक माना जा सकता है। और फ़ार्मास्यूटिकल कंपनियाँ अक्सर परीक्षणों को सूक्ष्म तरीक़ों से गड़बड़ कर देती हैं, ताकि वे अपना पहले से सोचा गया जवाब हासिल कर लें, लेकिन ये क्रमरहित परीक्षणों के ख़िलाफ़ तर्क नहीं हैं। ये तो सिर्फ़ यही बताते हैं कि संदिग्ध उद्देश्यों वाले स्वार्थी लोग कैसे उन्हें दूषित कर देते हैं।

एक और आपत्ति यह है कि क्रमरहित परीक्षण किसी प्रणाली की संपूर्ण प्रकृति की उपेक्षा कर देते हैं। मिसाल के तौर पर, चिकित्सा के क्षेत्र में हालाँकि कोई दवा किसी ख़ास रोग के लक्षणों का इलाज कर सकती है, लेकिन हो सकता है कि इसके बाक़ी शरीर पर नकारात्मक दीर्घकालीन परिणाम पड़ें या यह निहित कारण का उपचार न कर पाए। मिसाल के तौर पर, पेट की शिकायत को दूर करने के लिए गोली देने से प्रतिरक्षण तंत्र को नुक़सान पहुँच सकता है, जिसकी वजह से लंबे समय में मरीज़ की हालत ज़्यादा ख़राब हो जाएगी।

यह आपत्ति दरअसल यह कह रही है कि किसी चिकित्सकीय परीक्षण की मापन अवधि दवा देने के तुरंत बाद की अवस्था नहीं होनी चाहिए, बल्कि मरीज़ के पूरे जीवन तक चलनी चाहिए और परिणाम को केवल एक ख़ास लक्षण पर ही ध्यान केंद्रित नहीं करना चाहिए, बल्कि पूरे व्यक्ति पर करना चाहिए। यह दिखाता है कि आरसीटी आयोजित करते वक़्त दीर्घकालीन परिणामों पर निगाह रखना अत्यंत महत्त्वपूर्ण है, जिसे कई बार चिकित्सा में नज़रअंदाज़ किया जाता है।

लेकिन यह भी ग़ौर करने लायक़ है कि जान के जोखिम वाली परिस्थितियों में ऐसे विचार बहुत कम वज़न रखते हैं। मिसाल के तौर पर, अगर आप ख़ुद को स्मॉल पॉक्स या ईबोला जैसी किसी महामारी के बीच में पाते हैं, तो आप वैक्सीन लगवाना चाहेंगे, भले ही कुछ दशकों बाद आपको इसके विपरीत परिणाम झेलने पड़ सकते हों।

इन चेतावनियों को ध्यान में रखते हुए आरसीटी एक जटिल संसार में कठोर परीक्षण करने का शक्तिशाली तरीक़ा प्रदान करती है। सावधानी से करने पर यह उस अस्पष्टता को ख़त्म करती है, जो फ़ीडबैक की हमारी व्याख्या में तबाही मचा सकती है।

वेबसाइट के नए डिज़ाइन के उदाहरण को लें, जो हमने इसी अध्याय में बताया था। समस्या यह तय करने में आ रही थी कि क्या बिक्री डिज़ाइन बदलने के कारण बढ़ी थी या फिर किसी दूसरे कारण से बढ़ी थी, लेकिन मान लें आप क्रमरहित तरीक़े से उपयोगकर्ताओं को नए या पुराने डिज़ाइन की तरफ़ निर्देशित करते हैं। तब आप यह माप सकते हैं कि वे नए डिज़ाइन वाली वेबसाइट से ज़्यादा सामान ख़रीदते हैं या पुराने डिज़ाइन वाली वेबसाइट से। इससे ब्याज दर, प्रतिस्पर्धा, मौसम आदि बाक़ी सारे प्रभाव अलग हट जाएँगे और छिपी हुई सच्चाई उजागर हो जाएगी।

1950 के दशक के बाद से चिकित्सा में लगभग पाँच लाख आरसीटी हुई हैं। उन्होंने लाखों जानें बचाई हैं, लेकिन उल्लेखनीय बात यह है कि मानव जीवन के कई क्षेत्रों में आरसीटी का उपयोग शायद ही कभी किया गया है। आपराधिक न्याय प्रणाली में यह लगभग अनुपस्थित है। मिसाल के तौर पर, 2006 में चिकित्सा के क्षेत्र में लगभग 25,000 परीक्षण किए गए, जबकि पूरे संसार में अपराध और न्याय के क्षेत्र में 1982 से 2004 के बीच सिर्फ़ 85 परीक्षण ही किए गए।

ब्रिटेन के सबसे सम्मानित नीति विश्लेषकों में से एक डेविड हैल्पर्न ने कहा है, "सरकार के कई क्षेत्रों में कभी, किसी भी तरह से परीक्षण नहीं किया गया है। वे अनुमान, सहज अहसास और कहानी पर आधारित हैं। यही बात कई अशासकीय क्षेत्रों के बारे में भी सच है। हम एक तरह से अंधे उड़ रहे हैं, इस बात के सुराग़ के बिना कि क्या सचमुच कारगर है और क्या नहीं है। यह दरअसल काफ़ी डरावना है।"

क्लोज़्ड लूप सिर्फ़ बौद्धिक जिज्ञासा ही नहीं हैं, बल्कि वे यथार्थवादी ढंग से उस संसार का वर्णन करते हैं, जिसमें हम रहते हैं। वे छोटे और बड़े होते हैं, सूक्ष्म और गूढ़ होते हैं। वे छोटी कंपनियों, बड़ी कंपनियों, परोपकारी संस्थाओं, कॉरपोरेशनों और सरकारों में दुबके रहते हैं। हमारी ज़्यादातर मान्यताओं को ज़बर्दस्त असफलता परीक्षणों की कसौटी पर कभी नहीं कसा गया है। जब तक हम इस बारे में कुछ नहीं करेंगे, तब तक उन्हें कभी कसा भी नहीं जाएगा।

हम जो सोचते हैं कि हम जानते हैं और हम जो सचमुच जानते हैं, उसके बीच की अक्सर दिमाग़ को मोड़ने वाली खाई को देखने के लिए

आइए 'स्केयर्ड स्ट्रेट' कार्यक्रम की ओर फिर चलते हैं। यह आश्चर्यजनक रूप से सफल दिख रहा था। अवलोकन के आँकड़े मनमोहक दिख रहे थे,* लेकिन हम अब जान गए हैं कि यह कार्यक्रम अपराध को घटाने के बजाय अपराध को बढ़ा रहा था।

कई मायनों में 'स्केयर्ड स्ट्रेट' एक उपमा के रूप में खड़ा है, न सिर्फ़ सरकारी नीति के लिए (जो शायद इक्कीसवीं सदी में ख़ून निकालने की सबसे क़रीबी चीज़ है), बल्कि ज़्यादा व्यापक संसार के लिए। अगर उचित परीक्षण नहीं होता, तो यह कार्यक्रम दशकों तक, शायद सदियों तक ख़ुशी-ख़ुशी चल सकता था।

'स्केयर्ड स्ट्रेट' एक उपमा है, लेकिन सबसे बढ़कर यह एक चेतावनी है।

III

1999 में *'स्केयर्ड स्ट्रेट! 20 ईयर्स लेटर'* अमेरिका में प्रसारित हुआ। इस बार इस डॉक्यूमेंटरी में पीटर फ़ाक की जगह डैनी ग्लोवर सामने आए और उन्होंने उन सत्रह किशोरों के जीवन की दोबारा पड़ताल की, जो मूल फ़िल्म में नज़र आए थे। परिणाम उतने ही चमत्कारी दिख रहे थे, जितना कि मूल कार्यक्रम ने जनता को विश्वास दिलाया था।

जिन पूर्व-किशोरों से बात की गई, उनमें से कई ने अपने नए जीवन के बारे में बात की। लगभग सभी ने दो दशक पहले रावे की अपनी तीन घंटे की यात्रा को इस बात का श्रेय दिया कि इसने उनके जीवन को बदल दिया था। युवा अश्वेत किशोर टेरेंस, जो कभी कारें चुराता था और स्टोर के ताले तोड़ता था, अब अपनी स्थानीय बैप्टिस्ट चर्च में अंशकालीन उपदेशक है, जिसके पत्नी और दो बेटे हैं। उसने कहा, "संभावना यह होती कि अगर

*'अवलोकनात्मक आँकड़े' एक वाक्यांश है, जो हुई घटनाओं से निकाले गए सारे आँकड़ों को समाहित करता है। क्रमरहित नियंत्रित परीक्षण भिन्न हैं, क्योंकि वे सिर्फ़ उसे ही समाहित नहीं करते, जो हुआ था, बल्कि तुलना के लिए प्रतितथ्यात्मक का निर्माण भी करते हैं।

मैं रावे नहीं जाता, तो मैं भी शायद जेल जाता और अब तक अपनी क़ब्र में होता।"

चौड़ी मुस्कान और बड़ी बालियों वाली सोलह साल की लड़की लोरी, जो नशीले पदार्थ बेचती थी, अब छत्तीस साल की बुक कीपर और माँ थी। उसने कहा, "मैंने बस सोचा था कि यह स्कूल के बाहर बिताया गया एक दिन होगा। मैं नहीं सोचती कि अपने पूरे जीवन में मैं कभी इतनी ज़्यादा डरी थी... इससे मैं प्रेरित हुई कि मैं कभी मूर्ख नहीं बनूँगी... मैं उसके बाद ज़्यादा स्कूल जाने लगी।"

बिखरे बालों और झाड़ू जैसी मूँछों वाला एंजेलो अब सैंतीस साल का था, आजीविका के लिए फ़र्श पर टाइल्स लगाता था और उसके तीन बच्चे थे। उसने कहा, "अगर मैं रावे नहीं जाता, तो मैं सोचता हूँ कि मुझे सश्रम कारावास मिलता। अगर वह एक दिन नहीं होता, तो शायद मेरा परिवार ही नहीं होता। और इस वक़्त मेरा परिवार मेरे लिए सब कुछ है। यह संसार का सबसे सुंदर अनुभव है।"

तो यह 'स्केयर्ड स्ट्रेट' की वह तसवीर है, जो करोड़ों टीवी दर्शकों को देखने को मिली। आँकड़े भी अच्छे दिख रहे थे। ज़्यादातर सामाजिक कार्यक्रमों के विपरीत यह एक ऐसी योजना थी, जिसने आँकड़े एकत्रित करने की जहमत सचमुच उठाई थी। प्रमाण के अनुसार, जो लोग इस कार्यक्रम में शामिल होते थे, उनमें से 80-90 प्रतिशत आगे चलकर अपराध नहीं करते थे। जैसा डॉक्यूमेंटरी में बताया गया था : "यह सफलता की एक आश्चर्यजनक कहानी है। और इसकी तुलना पुनर्वास के पारंपरिक तरीक़ों से नहीं की जा सकती।"

लेकिन अगर हम 1977 के वसंत के उत्तरार्ध की ओर पलटकर चलें, तो एक बिल्कुल ही अलग तसवीर उभरने लगी थी। उस साल अप्रैल में रटगर्स स्कूल ऑफ़ क्रिमिनल जस्टिस के प्रोफ़ेसर जेम्स फ़िंकनॉर ने 'स्केयर्ड स्ट्रेट' की जाँच करने का निर्णय लिया। उनकी रुचि सिर्फ़ अवलोकनात्मक आँकड़ों में नहीं थी। वैज्ञानिक होने के नाते वे जानते थे कि वे भ्रामक हो सकते हैं। उनकी रुचि प्रचार-प्रसार या चमक-दमक वाली डॉक्यूमेंटरीज़ में भी नहीं थी। वे तो बस यह जानना चाहते थे कि क्या इस योजना ने सचमुच काम किया। संक्षेप में, वे एक आरसीटी आयोजित करना चाहते थे।

फ़िंकनॉर के बाल अब सफ़ेद हो चुके हैं, लेकिन उनकी आँखें पैनी हैं। उन्होंने दर्जनों शोध-पत्र प्रकाशित किए हैं और अपने शोध के लिए बहुत सारे पुरस्कार जीते हैं, लेकिन उनकी बातचीत की शैली उनका सबसे आश्चर्यजनक गुण है। वे सावधान, सुविचारित और सतर्क हैं। उनमें एक लेज़र जैसा गुण भी है, मानो वे गहराई में छिपे सत्यों का पता लगाने के लिए सतह को भेदने की कोशिश कर रहे हैं। ये गुण उनके काफ़ी काम आने वाले थे, जब उन्होंने 'स्केयर्ड स्ट्रेट' की गहन जाँच का बीड़ा उठाया।

आरसीटी शुरू करने से पहले फ़िंकनॉर ने 'स्केयर्ड स्ट्रेट' के विद्यमान प्रमाण की जाँच की। 80-90 प्रतिशत बच्चों के अपराधमुक्त होने के आँकड़े आए कहाँ से थे? उन्होंने पाया कि ये आँकड़े एक प्रश्नावली पर आधारित थे, जो रावे जाने वाले बच्चों के अभिभावकों को भेजी गई थी। (आँकड़ों का एक और स्रोत उन प्रायोजक संस्थाओं द्वारा भेजे गए प्रशस्ति पत्र थे, जो बच्चों को रावे ले गई थीं। ये बहुत ज़्यादा विश्वसनीय नहीं थे। हो सकता है कि इन संस्थाओं के इस कार्यक्रम में विश्वास करने के सभी तरह के छिपे हुए प्रोत्साहन हों।)।

'हाँ या नहीं' वाले चार प्रश्न थे :

> जब से आपकी संतान जेल की यात्रा पर गई है, क्या तब से आपको उसके आचरण में उल्लेखनीय परिवर्तन नज़र आया है?
>
> क्या जेल की यात्रा के बाद से उसके व्यवहार में थोड़ा परिवर्तन हुआ है?
>
> क्या आप सोचते हैं कि आपके बेटे/बेटी के लिए जेल की एक और यात्रा आवश्यक है?
>
> क्या ऐसे निश्चित क्षेत्र हैं, जिनमें आप सोचते हैं कि हम आपकी या आपके बेटे अथवा बेटी की सहायता कर सकते हैं?

टिप्पणियाँ लिखने के लिए भी जगह थी।

लेकिन 'उल्लेखनीय' परिवर्तन का दरअसल क्या मतलब था? 'थोड़े' परिवर्तन का क्या मतलब था? इन प्रश्नों की सभी तरह की व्याख्याएँ की जा सकती थीं। फ़िंकनॉर को यह भी पता चला कि रावे जाने वाले कई बच्चे तो अपराधी ही नहीं थे या उनमें इस तरह के कोई लक्षण ही नहीं थे। अगर वे

पहले से ही अपराधी नहीं थे, तो इसे सफलता कैसे माना जा सकता है कि उन्होंने बाद में अपराध नहीं किया। इसके अलावा, अभिभावकों को जो पत्र भेजे गए, वे अक्सर जेल की यात्रा के कुछ सप्ताहों के भीतर भेजे गए थे। व्यवहार बदलने के मूल्यांकन के लिए इसे पर्याप्त समय नहीं कहा जा सकता।

और ये तो केवल छुटपुट खामियाँ थीं। ज़्यादा गहरी ख़ामियाँ तो ठोस प्रमाण के हृदय तक जाती हैं। पहली तो यह कि सिर्फ़ उन्हीं लोगों के फ़ीडबैक को आँकड़ों में शामिल किया गया था, जिन्होंने प्रश्नावली का जवाब दिया था। जिन लोगों ने जवाब नहीं दिए, वे आँकड़ों से पूरी तरह नदारद थे। ज़रा सोचें कि इससे परिणाम कैसे विकृत हो सकता था। यह संभव है कि जिन बच्चों का आचरण सुधरा था, केवल उन्हीं ने जवाब देने की जहमत उठाई थी। जो बच्चे बाद में भी बुरा आचरण करते रहे, शायद उनके माता-पिता ने उस प्रश्नावली को कूड़ेदान में फेंक दिया होगा या कम संख्या में जवाब दिया होगा। इससे आँकड़े इतने ज़्यादा बदल सकते थे कि पहचान में ही नहीं आते।

यह एक प्रकार का तथाकथित 'चयन पूर्वाग्रह' है और यह जाना-पहचाना है। यह काफ़ी कुछ वैसी ही समस्या है, जो मध्ययुगीन चिकित्सा में व्याप्त थी, जब ख़ून निकालने के बाद ज़िंदा रहने वाले लोग ही इसके कारगर होने की पुष्टि कर सकते थे। प्रमाण ज़बर्दस्त दिखता था, लेकिन ऐसा इसलिए था, क्योंकि यह ख़तरनाक ढंग से अधूरा था। जो लोग ख़ून निकालने से ठीक नहीं होते थे, उन्हें अपनी राय व्यक्त करने का कभी अवसर ही नहीं मिल पाता था। क्यों? क्योंकि वे तो दुनिया छोड़ चुके होते थे।

बहरहाल, *स्केयर्ड स्ट्रेट* के आँकड़ों के साथ सबसे गहरी समस्या प्रतितथ्यात्मक से संबंधित थी। भले ही हर व्यक्ति ने प्रश्नावली का जवाब दिया *होता* (जो नहीं हुआ था), फिर भी हमें यह कभी पता नहीं चल पाता कि ये परिणाम इसी हस्तक्षेप की वजह से मिले थे या किसी दूसरे कारण से मिले थे। शायद हस्तक्षेप के बिना ही व्यवहार बेहतर हो जाता। शायद व्यवहार इसलिए बेहतर हुआ, क्योंकि स्थानीय अर्थव्यवस्था बेहतर हो रही थी या स्कूल में कोई नई योजना चालू हो गई थी या कोई और कारण था। शायद हस्तक्षेप के बिना परिणाम और भी बेहतर होता।

अगस्त 1978 में फ़िंकनॉर ने अपराधी किशोरों के एक समूह को दो क्रमरहित समूहों में बाँट दिया।* एक समूह ने 'स्केयर्ड स्ट्रेट' कार्यक्रम में हिस्सा लिया था। दूसरे समूह (नियंत्रण समूह) ने हिस्सा नहीं लिया था, फिर फ़िंकनॉर ने बैठकर परिणामों को मापने का इंतज़ार किया। प्रचार-प्रसार, शानदार आँकड़ों, लुभावने पीआर, ऑस्कर-विजेता डॉक्यूमेंटरी, राजनेताओं की प्रशस्ति, सुधार अधिकारियों की वाहवाही, पूरे संसार में योजना के व्यापक अमल के बावजूद यह पहली बार था, जब प्रोजेक्ट का सबसे कठोर क़िस्म का असफलता परीक्षण हो रहा था।

और परिणाम जब आख़िरकार आए, तो वे नाटकीय थे। 'स्केयर्ड स्ट्रेट' कार्यक्रम कारगर नहीं था। जिन बच्चों ने रावे में हिस्सा लिया था, उनके ऐसा न करने वालों की तुलना में अपराध करने की ज़्यादा आशंका थी। फ़िंकनॉर ने कहा, "प्रमाण ने दिखाया कि जो बच्चे इस कार्यक्रम में गए थे, उनके अपराध करने का जोखिम उन बच्चों से ज़्यादा था, जो इसमें नहीं गए थे। उपचार समूह और नियंत्रण समूह की तुलना करने पर आँकड़े स्पष्ट थे।"

कई लोगों के लिए यह विस्मय की बात थी। कार्यक्रम अच्छा दिख रहा था। तर्क मोहक थे। अभिभावक क़तार लगाकर कह रहे थे कि इसने उनके बच्चों का 'इलाज' कर दिया था। प्रश्नावली के आँकड़े भी ठोस दिख रहे थे, लेकिन ये सारी चीज़ें ख़ून निकालने के बारे में भी सच थीं। केवल आरसीटी की सहायता से हम अस्पष्टता को भेद सकते थे और कार्यक्रम के असली प्रभाव या परिणाम को देख सकते थे।

फ़िंकनॉर कहते हैं :

> लोगों को 'स्केयर्ड स्ट्रेट' की सफलता पर विश्वास इसलिए हो गया था, क्योंकि यह सहज बोध जैसा लगता है। लोगों को इस विचार

---

*आरसीटी आयोजित करने की प्रक्रिया फ़िंकनॉर की सोच से कहीं ज़्यादा मुश्किल थी। 'स्केयर्ड स्ट्रेट' के समर्थकों ने सहयोग नहीं दिया। उच्च पदस्थ समर्थक जज निकोला ने परीक्षण शुरू होने से पहले ही इसे रोकने की कोशिश की। फ़िंकनॉर कहते हैं, "उन्हें मूल्यांकन की कोई आवश्यकता ही नहीं दिख रही थी, क्योंकि उन्होंने पहले ही प्रोजेक्ट की सफलता की पुष्टि करने वाले सैकड़ों पत्र इकट्ठे कर लिए थे।"

> से प्रेम था कि आजीवन कारावास वाले क़ैदियों के साथ एक कठोर सत्र के ज़रिये बच्चों का कायाकल्प किया जा सकता है, लेकिन अपराध इससे ज़्यादा जटिल होता है। बच्चे कई अलग-अलग, अक्सर सूक्ष्म कारणों से अपराध करते हैं। पीछे पलटकर देखने पर इस बात की कोई संभावना नहीं थी कि जेल की तीन घंटे की यात्रा से समस्या सुलझ जाएगी।
>
> क़ैदियों के इरादे सच्चे थे : वे सचमुच बच्चों को अपराधरहित जीवन जीने की प्रेरणा देना चाहते थे, लेकिन इस कार्यक्रम के ग़ैर-इरादतन परिणाम हो रहे थे। चिल्लाचोट का शिकार होने से किशोर क्रूर बन रहे थे। कई तो बाहर जाकर अपराध इसलिए कर रहे थे, क्योंकि वे ख़ुद के सामने और अपने साथियों के सामने यह साबित करना चाहते थे कि वे सचमुच डरे हुए नहीं थे।

योजना का बचाव करने वालों ने फ़िंकनॉर की रिपोर्ट पर गुस्से भरी प्रतिक्रिया की। जज निकोला ने डॉक्यूमेंटरी में इस कार्यक्रम की भूरि-भूरि प्रशंसा की थी। उन्होंने कहा, "इस कार्यक्रम को अपना बचाव करने की ज़रूरत नहीं है।" 'स्केयर्ड स्ट्रेट' के स्टाफ़ एडवाइज़र रॉबर्ट जे. मैकेलेशर और भी ज़्यादा कटु थे। "हम नौसिखियों (यानी फ़िंकनॉर) के उद्देश्यों पर सवाल करते हैं, जो वैज्ञानिक अध्ययन के परिणाम के रूप में धोखे से पेश किए गए निरर्थक आँकड़ों से ख़ुद को राष्ट्रीय चकाचौंध में लाने के लिए अपनी बौद्धिक ईमानदारी के साथ समझौता कर रहे हैं।"

एक मायने में इस तरह की प्रतिक्रियाएँ तय थीं। जब हमारे सामने कोई ऐसा प्रमाण पेश किया जाता है, जो हमारे गहरे विश्वासों को चुनौती देता है, तो हम अपने विश्वासों को बदलने के बजाय उस प्रमाण को अस्वीकार करने या संदेशवाहक को गोली मारने की प्रवृत्ति रखते हैं। वास्तव में, 'स्केयर्ड स्ट्रेट' के कई रक्षकों ने फ़िंकनॉर की आरसीटी के परिणामों पर यह कहा कि वे कार्यक्रम की सफलता पर कम नहीं, *ज़्यादा विश्वास* करने लगे हैं। संज्ञानात्मक असंगति का सिद्धांत इसकी पहले से भविष्यवाणी कर सकता था।

लेकिन 'स्केयर्ड स्ट्रेट' के प्रति जिन लोगों की पहले से प्रतिबद्धता नहीं थी, वे भी कार्यक्रम की तरफ़ उसी तरह आकर्षित होते रहे, जिस तरह पतंगे शमा की तरफ़ होते हैं। कठोर आँकड़ों ने दिखाया कि यह नुक़सानदेह है,

लेकिन घटिया बातें करने वाले क़ैदियों द्वारा बच्चों को अपराध करने से रोकने की कहानी इतनी मनमोहक थी कि नज़रअंदाज़ नहीं की जा सकती थी। 1980 के दशक तक जॉर्जिया, साउथ कैरोलिना और विस्कॉन्सिन में 'स्केयर्ड स्ट्रेट' जैसे कार्यक्रम शुरू हो गए थे। आगामी कार्यक्रम न्यू यॉर्क, वर्जीनिया, अलास्का, ओहायो और मिशिगन में शुरू हुए।

ऐसा लग रहा था, जैसे फ़िंकनॉर द्वारा आयोजित शोध कभी हुआ ही न हो।

1990 के दशक तक ऐसे कार्यक्रम तेज़ी से बढ़ने लगे। लॉस एंजेलिस पुलिस विभाग ने एक योजना चलाई, जहाँ एक घटक यह था कि शहर की जेल की यात्रा करने वाले बच्चों पर अपराधी 'चीख़ते-चिल्लाते' थे। कार्सन सिटी, नेवादा के एक कार्यक्रम में एक किशोर ने कहा कि यात्रा के जिस हिस्से ने सबसे ज़्यादा प्रभाव डाला, वह यह था कि "सभी क़ैदी सेक्स के लिए हमें आवाज़ लगाते रहे और हमारे सामान के लिए आपस में लड़ते रहे।" यह विचार जल्दी ही ब्रिटेन, ऑस्ट्रेलिया और नॉर्वे को निर्यात हो गया।

इस दौरान योजना के ख़िलाफ़ कठोर प्रमाण बढ़ते जा रहे थे। अमेरिका के पश्चिमी तट से लेकर पूर्वी तट तक 'स्केयर्ड स्ट्रेट' शैली के कार्यक्रमों पर आरसीटी आयोजित किए गए। उन सबका एक ही निष्कर्ष था : 'स्केयर्ड स्ट्रेट' काम नहीं करता है। यह प्रायः बच्चों को नुक़सान पहुँचाता है। एक परीक्षण ने तो बताया कि नियंत्रण समूह की तुलना में उपचार समूह में अपराधों में 25 प्रतिशत वृद्धि हुई।

लेकिन इनमें से कुछ भी मायने नहीं रखता था। चमकदार कहानी उबाऊ आँकड़ों से कहीं ज़्यादा मनमोहक थी।

सरकारी अधिकारियों ने भी कार्यक्रम की प्रशंसा की। 1994 में ओहायो में यूएस ऑफ़िस ऑफ़ जुवेनाइल जस्टिस ऐंड डेलिनक्वेंसी प्रिवेंशन के आधिकारिक प्रकाशन में 'स्केयर्ड स्ट्रेट' जैसी योजना की प्रशंसा की गई। विशेषज्ञ कथात्मक भ्रांति पर मोहित हो गए थे। 1996 में यानी फ़िंकनॉर की आरसीटी के लगभग बीस साल बाद *न्यू यॉर्क टाइम्स* ने बताया कि रावे का मूल कार्यक्रम अपनी लोकप्रियता के शिखर पर था, हर सप्ताह दस समूहों को यानी हर साल 12,500 बच्चों को यह अनुभव प्रदान कर रहा था।

लेकिन 2002 में द कैंपबेल कोलेबोरेशन परिदृश्य पर आया। यह एक वैश्विक, ग़ैर-लाभकारी संगठन है, जो प्रमाण-आधारित नीति के प्रति समर्पित है। उन्होंने उसे आयोजित किया, जिसे 'सुनियोजित समीक्षा' कहा जाता है। यहाँ सभी क्रमरहित परीक्षणों के आँकड़े एक स्प्रेडशीट में क्रमवार रखे जाते हैं। सभी व्यक्तिगत परीक्षणों के परिणामों को एकत्रित करके (तथाकथित वृहद-विश्लेषण में सात का इस्तेमाल किया गया था), एक सुनियोजित समीक्षा उस स्वर्णिम पैमाने का प्रतिनिधित्व करती है, जब बात वैज्ञानिक प्रमाण की आती है। यह चरम असफलता परीक्षण है।

माफ़ करें, अगर आपको पहले ही पता चल गया हो कि आगे क्या बताया जाने वाला है, लेकिन परिणाम एकदम स्पष्ट थे। 'स्केयर्ड स्ट्रेट' काम नहीं करता है। यह अपराध बढ़ाता है। शोध इंगित करता है कि यह वृद्धि 28 प्रतिशत तक ऊँची हो सकती है। शानदार नरम भाषा में लेखकों ने प्रभावी ढंग से इसके पूरे तर्क को ध्वस्त कर दिया : "हम इस नतीजे पर पहुँचे हैं कि 'स्केयर्ड स्ट्रेट' जैसे कार्यक्रमों के नुक़सानदेह प्रभाव की आशंका है और ये अपराध को बढ़ाते हैं... इस कार्यक्रम में किशोरों को भेजने से तो बेहतर था कि कुछ न किया जाता।"

'स्केयर्ड स्ट्रेट' कई मायनों में अपने समय से आगे का कार्यक्रम था। ज़्यादातर सामाजिक कार्यक्रमों के विपरीत, जो किसी भी तरह के आँकड़े एकत्रित नहीं करते हैं, इसने सचमुच प्रश्नावलियाँ भेजीं और आँकड़े इकट्ठे किए, लेकिन मध्ययुगीन ख़ून निकालने के तरीक़े की तरह, अवलोकनात्मक आँकड़े हमेशा विश्वसनीय जानकारी प्रदान नहीं करते हैं। अक्सर आपको प्रतितथ्यात्मक की जाँच करने की ज़रूरत होती है, वरना आप लोगों को नुक़सान पहुँचा सकते हैं और आपको इस बात का अहसास भी नहीं होगा।

और यही दरअसल मुद्दे की बात है। ग़लतियों के जारी रहने के लिए यह ज़रूरी नहीं है कि लोग सक्रियता से धोखेबाज़ या लापरवाह हों। कई बार तो यह स्पष्ट प्रमाणों के बावजूद हो सकता है, क्योंकि लोग या तो यह नहीं जानते कि कैसे आँकड़ों पर प्रश्न पूछना है या वे अवचेतन रूप से इसके अनिच्छुक होते हैं।

लेकिन हम दरअसल अपनी नीतियों और रणनीतियों की कितनी बार जाँच करते हैं? हम अपने जीवन या काम में अपनी मान्यताओं की कितनी बार जाँच करते हैं? जैसा हम देख चुके हैं, चिकित्सा में लगभग दस लाख

क्रमरहित परीक्षण किए जा चुके हैं। आपराधिक न्याय में उनका अस्तित्व न के बराबर है। लगभग सभी जगह नीति दरअसल कथा, आभास, अपरीक्षित विचारधारा और पूर्व-निर्धारित निष्कर्षों में फ़िट होने वाले अवलोकनात्मक आँकड़ों पर आधारित होती है।

क्लोज़्ड लूप केवल बौद्धिक जिज्ञासा ही नहीं हैं, वे तो सटीकता से (और कई बार तो भयंकर रूप से) उस संसार का वर्णन करते हैं, जिसमें हम रहते हैं।

1 जनवरी 1982 को एक घुसपैठिया मिशेल मिका नामक उन्नीस वर्षीय किशोरी के घर में घुस गया। कई कमरों की तलाशी लेने के बाद उसे किचन में एक चाकू मिला। वह मिका के बेडरूम में दाख़िल हुआ और उसकी हत्या कर दी। मिशेल की माँ को बाद में मिशेल की लाश मिली। उसका चेहरा बिस्तर पर नीचे की तरफ़ था और मीट काटने वाला आठ इंच का चाकू उसकी पीठ में था। उसे जान से मारने के बाद कई घंटों तक मिका के साथ संभोग किया गया था। उद्देश्य विशुद्ध यौन संतुष्टि थी।

पच्चीस साल से ज़्यादा समय बाद 17 मार्च 2007 को पुलिस ने हैकेनसैक, न्यू जर्सी में रहने वाले पैंतालीस वर्षीय एंजेलो स्पेज़िएल को गिरफ़्तार कर लिया। स्पेज़िएल उन मूल सत्रह किशोरों में से एक था, जिन्हें 'स्केयर्ड स्ट्रेट' डॉक्यूमेंटरी में दिखाया गया था। वह बिखरे बालों और झाड़ू जैसी मूँछों वाला बच्चा था, जो पड़ोस की दुकानों में चोरी करता था। बीस साल बाद बनने वाले फ़ीचर के लिए भी उससे बातचीत की गई थी, जब तक उसके तीन बच्चे हो चुके थे और वह फ़र्श पर टाइल्स लगाने का काम करता था।

बाद वाले कार्यक्रम के लिए जिन लोगों से बातचीत की गई थी, उनमें से ज़्यादातर की तरह ही स्पेज़िएल ने दावा किया था कि रावे की यात्रा ने उसके जीवन का कायाकल्प कर दिया। यह लगभग प्रेरक लग रहा था। "अगर मैं रावे नहीं जाता, तो मैं सोचता हूँ कि मुझे सश्रम कारावास की सज़ा मिलती" उसने कहा था। उद्घोषक डैनी ग्लोवर ने कहा था, "सैंतीस वर्षीय एंजेलो अब क़ानून का पालन करने वाला पारिवारिक इंसान है।"

लेकिन वास्तविकता बहुत अलग थी। 2005 में स्पेज़िएल को दुकान में चोरी के लिए गिरफ़्तार किया गया था, जिससे पुलिस को उसके डीएनए का

नमूना मिल गया। सामान्य परीक्षण में उन्हें पता चला कि यह मिशेल मिका की लाश में पाए गए वीर्य के डीएनए से मिल रहा था। बाद में पता चला कि जिस वक़्त हत्या हुई थी, उस वक़्त मिका और स्पेज़िएल टीनैक एवेन्यू के डुप्लेक्स में आमने-सामने रहते थे।

डॉक्यूमेंटरी बनाने वालों ने स्पेज़िएल के बारे में जान-बूझकर दर्शकों को ग़लत जानकारी नहीं दी थी। उन्हें यह पता ही नहीं चल सकता था कि वह उन्हें धोखा दे रहा है, जब उसने कहा था कि वह 'सुधर गया' है। उन्हें यह अहसास ही नहीं हो सकता था कि रावे जाने के तीन साल बाद ही उसने उन्नीस साल की एक मासूम लड़की के साथ बलात्कार किया था और उसकी हत्या की थी। केवल डीएनए की जाँच ने ही सच्चाई को उजागर किया।

लेकिन डॉक्यूमेंटरी बनाने वाले 1980 के दशक की शुरुआत तक यह बात जान चुके थे कि 'स्केयर्ड' स्ट्रेट की वजह से अपराध बढ़ रहे थे। इसके बावजूद वे प्रोजेक्ट पर मशहूर कार्यक्रम बनाते रहे। अमेरिकी केबल और सेटेलाइट चैनल एऐंडई ने 2011 में एक नई सीरीज़ *बियॉन्ड स्केयर्ड स्ट्रेट* शुरू की। 2014 तक यह आठवें सत्र में थी। प्रोड्यूसर अर्नोल्ड शापिरो (जिन्होंने मूल 1978 की डॉक्यूमेंटरी भी बनाई थी) इस योजना का अब भी बचाव करते हैं, हालाँकि इसके ख़िलाफ़ ज़बर्दस्त प्रमाण हैं। वे तर्क देते हैं कि आज 'स्केयर्ड स्ट्रेट' में ज़्यादा परामर्श और कम चिल्लाचोट शामिल है, लेकिन जेलों में हस्तक्षेप आयोजित करने का तर्क हमेशा मुठभेड़ के घटक पर निर्भर रहा है। जैसा *डेली बीस्ट* ने लिखा है :

> एपिसोड अपने आप में विचार-विमर्श से ज़्यादा जेल के जीवन की दहशत पर ज़ोर देते हैं। मैरीलैंड की जेसअप जेल में फ़िल्माए गए एक एपिसोड की शुरुआत में फ़र्स्ट डिग्री हत्या के लिए क़ैद 50 वर्षीय एक व्यक्ति पढ़ाई छोड़ने वाले 17 साल के लड़के के चेहरे पर गुर्राता है, "जेल में किसी आदमी की तरफ़ देखकर मत मुस्कराना, क्योंकि अगर तुम जेल में किसी की तरफ़ देखकर मुस्कराते हो, तो इससे वह सोचने लगता है कि तुम उसे पसंद करते हो और जेल में किसी को पसंद करने का मतलब यह है कि तुम्हारे साथ कोई चीज़ सचमुच ग़लत है।"

1978 में रावे की अपनी तीन घंटे की यात्रा में स्पेज़िएल ने कई अपमान झेले थे, लेकिन एक घटना बाद की घटनाओं को देखते हुए ख़ासतौर पर डरावनी थी। किशोर स्पेज़िएल को समूह के सामने खड़े होकर चाकू से हुए हमले की अख़बार में छपी ख़बर पढ़ने पर विवश किया गया था, जो जेल में हुआ था। सोलह वर्षीय स्पेज़िएल ने काँपती आवाज़ में पढ़ा था, "रावे के क़ैदी को कोठरी में चाकू घोंपकर जान से मार दिया गया। उसे गर्दन, सीने, सिर और पीठ में एक दर्जन बार चाकू मारा गया था। रावे जनरल हॉस्पिटल आने पर रॉबिन्सन को मृत घोषित कर दिया गया।"

1978 में रावे की उसकी यात्रा में स्पेज़िएल को अपमानित करके चाकू के वहशी हमले के विवरण ज़ोर से पढ़ने के लिए विवश किया गया और उसने कुछ साल बाद ऐसा ही अपराध सचमुच कर दिया, इन दोनों तथ्यों के बीच किसी संबंध का प्रमाण नहीं मिलता है। यह लगभग निश्चित रूप से एक संयोग है, लेकिन हम यह बात जानते हैं कि ये यात्राएँ अमूमन वहाँ जाने वाले बच्चों को नुक़सान पहुँचाती हैं। हम यह बात तीन दशकों से ज़्यादा समय से जानते हैं।

2010 में स्पेज़िएल ने यौन आक्रमण और चाकू मारने का अपना अपराध क़बूल कर लिया और उसे पच्चीस साल की सज़ा मिली। अब वह उसी रावे जेल में पहुँच चुका है, जहाँ यह कहानी शुरू हुई थी। यह अंतहीन रूप से विचलित करने वाली और चेतावनी देने वाली कहानी है, लेकिन सबसे गहरी विडंबना यह है, और जो हमें क्लोज़्ड लूप लक्षण के केंद्र तक ले जाती है कि स्पेज़िएल जल्दी ही अपराधियों की नई पीढ़ी को 'स्केयर्ड स्ट्रेट' शैली में समझाइश दे रहा होगा।*

---

*अंततः उन योजनाओं को संघीय अनुदान देना बंद कर दिया गया, जो *'स्केयर्ड स्ट्रेट'* प्रणाली का इस्तेमाल करती थीं, लेकिन ऐसी योजनाएँ अब भी आती रहती हैं; केवल अमेरिका में ही नहीं, बल्कि पूरे संसार में। जब तक आँकड़ों को कथा से ज़्यादा गंभीरता से नहीं लिया जाता, तब तक ऐसी योजनाएँ आती रहेंगी।

खंड IV

छोटे क़दम और लंबी छलाँग

9

छोटे लाभ

I

सुबह लगभग 9 बजे का समय था। टीम स्काई नामक ब्रिटिश प्रोफ़ेशनल साइकलिंग टीम के सवार दक्षिणी फ़्रांस में लांगदोक-रूसियोन इलाक़े के एक सुंदर कस्बे कारकसऑन में एक छोटे होटल से बाहर निकले। सुबह गर्म थी और साइकल सवार ख़ामोशी से टीम की बस में बैठे और आने वाले दिन के बारे में सोचने लगे।

वे टुअर डी फ़्रांस 2014 के 16वें चरण को शुरू करने वाले थे, जो खेल जगत में सहनशक्ति के सबसे कठोर इम्तिहानों में से एक माना जाता है। पिछले पंद्रह चरणों में वे 3,000 किलोमीटर से ज़्यादा यात्रा कर चुके थे और अब उनके सामने 237.5 किलोमीटर की साइकल यात्रा थी, जो पायरनीज़ में 19 किलोमीटर लंबी चढ़ाई के साथ पोर्ट डी बेल्स पर ख़त्म होती थी। टीम के एक सदस्य बर्नहार्ड आइज़ल ने कठोर मुस्कान के साथ कहा, "तो हम चलते हैं।"

टीम स्काई की बस में उम्मीद का अहसास था। साइकल चालक अपनी खेल की पोशाक पहन रहे थे। कोच रेस की योजनाओं की समीक्षा कर रहे थे। जब तीस मिनट बचे थे, तो टीम स्काई के खेल निदेशक निकोलस पोर्टल ने रेस के पहले की ब्रीफ़िंग शुरू की। उन्होंने इस चरण का महत्त्व बताया और साइकल चालकों को रास्ते के मुश्किल हिस्सों के बारे में चेतावनी दी। जब उन्होंने ऐसा किया, तो मुश्किल स्थानों और खड़ी चढ़ाइयों के फ़ोटो बस के सामने लगे पर्दे पर उभर आए।

उनकी बात पूरी होने पर पीछे की तरफ़ खड़े एक आदमी बोलने लगे, जो तब तक ख़ामोश थे। उनका सिर मुँडा हुआ था, काली किनारी वाला चश्मा था और उनके तीखे अंदाज़ थे। वे रेस से पहले हमेशा आख़िरी बात कहते थे। वे और कोई नहीं, बल्कि टीम स्काई के जनरल मैनेजर सर डेविड ब्रेल्सफ़ोर्ड थे।

"सब बातों की एक बात, सफलता बढ़त वाले समूह में पहुँचने के बारे में है (जहाँ साइकल चालकों का समूह मुख्य समूह से अलग होता है)" उन्होंने कहा। "हमें ढीलढाल नहीं करनी है। या तो हम बढ़त में हैं या फिर हम नहीं हैं। मैं जानता हूँ कि यह कितना मुश्किल है। मैं जानता हूँ कि यह कितना कठिन है, लेकिन हर व्यक्ति को इसे पूरे दिल से करना है। सभी इस पर ध्यान केंद्रित करो। यही हमारा आज का लक्ष्य है। बाक़ी चीज़ें अपनी परवाह ख़ुद कर लेंगी। यह इंतज़ार मत करो कि कोई दूसरा इसे कर देगा, इसे ख़ुद करके दिखाओ... चलो, इसे कर दो!"

एक शांत भनभनाहट बस में गूँजने लगी। ब्रेल्सफ़ोर्ड ने सही माहौल बना दिया था। सभी आठ साइकल चालकों ने खड़े होकर एक-दूसरे की तरफ़ देखा। उन्होंने सीढ़ियों से नीचे उतरकर सोलहवें चरण की शुरुआती पंक्ति तक का रास्ता तय किया।

पिछली शाम को ब्रेल्सफ़ोर्ड ने मुझे टीम स्काई से परिचित कराया था। हमने ट्रकों को देखा था, टीम बस के डिज़ाइन को देखा था और उन विस्तृत ऐल्गरिदम्स को देखा था, जिनका इस्तेमाल हर साइकल चालक के प्रदर्शन की निगरानी के लिए किया जाता था। यह पूरे खेल जगत की सबसे प्रशंसित और सबसे ख़ुफ़िया कार्यप्रणालियों के पर्दे के पीछे की झलक देखने का अवसर था।

ब्रेल्सफ़ोर्ड की सफलता एक किंवदंती है। जब वे 1997 में ब्रिटिश ट्रैक साइकलिंग के सलाहकार बनकर आए थे, तो यह टीम बाक़ी से पीछे थी। 2000 में ग्रेट ब्रिटेन ने टाइम ट्रायल में एक ही ऑलंपिक स्वर्ण पदक जीता था। 2003 में ब्रेल्सफ़ोर्ड को प्रदर्शन निदेशक नियुक्त किया गया और इसके एक साल बाद 2004 में ब्रिटेन ने दो ऑलंपिक स्वर्ण पदक जीते। 2008 के ऑलंपिक में उन्होंने आश्चर्यजनक रूप से आठ स्वर्ण पदक जीते और 2012 के लंदन ऑलंपिक में इस कारनामे को दोहराया।

इस दौरान एक और उल्लेखनीय चीज़ हो रही थी। ट्रैक साइकलिंग में बहुत प्रतिस्पर्धा रहती है, लेकिन खेल का सबसे प्रतिष्ठित रूप पेशेवर रोड साइकलिंग है। टुअर डी फ़्रांस रेस 1903 से शुरू हुई थी, लेकिन ब्रिटेन इसे कभी नहीं जीत पाया था। ब्रिटिश साइकल सवार व्यक्तिगत चरणों में जीते थे, लेकिन कोई भी सामान्य वर्गीकरण को जीतने के क़रीब तक नहीं पहुँच पाया था।

लेकिन 2009 में जब ब्रिटिश ट्रैक साइकलिंग टीम लंदन ऑलंपिक की तैयारी कर रही थी, तब ब्रेल्सफ़ोर्ड ने एक नई चुनौती पर काम शुरू कर दिया। उन्होंने ट्रैक टीम की निगरानी करने के साथ-साथ रोड साइकलिंग टीम बनाई, जिसका नाम उन्होंने टीम स्काई रखा। जिस दिन इस नई टीम की घोषणा संसार के सामने हुई, उसी दिन ब्रेल्सफ़ोर्ड ने यह ऐलान भी कर दिया कि वे पाँच साल के भीतर टुअर डी फ़्रांस जीत लेंगे।

ज़्यादातर लोग उनकी इस हसरत पर हँसे। एक टिप्पणीकार ने कहा, "ब्रेल्सफ़ोर्ड ने अपने भारी पतन का इंतज़ाम ख़ुद कर लिया है।" लेकिन डेडलाइन से दो साल पहले ही यानी 2012 में ब्रैडली विगिन्स यह रेस जीतने वाले पहले ब्रिटिश साइकल सवार बने। अगले साल टीम स्काई एक बार फिर जीती, जब एक और ब्रिटिश साइकल सवार क्रिस फ़्रूम ने सामान्य वर्गीकरण में जीत हासिल की। इसे ब्रिटिश खेल जगत के सबसे असाधारण ऐतिहासिक कारनामों में से एक माना गया और व्यापक प्रशंसा हुई।

यह कैसे हुआ? ब्रेल्सफ़ोर्ड ने एक नहीं, बल्कि साइकलिंग की दो-दो विधाओं में जीत कैसे हासिल की? ये वे प्रश्न थे, जो मैंने उनसे व्यवस्था का मुआयना करने के बाद टीम के छोटे होटल में डिनर पर पूछे।

उनका जवाब स्पष्ट था। उन्होंने कहा, "रहस्य छोटे-छोटे लाभों में छिपा है। इसके पीछे विचार यह है कि अगर आप किसी बड़े लक्ष्य को छोटे हिस्सों में तोड़ लेते हैं और उनमें से प्रत्येक को बेहतर बनाते हैं, तो उन सबको इकट्ठा करने पर आपको भारी प्रगति नज़र आएगी।"

यह सरल लगता है, लेकिन दर्शन के रूप में छोटे लाभों की अवधारणा सिर्फ़ खेल जगत में ही नहीं, बल्कि बाक़ी जगहों पर भी बहुत लोकप्रिय हो चुकी है। इस पर व्यावसायिक सम्मेलन हुए हैं, सेमिनार हुए

हैं और सेना में भी विचार-विमर्श हुआ है। कई ब्रिटिश खेलों में अब छोटे लाभों का एक अलग निदेशक होता है।

लेकिन इस दर्शन का वास्तविक संसार में क्या अर्थ है? आप छोटे लाभ की नीति से कैसे फ़ायदा उठाते हैं, सिर्फ़ खेल में ही नहीं, बल्कि दूसरे संगठनों में भी? सबसे महत्त्वपूर्ण बात, किसी बड़े प्रोजेक्ट को छोटे हिस्सों में तोड़ने से आपको सचमुच महत्त्वाकांक्षी लक्ष्यों से जूझने में कैसे मदद मिलती है?

जवाब की झलक देखने के लिए आइए पलभर के लिए साइकलिंग से दूर चलते हैं और जीवन के एक बहुत अलग क्षेत्र पर नज़र डालते हैं, क्योंकि छोटे लाभों के अर्थ को समझने का सर्वश्रेष्ठ तरीक़ा आज के संसार के सामने मौजूद सबसे ज्वलंत समस्याओं में से एक की जाँच करना है : वैश्विक ग़रीबी।

II

आइए अगले पृष्ठ के ग्राफ़ पर नज़र डालें। यह विश्व की सबसे सम्मानित अर्थशास्त्रियों में से एक ईस्थर डफ़लो के शोध से लिया गया है, जो वर्तमान में एमआईटी में कार्यरत हैं।

नीचे से ऊपर की तरफ़ जाने वाले हल्के भूरे बार सहायता की वह राशि दिखाते हैं, जो पिछले तीस सालों से अफ़्रीका पर ख़र्च की गई है। जैसा आप देख सकते हैं, 1960 के दशक की शुरुआत के बाद से अनुदान लगातार बढ़ा है, जो 2006 में लगभग 800 मिलियन डॉलर के शिखर पर पहुँचा। निवेश की एक आसान अनिवार्यता थी : संसार के सबसे ग़रीब लोगों के जीवन को बेहतर बनाना। यह एक महत्त्वपूर्ण उद्देश्य था, यह देखते हुए कि हर दिन 25,000 बच्चे उन कारणों से मर जाते हैं, जिनकी रोकथाम संभव है।

अफ़्रीका में सहायता और आय

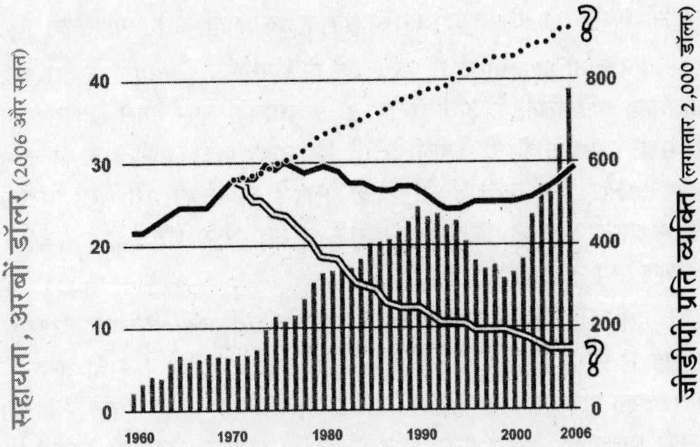

यहाँ पर मुख्य प्रश्न यह है : क्या निवेश से फ़र्क़ पड़ा? क्या इससे उन लोगों का जीवन बेहतर हुआ, जिनकी मदद करने के लिए यह किया गया था?

इस प्रश्न का जवाब देने के लिए शुरुआत करने की सबसे अच्छी जगह है अफ़्रीका का जीडीपी। रेखाचित्र में अफ़्रीका का जीडीपी ठोस काली रेखा द्वारा दिखाया गया है। जैसा आप देख सकते हैं, यह इस अवधि में काफ़ी कुछ एक जैसी रही है। इससे कोई भी इस निष्कर्ष पर पहुँच सकता है कि सहायता से ज़्यादा फ़ायदा नहीं हुआ है। इससे आर्थिक गतिविधि नहीं बढ़ी। इससे अफ़्रीका में रहने वालों का जीवन स्तर नहीं बढ़ा। वास्तव में यह समय की महँगी बर्बादी जैसी दिखती है।

लेकिन पिछले अध्याय की जानकारी के बाद थोड़ी सावधानी ज़रूरी हो जाती है। क्यों? क्योंकि आँकड़े हमें प्रतितथ्यात्मक की जानकारी नहीं देते हैं। शायद सहायता राशि अविश्वसनीय रूप से सफल हुई हो। शायद इसके बिना अफ़्रीका का जीडीपी और भी कम होता - ग्राफ़ की सफ़ेद रेखा की तरह।

ज़ाहिर है, एक और संभावना है। शायद सहायता राशि उससे भी ज़्यादा नुक़सान पहुँचा रही हो, जितना आपको ठोस काली रेखा देखकर लग रहा है। शायद यह तबाही थी, प्रोत्साहनों को नष्ट कर रही थी, भ्रष्टाचार

को बढ़ावा दे रही थी और विकास को कम कर रही थी, जो इसके बिना ज़्यादा होता। शायद इसके बिना अफ़्रीका आगे बढ़ गया होता : ग्राफ़ की बिंदुओं वाली रेखा की तरह। हम असलियत का पता कैसे लगा सकते हैं?

इन दोनों विकल्पों के ही ऊँचे दर्जे के समर्थक हैं। मिसाल के तौर पर, कोलंबिया यूनिवर्सिटी के अर्थ इंस्टीट्यूट के संचालक जेफ़्री सैक्स विकास व्यय के मुखर समर्थक हैं। वे दलील देते हैं कि सहायता से अफ़्रीकियों को लाभ हुआ है और दावा करते हैं कि ज़्यादा पैसे से ग़रीबी को पूरी तरह मिटाया जा सकता है। उनकी बेस्टसेलिंग पुस्तक *द ऐंड ऑफ़ पॉवर्टी* इसी तर्क पर आंशिक रूप से आधारित है।

इसके विपरीत न्यू यॉर्क यूनिवर्सिटी के अर्थशास्त्री विलियम ईस्टरली गहराई से असहमत हैं। वे तर्क देते हैं कि सहायता राशि के सभी तरह के नकारात्मक परिणाम मिले हैं और अफ़्रीका इसके बिना बेहतर स्थिति में होता। उनकी पुस्तक *द व्हाइट मैन्स बर्डन* उनकी इस दलील को सैक्स जितनी ही बौद्धिक शक्ति से प्रस्तुत करती है।

इन दोनों विपरीत विचारों में से श्रेष्ठ विचार कौन सा है, यह फ़ैसला करने का सबसे अच्छा तरीक़ा क्रमरहित नियंत्रित परीक्षण आयोजित करना है। इससे हम अफ़्रीकी जीडीपी पर बाक़ी सारे प्रभावों से विकास पर होने वाले ख़र्च के प्रभाव को अलग करने में सक्षम होंगे, लेकिन इस काम में हमारे सामने एक समस्या है, जो काफ़ी स्पष्ट है। केवल एक ही अफ़्रीका है। आप बहुत सारे अलग-अलग अफ़्रीका नहीं खोज सकते, उन्हें क्रमरहित ढंग से समूहों में विभाजित नहीं कर सकते, कुछ को सहायता देकर और कुछ को सहायता न देकर परिणामों को नहीं माप सकते।

यह एक छोटा बिंदु नज़र आ सकता है, लेकिन इसके परिणाम व्यापक हैं। सचमुच बड़े मुद्‌दों पर नियंत्रित प्रयोग करना बहुत मुश्किल होता है। आरसीटी करने के लिए आपको एक नियंत्रण समूह की ज़रूरत होती है, जो तब आसान नहीं होता, जब विश्लेषण की इकाई बहुत बड़ी हो। यह विकास सहायता के अलावा कई दूसरी चीज़ों पर भी लागू होता है, जैसे जलवायु परिवर्तन (केवल एक ही संसार है), युद्ध और शांति के मुद्‌दे आदि।

लेकिन यह हमें छोटे लाभों की अवधारणा की ओर ले जाता है। अगर किसी बड़े प्रश्न का जवाब तय करना मुश्किल हो, तो क्यों न इसे

बहुत सारे छोटे-छोटे प्रश्नों में तोड़ लिया जाए? आख़िरकार, सहायता राशि के कई उप-घटक होते हैं। मलेरिया, साक्षरता, सड़क-निर्माण, शिक्षा और अधोसंरचना पर कार्यक्रम चलाए जाते हैं, जिनमें से प्रत्येक को अलग तरीक़ों से ढाला जा सकता है, अलग तरह के प्रोत्साहन दिए जा सकते हैं और यह काम अलग-अलग संगठनों द्वारा किया जा सकता है।

आवर्धन के इस स्तर पर, एक समय में एक कार्यक्रम पर निगाह डालकर नियंत्रित प्रयोग करना पूरी तरह संभव है। आप कुछ लोगों या समुदायों पर कार्यक्रम को आज़माते हैं और बाक़ी को छोड़ देते हैं और फिर दोनों समूहों की तुलना करके देखते हैं कि यह कारगर है या नहीं। सहायता *पूरी तरह* से कारगर है या नहीं, इस बात पर बहस करने के बजाय (एक ऐसी बहस, जिसका हल अवलोकन के आधार पर प्राप्त डाटा से निकालना मुश्किल है) आप ज़्यादा छोटे स्तर पर निश्चित जवाब खोज सकते हैं और वहाँ से आगे प्रगति कर सकते हैं।

एक ठोस उदाहरण की जाँच करते हैं। मान लें कि आप अफ़्रीका में शिक्षण परिणामों को बेहतर बनाने की कोशिश कर रहे हैं। सहायता राशि कारगर है या नहीं, यह देखने का एक तरीक़ा तो यह है कि आप ख़र्च होने वाली राशि और महाद्वीप में मिलने वाले औसत ग्रेड स्कोर के आपसी संबंध को देखें। समस्या यह है कि इससे आपको प्रतितथ्यात्मक के बारे में कोई जानकारी नहीं मिलेगी (सहायता राशि के बिना ग्रेड स्कोर कैसे होते)।

लेकिन अब यह मान लें कि बड़ी तसवीर को देखने के बजाय आप किसी छोटे कार्यक्रम की जाँच करते हैं। केन्या के पश्चिम में बुसिया और टेसो के बेहद ग़रीब इलाकों में पथप्रदर्शक अर्थशास्त्रियों के एक समूह ने ऐसा ही किया। जैसा लेखक टिम हार्फ़ोर्ड अपनी पुस्तक *एडैप्ट* में बताते हैं, ये अर्थशास्त्री यह जानना चाहते थे कि क्या स्कूलों में मुफ़्त पाठ्यपुस्तकें बाँटने से ग्रेड बढ़ जाएँगे। सहज बोध से उन्हें पूरा भरोसा था कि ऐसा ही होगा। अतीत में अवलोकन का डाटा अच्छा था। जिन स्कूलों में पुस्तकें बाँटी गई थीं, उनके टेस्ट स्कोर बेहतर हुए थे।

लेकिन अर्थशास्त्री सुनिश्चित करना चाहते थे, इसलिए उन्होंने आरसीटी का सहारा लिया। सबसे हक़दार स्कूलों को पाठ्यपुस्तकें देने के बजाय, जैसी कि आम नीति थी, उन्होंने पात्र स्कूलों की संख्या को दो समूहों में क्रमरहित

अंदाज़ में बाँट दिया : एक समूह को मुफ़्त पाठ्यपुस्तकें दी गईं, जबकि दूसरे समूह को नहीं दी गईं। अब परोपकारी संस्था के पास एक उपचार समूह था और एक नियंत्रण समूह था। उनके पास यह जाँच करने का अवसर था कि क्या पुस्तकों से सच्चा फ़र्क़ पड़ रहा था।

जब परिणाम आए, तो वे सुस्पष्ट और आश्चर्यजनक थे। जिन स्कूलों में मुफ़्त पाठ्यपुस्तकें बाँटी गई थीं, उनके विद्यार्थियों ने उनकी तुलना में ज़्यादा अच्छा प्रदर्शन नहीं किया, जहाँ वे नहीं बाँटी गई थीं। स्कूलों के दोनों समूहों के परीक्षा परिणाम लगभग समान थे। यह परिणाम सहज बोध और अवलोकन डाटा को झुठला रहा था, लेकिन क्रमरहित परीक्षणों का अक्सर ऐसा ही परिणाम मिलता है।

बाद में पता चला कि समस्या पुस्तकें नहीं थीं, बल्कि वह भाषा थी, जिसमें वे लिखी गई थीं। दूरस्थ बुसिया और टेसो में रहने वाले ज़्यादातर ग़रीब बच्चों के लिए अँग्रेज़ी तीसरी भाषा है। जब उन्हें पुस्तकें दी गईं, तो उन्हें भाषा को समझने में बहुत कठिनाई आई। यदि परीक्षण नहीं होता, तो शोधकर्ताओं को संभवतः इस बात का अहसास ही नहीं होता। इससे उन्हें अपनी एक ऐसी मान्यता का पता चला, जिसका परीक्षण नहीं हुआ था।

असफलता से सामना होने पर अर्थशास्त्रियों ने एक अलग नीति आज़माई। उन्होंने एक और क्रमरहित परीक्षण आयोजित किया, लेकिन इस बार उन्होंने पाठ्यपुस्तकों के बजाय विजुअल एड्स का इस्तेमाल किया। ये बड़े चित्रों वाले फ़्लिपचार्ट थे, जो भूगोल, गणित आदि विषयों पर थे। एक बार फिर, अर्थशास्त्रियों को टेस्ट स्कोर बढ़ने की उम्मीद थी। एक बार फिर, जब उपचार समूह और नियंत्रण समूह के टेस्ट स्कोरों की तुलना की गई, तो फ़्लिपचाट असफल साबित हुए। उनकी वजह से सीखने में कोई महत्त्वपूर्ण सुधार नहीं हुआ था।

हार माने बिना अर्थशास्त्री समस्या के बारे में एक नए तरीक़े से सोचने लगे। उन्होंने एक बिल्कुल नई चीज़ को आज़माया : पेट के कीड़े मारने की दवाई। यह शिक्षा को बेहतर बनाने का एक अजीब तरीक़ा लग सकता है, लेकिन शोधकर्ता इस बारे में जागरूक थे कि ये पैरेसाइट यानी परजीवी विकास को अवरुद्ध कर देते हैं, इनकी वजह से बच्चे आलसी महसूस करते हैं और स्कूल से ग़ैर-हाज़िर होते हैं। पेट के ये कीड़े दूरस्थ समुदायों के

बच्चों को ज़्यादा प्रभावित करते हैं, जैसे बुसिया और टेसो के बच्चों को।

इस बार परिणाम उत्कृष्ट थे। वे शोधकर्ताओं की उम्मीद से बहुत ज़्यादा अच्छे थे। जैसा टिम हार्फ़ोर्ड ने कहा, "यह कार्यक्रम बेहद सफल रहा। इसकी वजह से बच्चों की लंबाई बढ़ी, दोबारा संक्रमण की दर कम हुई और स्कूल से अनुपस्थित होने की दर एक चौथाई घट गई। और यह सस्ता भी था।"

यह एक छोटा लाभ था। यह एक छोटे इलाक़े में चलने वाला सिर्फ़ एक कार्यक्रम था, लेकिन आवर्धन के इस स्तर पर शिक्षा को देखने पर यह देखना संभव था कि क्या सचमुच काम करता है और क्या नहीं करता। अर्थशास्त्रियों ने जाँच की थी, असफल हुए थे और सीखा था। वे अब इसे दूसरे इलाक़ों में भी शुरू कर सकते थे, जबकि वे और भी ज़्यादा छोटे लाभों के लिए परीक्षण जारी रख सकते थे तथा पुनरावृत्ति कर सकते थे।

यह बेहतर बनने का एक क्रमिक तरीक़ा जैसा लग सकता है, लेकिन ज़रा विकल्प को तो देखें। ज़रा सोचें कि अगर अर्थशास्त्री सिर्फ़ सहज बोध और अवलोकन के आँकड़ों पर भरोसा करते, तो क्या होता। शायद वे हमेशा मुफ़्त पाठ्यपुस्तकें बाँटते रहते और इस मुग़ालते में रहते कि वे फ़र्क़ डाल रहे हैं, जबकि वे व्यावहारिक दृष्टि से कुछ भी नहीं कर रहे थे।

यह नीति अब अर्थशास्त्रियों के एक जुझारू समूह के फ़ोकस का केंद्र है, जिन्होंने पिछले दशक में अंतरराष्ट्रीय विकास का कायाकल्प किया है। वे भव्य डिज़ाइन या बड़े लाभों के बारे में नहीं सोचते हैं, इसके बजाय वे तो छोटे लाभों की तलाश करते हैं। जैसा कि इस नीति की सबसे अग्रिम पंक्ति में मौजूद फ़्रांस में जन्मी अर्थशास्त्री ईस्थर डफ़्लो ने कहा, "अगर हम यह नहीं जानते कि हम कोई भला कर रहे हैं या नहीं, तो हम किसी तरह से मध्ययुगीन डॉक्टरों और जोंकों से बेहतर नहीं हैं। कई बार रोगी ठीक हो जाता था, कई बार रोगी मर जाता था। क्या इसका कारण जोंक थीं या कुछ और? हम नहीं जानते।"

क्रमरहित परीक्षणों के आलोचक अक्सर 'लोगों पर प्रयोग करने' की नैतिकता की चिंता करते हैं। जब एक समूह को एक्स मिल रहा है, तो दूसरे समूह को वाई क्यों देना चाहिए? हर एक को सर्वश्रेष्ठ संभव उपचार क्यों नहीं दिया जाना चाहिए? इस तरह से देखने पर आरसीटी अनैतिक लग सकती है, लेकिन अब इस बारे में एक अलग तरीक़े से सोचें। अगर आपको

सचमुच नहीं पता कि कौन सी नीति सबसे ज़्यादा प्रभावशाली है, तो इसका पता आपको परीक्षण करने पर ही चल सकता है। विकल्प नैतिक दृष्टि से तटस्थ नहीं है, इसका तो बस यह मतलब है कि परीक्षण किए बिना आप कभी नहीं सीख पाएँगे। लंबे समय में इससे किसी को मदद नहीं मिलती है।

डफ़लो दुबली-पतली और तेजस्वी हैं। वे नहीं मानतीं कि उनके काम में महत्त्वाकांक्षा का अभाव है। इसके बजाय वे मानती हैं कि ये क्रमशः सुधार पथप्रदर्शक हैं। उन्होंने मुझे बताया :

> यह बड़ा आसान होता है कि आप बैठकर संसार को बदलने के बारे में बड़े-बड़े सिद्धांत सोचें, लेकिन हमारे सहज बोध प्रायः ग़लत होते हैं। संसार इतना ज़्यादा जटिल है कि अपनी आराम कुर्सी पर बैठकर हर चीज़ का अनुमान लगाना आसान नहीं होता। सुनिश्चित करने का एकमात्र तरीक़ा यह है कि आप निकलकर अपने विचारों और कार्यक्रमों की जाँच करें तथा यह विनम्र अहसास रखें कि आप अक्सर ग़लत साबित होंगे, लेकिन यह बुरी चीज़ नहीं है। यह प्रगति की ओर ले जाती है।

यह टॉबी ऑर्ड के काम से मिलता-जुलता है, जिनसे हम अध्याय 7 में मिले थे। वे डफ़लो जैसे लोगों द्वारा खोजे गए डाटा का इस्तेमाल करके लोगों को सलाह देते हैं कि वे अपना पैसा दान में कहाँ दें। उन्हें इस बात का अहसास है कि आभास और कहानी पर भरोसा करने का मतलब यह हो सकता है कि करोड़ों पौंड असफल कार्यक्रमों पर बर्बाद कर दिए जाएँ। और इसीलिए आजकल विकासशील संसार में सैकड़ों नियंत्रित प्रयोग आयोजित किए जा रहे हैं। हर परीक्षण यह बताता है कि कोई नीति या कार्यक्रम कारगर है या नहीं।

हर परीक्षण किसी न किसी तरह का छोटा लाभ प्रदान करता है (याद रखें, असफलता अपने आप में बुरी नहीं है : यह तो नए विचारों के लिए मंच तैयार करती है)। किसी बड़ी समस्या को छोटे-छोटे हिस्सों में तोड़ने के बाद कथात्मक भ्रांतियों को भेदना ज़्यादा आसान हो जाता है। आप ज़्यादा असफल होते हैं, लेकिन आप ज़्यादा सीखते भी हैं।

जैसा डफ़लो कहती हैं, "संसार की सबसे बड़ी समस्या के ख़िलाफ़ भी महत्त्वपूर्ण प्रगति की जा सकती है, अगर छोटे-छोटे क़दमों का समूह संचित

किया जाए, जिनमें से हर क़दम सुविचारित हो, उसका सावधानीपूर्वक परीक्षण किया गया हो और उस पर विवेकपूर्ण अमल किया जाए।"

III

और यह हमें डेविड ब्रेल्सफ़ोर्ड और ब्रिटिश साइकलिंग टीम की तरफ़ ले जाता है। डफ़लो के आख़िरी कथन और इस अध्याय में पहले दिए ब्रेल्सफ़ोर्ड के कथन की समानता पर ग़ौर करें। "रहस्य छोटे-छोटे लाभों में छिपा है। इसके पीछे विचार यह है कि अगर आप किसी बड़े लक्ष्य को छोटे हिस्सों में तोड़ लेते हैं और उनमें से प्रत्येक को बेहतर बनाते हैं, तो उन सबको इकट्ठा करने पर आपको भारी प्रगति नज़र आएगी।"

साइकलिंग अंतरराष्ट्रीय विकास से बहुत अलग क्षेत्र है, लेकिन इसके सबसे पथप्रदर्शक कोच की सफलता उसी अवधारणा के ज्ञान पर निर्भर है। जैसा ब्रेल्सफ़ोर्ड कहते हैं, "मुझे जल्दी ही यह अहसास हो गया था कि भव्य रणनीति रखना अपने आप में बेमानी था। आपको ज़्यादा छोटे स्तर पर भी देखना होता है, पता लगाना होता है कि क्या काम कर रहा है और क्या नहीं कर रहा है। हर क़दम छोटा हो सकता है, लेकिन मिलकर उनका परिणाम विशाल हो सकता है।"

साइकलिंग में नियंत्रित परीक्षण करना विकास सहायता की तुलना में बहुत आसान होता है, जिसमें इस तथ्य से भी मदद मिलती है कि खेल का लक्ष्य तुलनात्मक रूप से आसान होता है : ए बिंदु से बी बिंदु तक जल्दी से जल्दी पहुँचना। मिसाल के तौर पर, सबसे कार्यकुशल साइकल डिज़ाइन तैयार करने के लिए ब्रिटिश साइकलिंग ने एक विंड टनेल बनाई। इससे वे बाइक के डिज़ाइन में अंतर करके और समान परिस्थितियों में उनकी जाँच करके वायुगतिकीय प्रभाव को पृथक कर सकते थे। प्रशिक्षण के सबसे कार्यकुशल तरीक़ों का पता लगाने के लिए ब्रेल्सफ़ोर्ड ने नए डाटा समूह बनाए, जिनसे वे शारीरिक प्रदर्शन के हर उप-घटक की निगरानी करने में सक्षम बने।

ब्रेल्सफ़ोर्ड कहते हैं, "अपने आप में हर लाभ छोटा था, लेकिन यह दरअसल मायने नहीं रखता था। हम प्रदर्शन के हर पहलू की ज़्यादा गहरी समझ हासिल कर रहे थे। यह बाक़ी संसार के पीछे रहने और अव्वल आने के बीच का फ़र्क़ था।"

कॉरपोरेट क्रिएटिविटी में लेखक ऐलन रॉबिन्सन और सैम स्टर्न लिखते हैं कि किस तरह अमेरिकन एयरलाइंस के पूर्व चेयरमैन बॉब क्रैन्डाल ने हर सलाद से एक जैतून हटा दिया और ऐसा करके हर साल 5 लाख डॉलर बचा लिए। कई ने इसे छोटे लाभ के रूप में जकड़ लिया, लेकिन क्या यह सचमुच छोटा लाभ था? देखिए, अगर एक जैतून हटाना एक अच्छा विचार था, तो क्यों न लेट्यूस को भी हटा दिया जाए? लागत को क्रमशः घटाते जाने से किस बिंदु पर मुनाफ़े पर प्रभाव पड़ेगा?

अब हम एक स्पष्ट जवाब देख सकते हैं। छोटे-छोटे लाभ की नीति छोटे परिवर्तन करके उनकी कामयाबी की उम्मीद रखने के बारे में नहीं हैं। इसके बजाय यह तो एक बड़ी समस्या को छोटे हिस्सों में तोड़ने के बारे में है, ताकि यह सुनिश्चित हो सके कि क्या काम करता है और क्या नहीं करता। अंततः यह नीति अनुभवसिद्ध प्रमाण के बुनियादी गुण से उत्पन्न होती है : कोई चीज़ काम कर रही है या नहीं, यह पता लगाने के लिए आपको इसके परिणाम को पृथक करना होगा। नियंत्रित प्रयोगशीलता निहित रूप से 'छोटी' होती है।

ब्रेल्सफ़ोर्ड इसे इस तरह कहते हैं, "अगर आप किसी प्रदर्शन को इसके घटक हिस्सों में तोड़ देते हैं, तो आप आत्मविश्वास से दोबारा निर्माण कर सकते हैं। स्पष्ट फ़ीडबैक ही सुधार की नींव है। छोटे-छोटे लाभों की नीति का मतलब यह देखने की बौद्धिक ईमानदारी होना है कि आप कहाँ ग़लती कर रहे हैं और इसके बाद सुधार करना है।"

छोटे लाभ की मानसिकता पूरी टीम स्काई की मानसिकता में बैठ चुकी है। वे यह सुनिश्चित करते हैं कि साइकल चालक हर रात को उसी गद्दे पर सोएँ, ताकि नींद की गुणवत्ता का छोटा लाभ मिल सके, हर नए होटल में पहुँचने से पहले कमरों को वैक्यूम किया जाए, ताकि घटे हुए संक्रमण का छोटा लाभ मिल सके और कपड़े त्वचा के लिए मित्रतापूर्ण डिटर्जेंट में धोए जाएँ, जो आराम का छोटा लाभ है।

"लोग सोचते हैं कि विवरण के इतने उच्च स्तर पर सफलता के बारे में सोचना बहुत थकाऊ काम है," ब्रेल्सफ़ोर्ड कहते हैं। "लेकिन इससे कहीं ज़्यादा थकाऊ काम यह होगा, कम से कम मेरे लिए, कि विश्लेषण को नज़रअंदाज़ कर दिया जाए। मेरे पास 'सही' जवाब हैं, इस बारे में मुग़ालता रखने के बजाय मैं स्पष्ट जवाब पाना चाहता हूँ।"

शायद छोटे लाभों के सबसे आश्चर्यजनक उपयोग का उदाहरण साइकलिंग में नहीं, बल्कि फ़ॉर्मूला वन में पाया जाता है। 2014 सीज़न के अंतिम सप्ताहों में मैंने ऑक्सफ़ोर्ड से कुछ मील उत्तर में ब्रैकली में मर्सिडीज़ मुख्यालय की यात्रा की। यह एक औद्योगिक इलाक़े में स्लेटी इमारतों का समूह है, जिसके बीच में से नदी बह रही है। यहाँ प्रतिभाशाली लोग भरे पड़े हैं, जो अपने खेल के बारे में जोशीले हैं और विवरण के प्रति उनका ध्यान अचंभित करने वाला है।

"जब मैंने पहले पहल एफ़1 में काम शुरू किया था, तो हम डाटा के आठ चैनल रिकॉर्ड करते थे। अब हमारे पास कार में हर अकेले मापदंड के 16,000 चैनल हैं। और हम उस डाटा से 50,000 अन्य चैनल प्राप्त करते हैं," पैडी लोवे ने बताया, जो कैंब्रिज शिक्षित इंजीनियर हैं और वर्तमान में मर्सिडीज़ एफ़1 के तकनीकी लीडर हैं। "हर चैनल प्रदर्शन के एक छोटे पहलू की जानकारी देता है। यह हमें विस्तार में ले जाता है, लेकिन यह हमें मुख्य मापन सूचकों को पृथक करने में भी सक्षम बनाता है, जिससे हमें बेहतर बनने में मदद मिलती है।"

छोटे लाभों और बड़ी उपलब्धियों के बीच के संबंध की झलक देखने का सबसे सहज ज्ञान संबंधी तरीक़ा पिट स्टॉप यानी अल्प विराम बिंदुओं की जाँच करना है। यह हज़ारों अलग-अलग घटकों में से एक है, जो मिलकर यह तय करते हैं कि कोई एफ़1 टीम सफल होती है या नहीं। यह प्रदर्शन का एक छोटा, लेकिन अनिवार्य पहलू है। ज़्यादा गहरा ज्ञान हासिल करने के लिए मैं सीज़न के अंत में अबू धाबी में होने वाली ग्रैंड प्रिक्स में गया और ख़ुद को मर्सिडीज़ कार्यप्रणाली में डुबा दिया।

यास मैरिना सर्किट के भीतर एक छोटा, तीन मंज़िला मकान टीम का मोटरहोम है। यहाँ मैंने जेम्स वाउल्स से बातचीत की, जो मर्सिडीज़ एफ़1 के मुख्य रणनीतिज्ञ थे। मैंने उनसे पूछा कि टीम ने सर्वश्रेष्ठ पिट-स्टॉप कार्यप्रणाली विकसित करने का काम कैसे किया।

वाउल्स ने कहा :

> हम केवल पिट स्टॉप्स के लिए ही नहीं, हर चीज़ के लिए एक ही तरीक़े का इस्तेमाल करते हैं। सबसे पहले तो आपको इंजीनियरिंग समस्या की अच्छी समझ होनी चाहिए। इसलिए पिट स्टॉप्स के मामले में हमने अपने कल्पनाशील विचारों के आधार पर

> एक रणनीति बनाई, लेकिन यह रणनीति हमेशा आदर्श से कम रहने वाली थी, क्योंकि समस्या जटिल है। इसलिए हमने सेंसर बनाए, ताकि हम यह माप सकें कि क्या हो रहा था और अपनी मान्यताओं की जाँच कर सकें।
>
> लेकिन इसके बाद एक बेहद महत्त्वपूर्ण चीज़ हुई। एक बार जब आप शुरुआती रणनीति की मदद से अभ्यास चक्र से गुज़रते हैं, तो आपको तुरंत ही यह अहसास होता है कि आप कई चीज़ों को नहीं माप रहे हैं। पिट-स्टॉप अभ्यास दौड़ करने भर से ही आपकी आँखें डाटा के उन बिंदुओं के प्रति खुल जाती हैं, जो काम के लिए प्रासंगिक हैं, लेकिन शुरुआती ब्लूप्रिंट में मौजूद नहीं थे। इसलिए चक्र का दूसरा दौर आपके मापन आँकड़ों को बेहतर बनाने के बारे में है, जिसके बाद ही आप पिट-स्टॉप प्रक्रिया को बेहतर बनाना शुरू कर सकते हैं।

पलभर के लिए इसके बारे में सोचें। हमने ओपन लूप यानी खुले फंदे की अवधारणा के बारे में बात की है। यहाँ एक रणनीति को आज़माया जाता है, फिर उसकी जाँच करके देखा जाता है कि यह कारगर है या नहीं। क्या ग़लत हो रहा है, यह देखकर आप अपनी रणनीति को बेहतर बना सकते हैं। मर्सिडीज़ इसे और आगे तक ले जाती है। वे पहले परीक्षण का इस्तेमाल रणनीति को बेहतर बनाने के लिए नहीं, बल्कि ज़्यादा समृद्ध फ़ीडबैक हासिल करने के लिए करते हैं। जब उनके पास सारे प्रासंगिक डाटा की ज़्यादा गहरी समझ होती है, तब कहीं जाकर वे दोबारा इस प्रक्रिया की पुनरावृत्ति करते हैं।

वाउल्स कहते हैं :

> हमने हर व्हील-नट गन पर आठ सेंसर लगाए हैं, ताकि हमें ज़्यादा सुनियोजित डाटा मिल सके। इस डाटा को देखने भर से ही, किसी भी शामिल व्यक्ति से बातचीत किए बिना, मैं सटीकता से यह पता लगा सकता हूँ कि हर पिट स्टॉप पर क्या हुआ है। जब गन ऑपरेटर ने व्हील नट पर काम शुरू किया, तो मैं बता सकता हूँ कि उसने, मान लीजिए, आदर्श कोण से 20 डिग्री दूर जोड़ा। जब वे गन को घुमाना शुरू करते हैं, तो मैं बता सकता हूँ कि कितना लंबा समय लगा होगा, तब कहीं जाकर नट भौतिक

> रूप से अपने सारे पहले से लोड हुए टोर्क को ढीला कर पाया और पहिया धुरी पर घूमना शुरू हुआ होगा।
>
> मैं बता सकता हूँ कि गन मैन कितनी तेज़ी से दूर गया, कितनी तेज़ी से उसने दोबारा जोड़ा, टायर को हटाने में कितना समय लगा, दूसरे टायर को धुरी पर लगाने में कितना समय लगा, इससे दूसरा जुड़ाव कितना साफ़ था और उसने कितने समय तक गनिंग की। इस जानकारी की सटीकता इष्टतम लूप उत्पन्न करने में हमारी मदद करती है। यह हमें दिखाती है कि हर समय-संवेदनशील पहलू को कैसे बेहतर बनाना है।

ये तीव्र गति के छोटे-छोटे लाभ हैं। "अपने अंतिम कार्य को बेहतर बनाने से पहले आप अपने डाटा को बेहतर बनाते हैं, आप यह सुनिश्चित करते हैं कि आप वह समझ गए हैं, जो आप शुरुआत में नहीं समझ पाए थे," वाउल्स कहते हैं। "यह महत्त्वपूर्ण है, क्योंकि सर्वश्रेष्ठ प्रदर्शन करने के लिए आपके पास सही समय पर सही जानकारी होनी चाहिए, जो आपको और बेहतर बना सकती है तथा चक्र का मार्गदर्शन कर सकती है।"

बाद में उस शाम को मैं टीम का अभ्यास देखने के लिए पिट-लेन में गया। यह सामूहिक प्रयास का आश्चर्यजनक करतब था। मर्सिडीज़ के शीर्ष चालक लुइस हैमिल्टन की कार को तीन लोगों ने जगह पर धकाया और फिर तुरंत ही इस पर लगभग सोलह लोग टूट पड़े। उनमें से प्रत्येक के स्पष्ट काम थे और बहुत अच्छी तरह समन्वित तरीक़े थे। उन्होंने बार-बार अभ्यास किया और वे हर आपातकालीन स्थिति से निपटे, जो अगले दिन रेस में उत्पन्न हो सकती थी। हर अभ्यास दौड़ का मापन आठ सेंसरों से किया गया और इसका वीडियो बनाया गया, ताकि यह एक और इष्टतम लूप से गुज़र सके। मैंने जो पिट स्टॉप देखा, वह आश्चर्यजनक रूप से 1.95 सेकंड में पूरा हो गया था।*

---

*बच्चों के ग्रेट ऑरमन्ड स्ट्रीट हॉस्पिटल के डॉक्टर यह देखने के लिए फ़ॉर्मूला 1 टीम के पास आए कि पिट स्टॉप कैसे होता है। वे यह सीखना चाह रहे थे कि ऑपरेशन रूम से गहन चिकित्सा इकाई तक हस्तांतरण को कैसे बेहतर बनाना है। इसके बाद ग़लतियों की संख्या काफ़ी कम हो गई। देखें http://asq.org/healthcare-use/why-quality/great-ormond-stree-hospital.html

वाउल्स ने कहा :

> आधुनिक एफ़1 का रहस्य दरअसल बड़ी चीज़ें करना नहीं है, बल्कि यह तो लाखों छोटी-छोटी चीज़ों के बारे में है, अनंत रूप से बेहतर करते रहने के बारे में है। लोग सोचते हैं कि इंजन जैसी चीज़ें उच्च स्तर के रणनीतिक निर्णयों पर आधारित होती हैं, लेकिन ऐसा नहीं है। इंजन छोटे घटकों की कई पुनरावृत्तियों के सिवाय और है ही क्या? आप एक समझदारी भरे डिज़ाइन से शुरू करते हैं, लेकिन पुनरावृत्ति की प्रक्रिया आपको सर्वश्रेष्ठ समाधान की राह दिखाती है। सफलता सबसे प्रभावी इष्टतम लूप बनाने के बारे में है।

मैंने इंजन तैयार करने वाली टीम के लीडर ऐंडी कॉवेल से भी बात की। उनका नज़रिया बिल्कुल वाउल्स की कार्बन कॉपी था।

> हमने अपना इंजन दिसंबर के अंत (2012) में तैयार कर लिया था। हमने इसे कार के प्रति दोस्ताना ढंग से डिज़ाइन नहीं किया था। हमने आदर्श वज़न और वायुगतिकीय डिज़ाइन के बारे में नहीं सोचा था। इसके बजाय हमने तो जल्दी से एक कामकाजी मॉडल सबके सामने रख दिया, ताकि हम इसकी जाँच कर सकें और बेहतर बना सकें। यह परीक्षण करके सीखने की प्रक्रिया थी, जिसने हमें संसार का सबसे ऊष्मीय कार्यकुशल इंजन बनाने में सक्षम बनाया।

छोटे लाभ की नीति केवल मशीनी पुनरावृत्ति के बारे में ही नहीं है। आपको यह तय करने के लिए विवेकपूर्ण निर्णय और सृजनात्मकता की ज़रूरत होती है कि डाटा आपको जो बता रहा है, उसके समाधान कैसे खोजना है, लेकिन अगले इष्टतम लूप के हिस्से के रूप में आपके उन निर्णयों की जाँच की जाती है। जिस सृजनात्मकता का मार्गदर्शन फ़ीडबैक प्रक्रिया से नहीं होता है, वह शोर से ज़्यादा कुछ नहीं होती। सफलता सृजनात्मकता और मापन के बीच की जटिल पारस्परिक क्रिया है। ये दोनों मिलकर काम करती हैं और इष्टतम लूप के दो पहलू होती हैं।

हम अगले अध्याय में सृजनात्मक प्रक्रिया की ज़्यादा विस्तार से जाँच करेंगे, लेकिन वाउल्स और कॉवेल ने एक सम्मोहक मॉडल का वर्णन किया है। यह वही मॉडल है, जिसका इस्तेमाल ब्रेल्सफ़ोर्ड और विकासवादी अर्थशास्त्रियों की नवीनतम पीढ़ी ने किया है। मर्सिडीज़ हज़ारों छोटी-छोटी असफलताओं का घड़ी से मापन करती है। जैसा टीम के करिश्माई एक्ज़ीक्यूटिव डायरेक्टर टोटो वोल्फ़ ने कहा, "हम यह सुनिश्चित करते हैं कि हमें यह पता चल जाए कि हम कहाँ ग़लती कर रहे हैं, ताकि हम चीज़ों को सही कर सकें।"

इस पुस्तक का आधारवाक्य यह है कि हमें असफलता से एलर्जी होती है। हम इससे बचने, इसे ढँकने या अपने जीवन से इसे निकालने की कोशिश करते हैं। हमने संज्ञानात्मक असंगति को देखा है। हमने देखा है कि जब हम कमतर प्रदर्शन करते हैं, तो हम उससे महसूस होने वाले दर्द से बचने के लिए किस तरह से गोल-मोल भाषा का इस्तेमाल करते हैं।

ब्रेल्सफ़ोर्ड, डफ़लो और वाउल्स कमज़ोरियों को एक अलग निगाह से देखते हैं। हर ग़लती, हर दोष, हर असफलता, चाहे वह कितनी ही छोटी क्यों न हो, दरअसल एक छोटा लाभ है, जो दिखाई नहीं देता है। इस जानकारी को जोखिम नहीं, बल्कि अवसर के रूप में देखा जाना चाहिए। वे एक मायने में उड्डयन सुरक्षा विशेषज्ञ जैसे हैं, जो हर दुर्घटना के बाल-बाल टलने या बचने की घटना को एक मूल्यवान अवसर मानते हैं, ताकि दुर्घटना होने से पहले ही उसे रोका जा सके।*

यास मैरिना सर्किट में ग्रैंड प्रिक्स की शाम को क्वालिफ़ाइंग रेस हुई। यहाँ ड्राइवर यह देखने के लिए प्रतिस्पर्धा करते हैं कि कौन लैप को सबसे

---

*इस पुस्तक के शुरुआती हिस्से में हमने देखा कि उड्डयन में दुर्घटनाओं और बाल-बाल बचने वाली घटनाओं का अध्ययन करके ग़लतियों से कैसे सीखा जाता है। इन दुर्घटनाओं का इस्तेमाल करके परिकल्पनाएँ उत्पन्न की जाती हैं कि क्या ग़लत हुआ था और प्रणाली को बेहतर बनाने के संभावित तरीक़े कौन से हो सकते हैं, लेकिन यह अंतिम निर्णय नहीं होता। आख़िर, प्रस्तावित परिवर्तन सहज बोध से चाहे जितने प्रेरित हों, उनके अनदेखे जोखिम हो सकते हैं। इसके बजाय, प्रस्तावित परिवर्तनों का परीक्षण हमेशा सिमुलेटर्स में, अलग-अलग स्थितियों और अलग-अलग पायलटों के साथ किया जाता है, तभी उन्हें असल संसार की प्रणाली में शामिल किया जाता है। दूसरे शब्दों में, उड्डयन प्रगति को बढ़ाने के लिए बहुल स्तरों पर ग़लती से सीखने का इस्तेमाल करता है।

तेज़ी से पूरा करता है, जिसके विजेता को ग्रैंड प्रिक्स में पोल पोज़ीशन मिलती है (शुरुआत करने के लिए सबसे लाभदायक स्थान)। मर्सिडीज़ के जर्मन ड्राइवर निको रोसबर्ग ने ग्रिड में पहला स्थान जीता और उनकी टीम के ब्रिटिश साथी लुइस हैमिल्टन ने दूसरा।

इसके बाद मुझे बहुत ही गोपनीय डिब्रीफ़िंग मीटिंग में प्रवेश की अनुमति दी गई। ट्रैक से कुछ मीटर दूर मर्सिडीज़ गैराज में एक कमरे की एक टेबल पर हैमिल्टन और रॉसबर्ग एक दूसरे के सामने बैठे। उनके रेस इंजीनियर उनके चारों तरफ़ थे। बाईं तरफ़ पैडी लोव थे, जो तकनीकी बॉस थे और बाक़ी टेबलों पर प्रदर्शन के विभिन्न पहलुओं के विशेषज्ञ थे।

हर एक ने माइक्रोफ़ोन वाले हेडसेट लगा रखे थे और वे कंप्यूटर स्क्रीन पर डाटा की जाँच कर रहे थे। कमरे के कोने में एक बड़ी स्क्रीन पर ब्रिटेन में बैठी टीम दिख रही थी। सभी बोल रहे थे और सुन रहे थे। ज़्यादातर मीटिंग गोपनीय थी, लेकिन प्रक्रिया मनमोहक थी। हैमिल्टन और रॉसबर्ग को प्रदर्शन के हर आयाम से गुज़ारा गया : टायर, इंजन, हेलमेट, क्या क्वालिफ़ाइंग में दिए गए पेय पदार्थ सही तापमान के थे।

दोनों ड्राइवरों के हर अवलोकन की कठोर डाटा से दोबारा जाँच की गई और संभव सुधारों को दर्ज किया गया। मीटिंग के बाद इष्टतम लूप की अगली अवस्था पहले ही शुरू हो चुकी थी, जबकि विश्लेषणकर्ता नए छोटे-छोटे लाभ उत्पन्न कर रहे थे। मैं इस नीति के जज़्बे और हमारे संसार के बाक़ी क्षेत्रों के जज़्बे के आपसी विरोध के बारे में सोचे बिना नहीं रह पाया।

अगले दिन मैंने मर्सिडीज़ गैराज से रेस देखी। हैमिल्टन ने ग्रिड पर दूसरे स्थान से तूफ़ानी शुरुआत की और उन्होंने वह रेस जीत ली। उनकी विजय के पॉइंटों की वजह से वे ओवरऑल ड्राइवर्स चैंपियनशिप में चले गए। रॉसबर्ग सकल वर्गीकरण में दूसरे स्थान पर रहे। मर्सिडीज़ ने कंस्ट्रक्टर्स चैंपियनशिप जीत ली : एफ़1 की सबसे सफल टीम।

इसके बाद गैराज में शैम्पेन की बोतलें खोली गईं, जब मैकेनिकों, इंजीनियरों, पिट-स्टॉप ऑपरेटरों और दोनों ड्राइवरों ने अंततः राहत भरा आनंद लिया। हैमिल्टन ने कहा, "मैं कार चलाता हूँ, लेकिन मेरे पीछे अविश्वसनीय टीम है।" वाउल्स ने कहा, "आज रात हम जश्न मनाएँगे,

लेकिन हमने आज जो सीखा है, कल हम उसे इष्टतम लूप के अगले चरण में फ़ीड करेंगे।"

तकनीकी संचालन के लिए ज़िम्मेदार व्यक्ति पैडी लोव ने गैराज के पीछे से देखा। "एफ़1 का माहौल असाधारण है, क्योंकि आपके पास अविश्वसनीय रूप से बुद्धिमान लोग होते हैं, जो जीतने की इच्छा से संचालित हैं," उन्होंने कहा। "महत्त्वाकांक्षा तीव्र नवाचार को प्रेरित करती है। सिर्फ़ दो साल पहले की चीज़ें दक़ियानूसी नज़र आती हैं। स्थिर खड़े रहने का मतलब विलुप्त होना है।"

IV

गूगल को एक निर्णय लेना था। कंपनी के शीर्ष डिज़ाइनर जैमी डिवाइन के मन में यह विचार आया कि गूगल टूलबार पर नीले रंग के एक नए शेड का इस्तेमाल करना अच्छा रहेगा। उनका अनुमान था कि इससे क्लिकों की संख्या बढ़ जाएगी।

इस नए शेड की संभावनाओं की कहानी बहुत अच्छी लग रही थी। रंग चित्ताकर्षक था। यह उपभोक्ता मनोविज्ञान के बारे में ज्ञात बातों से मेल खाता था। आख़िर जैमी डिवाइन कंपनी के शीर्ष डिज़ाइनरों में से एक थे, लेकिन गूगल यह सुनिश्चित कैसे कर सकता था कि उनका अनुमान सही था?

पारंपरिक तरीक़ा यह होता कि वे गूगल की टूलबार का रंग बदल देते और फिर इसके बाद होने वाली घटनाओं को देखते। इस नीति के साथ जो स्पष्ट समस्या है, वह शायद आपको समझ आ गई होगी। भले ही क्लिक बढ़ जाते, लेकिन गूगल को यह पक्का पता नहीं चलता कि यह वृद्धि रंग बदलने की वजह से हुई थी या किसी दूसरी चीज़ की वजह से हुई थी। अगर रंग नहीं बदला जाता, तो शायद क्लिकों की संख्या *और भी ज़्यादा* बढ़ सकती थी।

इसीलिए जब एक्ज़ीक्यूटिव जैमी डिवाइन के शेड पर चर्चा कर रहे थे, तब एक प्रॉडक्ट मैनेजर ने एक परीक्षण करने का निर्णय लिया। उन्होंने नीले रंग का एक थोड़ा अलग शेड लिया (जिसमें हरे की हल्की सी झलक थी) और इसे डिवाइन के चुने हुए शेड के साथ प्रतिस्पर्धा में रख दिया। वास्तव में गूगल की वेबसाइट पर क्लिक करने वाले उपयोगकर्ताओं को दो में से

किसी एक शेड को क्रमरहित अंदाज़ में दे दिया गया और उनके व्यवहार की निगरानी की गई। यह आरसीटी थी। प्रयोग के परिणाम स्पष्ट थे : ज़्यादा लोगों ने नीले रंग के उस शेड पर क्लिक किया, जिसमें हरे की झलक थी।

बहाने बनाने या उस तरह की डींगें हाँकने की कोई गुंजाइश नहीं थी, जो अक्सर व्यावसायिक निर्णयों के मामले में देखी जाती हैं। यह तो बस एक सिक्का उछालना था, एक बेतरतीब काम था और एक सटीक मापन था।* डिवाइन का शेड इस परीक्षण में हार गया, इस तथ्य का यह मतलब नहीं था कि वे ख़राब डिज़ाइनर थे। इसके बजाय, इसने तो यह दिखाया कि उनका प्रचुर ज्ञान भी यह भविष्यवाणी करने के लिए अपर्याप्त था कि शेड में हल्का सा परिवर्तन उपभोक्ता व्यवहार पर कैसा प्रभाव डालेगा, लेकिन सच तो यह है कि कोई भी इस बात को पक्के तौर पर नहीं जान सकता। संसार बहुत जटिल है।

लेकिन यह तो बस शुरुआत थी। गूगल के एक्ज़ीक्यूटिवों को अहसास हुआ कि हरे-नीले शेड की सफलता निर्णायक नहीं थी। आख़िर, यह कैसे कहा जा सकता है कि यह ख़ास शेड बाक़ी सारे संभव शेड्स से बेहतर है? याहू की मैरिसा मेयर तब गूगल की वाइस प्रेसिडेंट थीं। उन्होंने एक ज़्यादा सुनियोजित परीक्षण के बारे में सोचा। उन्होंने कलर स्पेक्ट्रम के प्रासंगिक हिस्से को चालीस शेड्स में बाँटा और फिर एक और परीक्षण किया।

गूगल मेल के उपयोगकर्ताओं को क्रमरहित अंदाज़ में 2.5 प्रतिशत की चालीस जनसंख्याओं में समूहबद्ध किया गया और जब उन्होंने अलग-अलग समय पर साइट की यात्रा की, तो उनके सामने अलग-अलग शेड आए और फिर उनकी निगरानी की गई। इस तरह गूगल सर्वश्रेष्ठ शेड को तय करने में सक्षम रहा, कल्पनाशील सोच या रेशमी कहानियों की वजह से नहीं, बल्कि परीक्षण के ज़रिये। उन्होंने कोशिश और ग़लती के ज़रिये सर्वश्रेष्ठ शेड का चयन किया।

---

*कारगर ढंग से आरसीटी आयोजित करने के लिए सही पद्धति बनाना महत्त्वपूर्ण होता है। इसमें पर्याप्त बड़ा नमूना आकार भी शामिल है। देखें http://www.evanmiller.org/how-not-to-run-an-ab-test.html

यह नीति अब गूगल की कार्यप्रणाली का अहम हिस्सा है। 2010 तक कंपनी हर साल 12,000 आरसीटी कर रही थी। यह प्रयोगशीलता की आश्चर्यजनक मात्रा है और इसका मतलब है कि गूगल हज़ारों छोटी असफलताओं की निगरानी करता है। हर आरसीटी बहुत छोटी लग सकती है, लेकिन संचयी प्रभाव बहुत अलग दिखता है। गूगल यूके के मैनेजिंग डायरेक्टर डैन कॉबले के अनुसार रंग बदलने से 200 मिलियन डॉलर की अतिरिक्त सालाना आमदनी हुई।*

लेकिन क्रमरहित परीक्षणों से सबसे ज़्यादा जुड़ी कंपनी कैपिटल वन है, जो क्रेडिट कार्ड प्रदाता है। यह कंपनी रिच फ़ेयरबैंक और नाइजेल मॉरिस ने खड़ी की थी, जो प्रमाण-आधारित शोध की पृष्ठभूमि से आए दो परामर्शदाता थे। उन्होंने यह कंपनी एक ही उद्देश्य को दिमाग़ में रखकर बनाई थी : यथासंभव ज़्यादा से ज़्यादा व्यापकता और बुद्धिमत्ता से परीक्षण करना।

मिसाल के तौर पर, जब वे नए ग्राहकों को आमंत्रित करने के लिए पत्र भेजते थे, तो वे बहुत सारे विशेषज्ञों के पास जा सकते थे, जिन्होंने उन्हें निस्संदेह अलग-अलग नमूने और रंग सुझाए होते। रंग लाल होना चाहिए या नीला? फ़ॉन्ट टाइम्स न्यू रोमन होना चाहिए या कैलिब्री?

बहरहाल प्रश्नों पर वाद-विवाद करने के बजाय फ़ेयरबैंक और मॉरिस ने उनका परीक्षण किया। उन्होंने क्रमरहित अंदाज़ में 50,000 घरों में एक रंग के पत्र भेजे और बाक़ी 50,000 घरों में दूसरे रंग के, फिर उन्होंने उन दोनों समूहों के तुलनात्मक मुनाफ़े का मापन किया। इसके बाद उन्होंने अपने कॉल सेंटर में अलग-अलग फ़ॉन्ट, अलग-अलग शब्दावली और अलग-अलग पटकथाओं की जाँच की।

स्थापित होने के बाद से कैपिटल वन हर साल हज़ारों ऐसे ही परीक्षण करती है। संस्थापकों ने कंपनी को एक 'वैज्ञानिक प्रयोगशाला बना दिया है, जहाँ प्रॉडक्ट डिज़ाइन, मार्केटिंग, संप्रेषण मार्गों, अधिकतम ऋण सीमा, ग्राहक चयन, संग्रह नीतियाँ और विद्यमान ग्राहकों को अपने अन्य प्रॉडक्ट्स बेचने

---

*इसे अंतिम राशि मानने के बजाय अनुमान के रूप में लेना चाहिए, क्योंकि नए रंग के लागू होने के बाद आमदनी पर कई अन्य परिवर्तनों का प्रभाव पड़ा होगा।

के निर्णय सुनियोजित परीक्षण के अधीन रखे जा सकते हैं तथा हज़ारों प्रयोग किए जा सकते हैं।

2015 में कैपिटल वन का मूल्य 45 अरब पौंड आँका गया था।

अमेरिकी उद्यमी और लेखक जिम मान्जी क्रमरहित परीक्षण आयोजित करने में कंपनियों की मदद करते हैं और उनका अनुमान है कि 20 प्रतिशत रिटेल डाटा अब उनके सॉफ्टवेयर प्लेटफ़ॉर्म के ज़रिये जाता है। इसका मतलब सबसे बढ़कर यह है कि छोटे लाभ की नीति कंपनी जगत में बहुत आगे तक पहुँच गई है। उन्होंने मुझे बताया, "कंपनियाँ अब इतने ज़्यादा आरसीटी करती हैं, जितने बाक़ी सभी तरह की संस्थाएँ मिलाकर भी नहीं करतीं। यह एक पीढ़ी की कॉरपोरेट परंपरा में हुए सबसे बड़े परिवर्तनों में से एक है।"

हाराज़ कैसिनो ग्रुप उस शांत क्रांति का प्रतीक है, जो हो रही है। अमेरिका में कैसिनो और रिज़ॉर्ट चलाने वाले इस ब्रांड के स्टाफ़ के लिए तीन स्वर्णिम नियम हैं : "महिलाओं को परेशान मत करो, चोरी मत करो और आपके पास एक नियंत्रण समूह होना चाहिए।"

आरसीटी, चाहे वे व्यवसाय में हों या किसी दूसरे क्षेत्र में, अक्सर पृष्ठभूमि पर बहुत निर्भर होती हैं। जैसे केन्या में शिक्षण परिणामों को बेहतर बनाने वाला परीक्षण यह दावा नहीं कर सकता कि इससे लंदन में भी परिणाम बेहतर हो जाएँगे।* यह सामाजिक संसार की सुंदरता भी है और इसकी चुनौती भी। हमें बहुत सारे परीक्षण करने की ज़रूरत है, बहुत सारी पुनरावृत्तियाँ करने की ज़रूरत है और यह जानने की भी ज़रूरत है कि निष्कर्ष एक परीक्षण से बाक़ी पृष्ठभूमियों में कितनी दूर तक पहुँचाए जा सकते हैं। यह करने के लिए हमें बड़े पैमाने पर और कम इकाई लागत पर प्रयोग करने की ज़रूरत है।

---

*इसे कई बार 'बाहरी वैधता' की समस्या कहा जाता है : यह उस सीमा को बताता है कि एक आरसीटी के परिणाम नई पृष्ठभूमियों पर किस सीमा तक लागू किए जा सकते हैं। फ़ार्माकोजनेटिक्स एक ऐसा क्षेत्र है, जो इस अहसास पर आधारित है : कई दवाओं का प्रभाव मरीज़ों के जेनोटाइप (और इसलिए प्रजातीय मूल पर अक्सर) निर्भर करता है। इसलिए वर्तमान में दी जा रही ज़्यादातर दवाएँ यूरोपीय और श्वेत अमेरिकियों के मामले में अच्छी तरह काम करती हैं, क्योंकि उन्हीं पर इनका सबसे ज़्यादा परीक्षण किया गया था।

लेकिन इसका यह मतलब नहीं है कि हम आरसीटी से बड़ी निष्कर्ष नहीं निकाल सकते। शायद सार्वजनिक नीति में क्रमरहित परीक्षणों का सबसे महत्त्वाकांक्षी इस्तेमाल रोज़गार नीति के संदर्भ में नज़र आया। 1980 के दशक में अमेरिका के सामने एक ज्वलंत मुद्दा यह था कि लोगों को सामाजिक सहायता से दूर ले जाकर कामकाजी दुनिया में कैसे पहुँचाया जाए। यह नीति पारंपरिक दृष्टि से राष्ट्रपति और सांसदों द्वारा सलाहकारों तथा दबाव समूहों के समन्वय से ऊपर से नीचे निर्धारित की जाती।

इसके बजाय, यह प्रयोगशीलता द्वारा निर्धारित की गई। जैसा जिम मान्ज़ी अपनी उत्कृष्ट पुस्तक *अनकंट्रोल्ड* में विस्तार से बताते हैं कि राज्यों को इस शर्त पर संघीय नीति से अलग होने की छूट दी गई कि वे परिवर्तनों का आकलन करने के लिए क्रमरहित परीक्षणों का इस्तेमाल करें। परिणाम नाटकीय थे। परीक्षणों ने उजागर किया कि वित्तीय प्रोत्साहन काम नहीं करते। समय सीमाएँ काम नहीं करतीं।

वह एकमात्र चीज़ कौन सी थी, जो काम करती थी? अनिवार्य कामकाजी आवश्यकताएँ। इसने बिल क्लिंटन के बेहद सफल वर्कफ़ेयर प्रोग्राम यानी रोज़गार कल्याण योजना का मार्ग प्रशस्त किया, जिसके पीछे रिपब्लिकन संसद का समर्थन था।

V

छोटे लाभों की नीति एक ऐसी नीति लग सकती है, जिसे केवल बड़े कॉरपोरेशन, सरकार और खेल टीमें अपना सकती हैं। आख़िरकार, नियंत्रित प्रयोग करने के लिए विशेषज्ञता की ज़रूरत होती है और अक्सर इनमें काफ़ी बजट की ज़रूरत होती है, लेकिन मान्यताओं की जाँच करने की इच्छाशक्ति अंततः मानसिकता के बारे में है। यह बौद्धिक ईमानदारी रखने और असफलता से सीखने की तैयारी के बारे में है। इस तरह से देखे जाने पर यह हर व्यवसाय के लिए प्रासंगिक है, वास्तव में लगभग हर समस्या के संदर्भ में।

ताकेरू कोबायाश को ही लें। एक समय वे अर्थशास्त्र के एक ग़रीब विद्यार्थी थे। वे उस अपार्टमेंट का बिजली का बिल चुकाने के लिए जूझते थे, जिसमें वे जापान के उत्तरी तट पर योकाइची में अपनी गर्लफ़्रेंड के साथ रहते

थे, फिर उन्होंने उस इलाक़े में टेलीविज़न पर प्रसारित होने वाली स्पीड ईटिंग प्रतियोगिता के बारे में सुना, जिसमें 5,000 डॉलर का पहला इनाम था। वे प्रतियोगिता में दाख़िल हुए, उन्होंने थोड़ा गंभीर अभ्यास किया और जीत गए।

जिज्ञासा में उन्होंने खोज की और उन्हें पता चला कि स्पीड ईटिंग प्रतियोगिताएँ पूरे संसार में होती हैं, जिनमें काफ़ी बड़े पुरस्कार दिए जाते हैं। यह ग़रीबी से बाहर निकलने का एक संभावित मार्ग था। इसलिए जैसा उन्होंने अपनी बेहतरीन पुस्तक *थिंक लाइक अ फ़्रीक* में दर्ज किया है, कोबायाश ने संसार की सबसे बड़ी प्रतिस्पर्धा जीतने का लक्ष्य बनाया - नैथन्स हॉट डॉग ईटिंग कॉन्टेस्ट, जो हर 4 जुलाई को कोनी आइलैंड, न्यूयॉर्क में होती है।

नियम सीधे-सादे थे : बारह मिनट में ज़्यादा से ज़्यादा हॉट डॉग और बंद खाना है। आप कुछ भी पी सकते हैं, लेकिन आपको महत्त्वपूर्ण रूप से उलटी करने की इजाज़त नहीं है (एक समस्या, जिसे इस खेल में 'क़िस्मत उलटना' कहते हैं)।

कोबायाश छोटे लाभों की मानसिकता के साथ प्रतिस्पर्धा की तैयारी करने लगे। सबसे पहले, तो हॉट डॉग को पूरा खाने के बजाय (जैसा स्पीड ईटिंग प्रतियोगिताओं के चैंपियन उस समय तक करते थे), उन्होंने इसे आधे में तोड़ने की कोशिश की। उन्होंने पाया कि इससे उन्हें चबाने के ज़्यादा विकल्प मिलते हैं और भरने की गति को तीव्र करने के लिए उनके हाथ भी ख़ाली रहते हैं। यह एक छोटा लाभ था, फिर उन्होंने डॉग और ब्रेड को एक साथ के बजाय अलग-अलग खाने के प्रयोग किए। उन्होंने पाया कि डॉग तो तेज़ गति से नीचे उतर जाते थे, लेकिन चबाने वाले, आटेदार बंद से जूझना पड़ता था।

इसलिए उन्होंने बंद को पानी में डुबाने के प्रयोग किए, फिर अलग-अलग तापमानों पर रखे पानी में, फिर खाद्य तेल के साथ पानी में फिर उन्होंने अपने प्रशिक्षण सत्रों का वीडियो टेप बनाया, डाटा को स्प्रेडशीट में दर्ज किया, थोड़ी अलग-अलग रणनीतियों की निगरानी की (धीमी गति, गति क्रमशः बढ़ाते हुए, तेज़ी से ख़त्म करना), चबाने व निगलने के भिन्न-भिन्न तरीक़ों का परीक्षण किया और विभिन्न 'हिलने-डुलने की क्रियाओं' की जाँच की, ताकि उलटी से बचने के लिए वे अपने अमाशय की जगह का सही इस्तेमाल कर सकें। उन्होंने हर छोटी मान्यता का परीक्षण किया।

जब वे कोनी आइलैंड पहुँचे, तो किसी को उनके जीतने की उम्मीद नहीं थी। किसी ने भी उन्हें तवज्जो नहीं दी। वे छोटे और दुबले थे, जबकि उनके कई प्रतिस्पर्धी बहुत बड़े आकार के थे। विश्व रिकॉर्ड बारह मिनट में 25.125 हॉट डॉग खाने का था, जो एक आश्चर्यजनक आँकड़ा था। ज़्यादातर दर्शक सोचते थे कि यह आँकड़ा इंसानों के लिए ऊपरी सीमा के क़रीब था। कोबायाश के विचार भिन्न थे। इस विद्यार्थी ने प्रतिस्पर्धा को हिलाकर रख दिया। उन्होंने 50 हॉट डॉग खाए और रिकॉर्ड से दोगुना प्रदर्शन करके नया रिकॉर्ड बना दिया। उन्होंने कहा, "लोग सोचते हैं कि भारी भूख वाले ही इसमें बेहतर प्रदर्शन कर सकते हैं, लेकिन दरअसल महत्त्वपूर्ण बात तो यह है कि आप अपने सामने रखे भोजन से कैसे पेश आते हैं।"

कोबायाश ने इतिहास में किसी भी अन्य प्रतिस्पर्धी से ज़्यादा खाया था, इसका कारण यह नहीं था कि उन्होंने ऑपरेशन कराकर अपने अमाशय को बड़ा कराया था या उनके पास एक अतिरिक्त आहारनली थी (जैसा कुछ प्रतिस्पर्धियों ने आरोप लगाया), इसके बजाय उन्होंने तो छोटे-छोटे लाभों के संचय के ज़रिये विजय पाई। सभी तरह के छोटे, अच्छे तरह से नपे-तुले, कठोरता से जाँचे गए तरीक़ों से असफल होकर उन्होंने सफलता तक का अपना रास्ता पुनरावृत्ति के सहारे तय किया। यह ऊपर से नीचे के बजाय नीचे से ऊपर की नीति थी। कृपया इस वाक्य को ग़लत अर्थ में न लें।

और अगर यह नीति सैंडविच्ड मीट के नमकीन टुकड़ों को खाने में अपनाई जा सकती है, तो यह लगभग किसी भी चीज़ में अपनाई जा सकती है।

VI

इस अध्याय के अंत में आइए दृश्यात्मक रूप में छोटे लाभों की अवधारणा की जाँच करते हैं। इष्टतम की प्रक्रिया की तुलना किसी पर्वत के शिखर पर पहुँचने से की जा सकती है। मान लें आप दो पहाड़ियों में से छोटी पहाड़ी के नीचे से शुरू करते हैं, बिंदु अ, और एक ख़ास दिशा में एक छोटा क़दम उठाते हैं, फिर आप यह देखने के लिए जाँच करते हैं कि क्या आप ऊपर पहुँचे हैं और अगर आप पहुँचे हैं, तो आप एक और क़दम उठाते हैं तथा दोबारा जाँच करते हैं।

इस तरह आप बहुत सारे छोटे क़दम उठाते हैं, हर एक की कठोर जाँच करके यह देखते हैं कि क्या यह आपको सही दिशा में ले जा रहा है। इस तरह आप अंततः छोटी पहाड़ी के शिखर पर पहुँच जाएँगे। वास्तव में यह तरीक़ा इतना शक्तिशाली है कि यह कारगर होगा, भले ही आपकी आँख पर पट्टी बाँध दी जाए, जैसा कि व्यावसायिक विशेषज्ञ ऐरिक रिएस ने इष्टतम की कला पर एक उत्कृष्ट निबंध में लिखा है।

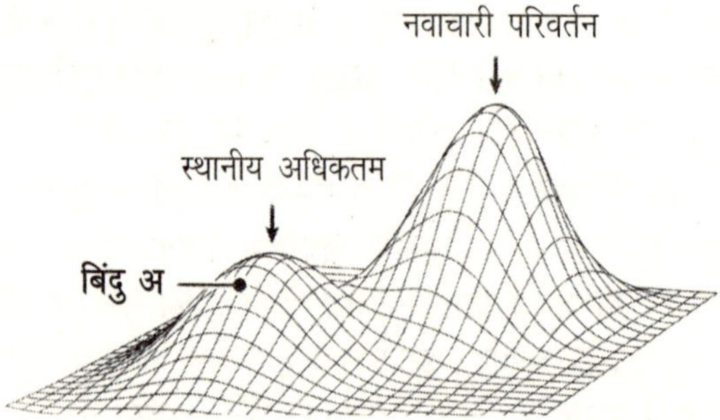

यही छोटे लाभों की शक्ति है। एक बड़ी चुनौती को छोटे हिस्सों में विभाजित करके आप कठोर परीक्षण करने में सक्षम होते हैं और इस तरह क्रमिक सुधार करते हैं। हर सुधार छोटा या जैसा ब्रेल्सफ़ोर्ड अक्सर कहते हैं, 'लगभग महत्त्वहीन' लग सकता है, लेकिन समय और अनुशासन के साथ उनका संचय होता जाता है। आप अंततः इष्टतम बिंदु पर पहुँच जाते हैं, जो छोटी पहाड़ी का शिखर है। यह स्थानीय अधिकतम है। यह अक्सर जीतने और हारने के बीच का फ़र्क़ होता है, चाहे यह खेल में हो, व्यवसाय में हो या हॉट डॉग को स्पीड ईटिंग प्रतिस्पर्धा में खाने के बारे में हो।

लेकिन यह चित्र छोटे लाभों की आंतरिक सीमाओं को भी उजागर करता है। अक्सर व्यवसाय, प्रौद्योगिकी और जीवन में प्रगति छोटे-छोटे, अच्छी तरह उठाए क़दमों से नहीं होती, बल्कि सृजनात्मक छलाँगों से होती है। यह कल्पना के उन कामों से होती है, जो किसी समस्या के पूरे परिदृश्य का कायाकल्प कर सकते हैं। वास्तव में, कई बार ये आधुनिक जगत में परिवर्तन के सबसे महत्त्वपूर्ण प्रेरक होते हैं।

इस फ़र्क़ को देखने के लिए ब्लॉकबस्टर पर नज़र डालें। यह एक ऐसा व्यवसाय था, जो वीडियो और बाद में डीवीडी किराए पर देने पर आधारित था। अवधारणा के रूप में यह दो दशक से भी ज़्यादा समय तक अच्छी तरह चला और इसने अच्छा मुनाफ़ा कमाया। आप कल्पना कर सकते हैं कि कंपनी का मैनेजर छोटे लाभ की नीति का इस्तेमाल कर रहा है : कंपनी के लोगो को बदलना, स्टोर्स में शेल्फ़ के डिज़ाइन में हेर-फेर करना, एक के बदले दो जैसी अलग-अलग डिस्काउंट नीतियों का परीक्षण करना आदि।

इनमें से हर परीक्षण उपयोगी होता। समय के साथ वे संचित होते और कंपनी को स्थानीय सर्वोत्तम के शिखर पर पहुँचा देते, लेकिन समस्या भी स्पष्ट है : इस बिज़नेस मॉडल का स्थान नेटफ़्लिक्स और उसी जैसी दूसरी कंपनियों ने हथिया लिया, जिससे वीडियो और डीवीडी काफ़ी हद तक दक़ियानूसी हो गए।* पूरा परिदृश्य बुनियादी तौर पर बदल गया। और छोटे लाभों की कितनी ही संख्या (कम से कम यथार्थवादी समयसीमा में) बचे रहने में ब्लॉकबस्टर की मदद नहीं कर सकती थी। यह कंपनी 2013 में दिवालिया हो गई।

रेखाचित्र में नया परिदृश्य ऊँची पहाड़ी के रूप में दिखाया गया है। छोटे लाभ की नीति स्थानीय इष्टतम की रणनीति है। यह आपको पहली पहाड़ी के शिखर पर पहुँचा देती है, लेकिन एक बार जब आप वहाँ पहुँच जाते हैं, तो इसके बाद छोटे क़दम चाहे जितनी अच्छी तरह परीक्षित हों, लाभ देना बंद कर देते हैं। प्रतिस्पर्धा से आगे बने रहने के लिए ब्लॉकबस्टर को एक बिल्कुल नई जगह पर जाने की ज़रूरत होती, नई प्रौद्योगिकी और नए विचारों का लाभ उठाने की ज़रूरत होती।

---

*ब्लॉकबस्टर ने वर्ष 2000 में 50 मिलियन डॉलर में नवांकुर नेटफ़्लिक्स को ख़रीदने का अवसर ठुकरा दिया था।

कई मामलों में जनेटिक विकास स्थानीय अधिकतम की रणनीति भी है। कई ऑप्टिमाइज़ेशन ऐल्गरिदम्स ऐसे कंप्यूटर प्रोग्राम होते हैं, जो व्यापक रूप से विकासवादी प्रक्रिया की नक़ल करते हैं। इनमें ऐसे क़दम होते हैं, जहाँ मानदंडों के क्षेत्र के दूरस्थ हिस्सों की पड़ताल करने के लिए नियमित अंतरालों में बड़े परिवर्तन किए जाते हैं और इस तरह स्थानीय अधिकतम से ज़्यादा बड़े शिखर की ओर बढ़ा जाता है।

राजनीतिक, वैज्ञानिक और कारोबारी जगत में एक बहस हो रही है कि क्या साहसिक छलाँगों पर ध्यान केंद्रित किया जाए, जो नए अवधारणात्मक मैदान की ओर ले जाती हैं या छोटे लाभों पर ध्यान केंद्रित किया जाए, जो विद्यमान आधारभूत मान्यताओं के इष्टतम में मदद करते हैं। छोटी मान्यताओं की जाँच की जाए या बड़ी मान्यताओं की, संसार का कायाकल्प किया जाए या इसमें बस हेर-फेर किया जाए, बड़ी तसवीर (तथाकथित *गेस्टाल्ट सिद्धांत*) पर विचार किया जाए या छोटे-छोटे विवरणों (छोटे लाभों) पर विचार किया जाए?

बहरहाल, आसान जवाब यह है कि ये दोनों ही ज़रूरी हैं। तंत्र के स्तर पर और संगठन के स्तर पर भी सफलता बड़ा और छोटा दोनों सोचने की क्षमता विकसित करने के बारे में है, कल्पनाशील और अनुशासित दोनों होने के बारे में है, खुद को किसी समस्या की बारीकियों में डुबाने के बारे में है और ज़्यादा व्यापक परिदृश्य की झलक देखने के लिए इससे परे खड़े होने की भी ज़रूरत है।

इस अध्याय में हमने छोटे क़दमों पर ग़ौर किया है और पाया है कि वे छोटी असफलताओं को खोजने से प्रेरित होते हैं। छोटे लाभों का दर्शन पूरी तरह से छोटी, अक्सर छिपी हुई कमज़ोरियों का पता लगाने और सीखने की योग्यता पर निर्भर करता है। अब हम लंबी छलाँगों पर नज़र डालने जा रहे हैं - प्रौद्योगिकी, डिज़ाइन और विज्ञान में होने वाले साहसिक परिवर्तन, जो हमारे संसार का कायाकल्प कर देते हैं।

और हम देखेंगे कि इन परिवर्तनों के बारे में बताई गई प्रेरक कहानियों के नीचे, सबसे गहरी और सबसे नज़रअंदाज़ की गई सच्चाई यह है कि असफलता के बिना नवाचार संभव नहीं है। वास्तव में, असफलता के प्रति नफ़रत ही सृजनात्मक परिवर्तन की राह में सबसे बड़ी बाधा है - सिर्फ़ व्यवसाय में ही नहीं, बल्कि बाक़ी क्षेत्रों में भी।

10

नवाचार को कैसे प्रेरित करती है असफलता

I

डाइसन का मुख्यालय ऑक्सफ़ोर्ड के चालीस मील पश्चिम में एक अत्याधुनिक इमारत में है। सामने के प्रवेश द्वार के बाहर एक हैरियर जम्प जेट है - नक़ली नहीं, बल्कि असली - और एक तेज़ गति का छोटा जलपोत भी है। ये दोनों ही इंगित करते हैं कि अंदर कितनी अपारंपरिकता का बोलबाला होगा।

कंपनी के चेयरमैन और मुख्य इंजीनियर जेम्स डाइसन प्रवेश द्वार के ठीक ऊपर बने काँच के ऑफ़िस में काम करते हैं। पीछे की दीवार पर सुंदरता से बनाए गए प्रॉडक्ट्स सजे हैं, जिनकी बदौलत वे ब्रिटिश नवाचार के प्रतीक बन गए हैं : बेहद कार्यकुशल वैक्यूम क्लीनर, अत्याधुनिक हैंड ड्रायर्स और उत्पादन प्रक्रिया से गुज़रने वाले अन्य उपकरण। कुल मिलाकर वे चार हज़ार से ज़्यादा पेटेंटों का आवेदन दे चुके हैं।

प्रगति अक्सर छोटे क़दमों के संचय से नहीं, बल्कि नाटकीय लंबी छलाँगों से प्रेरित होती है। टेलीविज़न किसी पुराने उपकरण की पुनरावृत्ति नहीं था, बल्कि यह एक बिल्कुल नई प्रौद्योगिकी थी। आइंस्टाइन का सापेक्षता का सिद्धांत न्यूटन के गुरुत्वाकर्षण के नियम में थोड़ा सा फेरबदल नहीं था, इसने तो लगभग हर विवरण में इसकी जगह ली थी। इसी तरह डाइसन का ड्युअल-साइक्लोन वैक्यूम क्लीनर पारंपरिक हूवर वैक्यूम क्लीनर में किया गया छोटा सा सुधार नहीं था। इसने तो इतना बड़ा परिवर्तन किया था कि घर के फ़र्श से धूल और बालों को हटाने के बारे में लोगों के दृष्टिकोण को ही बदल दिया था।

डाइसन परिवर्तन की सृजनात्मक प्रक्रिया के प्रचारक हैं, इसलिए भी क्योंकि उन्हें विश्वास है कि इसे आज के संसार में बुनियादी तौर पर ग़लत समझा जाता है। जब हम उनके ऑफ़िस में बातचीत करते हैं, तो वे अपने तर्क के पक्ष में प्रमाण देने के लिए क़ागज़, पेटेंट, पाठ्यपुस्तक और अपने ख़ुद के डिज़ाइन उठाने के लिए तेज़ी से इधर-उधर गतिविधि करते हैं। वे लंबे, चमकदार आँखों वाले और अधीर हैं। हमारी बातचीत का समय आधा घंटा तय हुआ था, लेकिन यह शाम तक चलती रही, जब तक कि सूरज ढल नहीं गया और उनके विचारशील चेहरे पर टेबल लैंप की रोशनी नहीं पड़ने लगी (जिसका डिज़ाइन उनके बेटे ने बनाया है : इसमें एलईडी लाइट है, जो सामान्य 2,000 घंटे चलने के बजाय 1,60,000 घंटे तक चलती है)।

वे कहते हैं :

> लोग सृजनात्मकता को एक रहस्यमयी प्रक्रिया मानते हैं। वे सोचते हैं कि सृजनात्मक जानकारी हवा में से उत्पन्न होती है और विशुद्ध चिंतन-मनन से प्रकट हो जाती है। यह मॉडल नवाचार को ऐसी चीज़ मानता है, जो लोगों के दिमाग़ में होती है, सामान्य तौर पर जीनियसों के दिमाग़ में, लेकिन यह सरासर ग़लत है। वास्तव में, सृजनात्मकता तो एक ऐसी चीज़ है, जिस पर मेहनत करनी होती है। इसके कुछ ख़ास गुण होते हैं। जब तक हम यह नहीं समझते कि यह कैसे होती है, तब तक हम अपनी सृजनात्मकता को बेहतर नहीं बना पाएँगे, समाज के रूप में भी और संसार के रूप में भी।

सृजनात्मकता की डाइसन की यात्रा पश्चिम इंग्लैंड के एक छोटे फ़ार्महाउस में शनिवार की सुबह अपने घर में वैक्यूम करते समय शुरू हुई। तब उनकी उम्र पच्चीस साल थी। हर व्यक्ति की तरह उन्हें भी इस बात से उलझन होती थी कि उनका वैक्यूम क्लीनर कितनी जल्दी सक्शन या चूषण गँवा देता है। वे कहते हैं, "यह ऊँची श्रेणी का हूवर था। इसमें संसार की सबसे शक्तिशाली वैक्यूम मोटरों में से एक लगी थी, लेकिन इसका सक्शन चंद मिनटों में ही ख़त्म हो जाता था। इसके बाद यह तीखी आवाज़ निकालने लगता था। मैं इस समस्या का सामना पहले भी कर चुका था। बड़े होते समय अपने पारिवारिक घर को वैक्यूम करना मेरा ही काम था और सक्शन लगातार मुझे परेशान करता रहता था, लेकिन इस बार मेरा दिमाग़ चटक गया था।"

डाइसन ने अपने बगीचे में जाकर मशीन को खोल दिया। अंदर उन्हें पारंपरिक वैक्यूम क्लीनर की बुनियादी इंजीनियरिंग दिख रही थी : एक मोटर, एक बैग (जो फ़िल्टर का भी काम करता था) और एक ट्यूब। तर्क आसान था : धूल और हवा बैग में खींची जाती थी, हवा बैग की परत में बने छोटे छेदों के ज़रिये निकलकर मोटर में पहुँच जाती थी, जबकि धूल (जो हवा से ज़्यादा मोटी थी) बैग में ही रह जाती थी। वे कहते हैं :

> बैग धूल से भरा था, इसलिए मैंने मान लिया कि इसी वजह से इसका सक्शन चला गया था। इसलिए मैंने बैग को खोलकर धूल हटा दी और इस पर दोबारा सेलोटेप चिपकाकर जस का तस कर दिया, लेकिन जब मैं घर में वैक्यूम करने के लिए लौटा, तो कार्यकुशलता में कोई वृद्धि नहीं हुई। वही बेसुरी आवाज़ तुरंत ही आने लगी। सक्शन नदारद था।
>
> अचानक मुझे इस बात का अहसास हुआ कि असली समस्या यह नहीं थी कि बैग धूल से भर गया था, असली समस्या तो यह थी कि बैग के भीतर धूल की पतली परत जम गई थी। बैग की दीवारें अवरुद्ध हो गई थीं। महीन धूल फ़िल्टर को अवरुद्ध कर रही थी। इसी कारण पारंपरिक वैक्यूम क्लीनरों का प्रदर्शन इतनी जल्दी ख़राब होता है। पहली धूल ही उन्हें अवरुद्ध कर देती है।

इस अहसास से एक नया विचार प्रेरित हुआ : अगर बैग को हटा दिया जाए, तो कैसा रहेगा? अगर आप बिना बैग का वैक्यूम क्लीनर बना लें, तो कैसा रहेगा? उन्होंने कहा, "अगर आप पारंपरिक बैग का इस्तेमाल किए बिना किसी दूसरे तरीक़े से हवा से धूल हटाने का तरीक़ा खोज लें, तो अवरुद्ध फ़िल्टर की वजह से सक्शन ख़त्म नहीं होगा। इससे वैक्यूम क्लीनिंग में क्रांति हो जाएगी।"

यह विचार डाइसन के दिमाग़ में अगले तीन साल तक घूमता रहा। रॉयल कॉलेज ऑफ़ आर्ट के स्नातक डाइसन सुयोग्य इंजीनियर थे और बाथ में एक स्थानीय कंपनी के संचालन में मदद कर रहे थे। उन्हें चीज़ों को खोलकर देखने में बड़ा मज़ा आता था कि वे कैसे काम करती हैं। वे जिज्ञासु थे, खोजी थे और मुश्किल को स्वीकार करने के बजाय उससे जूझने के भी इच्छुक थे, लेकिन अब उनके सामने एक स्पष्ट समस्या थी, ऐसी समस्या, जिसने उन्हें कौतूहल में डाल दिया था।

जब वे इमारती लकड़ी के एक व्यापारी के यहाँ गए, तब समाधान अचानक बिजली की तरह उनके दिमाग़ में कौंध गया।

> आजकल आप व्यापारी के यहाँ से लकड़ी उठाते हैं और लौट आते हैं। पुराने ज़माने में वे इसे आपके लिए काटते थे और समतल करते थे। आपको वहाँ काफ़ी देर रुकना पड़ता था। जब मैं वहाँ खड़े होकर इंतज़ार कर रहा था, तो मैंने मशीनों पर यह काम होते देखा। यह छत पर इस चीज़ तक गई, जो तीस या चालीस फुट लंबी थी।
>
> यह एक साइक्लोन था (एक कोन के आकार की मशीन, जो हवा के बहाव की गति को बदल देती है और अपकेंद्रीय शक्ति के ज़रिये हवा की धूल को अलग करती है)। यह कलईदार स्टील से बनी थी, हालाँकि मशीनों से लकड़ी कटते समय टन भर धूल आ रही थी, लेकिन ऊपर की चिमनी में से ज़रा सी भी धूल बाहर नहीं निकल रही थी। मैं अचंभित था। यह चीज़ पूरे दिन महीन धूल को इकट्ठा कर रही थी और ऐसा नहीं लग रहा था, जैसे इसमें कहीं भी कोई अवरोध हो।

डाइसन दौड़कर घर गए। यह उनके ज्ञान का पल था। "मैं साइक्लोन्स के बारे में सामान्य तौर पर जानता था, लेकिन मुझे इसके बारे में विस्तार से कुछ पता नहीं था। मैं तो बस रोमांचित था और देखना चाहता था कि क्या इसका छोटा रूप भी कारगर होगा। मैंने एक पुराना कार्डबोर्ड बॉक्स लिया और वाटरप्रूफ़ गैफ़र टेप तथा कार्डबोर्ड से अपनी देखी मशीन की प्रतिलिपि बनाई, फिर मैंने इसे होज़ पाइप के ज़रिये एक खड़े वैक्यूम क्लीनर से जोड़ दिया। अब मेरा कार्डबोर्ड का साइक्लोन तैयार था।"

उनका दिल तेज़ी से धड़क रहा था, जब वे इसे लेकर घर में घूमे। क्या यह काम करेगा? वे कहते हैं : "यह बहुत अच्छा दिख रहा था। यह धूल खींच रहा था और धूल चिमनी से बाहर निकलती नज़र नहीं आ रही थी। मैं अपने बॉस के पास जाकर बोला : मैं सोचता हूँ कि मेरे पास एक रोचक विचार है।"

यह आसान विचार, यह ज्ञान का पल, अंततः डाइसन को 3 अरब पौंड की व्यक्तिगत संपत्ति प्रदान करने वाला था।

II

डाइसन की कहानी से कुछ चीज़ें सामने आती हैं। पहली यह कि समाधान बाद में काफ़ी स्पष्ट दिखता है। नवाचार के साथ अक्सर ऐसा ही होता है और इस बारे में हम बाद में बात करेंगे।

लेकिन हाल-फ़िलहाल कहानी के दो अन्य पहलुओं पर विचार करते हैं। पहला यह कि सृजनात्मक प्रक्रिया विद्यमान प्रौद्योगिकी में आने वाली एक *समस्या* से शुरू हुई, जिसे आप असफलता भी कह सकते हैं। वैक्यूम क्लीनर धूल से अवरुद्ध हो जाता था। यह चीख़ने वाली आवाज़ या शोर करता था। डाइसन को हाथ से कचरे के टुकड़े उठाने के लिए बार-बार झुकना पड़ता था।

अगर हर चीज़ सुचारू ढंग से काम करती, तो डाइसन के पास चीज़ें बदलने के लिए कोई प्रोत्साहन या प्रेरणा नहीं मिलती। इससे भी बढ़कर उनके पास कोई बौद्धिक चुनौती नहीं होती, जिसमें वे अपने दाँत गड़ा सकते। यह इंजीनियरिंग की समस्या थी, जिसने एक संभावित समाधान को चिंगारी दी (बग़ैर बैग का वैक्यूम क्लीनर)।

और यह सृजनात्मक प्रक्रिया के लिए लगभग आदर्श उपमा नज़र आती है, चाहे यह वैक्यूम क्लीनर में सुधार हो, नए ब्रांड नेम की खोज हो या नया वैज्ञानिक सिद्धांत हो। कई मायनों में सृजनात्मकता एक *प्रतिक्रिया* होती है।

सापेक्षता न्यूटन की यांत्रिकी की असफलता पर प्रतिक्रिया थी, जब यह तेज़ गति से चलती वस्तुओं की सटीक भविष्यवाणी नहीं कर पाती थी।

मास्किंग टेप विद्यमान एडहेसिव टेप की असफलता पर प्रतिक्रिया थी, जो कारों और दीवारों से हटाए जाने पर पेंट उखाड़ देता था।

सिमटने वाली बग्घी भारी अव्यावहारिक बच्चा गाड़ियों पर प्रतिक्रिया थी (डिज़ाइनर ओवेन मैकलारेन के दिमाग़ में यह विचार तब आया, जब उसने अपनी बेटी को बच्चागाड़ी के साथ जूझते देखा, जब वह अपनी बेटी को बाहर ले जा रही थी)।

चाबी से चलने वाला रेडियो अफ़्रीका में बैटरियों की कमी पर प्रतिक्रिया थी, जिसकी वजह से शिक्षण जानकारी के प्रसार में बाधा पड़ रही थी (ट्रेवर बेलिस ने यह विचार एड्स पर टेलीविज़न कार्यक्रम देखने के बाद सोचा था)।

एटीएम बैंक खुलने के समय के बाहर नक़दी हासिल करने की समस्या पर प्रतिक्रिया थी। जॉन शेपर्ड-बैरन ने इसका आविष्कार तब किया था, जब वे एक रात को बाथटब में लेटकर चिंता कर रहे थे, क्योंकि वे बैंक जाना भूल गए थे।

जैसा हम देख ही चुके हैं, ड्रॉपबॉक्स अपनी पेन ड्राइव भूलने और इस तरह महत्त्वपूर्ण फ़ाइलों तक न पहुँच पाने की समस्या पर प्रतिक्रिया थी।

सृजनात्मक प्रक्रिया किसी ख़ास मुश्किल पर प्रतिक्रिया के रूप में प्रकट होती है और इस प्रक्रिया की अपनी अलग शब्दावली है। इसे नवाचार का 'समस्या चरण' कहा जाता है। डाइसन पारंपरिक वैक्यूम क्लीनर के बारे में कहते हैं, "वह बकवास चीज़ मुझे बरसों से परेशान कर रही थी। मैं उस प्रौद्योगिकी की अकार्यकुशलता को बर्दाश्त नहीं कर पाया। यह 'समस्या चरण' के बजाय 'नफ़रत चरण' ज़्यादा था।"

हम सृजनात्मक प्रक्रिया के इस पहलू को अक्सर तसवीर से बाहर ही छोड़ देते हैं। हम विचार की कौंध के पल पर ध्यान केंद्रित करते हैं, हम ज्ञान के साक्षात्कार पर ध्यान केंद्रित करते हैं, जब न्यूटन के सिर पर सेब गिरा या आर्कमिडीज़ नहाने गए। शायद इसीलिए सृजनात्मकता इतनी अलौकिक नज़र आती है। इसके पीछे यह धारणा रहती है कि यह अलौकिक ज्ञान किसी भी समय, कहीं भी मिल सकता है। यह बस आराम से बैठने और उसे प्रवाहित होने देने का मामला है।

लेकिन इससे सृजनात्मकता की एक अनिवार्य विशेषता बाहर ही छूट जाती है। अगर कोई समस्या नहीं है, असफलता नहीं है, दोष नहीं है, कुंठा नहीं है, तो नवाचार के पास कोई ऐसी चीज़ ही नहीं होती, जिसे यह जकड़ सके। तब इसकी धुरी ग़ायब हो जाती है। जैसा डाइसन ने कहा है, "सृजनात्मकता को संवाद की तरह मानना चाहिए। आप खेल को बदलने वाला प्रत्युत्तर दे सकें, इससे पहले आपके पास एक समस्या होनी चाहिए।"

शायद सृजनात्मकता की प्रतिक्रियाशील प्रकृति की झलक देखने का सबसे चित्रात्मक तरीक़ा यह है कि हम यूनिवर्सिटी ऑफ़ कैलिफ़ोर्निया, बर्कले की मनोवैज्ञानिक चार्लेन नेमेथ और उनके सहकर्मियों द्वारा किए गए एक प्रयोग पर विचार करें। उन्होंने स्नातक में पढ़ने वाली 265 छात्राओं को लिया और उन्हें पाँच-पाँच छात्राओं की टीमों में क्रमरहित तरीक़े से बाँट दिया। हर

टीम को एक ही काम दिया गया : उन्हें इस बारे में विचार देने थे कि सैन फ़्रांसिस्को बे एरिया में ट्रैफ़िक की भीड़भाड़ को कम कैसे किया जाए, फिर इन पाँच छात्राओं की टीमों को काम करने के तीन तरीक़ों में से एक दिया गया।

पहले समूह को विचारमंथन करने के निर्देश दिए गए। यह इतिहास की सबसे प्रभावी सृजनात्मक तकनीकों में से एक है और यह इस रहस्यमय अवधारणा पर आधारित है कि सृजनात्मकता कैसे घटित होती है : चिंतन-मनन और विचारों के मुक्त प्रवाह के ज़रिये। विचारमंथन की पूरी नीति यह है कि बाधाओं को *हटा* दिया जाए। चुनौतियों को न्यूनतम कर दिया जाए। लोगों को पहले से आगाह कर दिया जाता है कि वे एक-दूसरे की आलोचना न करें या एक-दूसरे के सुझावों में आने वाली मुश्किलों को न बताएँ। इस प्रक्रिया में अवरोधों को बुरा माना जाता है। नकारात्मक फ़ीडबैक को पाप समझा जाता है।

जैसा विज्ञापन एक्ज़ीक्यूटिव अलेक्स फ़ैकनी ऑसबॉर्न ने लिखा है, जिन्होंने 1940 और 1950 के दशकों में विचारमंथन पर बेस्टसेलिंग पुस्तकें लिखी थीं : "सृजनात्मकता इतना नाज़ुक फूल होता है कि प्रशंसा से खिल उठता है, जबकि हतोत्साहित करने से यह अक्सर कली की अवस्था में ही मुरझा जाता है।"

दूसरे समूह को किसी तरह के दिशा-निर्देश नहीं दिए गए थे : उन्हें अपने हिसाब से सर्वश्रेष्ठ विचार सोचने की अनुमति दी गई थी।

लेकिन तीसरे समूह को एक-दूसरे के विचारों में सक्रियता से दोष निकालने के लिए प्रोत्साहित किया गया कि वे बताएँ। उन्हें इस तरह के निर्देश दिए गए : 'ज़्यादातर शोध से यह संकेत मिलता है कि अच्छा समाधान निकालने का सर्वश्रेष्ठ तरीक़ा कई समाधान सोचना है। बंधनमुक्त कल्पनाशीलता का स्वागत है। जो भी चीज़ दिमाग़ में आती है, उसे कहने में न डरें। बहरहाल, इसके अलावा ज़्यादातर अध्ययन यह सुझाव भी देते हैं कि *आपको एक दूसरे के विचारों पर वाद-विवाद करना चाहिए। यहाँ तक कि आलोचना भी करनी चाहिए।*

परिणाम उल्लेखनीय थे। विरोध और आलोचना के मार्गदर्शन वाले समूहों ने विचारमंथन वाले समूह (या बगैर निर्देशों वाले समूह) से 25 प्रतिशत ज़्यादा विचार उत्पन्न किए। इतनी ही आश्चर्यजनक बात यह थी कि जब

प्रतिभागियों से बाद में कहा गया कि वे ट्रैफ़िक की समस्या के बारे में ज़्यादा समाधान सोचें, तो विरोध के निर्देश वाले समूह ने विचारमंथन वाले समूह की तुलना में दोगुने नए विचार उत्पन्न किए।

आगे किए गए अध्ययन दिखाते हैं कि जो लोग विचारमंथन के बजाय विरोध करते हैं, वे न सिर्फ़ ज़्यादा विचार उत्पन्न करते हैं, बल्कि ज़्यादा उत्पादक और कल्पनाशील विचार भी उत्पन्न करते हैं। जैसा नेमेथ ने कहा था : "बुनियादी खोज यह है कि वाद-विवाद को - और यदि आवश्यक हो तो आलोचना को भी - प्रोत्साहित करने से ज़्यादा सृजनात्मक विचार प्रेरित होते नज़र आते हैं। और जो संस्कृतियाँ भिन्न दृष्टिकोणों की ऐसी अभिव्यक्ति की अनुमति देती हैं और प्रोत्साहित भी करती हैं, वे नवाचार को सबसे ज़्यादा प्रेरित कर सकती हैं।"

कारण पहचानना मुश्किल नहीं है। विचारमंथन के साथ समस्या यह नहीं है कि इसमें बंधनमुक्त कल्पनाशीलता या त्वरित संबंध पर ज़्यादा ज़ोर दिया जाता है। इसके बजाय, समस्या तो यह है कि जब इन विचारों की जाँच आलोचना के फ़ीडबैक से नहीं की जाती है, तो उनके पास प्रतिक्रिया करने के लिए कुछ होता ही नहीं है। आलोचना समस्याओं को सतह पर लाती है। यह मुश्किलों पर रोशनी डालती है। यह हमें नए सिरे से सोचने के लिए विवश करती है। जब हमारी मान्यताओं को भंग किया जाता है, तो हम वास्तविकता के साथ एक नए संबंध में पहुँच जाते हैं। नवाचार से असफलता को हटाना आग से ऑक्सीजन को हटाने जैसा होता है।

डाइसन और उनके हूवर के बारे में दोबारा सोचें। विद्यमान प्रौद्योगिकी में दोष की वजह से ही डाइसन एक नए तरीक़े से सफ़ाई के बारे में सोचने के लिए विवश हुए। फ़िल्टर में अवरोध कोई ऐसी चीज़ नहीं थी, जिसे छिपाया जा सके या यह नाटक किया जा सके कि यह वहाँ नहीं है। इसके बजाय अवरोध और असफलता वैक्यूम-क्लीनिंग की दोबारा कल्पना करने का सुनहरा आमंत्रण था।

कल्पना नाज़ुक नहीं होती। इसे दोषों, मुश्किलों और समस्याओं से पोषण मिलता है। ख़ुद को असफलताओं से दूर रखने से हम अपने ईंधन की सबसे मूल्यवान मानसिक शक्तियों में से एक को छीन लेते हैं, चाहे वे विचारमंथन के दिशा-निर्देशों के ज़रिये हों, आलोचना संबंधी चिर-परिचित

साँस्कृतिक वर्जनाओं की वजह से हों या संज्ञानात्मक असंगति के प्रभाव की वजह से हों।*

"यह हमेशा एक समस्या से शुरू होता है," डाइसन कहते हैं। 'मैंने बीस साल तक वैक्यूम क्लीनरों से नफ़रत की, लेकिन मैंने हैंड ड्रायर्स से इससे भी ज़्यादा लंबे समय तक नफ़रत की। अगर वे आदर्श ढंग से काम करते, तो मेरे पास नया समाधान सोचने या बनाने की कोई प्रेरणा ही नहीं होती, लेकिन इससे भी ज़्यादा महत्त्वपूर्ण बात, मेरे पास सृजनात्मक समाधान देने के लिए कोई पृष्ठभूमि ही नहीं होती। असफलताएँ कल्पना को पोषण देती हैं। एक के बिना दूसरी चीज़ संभव नहीं है।"

शायद ग़लती की सृजनात्मक शक्ति का सबसे मुखर प्रमाण नेमेथ और एक सहकर्मी के एक अलग प्रयोग में मिलता है। सामान्य मुक्त साहचर्य अध्ययन में हमें एक शब्द दिया जाता है और हमें दिमाग़ में आने वाला उससे मिलता-जुलता पहला शब्द बताना होता है।

समस्या यह है कि जब हममें से कई लोग बंधनमुक्त होकर साहचर्य बनाते हैं, तो हमारे साहचर्य अक्सर नीरस होते हैं। अगर कोई कहता है 'नीला,' तो ज़्यादातर लोग 'आसमान' कह देते हैं। अगर कोई कहता है 'हरी,' तो हम 'घास' कहते हैं। यह प्रेरित करने वाला जवाब नहीं है। अपने स्वतंत्र साहचर्य वाले प्रयोग में नेमेथ ने स्वयंसेवियों को स्लाइडें दिखाईं। जैसी उम्मीद थी, उन्होंने पारंपरिक और नीरस साहचर्य बताए।

लेकिन फिर उन्होंने एक प्रयोगशाला सहायक से ग़लत रंग बुलवाने का प्रयोग किया। जब नीली स्लाइड दिखाई गई, तो सहायक बोला, 'हरा।' और तब एक अजीब चीज़ हुई। जब नेमेथ ने इन स्वयंसेवियों से कहा कि वे उन रंगों के साथ स्वतंत्र साहचर्य करें, जिन्हें ग़लत पहचाना गया था,

---

*मिसाल के तौर पर, उन अर्थशास्त्रियों के बारे में सोचें, जो अपनी भविष्यवाणियों को नए सिरे से ढालते हैं, ताकि वे कभी दरअसल असफल या ग़लत ही न हों। यह सुनियोजित तरीक़े से सृजनात्मक प्रक्रिया को कमज़ोर करता है। असफलता के बिना, दोष के बिना, कुंठा के बिना वे न सिर्फ़ प्रोत्साहन से वंचित रह जाते हैं, बल्कि वे अपने मॉडल की दोबारा कल्पना करने के विचारात्मक ईंधन से भी वंचित रह जाते हैं। उनकी प्रखर बौद्धिक प्रतिभा अपने विचारों को क्रांतिकारी बनाने के बजाय उनकी रक्षा करने में लग जाती है।

तो अचानक वे ज़्यादा सृजनात्मक हो गए। वे ऐसे साहचर्य बताने लगे, जो थकी हुई परंपरा से काफ़ी आगे तक जाते थे। नीला 'जीन्स' या 'अकेला' या 'माइल्स डेविस' बन गया।

हो क्या रहा था? जवाब आपके दिमाग़ में आ गया होगा। विपरीत जानकारी झकझोरती है, कुछ हद तक उसी तरह जिस तरह ग़लती झकझोरती है। यह हमें नए तरीक़े से संलग्न होने के लिए प्रोत्साहित करती है। हम अपनी आम विचार प्रक्रियाओं के आगे तक जाते हैं (जब चीज़ें उम्मीद के मुताबिक़ हो रही हों, तो आप अलग तरीक़े से क्यों सोचेंगे?)। जब कोई चिल्लाकर ग़लत रंग बताता है, तो हमारी पारंपरिक मानसिक क्रियाविधि बाधित होती है। तब हम ऐसे साहचर्य, ऐसे जुड़ाव खोजते हैं, जो हमें कभी आते ही नहीं।

और यह हमें डाइसन की कहानी के दूसरे अत्यंत महत्त्वपूर्ण पहलू तक ले जाता है। आपको याद होगा कि ज्ञान के पल में उन्होंने मूलतः दो अलग विचारों को एक साथ मिला दिया था : एक वैक्यूम क्लीनर और एक आरा मशीन। ये दो अलग-अलग चीज़ें थीं। वे दो अलग-अलग जगहों पर मौजूद थीं : घर पर और आरा मशीन में। आप लगभग कह सकते हैं कि वे अलग-अलग अवधारणात्मक श्रेणियों में थीं।

अगर मूलतः सोचा जाए, तो डाइसन का नवाचार इन दोनों को मिश्रित करना था। वे *जोड़ने वाले कारक* थे। सृजनात्मकता का कार्य सबसे बढ़कर मिश्रण का काम था। वे कहते हैं, "मैं सोचता हूँ कि मुझे इतने बरसों की कुंठा थी, इस तथ्य ने शायद मुझे संभावित समाधान की झलक देखने के लिए आदर्श व्यक्ति बना दिया, लेकिन समाधान दरअसल दो विद्यमान प्रौद्योगिकियों को मिलाना था।"

और यह पता चलता है कि जोड़ने या मिश्रण करने का यह काम नवाचार की एक और केंद्रीय विशेषता है। जोहान्स गटनबर्ग ने मास प्रिंटिंग का आविष्कार करते समय शराब को दबाने की प्रक्रिया (जो प्रौद्योगिकी कई सदियों से मौजूद थी) को पन्ने दबाने पर लागू किया।

राइट बंधुओं ने साइकल उत्पादन की अपनी समझ को हवा में उड़ने की समस्या पर लागू किया।

जिस श्रेणीकरण ऐल्गरिदम की बदौलत गूगल सफल हुआ, उसे सर्गेई ब्रिन और लैरी पेज़ ने अकादमिक लेखों के श्रेणीकरण के एक विद्यमान तरीक़े से विकसित किया।

बेहद सफल वाणिज्यिक नवाचार सेलोटेप दरअसल गोंद और सेलोफ़ेन को मिलाकर किया गया था।

सिमटने वाली बग्घी को द्वितीय विश्वयुद्ध में बमवर्षक विमानों के तह होने वाले पहियों और बच्चों के परिवहन के लिए मौजूद प्रौद्योगिकी को मिलाकर बनाया गया।

कोई हैरानी नहीं कि मिश्रण की अवधारणाओं की कला में उस्ताद स्टीव जॉब्स ने एक बार कहा था : 'सृजनात्मकता बस चीज़ों को जोड़ना है।'

अगर असफलता सृजनात्मकता को चिंगारी देकर सजीव बनाती है, तो ज्ञान का पल तब उत्पन्न होता है, जब पहले से न जुड़े विचारों या प्रौद्योगिकियों के साथ समस्या पर पुल बनाने की कोशिश की जाती है। यह अर्थपूर्ण ढंग से समस्या को सुलझाने के लिए एक छिपा हुआ संबंध खोजने के बारे में है। लेकिन अहम बात यह है कि ये प्रक्रियाएँ अंतरंग रूप से गुँथी हुई हैं। झकझोरने वाली जानकारी से हम हिल जाते हैं, इसी कारण हम असामान्य जुड़ाव देखने के लिए प्रेरित होते हैं, जैसा हम स्वतंत्र साहचर्य वाले प्रयोग में देख चुके हैं।

इसे सरल भाषा में कहें, तो असफलता और कौंध का पल आपस में अभिन्न रूप से गुँथे हुए हैं। जब हम कोई ज़बर्दस्त विचार सोचते हैं, जब यह हमारे दिमाग़ में टपक पड़ता है, तो यह अक्सर अंकुरण की एक अवधि के बाद उभरकर सामने आता है। यह किसी समस्या से जूझने का परिणाम होता है, कई बार तो डाइसन की तरह कई बरसों तक।

जैसा न्यूरोसाइंटिस्ट डेविड ईगलमैन अपनी पुस्तक *इनकॉग्निटो : द सीक्रेट लाइव्ज़ ऑफ़ द ब्रेन* में कहते हैं, "जब किसी विचार को पर्दे के पीछे से बाहर लाया जाता है, तो तंत्रिकीय विद्युत परिपथ तंत्र कई घंटों, दिनों या बरसों से समस्याओं पर काम कर रहा था, जानकारी को संगठित कर रहा था और नए तालमेल आज़मा रहा था, लेकिन आप पर्दे के पीछे की विशाल, छिपी हुई सामग्री पर आश्चर्य नहीं करते हैं और चुपचाप श्रेय ले लेते हैं।"

सृजनात्मकता पर ज़्यादातर साहित्य में इस बात पर ध्यान केंद्रित किया जाता है कि नवाचारी मिश्रण के इन पलों को कैसे प्रेरित किया जाए और समस्या चरण को इसके समाधान की ओर कैसे धकेला जाए। देखिए, इल्हाम की कौंध अक्सर तब आती है, जब हम दो में से किसी एक तरह के माहौल में होते हैं।

पहला तब होता है, जब हमने स्विच बंद कर चुके होते हैं : हम नहाते हैं, टहलने जाते हैं, ठंडी बियर पीते हैं, दिवास्वप्न देखते हैं। जब हम बहुत ज़्यादा केंद्रित होते हैं, जब हम बहुत ज़्यादा सोचते रहते हैं, तो हम उन जटिल साहचर्यों को नहीं देख पाते हैं, जो सृजनात्मकता के लिए बहुत महत्त्वपूर्ण होते हैं। 'साहचर्यात्मक अवस्था' तभी प्रकट होती है, जब हम एक क़दम पीछे रखते हैं। जैसा कवयित्री जूलिया कैमरॉन ने कहा है, "मैंने ख़ुद को रास्ते से हटाना और उस सृजनात्मक शक्ति को अपने ज़रिये प्रवाहित होने देना सीख लिया है।"

दूसरे तरह का माहौल विरोध का होता है, जहाँ सृजनात्मकता उद्दीप्त हो जाती है। जैसा हम देख चुके हैं कि हमारी सृजनात्मकता को दूसरों के विरोध से चिंगारी मिलती है। जब मैगिल यूनिवर्सिटी के एक मनोवैज्ञानिक केविन डनबार ने परीक्षण किया कि वैज्ञानिक खोजें दरअसल कैसे होती हैं (वे चार मोलेक्यूलर बायलॉजी लैब्स में कैमरे लेकर गए और वहाँ होने वाली हर चीज़ रिकॉर्ड की), तो उनकी मान्यता यह थी कि ये तब होती होंगी, जब वैज्ञानिक एकांत में चिंतन-मनन करते होंगे।

वास्तव में महत्त्वपूर्ण खोजें लैब मीटिंग के दौरान होती थीं, जहाँ शोधकर्ताओं का समूह डेस्क पर बैठकर अपने शोध पर बातचीत करता था। वहाँ क्यों? क्योंकि वे अपने साथी शोधकर्ताओं की चुनौतियों और आलोचना पर प्रतिक्रिया करने के लिए विवश होते थे। उन्हें नए साहचर्य देखने के लिए झकझोरा जाता था।

जैसा लेखक स्टीवन जॉनसन कहते हैं, "साथियों के प्रश्नों ने शोधकर्ताओं को अपने प्रयोगों के बारे में एक अलग पैमाने या स्तर पर सोचने के लिए मजबूर किया। समूह वार्तालाप ने ज़्यादा आश्चर्यजनक खोजों के बारे में शोधकर्ताओं की मान्यताओं को चुनौती दी। नवाचार का शुरुआती बिंदु माइक्रोस्कोप नहीं था। यह तो वार्तालाप की मेज़ थी।"

और इससे यह स्पष्ट करने में मदद मिलती है कि शहर इतने सृजनात्मक क्यों होते हैं, चौक इतने महत्त्वपूर्ण क्यों होते हैं। वास्तव में जो भी माहौल अलग-अलग लोगों और विचारों को एक दूसरे से टकराने की छूट देता है, वह इतना सहायक क्यों होता है? वे विपरीत विचारों के साहचर्य को सुगम बनाते हैं और लोगों का विरोध तथा आलोचना से सामना कराते हैं। यह सब सृजनात्मकता को चिंगारी देने में सहायक होता है।

सृजनात्मकता पर साहित्य की इस संक्षिप्त यात्रा से सबसे बढ़कर एक चीज़ उजागर होती है : नवाचार बेहद *पृष्ठभूमि-निर्भर* होता है। यह एक ख़ास समय और जगह पर एक ख़ास समस्या पर प्रतिक्रिया होता है। अगर आप पृष्ठभूमि को हटा लेते हैं, तो नवाचार की प्रेरणा तथा इसका कच्चा माल दोनों ख़ुदबख़ुद हट जाएँगे।

इस सत्य को देखने का सर्वश्रेष्ठ तरीक़ा *बहुलता* लक्षण है। स्टीवन जॉनसन ने उन खोजों की पूरी सूची बताई है, जो लगभग एक ही समय पर अलग-अलग काम करने वाले अलग-अलग लोगों के दिमाग़ में आई थीं।

मिसाल के तौर पर, सनस्पॉट 1611 में चार अलग-अलग देशों के चार वैज्ञानिकों द्वारा खोजे गए थे। गणितीय कैलकुलस सर आइज़ैक न्यूटन और गॉटफ़्राइड लीबनिज़ दोनों ने 1670 के दशक में बनाया था। पहली विद्युत बैटरी की पूर्वज का आविष्कार इवाल्ड जॉर्ज वॉन क्लाइस्ट ने 1745 और लीडन के एंड्रियास क्यूनियस ने 1746 में किया था।

1840 के दशक में चार लोगों ने पृथक-पृथक ऊर्जा के संरक्षण के नियम का प्रस्ताव रखा था। प्राकृतिक चयन द्वारा विकास का सिद्धांत चार्ल्स डार्विन और अल्फ़्रेड रसेल वैलेस (एक असाधारण, अनजाने विद्वान) ने उन्नीसवीं सदी के मध्य में स्वतंत्र रूप से दिया था। एस. कोर्शिन्स्की ने 1889 में और ह्यूगो डी व्राइस ने 1901 में स्वतंत्र रूप से जनेटिक म्यूटेशन का महत्त्व स्थापित किया था।

यहाँ तक कि आइंस्टाइन के पथप्रदर्शक काम की गूँज भी उनके समकालीनों के काम में सुनाई देती है। फ़्रांसीसी गणितज्ञ हेनरी पॉइनकेयर ने 1904 में सापेक्षता के सिद्धांत के बारे में लिखा था, जो विशेष सिद्धांत पर आइंस्टाइन के ऐतिहासिक शोध-पत्र के प्रकाशन के एक साल पहले की बात थी।

1920 के दशक में कोलंबिया यूनिवर्सिटी के दो विद्वानों विलियम ऑगबर्न और डोरोथी थॉमस को स्वतंत्र नवाचार के 148 उदाहरण मिले। आविष्कारों में बहुलता अपवाद नहीं, सामान्य है। उनके शोध-पत्र का शीर्षक था, 'क्या आविष्कार अवश्यंभावी होते हैं?'*

यह हमें सृजनात्मकता की 'प्रतिक्रियाशील' प्रकृति की ओर ले जाता है। न्यूटन के नियमों की असफलता ने एक विशिष्ट समस्या खड़ी कर दी। इसने विशिष्ट समाधानों को आमंत्रित किया। सिर्फ़ आइंस्टाइन और पॉइनकेयर ही संभावित समाधान की दिशा में काम नहीं कर रहे थे, बल्कि हेंड्रिक लॉरेंट्ज़ और डेविड हिल्बर्ट भी उसी दिशा में काम कर रहे थे। वास्तव में, तथाकथित 'सापेक्षता प्राथमिकता विवाद' इस बारे में है कि किसने क्या और कब आविष्कार किया।

इसीलिए यह मनमोहक विचार दोषपूर्ण है कि अगर आइंस्टाइन तीन सौ साल पहले पैदा हो जाते, तो हमें सत्रहवीं सदी में ही सापेक्षता का सिद्धांत मिल जाता। सापेक्षता का सिद्धांत इतनी पहले आ ही *नहीं सकता* था, क्योंकि यह जिन समस्याओं पर प्रतिक्रिया की वजह से उत्पन्न हुआ, वे तब मौजूद ही नहीं थीं।

आइंस्टाइन बेशक अपने समकालीनों से ज़्यादा दूर तक और ज़्यादा गहराई तक देख सकते थे (व्यक्तिगत प्रतिभा की भूमिका भी काफ़ी बड़ी रहती है : आइंस्टाइन सचमुच सृजनात्मक जीनियस थे), लेकिन वे हवा में से ज्ञान नहीं खींच रहे थे। जैसा जॉनसन लिखते हैं, "अच्छे विचार हवा में से निकालकर प्रकट नहीं किए जाते हैं।"

डाइसन सृजनात्मकता के इस पहलू के बारे में अच्छी तरह जागरूक हैं। वे कहते हैं, "जब भी मैं किसी ख़ास क्षेत्र में पेटेंट कराने गया, हर बार

---

*इस बारे में मनमोहक, संबद्ध साहित्य है कि नवाचारी लोग ख़ास खोजों का श्रेय लेने के लिए किस तरह लड़े थे। इनमें से कुछ युद्ध खूँख़ार रहे हैं, जैसे न्यूटन और लीबनिज़ के बीच होने वाला युद्ध कि गणितीय कैलकुलस के बारे में किसने सबसे पहले सोचा था। काफ़ी कम बार ये विवाद मित्रतापूर्ण ढंग से सुलझाए गए, जैसे वैलेस और डार्विन के बीच का विवाद। जैसा एक लेखक ने कहा है : वैलेस 'डाह या ईर्ष्या से प्रशंसनीय रूप से मुक्त थे' और डार्विन की छाया में रहकर ही संतुष्ट थे (टोरी रीव, *डाउन हाउस : द होम ऑफ़ चार्ल्स डार्विन*)।

कोई न कोई मुझसे पहले ही वहाँ पहुँच गया था। मुझे लगता है कि हमने जिन हज़ारों पेटेंट्स के लिए आवेदन दिया था, उनमें से एक में भी हम पहले नंबर पर नहीं थे। वैक्यूम साइक्लोन के मामले में कई पेटेंट पहले ही दिए जा चुके थे।"

लेकिन इससे एक काफ़ी स्पष्ट प्रश्न उठता है। जिस व्यक्ति के मन में वैक्यूम साइक्लोन का मौलिक विचार आया था, उसने दौलत क्यों नहीं कमाई (साइक्लोन वैक्यूम-क्लीनर का पहला पेटेंट 1928 में ही करा लिया गया था)? वह घरेलू सफ़ाई के संसार को क्यों नहीं बदल पाया और डाइसन ने इसे क्यों बदल दिया?

हम पहले देख चुके हैं कि हममें आविष्कार की कौंध के पल के *पहले* हुई घटनाओं को नज़रअंदाज़ करने की प्रवृत्ति होती है, लेकिन हम इसके बाद होने वाली चीज़ों की और भी ज़्यादा उपेक्षा कर देते हैं। यह एक गंभीर उपेक्षा है, क्योंकि इससे यह कारण धुँधला हो जाता है कि कुछ लोग संसार को क्यों बदल देते हैं, जबकि बाक़ी पेटेंट कैटेलॉग के फुटनोट्स में दबे रह जाते हैं।

यूरेका पल नवाचार का अंतिम बिंदु नहीं है, यह तो शायद सबसे मनमोहक अवस्था की शुरुआत होती है।

III

डाइसन अपनी वर्कशॉप में तेज़ी से अंदर गए। उनके मन में एक बड़ा विचार था : बगैर बैग वाला वैक्यूम क्लीनर, जो धूल को फ़िल्टर के बजाय वायु प्रवाह की ज्यामिति द्वारा हवा से हटाता था, लेकिन वे काफ़ी हद तक अकेले थे। उनकी कंपनी के डायरेक्टरों ने उनके विचार का समर्थन नहीं किया (उन्हें जो प्रतिक्रिया मिली, वह यह थी : "अगर यह इतना ही अच्छा विचार होता, तो हूवर और इलेक्ट्रोलक्स जैसी दिग्गज कंपनियों ने इस पर पहले से काम क्यों नहीं किया?")। इसलिए उन्होंने एक ख़ामोश साझेदार के साथ अपना ख़ुद का व्यवसाय शुरू किया, जिसने उन्हें आधी पूँजी प्रदान की।

एक छोटे, पुराने कोच हाउस में डाइसन ने अपनी वर्कशॉप बनाई। इसमें कोई खिड़की नहीं थी और गरम करने की कोई व्यवस्था भी नहीं थी। शुरुआत में तो उनके पास कोई मशीन भी नहीं थी और पैसा बहुत कम था। उन पर भारी कर्ज़ भी था, क्योंकि उन्होंने कारोबार शुरू करने के लिए

अपने घर को दोबारा मार्टगेज कराया था, लेकिन तैंतीस साल के डाइसन (जिनके तीन छोटे बच्चे - और एक बहुत समझदार पत्नी भी थी) पूरी तरह संकल्पवान थे।

जैसा हम देख चुके हैं, उनका पहला नमूना कार्डबोर्ड और गैफ़र टेप से बना साइक्लोन था, जो उन्होंने लकड़ी के व्यापारियों के यहाँ से लौटने पर बनाया था। यह अच्छी तरह काम करता दिख रहा था, हालाँकि कामचलाऊ साइक्लोन के ऊपर से धूल निकलती नहीं दिख रही थी, लेकिन उन्हें यह परीक्षण करना था कि क्या सचमुच *सारी* धूल अंदर ही रह रही है।

यह यूरेका पल के बाद उनके पहले कामों में से एक था। उन्होंने एक काला कपड़ा और महीन सफ़ेद धूल ख़रीदी, फिर उन्होंने अपने कामचलाऊ साइक्लोन के ऊपर वह काला कपड़ा लगाया और सफ़ेद धूल को वैक्यूम किया। इससे यह स्पष्ट हो गया कि इसमें से थोड़ी धूल सचमुच बाहर निकल रही थी। कपड़े पर सफ़ेद अवशेष दिख रहे थे।

कार्यकुशलता को बेहतर बनाने के लिए वे साइक्लोन की लंबाई-चौड़ाई को बदलने लगे। उन्होंने नए आकारों को आज़माया। हर बार वे ग़ौर करते थे कि एक आयाम में एक छोटा सा परिवर्तन करने से कुल प्रभाव कैसा पड़ता है। मुख्य चुनौती वायु प्रवाह और पृथक करने की कुशलता के बीच संतुलन बैठाना थी।

हर पुनरावृत्ति के साथ वे नई चीज़ें सीख रहे थे। वे देख रहे थे कि कौन सी चीज़ कारगर होती है। ज़्यादातर समय वे असफल हो रहे थे। 'साइक्लोन में कई चीज़ें परिवर्तनशील होती हैं : प्रवेश, निर्गम, कोण, व्यास, लंबाई का आकार : और मुश्किल चीज़ यह है कि अगर आप एक आयाम बदलते हैं, तो इसका प्रभाव बाक़ी सारी चीज़ों पर पड़ता है।'

उनका अनुशासन आश्चर्यजनक था। वे याद करते हैं, "मैं कंप्यूटर नहीं ख़रीद सकता था, इसलिए मैं परिणामों को एक कॉपी में हाथ से लिखता था। पहले साल में ही मैंने सैकड़ों प्रयोग किए। नोटबुक बहुत, बहुत मोटी बन गई थी।"

लेकिन जब पुनरावृत्ति की गहन प्रक्रिया ने धीरे-धीरे बहुत महीन धूल को अलग करने की समस्या हल की, तो डाइसन के सामने एक और समस्या आ गई : लंबे बाल और रोयें। ये साइक्लोन गतिकी द्वारा वायुप्रवाह से

अलग नहीं हो रहे थे। वे कहते हैं, "वे हवा के साथ ऊपर से बाहर निकल रहे थे। यह एक और बड़ी समस्या थी और ऐसा नहीं लग रहा था कि यह पारंपरिक साइक्लोन से सुलझ सकती है।"

इस विकट समस्या ने दूसरे यूरेका पल के लिए मंच तैयार कर दिया : डुअल साइक्लोन। उन्होंने आगे कहा, "पहला साइक्लोन कपड़े या बाल के रेशों से छुटकारा पाता है, जिसके बाद ही हवा दूसरे साइक्लोन में धकाई जाती है, जो बारीक धूल से छुटकारा पाता है। मशीन सही तरीक़े से काम करे, इसके लिए आपको दोनों की ज़रूरत होती है।"

कुल मिलाकर आश्चर्यजनक रूप से 5,127 नमूने बनाने पड़े, तब कहीं जाकर डाइसन को विश्वास हुआ कि वैक्यूम क्लीनर बनाने की प्रौद्योगिकी बिल्कुल तैयार थी। सृजनात्मक छलाँग बहुत महत्त्वपूर्ण और मूल्यवान चीज़ होती है, लेकिन यह सृजनात्मक प्रक्रिया की शुरुआत भर थी। असल मुश्किल सफ़र नीचे से ऊपर की पुनरावृत्ति के ज़रिये धैर्यपूर्वक डिज़ाइन तैयार करके तय किया गया था। इसे दूसरे तरीक़े से कहें, तो यूरेका पल के साथ वे एक नए परिदृश्य में एक ज़्यादा ऊँचे पहाड़ पर छलाँग लगा चुके थे। अब वे इस नए शिखर की दिशा में सुनियोजित तरीक़े से काम कर रहे थे।

डाइसन के अनुसार :

> जब आप कोई पेटेंट फ़ाइल करते हैं, तो आपसे पहले कोई न कोई लगभग हमेशा वहाँ रहता है। पेटेंट जाँचकर्ता के साथ आपकी इस तरह की बहस होती है : "देखिए, जब वे इमारती लकड़ी के गोदाम से लौटे थे, तब शायद उनके दिमाग़ में यह विचार आया हो। यह भी हो सकता है कि उन्होंने शुरुआत में नमूना भी बना लिया हो, लेकिन मेरे पहले किसी ने भी कारगर नमूना नहीं बनाया। मेरा नमूना आँकड़ों की दृष्टि से भिन्न है। यह मेरा निर्णायक लाभ है।"

तो सृजनात्मकता में एक दोहरा पहलू होता है। ज्ञान के लिए अक्सर एक क़दम पीछे हटने और बड़ी तसवीर देखने की ज़रूरत होती है। यह अलग-अलग विचारों को मिश्रित करने के बारे में है। यह *जोड़ने* की कला है, लेकिन सृजनात्मक ज्ञान को कारगर बनाने के लिए अनुशासित एकाग्रता की ज़रूरत होती है। जैसा डाइसन कहते हैं, "यदि ज्ञान बड़ी तसवीर के बारे

में है, तो विकास छोटी तसवीर के बारे में है। मुद्दे की बात एक ही समय में दोनों दृष्टिकोणों को क़ायम रखना है।”

और यह इस समझ की आधारशिला है कि आज के संसार में सृजनात्मक सफलता कैसे मिलती है, जैसा पिछले अध्याय के अंत में इंगित किया गया था। प्रायः कहा जाता है कि तेज़ी से बदलते संसार में नवाचारी कंपनियाँ वर्चस्व जमा लेंगी। लेकिन सर्वश्रेष्ठ स्तर पर भी यह केवल आंशिक रूप से सच है। अपनी पुस्तक *ग्रेट बाइ चॉइस* में जिम कॉलिन्स और मॉर्टन हैंसन दिखाते हैं कि नवाचार सचमुच सफलता की *आवश्यक* शर्त हो सकता है, लेकिन यह अकेला ही पर्याप्त नहीं है।

मिसाल के तौर पर, अमेरिका स्थित बायोटेक्नोलॉजी कॉरपोरेशन ज़ेनेन्टेक पेटेंट उत्पादकता के क्षेत्र में 1983 से 2002 के बीच अपनी मुख्य प्रतिस्पर्धी ऐमज़ेन से दोगुनी आगे निकल गई (यह पेटेंट के प्रभाव के संदर्भ में भी ऐमज़ेन से आगे थी, जिसकी तुलना संदर्भों की संख्या से की जाती है), लेकिन ऐमज़ेन का वित्तीय प्रदर्शन ज़ेनेन्टेक की तुलना में तीस गुना बेहतर था।

यह खोज किसी मायने में असाधारण नहीं है। अपनी पुस्तक *विल ऐंड विज़न* में जेरार्ड जे. टेलिस और पीटर एन. गोल्डर ने 66 अलग-अलग वाणिज्यिक सेक्टरों में दीर्घकालीन बाज़ार नेतृत्व और पथप्रदर्शक नवाचार के आपसी संबंध पर ग़ौर किया। उन्होंने पाया कि सिर्फ़ 9 प्रतिशत पथप्रदर्शक ही अंततः अंतिम विजेता बन पाए। उन्होंने यह भी पाया कि 64 प्रतिशत पथप्रदर्शक बिल्कुल असफल हो गए।

जिम कॉलिन्स लिखते हैं, “जिलेट ने सेफ्टी रेज़र का आविष्कार नहीं किया, स्टोर ने किया। पोलेरॉइड ने इंस्टैंट कैमरा का आविष्कार नहीं किया, डुबरोनी ने किया। माइक्रोसॉफ्ट ने पर्सनल कंप्यूटर स्प्रेडशीट को ईज़ाद नहीं किया, विज़िकॉर्प ने किया। ऐमज़ॉन ने ऑनलाइन पुस्तक बिक्री को ईज़ाद नहीं किया और एओएल ने ऑनलाइन इंटरनेट सेवा को ईज़ाद नहीं किया।”

वह कौन सा मुख्य तत्व था, जो विजेताओं की पहचान था, जो उन कंपनियों में दिखाई देता है, जिन्होंने सबसे पहले विचार तो नहीं सोचा था, लेकिन जिन्होंने इसे सबसे पहले कारगर बनाया था? जवाब एक शब्द में दिया जा सकता है : *अनुशासन*। किसी सृजनात्मक विचार को ठोस समाधान

में बदलने के लिए पुनरावृत्ति करने का अनुशासन ही नहीं, बल्कि उत्पादन प्रक्रिया को आदर्श बनाने, आपूर्ति को दोषरहित बनाने और डिलिवरी को सुचारु बनाने का भी अनुशासन।*

डाइसन पहले इंसान नहीं थे, जिन्होंने साइक्लोन वैक्यूम क्लीनर का विचार सोचा। वे दूसरे या तीसरे भी नहीं थे, लेकिन वही एकमात्र व्यक्ति थे, जिनमें इतना आंतरिक बल था कि अपनी अवधारणा में 'असफल' होते-होते कामकाजी समाधान तक पहुँचें। और उनमें उत्पादन प्रक्रिया को कार्यकुशल बनाने की दृढ़ता भी थी, ताकि वे एक विश्वसनीय प्रॉडक्ट निरंतरता से बेच सकें।

उनके प्रतिस्पर्धियों के पास भी वही समस्या और ज्ञान था, लेकिन उनमें इतना लचीलापन नहीं था कि वे अपने विचार को कारगर बना लें, इसे कामकाजी प्रॉडक्शन लाइन तक लाने की बात तो रहने ही दें।

कॉलिन्स इंटेल और एडवांस्ड मेमोरी सिस्टम के बीच के युद्ध को इस अति महत्त्वपूर्ण फ़र्क़ के प्रतीक की तरह लेते हैं। 1,000 बिट मेमोरी चिप की दौड़ में इंटेल अपने खूँख़ार प्रतिस्पर्धी से कई महीने पीछे चल रहा था। 1103 चिप बाज़ार में उतारने की होड़ में इसके सामने कई बड़ी समस्याएँ आईं, जिनमें एक ऐसी समस्या भी शामिल थी, जो चिप से डाटा मिटा सकती थी। यह खेल में इतनी पीछे थी कि परिणाम काफ़ी स्पष्ट दिख रहा था।

लेकिन इसके बावजूद इंटेल ने बाज़ार में एडवांस्ड मेमोरी सिस्टम्स को तबाह कर दिया। उन्होंने चौबीसों घंटे काम किया, नए नमूने बनाए, चिप की पुनरावृत्ति करके एक कामकाजी समाधान तैयार किया, लेकिन उन्होंने यह भी सुनिश्चित किया कि वे सफलता के लिए अनिवार्य सारे आपूर्ति मुद्दों को पाबंद कर लें। जैसा कॉलिन्स ने इसे कहा है, "इंटेल ने उत्पादन, डिलिवरी और पैमाने के मामले में जुनून दिखाया।"

---

*उत्पादन प्रक्रिया के सुचारू रूप से चलाने का मतलब यह है कि अक्सर अवांछित विचलनों को दूर किया जाए। यह प्रक्रिया नियंत्रणों आदि का इस्तेमाल करके भिन्नता को कम करने के बारे में होता है। सृजनात्मक परिवर्तन अक्सर प्रयोगशीलता के बारे में होता है; दूसरे शब्दों में, भिन्नता को बढ़ाने के बारे में। इस अंतर पर और इसे दूर करने संबंधी ज़्यादा जानकारी के लिए इस वेबपेज पर जाएँ : http://www.forbes.com/sites/ricksmith/2014/06/11/is-six-sigma-killing-your-companys-future/

1973 तक हर व्यक्ति इंटेल का इस्तेमाल कर रहा था। इसका स्लोगन 'इंटेल सृजन करता है' नहीं था; यह था 'इंटेल पहुँचाता है'।

डाइसन कहते हैं :

> अगर आपकी उत्पादन प्रक्रिया घटिया है, तो सबसे सुंदर प्रॉडक्ट बनाने से भी कोई फ़ायदा नहीं होगा। यदि उपभोक्ताओं को यह यक़ीन नहीं है कि आप समय पर सामान पहुँचाएँगे, तो सबसे नवाचारी इंजीनियरिंग समाधान होने से भी कोई फ़ायदा नहीं होगा। अगर अनिरंतर उत्पादन का मतलब है कि एक बेहतरीन विचार परिष्कृत प्रॉडक्ट में नहीं बदल पाता है, तो इससे भी कोई फ़ायदा नहीं होगा। मूल विचार यात्रा का सिर्फ़ 2 प्रतिशत हिस्सा है। आपको बाक़ी हिस्सों को नज़रअंदाज़ नहीं करना चाहिए।

कॉलिन्स लिखते हैं :

> हम इस नतीजे पर पहुँचे हैं कि हर माहौल में 'दहलीज़ नवाचार' का एक स्तर होता है, जिस तक पहुँचने के बाद ही आप खेल में प्रतिस्पर्धी बन सकते हैं... जो कंपनियाँ नवाचार की दहलीज़ पार नहीं कर पाती हैं, वे जीत नहीं सकतीं, लेकिन और इससे हमें हैरानी हुई - एक बार जब आप दहलीज़ के पार चले जाते हैं, ख़ास तौर पर बहुत उथल-पुथल भरे परिवेश में, तो ज़्यादा नवाचारी बनना बहुत ज़्यादा मायने नहीं रखता है।

कॉलिन्स लिखते हैं कि विजेताओं को नवाचार और अनुशासन की ज़रूरत होती है। उन्हें बड़ी तसवीर देखने के लिए कल्पना और बहुत छोटी चीज़ों की अनुभूति के लिए एकाग्रता की ज़रूरत होती है। "जो महान काम कभी-कभार ही हो पाता है, वह है सृजनात्मक गहनता को कठोरतम अनुशासन के साथ इस तरह मिलाना, ताकि यह सृजनात्मकता को नष्ट करने के बजाय इसे बढ़ा दे। जब आप उत्कृष्टतापूर्ण काम का संबंध नवाचार से जोड़ देते हैं, तो आप अपनी सृजनात्मकता के मूल्य को कई गुना बढ़ा लेते हैं।"

IV

आइए सृजनात्मकता के अपने अध्ययन को पूरा करने के लिए हम पिक्सर पर नज़र डालते हैं। यह एक एनिमेशन कंपनी है, जो हमारे बताए सूत्रों में से कई को सँजोए है। संस्था के रूप में नवाचार की इसकी प्रतिष्ठा का लगभग कोई सानी नहीं है। जब कंपनी के लंबे समय तक प्रेसिडेंट रहे एड कैटमल ने अपनी आत्मकथा लिखी, तो उन्होंने इसका शीर्षक रखा *क्रिएटिविटी इंक.*।

पिक्सर की रिकॉर्डतोड़ फ़िल्मों में *टॉय स्टोरी, मॉन्स्टर्स, इंक.* और *फ़ाइंडिंग नीमो* शामिल हैं। इन फ़िल्मों ने पूरे संसार में औसतन 600 मिलियन डॉलर से ज़्यादा कमाए हैं। वे समीक्षकों की राय में भी सफल रही हैं और उन्होंने कई श्रेणियों में ऑस्कर जीते हैं। *टॉय स्टोरी* और *टॉय स्टोरी 2* दोनों को रॉटन टमाटोज़ पर 100 प्रतिशत स्कोर मिला है।

ज़ाहिर है कि पिक्सर में बहुत सारे चतुर और सृजनात्मक लोग काम करते हैं। मुख्य लेखक नवीनतम फ़िल्म के लिए ज़बर्दस्त कहानी तैयार करते हैं। ये बड़ी मीटिंगों में ज़्यादा बड़े समूह के सामने पेश की जाती हैं। बाद में उनकी अक्सर प्रशंसा की जाती है। अच्छी कहानी सृजनात्मक मिश्रण का काम है : अलग-अलग कथात्मक सूत्रों को नए स्वरूप में एक साथ लाना। यह पिक्सर की प्रक्रिया का एक बहुत महत्त्वपूर्ण हिस्सा है।

लेकिन अब ज़रा देखें कि आगे क्या होता है। कहानी की चीरफाड़ की जाती है। जब एनिमेशन का काम शुरू होता है, तो हर फ्रेम, कहानी के हर सूत्र, हर दृश्य पर वाद-विवाद, विरोध और परीक्षण होता है। कुल मिलाकर नब्बे मिनट की फ़ीचर फ़िल्म को बनाने के लिए लगभग बारह हज़ार स्टोरीबोर्ड ड्रॉइंग लगती हैं, लेकिन पुनरावृत्ति की प्रक्रिया की वजह से कथा टीमें अक्सर फ़िल्म पूरी होने तक 1,25,000 से ज़्यादा स्टोरीबोर्ड ड्राइंग बना चुकी होती हैं।

मॉन्स्टर्स, इंक. इस बात का आदर्श उदाहरण है कि आलोचना की रोशनी में किसी सृजनात्मक विचार को किस तरह ढाला जाता है। यह एक अधेड़ अकाउंटेंट पर केंद्रित कथानक से शुरू हुई, जो अपनी नौकरी से नफ़रत करता है और जिसे उसकी माँ एक स्केचबुक देती हैं। बचपन में उसने स्केचबुक में कुछ राक्षस बनाए थे और उस रात वे उसके बेडरूम में आ जाते हैं, लेकिन अब अकाउंटेंट उन्हें देख सकता है। ये राक्षस वे डर बन

जाते हैं, जिनका उसने कभी सामना नहीं किया था, लेकिन समय के साथ वह उन्हें समझने लगता है और उनसे उबरना सीख लेता है।

अंतिम संस्करण काफ़ी अलग है, जिसने संसार में धूम मचा दी (और बॉक्स ऑफ़िस पर 560 मिलियन डॉलर कमाए)। यह एक थोड़े गंदे राक्षस सली की कहानी है, जिसकी बू नामक छोटी लड़की से अजीब सी दोस्ती हो गई थी। फ़िल्म बनने के दौरान आलोचना की रोशनी और विचारों के परीक्षण में कहानी में कई बदलाव किए गए। मुख्य पात्र को अधेड़ अकाउंटेंट से छोटी लड़की में बदल दिया गया। इसके बाद भी कथानक विकसित होता रहा। कैटमल ने लिखा है :

> मुख्य मानवीय पात्र छह साल की मैरी नामक लड़की थी, फिर वह सात साल की हो गई, नाम था बू और अधिकारपूर्ण - यहाँ तक कि दबंग भी। आख़िरकार बू एक निडर, नन्ही बच्ची में बदल गई। सली के मित्र पात्र का विचार - गोल, एक आँख वाला माइक, जिसे बिली क्रिस्टल ने आवाज़ दी - पहले वर्णन के लिखे जाने के एक साल बाद तक नहीं जोड़ा गया था। फ़िल्म के डायरेक्टर पीट ने जो जटिल संसार बनाया था, उसके नियमों को तय करने की प्रक्रिया उन्हें असंख्य अंधी गलियों में भी ले गई - जब तक कि अंततः वे अंधी गलियाँ एक ऐसे मार्ग पर नहीं मिल गईं, जिसने कहानी को उस तरफ़ बढ़ाया, जहाँ इसे जाने की ज़रूरत थी।

टॉय स्टोरी 2 पिक्सर की सृजनात्मक प्रक्रिया का एक और नमूना है। इसके बाज़ार में उतरने से एक साल पहले कथानक सही नहीं था। कहानी इस बारे में है कि क्या खिलौना काउबॉय एक कलेक्टर की शेल्फ़ पर लाड़ भरी ज़िंदगी को छोड़ेगा और ऐंडी के पास लौटकर जाएगा, जिससे वह प्रेम करता है। समस्या यह है कि यह एक डिज़्नी फ़िल्म है, इसलिए दर्शक पहले से ही जानते हैं कि इसका अंत सुखद होगा : वुडी ऐंडी के पास चला जाएगा।

कैटमल ने अपने संस्मरण में लिखा है, "फ़िल्म में यह विश्वास दिलाने के कारण भरने थे कि वुडी एक सच्ची दुविधा का सामना कर रहा है, ताकि दर्शक तादात्म्य रख सकें। दूसरे शब्दों में इसे नाटक की ज़रूरत थी।" जब घड़ी खिसक रही थी, जो पुनरावृत्ति की प्रक्रिया में तात्कालिकता का अहसास

आ गया। लोग ओवरटाइम कर रहे थे और देर रात तक विचारों का परीक्षण कर रहे थे।

एक चित्रकार अपने छोटे बच्चे को ऑफ़िस लेकर आया, जिसे वह नर्सरी छोड़ने जाने वाला था, लेकिन भूल गया। जब उसे ऑफ़िस में दो घंटे हो गए, तो उसकी पत्नी ने फ़ोन करके पूछा कि क्या वह बच्चे को छोड़ आया है। अचानक उसे अहसास हुआ कि वह बच्चे को उबलती कार पार्किंग में ही छोड़ आया था। लोग तेज़ी से वहाँ गए और बेहोश बच्चे पर ठंडा पानी डाला। सौभाग्य से बच्चा ठीक था, लेकिन यह प्रसंग बताता है कि स्टाफ़ कितने ज़्यादा तनाव और दबाव में था।

फ़िल्म में सैकड़ों छोटे-छोटे परिवर्तन किए गए। दर्जनों बड़े-बड़े परिवर्तन भी किए गए। प्लॉट में एक बड़ा बदलाव भी हुआ : कहानी हमेशा यहाँ से शुरू होती है कि वुडी की बाँह में चीरा है, जिसका मतलब था कि काउबॉय कैंप जाते समय ऐंडी उसे पीछे छोड़ गया था। इस बिंदु पर एक नया पात्र जोड़ने का निर्णय लिया गया।

"हमने व्हीज़ी द पेंग्विन नामक एक पात्र जोड़ दिया, जो वुडी को बताता है कि वह टूटी हुई आवाज़ की वजह से उसी शेल्फ़ पर महीनों तक रहा" कैटमल कहते हैं। "व्हीज़ी जल्दी ही यह बता देता है कि चाहे खिलौना कितना भी प्यारा क्यों न हो, जब उसे कोई नुक़सान हो जाता है, तो इस बात की आशंका रहती है कि इसे शेल्फ़ से हटा दिया जाएगा, दूर कर दिया जाएगा - शायद हमेशा के लिए। इस तरह व्हीज़ी कहानी के भावनात्मक द्वंद्व को स्थापित कर देता है।"

अब प्लॉट में सच्चा तनाव आ गया था। क्या वुडी किसी ऐसे व्यक्ति के साथ रहेगा, जिससे वह प्रेम करता है, यह जानते हुए भी कि अंततः उसे हटा दिया जाएगा या फिर वह उस संसार को चुनेगा, जिसमें उसे हमेशा लाड़ किया जाएगा। यह ऊँचे बदलाव की प्रक्रिया और नैतिक गंभीरता वाली विषयवस्तु थी। अंततः वुडी ऐंडी को चुनता है, हालाँकि वह जानता है कि इस निर्णय से उसे बाद में दुख होगा। वह स्टिंकी पीट से कहता है, "मैं ऐंडी को बड़ा होने से नहीं रोक सकता, लेकिन मैं संसार में किसी भी कारण से इसे नहीं छोड़ सकता।"

कैटमल कहते हैं :

> शुरुआत में हमारी सारी फ़िल्में ख़राब होती हैं। मैं जानता हूँ कि यह एक रूखा आकलन है, लेकिन मैं... यह वाक्य इसलिए चुनता हूँ, क्योंकि इसे ज़्यादा नरमी से कहने से यह संदेश नहीं पहुँच पाता कि हमारी फ़िल्मों के पहले संस्करण दरअसल कितने ख़राब होते हैं। मैं यह कहते समय विनम्र होने की कोशिश नहीं कर रहा हूँ। पिक्सर फ़िल्में शुरुआत में अच्छी नहीं होती हैं और हमारा काम उन्हें अच्छा बनाना होता है... बदतर से बेहतरीन...
>
> हम स्फूर्तिदायक, खुले फ़ीडबैक और पुनरावृत्तीय प्रक्रिया की शक्ति में सच्चा विश्वास करते हैं - दोबारा काम करना, दोबारा काम करना और फिर से दोबारा काम करना, जब तक कि दोषपूर्ण कहानी श्रेष्ठतम नहीं बन जाती या खोखले पात्र को उसकी आत्मा नहीं मिल जाती।

क्या यह बात जानी-पहचानी लगती है? यह नेमेथ प्रयोग में विरोध के दिशा-निर्देशों का लगभग आदर्श वर्णन जैसा लगता है।

कई बार यह कहा जाता है कि परीक्षण या जाँच इंजीनियरों और वैक्यूम क्लीनरों, नोज़ल्स और पर्दे की छड़ों जैसी सख़्त चीज़ों के लिए महत्त्वपूर्ण हो सकती हैं, लेकिन यह बात उपन्यास लिखने या बच्चों के एनिमेशन की पटकथाओं जैसी नरम, अमूर्त समस्याओं पर लागू नहीं होती। वास्तव में पुनरावृत्ति दोनों के लिए अत्यंत महत्त्वपूर्ण है। यह कोई वैकल्पिक या अतिरिक्त चीज़ नहीं है, बल्कि यह तो सृजनात्मक प्रक्रिया का एक अनिवार्य पहलू है।

ज़रा सोचें कि तब क्या हुआ, जब पिक्सर ने अपने लौह अनुशासन को छोड़ने की सोची और यूरेका पल से अंतिम प्रॉडक्ट तक एक बड़ी, रहस्यमयी छलाँग लगाने की कोशिश की। कैटमल *फ़ाइंडिंग नीमो* के बारे में लिखते हैं, "यह हमारा लक्ष्य बन गया - फ़िल्म बनाना शुरू करने से पहले पटकथा को अंतिम रूप देना। हमें विश्वास था कि पहले से कहानी को अंतिम रूप देने से न सिर्फ़ फ़िल्म ज़्यादा शानदार बनेगी, बल्कि इससे उत्पादन लागत भी कम होगी।"

यह विचार कामयाब नहीं हुआ। पिक्सर के सबसे सम्मानित निर्देशकों में से एक ऐंड्रयू स्टैंटन ने एक अति-संरक्षक क्लाउनफ़िश मर्लिन की कहानी सोची, जो अपने बेटे की तलाश कर रहा था। उन्होंने जब टीम को कहानी सुनाई, तो यह बहुत उत्कृष्ट लग रही थी। कैटमल लिखते हैं, "उन्होंने बताया कि कहानी में कई फ्लैशबैक होंगे, जो स्पष्ट करेंगे कि नीमो के पिता के साथ क्या हुआ था, जिसकी वजह से वे अपने बेटे के मामले में इतने अति संरक्षक बन गए। उन्होंने सुचारू रूप से दोनों कहानियों को मिला दिया : मर्लिन के संसार में क्या हो रहा था, जब नीमो को स्क्यूबा ड्राइवर ने तलहटी से निकाल लिया था, उसके बाद की भारी खोज और सिडनी के एक्वेरियम में क्या हो रहा था, जहाँ नीमो 'द टैंक गैंग' नामक ट्रॉपिकल फ़िश के समूह के साथ पहुँच गया था।"

कमरे में सबने स्तब्ध प्रशंसा की प्रतिक्रिया दी, लेकिन जब सृजनात्मक ब्लूप्रिंट उत्पादन में पहुँचा, तो इसमें बहुत सारे दोष दिखाई देने लगे। फ्लैशबैक दर्शकों के लिए दुविधापूर्ण साबित हुए। मर्लिन पसंद नहीं आ रहा था, क्योंकि बहुत देर बाद यह स्पष्ट हो रहा था कि वह इतना ज़्यादा संरक्षक क्यों था। जब डिज़्नी के माइकल आइज़नर ने शुरुआती संपादन के बाद फ़िल्म का पहला संस्करण यानी रफ कट देखा, तो वे प्रभावित नहीं हुए। "कल हमने पिक्सर की अगली फ़िल्म *फाइंडिंग नीमो* दूसरी बार देखी। यह ठीक-ठाक है, लेकिन उनकी पिछली फ़िल्मों जितनी अच्छी नहीं है।"

इस बिंदु पर पिक्सर अनुशासित पुनरावृत्ति पर लौट गया। सबसे पहले तो उन्होंने कहानी को कालक्रम के हिसाब से ढाला – और यह एकजुट होने लगी। टैंक गैंग की कहानी उप-कथानक बन गई। बाक़ी परिवर्तन भी उभरने लगे, जो हालाँकि छोटे थे, लेकिन उन्होंने मिलकर महत्त्वपूर्ण भूमिका निभाई। अंत तक फ़िल्म बदतर से बेहतरीन बन गई थी। कैटमल लिखते हैं :

> हम यह उम्मीद कर रहे थे कि *फ़ाइंडिंग नीमो* वह फ़िल्म होगी, जो हमारे व्यवसाय करने के तरीक़े को बदल देगी, लेकिन इसके प्रॉडक्शन के दौरान हमने अंत तक इतने सारे परिवर्तन कर डाले, जितने किसी दूसरी फ़िल्म में नहीं किए थे। ज़ाहिर है कि परिणाम एक ऐसी फ़िल्म थी, जिस पर हमें भारी गर्व था और जो सबसे ज़्यादा आमदनी कमाने वाली एनिमेटेड फ़िल्म बनी।

> यह जो एकमात्र चीज़ नहीं कर पाई, वह यह थी कि यह हमारी उत्पादन प्रक्रिया को नहीं बदल पाई।

V

डाइसन, कैटमल और जिन अन्य नवाचारियों को हमने देखा, वे सृजनात्मकता के बारे में पारंपरिक दृष्टिकोण पर एक शक्तिशाली झिड़की हैं। कल्पना को सुलगाने और हमारे ज्ञान की पूर्ण अभिव्यक्ति के लिए हमें असफलता से ख़ुद को बचाना नहीं चाहिए। इसके बजाय हमें तो इसका स्वागत करना चाहिए और इससे सबक़ सीखना चाहिए।

इस दृष्टिकोण के न सिर्फ़ नवाचार के क्षेत्र में बड़े परिणाम होते हैं, बल्कि हम जिस तरह से सिखाते हैं, उस पर भी सीधे परिणाम होते हैं। आज शिक्षा के बारे में माना जाता है कि इसका उद्देश्य युवाओं को ज्ञान का भंडार देना है। जब विद्यार्थी ज्ञान का सही इस्तेमाल करते हैं, तो उन्हें पुरस्कार दिया जाता है। असफलताओं को दंडित किया जाता है।

लेकिन हम जिस तरह सीखते हैं, यह उसका निश्चित रूप से केवल एक ही हिस्सा है। हम सिर्फ़ सही होने पर ही नहीं सीखते हैं, बल्कि ग़लत होने पर भी सीखते हैं। जब हम असफल होते हैं, तब हम नई चीज़ें सीखते हैं, सीमाओं को धकाते हैं और ज़्यादा सृजनात्मक बनते हैं। जानकारी की जुगाली करने से किसी को भी नया ज्ञान नहीं मिलता है, चाहे वह जानकारी कितनी ही परिष्कृत क्यों न हो।

डाइसन कहते हैं :

> हम विशेषज्ञों के संसार में रहते हैं। इसमें ख़ासतौर पर कुछ भी ग़लत नहीं है। हमने जो विशेषज्ञता विकसित की है, वह हम सभी के लिए अत्यंत महत्त्वपूर्ण है, लेकिन जब हम नई समस्याओं को सुलझाने की कोशिश करते हैं, चाहे यह व्यवसाय में हो या प्रौद्योगिकी में, तो हमें अपनी वर्तमान विशेषज्ञता के आगे जाने की ज़रूरत है। हम यह नहीं जानना चाहते कि नियमों को कैसे *लागू करना* है, हम तो नियमों को *तोड़ना* चाहते हैं। हम यह काम असफल होकर – और सीखकर करते हैं।

डाइसन सलाह देते हैं कि हमें बच्चों को ऐसे औज़ार देने चाहिए, जिनकी ज़रूरत उन्हें प्रश्नों का जवाब देने के लिए ही न हो, बल्कि प्रश्न पूछने के लिए भी हो। "शिक्षा जगत के साथ समस्या यह है कि यह रासायनिक फ़ॉर्मूले और सिद्धांत जैसी चीज़ों को रटने के बारे में है, क्योंकि आपको उन्हीं को उगलना है, लेकिन बच्चों को प्रयोगशीलता और अनुभव से सीखने की अनुमति नहीं दी जाती। यह बहुत दुख की बात है। आपको दोनों की ज़रूरत होती है।"

डाइसन की कहानी के सबसे शक्तिशाली पहलुओं में से एक यह है कि यह एक ऐसे बिंदु को ताज़ा करती है, जो अध्याय 7 में बताया गया था, यानी, प्रौद्योगिकी का परिवर्तन अक्सर व्यावहारिक और सैद्धांतिक ज्ञान की आपसी सिनर्जी से संचालित होता है। जब डाइसन को साइक्लोन क्लीनर का ज्ञान मिला, तो उसके बाद डाइसन ने जल्दी ही गणितीय सिद्धांत की दो पुस्तकें ख़रीदीं, जिनमें बताया गया था कि साइक्लोन्स कैसे काम करते हैं। वे उन पुस्तकों में से एक के लेखक आर. जी. डोरमैन से मिलने भी गए।

इससे डाइसन को बहुत मदद मिली। इससे वे साइक्लोन के गतिविज्ञान को ज़्यादा अच्छी तरह समझ पाए। इसने उनके शोध को दिशा देने में भूमिका निभाई और अलगाव कार्यकुशलता के गणित में शक्तिशाली पृष्ठभूमि प्रदान की, लेकिन यह पर्याप्त नहीं था। सिद्धांत इतना अमूर्त था कि यह उन्हें सटीक आकार तक सीधे नहीं पहुँचा सकता था, जिससे एक उपयोगी वैक्यूम क्लीनर बनकर तैयार हो जाए।

इससे भी बढ़कर, जब डाइसन का उपकरण पुनरावृत्ति के दौर से गुज़रा, तो उन्हें पता चला कि सिद्धांत में ख़ामियाँ थीं। डोरमैन के समीकरण ने भविष्यवाणी की थी कि साइक्लोन महीन धूल को 20 माइक्रोन तक की निचली सीमा तक ही हटा पाएगा, लेकिन डाइसन ने इस सैद्धांतिक सीमा को जल्दी ही तोड़ दिया। अंत तक उनका साइक्लोन 0.3 माइक्रोन से भी छोटी धूल को (यानी सिगरेट के धुएँ में कणों का आकार) अलग कर सकता था। समस्या में डाइसन की व्यावहारिक संलग्नता ने सिद्धांत में परिवर्तन को विवश कर दिया था।

प्रगति हमेशा इसी तरह होती है। यह व्यावहारिक और सैद्धांतिक की पारस्परिक क्रिया है, ऊपर से नीचे और नीचे से ऊपर की पारस्परिक क्रिया

है, सृजनात्मकता और अनुशासन की पारस्परिक क्रिया है, छोटी तसवीर और बड़ी तसवीर की पारस्परिक क्रिया है। अत्यंत महत्त्वपूर्ण बिंदु - ऐसा बिंदु जिसे हमारी संस्कृति में सबसे ज़्यादा नाटकीय ढंग से नज़रअंदाज़ किया जाता है - यह है कि इन सारी चीज़ों में असफलता अभिशाप नहीं, बल्कि वरदान है। यह वह झटका है, जो सृजनात्मकता को प्रेरित करता है और उस चयन परीक्षण को भी, जो विकास को संचालित करता है।

असफलता के कई आयाम होते हैं, कई सूक्ष्म अर्थ होते हैं, लेकिन जब तक हम इसे नई रोशनी में न देखें, जब तक हम इसे शत्रु के बजाय मित्र न मानें, तब तक दुखद रूप से इसका कम दोहन हो पाएगा। *फ़ाइंडिंग नीमो* और *वाल-ई* के डायरेक्टर ऐंड्र्यू स्टैंटन ने कहा है :

> मेरी रणनीति हमेशा यह रही है : ज़्यादा से ज़्यादा तेज़ी से ग़लत बनो... जिसका बुनियादी तौर पर यह मतलब है कि आइए इस बात को स्वीकार करते हैं कि हम ग़लतियाँ करने वाले हैं। आइए इस बात से न घबराएँ, लेकिन आइए हम यह काम ज़्यादा से ज़्यादा तेज़ी से कर दें, ताकि हम सही जवाब तक पहुँच सकें। आप किशोरावस्था से गुज़रे बिना वयस्क नहीं बन सकते। मैं इसे पहली बार में सही नहीं कर पाऊँगा, लेकिन मैं इसे बहुत जल्दी ही ग़लत कर लूँगा, सचमुच जल्दी।

जब हमारी बातचीत समाप्त होने वाली होती है, तो मैं सोचता हूँ कि डाइसन अब भी हर दिन अपने ऑफ़िस में क्यों आते हैं और अपनी दौलत का आनंद क्यों नहीं लेते। वे मुस्कराते हुए कहते हैं, "बहुत सारे लोग मुझसे यही सवाल पूछते हैं। वे यह मानकर चलते हैं कि मैं अपने पैर ऊपर रखकर अपनी ज़िंदगी बिताता हूँ।"

> लेकिन जवाब आसान है : मैं सृजनात्मक प्रक्रिया से प्रेम करता हूँ। मैं हर दिन यहाँ आने और नए विचारों का परीक्षण करने से प्रेम करता हूँ। हमारे पास आने वाले वर्षों में कई नए प्रॉडक्ट्स उतारने की योजनाएँ हैं।
>
> लेकिन हम अब भी वैक्यूम क्लीनर को विकसित कर रहे हैं। आप जानते हैं, हम 5,127वें नमूने पर ही नहीं रुके। आज हमारे

पास 48 साइक्लोन प्रौद्योगिकी है, जो धूल को 2,00,000 जीएस पर घुमाती है। यह अविश्वसनीय अपकेंद्रीय शक्ति उत्पन्न करती है, इसीलिए यह सबसे छोटे कणों को भी अलग कर सकती है। लेकिन यह भी अंत नहीं है। मुझे जो चीज़ सबसे ज़्यादा रोमांचित करती है, वह यह है कि हम अब भी शुरुआत ही कर रहे हैं।

खंड V

दोषारोपण का खेल

11

लीबियन अरब एयरलाइंस फ़्लाइट 114

I

फरवरी 1973 चल रहा है। मध्य-पूर्व में माहौल विस्फोटक बना हुआ है। मिस्र, जॉर्डन तथा सीरिया ने मिलकर पाँच साल पहले इज़राइल पर जो हमला किया था, उसमें 20,000 से ज़्यादा लोग मारे गए थे, जिनमें से ज़्यादातर अरब पक्ष के थे। केवल आठ महीने के समय में यॉम किप्पूर युद्ध होने वाला था, जिसमें 15,000 मौतें होने वाली थीं। तनाव शिखर पर था।

कुछ सप्ताह पहले ही इज़राइल को ख़ुफ़िया ख़बर मिली थी कि अरब आतंकवादी किसी वाणिज्यिक एयरलाइनर का अपहरण करने की योजना बना रहे हैं तथा इसे इज़राइल के किसी घनी आबादी वाले इलाक़े में गिराने वाले हैं, शायद तेल अवीव या डिमोना के परमाणु संयंत्र पर। इज़राइली वायु सेना पूरी तरह सतर्क है।

21 फरवरी को 13.54 पर इज़राइली राडार पर एक वाणिज्यिक विमान दिखा, जो स्वेज़ खाड़ी पार करके इज़राइली क्षेत्र में आ रहा है। यह एक 'शत्रुतापूर्ण' दिशा में जा रहा है, उसी दिशा में जिधर मिस्र के लड़ाकू विमान उड़े थे। क्या यह दिशा भटक गया है? यह संभव है, क्योंकि मिस्र और सिनाई प्रायद्वीप में रेत का तूफ़ान आया हुआ है, जिससे बाहर कुछ दिखाई नहीं दे रहा है, लेकिन इज़राइली सैनिक पूरी तसल्ली करना चाहते हैं। घुसपैठिए विमान को रोकने के लिए 13.56 पर इज़राइल एफ़-4 फ़ैंटम विमान भेज देता है।

तीन मिनट बाद फ़ैंटम घुसपैठिए विमान तक पहुँच जाते हैं और यह पुष्टि करते हैं कि यह लीबिया का विमान है। जेट के पास से उड़ते वक़्त उन्हें कॉकपिट की खिड़की से लीबिया के चालक दिख जाते हैं। छावनी के सैनिक तुरंत शंकालु हो जाते हैं। अगर विमान काहिरा जा रहा था, तो यह दिशा से 100 मील से ज़्यादा भटक गया है। यही नहीं, लीबिया अंतरराष्ट्रीय आतंकवाद का कुख्यात प्रायोजक है। क्या यह एक शत्रुतापूर्ण जोखिम हो सकता है?

इज़राइली सैनिक किसी दूसरी चीज़ के बारे में भी चिंतित हैं। सिनाई की तरफ़ उड़ते वक़्त यह विमान मिस्र के वायुमार्ग के कुछ सबसे संवेदनशील इलाकों से गुज़रा था, लेकिन मिस्र के मिग लड़ाकू विमानों ने इसे नहीं रोका था। क्यों? मिस्र की शुरुआती चेतावनी प्रणाली काफ़ी कार्यकुशल है। इज़राइल की तरह ही वे भी अपने वायुमार्ग के उल्लंघन के बारे में अति संवेदनशील हैं। कुछ ही महीनों पहले इथोपिया का एक यात्री जेट उनके युद्ध क्षेत्र में अनजाने में घुस गया था, जिसे उन्होंने मार गिराया था, फिर मिस्र वालों ने इस विमान पर कोई प्रतिक्रिया क्यों नहीं की?

तेल अवीव के सैनिकों को पहले से ज़्यादा विश्वास होता जा रहा है कि यह कोई सामान्य यात्री जेट नहीं है, बल्कि मिस्र सहित उसके शत्रुओं की स्पष्ट मिलीभगत से सैन्य अभियान पर है। कमांड सेंटर पर तनाव बढ़ता जा रहा है।

इज़राइली पायलटों को आदेश दिया जाता है कि वे लीबिया के विमान को निर्देश दें कि यह इज़राइल के केंद्र तक पहुँचने से पहले ही रेफ़िडिम एयरबेस पर उतर जाए (जिसे आजकल बीर गिफ़गाफ़ा एयरफ़ील्ड कहा जाता है)। फ़ैंटम अपने डैनों को हिलाकर रेडियो से यह निर्देश दे देते हैं। लीबिया के पायलटों को इस आग्रह को स्वीकार करते हुए प्रतिक्रिया में अपने डैने हिलाने चाहिए और रेडियो चैनल खोलने चाहिए। वे इनमें से कुछ भी नहीं करते हैं। इसके बजाय वे इज़राइल की दिशा में ही बढ़ते रहते हैं।

फ़ैंटमों को इस बारे में कोई शंका नहीं है कि निर्देश सुन लिया गया था। इज़राइल का एक पायलट जेट के कुछ मीटर पास तक उड़ा और उसने सह-पायलट से निगाह मिलाई। उसने हाथ से विमान को उतारने का इशारा किया और सह-पायलट ने भी हाथ से इशारा करके जताया कि वह इस

निर्देश को समझ गया है। इसके बावजूद जेट विमान अब इज़राइल की तरफ़ उड़ता रहता है।

यह समझ में नहीं आता है, जब तक कि...

14.01 पर फ़ैंटमों को आदेश दिया जाता है कि वे जेट की नाक के सामने धुएँ वाले गोले बरसाएँ, ताकि यह उतरने के लिए मजबूर हो जाए। आख़िरकार जेट प्रतिक्रिया करता है। यह रेफ़िडिम एयरबेस की तरफ़ मुड़ता है, 5,000 फ़ुट तक नीचे उतरता है और अपने पहिए नीचे करता है, लेकिन फिर बिना किसी चेतावनी के यह पश्चिम की तरफ़ मुड़ जाता है, मानो भाग निकलने की कोशिश कर रहा हो। यह अपने इंजनों से तेज़ आवाज़ करता है और ऊपर की तरफ़ उठने लगता है।

इज़राइल वाले चकरा जाते हैं। किसी भी कैप्टन का पहला दायित्व अपने यात्रियों की सुरक्षा सुनिश्चित करना होता है। निश्चित रूप से, अगर यह उसका उद्देश्य है, तो उसे विमान को नीचे उतारना *चाहिए*।

इज़राइल वालों को अब यह शक होता है कि जेट विमान अब किसी भी क़ीमत पर बचकर भागने की कोशिश कर रहा है। वे यह तक सोचने लगते हैं कि इस जेट में यात्री भी बैठे हैं या यह पूरी तरह ख़ाली है। 14.05 पर इज़राइली पायलटों को निर्देश दिया जाता है कि वे यात्री केबिन की खिड़कियों से अंदर झाँककर देखें। वे रिपोर्ट देते हैं कि सारी खिड़कियों के पर्दे बंद हैं, लेकिन यह भी अजीब बात है। फ़िल्म के चलते समय भी आम तौर पर कुछ पर्दे ऊपर होते हैं।

इज़राइल वालों को अब लगभग पक्का यक़ीन हो जाता है कि यह एक शत्रु विमान है, जिसमें शायद कोई यात्री नहीं है। इसे उतरने के लिए मजबूर करना होगा, ताकि इस तरह की भावी घुसपैठों को रोका जा सके।

14.08 पर जेट एयरलाइनर के डैनों के कोनों पर गोली बरसाई जाती है, लेकिन इसके बावजूद यह उतरने के निर्देश की अवहेलना करता है। आख़िरकार 14.10 पर फ़ैंटम डैनों के नीचे गोली मारते हैं और इसे नीचे उतरने के लिए मजबूर करते हैं। पायलट आपातकालीन स्थिति में नीचे रेगिस्तान में अपने विमान को लगभग सफलतापूर्वक उतार लेता है, लेकिन लगभग 600 मीटर फिसलने के बाद विमान एक रेत के टीले से टकरा जाता है और इसमें विस्फोट हो जाता है।

लीबियन अरब एयरलाइंस फ़्लाइट 114 सचमुच एक सामान्य यात्री उड़ान थी, जो बेंगाज़ी से काहिरा जा रही थी। यह अपनी दिशा से भटककर अनजाने में ही इज़राइली युद्धक्षेत्र में आ गई थी। 113 यात्रियों और विमानकर्मियों में से 108 आग में जलकर मर गए।

अगले दिन पूरे संसार में कोहराम मच गया, जो समझ में आता है। इज़राइल वाले (जिन्होंने शुरुआत में इसकी ज़िम्मेदारी लेने से इंकार किया था) एक निःशस्त्र असैनिक विमान को कैसे मारकर गिरा सकते हैं? वे इतने सारे मासूमों की जान कैसे ले सकते हैं? वे सोच क्या रहे थे? इस भयंकर त्रासदी के लिए इज़राइली सैन्य नेतृत्व को दोषी ठहराया गया।

जहाँ तक इज़राइल वालों का सवाल है, वे यह पता चलने पर चकरा गए कि लीबियन अरब एयरलाइंस फ़्लाइट 114 बेंगाज़ी से काहिरा तक की सामान्य उड़ान थी और इसका कोई आतंकवादी उद्देश्य नहीं था। मिस्र इस पूरे घटनाक्रम में कहीं से कहीं तक शामिल नहीं था। यह तो मासूम यात्रियों और छुट्टी मनाने वालों से भरा विमान था। इज़राइल वायु सेना के हाथों एक भीषण त्रासदी हो गई थी।

लेकिन उनके दृष्टिकोण से, जिसके बारे में बाक़ी संसार को अब तक पता नहीं था, एक समान और विपरीत प्रतिक्रिया यह थी : एयरलाइन के चालकों पर दोष मढ़ना। आख़िर इशारा करने पर भी उन्होंने विमान क्यों नहीं उतारा? वे रेफ़िडिम रनवे के कुछ हज़ार फुट क़रीब थे। वे पश्चिम दिशा में क्यों मुड़े? जब फ़ैंटमों ने उनके डैने की नोंक पर गोली बरसाई, तब भी वे उड़ते क्यों रहे?

क्या वे पागल हो गए थे? या बस आपराधिक रूप से लापरवाह थे?

यह अध्याय दोषारोपण के मनोविज्ञान के बारे में है। हम देखेंगे कि यह सभी तरह की असफलताओं और विपरीत घटनाओं पर एक बहुत ही आम प्रतिक्रिया होती है। जब कोई चीज़ ग़लत होती है, तो हम *किसी दूसरे* की तरफ़ अँगुली दिखाना पसंद करते हैं। हम किसी बेहद जटिल घटना को एक आसान हेडलाइन में समेटना पसंद करते हैं : "इज़राइली हत्यारों ने 108 मासूमों की जान ली' या 'लापरवाह पायलटों ने उतरने के निर्देश को जान-बूझकर नज़रअंदाज़ किया।"

इस अध्याय के अधिकतर हिस्सों में हम देखेंगे कि उड्डयन और स्वास्थ्य सेवा जैसे सुरक्षा-जोखिम वाले उद्योगों में होने वाली असफलताओं से दोष कैसे जुड़ता है, जिसके बाद हम इस विश्लेषण का विस्तार करके दूसरे संगठनों और पृष्ठभूमियों का परीक्षण करेंगे। हम देखेंगे कि दोष कई मायनों में कथात्मक भ्रांति की विकृति है : मानव मस्तिष्क में पक्षपात द्वारा संचालित अति सतहीकरण। हम यह भी देखेंगे कि इसके सूक्ष्म, लेकिन मापने योग्य परिणाम होते हैं, जिनसे सीखने की हमारी क्षमता कमज़ोर हो जाती है।

अब तक बताई बातों पर फटाफट नज़र डालते हैं। हमने देखा है कि असफलता से सीखने से प्रगति प्रेरित होती है। पिछले दो खंडों में हमने उस विकासवादी ढाँचे पर नज़र डाली है, जो इस विचार का आधार है। हमने उन संगठनों को भी देखा है, जिन्होंने प्रगति करने के लिए विकासवादी प्रक्रिया का लाभ लिया और सृजनात्मक छलाँगों को प्रेरित करने के लिए असफलता से मुक़ाबला किया, लेकिन हम यह भी देख चुके हैं कि विकासवादी प्रणाली अपने आप में पर्याप्त नहीं है। जब हमने खंड 3 में वर्जीनिया मैसन हेल्थ सिस्टम पर नज़र डाली थी, तो हमने बताया था कि ग़लतियों से सीखने के लिए बनाई गई नई प्रणाली से कोई फ़र्क़ नहीं पड़ा, क्योंकि पेशेवरों ने किसी ग़लती या असफलता की रिपोर्ट ही नहीं की। दोषारोपण के डर और संज्ञानात्मक असंगति की वजह से यह जानकारी दबा ली गई थी।

अगर पुस्तक के पिछले दो खंड उन प्रणालियों के बारे में थे, जो विकासवादी प्रक्रिया को संस्थागत करती हैं, तो अगले दो खंड उन मनोवैज्ञानिक और साँस्कृतिक परिस्थितियों पर नज़र डालेंगे, जो इसे फलने-फूलने में सक्षम बनाती हैं। खंड 5 में हम संज्ञानात्मक असंगति के अपने अध्ययन पर लौटेंगे, जिसे आंतरिक चिंता भी माना जा सकता है, जिसकी वजह से हम असफलता द्वारा दी गई जानकारी को बर्बाद कर देते हैं। और हम यह भी देखेंगे कि इस प्रवृत्ति से कैसे जूझना है, ताकि हम खुलेपन, लचीलेपन और विकास को मुक्त कर सकें। इस अध्याय में और इसके अगले अध्याय में हम *बाहरी दबावों* पर नज़र डालेंगे, जिनकी वजह से लोग अनुकूलन के लिए अति महत्त्वपूर्ण जानकारी को दबाते हैं : यानी दोषारोपण का डर। दोषारोपण की सहज भावना संगठनों और संस्कृतियों के भीतर शक्तिशाली और अक्सर स्वयं प्रबल बनने वाले गतिशील अवरोध बना देती है, जिन्हें हटाए बिना अर्थपूर्ण विकास संभव नहीं है।

इसे इस तरह सोचें : अगर हमारी पहली प्रतिक्रिया यह मानना है कि ग़लती के सबसे क़रीब वाला व्यक्ति लापरवाह है या यह उसी का दोष है, तो दोषारोपण स्वतंत्रता से प्रवाहित होगा और दोषारोपण की *आशंका* की वजह से लोग अपनी ग़लतियों को ढँकते रहेंगे, लेकिन अगर हमारी पहली प्रतिक्रिया ग़लती को सीखने के अवसर के रूप में देखना है, तो हम यह जाँच करने के लिए प्रोत्साहित होंगे कि दरअसल क्या हुआ था।

हो सकता है कि उचित जाँच के बाद हमें पता चले कि जिस व्यक्ति ने ग़लती की थी, सचमुच वही लापरवाह या नुक़सान पहुँचाने वाला रहा है, जिस मामले में दोषारोपण पूरी तरह से उचित होगा, लेकिन हम यह भी पा सकते हैं कि ग़लती लापरवाही की वजह से नहीं हुई थी, बल्कि तंत्र के दोष की वजह से हुई थी - जैसा अध्याय 1 में बी-17 बमवर्षकों के साथ हुआ था, जहाँ एक जैसे दो लीवर कॉकपिट में आस-पास लगे थे (एक डैनों से जुड़ा था और दूसरा पहियों से) और उनमें गफ़लत की वजह से उतरते वक़्त दुर्घटनाएँ हो रही थीं।

सही जाँच से दो चीज़ें हासिल होती हैं : इससे सीखने का एक अति महत्त्वपूर्ण अवसर मिलता है, जिसका मतलब है कि तंत्र की समस्या सुधारी जा सकती है और सार्थक विकास किया जाता है, लेकिन इसका एक साँस्कृतिक परिणाम भी होता है : पेशेवर लोग अन्य अति महत्त्वपूर्ण जानकारी के अलावा ईमानदार ग़लतियों को बताने के लिए स्वतंत्र महसूस करेंगे, क्योंकि वे जानते हैं कि उन्हें अनुचित दंड नहीं दिया जाएगा - इस तरह विकास और आगे तक प्रेरित होगा।

संक्षेप में, अगर हमें इससे सीखना है, तो हमें संसार की जटिलता के साथ संलग्न होना होगा। हमें तुरंत दोषारोपण करने की अपनी आंतरिक प्रवृत्ति को दबाना होगा और ग़लती के आस-पास के घटकों को ज़्यादा गहराई तक देखना होगा। तभी हमें यह पता लग सकता है कि सचमुच क्या हुआ था। इस तरह हम अपनी रक्षा और बचाव करने के बजाय खुलेपन और ईमानदारी पर आधारित संस्कृति बना सकते हैं।

इसे दिमाग़ में रखते हुए आइए लीबियन अरब एयरलाइंस फ़्लाइट 114 की ओर लौटते हैं और यह पता लगाने की कोशिश करते हैं कि 21 फरवरी 1973 की दोपहर को सचमुच क्या हुआ था। त्रासदी पर बात करते वक़्त

हम निर्णय-शोधकर्ता ज्वी लानिर के काम पर नज़र डालेंगे, जिनका *जर्नल ऑफ़ स्ट्रेटेजिक स्टडीज* में प्रकाशित प्रभावी लेख 'द रीज़नेबल चॉइस ऑफ़ डिज़ास्टर' सबसे रोचक शोध-पत्रों में से एक गिना जाना चाहिए।

वे पूछते हैं कि इज़राइली फ़ैंटम जेट के चुनौती देने के बावजूद एयरलाइनर क्यों उड़ता रहा? इसने मिस्र की तरफ़ बच निकलने की कोशिश क्यों की? यदि यह यात्री जेट था, तो पायलट ने ख़ुद के साथ-साथ अपने यात्रियों की जान जोखिम में क्यों डाली?

हम इन सभी प्रश्नों के जवाब एक आसान, लेकिन गहरे कारण से दे सकते हैं : आग में ब्लैक बॉक्स सुरक्षित बच गया था। इससे हमें उचित जाँच करने का अवसर मिलता है। इससे वह चीज़ हासिल हो सकती है, जिसे हम भावनात्मक रूप से संचालित, अक्सर अपने फ़ायदे के लिए दोषारोपण करने का खेल कभी हासिल नहीं कर सकता : प्रणाली का सुधार।

II

लीबियन अरब एयरलाइंस फ़्लाइट 114 बेंगाज़ी से काहिरा की सामान्य उड़ान पर है। कॉकपिट में बाईं तरफ़ सामने बैठा कैप्टन फ़्रांसीसी है और उनके पीछे बैठा फ़्लाइट इंजीनियर भी। सह-पायलट लीबिया का है, जो सामने दाईं तरफ़ बैठा है। मिस्र में रेत का तूफ़ान है, जिससे दृष्टि कम हो गई है।

पायलट और फ़्लाइट इंजीनियर हँसी-ख़ुशी बात कर रहे हैं। सह-पायलट फ़्रांसीसी भाषा में निपुण नहीं है, इसलिए वह बातचीत में हिस्सा नहीं ले रहा है। तीनों ही इस तथ्य से अनजान हैं कि विमान सही दिशा से साठ मील से ज़्यादा भटक गया है और मिस्र के सैनिक ठिकानों के ऊपर से उड़ रहा है।

इस भटकाव को मिस्र की सेना की शुरुआती चेतावनी प्रणाली पकड़ लेती, लेकिन रेत के तूफ़ान और प्रणाली की बनावट से जुड़ी अन्य सूक्ष्मताओं की वजह से यह पकड़ में नहीं आया। एयरलाइनर अब सिनाई के ऊपर इज़राइली युद्ध क्षेत्र में दाख़िल होने वाला है।

13.44 पर पायलट को विमान की स्थिति के बारे में शंका होने लगती है। वह इंजीनियर को अपनी चिंता बताता है, लेकिन सह-पायलट को नहीं। 13.52 पर उसे काहिरा एप्रोच के एयर ट्रैफ़िक कंट्रोल से उतरने की अनुमति मिल जाती है।

13.56 पर पायलट काहिरा विमानतल से रेडियो ट्रांसमीटर सिग्नल पकड़ने की कोशिश करता है, लेकिन यह उसकी उम्मीद से अलग जगह पर है। उसकी दुविधा बढ़ जाती है। क्या वे दिशा से भटक गए हैं? क्या यह सही संकेत है? वह 'निर्धारित' उड़ान भरता रहता है, लेकिन अब वह स्थिति की जागरूकता खोता जा रहा था। काहिरा एप्रोच ने अब तक यह नहीं बताया था कि वह दिशा से अस्सी मील से ज़्यादा भटक गया है।

13.59 पर काहिरा एप्रोच आख़िरकार पायलट को जानकारी देता है कि एयरलाइनर विमानतल से भटक गया है। वे उससे कहते हैं कि 'संपर्क में बने रहें और स्थिति की जानकारी दें,' लेकिन लीबियाई सह-पायलट बताता है कि उन्हें रेडियो संपर्क से संकेत पाने में मुश्किल आ रही है। दो मिनट बाद काहिरा एप्रोच पायलट से कहता है कि वह हवाई अड्डे पर काहिरा कंट्रोल से सीधे संवाद शुरू करे और बताता है कि उसे यक़ीन है कि वह अपनी मंज़िल के क़रीब पहुँच रहा है।

कॉकपिट में दुविधा बढ़ जाती है। क्या वे काहिरा के क़रीब हैं? संपर्क का संकेत इतने पश्चिम में क्यों है? लेकिन जब वे अपनी स्थिति का पता लगाने की कोशिश कर रहे हैं, तो वे एक बिल्कुल ही अप्रत्याशित चीज़ से चौंक जाते हैं : लड़ाकू विमानों की गर्जना। अब तीव्र गति वाले सैन्य विमानों ने उन्हें घेर लिया है।

महत्त्वपूर्ण बात यह है कि सह-पायलट इन विमानों को इज़राइल के एफ़-4 फ़ैंटम विमान मानने के बजाय मिस्र के मिग विमान मान लेता है, हालाँकि उन पर डेविड की ढाल का बहुत स्पष्ट निशान दिख रहा है। वह कहता है, "हमारे पीछे चार मिग विमान हैं।"

लीबिया और मिस्र के बीच अच्छे संबंधों को देखते हुए चालक यह मान लेते हैं कि ये विमान दोस्ताना होंगे। वे यह मान लेते हैं कि वे विमान का मार्गदर्शन काहिरा विमानतल तक करने आए हैं, जिसके बारे में वे अब स्वीकार कर चुके हैं कि यह दिशा से भटक गया है। कैप्टन काहिरा कंट्रोल को जानकारी देता है : "मुझे लगता है कि हमें दिशा-संबंधी कुछ समस्याएँ हैं और अब हमारे पीछे चार मिग विमान हैं।"

लेकिन एक 'मिग' विमान कॉकपिट के पास आता है और उसका चालक इशारे करने लगता है। वह उन्हें उतरने का आदेश देता नज़र आता

है। इतनी आक्रामकता क्यों? वे दोस्ताना हैं, है ना? पायलट अब हैरान है और वह प्रतिक्रिया में बोलता है। "ओह नहीं! मैं इस भाषा को नहीं समझता" वह कहता है (दूसरे शब्दों में 'मिग विमान ऐसा व्यवहार कैसे कर सकते हैं!'), लेकिन वह अब भी फ़्रांसीसी में ही बोल रहा है, इसलिए सह-पायलट कुछ नहीं समझ पाता है।

चालक दल दहशत में आ रहा है। अनुभूति सँकरी हो रही है। ये लड़ाकू विमान आख़िर चाहते क्या हैं?

14.06 से 14.10 के बीच काहिरा कंट्रोल ख़ामोश है, लेकिन चालक दल का ध्यान अब अपनी स्थिति पर केंद्रित नहीं है। विमान की नाक पर धुएँ के गोले बरसाए जाते हैं। चालक दल बौखला रहा है। वे हम पर गोले क्यों मार रहे हैं?

वे जानते हैं कि मिस्र की राजधानी में दो हवाई अड्डे हैं : काहिरा वेस्ट का असैनिक हवाई अड्डा और काहिरा ईस्ट का सैन्य हवाई अड्डा। कहीं ऐसा तो नहीं कि वे काहिरा वेस्ट पार करके काहिरा ईस्ट के इलाक़े में आ गए हैं? अगर ऐसा है, तो शायद मिग उनके विमान को वापस असैनिक हवाई अड्डे भेजने की कोशिश कर रहे हैं। शायद वे चाहते हैं कि हम वहीं उतरें।

वे विमान को पश्चिम की तरफ़ मोड़ते हैं और उतरने लगते हैं। कैप्टन पहिये नीचे कर देता है, लेकिन अब वे ग़ौर करते हैं कि वे काहिरा वेस्ट पर नहीं हैं। उन्हें सैन्य विमान और हैंगर नीचे दिख जाते हैं। यह असैनिक हवाई अड्डा क़तई नहीं है। वे कहाँ हैं? (दरअसल वे इस समय इज़राइली रेफ़िडिम एयरबेस की तरफ़ नीचे उतर रहे हैं, जो मिस्र की राजधानी से 100 मील से भी ज़्यादा दूर है।)

उनकी दुविधा और भी बढ़ जाती है। वे तार्किक निर्णय लेते हैं कि वे ऊपर जाकर एक बार फिर पश्चिम दिशा में जाएँगे और काहिरा वेस्ट को खोजेंगे, लेकिन तभी घातक अंतिम गोलियाँ बरसाई जाती हैं। वे दहशत में आ जाते हैं, जब मिग विमान उनके डैनों के सिरे पर गोलियाँ चलाते हैं। अब वे आतंक की अवस्था में हैं। मिस्र वाले लीबिया के विमान पर गोल क्यों चला रहे हैं? क्या वे पागल हो गए हैं?

14.09 पर पायलट काहिरा कंट्रोल को रेडियो करता है : "अब लड़ाकू विमान हम पर गोली चला रहे हैं।" काहिरा कंट्रोल जवाब देत

"हम उन्हें (सैनिक अधिकारियों को) बताने जा रहे हैं कि आप एक अज्ञात हवाई अड्डे पर हैं और हम नहीं जानते कि आप कहाँ हैं।" लेकिन सैनिक अधिकारियों को फ़ोन करने से हैरानी और बढ़ जाती है। मिस्र की सेना के कोई मिग उस वक़्त हवा में नहीं हैं।

पायलट कॉकपिट की खिड़की के बाहर देख रहे हैं और अपनी आँखों पर ज़ोर डाल रहे हैं। वे एक ऐसी स्थिति को समझने की बेतहाशा कोशिश कर रहे हैं, जो भयावह नज़र आती है, लेकिन अब बहुत देर हो चुकी है। उनके डैनों के तले पर सीधे गोलाबारी की जाती है। विमान अपाहिज हो जाता है। वे नीचे आने लगते हैं।

बहुत देर बाद जाकर सह-पायलट वह संकेत देखता है, जो हमेशा से वहाँ मौजूद था और जिससे पूरा रहस्य सुलझ सकता था : लड़ाकू विमानों पर डेविड की ढाल का निशान। वे मिग नहीं हैं। वे तो इज़राइली फ़ैंटम हैं। वे मिस्र के वायुस्थल में नहीं हैं। वे तो क़ब्जे वाले सिनाई के ऊपर हैं। अगर उन्हें यह बात पहले पता होती, तो वे रेफ़िडिम में उतर गए होते और हर चीज़ सुलझ जाती।

विमान के रेगिस्तान में गिरने पर चालकों ने नियंत्रण खो दिया।

अब दोष किसका है? इज़राइली वायु सेना केंद्र का, जिसने एक वाणिज्यिक जेट मार गिराया? लीबिया के विमान चालकों का, जो दिशा से भटक गए और वह नहीं समझ पाए जो फ़ैंटम उन्हें बताने की कोशिश कर रहे थे? मिस्र के वायु ट्रैफ़िक नियंत्रण का, जिसने फ़्लाइट 114 को यह चेतावनी पर्याप्त जल्दी नहीं दी कि वे दिशा से कितने ज़्यादा भटक गए हैं? या इन तीनों का?

यह बहुत स्पष्ट होना चाहिए कि सचमुच क्या हुआ, यह समझने में
य लगाए बिना दोष देने की इच्छा बेमानी होती है। दोष देने के लिए
व्यक्ति को खोजना, जिस पर उस दुर्घटना का दोष मढ़ दिया जाए,
ष्टि से संतोषजनक हो सकता है। और इससे निश्चित रूप से
न बन जाता है। देखिए, विस्तृत विवरणों में जाने की ज़रूरत
स्पष्ट रूप से इज़राइल विमान चालकों और मिस्र नियंत्रण
गैर कुछ कहने की ज़रूरत ही क्या है?

र उस ओर ले जाता है, जिसे 'वृत्ताकार फ़ायरिंग
ाँ हर व्यक्ति हर दूसरे व्यक्ति को दोष देता है।

यह व्यवसाय, राजनीति और सेना में अमूमन होता रहता है। कई बार तो यह ज़िम्मेदारी दूसरे पर डालने का आपसी अभ्यास होता है, लेकिन अक्सर वृत्ताकार फायरिंग स्क्वैड में हर व्यक्ति संजीदा होता है। वे सभी सचमुच यह सोचते हैं कि यह सामने वाले की ग़लती है।

जब आप गोलाई में समस्या को देखते हैं, तब जाकर आपको दिखता है कि इन विरोधी दृष्टिकोणों में सामंजस्य कैसे स्थापित किया जा सकता है और आप वह हासिल कर सकते हैं, जो तुरंत दोषारोपण का खेल कभी हासिल नहीं कर सकता : प्रणाली का सुधार। आख़िर, अगर आप यही नहीं जानते कि क्या ग़लत हुआ था, तो आप चीज़ों को सही कैसे कर सकते हैं?

लीबियन अरब एयरलाइंस फ़्लाइट 114 को मार गिराने के बाद नए नियम और प्रोटोकॉल बन गए हैं, ताकि सेना द्वारा असैनिक विमान पर अनजाने में होने वाले हमलों की संख्या को कम किया जा सके। 10 मई 1984 को इंटरनेशनल सिविल एविएशन ऑर्गेनाइज़ेशन के असाधारण सत्र में शिकागो सम्मेलन के एक संशोधन पर हस्ताक्षर किए गए, जो युद्ध मंचों पर वायु घुसपैठ की समस्या को शासित करता है। ब्लैक बॉक्स के विश्लेषण ने भावी त्रासदियों की आशंका को कम कर दिया था।*

इसने विकास के लिए मंच तैयार कर दिया था।

III

आइए हम आसमानी ग़लतफ़हमियों से दूर चलते हैं, जिनकी वजह से लीबियन अरब एयरलाइंस फ़्लाइट 114 की दुर्घटना हुई और इसके बजाय उस तरह की ग़लतियों पर ध्यान केंद्रित करते हैं, जो बड़े संगठनों को हानि पहुँचाती हैं। कंपनियों, अस्पतालों और सरकारी विभागों में ग़लतियाँ सारे

*लीबियन अरब एयरलाइंस फ्लाइट 114 संबंधी एक मुद्‌दा कभी पूरी तरह नहीं सुलझ पाया। इज़राइली फ़ैंटम के एक पायलट के अनुसार खिड़की के सभी पर्दे नीचे थे। यह लगभग निश्चित लगता है कि उच्च दबाव की परिस्थितियों और सीमित समय की वजह से पायलट ने इस बात पर ग़ौर नहीं किया कि कुछ खिड़कियों के पर्दे दरअसल ऊपर थे।

समय होती रहती हैं। यह एक जटिल संसार में हमारे रोज़मर्रा के व्यवहार का अवश्यंभावी हिस्सा है।

लेकिन अगर पेशेवर लोगों को यह लगता है कि ईमानदार ग़लतियों के लिए उन्हें दोष दिया जाएगा, तो वे उन्हें खुलकर क्यों बताएँगे? अगर उन्हें अपने मैनेजर पर इतना भरोसा नहीं है कि वह वास्तविक स्थिति को समझने की जहमत उठाएगा, तो वे यह क्यों बताएँगे कि क्या ग़लत हो रहा है और प्रणाली अनुकूलन कैसे कर सकती है?

सच तो यह है कि कंपनियों में दोषारोपण *हर समय* होता रहता है। ऐसा सिर्फ़ इसलिए नहीं है, क्योंकि मैनेजर सहज बोध से दोषारोपण करते हैं। इसका एक ज़्यादा घातक कारण होता है : मैनेजरों को अक्सर यह महसूस होता है कि दोषारोपण करना फ़ायदेमंद है। अगर किसी बड़ी कंपनी की भारी गलती के लिए कुछ 'सड़े सेवफलों' को दोष दिया जा सकता है, तो यह प्रचार के संदर्भ में बेहतर होता है। "यह हमारी ग़लती नहीं थी, यह तो उनकी ग़लती थी!"

प्रबंधन में एक व्यापक दृष्टिकोण यह है कि सज़ा से लाभकारी अनुशासनात्मक प्रभाव पड़ता है। इसकी वजह से कर्मचारी चौकन्ने रहेंगे और ग़ौर करेंगे। मैनेजर सोचते हैं कि ग़लतियों पर दोषारोपण करने और उनके प्रति कठोर दृष्टिकोण अपनाने से स्टाफ़ ज़्यादा मेहनती और ज़्यादा प्रेरित बन जाएगा।

शायद ये विचार दोषारोपण के खेल की व्यापकता को स्पष्ट करते हैं। हार्वर्ड बिज़नेस स्कूल की एक रिपोर्ट में यह पाया गया कि एक्ज़ीक्यूटिव मानते हैं कि उनकी कंपनियों की लगभग 2 से 5 प्रतिशत असफलताएँ ही 'सचमुच दोषारोपण के योग्य' होती हैं, लेकिन जब पूछा गया कि इनमें से कितनी ग़लतियों पर दोषारोपण का *किया गया*, तो उन्होंने स्वीकार किया कि यह संख्या '70 से 90 प्रतिशत के बीच' थी।

यह आज के कारोबारी और राजनीतिक जगत में मौजूद सबसे ज़्यादा हठी साँस्कृतिक मुद्दों में से एक है।

2004 में हार्वर्ड बिज़नेस स्कूल की प्रोफ़ेसर एमी ऐडमॉन्डसन और उनके सहयोगियों ने दोषारोपण की संस्कृति के परिणाम पर एक प्रभावशाली अध्ययन किया। उन्होंने अमेरिका के दो अस्पतालों में दवा देने संबंधी

ग़लतियों पर ध्यान केंद्रित किया (जिन्हें गोपनीयता की दृष्टि से वे यूनिवर्सिटी हॉस्पिटल और मेमोरियल हॉस्पिटल कहती हैं), लेकिन इसके परिणाम ज़्यादा व्यापक थे।

स्वास्थ्य सेवा में दवा देने की ग़लतियाँ ख़तरनाक, लेकिन सामान्य होती हैं। ऐडमॉन्डसन एक उदाहरण देती हैं, जिसमें एक नर्स दोपहर 3 बजे काम पर आई और उसने इस बात पर ग़ौर किया कि गहन चिकित्सा इकाई में ड्रिप में उलटी लटक रही बोतल ख़ून पतला करने वाली हेपेरिन की नहीं थी, जो ऑपरेशन के बाद थक्का जमने से रोकने के लिए सामान्यतः इस्तेमाल किया जाता है। इसके बजाय यह तो लिडोकेन की थी, जो हृदय की लय को स्थिर करने के लिए इस्तेमाल किया जाता है। हेपेरिन की अनुपस्थिति घातक हो सकती थी, हालाँकि इस मौक़े पर मरीज़ को कोई समस्या आने से पहले ही ग़लती को ठीक कर लिया गया।

दुखद तथ्य यह है कि जैसा हम पुस्तक के पहले खंड में जान चुके हैं, चिकित्सकीय ग़लतियाँ अक्सर इससे ज़्यादा गंभीर होती हैं। यूएस फूड ऐंड ड्रग एडमिनिस्ट्रेशन द्वारा प्रकाशित एक शोध-पत्र के अनुसार दवा देने में ग़लतियाँ, जो सिर्फ़ एक प्रकार की चिकित्सकीय ग़लती है, हर साल अमेरिका में लगभग 13 लाख लोगों को नुक़सान पहुँचाती हैं। ऐडमॉन्डसन प्रमाण देती हैं कि *हर बार अस्पताल* में भर्ती होने के दौरान औसत मरीज़ एक-दो दवा की ग़लतियों की उम्मीद कर सकता है।

अपनी छह महीने की जाँच में ऐडमॉन्डसन ने मेमोरियल और यूनिवर्सिटी अस्पतालों की आठ अलग-अलग इकाइयों पर ध्यान केंद्रित किया। उन्होंने पाया कि दोनों अस्पतालों की इन इकाइयों में से कुछ की संस्कृति कठोर और अनुशासित थी। एक इकाई में नर्स मैनेजर 'बिज़नेस सूट में बेदाग़ पोशाक' पहनती थी और नर्सों के साथ 'बंद दरवाज़ों के पीछे' कठोर चर्चा करती थी। एक अन्य इकाई में मैनेजर को 'हिटलर' कहा जाता था।

इन इकाइयों में दोषारोपण आम था। नर्सें इस तरह की बातें बोलती थीं : "माहौल अक्षम्य है, नौकरी से कभी भी निकाला जा सकता है," "आपको प्रोबेशन पर रख दिया जाएगा" और "अगर आप ग़लती करते हैं, तो आपको दोष दिया जाता है।" मैनेजर सोचते थे कि उन्होंने स्टाफ़ को सख़्ती से दबा रखा है। वे सोचते थे कि उनके यहाँ अनुशासित और उच्च प्रदर्शन की संस्कृति है। ग़लतियों पर सज़ा दी जाती थी। मैनेजरों को यह

यक़ीन था कि वे रोगियों के पक्ष में हैं और ग़लती करने वालों को जवाबदेह ठहरा रहे हैं।

और पहले पहल तो ऐसा लगा कि ये मैनेजर सही थे। दोषारोपण का प्रदर्शन पर सकारात्मक प्रभाव पड़ता दिख रहा था। ऐडमॉन्डसन यह जानकर हैरान थीं कि इन इकाइयों में नर्सें अपनी ग़लतियों के बारे में कुछ नहीं बताती थीं। उल्लेखनीय रूप से, सबसे कठोर इकाई में (जैसा एक स्वतंत्र शोधकर्ता द्वारा किए गए व्यक्तिपरक सर्वेक्षण और प्रश्नावली से तय किया गया) जितनी ग़लतियाँ बताई गईं, वे दूसरी इकाई से 10 प्रतिशत से भी कम थीं।

लेकिन फिर ऐडमॉन्डसन ने एक नृविज्ञानी की सहायता से ज़्यादा गहरी जाँच की और उन्हें एक अजीब बात पता लगी। तथाकथित अनुशासित संस्कृतियों की ये नर्सें ग़लतियाँ तो कम बता रही थीं, लेकिन वे ज़्यादा ग़लतियाँ कर रही थीं। दूसरी ओर, कम दोषारोपण वाली टीमों में इसका विपरीत होता था। वे ग़लतियाँ तो ज़्यादा बता रही थीं, लेकिन कुल मिलाकर कम ग़लतियाँ कर रही थीं।*

सच्चाई क्या थी? दरअसल, इस रहस्य को सुलझाना आसान था। कम दोषारोपण वाली टीमों में नर्सें इतनी सारी ग़लतियाँ इसलिए बता रही थीं, क्योंकि वे उनसे सीख रही थीं और दोबारा वही ग़लतियाँ नहीं कर रही थीं। ज़्यादा दोषारोपण वाली टीमों में नर्सें इसलिए ग़लतियाँ नहीं बता रही थीं, क्योंकि वे परिणामों से डरती थीं और सीखने के अवसरों को बर्बाद कर रही थीं।

यह वर्जीनिया मैसन हेल्थ सिस्टम वाले बिंदु को प्रदर्शित करता है। जब पेशेवर लोगों को यक़ीन हो गया कि ग़लतियाँ और चूकें बताने पर दोषारोपण नहीं किया जाएगा, बल्कि उन्हें सीखने के अवसर के रूप में देखा जाएगा, तब कहीं जाकर महत्त्वपूर्ण जानकारी प्रवाहित होनी शुरू हुई। मैनेजर शुरुआत में चिंतित थे कि ग़लतियों की सज़ा न देने से ग़लतियों की संख्या बढ़ जाएगी। वास्तव में इसका विपरीत हुआ। बीमा दावों में 74 प्रतिशत

---

*जैसा इस बारे में अनुमान है कि नर्सिंग यूनिट कितनी बार ग़लतियों के गंभीर बनने से पहले उन्हें रोक रहे थे और स्व-सुधार व सीखने को शासित करने वाली दूसरी मुख्य परिवर्तनशील चीज़ों को सँभाल रहे थे।

की भारी कमी आई। यही परिणाम हर जगह मिले हैं। मिसाल के तौर पर, यूनिवर्सिटी ऑफ़ मिशिगन हेल्थ सिस्टम के ख़िलाफ़ दावों और मुक़दमों की संख्या अगस्त 2001 में 262 थीं, जो खुली और उजागर करने वाली नीति प्रारंभ होने के बाद 2007 में घटकर 83 रह गई। यूनिवर्सिटी ऑफ़ इलिनॉय मेडिकल सेंटर के ख़िलाफ़ मुक़दमों की संख्या खुली रिपोर्टिंग प्रणाली उत्पन्न करने के बाद दो साल में घटकर आधी रह गई।

जटिल प्रणालियों पर विश्व के अग्रणी विचारकों में से एक सिडनी डेकर कहते हैं, "लोगों को जवाबदेह ठहराना और (अनुचित रूप से) लोगों को दोष देना दो काफ़ी अलग चीज़ें हैं। लोगों को दोष देने से वास्तव में वे कम जवाबदेह बन सकते हैं। वे कम ग़लतियाँ बताएँगे, वे बोलने के लिए कम प्रेरित महसूस करेंगे, वे सुधार के प्रयासों में शामिल होने के लिए कम प्रोत्साहित होंगे।"

एक आसान संसार में दोषारोपण की प्रबंधन तकनीक समझदारी भरी नज़र आती है। मिसाल के तौर पर, अगर आप एक आयामी उत्पादन प्रक्रिया में काम कर रहे हों, तो ग़लतियाँ स्पष्ट होती हैं, पारदर्शी होती हैं और अक्सर कम एकाग्रता की वजह से होती हैं। प्रबंधन सज़ा को बढ़ाकर इस तरह की ग़लतियों को कम कर सकता है। कभी-कभार भारी दंड देने से प्रोत्साहित करने वाला संदेश भी पहुँच सकता है। जब लोगों की नौकरी ख़तरे में होती है, तो उनकी एकाग्रता शायद ही कभी कम होती है।

लेकिन जटिल संसार में यह विश्लेषण उलट जाता है। व्यवसाय, राजनीति, उड्डयन और स्वास्थ्य सेवा के संसार में लोग अक्सर सूक्ष्म और स्थितिवादी कारणों से ग़लतियाँ कर बैठते हैं। समस्या अक्सर एकाग्रता की कमी नहीं होती। समस्या तो जटिलता है। इस पृष्ठभूमि में सज़ा बढ़ाने से ग़लतियाँ कम नहीं होती हैं, बल्कि खुलापन कम हो जाता है। इससे ग़लतियाँ को गहराई में दफ़न कर ली जाती हैं। संस्कृति जितनी ज़्यादा अन्यायपूर्ण होती है, ईमानदार ग़लतियों के लिए जितनी ज़्यादा सज़ा दी जाती है और निर्णय लेने में जितनी ज़्यादा जल्दबाज़ी की जाती है, यह जानकारी उतनी ही ज़्यादा गहराई तक दफ़न की जाती है। इसका मतलब है कि कोई भी सबक़ नहीं सीखता है और वही ग़लतियाँ बार-बार की जाती हैं, जिससे ज़्यादा गंभीर दंड दिया जाता है और ज़्यादा गहराई तक उन्हें छिपाकर अपनी सुरक्षा की जाती है।

एक बड़े वित्तीय संस्थान के प्रकरण पर विचार करें, जिसने ऑटोमेटेड ट्रेडिंग प्रोग्राम की एक बड़ी समस्या के बाद भारी नुक़सान उठाया (मैं क़ानूनी कारणों से बैंक का नाम नहीं बता सकता)। चीफ़ टेक्नोलॉजी ऑफ़िसर (सीटीओ) ने स्वीकार किया कि जो आईटी सिस्टम बनाया गया था, उसे कोई भी पूरी तरह नहीं समझता था। यह पूरी तरह सामान्य बात है : बड़े आईटी सिस्टम हमेशा इतने ज़्यादा जटिल होते हैं कि वे डिज़ाइन करने वालों की समझ से भी परे होते हैं।

इसलिए उन्होंने बोर्ड के सामने अनुशंसा की कि इंजीनियरों को नौकरी से *न* निकाला जाए। वे इसे न्यायपूर्ण नहीं मानते थे। इंजीनियरों ने पूरी कोशिश की थी, प्रोग्राम का दबाव में परीक्षण किया गया था और यह कुछ महीनों तक आदर्श ढंग से चला भी था, लेकिन बोर्ड ने सीटीओ की बात नहीं मानी। बोर्ड ने वास्तविक स्थिति को समझने का कोई सुनियोजित प्रयास नहीं किया। इसने सोचा कि आईटी स्टाफ़ का दोष 'बस स्पष्ट' था। देखिए, सिस्टम के सबसे क़रीब वही लोग थे।

बोर्ड को दूसरी चिंताएँ भी थीं। इस असफलता की वजह से करोड़ों डॉलर का नुक़सान हुआ था और इसका प्रेस में व्यापक प्रचार हुआ था। वे चिंतित थे कि यह घटना 'फ़्रैंचाइज़ी को दूषित' न कर दे। वे सोचते थे कि निर्णायक क़दम उठाने से उनकी छवि बेहतर बनेगी। उन्होंने यह तर्क भी दिया कि इससे स्टाफ़ को एक सख़्त संदेश मिलेगा कि कंपनी असफलता के प्रति पैना नज़रिया रखती है।

यह सब तर्कपूर्ण लगता है, लेकिन अब ज़रा साँस्कृतिक परिणाम के बारे में सोचें। बोर्ड ने सोचा था कि उन्होंने एक शक्तिशाली संकेत भेज दिया था कि वे ग़लतियों पर कठोर कार्यवाही करेंगे। वास्तव में उन्होंने अपने स्टाफ़ को डराने वाला संदेश भेजा था। अगर आप असफल होते हैं, तो हम आपको दोष देंगे। अगर आप गड़बड़ करते हैं, तो आपको बलि का बकरा बनाया जाएगा। उन्होंने अपने स्टाफ़ को स्पष्टता से बता दिया, जिसकी बराबरी कोई मेमो नहीं कर सकता : "रक्षात्मक ढंग से काम करो, अपनी पीठ बचाओ और उस मूल्यवान जानकारी को छिपा लो, जिसकी ज़रूरत हमें प्रगति करने के लिए है।"

सीटीओ के अनुसार छँटनी के बाद आईटी विभाग बहुत बदल गया। बैठकें ज़्यादा बोझिल हो गईं, साथियों ने नए विचार देना छोड़ दिया और जानकारी का प्रवाह सूख गया। बोर्ड को लग रहा था कि उन्होंने ब्रांड की रक्षा कर ली थी, लेकिन दरअसल उन्होंने इसका गला दबा दिया था। उन्होंने सफल अनुकूलन के लिए अत्यंत महत्त्वपूर्ण ज़्यादातर डाटा नष्ट कर दिया था। अब वहाँ शुरुआती असफलता के बाद एक दर्जन से ज़्यादा आईटी प्रकरण हो चुके हैं।

आज प्रबंधन पाठ्यक्रमों में 'दोषारोपण संस्कृति' बनाम 'कामचलाऊ संस्कृति' का विरोध पढ़ाया जाता है। प्रतिस्पर्धी दिखने वाली इन दोनों संस्कृतियों के बीच समझदारी भरा संतुलन खोजना एक बहुत बड़ी चुनौती होती है। बहुत ज़्यादा दोषारोपण करेंगे, तो कर्मचारी मुँह बंद कर लेंगे। बहुत कम दोषारोपण करेंगे, तो वे लापरवाह बन जाएँगे।

लेकिन ज़्यादा गहरे स्तर से आकलन किया जाए, तो कहीं भी संघर्ष नहीं है। ये उद्देश्य (अनुशासन और खुलापन) दिखते विरोधी हैं, लेकिन ब्लैक बॉक्स की सोच इन्हें मिला सकती है। जो मैनेजर डाटा की जाँच करने में समय लगाता है और विभिन्न दृष्टिकोणों को सुनता है, उसके पास एक अति महत्त्वपूर्ण लाभ होता है। न सिर्फ़ वह यह पता लगा लेता है कि उस विशिष्ट प्रकरण में सचमुच क्या हुआ, बल्कि वह अपने स्टाफ़ को एक सशक्त बनाने वाला संदेश भी भेजता है : "अगर आप ईमानदार ग़लती करते हैं, तो आपको दंड नहीं दिया जाएगा।"

इसका यह मतलब नहीं है कि दोषारोपण कभी उचित नहीं होता। अगर जाँच के बाद यह पता चलता है कि किसी व्यक्ति ने सचमुच लापरवाही की है, तो दंड न सिर्फ़ उचित, बल्कि अनिवार्य भी है। पेशेवर ख़ुद इसकी माँग करते हैं। मिसाल के तौर पर, पायलट उन साथियों को सज़ा देने की माँग में सबसे ज़्यादा मुखर होते हैं, जो विमान चलाते वक़्त शराब पी लेते हैं या भारी लापरवाही दिखाते हैं। वे नहीं चाहते कि किसी के ग़ैर-ज़िम्मेदार व्यवहार की वजह से उनके पेशे की प्रतिष्ठा पर आँच आए।

लेकिन यहाँ अत्यंत महत्त्वपूर्ण बिंदु यह है कि उचित दोषारोपण खुलेपन को कम नहीं करता है। क्यों? क्योंकि प्रबंधन ने यह पता लगाने में समय लगाया कि सचमुच क्या हुआ था। इसने बगैर पूरी जानकारी हासिल

किए दोष नहीं दिया, जिससे पेशेवर लोगों को यह विश्वास हो गया कि वे ईमानदार ग़लतियों की सज़ा के डर के बिना बोल सकते हैं। इसे कई बार 'न्यायपूर्ण संस्कृति' कहा जाता है।

सिडनी डेकर के अनुसार प्रश्न यह नहीं है : दोष किसे देना है? प्रश्न यह भी नहीं है : उचित दोषारोपण और ईमानदार ग़लती के बीच की रेखा सटीकता से कहाँ पर है? क्योंकि इसे अमूर्त में कभी निर्धारित नहीं किया जा सकता। इसके बजाय प्रश्न तो यह है : क्या कंपनियों के भीतर के लोग उन लोगों पर *विश्वास* करते हैं, जो रेखा खींचने का काम कर रहे हैं? जब कर्मचारियों को निर्णय करने वालों पर *विश्वास* होगा, तभी वे खुले *और मेहनती* होंगे।

मेमोरियल हॉस्पिटल की उच्च-दोषारोपण वाली इकाई की नर्सें अपनी मैनेजर पर भरोसा नहीं करती थीं। अस्पताल के आकाओं की नज़रों में मैनेजर निस्संदेह एक तेज़तर्रार लीडर जैसी दिखती थी, जो कठोरता और अनुशासन भरती थी और यह सुनिश्चित करती थी कि नर्सों को उनकी ग़लतियों के लिए जवाबदेह ठहराया जाए। ऐसा लग रहा था, मानो वह सबसे महत्त्वपूर्ण लोगों के पक्ष में थी : रोगी।

वास्तव में वह एक ख़ास तरह के आलस की दोषी थी। वह जिस प्रणाली का प्रबंधन कर रही थी, उसकी जटिलता को समझने में समय लगाने के बजाय वह तुरंत दोषारोपण कर रही थी और इस तरह खुलेपन को कम कर रही थी और सबक़ सीखने की प्रक्रिया को कमज़ोर कर रही थी। वह सबसे महत्त्वपूर्ण जवाबदेही को कमज़ोर कर रही थी : जिसे दार्शनिक वर्जीनिया शार्प 'भविष्य को देखने वाली जवाबदेही' कहती हैं। यह विपरीत घटनाओं से सीखने की जवाबदेही है, ताकि भावी रोगियों को उन ग़लतियों से नुक़सान न हो, जिनकी रोकथाम संभव है।

कम दोषारोपण वाली इकाइयों की नर्स मैनेजरों में कठोरता की कमी नहीं थी। कई मायनों में वे सबसे कठोर थीं। वे सूट नहीं पहनती थीं, वे साधारण कपड़े पहनती थीं। वे अपने हाथ गंदे करने से नहीं कतराती थीं। वे जिन लोगों का प्रबंधन करती थीं, उनकी वास्तविकता को समझती थीं कि उन्हें कितने ज़्यादा दबाव में काम करना पड़ता है। वे प्रणाली की जटिलता के बारे में गहराई से जागरूक थीं, इसलिए वे ग़लतियों से सीखने के मेहनत भरे काम करने की ज़्यादा इच्छुक थीं। वे ब्लैक बॉक्स विचारक थीं।

यहाँ मेमोरियल नर्स यूनिट 3 के बारे में निष्कर्षों का सार है, जिसे सबसे कम खुली संस्कृति का दर्जा दिया गया। नज़रिया : दोषारोपण। नर्स मैनेजर : अलग-थलग रहना। नर्स मैनेजर की पोशाक : बिज़नेस सूट। नर्स मैनेजर का स्टाफ़ के प्रति नज़रिया : वह इंटर्नशिप करने वाले डॉक्टरों को इस तरह देखती है, मानो वे बच्चे हों, जिन्हें अनुशासन की ज़रूरत हो, नर्सों के प्रति भी यही व्यवहार करती है, रिपोर्टिंग तंत्रों पर पूरा ध्यान देती है। नर्स मैनेजर के प्रति स्टाफ़ का दृष्टिकोण : 'अगर आप ग़लती करते हैं, तो वह आपके साथ अपराधी जैसा सलूक करती है।' ग़लतियों के प्रति स्टाफ़ का नज़रिया : 'आपको प्रोबेशन पर रख दिया जाता है।'

यहाँ मेमोरियल नर्स यूनिट 1 के बारे में निष्कर्षों का सार है, जिसे सबसे खुली संस्कृति का दर्जा दिया गया। नज़रिया : सीखना। नर्स मैनेजर : पूरी तरह संलग्न होती है। नर्स मैनेजर की पोशाक : साधारण। नर्स मैनेजर का स्टाफ़ के प्रति नज़रिया : 'वे सक्षम और अनुभवी हैं।' स्टाफ़ का मैनेजर के प्रति नज़रिया : 'बेहतरीन लीडर और नर्स।' ग़लतियों के प्रति स्टाफ़ का दृष्टिकोण : सामान्य, स्वाभाविक, दर्ज करना महत्त्वपूर्ण है।

यह स्वास्थ्य सेवा के बारे में ही नहीं है, बल्कि यह तो हर संगठन या कंपनी की संस्कृति के बारे में है। जब हमारा सामना जटिलता से हो रहा हो, तो उचित विश्लेषण के बिना किसी को दोष देना उन सबसे आम तथा सबसे ख़तरनाक चीज़ों में से एक है, जो कोई संगठन कर सकता है। और यह आंशिक तौर पर इस ग़लत विश्वास पर निर्भर करता है कि कठोरता और खुलापन एक दूसरे के विरोधी हैं। वे नहीं हैं।

यह विश्लेषण सिर्फ़ जटिल प्रणालियों से उत्पन्न होने वाली ग़लतियों से सीखने के बारे में ही सच नहीं है। यह तो जोखिम लेने और प्रयोग करने के बारे में भी है, जो नवाचार के लिए अति महत्त्वपूर्ण हैं। यूनीलीवर के उन जीवविज्ञानियों को याद करें, जिन्होंने सीखने की गति बढ़ाने के लिए तेज़ी से परीक्षण किए थे। कुल मिलाकर उन्होंने 449 'असफलताएँ' उत्पन्न की थीं। ग़लतियों को दोष देने की संस्कृति में इस तरह की प्रक्रिया संभव ही नहीं है। जब हम मान्यताओं की जाँच करते हैं, तो हम अपने ज्ञान की सरहदों को धकाकर पता लगाते हैं कि क्या काम करता है और क्या नहीं करता। इन ग़लतियों की सज़ा देने का एक आसान परिणाम होता है : यह नवाचार और जोखिम लेने की मानसिकता को नष्ट कर देता है।

संक्षेप में, दोषारोपण उस जानकारी को नुक़सान पहुँचाता है, जो सार्थक अनुकूलन के लिए अत्यंत महत्त्वपूर्ण होती है। यह हमारे संसार की जटिलता को धुँधला कर देता है। यह हमें यह मानसिकता रखने के लिए बरगलाता है कि हम अपने परिवेश को समझते हैं, जबकि हमें इससे सीखना चाहिए।

जैसा हार्वर्ड बिज़नेस स्कूल की एमी ऐडमॉन्डसन कहती हैं :

> मैंने संगठनों के एक्ज़ीक्यूटिव्ज़ का इंटरव्यू लिया है, जो अस्पताल और निवेश बैंक जितने अलग-अलग हैं। वे विभक्त होने की बात स्वीकार करते हैं। वे कामचलाऊ नज़रिये को बढ़ावा दिए बिना असफलताओं पर सृजनात्मक प्रतिक्रिया कैसे कर सकते हैं? यदि कर्मचारियों की असफलताओं के लिए उन्हें दोष न दिया जाए, तो वे यथासंभव अधिकतम कड़ी कोशिश कैसे करेंगे? लेकिन यह चिंता एक झूठे द्वंद्व पर आधारित है। वास्तव में, जिस संस्कृति में असफलता को स्वीकार करना और इसे बताना सुरक्षित होता है, वहाँ प्रदर्शन उत्कृष्ट हो सकता है - और कुछ संगठनात्मक पृष्ठभूमियों में तो होना ही चाहिए।

यहाँ संक्षेप में ही सही, दोषारोपण और संज्ञानात्मक असंगति के बीच की कड़ी ग़ौर करने लायक़ है। इस बात की संभावना होती है कि जिस संस्कृति में ग़लतियों पर नाक-भौं सिकोड़ी जाती है, वह असंगतिपूर्ण होगी। जब बाहरी संस्कृति ग़लतियों को कलंकित करती है, तो यह नज़रिया पेशेवरों के अंदर भी बैठ जाता है। दोषारोपण और असंगति दरअसल ग़लती के प्रति दिग्भ्रमित नज़रिये से संचालित होती हैं, जिस बारे में हम खंड 5 में बात करेंगे।

IV

दोषारोपण की प्रतिक्रिया प्रयोगशाला में देखी जा सकती है। मिसाल के तौर पर, जब स्वयंसेवियों को लेन के पार कट मारते हुए ड्राइवर की फ़िल्म दिखाई जाती है, तो वे लगभग एक सुर में उसे दोष देते हैं। वे यह निष्कर्ष निकालते हैं कि वह स्वार्थी है, अधीर है और नियंत्रण से बाहर है। और यह निष्कर्ष सच भी हो सकता है, लेकिन स्थिति हमेशा इतनी स्पष्ट नहीं होती, जितनी पहलेपहल नज़र आती है।

यह भी तो हो सकता है कि ड्राइवर की आँखें धूप की वजह से चौंधिया गई हों। हो सकता है, वह उस कार से बचने के लिए कट मार रहा हो, जो अचानक उसकी लेन में घुस आई हो। वास्तव में कई बातें हो सकती हैं, जो उसकी ग़लती को कम कर सकती हैं। बाहर से देख रहे ज़्यादातर दर्शकों को तो यह पता ही नहीं होतीं। ऐसा इसलिए नहीं है, क्योंकि वे यह नहीं सोचते हैं कि ऐसी संभावनाएँ अप्रासंगिक हैं। बात बस यह है कि प्रायः वे उन पर विचार ही नहीं करते हैं। दिमाग़ बस सबसे आसान, सबसे सहज बोध वाली कहानी पर कूद पड़ता है : 'वह एक आत्मघाती मूर्ख है!' इसे कई बार आधारभूत आरोपण ग़लती के अनाकर्षक नाम से पुकारा जाता है।

जब प्रश्न को बदल दिया जाता है - "जब *आपने* पिछली बार तेज़ी से लेन बदली थी, तो किस कारण बदली थी?" - तभी स्वयंसेवी स्थिति की जटिलता पर विचार करने के लिए ठहरते हैं। "ओह हाँ, मैंने ऐसा इसलिए किया था, क्योंकि मुझे लगा था कि एक बच्चा सड़क पार करने के लिए दौड़ने वाला है!" अक्सर ये बहाने ख़ुद को जायज़ ठहराते हैं, लेकिन ऐसा हमेशा नहीं होता। कई बार तो ग़लतियाँ सचमुच व्यापक मुद्दों के कारण होती हैं, लेकिन अगर हम उन पर विचार न करें, तो हम उन्हें देख भी नहीं सकते, उनकी जाँच करने की बात तो रहने ही दें।

इस तरह की बेहद आसान घटना में भी रुकने से, सतह के नीचे देखने से, सबसे स्पष्ट कहानी को चुनौती देने से लाभ होता है। यह 'नरम' होने के बारे में नहीं है, बल्कि यह सीखने के बारे में है कि दरअसल ग़लती क्यों हुई थी। अस्पताल या कंपनी जैसे जटिल, अंतर्निर्भर तंत्र में इस तरह की गतिविधि में संलग्न होना कितना ज़्यादा महत्त्वपूर्ण है?

यह ग़ौर करने लायक़ है कि अनुभवी उड्डयन जाँचकर्ता भी आधारभूत आरोपण ग़लती के शिकार हो जाते हैं। जब वे दुर्घटना को देखते हैं, तो उनके मस्तिष्क का समझने वाला हिस्सा ब्लैक बॉक्स मिलने से पहले ही स्पष्टीकरण बनाने लगता है। इसीलिए अध्ययनों ने दर्शाया है कि लगभग हमेशा (90 प्रतिशत समय) उनका पहला सहज बोध 'पायलट की ग़लती' को दोष देना होता है।

जैसा एक एयरलाइन जाँचकर्ता ने मुझे बताया : "जब आप कोई घटना देखते हैं, तो आपका मस्तिष्क चीख़ने लगता है" : "पायलट आख़िर

सोच क्या रहा था!" यह एक त्वरित प्रतिक्रिया होती है। पूर्वाग्रह रखे बिना ब्लैक बॉक्स डाटा की जाँच करने के लिए असली अनुशासन की ज़रूरत होती है।"*

एक मायने में दोषारोपण कथात्मक भ्रांति का उप-संस्करण है। यह एक जटिल घटना को आसान और सहज बोध वाले स्पष्टीकरण में समेटने का तरीक़ा है : 'यह उसकी ग़लती थी!'

ज़ाहिर है, दोषारोपण कई बार संज्ञानात्मक पूर्वाग्रह का नहीं, बल्कि शुद्ध सुविधा का मामला भी हो सकता है। अगर हम किसी दूसरे पर दोष मढ़ देते हैं, तो हम ख़ुद को बचा लेते हैं। यह प्रक्रिया सामूहिक और व्यक्तिगत दोनों स्तरों पर हो सकती है।

मिसाल के तौर पर, 2007 के ऋण संकट को लें। यह एक तबाही थी, जिसमें निवेश बैंकर, नियामक संस्थाएँ, नेता, मॉर्टगेज ब्रोकर, केंद्रीय बैंकर और रिटेल क्रेडिटर सभी शामिल थे, लेकिन जनता ने (और कई नेताओं ने) पूरी तरह से बैंकरों पर दोष मढ़ दिया।

यह सच है कि कई बैंकरों ने लापरवाही भरा व्यवहार किया था। कुछ ने तर्क दिया कि उन्हें ज़्यादा गंभीरता से सज़ा दी जानी चाहिए, लेकिन बैंकरों पर सँकरी एकाग्रता से एक भिन्न सच्चाई धुँधली हो गई। कई लोगों ने ऐसे कर्ज़ ले लिए थे, जिन्हें वे चुकाने की स्थिति में नहीं थे। कई ने अपने क्रेडिट

---

*'पश्चदृष्टि पूर्वाग्रह' एक ऐसी मनोवैज्ञानिक प्रवृत्ति है, जिसका अच्छा अध्ययन किया गया है। यह भी यहाँ भूमिका निभाती है। एक बार जब हम किसी घटना के परिणाम को जान जाते हैं - एक मरीज़ मर गया, एक विमान दुर्घटनाग्रस्त हो गया, एक आईटी सिस्टम क्रैश हो गया - तो उस ठोस परिणाम से अपने मस्तिष्क को मुक्त रखना कुख्यात रूप से मुश्किल होता है। उस काम करने वाले की जगह पर ख़ुद को रखना मुश्किल होता है, जो ऊँचे दबाव वाली परिस्थितियों में अक्सर काम कर रहा था, जो विभिन्न माँगों को एकजुट कर रहा था और इस बारे में जागरूक नहीं था कि किसी ख़ास निर्णय का क्या परिणाम निकलेगा।

1988 में क्लैपहैम जंक्शन रेल दुर्घटना में 35 लोगों की जान गई थी और इसकी जाँच करने वाले एंथनी हिडन क्यूसी ने कहा था, 'ऐसा कोई भी इंसानी कार्य या निर्णय नहीं है, जिसे पश्चदृष्टि की भ्रामक रोशनी में दोषपूर्ण और कम समझदारीपूर्ण न दिखाया जा सके।'

कार्ड की अधिकतम सीमा तक कर्ज़ ले लिया था। सरल भाषा में कहा जाए, तो जनता ने भी इस संकट में योगदान दिया था।

लेकिन अगर हम अपनी ख़ुद की असफलताओं को स्वीकार ही नहीं कर सकते, तो हम उनसे सीख कैसे सकते हैं?

दोषारोपण की प्रवृत्ति से उबरना कंपनी जगत में एक निर्धारक मुद्दा है। मनोवैज्ञानिक और संगठनात्मक परामर्शदाता बेन डैटनर अपने एक अनुभव के बारे में बताते हैं, जब वे न्यू यॉर्क के रिपब्लिक नेशनल बैंक में काम कर रहे थे। उन्होंने एक क़ागज़ देखा, जो एक सहकर्मी ने अपने क्यूबिकल की दीवार पर लगा रखा था। इस पर लिखा था : 'प्रोजेक्ट की छह अवस्थाएँ : 1. उत्साह 2. मोहभंग 3. दहशत 4. अपराधी की खोज 5. निरपराध को सज़ा 6. असंलग्नों को पुरस्कार।'

डैटनर लिखते हैं, "हमारे कामकाजी जीवन में ज़्यादातर नाटक कैसे खेले जाते हैं, इसका मुझे आज तक इससे ज़्यादा सटीक वर्णन नहीं मिला।"

उनका मतलब यह है कि आपको दोषारोपण के ख़तरों की झलक देखने के लिए ऊँचे स्तर की असफलता की जाँच करने की ज़रूरत नहीं है, वे तो ऑफ़िस के सामान्य माहौल में भी देखे जा सकते हैं।

और यही असली समस्या है। विकासवादी प्रक्रिया इस जानकारी के बिना काम नहीं कर सकती कि क्या काम कर रहा है और क्या नहीं कर रहा है। जानकारी कई स्रोतों से मिल सकती है, जो पृष्ठभूमि (रोगियों, उपभोक्ताओं, प्रयोगों, मुख़बिर आदि) पर निर्भर करता है, लेकिन पृष्ठभूमि चाहे जो हो, ज़मीन पर काम करने वाले पेशेवरों के पास अति महत्त्वपूर्ण डाटा होता है। मिसाल के तौर पर, स्वास्थ्य सेवा के तौर-तरीक़ों में सुधार तब तक शुरू नहीं हो सकता, जब तक कि डॉक्टर अपनी असफलताएँ न बताएँ। और वैज्ञानिक सिद्धांत तब तक विकसित नहीं हो सकते, जब तक कि वैज्ञानिक उस डाटा को ढँकना न छोड़ दें, जो विद्यमान परिकल्पनाओं की कमज़ोरियों को उजागर करता है।

इसीलिए खुलापन एक वैकल्पिक अतिरिक्त चीज़ नहीं है, उपयोगी साँस्कृतिक वृद्धि नहीं है। इसके बजाय, यह तो किसी भी सार्थक अनुकूलन की पूर्व-शर्त है। एक जटिल संसार में, जिसे हम ऊपर से पूरी तरह नहीं

समझ सकते और इसलिए इसे नीचे से खोजना होगा, यह साँस्कृतिक आवश्यकता प्रबंधन के लगभग हर अन्य मुद्‍दे पर भारी पड़ती है।

पारदर्शी नीति में असफलताओं पर प्रतिक्रिया को ही तय नहीं करना चाहिए। इसे तो रणनीति और उन्नति संबंधी निर्णयों में भी शामिल होना चाहिए। बुद्धिशालियों का वर्चस्व ही भावी जवाबदेही का पर्याय है।

विकल्प यह नहीं है कि लोग ख़ुद को दोषारोपण से बचाएँ और इसे दूसरों पर ढोल दें। वे दूसरे लोगों के काम के श्रेय लेने की कोशिश में भी बहुत सा समय लगाते हैं। जब कोई संस्कृति अन्यायपूर्ण और अपारदर्शी होती है, तो बहुत से विकृत प्रोत्साहन उत्पन्न हो जाते हैं। दूसरी तरफ़, जब कोई संस्कृति निष्पक्ष और पारदर्शी होती है, तो यह अनुकूलन की प्रक्रिया को मज़बूत करती है।

हमारी सार्वजनिक संस्कृति सबसे ज़्यादा दोषारोपण-केंद्रित है। नेताओं की निंदा की जाती है, कई बार उचित रूप से, अक्सर अनुचित रूप से। इस बात की बहुत कम समझ होती है कि सार्वजनिक संस्थाओं में होने वाली ग़लतियाँ सीखने का मूल्यवान अवसर होती हैं। उन्हें इस बात के प्रमाण के रूप में ले लिया जाता है कि नेता अयोग्य हैं, लापरवाह हैं या दोनों हैं। इससे ग़लती के प्रति व्यापक डर और ज़्यादा बढ़ जाता है तथा ग़लतियों की असंगति भी बढ़ जाती है। यह अवश्यंभावी रूप से बहानेबाज़ी और छल की संस्कृति को बढ़ावा देता है।

नेताओं को दोष देने की प्रवृत्ति के लिए अख़बारों को दोष देना सुविधाजनक हो सकता है, लेकिन इससे हम महत्त्वपूर्ण मुद्‍दा चूक जाएँगे। अख़बारों के लिए ऐसी कहानियाँ छापना व्यावसायिक रूप से लाभदायक होता है, जो तुरंत दोष देती हैं, इसके पीछे कारण यह है कि उनके लिए एक तैयार बाज़ार है। आख़िर, हम आसान कहानियों को पसंद करते हैं। हम सभी में जटिलता के बजाय सरलता के प्रति एक अंदरूनी पूर्वाग्रह होता है। ये कहानियाँ दरअसल कथात्मक भ्रांति के व्यापकता से छपने वाले सह-उत्पाद हैं।

जब संस्कृति ज़्यादा प्रगतिशील होगी, तो यह बाज़ार क्षीण हो जाएगा। ऐसी कहानियों पर अविश्वास किया जाएगा। अख़बारों के पास ज़्यादा प्रोत्साहन होगा कि वे दोष देने के बजाय ज़्यादा गहरा विश्लेषण करें। यह कपोल-कल्पना लग सकती है, लेकिन यह यात्रा की दिशा बताती है।

जो आवेग ग़लतियों से सीखने की आदत को संचालित करता है, उसका लक्ष्य न्यायपूर्ण संस्कृति है। भावी जवाबदेही का मतलब है असफलता से सीखना; न इससे ज़्यादा, न इससे कम। खुलापन लाने के लिए हमें तुरंत दोषारोपण करने से बचना चाहिए। ये सारी चीज़ें वास्तविक अनुकूलनशील प्रणाली में समाहित होती हैं।

जैसा दार्शनिक कार्ल पॉपर ने कहा था : “सच्ची अज्ञानता ज्ञान की अनुपस्थिति नहीं है, बल्कि इसे हासिल करने से इंकार करना है।”

12

दूसरा शिकार

I

दोषारोपण की संस्कृति के पूरे परिणामों की झलक देखने के लिए आइए हाल के वर्षों की एक महत्त्वपूर्ण ब्रिटिश त्रासदी की जाँच करते हैं : सत्रह महीने के शिशु पीटर कॉनेली की मृत्यु, जो 2007 में उत्तरी लंदन के हैरिंगे में हुई। इस मामले की सुनवाई के दौरान उसकी पहचान गोपनीय रखने के लिए ब्रिटिश अखबारों में उसे 'बेबी पी' नाम दिया गया।

छोटा पीटर अपनी माँ ट्रेसी, उसके बॉयफ्रेंड स्टीवन बार्कर और बार्कर के भाई जैसन हॉवेन के हाथों मारा गया था। उसके संक्षिप्त जीवनकाल में उसे बहुत यातना और उपेक्षा झेलनी पड़ी थी। इस त्रासदी के पंद्रह महीने बाद तीनों अपराधियों को 'बच्चे की मृत्यु का कारण होने या उसकी अनुमति देने' का दोषी पाया गया। उन्हें सज़ा देकर जेल भेज दिया गया।

लेकिन अगले ही दिन मीडिया ने अपना आक्रोश लोगों के एक बहुत अलग समूह पर केंद्रित किया। *द सन* अख़बार की मुखपृष्ठ की सुर्ख़ी थी : 'उनके हाथ ख़ून से रंगे हैं।' बाक़ी मीडिया वालों ने भी ऐसा ही गुस्सा उतारा। क्या वे हत्या के उन सहायकों पर गुस्सा हो रहे थे, जिन्हें सज़ा नहीं सुनाई गई थी? क्या दूसरे लोग पृष्ठभूमि में छुपे थे, जो पीटर की दुखद मृत्यु में शामिल थे?

वास्तव में गुस्से का लक्ष्य वे लोग थे, जो पीटर की रक्षा करने के लिए ज़िम्मेदार थे : मुख्यतः उसकी सामाजिक कार्यकर्ता मारिया वार्ड और उस इलाक़े में बच्चों की सेवाओं की निदेशक शेरॉन शूस्मिथ। *द सन* ने एक याचिका तैयार की, जिसमें उन्हें नौकरी से निकालने का आवेदन था

और उनके फ़ोटो छापकर पूछा 'क्या आप इन्हें जानते हैं?' पाठकों को फ़ोन करने के लिए एक नंबर दिया गया। याचिका पर 16 लाख लोगों ने हस्ताक्षर कर दिए।

स्थानीय सभा के ऑफ़िसों को नारे लगाती और तख़्ती उठाए भीड़ ने तुरंत घेर लिया। शूस्मिथ को जान से मारने की धमकी मिलीं। वार्ड को जान के डर से अपना घर छोड़ना पड़ा। शूस्मिथ की बेटी को जान से मारने की धमकी दी गई और उसे छिपकर रहना पड़ा।

जिन लोगों के ख़िलाफ़ यह सब हो रहा था, उनके लिए यह वैसा ही था, जैसे मध्य युग में संदिग्ध जादूगरनियों की धरपकड़ होती थी। एक भयंकर चीज़ हो गई थी। सहज बोध की माँग थी कि वैसी ही भयंकर चीज़ किसी दूसरे के साथ हो। दोषारोपण का खेल अपने सबसे चरम और विनाशकारी स्वरूप में था।

कई लोगों को विश्वास था कि इस आक्रोश के बाद सामाजिक सेवा बेहतर हो जाएगी। ज़्यादातर लोग सोचते हैं कि जवाबदेही इसी तरह आती है : असफलता पर मांसपेशीय प्रतिक्रिया। विचार यह है कि उस ख़ास प्रकरण में भले ही सज़ा हद से ज़्यादा हो, लेकिन इससे लोग अपनी ज़िम्मेदारी निभाने के लिए विवश हो जाएँगे। जैसा एक विद्वान ने कहा था, "इससे उनके दिमाग़ केंद्रित हो जाएँगे।"

लेकिन वास्तव में क्या हुआ? क्या सामाजिक कार्यकर्ता 'ज़्यादा जवाबदेह' बने? क्या बच्चों की सुरक्षा बेहतर हुई?

वास्तव में सामाजिक कार्यकर्ता इस पेशे को भारी संख्या में छोड़कर जाने लगे। पेशे में आने वालों की संख्या में भी भारी गिरावट आई। एक इलाक़े में तो सभा को एजेंसी सामाजिक कार्यकर्ता टीमों पर 15 लाख पौंड ख़र्च करने पड़े, क्योंकि बाल सुरक्षा संदर्भ में आने वाले उछाल को सँभालने के लिए इसके पास पर्याप्त स्टाफ़ नहीं था। 2011 तक बाल सुरक्षा कार्य में 1,350 पद ख़ाली हो चुके थे।

जो लोग इस पेशे में बने रहे, उनके काम का बोझ बढ़ गया, क्योंकि अतिरिक्त मामले उन्हें ही सँभालने पड़े। इसका मतलब था कि हर बच्चे के हितों की देखभाल करने के लिए उनके पास समय कम हो गया। वे ज़्यादा आक्रामकता से हस्तक्षेप करने लगे। वे इस बात से दहशत खा रहे थे कि

अगर उनकी निगरानी वाले किसी बच्चे के साथ कुछ बुरा हुआ, तो उसके परिणाम कितने बुरे होंगे। जिन बच्चों को उनके परिवारों से हटा दिया गया था, उनकी संख्या आसमान छूने लगी। संकेत चूकने की क़ीमत बहुत ज़्यादा थी। अदालती तंत्र नए प्रकरणों के बोझ तले दबकर चरमरा गया और बाल संरक्षण आदेशों में वृद्धि से निपटने के लिए अनुमानित 100 मिलियन पौंड की ज़रूरत थी।

इसके ग़ैर-वित्तीय परिणाम भी हुए। जिन बच्चों को उनके घर से निकाला जाता था, उन्हें संरक्षण और दत्तक परिवारों में रखा जाता था। इसका मतलब था कि ज़्यादा आपूर्ति से निपटने के लिए राज्य को कम गुणवत्ता वाले दत्तक परिवारों को स्वीकार करना पड़ रहा था। अपने परिवार को छोड़ने की वजह से बच्चों को अक्सर नुक़सान होता था। जल्दी ही मीडिया विपरीत दिशा में मुड़ गया और इस बारे में कहानियाँ छापने लगा कि प्रेमपूर्ण अभिभावक कितनी दहशत में हैं कि उनके बच्चों को उनसे जबरन दूर कर दिया जाता है। एक सुर्ख़ी थी : 'बच्चे को गले लगाने के कारण माँ पर दुर्व्यवहार का आरोप।'

उत्तर लंदन के हैरिंगे में स्थिति और भी ज़्यादा ख़राब थी। स्वास्थ्य कार्यकर्ताओं की संख्या लगभग आधी हो गई थी। जो लोग पेशे में बने रहे, उन पर पहले ही काम का भारी बोझ था, जो अब और भी बढ़ गया। 2008 और 2009 के बीच परवरिश आवेदनों की संख्या आश्चर्यजनक रूप से 211 प्रतिशत बढ़ गई। ब्रिटिश एसोसिएशन फ़ॉर एडॉप्शन ऐंड फ़ोस्टरिंग ने चेतावनी दी कि बेबी 'पी' मुक़दमे के बाद इंग्लैंड के स्थानीय अधिकारियों द्वारा परवरिश आवेदनों में सतत वृद्धि से 'बाल सेवाओं में तबाही मच सकती है'।

अति महत्त्वपूर्ण बात यह थी कि सामाजिक कार्य के हर पहलू में रक्षात्मकता का बोलबाला हो गया। सामाजिक कार्यकर्ता दस्तावेज़ीकरण के बारे में सतर्क हो गए, क्योंकि उन्हें डर था कि कहीं यह बाद में उनकी बर्बादी का कारण न बन जाए। दफ़्तरशाही काग़ज़ी कार्यवाही ज़्यादा लंबी हो गई, लेकिन अब शब्द जानकारी देने के लिए नहीं, बल्कि अपनी पीठ बचाने के लिए इस्तेमाल किए जा रहे थे। परिणामों की शुद्ध दहशत की वजह से मूल्यवान जानकारी छिपा ली जाती थी। दोषारोपण से अपनी रक्षा करने

पर ज़्यादा और सामाजिक कार्य के असली काम पर कम ध्यान दिया जा रहा था।*

लगभग हर सम्मानित टिप्पणीकार और बुद्धिजीवी का अनुमान है कि 'जवाबदेही बढ़ाने' के मीडिया के प्रयास के बाद बच्चों को भारी नुक़सान हुआ। भावी जवाबदेही घट गई। अपने अभिभावकों के हाथों मरने वाले बच्चों की संख्या शोर-शराबे के अगले साल 25 प्रतिशत से भी ज़्यादा *बढ़ी* और अगले तीन सालों तक हर साल ज़्यादा ही रही।

जब बेबी पीटर की मृत्यु पर बैठी सार्वजनिक जाँच की रिपोर्ट अंततः आई, तो यह आरोप लगाए गए कि इसके निष्कर्ष पूर्वाग्रह से ग्रस्त थे और राजनेताओं द्वारा अपने स्वार्थ के लिए इस्तेमाल किए गए थे। रिपोर्ट के लेखक भी यह महसूस करते थे कि वे सार्वजनिक क्रोध का जोखिम नहीं ले सकते थे। उन्हें यह चिंता थी कि अगर उन्होंने बलि के बकरे की भूख को शांत नहीं किया, तो *उनके* साथ न जाने क्या होगा? दोषारोपण की संस्कृति में यही होता है।

हमारे कहने का मतलब यह नहीं है कि बेबी 'पी' प्रकरण में दोषारोपण उचित या न्यायपूर्ण नहीं था। ब्रिटेन की कई सार्वजनिक संस्थाओं की तरह ही सामाजिक कार्य की प्रणाली को भी एक विशाल साँस्कृतिक परिवर्तन से लाभ होगा, जो इसे भावी जवाबदेही वाला सचमुच अनुकूलनशील संगठन बना दे। इस पुस्तक में हम देख चुके हैं कि ऐसी प्रणाली कैसी दिखती है और कैसे बनाई जा सकती है। एक बार जब उच्च प्रदर्शन की संस्कृति बन जाती है, तो अनुशासन व जवाबदेही बढ़ाना सकारात्मक होता है और दरअसल ज़्यादातर पेशेवर लोग इसका गर्मजोशी से स्वागत भी करते हैं।

लेकिन न्यायपूर्ण संस्कृति के अभाव में अनुशासन और जवाबदेही बढ़ाने की कोशिश का बिल्कुल ही विपरीत असर होता है। इससे मनोबल कम होता है, रक्षात्मकता बढ़ती है और अति महत्त्वपूर्ण जानकारी ज़मीन में गहरी दबा दी जाती है। यह तो वैसा ही है, जैसे किसी घायल मरीज़ के सिर पर हथौड़ा मारकर उसे ज़िंदा करने की कोशिश की जाए।

---

*इसका एक काफ़ी स्पष्ट सादृश्य है, जिसे कई बार 'रक्षात्मक चिकित्सा' कहा जाता है, जहाँ चिकित्सक अपनी पीठ को सुरक्षित रखने के लिए बहुत सारी अनावश्यक जाँचें लिख देते हैं, लेकिन इससे स्वास्थ्य सुविधा की लागतें बहुत ज़्यादा बढ़ जाती हैं।

दोषारोपण के कई अन्य व्यक्तिगत परिणाम भी होते हैं, ख़ासतौर पर सुरक्षा-जोखिम वाले उद्योगों में। किसी त्रासदी में शामिल कई पेशेवर, जैसे नर्स या सामाजिक कार्यकर्ता, अक्सर सदमे के बाद के तनाव विकार से कष्ट उठाते हैं, भले ही दोष उनका न हो। वे किसी त्रासदी में अपनी संलग्नता से भावनात्मक दृष्टि से लहूलुहान हो जाते हैं। यह बहुत मानवीय प्रतिक्रिया है और इससे संवेदनशीलता से पेश आना चाहिए।

लेकिन जब आपराधिकता के अन्यायपूर्ण आरोपों से अपराधबोध की भावनाएँ बढ़ जाती हैं, तो व्यक्ति हद पार कर सकते हैं। यह लक्षण अब इतना प्रचलित हो चुका है कि इसके लिए एक नई शब्दावली गढ़ी गई है : 'दूसरा शिकार।' अध्ययन दर्शाते हैं कि पेशेवर लोग तनाव, वेदना, पीड़ा, डर, ग्लानि और डिप्रेशन की भावनाओं के शिकार होते हैं। अन्य अध्ययन आत्मघाती विचारों की व्यापकता को उजागर करते हैं।

शेरॉन शूस्मिथ अपनी बेटियों पर बेबी 'पी' प्रकरण के प्रभाव को लेकर इतनी दहशत में थी कि वे केवल अपनी ही नहीं, बल्कि अपने पूरे परिवार की जान लेने के बारे में सोचने लगीं। वे एक ऐसी महिला थीं, जिन्हें दोषारोपण के जाल में उलझने से पहले शक्तिशाली और दृढ़ कहा जाता था। "एक पल के लिए आप समझ सकते हैं कि लोग अपने पूरे परिवार को कैसे मिटा देते हैं," उन्होंने कहा। "आपका दर्द उनका दर्द है और उनका दर्द आपका दर्द है। और आप सबके दर्द से छुटकारा पाना चाहते हैं।"

अपनी महत्त्वपूर्ण पुस्तक *जस्ट कल्चर* में सिडनी डेकर लिखते हैं : "प्रश्न यह है कि क्या हम ख़ुद को मूर्ख बनाना चाहते हैं कि हम लोगों को दोष देकर, उन पर मुक़दमा चलाकर या दावा दायर करके उनसे सार्थक जवाबदेही हासिल कर सकते हैं। अब तक एक भी प्रमाण ऐसा नहीं मिला है, जो यह दर्शाता हो कि हम ऐसा कर सकते हैं।"

ख़ुद को मूर्ख बनाना छोड़ने का समय यही है।

II

दोषारोपण के हमारे अध्ययन के अंत में आइए हम एक आख़िरी घटना लेते हैं, शायद बीसवीं सदी की सबसे कुख्यात उड्डयन की ज़रा सी चूक। उड्डयन सामान्यतः ग़लतियों पर दंड नहीं देता है, जैसा हम खंड 1 में देख

चुके हैं। उद्योग ने एक ऐसी संस्कृति बना ली है, जहाँ ग़लतियों को कलंकित नहीं किया जाता है, बल्कि सीखने का अवसर माना जाता है। वास्तव में, उड्डयन को अक्सर इसकी संस्कृति के संदर्भ में उद्योग के लीडर के रूप में जाना जाता है।

लेकिन इस बार उद्योग ने पेशेवरों को कलंकित किया। तथाकथित नॉवेम्बर ऑस्कर घटना इतिहास में पहली घटना थी, जब एक ब्रिटिश पायलट पर मुक़दमा चलाया गया, हालाँकि पायलट के हिसाब से उसने वह सब किया, जो भारी दबाव वाली परिस्थितियों में उसका कर्तव्य था।

प्रकरण इतना रोचक इसलिए बन जाता है, क्योंकि यह दोषारोपण के खेल के प्रलोभन को उस उद्योग में रेखांकित करता है, जो इसके ख़तरों को समझता है। और यह एक बार फिर उजागर करता है कि सतही व्याख्याओं से परे देखने पर एक आसान घटना कैसे बहुत अलग दिख सकती है।

विलियम ग्लेन स्टुअर्ट ने उन्नीस वर्ष की उम्र में पहली बार टाइगर मॉथ उड़ाया था। उन्होंने यह काम स्कॉटलैंड के पूर्वी तट पर ल्यूकर्स पर आरएएफ़ छावनी में किया था। वे ब्रिटिश एयरवेज़ फ़्लीट के सबसे अनुभवी पायलटों में से एक थे। 21 नवंबर 1989 को वे बहरीन से लंदन हीथ्रो तक की सामान्य उड़ान के प्रभारी थे। केबिन में फ़्लाइट इंजीनियर ब्रायन लीवरशा और उनतीस साल के फ़र्स्ट ऑफ़िसर टिमोथी लफ़िंघम थे।

स्टुअर्ट के ख़िलाफ़ आरोप का संक्षिप्त संस्करण सीधा था। फ़्लाइट बी 747 - 136 जी-एडब्ल्यूएनओ (कोडनेम नॉवेम्बर ऑस्कर) बहरीन से उड़ान भरकर जब यूरोपीय वायुमार्ग पर पहुँची, तो चालक दल को जानकारी दे दी गई थी कि हीथ्रो का मौसम विकट है। मोटे कोहरे की वजह से बाहरी दृष्टि केवल कुछ फुट तक रह गई थी।

स्टुअर्ट को वह करना था, जिसे 'इंस्ट्रूमेंट लैंडिंग' कहा जाता है। यहाँ आँखों से कुछ न दिख पाने की वजह से चालक दल को विमान के अंदर लगे विभिन्न यंत्रों पर निर्भर रहना होता है, ताकि वे विमान को रनवे तक सुरक्षित ला सकें। यह विधि आसान नहीं होती, क्योंकि इसके लिए ऑटोपायलट और अन्य आंतरिक प्रणालियों की आवश्यकता होती है, लेकिन स्टुअर्ट इन प्रणालियों का बख़ूबी इस्तेमाल करने में सक्षम थे।

काम मुश्किल है, इसलिए विमान उतारते वक़्त कई सुरक्षा प्रोटोकॉलों, नियमों और नीतियों का पालन करना होता है, ताकि यह सुनिश्चित हो सके कि कैप्टन विमान उतारने की मुश्किल के दबाव में जोखिम न ले। आरोप सरल था : स्टुअर्ट ने जान-बूझकर इन नियमों की अवहेलना की थी।

विमान उतारते वक़्त विमान का ऑटोपायलट दो रेडियो संकेत नहीं पकड़ पा रहा था, जो हीथ्रो रनवे के सिरे से भेजे जा रहे थे। ये संकेत सफल इंस्ट्रूमेंट लैंडिंग के लिए अत्यंत महत्त्वपूर्ण थे। प्रकाश रेखाएँ विमान का मार्गदर्शन सही पार्श्व और लंब दिशा में करती हैं। उनके बिना आप असंतुलित हो सकते हैं। आप बहुत ज़्यादा ऊँचे, बहुत ज़्यादा नीचे या दाएँ-बाएँ तरफ़ बहुत ज़्यादा दूर हो सकते हैं।

अगर विमान इन बीमों को नहीं पकड़ता है, तो विमान उतारने के काम को ज़मीन से 1,000 फुट ऊपर ही अनिवार्यतः रोक देना चाहिए। 'गोल घूमना' शुरू कर देना चाहिए, यानी उतरना छोड़कर इंतज़ार करने की प्रक्रिया में लौट जाना चाहिए, ताकि समस्या को सुलझाया जा सके या कोई वैकल्पिक स्थान चुना जाए, जहाँ मौसम की स्थितियाँ कम गंभीर हों। बहरहाल, स्टुअर्ट विमान को 1,000 फुट से ज़्यादा नीचे तक लाते रहे और नियमों की अवहेलना करते हुए इसे काफ़ी नीचे तक ले आए।

जब 255 यात्रियों से भरा नॉवेम्बर ऑस्कर 750 फुट तक नीचे आया, तो विमान रनवे की दाईं तरफ़ इतनी ज़्यादा दूर था कि यह दरअसल विमानतल की फ़ेंस के बाहर था और ए4 बाथ रोड के समानांतर उड़ रहा था। चालक दल इस भटकाव को इसलिए नहीं देख सकता था, क्योंकि कोहरा काफ़ी घना था। विमान अब ए4 रोड के बगल में बने होटलों की क़तारों से भिड़ने वाला था।

सिर्फ़ 125 फुट पर ही स्टुअर्ट ने अंततः ऊपर उठकर चक्कर काटने का आदेश दिया, लेकिन इस काम में पल भर की देर हो गई। जब तक वे इंजन को तेज़ करें और इसकी नाक को ऊपर की तरफ़ मोड़ें, तब तक विमान पचास फुट और नीचे आ गया। यह पेंटा होटल की छत के इतने क़रीब आ गया था कि गलियारों में लगे आग छिड़काव यंत्र चालू हो गए, जिसका उल्लेख बाद में अख़बार वालों ने किया। कोहरे के बीच भी विमान का निचला हिस्सा वहाँ खड़े दर्शकों को दिख रहा था, जब यह अपने सबसे निचले बिंदु तक पहुँचा और फिर आसमान में दोबारा ऊपर उठने लगा।

होटल की कार पार्किंग में कार अलार्म बजने लगे। होटल में ऊँघ रहे लोग अचानक हुए इस शोर से जाग गए। सड़कों पर लोग तितर-बितर हो गए, जब विमान अपने न्यूनतम बिंदु पर पहुँचा, जिसका निचला हिस्सा कोहरे में से दिख रहा था। कॉकपिट में लफ़िंघम ने कोहरे के बीच से बाईं तरफ़ दूर रनवे की बत्तियों की झलक देखी। गो-अराउंड के बाद विमान सुरक्षित तरीक़े से उतर गया, जिसका केबिन में बैठे यात्रियों ने हर्षध्वनि से स्वागत किया।

तुरंत ही जाँच शुरू कर दी गई। एक जम्बो जेट होटल की इमारत को छूने के क़रीब आ गया था और यह निश्चित रूप से ब्रिटिश उड्डयन इतिहास की सबसे भीषण दुर्घटना होती। अगर विमान 60 इंच और नीचे आ जाता, तो यह पेंटा होटल से टकरा जाता और लगभग निश्चित रूप से इसे तबाह कर देता।

जनता के कई लोगों की नज़रों में स्टुअर्ट का दोष स्पष्ट था, हालाँकि उन्होंने अंततः एक बड़ी दुर्घटना टाल दी थी, लेकिन उन्होंने प्रोटोकॉल की अवहेलना की थी। जब विमान न्यूनतम ऊँचाई से कम पर उड़ा था, तो इसकी कमान उन्हीं के हाथों में थी।

इस बात को ध्यान में रखकर हम देख सकते हैं कि इस घटना का दोष स्टुअर्ट पर मढ़ना इतना ललचाने वाला क्यों रहा होगा? जनता ब्रिटिश एयरवेज़ और नियामक संस्था द सिविल एविएशन एथॉरिटी पर अँगुलियाँ उठा रही थी। इसका दोष पायलट पर मढ़ने से वे शायद यह उम्मीद कर रहे थे ग़लत निगरानी और तकनीकों के लिए उनकी निंदा नहीं की जाएगी।

अठारह महीने बाद 8 मई 1991 को स्टुअर्ट को दक्षिण-पश्चिम लंदन में आइलवर्थ क्राउन कोर्ट में सज़ा सुनाई गई। जूरी ने निर्णय लिया कि वे नियम तोड़ने के दोषी हैं और उनकी वजह से दक्षिण-पश्चिम लंदन में तबाही होते-होते बची। एक अनुभवी पायलट एक अपराधी बन गया था।

लेकिन उस उड़ान में दरअसल क्या हुआ था? क्या स्टुअर्ट दोष देने योग्य थे? क्या वे लापरवाह थे? या फिर वे सिर्फ़ अप्रत्याशित घटनाओं की श्रृंखला पर प्रतिक्रिया कर रहे थे, जो लगभग किसी भी व्यक्ति को तबाही की ओर ले जा सकती थीं?

इस घटना की गहराई से जाँच करते समय हम पत्रकार स्टीफ़न विलकिन्सन की महत्त्वपूर्ण रिपोर्ट और मुक़दमे के अप्रकाशित काग़ज़ात की

जानकारी का लाभ लेंगे, साथ ही ब्रिटिश एयरवेज़ के आंतरिक जाँच तथा चश्मदीद गवाहों से लिए गए साक्षात्कारों के गोपनीय दस्तावेज़ों का भी।

क्योंकि जैसा पता चलता है, कहानी तब शुरू नहीं होती है, जब बोइंग 747 हीथ्रो के क़रीब पहुँचा था या उस पल भी नहीं, जब यह बहरीन से चला था। इसके बजाय यह तो दो दिन पहले शुरू होती है, जब चालक दल ने मॉरीशस में पड़ाव के दौरान एक चाइनीज़ डिनर लिया था।

III

यह एक लंबी यात्रा थी। चालक दल मॉरीशस में उतरने से पहले कई दिनों की उड़ानों में शामिल था और इसने निर्णय लिया कि इकट्ठे डिनर लेकर थकान उतारना अच्छा रहेगा। विलियम स्टुअर्ट फ़र्स्ट ऑफ़िसर टिम लफ़िंघम के पास बैठे थे। इंजीनियर ब्रायन लीवरशा भी अपनी पत्नी कैरोल के साथ वहाँ थे, जो इस यात्रा पर साथ आई थीं। यह एक सुखद शाम थी।

लेकिन जब चालक दल यात्रा के अगले चरण के लिए बहरीन पहुँचा, तो लगभग हर व्यक्ति को गैस्ट्रोएंट्राइटिस की बीमारी हो गई। कैरोल लीवरशा की हालत सबसे ख़राब थी। ब्रायन ने मॉरीशस से ही स्थानीय ब्रिटिश एयरवेज़ के अनुमोदित डॉक्टर को फ़ोन किया था, लेकिन वे उपलब्ध नहीं थे। इसके बजाय, डॉक्टर ने एक साथी डॉक्टर की अनुशंसा की थी, जो हालाँकि ब्रिटिश एयरवेज़ के रोस्टर पर नहीं थे, लेकिन उनका नाम अनुमोदित सूची में जुड़ने वाला था। उन्होंने कैरोल को दर्दनिवारक दवाएँ थीं और सुझाव दिया कि जिसे भी बीमार महसूस हो, वह उसे ये दवाएँ खिला दे।

दो दिन बाद बहरीन से लंदन तक की उड़ान आधी रात को 00.14 बजे थी। तथाकथित 'स्लिप टाइम' (पिछली उड़ान से उतरने के समय और अगली उड़ान भरने के समय के बीच की खाई) ने चालक दल की मुश्किलें बढ़ा दी थीं। वे देर रात को बहरीन पहुँचे थे और सोने चले गए थे, लेकिन उनका दिन व्यस्त रहा था और सामान्य स्थितियों में वे एक बार फिर सोने की तैयारी कर रहे होते। इसके बजाय उन्हें हीथ्रो तक की रात की उड़ान भरनी थी। वे गैस्ट्रोएंट्राइटिस के दुष्प्रभाव भी झेल रहे थे। यह आदर्श स्थिति नहीं थी।

लेकिन चालक दल पेशेवर था। वे 255 यात्रियों वाली उड़ान को थकान या पेट की ख़राबी की वजह से रद्द नहीं कराने वाले थे। जैसा लीवरशा (जिनकी उम्र अब 75 साल है) ने मुझे बताया, जब मैं ग्रामीण हैंपशायर में उनसे मिला : "कुछ कर्मियों की हालत बाक़ी से बदतर थी, लेकिन एक आम राय यह थी कि सबसे बुरे प्रभाव ख़त्म हो गए थे। हम सभी को यह महसूस हुआ कि यह ग़ैर-पेशेवर काम होगा कि हम बीए को हमारे एवज में दूसरा चालक दल भेजने को कहें, क्योंकि इसमें बहुत झंझट था। हम इस काम को पूरा करना चाहते थे।"

उड़ान शुरुआत से ही मुश्किल थी। तेज़ हवाओं की वजह से ईंधन के भंडार कम हो रहे थे। उड़ान भरने के कुछ ही समय बाद सह-पायलट लफ़िंघम की हालत पतली होने लगी। ऐसा लग रहा था, जैसे गैस्ट्रोएंट्राइटिस ने दोबारा हमला कर दिया था। उसने जम्प सीट में बैठी कैरोल लीवरशा से कुछ गोलियाँ लीं, फिर उसने कॉकपिट छोड़ने की अनुमति माँगी। स्टुअर्ट सहमत हो गए। लफ़िंघम थोड़ी नींद लेने और वॉशरूम का इस्तेमाल करने के लिए फ़र्स्ट क्लास केबिन की ओर चले गए। अब विमान उड़ाने की ज़िम्मेदारी स्टुअर्ट और इंजीनियर के कंधों पर थी।

इस अवस्था में स्टुअर्ट ने विमान को उतारने के बारे में सोचा था। उन्होंने और लीवरशा ने तेहरान में उतरने पर बातचीत की, जो एकमात्र व्यावहारिक पड़ावों में से एक था, लेकिन वे ईरान की राजधानी की राजनीतिक स्थिति के बारे में चिंतित थे। उड़ान पूरी करना ही समझदारी भरा लग रहा था। आख़िरकार, यह असाधारण नहीं था कि सह-पायलट के बीमार होने पर पायलट अकेला ही विमान उड़ाए।

जब तक नॉवेम्बर ऑस्कर फ़्रैंकफ़र्ट के ऊपर पहुँचा, तब तक स्थिति बदतर और गंभीर हो चुकी थी। उन्हें बताया गया कि हीथ्रो में मौसम की हालत बहुत ख़राब है। घने कोहरे की वजह से बाहर कुछ नहीं दिख रहा था। लगभग शून्य दृष्टि थी। उन्हें विमान उतारने के लिए उपकरणों का उपयोग करना होगा, जिसे श्रेणी 3 परिस्थितियाँ कहा जाता है (सबसे मुश्किल परिस्थितियों में विमान उतारना)।

इससे तुरंत एक समस्या उत्पन्न हो गई। स्टुअर्ट और लीवरशा श्रेणी 3 के लिए सुयोग्य थे, लेकिन लफ़िंघम, जो ब्रिटिश एयरवेज़ में तुलनात्मक रूप

से नए थे, सुयोग्य नहीं थे। जब वे जर्मनी के ऊपर उड़ रहे थे, तो स्टुअर्ट ने फ़्रैंकफ़र्ट में ब्रिटिश एयरवेज़ ऑफ़िस को रेडियो संदेश भेजकर लफ़िंघम के लिए छूट माँगी : बुनियादी तौर पर एक शाब्दिक छूट, जिससे विमान को हीथ्रो में उतरने की अनुमति दे दी जाएगी। फ़्रैंकफ़र्ट ने पता लगाने के लिए लंदन फ़ोन किया।

दक्षिण-पश्चिम इंग्लैंड में कहीं पर ब्रिटिश एयरवेज़ का ड्यूटी पायलट शुरुआती घंटों में फ़ोन की वजह से जागा। वह मौखिक छूट देने के लिए सहमत हो गया। छूट देने को महत्त्वपूर्ण जोखिम नहीं माना जाता था, क्योंकि स्टुअर्ट श्रेणी 3 परिस्थितियों में विमान उतारने के लिए पूरी तरह सुयोग्य थे। वास्तव में, ये छूटें आमतौर पर हमेशा दे दी जाती थीं।

जब तक नॉवेम्बर ऑस्कर ब्रिटिश हवाई क्षेत्र में पहुँचा, तब तक लफ़िंघम दोबारा अपनी सीट पर लौट आए थे। विमान को लंदन के उत्तर-पूर्व में लैम्बर्न के ऊपर होल्डिंग पैटर्न या चक्कर लगाने की स्थिति में रखा गया। कैप्टन के पीछे बैठा लीवरशा थोड़ा असहज था। स्टुअर्ट पाँच घंटे से भी ज़्यादा समय से अँधेरे में लगभग अकेले विमान चला रहे थे, जिस दौरान उन्होंने केवल पंद्रह मिनट विश्राम किया था। मौसम की हालत बहुत ख़राब थी। ईंधन कम था। उन्होंने सोचा कि क्या उन्हें मार्ग बदलकर मैनचेस्टर चलना चाहिए, जहाँ मौसम बेहतर था। उन्होंने कहा, "चलो ग्लेन, मैनचेस्टर चलते हैं।"

स्टुअर्ट ने इस पर विचार किया। उन्होंने मैनचेस्टर और लंदन गैटविक की भी मौसम की परिस्थितियाँ पूछीं और दल ने विकल्पों पर ग़ौर किया। स्टुअर्ट मार्ग बदलने वाले थे, लेकिन तभी हीथ्रो ने आख़िरकार नॉवेम्बर ऑस्कर को उतरने की अनुमति दे दी।

तभी अचानक एक और जटिलता आ गई। वे पहले पश्चिम से हीथ्रो की ओर आने वाले थे, विंडसर के पार जाकर मुड़ने वाले थे और पूर्वी दिशा में उतरने वाले थे। उनके पास कॉकपिट में अपेक्षित मार्ग के चार्टों की फ़ाइल खुली थी, लेकिन अब एयर ट्रैफ़िक कंट्रोल ने उन्हें बताया कि कोहरा हल्का सा छँट गया था, मौसम की परिस्थितियाँ बदल गई थीं और इसलिए उन्हें पश्चिमी दिशा में उतरना चाहिए।

यह चुनौतीपूर्ण था, लेकिन किसी तरह से विनाशकारी नहीं था। 8,000 फुट पर विमान आमतौर पर 240 नॉट की गति से चलते हैं। ज़मीन छूते

समय इसे घटाकर 140 नॉट करना पड़ता है, वरना ब्रेक विमान को रनवे के सिरे पर नहीं रोक पाएँगे। इंजन के दबाव को कम करके और डैनों का इस्तेमाल करके विमान उतारते वक्त गति निरंतर कम की जाती है। इसे पूरा करने के लिए कुछ 'ट्रैक मीलों' की ज़रूरत होती है।

लेकिन दूरी अब घटकर 25 मील हो गई थी। केबिन में कामकाज का बोझ काफ़ी बढ़ गया था। उन्हें फ़ाइल से नए ग्राफ़ निकालने थे और वहाँ पहुँचने का एक नया मानसिक मॉडल बनाना था। 10 नॉट की हवा भी विमान के पीछे से आ रही थी, जिससे दबाव बढ़ गया था। चालक दल का सुचारू आदान-प्रदान दबाव में आ रहा था।

लेकिन एक और अप्रत्याशित समस्या भी थी। हीथ्रो के बाहर रंगीन कोड वाली बत्तियाँ लगी हैं, जो ज़मीन पर क्रिसमस ट्री जैसी दिखती हैं और उन्हें देखकर पायलट समझ जाता है कि उसे कहाँ विमान उतारना है। एटीसी ने रेडियो संदेश भेजकर कहा कि इनमें से कुछ बत्तियाँ काम नहीं कर रही थीं। इससे कोई ख़ास फ़र्क़ नहीं पड़ता था, क्योंकि वैसे भी बाहर कुछ नहीं दिख रहा था, लेकिन प्रोटोकॉल की माँग थी कि काम के बोझ तले लीवरशा उस पल जाँचसूची से गुज़रें।

फिर एक और समस्या आ गई : उन्हें काफ़ी देर से उतरने की अनुमति दी गई। घने कोहरे का मतलब था कि हीथ्रो के ऊपर बहुत सारे विमान चक्कर लगा रहे थे, जिससे विमान के ज़मीन पर उतरने की दूरी कम हो गई। एयर ट्रैफ़िक कंट्रोल दबाव में था। वे एक बढ़ते हुए दबाव वाली स्थिति में अपने सर्वश्रेष्ठ प्रयास कर रहे थे। बाद में पता चला कि नॉवेम्बर ऑस्कर को जो अनुमति दी गई, वह इतनी देर से दी गई कि यह नियमों की अवहेलना थी। जल्दबाज़ी में विमान उतारने का दबाव चरम सीमा पर पहुँच गया था।

लेकिन शायद इसमें से कुछ भी मायने नहीं रखता, सिवाय अप्रत्याशित घटनाओं की लंबी कड़ी की आख़िरी समस्या के। स्टुअर्ट थके हुए थे और भारी दबाव में थे। उन्हें अपनी खिड़कियों के बाहर सफ़ेद कोहरे के सिवाय कुछ नहीं दिख रहा था, इसलिए उनकी निगाहें मशीनों पर टिकी थीं। रनवे के दूर वाले छोर से दो रेडियो बीमें पार्श्व और लंबवत् मार्गदर्शन भेज रही थीं और नॉवेम्बर ऑस्कर के लिए अनिवार्य था कि इनके सहारे यह सही मार्ग पर उतरने के लिए ख़ुद को व्यवस्थित कर ले।

लेकिन ऑटोपायलट पार्श्व संकेत को पकड़ नहीं पा रहा था। यह लगभग तय है कि एयर फ़्रांस का विमान, जो आने वाले विमान की कम दूरी के कारण हीथ्रो के रनवे पर अब भी मौजूद था, बीम को परावर्तित कर रहा था। स्टुअर्ट, जो बोइंग 747 के स्वचालित कार्यों के बारे में हीन राय रखते थे, अब लोकेलाइज़र और ग्लाइडस्कोप पर निगाह गड़ाए थे, जिन्हें संकेतों को पकड़ लेना चाहिए था।

विमान अब लंदन के आसमान से 700 फुट प्रति मिनट की गति से नीचे आ रहा था। यह लगभग 200 मील प्रति घंटे की गति से चल रहा था। कॉकपिट में भारी तनाव था, लेकिन ऑटोपायलट रेडियो संकेत को लॉक नहीं कर पा रहा था। इसके बजाय यह 'ऊपर-नीचे' हो रहा था। जैसा पत्रकार स्टीफ़ैन विलकिन्सन ने घटना संबंधी रिपोर्ट में लिखा था, "विमान 'लोकेलाइज़र बीम के आगे-पीछे झूल रहा था, जैसे कोई नौसिखिया शिकारी कुत्ता करता है, जब उसे गंध पकड़ में नहीं आती है।"

विमान अब 1,000 फुट की क़ानूनी न्यूनतम सीमा से नीचे आ चुका था। तकनीकी दृष्टि से स्टुअर्ट ने नियम तोड़ दिया था। कॉकपिट में किसी को यह बात मालूम नहीं थी, लेकिन विमान अब विमानतल की परिधि के पार भटक गया था और तेज़ी से बाथ रोड के पास बनी होटलों की लंबी क़तार की ओर जा रहा था। प्रोटोकॉल के अनुसार स्टुअर्ट को विमानतल का चक्कर लगाने का आदेश देना चाहिए था।

लेकिन वे थके हुए थे। ईंधन की हालत ख़राब थी। उनका फ़र्स्ट ऑफ़िसर अब भी बीमारी के कारण पूरे होशोहवास में नहीं था और इसके अलावा वह मदद करने के लिए पात्र भी नहीं था। गोल चक्कर लगाना भी कोई जोखिम रहित विकल्प नहीं था। एयर ट्रैफ़िक कंट्रोल ने पहले बताया था कि कोहरा छँट रहा है, जिससे लीवरशा ने बाद में तर्क दिया कि इससे स्टुअर्ट को यह हक़ मिलता है कि वे यह देखने के लिए कुछ अति महत्त्वपूर्ण पल इंतज़ार करें कि विमान कोहरे से बाहर निकल पाता है या नहीं, ताकि वे रनवे को अपनी आँखों से देख सकें।

कुछ ही पल बाद विमान 250 फुट पर था। पेंटा होटल की छत टक्कर से छह सेकंड से भी कम दूरी पर थी। स्टुअर्ट अपनी निगाहें कॉकपिट की खिड़की से बाहर गड़ा रहे थे, बौखलाकर सुबह की धुंध में से रनवे की

सफ़ेद बत्तियों को खोज रहे थे। 255 यात्री तो आसन्न विभीषिका से पूरी तरह अनजान थे। यहाँ तक कि कैरोल लीवरशा भी, जो कॉकपिट की जम्प सीट में बैठकर डीन कून्ट्ज़ का उपन्यास पढ़ रही थीं, स्थिति के ख़तरे को नहीं पकड़ पाई थीं। उन्हें भी पता नहीं था कि उनका विमान विनाश के कितने क़रीब था।

ज़मीन से 125 फुट ऊपर रहने पर स्टुअर्ट ने आख़िर गोल चक्कर लगाने का आदेश दिया। प्रोटोकॉल के अनुसार उन्हें ज़्यादा से ज़्यादा तेज़ी से ऊपर हो जाना चाहिए था (अंदरूनी लोग इसे 'मिनिमम हाइट लॉस टेक्निक' कहते हैं), लेकिन वे थोड़े धीमे थे। जब तक इंजनों में जान फूँकी गई, तब तक विमान 50 फुट और नीचे आ गया। जाँचकर्ता बाद में यह आरोप लगाने वाले थे कि लंदन के कोहरे में 200 मील प्रति घंटे की गति से उड़ने वाले 200 टन के जेट का निचला हिस्सा पेंटा होटल की छत के 5 फुट ऊपर तक आ गया था।

जैसा अब हम जानते हैं, गोल चक्कर लगाने के बाद विमान सुरक्षित और सुचारू रूप से उतर गया। जैसा पहले ही बताया गया था, यात्रियों ने हर्षध्वनि की। लफ़िंघम ने ग़ौर किया कि स्टुअर्ट के हाथ काँप रहे थे। उन्हें निर्धारित समय से बस कुछ ही मिनट की देर हुई थी। उस पल स्टुअर्ट को सचमुच विश्वास था कि उन्होंने उन सबसे मुश्किल परिस्थितियों में अपना सर्वश्रेष्ठ काम किया था, जिसका अनुभव उन्होंने पायलट के रूप में कभी किया था। उन्होंने गहरी साँस ली और अपनी आँखें एक-दो पल के लिए बंद कर लीं, मानो ईश्वर को धन्यवाद दे रहे हों।

अब बताएँ, क्या दोष स्टुअर्ट का था? क्या वे अपराधी थे? या वे सिर्फ़ मुश्किलों की एक ऐसी श्रृंखला पर प्रतिक्रिया कर रहे थे, जिसे कोई भी पहले से नहीं भाँप सकता था?

घटना के संक्षिप्त संस्करण में स्टुअर्ट दोषी नज़र आते हैं। आख़िर, उन्होंने नियम के हिसाब से आवश्यक न्यूनतम ऊँचाई से कम पर विमान उड़ाया था, लेकिन जब हम थोड़ी ज़्यादा दृढ़ता से पृष्ठभूमि की जाँच करते हैं, तो एक नए दृष्टिकोण का पता चलता है। हम पृष्ठभूमि में मँडराते सूक्ष्म घटकों को देखते हैं। हमें स्टुअर्ट की उच्च दबाव की वास्तविकता का अहसास होता है, जब उनके सामने कई सारी अप्रत्याशित घटनाएँ एक साथ

आईं। अचानक वे ऐसे पायलट नज़र आते हैं, जो मुश्किल परिस्थितियों में अपना सर्वश्रेष्ठ कार्य कर रहे थे। हो सकता है कि उन्होंने आदर्श ढंग से काम न किया हो, लेकिन वे निश्चित रूप से अपराधी की तरह काम करते भी नज़र नहीं आते हैं।

मैंने दर्जनों पायलटों, जाँचकर्ताओं और अधिकारियों से नॉवेम्बर ऑस्कर घटना पर बात की और हालाँकि दृष्टिकोण भिन्न-भिन्न हैं, लेकिन एक व्यापक आम राय यह है कि स्टुअर्ट पर दोष मढ़ना ग़लत था। ब्रिटिश एयरवेज़ ने यह ग़लत काम किया कि उनकी निंदा की और सीएए के वकीलों ने उन पर मुक़दमा चलाकर ग़लती की। क्यों? क्योंकि अगर पायलटों को यह पता चल जाता है कि उन पर अनुचित दोष मढ़ा जाएगा, तो वे अपनी ग़लतियों और लगभग होने वाली चूकों को नहीं बताएँगे तथा इस तरह उस मूल्यवान जानकारी को दबा लेंगे, जिसकी वजह से उड्डयन का सुरक्षा रिकॉर्ड इतना उल्लेखनीय है। इसीलिए दोष कभी भी कंपनी के या राजनीतिक लाभ की वजह से नहीं देना चाहिए, बल्कि पेशेवर लोगों के काम की जटिलता की ज़मीनी समझ वाले विशेषज्ञों द्वारा उचित जाँच के बाद ही देना चाहिए।

जूरी ने तथ्यों पर निर्णय लेने की सर्वश्रेष्ठ कोशिश की, लेकिन एक शांत अदालत में बैठकर उन क्षणिक चयनों के बारे में निर्णय लेना आसान नहीं होता, जो लगभग 200 मील प्रति घंटे की गति से घने कोहरे में उड़ रहे 200 टन के जम्बो जेट के कॉकपिट में किए गए थे।

अगर ऑस्कर नॉवेम्बर घटना कुछ दिखाती है, तो यह कि दोषारोपण के खेल में शामिल होना कितना आसान होता है। एक त्रासदी लगभग होते-होते बची, इसलिए किसी न किसी को तो सज़ा मिलनी ही चाहिए। उड्डयन आमतौर पर ऐसा उद्योग है, जिसमें ग़लती के प्रति सशक्तिकरण का नज़रिया रखा जाता है और इसे न्यायपूर्ण संस्कृति के मामले में सही मायने में लीडर माना जाता है। यह दोषारोपण में शायद ही कभी संलग्न होता है और ग़लतियों का इस्तेमाल सीखने के लिए करता है। यह ज़ोर देने लायक़ है, क्योंकि विलियम ग्लेन स्टुअर्ट के प्रकरण को उन सबक़ों को धुँधला नहीं करना चाहिए, जो हमने पुस्तक के खंड 1 में उड्डयन से सीखे थे।

लेकिन ऑस्कर नॉवेम्बर घटना यह उजागर करती है कि उड्डयन जैसा पथप्रदर्शक उद्योग भी दोषारोपण की प्रवृत्ति से *पूरी तरह* अछूता नहीं

है। और शायद यह किसी दूसरी चीज़ से ज़्यादा यह उजागर करता है कि हमें दोषारोपण के भाव को हमेशा के लिए मिटाने के लिए कितनी दूर तक यात्रा करनी होगी।

जाड़े की एक ठंडी सुबह मैं फ़्लाइट इंजीनियर ब्रायन लीवरशा और उनकी पत्नी कैरोल से मिलने गया। उस घटना के बाद लीवरशा ने ब्रिटिश एयरवेज़ छोड़ दी थी, क्योंकि वे इस बात पर दुखी थे कि उनके तथा उनके दल के साथी सदस्यों के साथ कितना बुरा सलूक किया गया था। दंपति पिछले तीन दशकों से लंदन से चालीस मील दूर एक ग्रामीण एकांतस्थल में रह रहे हैं।

लीवरशा के पास ब्रिटिश उड्डयन इतिहास की सबसे मशहूर क़रीबी-घटना पर विचार करने के लिए बीस साल से ज़्यादा समय था। हमारी मुलाक़ात के दौरान ज़्यादातर समय उन्होंने अपने मित्र विलियम ग्लेन स्टुअर्ट के बारे में बातचीत की, वे पायलट जिन्हें अपराधी बना दिया गया था। लीवरशा ने कहा, "इतने बढ़िया आदमी, इतने सभ्य और विचारशील! अपने शिष्टाचार और कर्तव्य के अहसास में वे पुराने ज़माने के थे।"

सज़ा सुनाते समय न्यायाधीश ने स्टुअर्ट को 2000 पौंड जुर्माने और 45 दिन की क़ैद के बीच विकल्प चुनने को कहा : उन्होंने जुर्माना भरने का चुनाव किया। "इतनी कम सज़ा यह तथ्य बताती थी कि जज को लगता था कि इस मामले में मुक़दमा चलना ही नहीं चाहिए था," लीवरशा कहते हैं। "लेकिन ग्लेन इस पूरे प्रकरण से बुरी तरह आहत हो गए थे। वे मुक़दमे और सज़ा से अपमानित महसूस कर रहे थे। वे बहुत शालीन इंसान थे। घटना के सिर्फ़ तीन दिन बाद उन्होंने मुझे और सह-पायलट को पत्र लिखकर पूरी ज़िम्मेदारी ली।"

लीवरशा ने मुझे एक कार्डबोर्ड बॉक्स दिया, जो घटना से संबंधित काग़ज़ात, नोट्स और रिपोर्टों से दस इंच भरा था। अगले कुछ हफ़्तों तक मैं काग़ज़ खँगालता रहा, जिनमें ब्रिटिश एयरवेज़ की आंतरिक रिपोर्टें थीं, क़ानूनी टीमों के साथ पत्राचार था और घटना संबंधी तकनीकी डाटा था। इसे तीन चौथाई हटाने के बाद मुझे वह पत्र मिला, जो स्टुअर्ट ने लीवरशा को लिखा था। इसने यह उजागर किया कि आइलवर्थ क्राउन कोर्ट में सरकारी वकीलों के सामने कठघरे में खड़े होने वाले व्यक्ति में सम्मान का कितना

अहसास था, जो अदालत आमतौर पर हत्यारों, चोरों और धोखेबाज़ों के लिए सुरक्षित होती है।

> प्रिय ब्रायन,
>
> मैं यह बताना चाहूँगा कि पिछली यात्रा के दौरान... आपने अपने कर्तव्यों का निर्वाह उसी ख़ूबी से किया, जिसकी उम्मीद मैं अनुभवी फ़्लाइट इंजीनियरों से करता आया हूँ, बल्कि मैं यह भी जानता हूँ कि आपने ऑफ़िस मैन्युअल्स में लिखी चीज़ों से काफ़ी आगे तक जाकर कर्तव्यों का निर्वाह किया। आपकी सहायता से मेरा काम ज़्यादा आसान बनता है... गोल चक्कर लगाने वाली घटना के संबंध में मेरी राय यह है कि आपने उत्कृष्ट व्यवहार किया और मैन्युअल्स में लिखे सभी मानक तथा ग़ैर मानक कार्य किए, साथ ही स्वागतयोग्य अतिरिक्त कार्य भी किए। शाबाश, मैं इससे बेहतर की अपेक्षा नहीं कर सकता था।

लीवरशा ने कहा :

> अगर उन्होंने कोई ग़लती की, तो वह यह थी कि उन्होंने एयरलाइन जाँच में पूरा सहयोग नहीं दिया, लेकिन इसका कारण यह था कि उन्हें यह अहसास हो गया था कि एयरलाइन शुरू से ही उन्हें फँसाने की फिराक में थी। वे एक पारिवारिक इंसान थे, जिन्हें उनकी पत्नी सामंता और बच्चे प्रेम करते थे। और आप जानते हैं, उन्हें विमान चलाने से प्रेम था। वे इस क्षेत्र में बचपन से ही आ गए थे, जब उन्होंने आरएएफ़ ल्यूकर्स पर टाइगर मॉथ्स को हवा में उड़ते देखा, सेंट ऐंड्रयूज गोल्फ़ क्लब से खाड़ी के ऊपर। वह जगह उनके लिए बहुत मायने रखती होगी। यहीं पर विमान उड़ाने के प्रति उनके प्रेम का जन्म हुआ था।

स्टुअर्ट की अंतिम यात्रा 1 दिसंबर 1992 को हुई। पेंटा होटल के गलियारों में अग्नि छिड़काव यंत्रों को सक्रिय करने वाली बी747 – 136 की घटना के तीन साल और नौ दिन बाद। इस घटना का ब्योरा पत्रकार स्टीफ़ैन विलकिन्सन ने प्रभावी सारगर्भित अंदाज़ में दिया है :

वे अपनी पत्नी से एक भी शब्द बोले बिना वोकिंघम के अपने छोटे घर से बाहर निकले। वे नौ घंटे तक कार चलाकर आरएएफ़ ल्यूकर्स के क़रीब स्कॉटलैंड में अपने जन्मस्थान से दस मील दूर एक समुद्र तट तक पहुँचे।

स्टुअर्ट ने एग्ज़ॉस्ट पाइप में एक रबर का पाइप लगाया, लगभग बंद खिड़की में से इसे कार के अंदर खींचा और कुछ ही पलों में अपना दम घोंट लिया। उन्होंने अपने इस काम को स्पष्ट करने के लिए किसी तरह का पत्र या वर्णन नहीं छोड़ा।

खंड VI

विकास की संस्कृति बनाना

13

बेकहेम प्रभाव

I

डेविड बेकहेम इंग्लैंड के सर्वश्रेष्ठ फ़ुटबॉल खिलाड़ियों में से एक हैं। वे इंग्लैंड टीम का 115 बार प्रतिनिधित्व करने वाले आउटफ़ील्ड खिलाड़ी का रिकॉर्ड बना चुके हैं। उन्होंने छह साल तक 59 मैचों में इंग्लैंड की कप्तानी की और तीन विश्व कपों में गोल दागे।

क्लब खिलाड़ी के रूप में उन्होंने प्रीमियर लीग का ख़िताब छह बार जीता, एफ़ए कप दो बार जीता और मैनचेस्टर यूनाइटेड में रहते हुए यूईएफ़ए चैंपियन्स लीग एक बार जीती। उन्होंने रियल मैड्रिड की ओर से खेलते समय ला लीगा कप जीता, एलए गैलेक्सी में खेलते समय दो बार मेजर लीग सॉकर कप जीता और लोन की दो अवधियों के दौरान ए.सी. मिलान की सफलता में योगदान दिया।

बेकहेम दो क्षेत्रों में बेजोड़ थे : फ़्री किक और क्रॉस देना। उन्हें डेड बॉल का सर्वश्रेष्ठ विशेषज्ञ कहा जाता था। शायद उन्होंने अपना सबसे मशहूर गोल तब किया, जब इंग्लैंड 2001 में ग्रीस के ख़िलाफ़ एक महत्त्वपूर्ण मैच खेल रही थी और मैच ख़त्म होने में ढाई मिनट का ही समय बचा था। 2002 के विश्व कप के लिए क्वालिफ़ाई करने की गारंटी हासिल करने के वास्ते इस मैच में इंग्लैंड को कम से कम ड्रॉ करना था। उस वक्त वे 2-1 से पीछे थे।

तभी ग्रीस के बॉक्स के दस गज़ बाहर एक फ़ाउल हुआ। बेकहेम ने ज़मीन पर गेंद रखी और फिर चुनौती को समझने के लिए पीछे हटे। उन्होंने अपना रन-अप लिया और बिल्कुल प्रयासरहित तरीक़े से, जिसे यूट्यूब

पर देखकर आज भी लोग मंत्रमुग्ध रह जाते हैं, उन्होंने फ़ुटबॉल को चार आदमियों की दीवार के पास से घुमाकर तीस गज़ से भी ज़्यादा दूरी पर गोल के ऊपर वाले कोने में पहुँचा दिया। इसकी दिशा विशुद्ध कलात्मक थी। यह मैच की आख़िरी महत्त्वपूर्ण किक थी।

आश्चर्यजनक तथ्य यह है कि बेकहेम ने अपने करियर में फ़्री किक से कुल मिलाकर 65 गोल किए : 29 मैनचेस्टर यूनाइटेड के लिए, 14 रियल मैड्रिड के लिए, 12 एलए गैलेक्सी के लिए, 7 इंग्लैंड की राष्ट्रीय टीम के लिए, 2 प्रेस्टन नॉर्थ ऐंड के लिए और 1 ए.सी. मिलान के लिए। जब आप खुले खेल में उनके योगदान, उनके रक्षात्मक स्टैमिना और अपनी टीम के साथियों को गोल करने के अवसर देने की उनकी क्षमता को भी जोड़ लेते हैं, तो यह बेहतरीन रिकॉर्ड है।

अब हम बेकहेम के बचपन की ओर नज़र डालकर देखते हैं कि उन्होंने यह महारत कैसे हासिल की। छह साल की उम्र में वे ईस्ट लंदन में अपने घर के पीछे के छोटे आँगन में पूरी दोपहर अभ्यास करते थे। वे गेंद को बगैर गिराए ज़्यादा से ज़्यादा समय तक हवा में रखने का अभ्यास करते थे। ज़्यादातर बच्चे इसी तरह गेंद को नियंत्रित करना सीखते हैं : गेंद को लात मारकर, घुटने मारकर और सिर मारकर हवा में बनाए रखने की कोशिश। यह सबसे लोकप्रिय प्रशिक्षण तकनीकों में से एक है।

शुरुआत में तो छोटे डेविड काफ़ी औसत थे। वे पाँच-छह बार ही गेंद पर मार पाते थे, जिसके बाद यह उनके नियंत्रण से बाहर हो जाती थी और ज़मीन पर गिर जाती थी, लेकिन वे इस काम में डटे रहे। उन्होंने एक के बाद एक दोपहर गुज़ारीं, बार-बार फिसले, लेकिन हर ग़लती के साथ सीखते रहे कि गेंद को कुशलता से ऊपर कैसे रखना है, अपनी एकाग्रता को क़ायम कैसे रखना है और क्रम को जारी रखने के लिए अपने शरीर को सही स्थिति में कैसे लाना है।

उनकी माँ सैन्ड्रा खाना बनाते समय किचन की खिड़की से उन्हें अभ्यास करते देखती थीं। उन्होंने मुझे बताया, "मैं यह देखकर हैरान थी कि वह कितना समर्पित था। वह जैसे ही स्कूल से आता था, अपने इस काम में लग जाता था और इसे तब तक करता रहता था, जब तक कि उसके डैडी ऑफ़िस से घर नहीं लौटते थे, फिर वे दोनों थोड़ा और अभ्यास करने

के लिए पार्क जाते थे। कड़ी मेहनत की भूख के मामले में वह बहुत कमाल का बच्चा था।"

धीरे-धीरे बेकहेम में सुधार होने लगा। छह महीने बाद वे गेंद को ज़मीन पर गिराए बिना 50 प्रहार कर सकते थे। छह महीने बाद वे 200 कर सकते थे। जब तक उनकी उम्र 9 साल हुई, वे एक नए रिकॉर्ड पर पहुँच गए : 2,003। कुल मिलाकर इस पूरी श्रृँखला में लगभग पंद्रह मिनट का समय लगता था और तब तक उनके पैर दुख जाते थे।

अगर कोई बाहरी व्यक्ति उनका यह करतब देखता, तो उसे यह चमत्कारी लगता। यह तर्क की श्रृँखला दिखती। एक बार भी ज़मीन को छुए बिना 2,003 बार शरीर से गेंद पर प्रहार करना! यह जीनियस का हुनर दिखता।

लेकिन सैन्ड्रा को यह बहुत अलग दिखता था, क्योंकि उन्होंने तीन साल तक किचन की खिड़की से उनके विकट अभ्यास को देखा था। उन्होंने वे असंख्य असफलताएँ देखी थीं, जिनकी वजह से यह प्रगति हुई थी। वे बेकहेम की तमाम कुंठाओं और निराशाओं की साक्षी रही थीं। और उन्होंने देखा था कि छोटे डेविड ने हर एक निराशा से कैसे सीखा था।

2,003 के आँकड़े पर पहुँचने के बाद बेकहेम इस नतीजे पर पहुँचे कि वे फुटबॉल को हवा में रखने की कला में माहिर हो चुके हैं, इसलिए उन्होंने अपना ध्यान एक नई चीज़ पर केंद्रित किया। आपने अंदाज़ा लगा लिया होगा : फ़्री किक। वे हर शाम इसका अभ्यास करने लगे। उनके पिता टेड स्थानीय पार्क में एक शेड में खड़े हो जाते थे और बेकहेम उस शेड की खिड़की के बाहर की जाली का निशाना बनाकर अभ्यास करते थे।

उनके डैडी प्रायः बेकहेम और लक्ष्य के बीच में खड़े हो जाते थे, जिससे बेकहेम को उनके पास से फुटबॉल मोड़ने के लिए विवश होना पड़ता था। समय के साथ फुटबॉल ज़्यादा दूर से मुड़ने लगी, जिससे बेकहेम ज़्यादा शक्ति और गति से प्रहार करने के लिए प्रोत्साहित हुए। फुटबॉल को हवा में रखने की तरह ही यहाँ भी उन्होंने हर प्रयास के बाद सुधार किया।

टेड ने मुझे बताया, "दो साल बाद लोग रुककर देखने लगे। उसने उस पार्क में 50,000 से ज़्यादा फ़्री किक ली होंगी। उसमें गज़ब की भूख थी।"

2014 के वसंत में मैं बेकहेम से बात करने के लिए पेरिस गया। पेरिस सेंट-जर्मेन में यह उनका आख़िरी साल था और वे चैंप्स-एलिसीज़ के क़रीब होटल ले ब्रिस्टल में रह रहे थे। उन्होंने कहा, "जब लोग मेरे फ़्री किक के बारे में बात करते हैं, तो वे मेरे किए हुए गोलों पर ध्यान केंद्रित करते हैं, लेकिन जब मैं फ़्री किक के बारे में सोचता हूँ, तो मैं अपनी तमाम असफलताओं के बारे में सोचता हूँ। हज़ारों-लाखों बार चूकने के बाद ही मैं इसे सही कर पाया।"

मटमैले रंग की बीनी कैप, फटी जीन्स और सफ़ेद टी-शर्ट में आराम कर रहे बेकहेम ने अपने पूरे करियर में इसी मेहनती जज़्बे को क़ायम रखा। जब वे इंग्लैंड के कप्तान थे, तो यह मशहूर था कि वे प्रैक्टिस के बाद भी मैदान में रुक जाते थे, ताकि वे अपनी फ़्री किक का अच्छा अभ्यास कर सकें। मेरी मुलाक़ात के एक दिन पहले वे अपनी तकनीक और सटीकता पर काम करने के लिए पेरिस सेंट-जर्मेन के प्रशिक्षण स्थल पर दो घंटे ज़्यादा रुके रहे।

अब भी वे इस पर मेहनत कर रहे हैं कि सुधार कैसे करना है, अपनी ग़लतियों से कैसे सीखना है, जबकि उनके करियर की साँझ ढल रही है। "अगर आप बेहतर बनना चाहते हैं, तो आपको ख़ुद को धकाना पड़ता है... इस यात्रा के बिना मैं सफल नहीं हो पाता।"

यह आश्चर्यजनक है कि सफल लोगों का असफलता के प्रति जो दृष्टिकोण होता है, वह सहज बोध के विपरीत होता है। हर एक की तरह ही वे भी सफल होने की कोशिश करते हैं, लेकिन वे इस बारे में पूरी तरह जागरूक भी होते हैं कि इस पूरी प्रक्रिया के लिए असफलता कितनी अनिवार्य है। और वे यात्रा के इस हिस्से से दूर भागने के बजाय इसे गले लगाते हैं।

बास्केटबॉल के महान खिलाड़ी माइकल जॉर्डन का मामला देख लें। नाइकी के एक मशहूर विज्ञापन में उन्होंने कहा था, "मैं नौ हज़ार से ज़्यादा शॉट चूक गया हूँ। मैं लगभग तीन सौ मैच हारा हूँ। छब्बीस बार मुझ पर मैच जिताने वाला शॉट लेने के लिए भरोसा किया गया, लेकिन मैं चूक गया।"

कई लोगों को यह विज्ञापन अजीब लगा। अपनी ग़लतियों के बारे में डींगें क्यों हाँकना? लेकिन जॉर्डन के दृष्टिकोण से इसमें पूरी समझदारी थी। वे कहते हैं, "दृढ़ मन और मज़बूत दिल आपके चंद शारीरिक लाभों से बहुत

ज़्यादा शक्तिशाली होते हैं। मैंने हमेशा यह बात कही है और मैंने हमेशा इस पर विश्वास किया है।"

जेम्स डाइसन का भी यही दृष्टिकोण है। उन्हें एक बार 'असफलता का प्रचारक' कहा गया था। वे कहते हैं, "डाइसन में आने वाले लोगों में मैं जिस सबसे महत्त्वपूर्ण गुण की तलाश करता हूँ, वह है कोशिश करने, असफल होने और सीखने की इच्छाशक्ति। मैं इस जज़्बे से प्रेम करता हूँ, जो आज के संसार में बहुत ही दुर्लभ है।"

पिछले खंड में हमने देखा था कि दोष खुलेपन और सीखने को किस तरह नुक़सान पहुँचा सकता है और इसे कैसे सही किया जा सकता है, लेकिन खंड 2 में हमने ग़ौर किया था कि अर्थपूर्ण विकास का एक अलग और बहुत ही सूक्ष्म अवरोध होता है : असफलता का आंतरिक डर। ग़लतियाँ हमारे अहंकार के लिए जोखिम होती हैं। वे हमारे आत्म-गौरव को कम करती हैं। इस वजह से हममें से कई लोग अपनी ग़लतियाँ ख़ुद के सामने भी स्वीकार नहीं कर सकते - और मुश्किलें आते ही अक्सर कोशिश छोड़ देते हैं।

इस खंड में हम यह देखने जा रहे हैं कि दोनों प्रवृत्तियों से कैसे उबरा जाए, जो सीखने के काम को इतने सारे तरीक़ों से नुक़सान पहुँचाती हैं। हम यह जाँच करेंगे कि कुछ लोग और संगठन असफलता से निगाह मिलाने में क्यों सक्षम होते हैं, वे अपनी ग़लतियों के लिए बहाना बनाने के बजाय उनसे कैसे सीखते हैं, वे दोषारोपण के सहज बोध से कैसे बचते हैं। हम यह भी देखेंगे कि निराश होने के बंजाय वे कई विपत्तियों और चुनौतियों के बीच भी अपने प्रोत्साहन को कैसे क़ायम रख पाते हैं।

संक्षेप में : अगर असफलता से सीखना सफलता के लिए अत्यंत महत्त्वपूर्ण है, तो हम इसके आंतरिक तथा बाहरी अवरोधों से कैसे उबर सकते हैं?

II

2010 में मिशिगन स्टेट यूनिवर्सिटी के मनोवैज्ञानिक जैसन मोज़र और सहकर्मियों ने स्वयंसेवियों के समूह के साथ एक परीक्षण किया। उनके सिर पर एक इलेक्ट्रोएंसीफ़ैलोग्राफ़ी (या ईईजी) कैप लगा दी गई। इसमें कुछ इलेक्ट्रोड लगे थे, जो मस्तिष्क के आंतरिक वोल्टेज के उतार-चढ़ाव को मापते थे।

वास्तव में मोज़र यह देखना चाहते थे कि जब स्वयंसेवी ग़लतियाँ करते थे, तो तंत्रिकीय स्तर पर क्या हो होता है। उनकी रुचि ख़ासतौर पर दो मानसिक संकेतों में थी। एक को दोष संबंधी नकारात्मकता या ईआरएन कहा जाता है। यह 1990 में दो शोध टीमों द्वारा एक साथ खोजा गया था (बहुल स्वतंत्र खोज का एक और उदाहरण) और यह एक नकारात्मक संकेत है, जिसका उद्गम एंटीरियर सिंग्युलेट कॉर्टेक्स में होता है, वह मस्तिष्क क्षेत्र जो ध्यान के नियमन में मदद करता है। यह प्रतिक्रिया काफ़ी हद तक अनैच्छिक होती है और यह ग़लती पर मस्तिष्क की अनिवार्य प्रतिक्रिया है।

जिस दूसरे संकेत की जाँच की जा रही थी, वह था दोष सकारात्मकता या पीई। यह संकेत ग़लती करने के 200-500 मिली सेकंड बाद देखा जाता है और इसका संबंध ज़्यादा बढ़ी हुई जागरूकता से होता है। यह ईआरएन से अलग संकेत है, जो मस्तिष्क के एक अलग हिस्से से उत्पन्न होता है और यह तब मिलता है, जब हम अपनी ग़लतियों पर ध्यान केंद्रित करते हैं।

मोज़र जागरूक थे कि पिछले अध्ययनों ने दिखाया है कि जब मस्तिष्क में ये दोनों संकेत उत्पन्न होते हैं, तब लोगों में ज़्यादा तेज़ी से सीखने की प्रवृत्ति होती है। सबसे पहले एक ज़्यादा बड़ा ईआरएन संकेत (यानी ग़लती पर ज़्यादा बड़ी प्रतिक्रिया) और इसके बाद एक स्थिर पीई संकेत (यानी लोग ग़लती पर ध्यान दे रहे हैं, इस पर ध्यान केंद्रित कर रहे हैं, ताकि वे इससे संभवतः सीख सकें)।

प्रयोग शुरू करने से पहले मोज़र ने विद्यार्थियों को दो समूहों में इस आधार पर बाँटा कि उन्होंने एक पूर्व-निर्धारित प्रश्नावली का जवाब कैसे दिया था। प्रश्नों को इस तरह तैयार किया गया था, ताकि वे 'मानसिकता' को सामने लाएँ। निश्चित मानसिकता वाले लोगों के मन में यह विश्वास था कि उनकी बुद्धि या प्रतिभा जैसे बुनियादी गुण काफ़ी हद तक निश्चित होते हैं। वे इस तरह के कथनों से प्रबलता से सहमत हैं, जैसे 'आपमें बुद्धि की एक निश्चित मात्रा है और आप इसे बदलने के लिए दरअसल ज़्यादा कुछ नहीं कर सकते।'

दूसरी ओर, विकासशील मानसिकता वाले लोगों को यह विश्वास था कि कड़ी मेहनत से उनकी सबसे बुनियादी योग्यताएँ निखर सकती हैं। वे कुदरती बुद्धि को अप्रासंगिक नहीं मानते थे, बल्कि यह विश्वास करते थे कि

लगन और समर्पण के ज़रिये वे ज़्यादा स्मार्ट बन सकते हैं। समूह के रूप में वे इस तरह के कथनों से *सहमत नहीं थे* : "आपकी बुद्धि एक ऐसी चीज़ है, जिसे बदलने के लिए आप बहुत ज़्यादा नहीं कर सकते।"

मानसिकता उतनी दोहरी नहीं है, जितनी दिखती है। देखिए, ज़्यादातर लोगों में यह सोचने की प्रवृत्ति होती है कि सफलता प्रतिभा *और* अभ्यास के मिश्रण पर आधारित होती है, लेकिन प्रश्नावली स्वयंसेवियों को विवश करती हे कि वे इन मुद्दों के बारे में क्या सोचते हैं, उसके हिसाब से एक पैमाने पर रेटिंग दें। यह हमारे निहित विश्वासों और मान्यताओं में नीचे तक पैठती है, यानी वे विचार जो हमारे व्यवहार को अक्सर तब संचालित करते हैं, जब हमारे पास सोचने के लिए समय नहीं होता।

मोज़र ने स्वयंसेवियों को दो समूहों में विभाजित कर दिया और उनके सिरों पर ईईजी कैप लगा दिया। इसके बाद उन्होंने प्रयोग शुरू कर दिया। परीक्षण आसान था, नीरस होने की कगार तक। विद्यार्थियों को BBBBB या BBGBB जैसे पाँच अक्षरों के क्रम में सबसे बीच वाले अक्षर को पहचानना था। कई बार तो वह अक्षर बाक़ी चार के समान था, कई बार यह अलग था और एकाग्रता में कमी आने पर स्वयंसेवी समय-समय पर ग़लती कर देते थे।

बहरहाल जब मोज़र ने मस्तिष्क की विद्युत गतिविधि पर नज़र डाली, तो उन्हें ग़लतियों पर दोनों समूहों की प्रतिक्रिया में भारी अंतर नज़र आया। निश्चित मानसिकता और विकासशील मानसिकता वाले दोनों समूहों के लोगों ने प्रबल ईआरएन संकेत प्रदर्शित किया। आलंकारिक भाषा में कहें, तो जब चीज़ें ग़लत होती हैं, तो मस्तिष्क उन पर ध्यान देता है। कोई भी गड़बड़ नहीं करना चाहता, ख़ासतौर पर किसी अक्षर को पहचानने जैसी आसान चीज़ में।

लेकिन जब बात पीई संकेत की आती है, तो दोनों समूह आश्चर्यजनक रूप से भिन्न थे। विकासशील मानसिकता वाले लोगों का यह संकेत निश्चित मानसिकता वाले लोगों से बहुत ज़्यादा ऊँचा था। वास्तव में, निश्चित और विकास मानसिकता वाले स्पेक्ट्रम के अति वाले सिरों पर पीई संकेत *तीन गुना ज़्यादा बड़ा था* (5 के बजाय 15 के आयाम पर)। मोज़र ने कहा, "यह बहुत भारी फ़र्क़ है।"

ऐसा लग रहा था, मानो निश्चित मानसिकता वाले लोगों का मस्तिष्क ग़लतियों को नज़रअंदाज़ कर रहा था। यह उन पर ध्यान ही नहीं दे रहा

था। दूसरी ओर, विकासशील मानसिकता वाले लोगों के लिए ग़लती भारी रुचि की चीज़ लग रही थी, ध्यान इसकी ओर निर्देशित किया जाता था। इससे भी बढ़कर, पीई संकेत की प्रबलता का सीधा संबंध इस बात से भी होता था कि ग़लतियों के बाद प्रदर्शन में कितना सुधार हुआ।

मोज़र का प्रयोग मनमोहक है, क्योंकि यह इस पुस्तक के कई विचारों के लिए उपमा प्रदान करता है। जब हम अपनी ग़लतियों का विश्लेषण करते हैं, तो हम बेहतर बनते हैं। यह तंत्रों या प्रणालियों के स्तर पर सच है, जैसा हमने स्वास्थ्य सेवा और उड्डयन (या विज्ञान और छद्म-विज्ञान) की तुलना करते वक्त देखा। और यह व्यक्तियों के स्तर भी सच है, जैसा हमने डीएनए की दोषमुक्तियों के बाद अभियोजन पक्ष के वकीलों के बारे में देखा। एक तरह से यह मस्तिष्क के स्तर पर भी सच है।

लेकिन इससे यह भी स्पष्ट होता है कि कुछ लोग अपनी ग़लतियों से क्यों सीखते हैं, जबकि बाकी क्यों नहीं सीखते। मूलतः अंतर का कारण इस पर निर्भर करता है कि हम अपनी असफलताओं के बारे में किस तरह से *सोचते* हैं। परिभाषा के अनुसार, विकासशील मानसिकता वाले लोग ग़लती के बारे में जिस तरह सोचते हैं, वह निश्चित मानसिकता वाले लोगों की सोच से बहुत अलग होता है। चूँकि उन्हें यह विश्वास होता है कि प्रगति काफ़ी हद तक अभ्यास की वजह से होती है, इसलिए ज़ाहिर है, वे असफलता को सीखने का एक अवश्यंभावी पहलू मानते हैं।

क्या कोई हैरानी की बात है कि वे अपनी ग़लतियों पर ध्यान देते हैं और सीखने के अवसर खोजते हैं? क्या इसमें कोई हैरानी की बात है कि वे असफलता से पस्त नहीं होते? और क्या इसमें कोई हैरानी की बात है कि वे नीचे से ऊपर की पुनरावृत्तियों के प्रति सहानुभूतिपूर्ण होते हैं?

दूसरी ओर, जो लोग सोचते हैं कि सफलता प्रतिभा और नैसर्गिक बुद्धि से ही मिलती है, उनके ग़लतियों से ख़तरा महसूस करने की कहीं ज़्यादा संभावना होती है। वे असफलताओं को इस बात का प्रमाण मानेंगे कि उनके पास आवश्यक योग्यता नहीं है और कभी होगी भी नहीं, क्योंकि पैदा होते वक़्त जो आपको मिला था, आप उसे नहीं बदल सकते। वे उन स्थितियों से ज़्यादा आतंकित होंगे, जिनमें उनका मूल्यांकन किया जाएगा। असफलता बेसुरी होती है।

दर्जनों प्रयोग अब इस अति महत्त्वपूर्ण द्वैत के व्यापक व्यवहारवादी परिणामों को स्थापित कर चुके हैं। कैरोल ड्वेक और उनके एक सहकर्मी द्वारा किए गए एक प्रयोग में ग्यारह और बारह साल के बच्चों के पहले आठ आसान टेस्ट लिए गए और फिर चार बहुत मुश्किल टेस्ट लिए गए। दोनों समूहों की प्रतिक्रियाएँ आश्चर्यजनक रूप से बहुत अलग थीं।

यहाँ ड्वेक निश्चित मानसिकता वाले समूह के बच्चों का वर्णन कर रही हैं : "शायद इस समूह के बारे में सबसे आश्चर्यजनक चीज़ यह थी कि वे कितनी जल्दी अपनी योग्यताओं की आलोचना करने लगे और असफलताओं के लिए अपनी बुद्धि को दोष देने लगे, इस तरह की बातें कहने लगे जैसे, "मुझे लगता है कि मैं बहुत स्मार्ट नहीं हूँ," "मेरी याददाश्त अच्छी नहीं है" और "मैं इस तरह की चीज़ों में बिल्कुल अच्छा नहीं हूँ।" उनमें से दो-तिहाई की रणनीतियों में स्पष्ट गिरावट नज़र आई और उनमें से आधे से ज़्यादा ने असफल रणनीतियाँ अपनाईं।"

और विकासशील मानसिकता वाले बच्चे? यहाँ ड्वेक एक बार फिर कहती हैं :

> उन्होंने तो माना ही नहीं कि वे असफल हो रहे हैं... आशावादी मानसिकता की बदौलत उनमें से 80 प्रतिशत से ज़्यादा ने मुश्किल समस्याओं के दौरान अपनी रणनीतियों की गुणवत्ता को क़ायम रखा या बेहतर बनाया। समूह के पूरे एक चौथाई लोग सचमुच बेहतर बने। उन्होंने नई और ज़्यादा मुश्किल समस्याओं को सुलझाने के लिए नई और ज़्यादा अधुनातन रणनीतियाँ सीखीं। उनमें से कुछ ने तो ऐसी समस्याओं को भी सुलझा दिया, जो उनके काफ़ी ऊपर की दिख रही थीं।

ये अंतर ऊपर से उल्लेखनीय दिखते हैं। इन सभी बच्चों की योग्यता समान थी। ड्वेक ने उन सभी को उनके मनपसंद खिलौनों का एक जैसा प्रोत्साहन दिया, लेकिन जब परिस्थितियाँ मुश्किल हुईं, तो उनमें से कुछ लगन से जुटे रहे, जबकि बाक़ी ने घुटने टेक दिए।

यह भारी अंतर क्यों? इसका कारण था मानसिकता। निश्चित मानसिकता वाले समूह के बच्चों में बुद्धि के प्रति स्थिर नज़रिया था, इसलिए

वे असफलता को कमज़ोर करने वाली मानते थे। यह सिर्फ़ यही नहीं दिखाती थी कि आप उस काम के लिए योग्य नहीं है, बल्कि यह भी बताती थी कि आप इसे छोड़ दें, तो बेहतर रहेगा। आख़िर, आप अपनी योग्यता को तो नहीं बदल सकते।

विकासशील मानसिकता वाले बच्चों के मामले में हर चीज़ बदल गई। उनके हिसाब से बुद्धि प्रगतिशील थी। यह एक ऐसी चीज़ थी, जिसका विकास हो सकता है और जो व्यापक तथा बेहतर बन सकती है। वे मुश्किलों को छोड़ने का कारण नहीं, बल्कि सीखने का अवसर मानते थे। इस समूह के बच्चों ने सहज रूप से ऐसी बातें कहीं, जैसे "मैं चुनौती से प्रेम करता हूँ" और "ग़लतियाँ हमारी मित्र हैं।"

बहरहाल, यह सिर्फ़ दस-ग्यारह साल के बच्चों के बारे में ही सच नहीं है। यह तो मानव मनोविज्ञान की बुनियादी रूपरेखा के बारे में है। आइए क्लासरूम छोड़कर पलभर के लिए फ़ॉर्चून 1000 कंपनियों की दो वर्षीय जाँच की ओर चलते हैं। दो मनोवैज्ञानिकों ने सात शीर्ष कंपनियों के स्टाफ़ से बातचीत करके उनकी मानसिकता की जाँच की। हर कंपनी के परिणामों का योग करके यह तय किया गया कि उनकी संस्कृति विकासशील मानसिकता की थी या निश्चित मानसिकता की।

फिर उन्होंने इन कंपनियों में व्याप्त नज़रियों का विश्लेषण किया। फ़र्क़ बहुत ही स्पष्ट थे। निश्चित मानसिकता वाली कंपनियों के लोग ग़लतियों के बारे में चिंतित थे, दोषारोपण से डरते थे और महसूस करते थे कि ग़लतियों को छिपाया जाता है। वे इस तरह के कथनों से सहमत होने की प्रवृत्ति रखते थे, "जैसे इस कंपनी में बहुत धोखाधड़ी होती है, शॉर्टकट का इस्तेमाल किया जाता है और कन्नी काटी जाती है" या "इस कंपनी में कर्मचारी अक्सर जानकारी छिपाते हैं और रहस्य रखते हैं।"

विकास की मानसिकता वाली संस्कृतियों में हर चीज़ अलग थी। संस्कृति को ज़्यादा ईमानदार और सहयोगी माना गया और ग़लतियों के प्रति नज़रिया ज़्यादा सकारात्मक था। उनमें इस तरह के कथनों से सहमत होने की प्रवृत्ति थी : "यह कंपनी सचमुच जोखिम लेने का समर्थन करती है और भले ही मैं असफल हो जाऊँ, लेकिन यह मेरा समर्थन करेगी" या "जब लोग ग़लतियाँ करते हैं, तो कंपनी होने वाली ग़लती को 'मूल्य बढ़ाने'

के रूप में देखती है" या "इस कंपनी में कर्मचारियों को नवाचारी बनने के लिए प्रोत्साहित किया जाता है – सृजनात्मकता का स्वागत किया जाता है।"

यह कहने की ज़रूरत नहीं है कि ये सटीकता वे वैसे व्यवहार हैं, जो अनुकूलन और विकास की भविष्यवाणी करते हैं। ये पिछले अध्यायों में बताई गई सफल संस्थाओं की संस्कृतियों का लगभग आदर्श सार हैं। वास्तव में, जब यह सवाल आता है कि क्या कंपनी अनैतिक है या दुराव-छिपाव के व्यवहार से भरी है, तो विकास की मानसिकता वाली कंपनियों के कर्मचारी निश्चित मानसिकता वाली कंपनियों के कर्मचारियों से 41 प्रतिशत ज़्यादा प्रबलता से असहमत थे।

यह संज्ञानात्मक असंगति, दोषारोपण और खुलेपन के बीच के अंतरंग आपसी संबंध को उत्पन्न करता है, जैसा अध्याय 11 में ज़िक्र किया गया है। जब कोई संस्कृति ग़लतियों के प्रति अस्वस्थ नज़रिया रखती है, तब दोषारोपण आम होता है, पर्दा डालना सामान्य होता है और लोग समझदारीपूर्ण जोखिम लेने से बचते हैं। जब यह नज़रिया उलट जाता है, तो दोषारोपण के प्राथमिक होने की कम संभावना होती है, खुलेपन को बढ़ावा दिया जाता है और पर्दा डालने की असलियत को पहचाना जाता है – खुल्लमखुल्ला स्व-विनाश।

दुनिया की एक बेहद प्रतिष्ठित वित्तीय संस्था में एचआर प्रमुख के एक ई-मेल से मुझे यह जानकारी मिली कि असफलता से बचने के लिए सबसे गुणी लोग भी कितनी दूर तक जा सकते हैं।

> जब किसी को नई चुनौती दी जाती है, जैसे ग्राहकों के सामने महत्त्वपूर्ण प्रस्तुति देना, तो यह अवश्यंभावी है कि वे पहली बार में आदर्श से कम होंगे। विशेषज्ञ बनने में भी समय लगता है, असाधारण लोगों को भी।
>
> लेकिन लोग कैसी प्रतिक्रिया करते हैं, इस बारे में भारी अंतर होता है। कुछ लोग चुनौती से प्रेम करते हैं। वे फ़ीडबैक हासिल करते हैं, सहकर्मियों से बातचीत करते हैं और भावी प्रस्तुतियाँ देने की संभावनाएँ तलाशते हैं। हमेशा – और मेरा मतलब है हमेशा – वे बेहतर बनते हैं, लेकिन बाक़ी लोग शुरुआती 'असफलता' से घबरा जाते हैं और जोखिम महसूस करने लगते हैं। वास्तव में, वे बचाव की आश्चर्यजनक रणनीतियाँ अपनाकर

यह सुनिश्चित कर लेते हैं कि उन्हें उस स्थिति में दोबारा कभी न रखा जाए। वे गड़बड़ करने के डर की वजह से अपनी प्रगति को नष्ट कर रहे हैं।

III

जो लोग अमेरिकी सेना में अफ़सर बनना चाहते हैं, उनके लिए एक प्रशिक्षण अकादमी है, जिसका नाम है वेस्ट पॉइंट। न्यू यॉर्क सिटी के उत्तर में पचास मील दूर ऊँची ज़मीन पर स्थित इस अकादमी को संसार के सबसे दिग्गज शैक्षणिक संस्थानों में से एक माना जाता है। 2009 में इसे *फ़ोर्ब्स* मैग्ज़ीन ने अमेरिका के शीर्षस्थ कॉलेज की रेटिंग दी।

कैंपस मशहूर है। इसकी नव-गोथिक इमारतों में काला और भूरा ग्रेनाइट है। इसमें अमेरिकी सेना का सबसे पुराना म्यूज़ियम है और पैटन स्मारक है, जो मशहूर अमेरिकी अश्वारोही सेना की काँसे की प्रतिमा है। हर साल इसमें 1,200 नए रंगरूट आते हैं, जिन्हें कैडेट कहा जाता है, जो संसार की सबसे शक्तिशाली सेना की अफ़सर श्रेणी में उत्तीर्ण होने के इरादे से यहाँ आते हैं।

इस अकादमी में प्रवेश पाना काफ़ी मुश्किल होता है। इच्छुक कैडेटों को किसी सांसद या अमेरिकी सरकार के किसी उच्च पद वाले सदस्य का व्यक्तिगत नामांकन लाना होता है और उसे बहुत सारे संज्ञानात्मक तथा शारीरिक परीक्षणों में भी उत्कृष्ट प्रदर्शन करना होता है, लेकिन ग़ौर करें, इतनी मशक़्क़त के बाद जब कैडेट अकादमी के मशहूर दरवाज़े से अंदर पहुँच जाते हैं, असली संघर्ष तो तब शुरू होता है।

उन्हें साढ़े छह सप्ताह की बेहद कठोर शिक्षा से गुज़रना होता है, जिसे कैडेट बुनियादी प्रशिक्षण कहा जाता है। इसमें नए कैडेटों की बौद्धिक और शारीरिक शक्तियों की जाँच ही नहीं होती है, बल्कि उनके दृढ़ संकल्प की भी जाँच होती है। एक अकादमिक शोध-पत्र के अनुसार "इसे जान-बूझकर कैडेटों की शारीरिक, भावनात्मक और मानसिक क्षमताओं की सीमाओं का परीक्षण करने के लिए तैयार किया गया है।" वेस्ट पॉइंट के अंदरूनी लोग कैडेट बुनियादी प्रशिक्षण को 'बीस्ट बैरेक्स' या 'बीस्ट' कहते हैं।

कैडेट कठोर परिस्थितियों में जीते हैं और उन्हें हर सुबह 5 बजे जगा दिया जाता है। उन्हें 5.30 और 6.55 के बीच शारीरिक व्यायाम पूरे करने होते हैं, फिर बुद्धि और तर्क के परीक्षण के लिए सुबह की कक्षाओं में जाना होता है, फिर दोपहर में नई कक्षाओं में जाना होता है। शाम को संगठित एथलेटिक्स होती है, जिसके बाद शाम को उन्हें और ज़्यादा प्रशिक्षण दिया जाता है। वे रात को 10 बजे ही बिस्तर पर पहुँच पाते हैं।

परीक्षणों में 'पीठथैला' पदयात्रा शामिल होती है, खड़ी पहाड़ियों पर एक बार में दस मील की चढ़ाई और वह भी पीठ पर 35 से 50 किलो का बोझ लादकर, फिर तथाकथित 'चैंबर' होता है, जहाँ कैडेट गैस मास्क लगाकर आँसू गैस से भरी झोपड़ी में घुसते हैं। उन्हें अपना गैस मास्क हटाना होता है, दीवार पर एक साइन बोर्ड पर लिखी जानकारी ज़ोर से पढ़नी होती है और फिर चैंबर से बाहर निकलने से पहले एक साँस लेनी पड़ती है। यह सुखद नहीं होता।

'बीस्ट बैरेक्स' के दौरान हर साल लगभग पचास कैडेट वेस्ट पॉइंट छोड़कर चले जाते हैं। इसमें हैरानी की कोई बात नहीं है। शिक्षा सचमुच कठोर होती है। जैसा विद्यार्थियों के लिए जारी आधिकारिक प्रॉस्पेक्टस में लिखा है : "यह वेस्ट पॉइंट में चार साल के प्रशिक्षण का शारीरिक और भावनात्मक दृष्टि से सबसे ज़्यादा मेहनत व माँग वाला हिस्सा है और इसे इस तरह तैयार किया गया है, ताकि आपका रूपांतरण नए कैडेट से सैनिक में हो जाए।"

काफ़ी समय तक सेना यह मानती रही कि 'बीस्ट बैरेक्स' सर्वश्रेष्ठ उम्मीदवारों को बाक़ी से अलग करने का सर्वश्रेष्ठ तरीक़ा है। वास्तव में उनके पास उम्मीदवारों की प्रतिभा की जाँच का एक वैज्ञानिक पैमाना था, जिसे होल कैंडिडेट स्कोर कहा जाता था। इसमें वे विशेषताएँ आती हैं, जो शुरुआती प्रक्रिया से सफलतापूर्वक गुज़रने के लिए अति महत्त्वपूर्ण होती हैं। यह पुश-अप्स की अधिकतम संख्या जैसी चीज़ों से शारीरिक शक्ति मापता है। यह एसएटी (मानक परीक्षण) के ज़रिये बुद्धि को मापता है। यह ग्रेड पॉइंट एवरेज के ज़रिये शैक्षणिक योग्यता को मापता है। यह नेतृत्व की क्षमता को मापता है। इसके अलावा प्रतिभा या गुण के कई अन्य तत्वों को भी जोड़कर एक वेटेड एवरेज़ निकाला जाता है।

ज़ाहिर है, ये गुण महत्त्वपूर्ण हैं। बेशक उनसे कुछ विशेषताएँ उजागर होती हैं, जिनकी आवश्यकता 'बीस्ट बैरेक्स' को सफलतापूर्वक पूरा करने के लिए होती है, लेकिन इनमें कुछ विशेषताएँ छूट जाती हैं। क्या हो, अगर सेना का अफ़सर बनने के इच्छुक व्यक्ति में अद्भुत योग्यताएँ और बहुत शारीरिक शक्ति हो, लेकिन टिकने की शक्ति न हो? क्या हो, अगर वह अविश्वसनीय रूप से शक्तिशाली और बुद्धिमान होने के बावजूद मुश्किल परिस्थितियाँ अथवा असफलता मिलते ही मैदान छोड़ दे।

2004 में अमेरिकी मनोवैज्ञानिक एंजेला ली डकवर्थ सेना के मुखियाओं के पास गईं और पूछा कि क्या वे वेस्ट पॉइंट के इच्छुक उम्मीदवारों की 'दृढ़ता' को माप सकती हैं। उनकी प्रश्नावली में होल कैंडिडेट स्कोर की विशेषज्ञता शामिल नहीं थी। यह बस एक पाँच मिनट का सर्वेक्षण था, जिसमें लोगों से यह कहा गया था कि वे बारह बुनियादी कथनों पर अपनी रेटिंग 1 से 5 के पैमाने पर करें, जैसे 'विपत्तियाँ मुझे हतोत्साहित नहीं करती हैं' और 'मैं जो भी शुरू करता हूँ, उसे पूरा करता हूँ।'

डकवर्थ यह पता लगाना चाहती थीं कि क्या चरित्र के ये पहलू - ख़ासतौर पर असफलता के बावजूद जुटे रहने की इच्छाशक्ति - सेना के अधुनातन होल कैंडिडेट स्कोर के बजाय इस बात की ज़्यादा प्रबल भविष्यवाणी कर सकते हैं कि कौन 'बीस्ट बैरेक्स' से सफलतापूर्वक गुज़र पाएगा। परिणाम स्पष्ट थे। जब टेस्ट के स्कोर आए, तो दृढ़ता की रेटिंग सफलता की भविष्यवाणी करने में होल कैंडिडेट स्कोर से ज़्यादा श्रेष्ठ सूचक साबित हुई। डकवर्थ कैडेटों से अगले पाँच सालों तक दृढ़ता की प्रश्नावली भरवाती रहीं। यह हर साल ज़्यादा शक्तिशाली सूचक साबित हुई।

डकवर्थ 2005 में अमेरिकन स्पेलिंग बी के राष्ट्रीय निदेशक के पास भी गईं और पूछा कि क्या वे प्रतिस्पर्धियों का परीक्षण कर सकती हैं। स्पेलिंग बी नामक प्रतिस्पर्धी टूर्नामेंट में बच्चों को लगातार ज़्यादा मुश्किल होते शब्दों की स्पेलिंग बतानी होती है। मिसाल के तौर पर, 2013 में अमेरिकन स्पेलिंग बी प्रतिस्पर्धा के अंतिम चक्र में प्रतिस्पर्धियों से जिन शब्दों की स्पेलिंग बताने को कहा गया, वे इस तरह के थे, जैसे 'कबूरी' (एक ज़मीनी केकड़ा), 'सिपोलिनो' (संगमरमर का प्रकार) और 'इनवाउटमेंट' (एक जादुई रस्म)।

एक बार फिर परिणाम स्पष्ट थे। जिन लोगों का दृढ़ता का स्कोर ज़्यादा था, उन लोगों के उनके समकक्षों की तुलना में अगले चक्र में पहुँचने की 40 प्रतिशत ज़्यादा संभावना थी। वास्तव में, डकवर्थ के अनुसार, "जो लोग उत्कृष्ट साबित हुए, उनके पास एक मुख्य लाभ यह था कि 'वे उन शब्दों का अध्ययन नहीं कर रहे थे, जिन्हें वे पहले से जानते थे... (इसके बजाय) वे उसे पृथक करते हैं, जो वे नहीं जानते, अपनी ख़ुद की कमज़ोरियों को पहचानते हैं और उन पर काम करते हैं।"

डकवर्थ ने यह भी पाया कि यही विश्लेषण ज़्यादा बड़ी और कम चुनिंदा पृष्ठभूमियों में लागू होता है। एक अध्ययन में उन्होंने और उनके साथियों ने दृढ़ता के प्रमाण के लिए आकांक्षी शिक्षकों के कॉलेज रिज़्यूम देखे, फिर उन्होंने यह देखा कि ये लोग ग़रीब समुदायों में टीचर के रूप में कितने प्रभावी साबित हुए। एक बार फिर दृढ़ता दीर्घकालीन सफलता दिलाने वाला मुख्य घटक साबित हुई।

कारण देखना मुश्किल नहीं है : जब हमारे सामने समस्याएँ आती हैं, तब अगर हम हार मान लेते हैं, तो प्रगति तबाह हो जाती है, चाहे हम कितने ही गुणी क्यों न हों। अगर हम मुश्किलों की व्याख्या प्रगति के मार्ग के रूप में करने के बजाय इस बात के कलंक के रूप में कर लेते हैं कि हम कौन हैं, तो हम असफलता नज़र आते ही एक मील दूर दौड़ जाएँगे। दृढ़ता विकास की मानसिकता से प्रबलता से जुड़ी होती है। यह वह तरीक़ा है, जिससे हम सफलता और असफलता के बारे में सोचते हैं।

हमारी संस्कृति में एक समस्या यह है कि सफलता को एक ऐसी चीज़ माना जाता है, जो तुरंत मिल जाती है। मिसाल के तौर पर, रिएलिटी टेलीविज़न यह सुझाव देता है या हमें यह विश्वास दिलाना चाहता है कि सफलता उतने ही समय में मिल सकती है, जितना समय किसी सनकी निर्णायक या जनता को प्रभावित करने में लगता है। यह रातों-रात शोहरत और त्वरित संतुष्टि के बारे में है। ऐसे कार्यक्रमों के जनता में इतने लोकप्रिय होने का यह भी एक कारण है।

लेकिन असली संसार में सफलता शायद ही कभी इस तरह मिलती है। जब बात डुअल साइक्लोन वैक्यूम क्लीनर बनाने की आती है, विश्व-स्तरीय फ़्री किक लेने की आती है या विशेषज्ञ शतरंज खिलाड़ी या सेनापति बनने

की आती है, तो सफलता के लिए दीर्घकालीन मेहनत की ज़रूरत होती है। इसके लिए मुश्किलों और चुनौतियों के बावजूद लगन से जुटे रहने तथा कोशिश करने की इच्छा की ज़रूरत होती है।

अगर युवा यह मानते हैं कि सचमुच योग्य लोगों को सफलता तुरंत मिल जाती है, तो वे लगन से क्यों जुटे रहेंगे? मान लें कि वे वायलिन उठाते हैं और वे तुरंत विशेषज्ञ की तरह नहीं बजा पाते हैं, तो वे यह मान लेंगे कि उनमें इसके लिए आवश्यक योग्यता ही नहीं है - इसलिए वे इस कोशिश को छोड़ देंगे। दरअसल, सफलता त्वरित परिणाम है, यह ग़लत विचार लचीलेपन को नष्ट कर देता है।

यहाँ यह बात कहना उचित होगा कि छोड़ना हमेशा बुरा नहीं होता। अगर आप अपना पूरा जीवन बैबल की मीनार बनाने की कोशिश में लगा दें, तो आप अपनी ज़िंदगी बर्बाद कर लेंगे। किसी बिंदु पर आपको यह आकलन करना होता है कि जुटे रहने की क़ीमत ज़्यादा है या छोड़कर किसी नई चीज़ की कोशिश करने के लाभ ज़्यादा हैं। ये कुछ सबसे महत्त्वपूर्ण निर्णय हैं, जो हमें करने होते हैं।

लेकिन यह हमें विकास की मानसिकता के बारे में एक प्रचलित ग़लतफ़हमी की ओर ले जाता है। कई बार पूछा जाता है कि क्या विकास की मानसिकता वाले लोग ज़्यादा लंबे समय तक किसी फालतू चीज़ में नहीं जुटे रहेंगे? क्या वे अपना जीवन उन चुनौतियों से जूझते रहने में बर्बाद नहीं कर देंगे, जिन्हें वे कभी सचमुच हासिल नहीं कर पाएँगे?

वास्तव में, सच्चाई इसके विपरीत है। विकास की मानसिकता वाले लोग दरअसल प्रयास छोड़ने का तार्किक निर्णय लेने में ज़्यादा सक्षम होते हैं। जैसा ड्वेक ने कहा है, "विकास की मानसिकता में ऐसा कुछ नहीं है, जो विद्यार्थियों को यह निर्णय लेने से रोकता हो कि उनमें समस्या को सुलझाने के लिए आवश्यक योग्यताओं का अभाव है। दरअसल, इसकी बदौलत विद्यार्थी ऐसा महसूस नहीं करते कि वे एक गहरी और स्थायी कमी को उजागर कर रहे हैं। वे बिना शर्म या डर के निरर्थक कोशिश छोड़ सकते हैं।"

अध्याय 5 में हमने जो प्रवृत्ति प्रभाव बताया था, उसके बारे में सोचें। तार्किक निवेशक को वे शेयर रखने चाहिए, जिनके भविष्य में बढ़ने की सबसे ज़्यादा संभावना हो, जबकि वे शेयर बेच देने चाहिए, जिनके घटने की

आशंका हो, लेकिन निवेशकों के दरअसल उन शेयरों को रखने की ज़्यादा संभावना होती है, जिनमें उन्हें पैसों का नुक़सान हो रहा है, चाहे भावी संभावनाएँ कैसी भी हों। क्यों? क्योंकि वे नुक़सान को मूर्त रूप में देखने से नफ़रत करते हैं। इसीलिए लोग घाटे वाले शेयरों को ज़रूरत से ज़्यादा लंबे समय तक रखते हैं और बेतहाशा उम्मीद करते हैं कि वे दोबारा बढ़ेंगे। शेयर चुनने वाले पेशेवर लोगों में भी यह कमज़ोरी होती है और वे घाटे वाले शेयरों को बढ़त वाले शेयरों की तुलना में दोगुने समय तक रखते हैं।

अब विकास की मानसिकता के बारे में सोचें : यह असफलता को स्पष्ट निगाह से देखने में सक्षम होने के बारे में है, यह इंसान के विवेक पर कलंक नहीं है, बल्कि सीखने का अवसर है। इसीलिए प्रमाण सुझाव देता है कि विकास की मानसिकता वाले निवेशकों में *प्रवृत्ति प्रभाव कम* होता है, वे घाटे में जा रहे शेयरों को आँख मूँदकर रखने की कम प्रवृत्ति रखते हैं। जब हम असफलता को बुरा नहीं मानते हैं, तो मुद्दे की बात यह नहीं है कि हम बेकार कामों में जुटे रहते हैं, बल्कि यह है कि हम सार्थक अनुकूलन करने में ज़्यादा सक्षम होते हैं : चाहे इसका मतलब वर्तमान काम को छोड़ना और किसी दूसरी चीज़ की कोशिश करना या जुटे रहना - और विकास करना हो।

लेकिन अब मान लें कि हम पहले ही जुटे रहने का तार्किक निर्णय ले चुके हैं : विकास की मानसिकता का अब थोड़ी ज़्यादा महत्त्वपूर्ण हो जाती है। यह चुनौतियों और बाधाओं से निपटने में हमारी मदद करती है। नकारात्मक फ़ीडबैक के डर से अपने पूरे करियर में दुबके रहने में कोई तुक नहीं है। ऐसी स्थितियों से बचते रहने में कोई तुक नहीं है, जिनमें आपका मूल्यांकन किया जा सकता है। बेहतरी की किसी भी संभावना को तबाह करने में कोई तुक नहीं है। आपने कुछ छोड़ा नहीं है, लेकिन आपने प्रगति भी नहीं की है।

जेम्स डाइसन ने 5,127 नमूनों पर काम किया, जबकि उनके प्रतिस्पर्धी 100 नमूने भी तैयार नहीं कर पाए। ऐसा इसलिए नहीं हुआ, क्योंकि वे ज़्यादा बुद्धिमान थे, बल्कि इसलिए हुआ, क्योंकि वे ज़्यादा लचीले थे। इसी तरह, हो सकता है कि बेकहेम और जॉर्डन प्रशंसनीय खेल गुणों के साथ पैदा हुए हों, लेकिन विकास की मानसिकता के बिना ये बेमानी रहते।

और यही दरअसल मुद्दे की बात है। विकास-केंद्रित संस्कृति व्यवसाय या जीवन के प्रति सब-कुछ-अच्छा-है, आसमानी कल्पना, हम-सभी-विजेता-हैं

वाली नीति नहीं है। और यह निश्चित रूप से समानतावादी संवेदनाओं का अलंकार नहीं है। इसके बजाय यह तो संगठनात्मक मनोविज्ञान की एक आधुनिक नीति है, जो सबसे बुनियादी वैज्ञानिक सिद्धांत पर आधारित है : हम सबसे ज़्यादा तेज़ी से तरक़्क़ी तब करते हैं, जब हम असफलता का सामना करते हैं - और इससे सीखते हैं।

14

असफलता को दोबारा परिभाषित करना

I

हम इस निष्कर्ष पर पहुँच चुके हैं, जिनका संकेत शुरुआती पन्नों में दिया गया था कि अगर हम व्यक्तियों और कंपनियों के रूप में अपनी पूर्ण क्षमता को साकार करना चाहते हैं, तो हमें असफलता को दोबारा परिभाषित करना होगा। कई मायनों में यही इस पुस्तक का उद्देश्य है। हमने असफलता पर समृद्ध और विविध साहित्य की यात्रा कर ली है, ताकि इस बारे में एक नया दृष्टिकोण पेश कर सकें कि इसका क्या मतलब होता है और इससे कैसे पेश आना चाहिए।

मस्तिष्क, व्यक्ति, संगठन और तंत्र के स्तर पर असफलता सीखने, प्रगति करने और ज़्यादा सृजनात्मक बनने का एक साधन है – कई बार तो एकमात्र साधन है। यह विज्ञान में होता है, जहाँ ग़लतियाँ इस ओर संकेत करती हैं कि सिद्धांतों में किस तरह सुधार किया जा सकता है। यह खेल में होता है, जहाँ अभ्यास को अच्छी तरह दर्ज ग़लतियों को पकड़ने की इच्छाशक्ति के रूप में परिभाषित किया जा सकता है। यह उड्डयन में होता है, जहाँ हर दुर्घटना का दोहन प्रणाली की सुरक्षा को बढ़ाने के साधन के रूप में किया जाता है।

ग़लतियों के कई अलग-अलग अर्थ होते हैं और पृष्ठभूमि के अनुसार उन पर अलग-अलग प्रकार की प्रतिक्रिया की जा सकती है, लेकिन सभी रूपों में वे अमूल्य साधन होती हैं, जो हमें सिखा सकती हैं।

क्या ग़लती की दोबारा व्याख्या के आधार पर इतना कुछ बदल सकता है? अगर हम असफलता के बारे में सोचने का अपना तरीक़ा उलट लें, तो क्या सफलता की एक नई नीति प्रकट हो सकती है? ऐसे दावे का प्रमाण हर उस उदाहरण में मिलता है, जिसे हमने देखा है : विज्ञान और छद्‌म विज्ञान के बीच, स्वास्थ्य सेवा और उड्डयन के बीच, केंद्रीय ढंग से नियोजित और अच्छी तरह नियमन वाली पूँजीवादी प्रणालियों के बीच। यह निश्चित और विकासवादी मानसिकताओं के फ़र्क़ में भी उजागर होता है।

जब हम असफलता को एक नई रोशनी में देखते हैं, तो सफलता एक नई और प्रफुल्लित करने वाली अवधारणा बन जाती है। सक्षमता कोई स्थिर लक्षण नहीं रह जाती, कोई ऐसी चीज़ जो पैदाइशी श्रेष्ठता के आधार पर महान लोगों और संगठनों के लिए आरक्षित होती है। इसके बजाय, इसे प्रगतिशील समझा जाता है : जब हम अपने ज्ञान के दायरों को धकाकर फैलाने की कोशिश करते हैं, तो विकास होता है। तब हम अपने वर्तमान ज्ञान बारे में डींगें नहीं हाँकते हैं और जब लोग हमारे ज्ञान की कमी की ओर संकेत करते हैं, तो हम रक्षात्मक नहीं होते हैं।

इसके बजाय, हम आश्चर्य से उस असीमित जगह की ओर देखते हैं, जो हमारे ज्ञान की वर्तमान सीमाओं से परे होता है और असीमित क्षेत्र में क़दम रखने की हिम्मत करते हैं, नई समस्याओं को खोजते हैं और नए समाधान पाते हैं, जैसा महान वैज्ञानिक करते हैं। जैसा दार्शनिक कार्ल पॉपर कहते हैं, "यह विज्ञान की महानता और सुंदरता का हिस्सा है कि हम अपनी खुद की आलोचनात्मक जाँच से सीख सकते हैं कि संसार हमारी कल्पना से पूरी तरह से भिन्न है - जब तक कि हमारी कल्पना हमारे पुराने सिद्धांतों के खंडन से उत्तेजित नहीं हो जाती।"

कई प्रगतिशील संस्थाओं ने असफलता की ठीक इसी तरह की परिभाषा को प्रेरित करने की कोशिश की है। जेम्स डाइसन ने अपना ज़्यादातर समय शिक्षण संस्कृति को सुधारने के लिए किया है। वे चाहते हैं कि विद्यार्थी संसार के बारे में सोचने के नए तरीक़े से लैस हों। वे शिक्षा की विद्यमान अवधारणा के ख़िलाफ़ आवाज़ बुलंद करते हैं, जैसे परीक्षा में पूर्णता या ग़लतियों से बचना। वे चिंता करते हैं कि इससे बौद्धिक ठहराव आ सकता है। डाइसन फ़ाउंडेशन सबसे बढ़कर असफलता को कलंकरहित करने के लिए

काम करता है। वे चाहते हैं कि युवा प्रयोग करें, नई चीज़ों को आज़माएँ और जोखिम लें।

नवाचारी प्राचार्य भी ठीक इसी क्षेत्र में संलग्न हैं। मिसाल के तौर पर, साउथ-वेस्ट लंदन में विम्बलडन हाई स्कूल की पूर्व हेडमिस्ट्रेस हीदर हैनबरी ने अपने विद्यार्थियों के लिए एक वार्षिक कार्यक्रम तैयार किया, जिसे 'असफलता सप्ताह' कहा जाता है। वे जागरूक थीं कि उनके विद्यार्थी परीक्षाओं में अच्छा प्रदर्शन कर रहे थे, लेकिन उन्हें यह अहसास भी था कि उनमें से कई ग़ैर-अकादमिक चुनौतियों से जूझ रहे थे और अपनी सृजनात्मक क्षमता तक नहीं पहुँच रहे थे, ख़ासतौर पर क्लासरूम के बाहर।

एक सप्ताह तक उन्होंने कार्यशालाएँ और सभाएँ कीं, जहाँ असफलता का जश्न मनाया जाता था। उन्होंने माता-पिताओं, शिक्षकों और दूसरे रोल मॉडलों को इस बारे में बताने को कहा कि वे कैसे असफल हुए थे और उन्होंने क्या सीखा था। उन्होंने मशहूर लोगों के अभ्यास के यूट्यूब क्लिप्स भी दिखाए : जिनमें वे अपनी ग़लतियों से सीख रहे थे। उन्होंने विद्यार्थियों को डेविड बेकहेम और जेम्स डाइसन जैसे लोगों की यात्राओं के बारे में बताया, ताकि उन्हें इस बात की ज़्यादा सच्ची समझ मिल सके कि सफलता दरअसल कैसे मिलती है।

हैनबरी ने कहा है :

> आप असफलता के डर के साथ पैदा नहीं होते। यह एक सहज बोध है, यह एक ऐसी चीज़ है, जो आप बड़े होते समय सीख लेते हैं। बहुत छोटे बच्चों के मन में असफलता का कोई भी डर नहीं होता। उन्हें नई चीज़ें आज़माने और बहुत तेज़ी से सीखने में बड़ा मज़ा आता है। यहाँ हमारे ध्यान का केंद्र अच्छी तरह असफल होने पर है। हमारा लक्ष्य असफलता में माहिर बनना है। इससे मेरा मतलब है जोखिम लेना और अगर आप कामयाब न हों, तो इससे सीखना।
>
> असफल होने के बाद यह नाटक करने में कोई तुक नहीं है कि आप असफल नहीं हुए हैं। किसी दूसरे को दोष देने में भी कोई तुक नहीं है। यह एक बर्बाद अवसर होगा, जहाँ आप ख़ुद के बारे में ज़्यादा सीख सकते थे और अपनी योग्यताओं, अनुभव या क़ाबिलियत की कमियों को पहचान सकते हैं। एक बार जब

आप यह पहचान लेते हैं कि आप क्या सीख सकते हैं, तो फिर आप फ़र्क़ डालने के लिए कार्य कर सकते हैं।

कई संगठनों ने असफलता को दोबारा परिभाषित करने के ऐसे ही प्रोजेक्ट शुरू किए हैं। फ़ार्मास्यूटिकल दिग्गज एली लिली के मुख्य वैज्ञानिक अधिकारी डब्ल्यू. ले थॉम्पसन ने 1990 के दशक में 'असफलता पार्टियाँ' शुरू कीं, ताकि उस उत्कृष्ट वैज्ञानिक काम का जश्न मनाया जा सके, जो अंततः असफल हुआ। यह असफलता को कलंकमुक्त करने और स्टाफ़ को दोषारोपण तथा संज्ञानात्मक असंगति के दोहरे ख़तरों से मुक्त करने के बारे में था।

लेकिन क्या इस तरह के हस्तक्षेपों के सच्चे प्रभाव हो सकते हैं? क्या उनसे सचमुच व्यवहार बदलता है और प्रदर्शन तथा अनुकूलन को बढ़ावा मिलता है?

एक प्रयोग के बारे में सोचें, जिनमें स्कूली बच्चों का एक समूह शामिल था, जिन्हें असफलता से पेश आने में मुश्किलें आती थीं। इस मायने में वे हममें से ज़्यादातर लोगों जैसे थे। फिर आधे बच्चों को एक कोर्स दिया गया, जहाँ उन्हें सतत सफलता का अनुभव हुआ। इन सत्रों में आसान प्रश्न पूछे गए थे और विद्यार्थी उनके पूरे सही जवाब देकर ख़ुश हुए। जैसी कि आप उम्मीद कर सकते हैं, उनमें बौद्धिक आत्मविश्वास आ गया।

दूसरे समूह को सफलताओं का अनुभव नहीं कराया गया, बल्कि इस बारे में प्रशिक्षित किया गया कि वे उनकी असफलताओं की दोबारा व्याख्या कैसे करें। उन्हें कई बार ऐसी समस्याएँ दी गईं, जिन्हें वे नहीं सुलझा सकते थे, लेकिन उन्हें यह सोचना भी सिखाया गया कि कोशिश करने पर वे बेहतर बन सकते हैं। असफलताओं को बुद्धि की कमी के संकेत नहीं माना गया, बल्कि उनकी तर्कशक्ति और समझ को बेहतर बनाने के अवसर के रूप में देखा गया।

इन प्रशिक्षण कार्यक्रमों के अंत में दोनों समूहों की जाँच करने के लिए एक मुश्किल समस्या दी गई। जिन विद्यार्थियों को प्रशिक्षण के दौरान सतत सफलता का अनुभव हुआ था, वे जब इस समस्या को सुलझाने में असफल रहे, तो वे हतोत्साहित हो गए, जैसे वे प्रशिक्षण के पहले थे। वे असफलता के प्रति इतने संवेदनशील थे कि उनका प्रदर्शन गिर गया और इससे उबरने

में कई दिन लग गए। कुछ तो चुनौतियों से पहले से ज़्यादा डरने लगे और जोखिम नहीं लेना चाहते थे।

जिस समूह को असफलता की दोबारा व्याख्या करना सिखाया गया था, उसकी स्थिति अलग थी। उन्होंने चुनौतीपूर्ण काम से जूझने की अपनी योग्यता को महत्त्वपूर्ण रूप से बेहतर बना लिया। कई ने तो दरअसल असफलता के बाद श्रेष्ठ प्रदर्शन किया और जब वे कक्षा में दोबारा लौटे, तो अपने शिक्षकों से ज़्यादा चुनौतीपूर्ण काम माँगने लगे। असफल हो सकने वाली स्थितियों से कतराने के बजाय उन्होंने उन्हें अंगीकार किया।

यह स्कूल और जीवन संबंधी एक बड़े विरोधाभास की ओर संकेत करता है। अक्सर जो लोग सबसे सफल होते हैं, वही सबसे ज़्यादा असुरक्षित भी होते हैं। उन्हें इतने सारे पुरस्कार मिल चुके हैं, उनके बेदाग़ प्रदर्शन के लिए इतनी भूरि-भूरि प्रशंसा हो चुकी है कि उन्होंने उन झटकों से निपटना सीखा ही नहीं है, जो हम सबके सामने आते हैं। इसे छोटी लड़कियों के बारे में ख़ासतौर पर सच पाया गया है। जिन लड़कियों के प्राथमिक स्कूल से लगातार ऊँचे ग्रेड आते हैं और जो शिक्षकों को बेहद योग्य नज़र आती हैं, अक्सर वही असफलता से सबसे ज़्यादा तबाह होती हैं।

एक मशहूर प्रयोग में स्कूली लड़कियों के एक समूह का आईक्यू मापा गया और फिर उन्हें एक काम दिया गया, जो बहुत चुनौतीपूर्ण खंड से शुरू होता था। आप यह उम्मीद कर रहे होंगे कि ज़्यादा आईक्यू वाली लड़कियाँ परीक्षण में बेहतर प्रदर्शन करेंगी। वास्तव में, परिणाम इसके ठीक उलटे थे। ऊँचे आईक्यू वाली लड़कियाँ, जो जीवन में हमेशा सफल रही थीं, शुरुआती संघर्ष से इतनी बौखला गईं कि 'असहाय' बन गईं। उन्होंने परीक्षण में बाद में दी गई समस्याओं को हल करने की जहमत ही नहीं उठाई। आईक्यू और परिणाम के बीच का संबंध दरअसल नकारात्मक था।

और इसीलिए विम्बलडन हाई स्कूल का 'असफलता सप्ताह' इतना प्रबुद्ध विचार था। हीदर हैनबरी अपने बहुत सफल विद्यार्थियों को एक ऐसा सबक़ सिखा रही थीं, जो उन्हें स्कूल या यूनिवर्सिटी में ही सफलता पाने में मदद नहीं करेगा, बल्कि उनके बाद के जीवन में भी मदद करेगा। वे उन्हें उनके आरामदेह दायरे के बाहर ले जा रही थीं और उन मनोवैज्ञानिक औज़ारों को तराशने में उनकी मदद कर रही थीं, जो असल संसार में बहुत महत्त्वपूर्ण हैं।

"हमारे शिष्य परीक्षाओं में बेहद सफल रहते हैं, लेकिन जब चीज़ें ग़लत होती हैं, तो वे अति प्रतिक्रिया कर सकते हैं," उन्होंने कहा। "हम चाहते हैं कि वे साहसी बनें। यह विरोधाभासी लगता है, लेकिन हम चुनौती देते हैं कि वे असफल होने की हिम्मत करें।"

II

आइए, अब क्लासरूम से आगे चलते हैं और असफलता के प्रति नज़रियों में कुछ अंतरों पर विचार करते हैं, जो असली ज़िंदगी में मौजूद होते हैं। विशिष्ट रूप से आइए हम उद्यमिता के मुद्दे को लेते हैं, जिसे वैश्विक अर्थव्यवस्था में सफलता के लिए अत्यंत अनिवार्य माना जाता है।

अमेरिका में संस्कृति ऐसी है, जहाँ उद्यमी जोखिम लेते हैं और अगर उनका पहला उद्यम असफल हो जाता है, तो वे शायद ही कभी मैदान छोड़ते हैं। कार उद्यमी हेनरी फ़ोर्ड इसका एक उदाहरण हैं। उनका पहला उद्यम द डेट्रॉइट ऑटोमोबाइल कंपनी ढह गई और यही हाल दूसरी कंपनी हेनरी फ़ोर्ड कंपनी के साथ उनकी संलग्नता का हुआ, लेकिन इन असफलताओं ने उन्हें भाव और गुणवत्ता के बारे में महत्त्वपूर्ण सबक़ सिखाए। उनके तीसरे उपक्रम द फ़ोर्ड मोटर कंपनी ने संसार को बदल दिया। उन्होंने कहा था, "असफलता दोबारा शुरू करने का अवसर है, इस बार ज़्यादा बुद्धिमत्ता से।"

दूसरी ओर, जापान में संस्कृति बहुत भिन्न है। वहाँ सामाजिक और आर्थिक इतिहास के जटिल कारणों से असफलता ज़्यादा कलंकपूर्ण मानी जाती है। बुनियादी नज़रिया यह है कि अगर आप गड़बड़ कर देते हैं, तो आप ख़ुद को और अपने परिवार को शर्मिंदा करते हैं। असफलता को सीखने का अवसर नहीं माना जाता, बल्कि इस बात का प्रमाण माना जाता है कि आपमें आवश्यक योग्यता नहीं है। ये निश्चित मानसिकता के नज़रियों के शास्त्रीय उदाहरण हैं। कारोबारी असफलता के लिए दोषारोपण आम है और अक्सर गहन है।

अब उद्यमिता पर उपलब्ध आँकड़ों पर नज़र डालते हैं। विश्व बैंक के अनुसार जापान में ओईसीडी राष्ट्रों के बीच नए उद्यमों की सबसे कम वार्षिक प्रवेश दर है। यह घटते-घटते 2013 तक अमेरिका की एक तिहाई हो गई थी। 2008 में ओईसीडी साइंस, टेक्नोलॉजी ऐंड इंडस्ट्री स्कोरबोर्ड में जापान

में वेंचर कैपिटल की सबसे न्यूनतम राशि निवेशित थी : अमेरिकी निवेश जीडीपी के प्रतिशत के रूप में बीस गुना ज़्यादा ऊँचा था।

बाक़ी अध्ययन भी ऐसे ही निष्कर्ष बताते हैं। ग्लोबल एंटरप्रेन्योरशिप मॉनीटर के अनुसार अठारह और चौसठ साल के बीच की उम्र के केवल 1.9 प्रतिशत वयस्क ही जापान में नए व्यवसाय स्थापित करने के लिए सक्रियता से काम कर रहे हैं। अमेरिका में यह आँकड़ा 250 प्रतिशत से भी ज़्यादा है। कॉफ़मैन फ़ाउंडेशन के अनुसार हर आठ अमेरिकी वयस्कों में से एक (11.9 प्रतिशत) वर्तमान में 'उद्यमी गतिविधि' में संलग्न है। यह विकसित जगत के लगभग शीर्ष पर है।

कहने की ज़रूरत नहीं है कि इन अंतरों के सच्चे प्रभाव पड़ते हैं, केवल उद्यमियों पर ही नहीं, बल्कि ज़्यादा व्यापक अर्थव्यवस्था पर भी। जैसा व्हार्टन बिज़नेस स्कूल के एक शोध-पत्र में लिखा गया है : "जापान में अवसर संचालित उद्यमिता की तुलनात्मक कमी ने पिछले दो दशकों में उस देश की आर्थिक रुग्णता में योगदान दिया है।" जहाँ तक अमेरिका का प्रश्न है, उद्यमियों को पूरे देश की सफलता की आधारशिला माना जाता है : "व्यवहारवादी शोध ने दर्शाया है कि 'अवसर-संचालित' उद्यमिता आधुनिक पूँजीवादी अर्थव्यवस्था में विकास का स्रोत होती है।"

लेकिन कठोर आँकड़ों के ये अंतर क्या सचमुच असफलता की भिन्न अवधारणाओं जैसी नरम और अमूर्त चीज़ पर टिके हैं? 2009 में, द ग्लोबल एंटरप्रेन्योरशिप मॉनीटर ने यह पता लगाने के लिए एक वृहद सर्वेक्षण किया। उन्होंने नवाचार-आधारित बीस उन्नत अर्थव्यवस्थाओं में उद्यमिता के प्रति दृष्टिकोणों को देखा। परिणाम सुस्पष्ट थे। जापानी नागरिकों में असफलता का सबसे ज़्यादा डर मिला। अमेरिकियों में सबसे कम स्तरों का डर मिला।

पाँच साल बाद भी यही नज़रिये क़ायम रहे। सत्तर अलग-अलग देशों के सर्वेक्षण में, जो विकास की अलग-अलग अवस्थाओं में थे और अलग-अलग चुनौतियों का सामना कर रहे थे, जापान में असफलता का सबसे ज़्यादा डर था, सिवाय ग्रीस के अपवाद के, जो बाहर से थोपे गए वित्तीय सुदृढ़ीकरण के सदमे से गुज़र रहा था। अमेरिका सबसे कम डर वाले देशों में क़ायम रहा। 2013 के एक सर्वे में जापान को यह विश्वास करने के संदर्भ में विश्व में सबसे निचले स्तर पर माना गया कि उद्यमिता के साथ जुड़ी योग्यताएँ समय के साथ बेहतर बनाई जा सकती हैं।

असफलता का डर अपने आप में बुरी चीज़ नहीं है। अगर जोखिम गंभीर हैं, तो उन पर विचार करना और सावधान रहना चतुर तरीक़ा है। डर भारी सृजनात्मक ऊर्जा को चिंगारी भी दे सकता है, जैसा उद्यमी रिचर्ड ब्रान्सन ने कहा और किया है। समस्या तब होती है, जब अवसर तो मौजूद हों, लेकिन उनका लाभ लेना मनोवैज्ञानिक दृष्टि से असंभव बना रहे। समस्या तब होती है, जब झटके सीखने की ओर नहीं, बल्कि प्रत्यारोप और पराजयवाद की ओर ले जाएँ।

यह उद्यमिता के बारे में ही नहीं, जीवन के बारे में भी सच है। आइए एक भिन्न उदाहरण लेते हैं, जो इसी निहित सत्य को उजागर करता है, लेकिन विपरीत दिशा में। चीन और जापान को गणित के क्षेत्र में संसार में सर्वश्रेष्ठ माना जाता है। प्रोग्राम फ़ॉर इंटरनेशनल स्टुडेंट असेसमेंट (पीसा) लीग टेबल में, जो पंद्रह साल के विद्यार्थियों के बीच उपलब्धि को मापती है, चीन पहले स्थान पर है और जापान सातवें स्थान पर। ब्रिटेन और अमेरिका काफ़ी पीछे हैं, क्रमशः 26वें और 36वें स्थान पर।

अब इन देशों में गणित के प्रति भिन्न-भिन्न नज़रियों पर विचार करें। ब्रिटेन और अमेरिका में यह आम मान्यता है कि गणित एक ऐसी चीज़ है, जिसे आप या तो कर सकते हैं या नहीं कर सकते। जब बच्चे इस विषय में परेशान होते हैं, तो वे यह मानते हैं कि उनमें यह प्रतिभा है ही नहीं। इन देशों के स्कूलों में आप छोटे बच्चों के मुँह से इस तरह की बातें सुन सकते हैं, "मुझमें संख्याओं का दिमाग़ है ही नहीं।" जैसा स्टैनफ़ोर्ड के शिक्षाविद् जो बोलर कहते हैं, "यह विचार अमेरिकी और ब्रिटिश मनोविज्ञान में गहराई तक दबा हुआ है कि केवल कुछ लोग ही गणित कर सकते हैं। गणित इस मायने में ख़ास है और लोगों के गणित के बारे में ऐसे विचार होते हैं, जो किसी दूसरे विषय के बारे में नहीं होते।"

चीन और जापान में नज़रिया क्रांतिकारी रूप से भिन्न है। गणित को कुछ हद तक किसी भाषा की तरह माना जाता है : जब आप जुटे रहते हैं, तो आप अभिव्यक्ति में ज़्यादा निपुण बन जाते हैं। ग़लतियों को हीनता का प्रमाण नहीं जताया जाता या यह दिखाने का प्रमाण नहीं माना जाता कि आपके पास 'ग़लत क़िस्म का मस्तिष्क' है, ग़लतियों को तो सीखने का प्रमाण माना जाता है। कुछ व्यक्ति गणित में बाक़ी से बेहतर होते हैं, लेकिन

एक मान्यता है कि लगन और मेहनत के साथ हर व्यक्ति बुनियादी गणितीय अवधारणाओं में माहिर बन सकता है।

बोलर चीन के शंघाई की यात्रा की बात करते हैं, जहाँ गणित में सर्वोच्च नंबर आते हैं। "शिक्षक ने विद्यार्थियों को... काम करने के लिए समस्याएँ दीं और फिर विद्यार्थियों से जवाब बताने को कहा। जब विद्यार्थी ख़ुशी-ख़ुशी अपने जवाब बता रहे थे, तो दुभाषिया मेरी तरफ़ झुका और मुझे बताया कि शिक्षक उन विद्यार्थियों को चुन रहा था, जिन्होंने ग़लतियाँ की थीं। विद्यार्थी अपनी ग़लतियों को बताने में गर्व महसूस कर रहे थे, क्योंकि शिक्षक ग़लतियों को महत्त्व देते थे।"

मानसिकता में अंतर यह बार-बार स्पष्ट करते हैं कि कुछ व्यक्ति और संगठन बाक़ी की तुलना में ज़्यादा तेज़ी से विकास क्यों करते हैं। जैसा हम अध्याय 7 में देख चुके हैं, विकास असफलता से प्रेरित और संचालित होता है, लेकिन असफल होने पर अगर हम हार मान लेते हैं या अगर हम अपनी ग़लतियों को संपादित करके बाहर निकाल देते हैं, तो हम अपनी प्रगति को बाधित कर देते हैं, चाहे हम कितने ही चतुर क्यों न हों। प्रबुद्ध विकासवादी प्रणाली के साथ मिश्रित विकास की मानसिकता ही हमारी क्षमता का ताला खोलने में मदद करती है। यह संरचना व्यक्तिगत और संगठनात्मक अनुकूलन को संचालित करती है।

III

हमारे दिग्भ्रमित नज़रिये प्रगति को किस तरह कमज़ोर कर सकते हैं, इस बारे में एक अंतिम तहक़ीक़ात के लिए आइए सबसे आश्चर्यजनक व्यवहारों में से एक को लेते हैं : ख़ुद को कमज़ोर करना। व्यवसायों, स्कूलों और पारिवारिक जीवन में इस आश्चर्यजनक प्रवृत्ति का अध्ययन किया गया है। इससे यह पता चलता है कि लोग अपने अहं की रक्षा करने के लिए ख़ुद की दीर्घकालीन सफलता की कितनी ज़्यादा क़ीमत चुकाने के लिए तैयार रहते हैं।

ख़ुद को कमज़ोर करने का सक्रिय उदाहरण मैंने सबसे पहले ऑक्सफ़ोर्ड यूनिवर्सिटी के अपने अंतिम वर्ष में देखा। हमें फ़ाइनल परीक्षा देनी थी और हम सभी उस बड़े दिन की अच्छी तरह तैयारी कर रहे थे। हममें से ज़्यादातर डर रहे थे, लेकिन राहत में भी थे कि इंतज़ार आख़िर ख़त्म हो

गया था। आख़िरी चौबीस घंटों में हममें से ज़्यादातर ने आख़िरी बार अपने रिवीज़न नोट्स पढ़े।

लेकिन विद्यार्थियों के एक समूह ने बहुत अलग चीज़ की। वे बगीचे में बैठकर हँसी-मज़ाक़ करते रहे और कॉकटेल पीते रहे और उन्होंने अपने नोट्स पर एक नज़र भी नहीं डाली और यह सुनिश्चित किया कि हर कोई यह जान जाए कि वे उस शाम को नाइटक्लब जा रहे हैं। वे सभी काफ़ी तनावरहित लग रहे थे और आने वाली परीक्षा के बारे में हँसी-मज़ाक़ कर रहे थे।

मुझे इसमें कहीं से कहीं तक कोई समझदारी नज़र नहीं आ रही थी। एक रात के मौज-मज़े की ख़ातिर तीन साल की मेहनत को ख़तरे में क्यों डालना? पहली परीक्षा उनके जीवन के सबसे महत्त्वपूर्ण दिनों में से एक थी और वे यह उम्मीद कैसे कर सकते हैं कि इसमें हैंगओवर होने से उन्हें लाभ हो सकता है? सबसे हैरानी की बात यह थी कि उनमें से कई तो बहुत बुद्धिमान विद्यार्थी थे, जिन्होंने पिछले तीन सालों में कड़ी मेहनत की थी।

बरसों बाद जब मैंने संज्ञानात्मक असंगति और निश्चित मानसिकता के बारे में पढ़ा, तब इसका रहस्य समझ आया : उन्हें यह चिंता सता रही थी कि कहीं परीक्षा में यह प्रकट न हो जाए कि वे बहुत चतुर नहीं हैं। वे कमतर प्रदर्शन करने के बारे में इतने आतंकित थे कि उन्हें संभावित असफलता के वैकल्पिक स्पष्टीकरण की ज़रूरत थी। उन्होंने इसी बहाने को हासिल करने के लिए अपनी संभावनाओं का एक तरह से गला दबा दिया।

जीवन में बहाने आमतौर पर बाद में गढ़े जाते हैं। हम सभी ने अपने कमज़ोर प्रदर्शन को तर्कसंगत साबित करने के लिए रात की ख़राब नींद या सर्दी या कुत्ते की बीमारी का बहाना बनाया है, लेकिन ये बहाने इतने स्पष्ट और स्वयं को बचाने वाले होते हैं कि लोगों को असलियत दिख जाती है। हमें ख़ुद भी अपने बहानों की असलियत पता होती है। वे असंगति को कम नहीं करते हैं, क्योंकि यह बहुत ही स्पष्ट होती है।

लेकिन ख़ुद को कमज़ोर करने की प्रक्रिया ज़्यादा सूक्ष्म होती है। यहाँ बहाना घटना के बाद नहीं गढ़ा जाता है, बल्कि सक्रियता से पहले से तैयार किया जाता है। दरअसल, यह असंगति को पहले से घटाने वाली रणनीति होती है। अगर विद्यार्थी उनकी अति महत्त्वपूर्ण परीक्षा में फ़ेल हो जाते, तो वे कह सकते थे : 'गड़बड़ मैंने नहीं की थी, दोष तो शराब का था!' यह एक

और उद्देश्य भी पूरा करती थी : अगर वे परीक्षा में *पास* हो जाते, तो वे शराब पर दोष मढ़ सकते थे कि इसकी वजह से उन्हें ज़्यादा नंबर नहीं मिले।

ख़ुद को कमज़ोर करने का यह लक्षण सतह पर जटिल नज़र आता है : वे युवा खिलाड़ी, जो किसी बड़ी खेल प्रतिस्पर्धा के पहले के कुछ अति महत्त्वपूर्ण सप्ताहों में कड़ा प्रशिक्षण लेना छोड़ देते हैं, वे एक्ज़ीक्यूटिव, जो प्रासंगिक सामग्री को पढ़े बिना किसी महत्त्वपूर्ण बिक्री में कूद जाते हैं, वे प्रतिभाशाली यूनिवर्सिटी विद्यार्थी, जो अचानक किसी महत्त्वपूर्ण परीक्षा से पहले शराब पीने का निर्णय ले लेते हैं।

लेकिन निश्चित मानसिकता के चश्मे से देखने पर यह पूरी तरह से समझ आता है। चूँकि प्रोजेक्ट सचमुच मायने रखता है, इसी वजह से असफलता इतनी डरावनी लगती है - और इसीलिए उन्हें गड़बड़ करने के लिए किसी वैकल्पिक कारण की ज़रूरत होती है। जैसा एक मनोवैज्ञानिक ने कहा था, "कोई व्यक्ति किसी छोटे दोष (शराब पीने) को स्वीकार कर सकता है, ताकि वह ज़्यादा जोखिम भरी ग़लती (मैं उतना बुद्धिमान नहीं हूँ, जितना मैं सोचना पसंद करता हूँ) को स्वीकार करने से बच जाए।"

1978 के एक महत्त्वपूर्ण अध्ययन में स्टीवन बर्गलैस और एडवर्ड जोन्स नामक मनोवैज्ञानिकों ने स्वयं को कमज़ोर करने की इस आदत के बारे में विद्यार्थियों की परीक्षा ली। परीक्षा देने से पहले विद्यार्थियों से पूछा गया कि क्या वे एक दवा लेना पसंद करेंगे, जो उनके प्रदर्शन को कम कर देगी। वास्तव में, यह कोई विकल्प था ही नहीं। देखिए, कोई अपनी सफलता की संभावना को सक्रियता से कम क्यों करना चाहेगा? लेकिन इस मामले में बहुत ज़्यादा अनुपात में विद्यार्थियों ने इसे लेने का विकल्प चुना।

कुछ अवलोकनकर्ताओं को यह पागलपन भरा नज़र आया, लेकिन डॉ. बर्गलैस को यह बात पूरी तरह से समझ में आई। उन्होंने ख़ुद हाई स्कूल की महत्त्वपूर्ण एसएटी परीक्षाओं से पहले इन दवाओं को पहली बार लिया था। उनसे पूरे स्कोर की अपेक्षा की जाती थी। उनकी आत्म-छवि प्रदर्शन से जुड़ी थी। दवा लेने से उन्हें आदर्श बहाना मिल गया था, जिसे वे परिस्थितियाँ बिगड़ने पर बना सकते थे।

कुछ मनोवैज्ञानिकों ने तर्क दिया है कि ख़ुद को कमज़ोर करने के अल्पकालीन लाभ हो सकते हैं। अगर आप किसी ख़ास असफलता का दोष

बहुत ज़्यादा शराब पीने पर मढ़ सकते हैं, तो यह ख़राब परिणाम मिलने पर आपके आत्म-गौरव को संबल दे सकता है, लेकिन इससे सच्चा सबक़ छूट जाता है। ऐसे आत्म-गौरव की रक्षा करने में क्या तुक है, जो इतना कमज़ोर हो कि असफलता को ही न झेल पाए?

पुस्तक में पहले बताए गए सर्जनों के बारे में सोचें। उनके अहं स्वस्थ थे। उन्होंने महँगी शिक्षा ली थी और उनके पास प्रभावशाली प्रमाण-पत्र थे। उनके सहकर्मी और रोगी उनका काफ़ी सम्मान करते थे, लेकिन इसी वजह से यह संस्कृति इतनी ख़तरनाक थी। सर्जन अक्सर अपने आत्म-गौरव की रक्षा करने के लिए इतने व्यग्र होते हैं कि वे अपने ग़लती करने की बात स्वीकार नहीं कर सकते।

संक्षेप में, आत्म-गौरव एक ऐसा मनोवैज्ञानिक गुण है, जिसे बहुत ज़्यादा महत्त्व दिया जाता है। अगर हमारे आदर्श से कमतर दिखने का जोखिम हो, तो इसकी वजह से हम सीखने को जोखिम में डाल सकते हैं। हमें जिस चीज़ की सचमुच ज़रूरत है, वह है लचीलापन : असफलता का सामना करने और इससे सीखने की क्षमता। अंततः विकास इसी तरीक़े से होता है।

30 जून 1998 की दोपहर को डेविड बेकहेम का जीवन हमेशा के लिए बदल गया। वे तेईस साल के थे और मध्य फ़्रांस में सेंट-एटिएन में अपने पहले विश्व कप में इंग्लैंड के लिए खेल रहे थे। यह क्वार्टर फ़ाइनल में स्थान पाने के लिए अर्जेन्टीना के ख़िलाफ़ नॉकआउट मैच था।

स्कोर 2-2 की बराबरी पर था। उनके देश के 2 करोड़ से ज़्यादा लोग टेलीविज़न से चिपके हुए थे और लाखों देशवासी स्टेडियम में बैठकर मैच देख रहे थे। बेकहेम के लिए अपने देश की तरफ़ से खेल के मैदान में उतरना एक ऐसा सपना था, जो पूरा हो गया था।

मैच के उत्तरार्ध में दो मिनट बाद बेकहेम पिच के बीच में थे, जब अर्जेन्टीना के खिलाड़ी डिएगो सिमियॉन ने उन पर पीछे से कसकर प्रहार किया। एक घुटना उनकी कमर में घुसा और वे गिर गए। जब सिमियॉन उठा, तो उसने बेकहेम के बाल खींचे और फिर उनके सिर पर थपकी दी।

बेकहेम ने तुरंत प्रतिक्रिया की और अपना पैर अपने विरोधी की तरफ़ लहराया। उनका पैर दो फ़ुट से भी कम दूर गया और इसने सिमियॉन को

बस हल्के से छुआ, लेकिन अर्जेन्टीना का खिलाड़ी नीचे गिर गया और अपनी जाँघ पकड़कर दोहरा हो गया। बेकहेम को तुरंत समझ में आ गया कि उन्होंने एक भयंकर ग़लती कर दी थी और वे सबसे बुरे परिणाम के लिए तैयार हो गए। उनका पेट बर्फ़ की तरह जम गया, जब रेफ़री ने हवा में लाल कार्ड लहरा दिया।

बाद में पेनल्टी शूटआउट में इंग्लैंड मैच हार गया। बेकहेम को बाहर भेज दिया गया था और उन्होंने ड्रेसिंग रूम में बाक़ी का मैच देखा था। वे जानते थे कि ब्रिटिश प्रेस उन पर गोलाबारी करेगी, लेकिन कोई भी चीज़ उन्हें उस तूफ़ान के लिए तैयार नहीं कर सकती थी, जो उन्हें और उनके परिवार को चपेट में लेने वाला था।

जब अगले दिन टीम हीथ्रो हवाई अड्डे वापस लौटी, तो कैमरे वालों और पत्रकारों ने तेईस साल के बेकहेम का पीछा किया। उन्हें डाक में गोलियाँ मिलीं, लैंपपोस्ट से बाँधकर उनका पुतला जला गया और एक राष्ट्रीय समाचार-पत्र ने उनके चेहरे को डार्टबोर्ड में बदल दिया।

अगले सीज़न के पहले मैच में उन्हें पुलिस की सुरक्षा में मैदान तक ले जाना पड़ा। जब भी वे मैनचेस्टर यूनाइटेड की तरफ़ से गेंद छूते थे, विरोधी प्रशंसक छी-छी करने लगते थे। उन्होंने विश्व कप में एक विरोधी की कमज़ोर चुनौती पर प्रतिक्रिया करते समय एक छोटी सी ग़लती कर दी थी, लेकिन उनके साथ तो ऐसा बर्ताव किया जा रहा था, जैसे वे अपराधी हों। कई टिप्पणीकारों को यह शक था कि वे सीज़न के अंत तक टिक पाएँगे। जैसा एक पत्रकार ने कहा, "आपको बेकहेम के करियर का डर होना चाहिए। कोई भी यह उम्मीद नहीं कर सकता कि वे इस जैसी किसी चीज़ से दोबारा वापसी कर पाएँगे।"

लेकिन वह सीज़न बेकहेम के करियर का सबसे अच्छा सीज़न रहा। मैनचेस्टर यूनाइटेड ने तीन लीग स्पर्धाएँ जीतीं (द प्रीमियर लीग, द एफ़ए कप और द चैंपियन्स लीग) और यह कारनामा करने वाला यह पहला तथा अब तक का एकमात्र ब्रिटिश क्लब है। बेकहेम लगभग हर मैच में खेले। सीज़न के अंत में उन्हें फ़ीफ़ा वर्ल्ड प्लेयर ऑफ़ द ईयर में दूसरे स्थान पर रखा गया। वे ब्राज़ील और बार्सीलोना के रिवाल्डो से पीछे थे, लेकिन बातिस्तुता, ज़िडाने, वायरी, फ़ीगो, शेवचेंको और राउल से आगे थे।

उनके योगदान उल्लेखनीय थे। उन्होंने लीग में सोलह बार गोल में मदद की थी और चैंपियन्स लीग में सात बार। उन्होंने महत्त्वपूर्ण गोल स्कोर किए, जिनमें ऐतिहासिक एफ़ए कप के सेमीफ़ाइनल में आर्सीनल के ख़िलाफ़ शुरुआती गोल था और स्पर्स के ख़िलाफ़ प्रीमियर लीग सीज़न के अंतिम मैच में बराबरी का गोल था। उन्होंने दोनों कॉर्नर भी लिए, जब यूनाइटेड ने अतिरिक्त समय में दो बार गोल किए और बेयर्न म्यूनिख़ की नाक के नीचे से चैंपियन्स लीग ख़िताब खींच लिया। यह प्रदर्शन का शानदार रिकॉर्ड था।

लेकिन आइए उस सीज़न के बिल्कुल पहले मैच में चलते हैं, जो लीसेस्टर के ख़िलाफ़ हो रहा था। यूनाइटेड की टीम 2-1 से पिछड़ रही थी, जब उन्हें पेनल्टी बॉक्स के ठीक बाहर एक फ़्री किक मिली। सेंट एटिएन में कुछ सप्ताह पहले जो हुआ था, उसे देखते हुए यह एक महत्त्वपूर्ण पल था। विरोधी प्रशंसकों ने पूरे मैच में बेकहेम की खिल्ली उड़ाई थी। बाद में उन्होंने कहा कि जब वे फ़ुटबॉल को रखने गए, तो उनके पेट में खलबली हो रही थी, लेकिन जब वे शॉट लेने के लिए लौटे, तो उन्हें हर चीज़ बदलती महसूस हुई। उन्होंने कहा :

> जब मैं फ़्री किक लेने गया, तब मुझे अपनी इच्छाशक्ति सख़्त होती महसूस हुई। नकारात्मक होना और परिणाम की चिंता करना आसान होता, लेकिन मुझे बस अपने भीतर फ़ौलाद जैसा महसूस हुआ। आंशिक तौर पर यह उस असाधारण समर्थन के कारण था जो मुझे मिला था (यूनाइटेड के प्रशंसकों की ओर से), लेकिन यह इतने बरसों के अभ्यास की वजह से भी था : हज़ारों फ़्री किक, जो मैंने बारिश और बर्फ़ में ली थीं। इससे मुझे आत्मविश्वास मिला।

विपत्ति शायद ही कभी इतनी सार्वजनिक होती है, जितनी बेकहेम को सेंट एटिएन में झेलनी पड़ी, लेकिन विपत्ति पर प्रतिक्रिया करना और असफलता से लौटना इस बात पर पूरी तरह निर्भर करता है कि हम उसे किस तरह देखते हैं। क्या यह इस बात का प्रमाण है कि हममें सफल होने का माद्दा नहीं है? क्या इसका मतलब यह है कि हममें वह काम करने की योग्यता नहीं है? इस तरह की प्रतिक्रिया वे लोग करते हैं, जिनकी मानसिकता निश्चित होती है। वे अवरोधों की वजह से शक्ति तथा अक्सर इच्छाशक्ति खो देते हैं। वे फ़ीडबैक से बचने की कोशिश करते हैं, हालाँकि वे इससे सीख सकते हैं।

लेकिन जब आप असफलता को सीखने का अवसर मानते हैं और जब आप मुश्किलों के बावजूद विकास करने के लिए अभ्यास की शक्ति में विश्वास करते हैं, तो आपकी प्रेरणा और स्व-विश्वास को किसी तरह का जोखिम नहीं होता। वास्तव में आप असफलता को सीखने के अवसर के रूप में अंगीकार करते हैं, चाहे यह वैक्यूम क्लीनर को बेहतर बनाने के बारे में हो, नया वैज्ञानिक सिद्धांत बनाने के बारे में हो या होनहार फुटबॉल करियर बनाने के बारे में हो।

"मैदान से निकाले जाना मुश्किल था, लेकिन इससे मैंने एक मूल्यवान सबक़ सीखा," बेकहेम ने मुझे बताया। "क्या जीवन इसी का नाम नहीं है?"

बड़ी तसवीर

I

इतिहासकारों ने जिस भी समाज का अध्ययन किया है, लगभग हर समाज के इस बारे में विचार रहे हैं कि संसार किस तरह काम करता है। ये अक्सर मिथकों, धर्म और अंधविश्वासों के रूप में होते हैं। आदिकालीन समाज आम तौर पर इन विचारों को पवित्र मानते थे और उनसे असहमत होने वालों को अक्सर मौत की सज़ा देते थे। शक्तिशाली लोग कोई ऐसा प्रमाण देखना ही नहीं चाहते थे कि वे ग़लत हो सकते हैं।

जैसा दार्शनिक ब्रायन मैगी ने कहा है : "सत्य को पूरी तरह अक्षत रखना और पीढ़ी दर पीढ़ी बेदाग़ हस्तांतरित करना होता है। इस उद्देश्य से संस्थाएँ रहस्य, पुरोहिताई और एक उन्नत अवस्था में संप्रदाय विकसित कर लेती हैं।" इस तरह के संप्रदायों ने कभी नए विचारों को स्वीकार नहीं किया और हर उस व्यक्ति को बाहर निकाल दिया, जिसने धर्मसिद्धांत को बदलने की कोशिश की।

लेकिन मानव इतिहास में किसी बिंदु पर यह सब बदल गया। आलोचना को बर्दाश्त ही नहीं, प्रोत्साहित भी किया गया। दार्शनिक कार्ल पॉपर के अनुसार यह पहली बार प्राचीन यूनानियों के युग में हुआ, लेकिन सटीक ऐतिहासिक दावा इतना महत्त्वपूर्ण नहीं है, जितनी यह बात कि व्यवहार में इसके क्या मायने हैं। इस परिवर्तन ने कट्टर परंपरा को ख़त्म कर दिया। वे कहते हैं कि यह भाषा की खोज के बाद बौद्धिक प्रगति का सबसे महत्त्वपूर्ण पल था।

और वे निश्चित रूप से सही हैं। यूनानियों से पहले सदियों तक बौद्धिक इतिहास का अर्थ स्थापित विचारों को संरक्षित करना और उनकी रक्षा करना था : धार्मिक, व्यावहारिक और जनजातीय। यह रक्षात्मक

प्रवृत्ति, जो मानव इतिहास में इतनी शाश्वत नज़र आती है, कई वर्षों तक मानवविज्ञानियों के लिए अटकल का विषय रही है।

लेकिन निश्चित रूप से जवाब यह है कि प्राचीन जनजातियाँ निश्चित मानसिकता में फँसी हुई थीं। उन्होंने सोचा था कि सत्य किसी देवता या देवता-सदृश पूर्वज ने उजागर किया था, इसलिए उन्हें नया ज्ञान हासिल करने की कोई ज़रूरत ही महसूस नहीं हुई। नए प्रमाण को नवीन सत्य सीखने के अवसर के रूप में नहीं, बल्कि स्थापित विश्व-दृष्टिकोण के प्रति जोखिम के रूप में देखा जाता था।

वास्तव में, जिन लोगों ने पारंपरिक मान्यताओं पर प्रश्न किए, उनके साथ अक्सर हिंसक व्यवहार किया गया। इतिहास ऐसी घटनाओं का गवाह है, जहाँ विचारों का परीक्षण तर्क से नहीं, बल्कि सैन्य शक्ति से किया गया। चार्ल्स फ़िलिप्स और ऐलन एक्सलरॉड द्वारा लिखित *एनसाइक्लोपीडिया ऑफ़ वार्स* के अनुसार मानव इतिहास में 123 युद्धों की वजह राय में स्पष्ट भिन्नता थी, चाहे यह धार्मिक हो, वैचारिक हो या सैद्धांतिक हो।

संज्ञानात्मक असंगति के बारे में सोचें। यहीं विरोधी प्रमाण को दोबारा गढ़ा जाता है या नज़रअंदाज़ किया जाता है। विचारधारा के युद्धों को असंगत घटाव की अति के रूप में देखा जा सकता है : असुविधाजनक प्रमाण की तरफ़ से अपने कान बंद करने के बजाय आप विरोध करने वालों की हत्या कर देते हैं। यह इस बात को सुनिश्चित करने का अचूक तरीक़ा है कि धार्मिक और पारंपरिक मान्यताओं को चुनौती न दी जाए, लेकिन इससे प्रगति की किसी तरह की संभावना भी नष्ट हो जाती है।

लेकिन यूनानी काल ने इस सबको चुनौती दी। जैसा दार्शनिक ब्रायन मैगी ने कहा है, "यह किसी बेदाग़ सत्य को हस्तांतरित करने की कट्टर परंपरा का अंत था। यह आलोचनात्मक विचार-विमर्श के लिए अटकलों को सामने रखने की एक नई तार्किक परंपरा की शुरुआत थी। यह वैज्ञानिक प्रणाली का आरंभ था। ग़लती तबाही से लाभ में बदल दी गई थी।"

इस अंतिम वाक्य के महत्त्व को जितना भी बताया जाए, कम है। यूनानियों के लिए ग़लती अब विनाशकारी, जोखिम भरी या हत्या करने लायक़ नहीं रह गई थी। इसके विपरीत, अगर किसी के पास विश्वसनीय प्रमाण था, जो आपकी मान्यताओं में दोष उजागर करता था, तो यह सीखने का

और संसार के प्रति अपने मॉडल को बदलने का अवसर था। वैज्ञानिक ज्ञान को स्थिर के बजाय प्रगतिशील के रूप में देखा गया : जो सत्ताधारियों द्वारा हस्तांतरित किए जाने के बजाय आलोचनात्मक जाँच के ज़रिये विकास करता है। जैसा ज़ेनोफ़ेन्स ने लिखा था :

> ईश्वर ने शुरुआत से ही उजागर नहीं कीं,
> सारी चीज़ें हमारे सामने, बल्कि समय के साथ कीं,
> खोजने से हम सीख सकते हैं और चीज़ों को बेहतर जान सकते हैं।

इस सूक्ष्म परिवर्तन के सचमुच बहुत आश्चर्यजनक परिणाम हुए। यूनानी काल ने मानव इतिहास में ज्ञान के सबसे बड़े पल्लवन को प्रेरित किया। इसने पूरी पाश्चात्य बौद्धिक परंपरा के जनकों को उत्पन्न किया, जिनमें सुकरात, प्लेटो, अरस्तू, पाइथेगॉरस और यूक्लिड शामिल थे। इसने संसार को सूक्ष्म और गहरे दोनों तरीक़ों से बदल दिया। जैसा स्वानसी यूनिवर्सिटी के पूर्व प्रोफ़ेसर बेंजामिन फ़ैरिंगटन ने कहा था :

> विस्मय के साथ हम ख़ुद को आधुनिक विज्ञान की चौखट पर पाते हैं। हमें यह नहीं मानना चाहिए कि अनुवाद की किसी चालाकी से अंशों (प्राचीन यूनानी पांडुलिपियों के) को आधुनिकता का जामा पहनाया गया है। ऐसी बात नहीं है। इस लेखन की शब्दावली और उनकी शैली ही वह स्रोत है, जहाँ से हमारी ख़ुद की शब्दावली और शैली उत्पन्न हुई है।

लेकिन दुखद बात यह है कि यह दौर लंबे समय तक क़ायम नहीं रहा। अपनी वर्तमान जगह से पीछे देखने पर यह आश्चर्यजनक है कि मानव ज्ञान की प्रगति कितने अकस्मात तरीक़े से थम गई। यूनानियों और सत्रहवीं सदी के बीच के ज़्यादातर समय पाश्चात्य विज्ञान अंधी गली में फँसा रहा, जिसे दार्शनिक, वैज्ञानिक और नेता फ़्रांसिस बेकन ने शक्तिशाली रूप से व्यक्त किया है।

जैसा बेकन ने 1620 में अपने अमर ग्रंथ *नोवम ऑर्गेनम* में लिखा था : "जो विज्ञान हमारे पास है, वे ज़्यादातर मामलों में यूनानियों द्वारा दिए

गए हैं, लेकिन यूनानियों की इन सारी प्रणालियों और विशिष्ट विज्ञानों के ज़रिये उनके प्रभावों से, इतने सारे वर्षों के अंतराल के बाद शायद ही एक प्रयोग सामने रखा जा सकता है, जिसमें मानव की स्थिति को राहत देने और लाभ पहुँचाने की प्रवृत्ति हो।"

यह एक सचमुच विनाशकारी आकलन था। यहाँ मुख्य तर्क यह है कि विज्ञान ने 'मानव की स्थिति को लाभ पहुँचाने' के लिए लगभग कुछ नहीं किया था। हम लोगों को यह उल्लेखनीय लगता है, क्योंकि हम इस बात के आदी हैं कि विज्ञान मानव जीवन का कायाकल्प करता है, लेकिन बेकन के युग में यह पीढ़ियों से चला आ रहा था। वैज्ञानिक प्रगति हो ही नहीं रही थी।

आख़िर यह प्रगति क्यों थम गई? जवाब पहचानना मुश्किल नहीं है : संसार पुरानी मानसिकता में लौट गया। शुरुआती चर्च के शिक्षण को अरस्तू के दर्शन के साथ मिलाकर (जिन्हें एक सम्मानित विशेषज्ञ का दर्जा दे दिया गया था) एक नया, पवित्र विश्व दृष्टिकोण बना लिया गया। जो भी चीज़ ईसाई धर्मशास्त्र का विरोध करती थी, उसे ईशनिंदा माना जाता था। विरोध करने वालों को दंड दिया जाता था। एक बार फिर ग़लती विनाशकारी बन गई थी।

असुविधाजनक साक्ष्यों की अनदेखी कर दी जाती थी या उन्हें फिर गढ़ लिया जाता था। इसका सबसे असाधारण उदाहरण जूडो-ईसाइयत के इस विचार से जुड़ा है कि महिलाओं में पुरुषों की तुलना में एक पसली ज़्यादा होती थी। इसे 'जेनिसिस' के इस धार्मिक अंश से लिया गया था कि ईव को आदम की पसली से बनाया गया था। इस मान्यता को किसी भी वक़्त एक आसान चीज़ यानी गणना करके ठुकराया जा सकता था। यह तथ्य बिल्कुल स्पष्ट है कि स्त्री-पुरुष दोनों में समान संख्या में पसलियाँ होती हैं।

इसके बावजूद यह 'सच' सामान्य तौर पर 1543 तक स्वीकार किया जाता रहा। इसके बाद बेल्जियम के शरीर रचना विज्ञानी आंद्रेयेस विसेलियस ने इसका प्रतिवाद किया। यह एक बार फिर इस बात को दर्शाता है कि जब हम ग़लती करने को लेकर डरे हुए होते हैं, जब यथास्थिति को बनाए रखने की इच्छा विशेष रूप से ताक़तवार होती है, तो आसान दृष्टि में ग़लतियाँ लगभग अनिश्चितकाल तक जारी रह सकती हैं।

बेकन की विराट उपलब्धि ज्ञान की कट्टर अवधारणा को चुनौती देना थी, जिसने मानव जाति को कई सदियों तक जकड़े रखा। यूनानियों की तरह उन्होंने भी तर्क दिया कि विज्ञान का मतलब सच्चाइयों का बचाव करना नहीं, बल्कि उन्हें चुनौती देना है। विज्ञान का मतलब प्रयोग करने का साहस जुटाना और उनसे सीखना है। जैसा कि उन्होंने लिखा, "विज्ञान का सच्चा और विधि सम्मत लक्ष्य यह है कि मानव जीवन नए आविष्कारों और शक्तियों से संपन्न हो।"

उन्होंने पूर्वाग्रहों के स्थिर रहने के ख़तरों के प्रति भी आगाह किया था :

> मानवीय समझ यह होती है कि जब एक बार कोई विचार अपना लिया जाता है, तो अन्य सभी को इसका समर्थन करना होता है या इससे सहमत होना होता है (विचार चाहे कहीं से प्राप्त किया गया हो या अपने आप में सहमति योग्य हो)। यद्यपि विचार के दूसरी तरफ़ कितनी भी संख्या और भार में उदाहरण मिल जाएँ, लेकिन इसके बावजूद उनकी अनदेखी की जाती है और उनका तिरस्कार किया जाता है, या किन्हीं विशिष्ट तरीक़ों से उनका अनादर किया जाता है और उनको ख़ारिज कर दिया जाता है, ताकि इस बड़ी और नुक़सान देने वाली पूर्वधारणा से पूर्ववर्ती निष्कर्षों की सत्ता बनी रहे।

बेकन और एक अन्य महान विचारक गैलिलियो ने दूसरी वैज्ञानिक क्रांति का मंच तैयार कर दिया। सिद्धांत प्रायोगिक आलोचना के अधीन थे। इसका सीधा परिणाम यह हुआ कि रचनात्मकता पनपने लगी। सत्तात्मक हस्तियों के विचारों का परीक्षण करना पूरी तरह अब असभ्यता नहीं, बल्कि बाध्यकारी समझा जाने लगा। ग़लती एक बार फिर विनाशकारी नहीं थी,बल्कि यह लाभ में बदल गई थी।

यहाँ मुद्दे की बात यह नहीं है कि हमारे पूर्वजों के विचार और सिद्धांत बनाए रखने लायक़ नहीं हैं। मामला इसका ठीक उलटा है। जो सिद्धांत चयन की प्रक्रिया से गुज़रे हैं, जिन सामान्य नियमों का कठोरता से परीक्षण किया गया है, जिस व्यावहारिक ज्ञान को कोशिश व ग़लती तथा अनंत असफलताओं की लंबी प्रक्रिया से तराशा गया है, उसका महत्त्व अमूल्य है।

हम एक समृद्ध बौद्धिक धरोहर के वारिस हैं और अगर स्लेट दोबारा साफ़ कर दी जाए यानी अगर हमारे पूर्वजों द्वारा हासिल सारा संचित ज्ञान किसी तरह नष्ट हो जाए, तो हम खो जाएँगे। जैसा कार्ल पॉपर ने कहा था, "अगर हम आदम की तरह शुरुआत करें (यानी शुरुआती मानव जाति के ज्ञान की तुलनात्मक रूप से सीमित मात्रा के साथ), तो हम उससे ज़्यादा आगे नहीं पहुँच पाएँगे, जितनी आगे तक आदम पहुँचा था।"

लेकिन जो सिद्धांत संसार के बारे में ऐसा ज्ञान देने का दावा करते हैं, जो कभी असफल नहीं हुआ और केवल सत्ता की वजह से ही मान्य रहा है, उसकी स्थिति भिन्न है। ये विचार और उनकी पवित्रता पर अंतर्निहित विश्वास अपने आप में बहुत विनाशकारी है। वैज्ञानिक प्रणाली का मतलब है ग़लती को अंगीकार करने की इच्छाशक्ति के ज़रिये ज्ञान की सरहदों को आगे बढ़ाना।

ज़्यादा भारी वस्तुएँ ज़्यादा हल्की वस्तुओं से ज़्यादा तेज़ी से नीचे गिरती हैं, अरस्तू के इस सिद्धांत को ग़लत साबित करने वाले गैलिलियो के प्रयोग के बारे में सोचें (किंवदंती के अनुसार उन्होंने पीसा की मीनार से दो अलग-अलग भार के गोले गिराए थे)। यह एक अत्यंत महत्त्वपूर्ण खोज थी, लेकिन यह असफलता की सुंदरता से अस्त-व्यस्त करने वाली शक्ति का प्रतीक भी थी। एक अकेले नियंत्रित प्रयोग ने इतिहास के सबसे सम्मानित बौद्धिक दिग्गजों में से एक के विचारों का खंडन कर दिया, जिससे नए जवाबों, नई समस्याओं और नई खोजों के लिए मंच तैयार हो गया।

लेकिन संसार की इन दोनों अवधारणाओं के बीच का युद्ध लगातार जारी रहा - एक जिसे ऊपर से प्रकट किया जाता है, दूसरी जिसे नीचे से खोजा जाता है। जब गैलिलियो ने अपने नए आविष्कार टेलिस्कोप से शुक्र की कलाएँ और चंद्रमा के पर्वत देखे, तो उन्होंने यह अवधारणा सबके सामने रखी कि पृथ्वी के बजाय सूर्य सृष्टि का केंद्र है।

पृथ्वी सूर्य के चारों ओर घूमती है, यह सिद्धांत उस वक़्त बाइबल के विरोध में नज़र आता था। धर्मगीत 93:1 में लिखा है कि 'संसार दृढ़ता से स्थापित है, यह हिल नहीं सकता।' धर्मगीत 104:5 कहता है : 'ईश्वर ने पृथ्वी को इसकी बुनियाद पर जमा दिया है, इसे कभी हिलाया नहीं जा सकता।' और एक्लीज़ियास्ट्स 1:5 में कहा गया है : 'सूर्य उगता है और डूबता है और अपनी जगह पर लौटता है।'

लेकिन जब गैलिलियो ने ईसाई धर्मशास्त्रियों को अपने टेलिस्कोप से नए प्रमाण देखने के लिए आमंत्रित किया, तो उन्होंने स्पष्ट इंकार कर दिया। वे कोई भी ऐसा तथ्य नहीं देखना चाहते थे, जो सृष्टि के पृथ्वी-केंद्रित दृष्टिकोण के ख़िलाफ़ हो। संज्ञानात्मक असंगति के इससे ज़्यादा उजागर करने वाले प्रसंग के बारे में सोचना मुश्किल है। उन्होंने अपनी आँखें कसकर बंद कर लीं।

जैसा गैलिलियो ने जर्मन गणितज्ञ जोहान्स केपलर को एक पत्र में लिखा था :

> प्रिय केपलर, मैं चाहता हूँ कि हम आम रेवड़ की उल्लेखनीय मूर्खता पर हँस सकें। आप इस अकादमी के मुख्य दार्शनिकों से क्या कह सकते हैं, जो एक विषैले साँप के अड़ियलपन से भरे हैं और जो ग्रहों, चंद्रमा या टेलिस्कोप को देखना भी नहीं चाहते, हालाँकि मैंने हज़ार बार उन्हें खुलकर और आग्रहपूर्वक इसके लिए आमंत्रित किया है? जिस तरह विषैला साँप अपने कान बंद कर लेता है, उसी तरह ये दार्शनिक भी अपनी आँखें सत्य के प्रकाश की ओर बंद कर लेते हैं।

गैलिलियो को अंततः अपने विचार वापस लेने के लिए विवश किया गया, तार्किकता से नहीं, बल्कि शक्ति से। उन्हें धर्म न्यायाधिकरण में 'अपधर्म का प्रबल संदिग्ध' पाया गया और उन्हें आदेश दिया गया कि वे अपने विचारों को 'शपथपूर्वक त्यागें, धिक्कारें और तिरस्कार करें।' उन्हें औपचारिक नज़रबंदी की सज़ा दी गई और वे अपने बाक़ी जीवन घरेलू गिरफ़्तारी में रहे।

लोकप्रिय किंवदंती के अनुसार अपने विचार वापस लेते वक़्त गैलिलियो ने दबी साँस में कहा था, "लेकिन यह फिर भी घूमती है।"

विज्ञान के इतिहास की यह संक्षिप्त यात्रा दिखाती है कि इस पुस्तक का बुनियादी विश्लेषण मानव इतिहास की कुछ सबसे महत्त्वपूर्ण प्रवृत्तियों में परिलक्षित होता है। धर्म प्राकृतिक जगत संबंधी अपनी सोच में निश्चित था। ज्ञान को ग़लतियों से सीखने के प्रक्रिया के ज़रिये नीचे से नहीं खोजा जाता था, बल्कि ऊपर से उजागर किया जाता था। इसीलिए प्रगति केवल दशकों तक ही नहीं, बल्कि सदियों तक इतनी धीमी थी।

यह हमें स्वास्थ्य सेवा की ओर ले जाता है, जहाँ ग़लतियाँ गहन रूप से असंगत होती हैं। जैसा हम देख चुके हैं, इसके कई पहलू होते हैं, लेकिन उनमें से कम से कम एक यह साँस्कृतिक मान्यता है कि वरिष्ठ डॉक्टरों से कभी कोई ग़लती नहीं होती। क्या इसमें कोई हैरानी की बात है कि उन्हें सीखने और अनुकूलन करने में इतनी मुश्किल आती है? यह उल्लेखनीय है कि वरिष्ठ डॉक्टरों में अपने दोष और कमज़ोरियाँ स्वीकार करने की अयोग्यता होती है। दरअसल, उनमें यह मानने की अक्षमता होती है कि ऐसी चीज़ें संभव भी हैं। इसको कई बार 'ईश्वर ग्रंथि' कहा जाता है।

इसी तरह, आपराधिक न्याय प्रणाली लंबे समय से अचूकता के लगभग धार्मिक उन्माद से भरी हुई है, ख़ासतौर पर जब ग़लत सज़ाओं की बात आती है। जैसा हम पहले ही देख चुके हैं, एक जिले के अटॉर्नी ने कहा था, "निरपराध लोगों को कभी सज़ा नहीं दी जाती है। इस बारे में चिंता न करें। यह भौतिक दृष्टि से असंभव है।" लेकिन अगर प्रणाली पहले से निर्दोष है, तो इसे सुधारने की जहमत ही क्यों करना?

अपने सर्वश्रेष्ठ स्वरूप में विज्ञान की नीति अलग है, जो इस स्फूर्तिदायक विचार पर आधारित है कि अब भी ऐसी चीज़ें हैं, जिन्हें सीखा जाना है, ऐसे सत्य हैं, जिन्हें खोजा जाना है। जैसा दार्शनिक हिलेरी पटनम ने कहा था, "विज्ञान और सत्य को खोजने के नए और पुराने तरीक़ों के बीच फ़र्क़ काफ़ी हद तक यह है कि वैज्ञानिक अपने विचारों का परीक्षण करने के इच्छुक हैं, क्योंकि वे उन्हें अचूक नहीं मानते... आपको प्रकृति के सामने प्रश्न रखने होते हैं और अगर आपके विचार कारगर नहीं होते, तो उन्हें बदलने के लिए तैयार रहना होता है।"*

---

*विज्ञान भी दोषमुक्त नहीं होता और प्रगति में आने वाली सामाजिक और संस्थागत बाधाओं पर निगाह हमेशा रखनी चाहिए। वर्तमान चिंताओं में प्रकाशन पूर्वाग्रह होता है (जहाँ केवल सफल प्रयोगों को ही जर्नल में प्रकाशित किया जाता है), पियर रिव्यू सिस्टम की कमज़ोरी होती है और यह तथ्य होता है कि कई प्रयोग दोबारा दोहराने लायक़ नज़र नहीं आते हैं। इन मुद्दों की अच्छी समीक्षा के लिए इस वेबपेज पर जाएँ : www.economist.com/new/briefing/21588057-scientists-think-self-correcting-alarming-degree-if-not-trouble।

II

सत्रहवीं शताब्दी में बेकन ने नैचुरल साइंस यानी प्राकृतिक विज्ञान में जिस अंधी गली को पहचाना था, वह उस स्थिति की झलक बताता है, जो आज सामाजिक जगत में हमारे सामने है। प्राकृतिक विज्ञान भौतिक वस्तुओं के बारे में है, जैसे बिलियर्ड बॉल, अणु और ग्रह (भौतिक शास्त्र, रसायन शास्त्र, आदि), जबकि सामाजिक विज्ञान इंसानों के बारे में है (जैसे राजनीति, आपराधिक न्याय, व्यवसाय और स्वास्थ्य सेवा)। यह वह संसार है, जहाँ आज बेकन की क्रांति की ज़रूरत है।

मध्ययुगीन विज्ञान की बेकन की आलोचना को लें : यह ज्ञान सत्ता वाले लोगों द्वारा हस्तांतरित किया गया था। यह आज के सामाजिक क्षेत्र में ऊपर से नीचे आने वाले ज्ञान के सिद्धांत के ही अनुरूप है। हम यह लक्षण तब देखते हैं, जब नेता अपने प्रिय विचारों और विचारधाराओं पर बात करते हैं - स्कूल यूनिफ़ॉर्म से अनुशासन बेहतर होता है, जेल यात्रा करने से किशोर अपराधियों को डराकर अपराध जगत से बाहर निकाला जा सकता है आदि। वे प्रयोगों या डाटा की आवश्यकता को नहीं देखते हैं, क्योंकि वे सोचते हैं कि विश्वास या मान्यता की वजह से वे सही जवाब पर पहुँच चुके हैं।

और मान्यता वाली इस समझ की ये आदतें कथात्मक भ्रांति की वजह से क़ायम रखी जाती हैं, जैसी वे कभी प्राकृतिक विज्ञानों में रखी गई थीं। इसी वजह से हम यह सोचते हैं कि संसार वास्तविकता से ज़्यादा सरल है। ये अच्छी, साफ़-सुथरी, सहज बोध वाली कहानियाँ (*स्केयर्ड स्ट्रेट* के बारे में सोचें) हमें यह सोचने के लिए बरगलाती हैं कि हम असल संसार की जटिलता को समझते हैं, जबकि अक्सर हम इसे नहीं समझ पाते हैं। यह कहने का मतलब यह नहीं है कि कहानियाँ होनी ही नहीं चाहिए। इसका उद्देश्य तो सिर्फ़ यह सुझाव देना है कि उनकी हक़ीक़त को नज़रअंदाज़ नहीं करना चाहिए : शब्दाडंबरपूर्ण साधनों को व्यावहारिक पुष्टि की आवश्यकता होती है।

विडंबना यह है कि सामाजिक जगत प्राकृतिक संसार से ज़्यादा जटिल होता है। हमारे पास ग्रहों की गति की भविष्यवाणी करने वाले सामान्य सिद्धांत हैं, लेकिन मानव व्यवहार के कोई सामान्य सिद्धांत नहीं हैं। जब हम भौतिकी, रसायनशास्त्र और जीवविज्ञान से होकर अर्थशास्त्र, राजनीति

और व्यवसाय के क्षेत्र में आते हैं, तो समाधान खोजना ज़्यादा मुश्किल हो जाता है, लेकिन यह असफलता से सीखने की अनिवार्यता को कमज़ोर नहीं, बल्कि मज़बूत करता है।

हमें नियंत्रित परीक्षणों आदि के ज़रिये कोशिश और ग़लती करने को प्रभावी बनाने के ज़्यादा प्रबुद्ध तरीक़े सोचने की ज़रूरत है। हमें पुनरावृत्ति करके सफलता का रास्ता तय करने का इच्छुक बनने की ज़रूरत है। जब स्थितियाँ ज़्यादा जटिल बनती हैं, तो हमें ऊपर से अपरीक्षित समाधान थोपने के प्रलोभन से बचना होगा और संसार को नीचे से खोजने की कोशिश करनी होगी।

हालाँकि हमने पिछली कुछ सदियों में आधुनिक विज्ञान में प्रयोगशीलता और जानकारी का इस्तेमाल किया है, लेकिन सामाजिक संसार में इनकी काफ़ी हद तक उपेक्षा की गई है। 2004 तक शिक्षा में केवल कुछ दर्जन नियंत्रित प्रयोग हुए थे, जबकि भौतिकी में लाखों प्रयोग हो चुके थे।

और विडंबना यह है कि मध्ययुगीन संसार के विपरीत आज हम भौतिकी की जटिलता के बारे में पूरी तरह से जागरूक हैं। हम रॉकेट विज्ञान को चरम बौद्धिक खोज कहते हैं। हम सापेक्षता और क्वांटम थ्योरी से मंत्रमुग्ध हो जाते हैं। हम यह बात पहचानते हैं कि सृजनात्मक लोग प्राकृतिक विज्ञानों में बड़ी छलाँगें लगाते हैं, लेकिन हमें यह अहसास भी होता है कि इस प्रक्रिया की जाँच प्रयोगशीलता से की जाती है। वैज्ञानिक प्रगति, कम से कम आंशिक रूप से सटीकता से निर्देशित होती है। यह बेकन की देन है।

लेकिन जब बात सामाजिक संसार की आती है, तो हम अक्सर अपनी सहज भावना पर विश्वास करते हैं। राजनीति के विद्वान विभिन्न मुद्दों पर बहुत सारे विचार बताते हैं, एक सप्ताह शिक्षा पर तर्क देते हैं, अगले सप्ताह आपराधिक न्याय पर देने लगते हैं। कहानियाँ अक्सर शक्तिशाली होती हैं, लेकिन बहुत कम पत्रकार या टिप्पणीकार इंजीनियरिंग या रसायन शास्त्र पर दलीलें देने के अधिकारी महसूस करेंगे, कम से कम पुष्ट आँकड़ों के बिना। वे इन क्षेत्रों में कहानी को हमेशा प्रमाण के अधीन रखेंगे।

लेकिन अक्सर सामाजिक जगत में इस मान्यता को उलट दिया जाता है। तर्क जब बगैर प्रमाण के दिए जाते हैं, तो वे *ज़्यादा* मनमोहक दिखते हैं। इसके बजाय हम विश्वास की प्रशंसा करते हैं, जो अक्सर सहज भावना का

पर्याय होता है। ब्रिटेन के तत्कालीन लॉर्ड चांसलर और सेक्रेटरी ऑफ़ स्टेट फ़ॉर जस्टिस क्रिस ग्रेलिंग ने एक बार कहा था : "पिछली सरकार पायलटों (यानी पायलट योजनाओं) की दीवानी थी। कई बार आपको बस किसी चीज़ में विश्वास करना होता है और उसे करना होता है।" प्रमाण के प्रति यह हिक़ारत पूर्व-वैज्ञानिक युग के नज़रिये की गूँज है।

हमने अध्याय 7 में देखा था कि पिछली दो सदियों के कई मौलिक विचारकों ने मुक्त बाज़ार और मुक्त समाज का पक्ष इसीलिए लिया था, क्योंकि वे ऊपर से अपरीक्षित जवाबों को थोपने की मानवीय प्रवृत्ति का प्रतिरोध करते हैं। पूँजीवाद या मुक्त बाज़ार ज़्यादातर मायनों में इसीलिए सफल हैं, क्योंकि उनमें हज़ारों उपयोगी असफलताओं को झेलने की क्षमता है। दूसरी ओर, केंद्रीय रूप से नियोजित अर्थव्यवस्थाएँ अप्रभावी हैं, क्योंकि उनमें यह क्षमता नहीं होती।

दूसरे विकासवादी तंत्रों की तरह ही मुक्त बाज़ार भी हमारी अज्ञानता की दवा हैं। वे आदर्श नहीं हैं और उचित रूप से काम करने के लिए उन्हें अक्सर शासकीय हस्तक्षेप की ज़रूरत होती है, लेकिन अच्छी तरह काम कर रहे बाज़ार एक अति महत्त्वपूर्ण तत्व की वजह से सफल होते हैं : अनुकूलनशीलता। अलग-अलग कंपनियाँ अलग-अलग चीज़ों की कोशिश करती हैं, कुछ नाकाम रहती हैं और कुछ क़ायम रहती हैं, जिससे ज्ञान का भंडार बढ़ता जाता है। लंबे समय में संज्ञानात्मक असंगति को एक अटल असफलता परीक्षण यानी दिवालियेपन द्वारा रोका जाता है। जो कंपनी दिवालिया हो चुकी हो, उसका मालिक यह नाटक नहीं कर सकता कि उसकी रणनीति सफल थी।

सामाजिक सहिष्णुता के मूल्यों पर आधारित उदार समाज भी इन्हीं लाभों का दोहन करते हैं। ब्रिटिश दार्शनिक जॉन स्टुअर्ट मिल ने 'जीने में प्रयोगों' के महत्त्व के बारे में लिखा था। उन्होंने स्वतंत्रता की अपनी रक्षा को अमूर्त जीवनमूल्य पर नहीं, बल्कि इस मान्यता पर आधारित किया था कि सभ्य समाज को कोशिश और ग़लती की ज़रूरत भी है। उनकी दलील थी कि सामाजिक अनुपालन विनाशकारी है, क्योंकि यह प्रयोगशीलता को सीमित करता है (यह सत्ता के प्रति सम्मान का सामाजिक समतुल्य है)। आलोचना और असहमति सामाजिक व्यवस्था के लिए ख़तरनाक नहीं, बल्कि

इसके केंद्र में हैं। ये नए विचारों को प्रेरित करते हैं और सृजनात्मकता को चिंगारी देते हैं।*

मिल ने लिखा था, "न्यायाधीश की निरंकुशता के ख़िलाफ़ रक्षा ही पर्याप्त नहीं है। हमें प्रचलित राय और भावना की निरंकुशता के ख़िलाफ़ भी रक्षा की ज़रूरत है, समाज की इस प्रवृत्ति के ख़िलाफ़, जिसके तहत यह असहमत होने वाले लोगों पर दंड तथा दूसरे तरीक़ों से अपने ख़ुद के विचार और आचरण के नियम जैसी चीज़ें थोपती है।" पॉपर की तरह ही उदारवाद की मिल की अवधारणा भी काफ़ी हद तक इस ज्ञान पर आधारित है, जिसे बेकन ने प्राकृतिक विज्ञानों के संबंध में पहचाना था : संसार की जटिलता और इसे समझने की हमारी क्षमता की असमानता।

लेकिन मिल ने यह नहीं कहा (जिसमें हैरानी की कोई बात नहीं है, क्योंकि आरसीटी संस्कृति में स्थापित नहीं हुई थी) कि कोशिश और ग़लती अपने आप में कई बार तीव्र प्रगति के लिए अपर्याप्त होती हैं। क्यों? क्योंकि सामाजिक जटिलता अवलोकन संबंधी फ़ीडबैक की व्याख्या में गड़बड़ी कर सकती है।

व्यावहारिक और नैतिक नियंत्रित परीक्षणों में कारणवादी संबंधों को पृथक करके सीखने को बढ़ाने की क्षमता होती है, लेकिन वे रामबाण इलाज नहीं हैं। हमें ग़ैर-इरादतन परिणामों और पूर्णतावादी पृष्ठभूमि का भी ध्यान रखना होता है, जिन्हें कई बार आरसीटी करने वाले नज़रअंदाज़ कर देते हैं।

विज्ञान, व्यवसाय और प्रौद्योगिकी में सृजनात्मक छलाँगों तथा पैरेडाइम परिवर्तनों के लिए सुदूर की अवधारणाओं और विचारों को जोड़ने की क्षमता ज़रूरी होती है। एक बार फिर, हम कल्पना को सुलगाने वाली समस्याओं और असफलताओं के साथ संलग्न होकर ही ऐसा कर सकते हैं।

यह विश्लेषण बौद्धिक विनम्रता की माँग करता है, यह इस बात को पहचानने की माँग करता है कि हमारे विचार और सिद्धांत अक्सर दोषपूर्ण होंगे, लेकिन हम इस अवलोकन के साथ सामंजस्य कैसे बैठा सकते हैं कि कई सबसे सफल लोग साहसी होते हैं और कई बार हठी भी? उद्यमी और

*जैसा सृजनात्मक शोधकर्ता चार्लेन नेमेथ ने कहा है : "विरोधी अल्पमत दृष्टिकोणों की उपस्थिति से ज़्यादा मौलिकता उद्दीप्त होती नज़र आती है...।"

वैज्ञानिक अक्सर किसी सिद्धांत या व्यावसायिक विचार की पैरवी करते वक़्त बहुत जोखिम लेते हैं। यह इस विचार से मेल खाता नज़र नहीं आता कि विज्ञान और बाज़ार ऊपर से नीचे के ज्ञान के बजाय ग़लतियों से सीखकर मार्गदर्शित होते हैं।

यहाँ विश्लेषण के दो अलग-अलग स्तरों के बीच फ़र्क़ करना ज़रूरी है। अगर हम यूनीलीवर और नोज़ल की ओर लौटते हैं, तो हमने गणितज्ञों की नीति का ऊपर से नीचे की ओर वर्णन किया था (जिन्होंने तर्क के सहारे समाधान खोजने की कोशिश की थी, जो असफल रहा था) और जीवविज्ञानियों की नीति का वर्णन नीचे से ऊपर की ओर किया था (जो प्रयोग करते-करके एक शानदार समाधान तक पहुँचे थे)।

लेकिन मान लें कि दोषपूर्ण नोज़ल देने वाली गणितज्ञों की टीम गणितज्ञों की पच्चीस टीमों में से सिर्फ़ एक होती, जिसकी सेवाएँ यूनीलीवर ने नया डिज़ाइन बनाने के लिए ली थीं। और मान लें कि इन विभिन्न टीमों के बनाए हर नोज़ल का परीक्षण किया जाता, जिसमें विजेता नोज़ल को लेकर टीमें ड्रॉइंग बोर्ड पर लौटतीं और उनसे एक नया डिज़ाइन बनाने को कहा जाता और यह सिलसिला चलता रहता। अचानक यह नीति बहुत अलग दिखने लगती है। यह *रूपांतरण* का महत्त्व है, एक ऐसी अवधारणा, जिसके साम्य जीववैज्ञानिक विकास में मिलते हैं।

जब ऊपर से नीचे की नीतियाँ एक दूसरे के साथ प्रतिस्पर्धा करती हैं, जिसमें यह तय करने के लिए असफलता परीक्षण होता है कि उनमें से कौन सी काम कर रही हैं, तो प्रणाली नीचे से ऊपर के लक्षण प्रदर्शित करने लगती है। अच्छी तरह काम कर रहे मुक्त बाज़ार यही करते हैं : उद्यमी एक दूसरे के साथ प्रतिस्पर्धा करते हैं, प्रतिस्पर्धी विजेता विचारों की नक़ल करते हैं, जिन्हें बेहतर बनाया जाता है आदि। कई वैज्ञानिक भी उद्यमी मानसिकता के होते हैं और नए सत्य खोजने की उम्मीद में यथास्थिति के ख़िलाफ़ जाते हैं।

इसे दूसरे तरीक़े से कहें, तो ऊपर से नीचे और नीचे से ऊपर के बीच का फ़र्क़ गतिविधि के अंतर के बारे में ही नहीं है, यह प्रासंगिक दृष्टिकोण के बारे में भी है। अनुकूलनशीलता की अनिवार्यता के कारण प्रणाली या तंत्र के स्तर पर नीचे से ऊपर सीखने का तरीक़ा अत्यंत महत्त्वपूर्ण होता है। और यह उड्डयन की, अच्छी तरह काम कर रहे मुक्त बाज़ारों की, जीववैज्ञानिक विकास की और कुछ हद तक सामान्य क़ानून की भी कहानी है।

व्यक्तियों के स्तर पर यह प्रश्न ज़्यादा खुला होता है। क्या संगठन ज़्यादा तेज़ी से तरक़्क़ी करते हैं, जब वे सफलता तक का रास्ता पुनरावृत्ति के सहारे तय करते हैं या जब वे साहसी विचार सोचते हैं और दृढ़ता व लगन से उनसे चिपके रहते हैं? जैसा हम देख चुके हैं, हाई टेक क्षेत्र में संसार इतनी तेज़ी से आगे बढ़ रहा है कि उद्यमियों ने तीव्र पुनरावृत्ति को अपनाना आवश्यक पाया है। हो सकता है कि उनके पास साहसी विचार हों, लेकिन वे उन्हें मिनिमम वाएबल प्रॉडक्ट (एमवीपी) के ज़रिये जल्दी असफल होने का अवसर देते हैं। और अगर विचार शुरुआती अपनाने वालों के निर्णय में कामयाब होता है, तो अंतिम उपयोगकर्ताओं के फ़ीडबैक का लाभ लेकर पुनरावृत्ति द्वारा इसे बेहतर बनाया जाता है।

दूसरे शब्दों में, प्रतिस्पर्धा से उन उद्यमियों को लाभ होता है, जो नीचे से ऊपर सीखने को गंभीरता से लेते हैं और बाक़ी को नहीं होता। तेज़ी से बदल रहे संसार में यह एक शक्तिशाली कामकाजी मान्यता है। अगर तेज़ गति से और कम लागत में पुनरावृत्ति के ज़रिये वैध नसीहत हासिल हो सकती है, तो अवसर का लाभ न लेना पागलपन है। व्यक्तियों तथा तंत्र दोनों ही स्तरों पर सफलता अनुकूलनशीलता पर निर्भर करेगी और इसका परिमाण बढ़ता जाएगा।

दूसरे शब्दों में इसका मतलब है असफलता से सीखें।

II

बड़ी तसवीर देखने के बाद आइए अपने ध्यान के केंद्र को संकीर्ण करते हैं और इस पर नज़र डालते हैं कि इस पुस्तक के सबक़ों का लाभ हम व्यावहारिक तरीक़े से कैसे ले सकते हैं। हम अपनी नौकरी, अपने व्यवसाय और अपने जीवन में ग़लतियों से सीखने की शक्ति का दोहन कैसे कर सकते हैं?

पहला और सबसे महत्त्वपूर्ण मुद्‌दा यह है कि हम असफलता के बारे में जिस तरह से सोचते हैं, उस तरीक़े में क्रांति कर लें। सदियों तक सभी तरह की ग़लतियों को शर्मिंदा करने वाली, नैतिक दृष्टि से ख़राब, लगभग गंदा माना गया है। फ़्रेंच लारूस डिक्शनरी ने ऐतिहासिक दृष्टि से ग़लती की परिभाषा यह दी है, “कल्पना की मटरगश्ती, मन की आवारगी, जो किसी नियम के अधीन नहीं है।”

यह अवधारणा आज तक क़ायम है। इसीलिए बच्चे प्रश्नों का जवाब देने के लिए क्लास में अपना हाथ ऊपर नहीं करते हैं (ग़लत जवाब देने कितना शर्मिंदा करने वाला होगा!), इसीलिए डॉक्टर ग़लतियों पर पर्दा डालते हैं, इसीलिए नेता अपनी नीतियों पर कठोर परीक्षण नहीं कराते हैं और इसीलिए दोषारोपण और बलि के बकरे ढूँढना इतना व्यापक है।

व्यवसाय के लीडर, शिक्षक, कोच, पेशेवर और अभिभावक होने के नाते हमें असफलता की इस धारणा को बदलने की ज़रूरत है। हमें इसे गंदा और शर्मिंदगी भरा नहीं, बल्कि स्फूर्तिदायक और शिक्षाप्रद मानने की ज़रूरत है। हमें अपने बच्चों में भी यही धारणा भरनी चाहिए कि असफलता जीवन और सीखने का हिस्सा है और इससे बचने की इच्छा ठहराव की ओर ले जाती है।

हमें कोशिश करने, प्रयोग करने, लचीलापन और संकल्प दिखाने, अपनी ख़ुद की आलोचनात्मक जाँचों के ज़रिये सीखने की हिम्मत रखने और प्रमाण को मनचाहे अंदाज़ में घुमाने के बजाय इसकी वास्तविकता को देखने के लिए एक दूसरे की प्रशंसा करनी चाहिए।

यदि हम चीज़ों को सही करने के लिए, पूर्णता के लिए और निष्कलंकता के लिए ही एक दूसरे की प्रशंसा करते हैं, तो हम ग़ैर-इरादतन तरीक़े से ही सही इस विचार को बढ़ावा दे रहे हैं कि असफल हुए बिना सफल होना संभव है और गिरे बिना चढ़ना संभव है। एक ऐसे संसार में यह ग़लत मान्यता है, जो जटिल है और जिसकी सुंदरता इसकी जटिलता व गहराई में उजागर होती है। हमें इस ग़लत मान्यता को अपने जीवन और अपने संगठनों में चुनौती देने की ज़रूरत है।

ऐसा करना क्रांतिकारी से कम नहीं होगा। ग़लती के प्रति मुक्तिदायक नज़रिया हमारे पेशों, स्कूलों और राजनीतिक संस्थाओं के लगभग हर पहलू को बदल देगा। यह आसान नहीं होगा। बेशक प्रतिरोध होगा, लेकिन यह युद्ध लड़ने लायक़ है। आलोचना और असुविधाजनक प्रमाण से बचकर भागने के बजाय हमें उन्हें अंगीकार करना चाहिए।

जैसा कार्ल पॉपर के काम के आधार पर लेखक ब्रायन मैगी ने कहा है :

> कोई भी हमारी सबसे ज़्यादा सेवा यह दिखाकर कर सकता है कि हम जो सोचते या करते हैं, उसमें क्या ग़लत है। ग़लती जितनी ज़्यादा बड़ी होती है, उसके उजागर होने से उतना ही बड़ा सुधार संभव होता है। जो व्यक्ति आलोचना का स्वागत करता है और उस पर काम करता है, वह इसे किसी भी मित्रता से ज़्यादा महत्त्व देगा : दूसरी ओर, जो अपने दृष्टिकोण को क़ायम रखने की चिंता से इससे जूझता है, वह अपने विकास को अवरुद्ध कर लेता है। आलोचना के प्रति पॉपर के नज़रिया हमारे समाज में व्यापक बदलाव कर देगा। यह सामाजिक और पारस्परिक संबंधों में क्रांति कर देगा - संगठनात्मक व्यवहार की बात तो रहने ही दें।

एक बार जब हमारी यह नई मानसिकता बन जाती है, तो हम ऐसे तंत्र बनाना शुरू कर सकते हैं, जो हमारे जीवन में अनुकूलनशीलता की शक्ति का दोहन करेंगे। इसका अभ्यास में क्या मतलब है? देखिए, इस बात से शुरू करते हैं कि अपने निर्णयों और निर्णय लेने की प्रक्रिया को कैसे बेहतर बनाया जाए। हमने अध्याय 3 में देखा था कि सहज बोध से लिया गया निर्णय तब बेहतर बनता है, जब इसे ग़लतियों से सीखने का मौक़ा दिया जाता है। इसी तरह शतरंज के उस्ताद अपनी योग्यता बढ़ाते हैं और शिशु चिकित्सा में संलग्न नर्सें उन बीमारियों को पकड़ लेती हैं, जो स्पष्ट रूप से नज़र नहीं आती हैं।

लेकिन आगे दिए प्रश्नों पर विचार करें। क्या आप अपने निर्णयों में असफल होते हैं? क्या आपकी उस प्रमाण तक पहुँच होती है, जो दिखाता है कि आप कहाँ ग़लत हो सकते थे? क्या आपके निर्णयों को कभी निष्पक्ष डाटा द्वारा चुनौती दी जाती है? अगर इनमें से किसी भी प्रश्न का जवाब 'नहीं' है, तो आप लगभग निश्चित रूप से नहीं सीख रहे हैं। यह प्रेरणा या मेहनत का प्रश्न नहीं है। यह तो फ़ौलादी तर्क का मामला है। आपकी स्थिति उस गोल्फ़ खिलाड़ी की तरह है, जो अँधेरे में खेल रहा है।

अध्याय 3 के मनोचिकित्सकों वाले उदाहरण के बारे में सोचें। वे अक्सर मेहनती, परवाह करने वाले और सहानुभूतिपूर्ण होते हैं, लेकिन कई उस काम में समय के साथ बेहतर नहीं बनते हैं। क्यों? कारण आसान है। ज़्यादातर मनोचिकित्सक निष्पक्ष डाटा के साथ यह नहीं मापते हैं कि उनके

मरीज़ उपचार पर कैसी प्रतिक्रिया कर रहे हैं, इसलिए वे उन्हें क्लीनिक में देखकर ऐसा करते हैं, लेकिन यह डाटा बेहद अविश्वसनीय होता है, क्योंकि मरीज़ मनोचिकित्सक को ख़ुश करने के लिए बढ़ा-चढ़ाकर बताते हैं कि वे कितने अच्छे हैं। यही नहीं, मनोचिकित्सक थेरेपी के ख़त्म होने के बाद अपने रोगियों की शायद ही कभी टोह लेते हैं। इसका मतलब है कि उपचार के दीर्घकालीन प्रभाव के बारे में उन्हें कोई फ़ीडबैक नहीं मिलता है।

तो इस समस्या को कैसे सुलझाएँ? मनोचिकित्सा के बारे में ज़्यादा जाने बिना भी जवाब की बुनियादी रूपरेखा को देखना संभव है। मनोचिकित्सक को डाटा का परीक्षण करना चाहिए कि वे कहाँ ग़लत कर रहे हैं, ताकि उन्हें सुधार करने का अवसर मिले और वे अपने निर्णयों को बेहतर बना सकें। इसके अलावा, अनुकूलन के ज़्यादा गहरे स्तर पर उन्हें उन मॉडलों का भी परीक्षण करना चाहिए, जिनका इस्तेमाल वे समस्याओं को भाँपने के लिए करते हैं।

इसे दिमाग़ में रखते हुए ज़रा विचार करें कि क्या होगा, अगर मनोचिकित्सक अपने मरीज़ों के स्वास्थ्य का आकलन करने के लिए एक मानकीकृत और आज़माई हुई वार्तालाप नीति का इस्तेमाल करें। अचानक उनके पास अपने मरीज़ों की प्रगति के बारे में ज़्यादा निष्पक्ष जानकारी होगी। और अगर समान प्रकरणों के वैध ऐतिहासिक डाटा की तुलना में दीर्घकालीन परिणामों की सावधानी से निगरानी की जाए, तो उनके पास इस बारे में सीधा फ़ीडबैक रहेगा कि मरीज़ स्थापित मापदंडों के मुक़ाबले कैसा प्रदर्शन कर रहे हैं।

मंच सार्थक विकास के लिए तैयार हो चुका है। बत्तियाँ जल चुकी हैं। जैसा मनोवैज्ञानिकों की एक टीम ने अपने ऐतिहासिक शोध-पत्र में इन प्रस्तावों को विस्तार से बताते हुए लिखा है, “विभिन्न विकारों के लिए विश्वसनीय मानदंड हैं, जिनकी तुलना से मनोचिकित्सक अपने मरीज़ों की प्रगति का पता लगा सकते हैं। मनोचिकित्सक मरीज़ की प्रगति के बारे में फ़ीडबैक का इस्तेमाल कर सकते हैं, ताकि सर्वश्रेष्ठ परिणाम हासिल करने के लिए मनोचिकित्सा में बदलाव किए जा सकें।”

लेकिन यह स्पष्ट होना चाहिए कि यह सिर्फ़ मनोचिकित्सा के बारे में ही नहीं है। यह तो सहज बोध की सभी तरह की विशेषज्ञता और निर्णय लेने

की प्रक्रिया के बारे में है। अगर हम सार्थक फ़ीडबैक के अभाव वाले किसी माहौल में काम कर रहे हैं, तो हम बेहतर नहीं बन सकते। हमें 'ग़लती के संकेत' के प्रति पहुँच को संस्थागत बनाना होगा।

यह खेल में विशेषज्ञता हासिल करने के बारे में भी सच है। खेल में फ़ीडबैक लगभग हमेशा तुरंत और स्पष्ट मिलता है। गोल्फ़ में हम जानते हैं कि हमने कब गेंद को सीमा से बाहर मार दिया है या टेनिस में यह जानते हैं कि हमने कब फ़ोरहैंड की टाइमिंग ग़लत कर दी है, लेकिन प्रबुद्ध प्रशिक्षण परिवेश फ़ीडबैक की मात्रा और गुणवत्ता को अधिकतम करते हैं तथा इस तरह अनुकूलन की गति को बढ़ा देते हैं।

फ़ुटबॉल को लें। जब भी कोई खिलाड़ी आने वाले पास को नियंत्रित करने में असफल रहता है, तो वह कोई चीज़ सीखता है। समय के साथ केंद्रीय तंत्रिका तंत्र अनुकूलन करता है तथा ज़्यादा कौशल और निपुणता बना देता है, लेकिन अगर कोई युवा खिलाड़ी पूरे आकार की पिच पर अभ्यास करता है और फ़ुटबॉल को कभी-कभार ही छूता है, तो वह बहुत तेज़ी से बेहतर नहीं बन पाएगा। इसके बजाय अगर वह छोटी पिच पर अभ्यास करता है और फ़ुटबॉल को बार-बार स्पर्श करता है, तो उसकी योग्यता ज़्यादा जल्दी बेहतर बन जाएगी।

फ़ीडबैक फ़ुटबॉल में सभी तरह की योग्यताओं में प्रासंगिक है, जिनमें अनुभूति की जागरूकता, ड्रिबलिंग, पास देना और असली मैच की पृष्ठभूमि में इन सभी योग्यताओं का एकीकरण करना शामिल है। महान कोच सिर्फ़ ऐसा परिवेश बनाने में ही रुचि नहीं रखते हैं, जहाँ अनुकूलन घटित हो सके। वे तो इस 'मेटा' प्रश्न पर केंद्रित होते हैं कि कौन सी प्रशिक्षण प्रणाली सबसे ज़्यादा कारगर है। वे अपने खिलाड़ियों को सिर्फ़ बेहतर ही नहीं बनाना चाहते हैं। वे यह काम जल्दी से जल्दी और ज़्यादा से ज़्यादा करना चाहते हैं।

इसी तरह, स्वास्थ्य सेवा के भीतर भी बहस छिड़ी हुई है कि क्या वर्जीनिया मैसन सिस्टम चिकित्सकीय ग़लतियों को कम करने का सबसे प्रभावी तरीक़ा है, जैसे कारोबारी जगत में टोयोटा प्रॉडक्शन सिस्टम प्रॉडक्शन लाइन पर कार्यकुशलता बेहतर करने का सर्वश्रेष्ठ तरीक़ा है, लेकिन कभी न कभी दोनों ही मॉडलों से बेहतर मॉडल आएँगे। हम ज़्यादा प्रभावी विकासवादी

प्रणालियाँ बनाना सीखेंगे, सिर्फ़ स्वास्थ्य सेवा और उत्पादन में ही नहीं, बल्कि उड्डयन के क्षेत्र में भी।*

तो फिर प्रतिस्पर्धी विकासवादी प्रणालियों के बीच कैसे चुनें? इसका एक अच्छा तरीक़ा परीक्षण करना है। मिसाल के तौर पर, फुटबॉल के मामले में आप समान योग्यता के किशोरों के दल को बिना किसी क्रम के दो समूहों में बाँट सकते हैं, उन्हें अलग-अलग ड्रिलों का कुछ सप्ताह तक प्रशिक्षण दे सकते हैं, फिर उन्हें एक साथ लाकर यह माप सकते हैं कि किसमें ज़्यादा तेज़ी से सुधार हुआ है। निष्पक्ष मापन होने पर इस तरह का नियंत्रित परीक्षण ड्रिलों की तुलनात्मक सफलता स्थापित कर देगा, जबकि बाक़ी सारे प्रभावों से कोई फ़र्क़ नहीं पड़ेगा। दूसरे शब्दों में, विकासवादी प्रणालियों के बीच चयन की प्रक्रिया अपने आप में विकासवादी प्रकृति की है।

जब असफलता की शक्ति का दोहन करने की बात आती है, तो लागतों को न्यूनतम रखना एक और व्यावहारिक मुद्दा है। कॉरपोरेशन और सरकारें पायलट योजनाओं के ज़रिये ऐसा कर सकती हैं। ये छोटे पैमाने पर सीखने का अवसर प्रदान करती हैं, लेकिन यह अत्यंत महत्त्वपूर्ण है कि पायलट योजनाएँ मान्यताओं की पुष्टि के लिए नहीं, बल्कि उनकी जाँच करने के लिए बनाई जाएँ। अगर आप किसी अच्छी जगह पर अपने सर्वश्रेष्ठ स्टाफ़ की मदद से कोई पायलट योजना आज़माते हैं, तो आप उन चुनौतियों के बारे में लगभग कुछ नहीं सीख पाएँगे, जो आगे चलकर आ सकती है।

जैसा हार्वर्ड बिज़नेस स्कूल की एमी ऐडमॉन्डसन ने कहा है :

> किसी नए प्रॉडक्ट या सेवा वाली पायलट योजना के प्रभारी मैनेजर... आमतौर पर यह सुनिश्चित करने का हरसंभव प्रयास करते हैं कि पायलट योजना शुरुआत से ही बिल्कुल सही रहे। विडंबना यह है कि सफल होने की यह भूख बाद में बाज़ार में उतरने के बाद सफलता को रोक सकती है। अक्सर पायलट

---

*इतने बरसों में उड्डयन के क्षेत्र में असफलता से सीखने का तरीक़ा किस तरह बदला है, इस बारे में जानकारी हासिल करने के लिए और यह आगे कैसे विकास करता रहेगा, इस बारे में रोचक विचारों के लिए देखें सिडनी डेकर का व्याख्यान : https://vimeo.com/102167635

योजनाओं के प्रभारी मैनेजर सामान्य के बजाय सर्वश्रेष्ठ स्थितियाँ तैयार करते हैं। इस तरह पायलट योजनाएँ यह जानकारी नहीं दे पाती हैं कि क्या काम नहीं करेगा।

हमने जिस एक और शक्तिशाली तरीक़े को देखा है, वह है क्रमरहित नियंत्रित परीक्षण। ये कॉरपोरेट जगत में बढ़ रहे हैं, लेकिन राजनीति जैसे कई क्षेत्रों में इनका अब तक इस्तेमाल नहीं किया गया है। 2010 में इस समस्या को सुलझाने के लिए द बिहेवियरल इनसाइट्स टीम (बिट) नामक छोटी टीम बनाई गई थी, जिसने नंबर 10 डाउनिंग स्ट्रीट के भीतर जीवन शुरू किया था और अब एक सामाजिक उद्देश्य कंपनी है। ब्रिटेन की सरकार ने अब तक अपने पूरे इतिहास में जितने भी आरसीटी किए हैं, आरसीटी बिट ने उनसे ज़्यादा कर लिए हैं (दुखद बात है)।

मध्य लंदन के अपने ऑफ़िस में कुछ मीटिंगों में टीम ने इनमें से कुछ परीक्षणों पर बात की, केवल ब्रिटेन में ही नहीं, बल्कि दूसरे देशों में भी। एक परीक्षण में उन्होंने पत्र की भिन्न-भिन्न शैलियों का परीक्षण किया (अलग-अलग शब्द आदि), जो ग्वाटेमाला के उन करदाताओं को भेजे थे, जो समय पर अपने आयकर रिटर्न दाख़िल नहीं कर पाए थे। सबसे प्रभावी डिज़ाइन की वजह से भुगतान आश्चर्यजनक रूप से 43 प्रतिशत बढ़ गया। यही परीक्षण की शक्ति है। यह तुरंत बता देता है कि क्या काम करता है और क्या काम नहीं करता। “ब्रिटेन और दूसरे देशों में परीक्षण करने को लेकर अब भी काफ़ी राजनीतिक प्रतिरोध है,” बिट के चीफ़ एक्ज़ीक्यूटिव डेविड हैलपर्न कहते हैं, “लेकिन हम धीरे-धीरे प्रगति कर रहे हैं।”

‘असफलता आधारित’ एक और तकनीक हाल के वर्षों में फ़ैशन में आई है, जिसे प्रि-मॉर्टम कहा जाता है। इसमें टीम को यह विचार करने के लिए आमंत्रित किया जाता है कि कोई योजना क्यों ग़लत हुई है। ध्यान रहे, यह योजना पर अमल करने से पहले किया जाता है, अमल के बाद तो यह ‘पोस्ट-मॉर्टम’ होगा। यह ‘तेज़ी से असफल’ होने की चरम तकनीक है। इसमें लोगों को प्रोत्साहित किया जाता है कि वे नकारात्मक लगने के डर से अपनी बात को न छिपाएँ, बल्कि अपनी चिंताएँ खुलकर बता दें।

प्रि-मॉर्टम का मतलब संभावित ग़लतियाँ बताना नहीं है। यह सिर्फ़ यह विचार करना नहीं है कि क्या ग़लत हो *सकता* है। यह इससे

महत्त्वपूर्ण रूप से भिन्न है। प्रि-मॉर्टम में टीम को दरअसल यह बताया जाता है कि 'मरीज़ मर चुका है' : प्रोजेक्ट नाकाम हो गया है, उद्देश्य पूरे नहीं हो पाए हैं, योजनाएँ असफल हो गई हैं, फिर टीम के सदस्यों से तार्किक कारण पूछे जाते हैं कि ऐसा क्यों हुआ। असफलता को अमूर्त के बजाय मूर्त बनाने का लाभ यह होता है कि मस्तिष्क का समस्या के बारे में सोचने का तरीक़ा बदल जाता है।

मशहूर मनोवैज्ञानिक गैरी क्लाइन के अनुसार, यह 'अनुमानात्मक पूर्वदृष्टि' भावी परिणामों के कारणों को सही तरीक़े से पहचानने की लोगों की योग्यता 30 प्रतिशत तक बढ़ा देती है। इसका समर्थन कई अग्रणी विचारकों ने किया है, जिनमें डैनियल काहनेमैन शामिल हैं। "प्रि-मॉर्टम एक बेहतरीन विचार है," उन्होंने कहा था। "मैंने इसका ज़िक्र दावोस में किया था... और एक बड़े कॉरपोरेशन के चेयरमैन ने कहा कि यह सुनकर उनका दावोस आना सार्थक हो गया।"

प्रि-मॉर्टम आमतौर पर इस तरह शुरू होता है कि लीडर टीम के हर व्यक्ति से यह कल्पना करने को कहता है कि प्रोजेक्ट बुरी तरह से गड़बड़ हो गया है और वे एक काग़ज़ पर इसके कारण लिखें कि ऐसा क्यों हुआ। फिर वे हर व्यक्ति से सूची का एक कारण पढ़ने को कहते हैं, सबसे पहले प्रोजेक्ट मैनेजर से और फिर बाद में टेबल पर बैठे हर व्यक्ति से।

क्लाइन उदाहरण देते हैं, जहाँ ऐसी समस्याएँ सतह पर आ गईं, जो इसके बिना दफ़न ही रहतीं। "*फ़ॉर्चून* 50 के आकार वाली एक कंपनी में आयोजित सत्र में एक एक्ज़ीक्यूटिव ने सुझाव दिया कि अरब डॉलर का पर्यावरण संरक्षण प्रोजेक्ट इसलिए 'असफल' हुआ, क्योंकि सीईओ के रिटायर होने के बाद रुचि घट गई थी," वे लिखते हैं। "एक और ने असफलता का कारण यह बताया कि सरकारी एजेंसी की नीतियों में बदलाव के बाद कारोबारी स्थिति में गिरावट आई।"

प्रि-मॉर्टम का उद्देश्य योजनाओं की जान लेना नहीं है, बल्कि उन्हें मज़बूत बनाना है। इसे करना भी बहुत आसान है। "मेरा अंदाज़ा है कि अगर किसी योजना का प्रि-मॉर्टम किया जाता है, जिस पर अमल किया जाने वाला है, तो आमतौर पर इसकी वजह से यह रद्द नहीं होगी," काहनेमैन ने कहा। "लेकिन शायद ऐसे तरीक़ों से इसमें हेर-फेर किया जा सकता है,

जो हर व्यक्ति को लाभदायक लगेंगे। इसलिए प्रि-मॉर्टम कम लागत और ज़्यादा लाभ वाली चीज़ है।"

इस पूरी पुस्तक में हमने छोटे लाभ और छोटी कारोबारी शुरुआत जैसी कई तकनीकों पर नज़र डाली है, लेकिन इन सारी तकनीकों का सबसे बड़ा पहलू यह है कि वे विकासवादी प्रक्रिया की अकूत शक्ति का दोहन करती हैं। अगर पृष्ठभूमि पर निगाह रखते हुए उनका इस्तेमाल किया जाए और उन्हें विकास केंद्रित मानसिकता के साथ मिला दिया जाए, तो वे अंतहीन रूप से शक्तिशाली प्रक्रिया के लिए मंच तैयार कर देती हैं : संचयी अनुकूलन।

IV

वसंत के शुरू में एक उजली दोपहर को मैं मार्टिन ब्रॉमिली नामक पायलट से मिलने गया, जिनकी कहानी से यह पुस्तक शुरू हुई थी। 2005 में उन्होंने एक सामान्य ऑपरेशन के दौरान अपनी पत्नी ईलेन को खो दिया था। उस वक़्त उनके बेटे ऐडम की उम्र चार साल और बेटी विक्टोरिया की उम्र पाँच साल थी। यह लिखते वक़्त वे चौदह और पंद्रह साल के हैं।

उत्तर मार्स्टन एक सुंदर ब्रिटिश गाँव है। इसके बीचों-बीच पिलग्रिम नामक छोटा पब है। यह एक छोटा, संगठित समुदाय पहाड़ियों और हरी-भरी वादियों के सुरम्य स्थान पर रहता है, जिसकी जनसंख्या लगभग आठ सौ है। जब मैं शांत गलियों से होता हुआ ब्रॉमिली परिवार के घर की ओर गया, तो सूरज चमक रहा था।

जब हम लाउंज में बैठे, तो मार्टिन ने रोगी सुरक्षा की पैरवी करने के अपने अभियान के बारे में बातचीत की। दुबले, शांत स्वर वाले और कृतसंकल्प मार्टिन ग़ैर-वैतनिक स्वयंसेवी के रूप में क्लीनिकल ह्यूमन फ़ैक्टर्स ग्रुप का नेतृत्व कर रहे हैं और अपना बहुत सारा ख़ाली समय एक ऐसी मानसिकता को प्रोत्साहित करने के लिए ख़र्च कर रहे हैं, जो विपरीत घटनाओं को जोखिम नहीं, बल्कि सीखने का अवसर मानती हो।

हमारी मुलाक़ात के दो सप्ताह पहले मार्टिन ने यह पता लगाने के लिए एक ट्वीट भेजा था कि अभियान क्या हासिल कर चुका है। उनका प्रश्न सरल और प्रासंगिक था। "प्रश्न – क्या आप मुझे कुछ विशिष्ट उदाहरण दे

सकते हैं कि मेरी पत्नी की मृत्यु से आपने क्या सीखा? इससे चीज़ें कैसे बदली हैं?" उन्होंने लिखा था।

कुछ ही मिनटों में प्रतिक्रियाएँ आने लगीं, सिर्फ़ ब्रिटेन से ही नहीं, बल्कि पूरे संसार से। स्विनडन में श्वास संबंधी रोगों और गहन चिकित्सा में परामर्शदाता मार्क ने लिखा : "यह सिमुलेशन प्रशिक्षण को बढ़ाने में एक मुख्य प्रेरणा बन चुका है। यह चिकित्सा की बढ़ी हुई गुणवत्ता पर बड़ा प्रभाव डाल रहा है।"

चिकित्सकीय सुरक्षा में काम करने वाले निक ने लिखा : "हम आपकी कहानी का इस्तेमाल अंडरग्रेजुएट और पोस्ट ग्रेजुएट दोनों कक्षाओं में स्थितिगत जागरूकता और पदक्रम/चिंताएँ व्यक्त करने पर चर्चा करने के लिए करते हैं।" नर्स और पैरामेडिक विज्ञान में वरिष्ठ लेक्चरर जो थॉमस ने लिखा था : "आपकी शक्ति ऑपरेशन और एनेस्थेटिक/रिकवरी रूम्स से काफ़ी आगे डॉक्टरों तक पहुँच रही है। इसने मान्यताओं को चुनौती दी है।"

सिडनी, ऑस्ट्रेलिया के ऐनस्थीसिया विशेषज्ञ ज्यॉफ़ हीली ने लिखा : "आपकी शक्ति और साहस ने ऐनस्थीसिया विशेषज्ञों की तीन-चार नहीं, तो कम से कम दो पीढ़ियों को शिक्षित किया है। आपके काम के कारण जो जानें बचीं या जो परिणाम बदले, उनकी गिनती नहीं की जा सकती। हम इस घटना का ज़िक्र हर दिन करते हैं।"

ये जवाब उस सत्य को व्यक्त करते हैं, जो इस पुस्तक का आधार है। असफलता से सीखना प्रबंधन का घिसा-पिटा जुमला लगता है। इसे निष्प्रभावी कहावत या मंत्र के रूप में बताया जा सकता है, लेकिन मार्टिन ब्रॉमिली के शांत काम से हमें ज़्यादा बड़े क्षेत्र की झलक दिखनी चाहिए। असफलता से सीखना एक गहन नैतिक उद्देश्य को पूरा करता है। यह मानव जीवन को बचाने, उसे क़ायम रखने और पुष्ट करने के बारे में है। मार्टिन ने कहा था :

> निस्संदेह स्वास्थ्य सेवा के कई क्षेत्रों में प्रगति हुई है। दस साल पहले कई अस्पतालों में होने वाले एमआरएसए जैसे संक्रमणों को 'उनमें से एक चीज़' कहकर ख़ारिज कर दिया जाता था। उन्हें ऐसी अवश्यंभावी समस्या माना जाता है, जिनके बारे में ज़्यादा कुछ नहीं किया जा सकता था। आज इस तरह की समस्याओं का सामना

> करने और यह पता लगाने की वास्तविक इच्छा है कि भविष्य में होने वाले इस तरह के नुक़सान को कैसे रोका जाए।
>
> लेकिन यह मानसिकता सर्वव्यापी नहीं हो पाई है। आपको ब्रिटेन और पूरे संसार में रोकी जा सकने वाली मृत्युओं के विशाल पैमाने को देखने की ज़रूरत है, जिससे आपको ग़लतियों पर पर्दा डालने की गहरी प्रवृत्ति दिख जाएगी और यह डर भी कि स्वतंत्र जाँच में जाने क्या राज खुलेंगे। हमें इस नज़रिये को 180 डिग्री उलटने की ज़रूरत है। यह स्वास्थ्य सेवा का सबसे महत्त्वपूर्ण मुद्‌दा है।

जब सूरज क्षितिज पर अस्त होने लगा, तो सामने वाला दरवाज़ा खुला : ऐडम और विक्टोरिया स्कूल से लौट आए थे। उस दिन ऐडम का चौदहवाँ जन्मदिन था और उसने रोमांच के साथ शाम को बाहर पिज़्ज़ा खाने की योजना बताई। मैंने उनसे पूछा कि वे जीवन में क्या करना चाहते हैं। विक्टोरिया ने तुरंत और दृढ़ता से जवाब दिया : "मैं पायलट बनना चाहती हूँ।" ऐडम ने भी उड्‌डयन में रुचि व्यक्त की, लेकिन उसने मौसम विज्ञान की तरफ़ झुकाव दिखाया।

हम उस काम के बारे में बात करने लगे, जो उनके डैडी स्वास्थ्य सेवा में नज़रियों को बदलने के लिए कर रहे हैं। ऐडम ने कहा, "मुझे डैडी पर सचमुच गर्व है। वे समूह में इतना ज़्यादा समय देते हैं, हालाँकि उनके पास एक पूर्णकालिक नौकरी है। अगर आप उन्हें दस साल पहले बताते कि वे इतना बड़ा फ़र्क़ डालेंगे, तो उन्हें यक़ीन नहीं होता। उन्हें लगभग हर सप्ताह पत्र और संदेश आते हैं।"

ऐडम के बग़ल में बैठी विक्टोरिया ने सहमति में सिर हिलाया। "हमारी माँ की मृत्यु हम सबके लिए बहुत मुश्किल थी और हम जानते हैं कि कोई चीज़ उन्हें वापस नहीं ला सकती," उसने कहा और उसके चेहरे पर जज़्बात साफ़ झलक रहे थे। "लेकिन मुझे उम्मीद है कि डैडी अपना काम जारी रखेंगे और दूसरे परिवारों को उस त्रासदी से बचाने में मदद करेंगे, जिससे हमें गुज़रना पड़ा।"

विक्टोरिया पलभर के लिए ठहरी और फिर उसका चेहरा चमक उठा। उसने कहा, "मैं सोचती हूँ कि मम्मी को यह पसंद आता।"

आभार

मैं जीवन में काफ़ी असफल हुआ हूँ, ख़ासतौर पर टेबल टेनिस के मेरे पुराने खेल में, इसलिए इस पुस्तक का विषय मेरे दिल के क़रीब है। इसका विचार इस बढ़ते हुए अहसास से प्रेरित हुआ कि सफल लोगों, संगठनों और प्रणालियों में एक समानता यह होती है कि वे असफलता के प्रति स्वस्थ और सशक्तिकरण वाला नज़रिया रखते हैं। यह डेविड बेकहेम और जेम्स डाइसन के बारे में भी उतना ही सच है, जितना कि उड्डयन उद्योग और गूगल के बारे में।

इस पुस्तक में कई पुनरावृत्तियाँ बताई गई हैं, जहाँ हर परिवर्तन में छोटे लाभ खोजे गए हैं। ये इस पुस्तक के इस तर्क का प्रतिबिंब हैं कि सुधार कैसे होता है। इनमें से ज़्यादातर पुनरावृत्तियाँ मित्रों और सहकर्मियों के सुझावों से प्रेरित हुई थीं, जिन्होंने पुस्तक के शुरुआती ड्राफ्ट पढ़े थे। मैं डैनी फ़िन्कलस्टाइन, डेविड पैपिन्यू, क्रिस डिलो, मैक्स रॉयटर, बेन प्रेस्टन, ऐंडी किड, कैथी वीक्स, कार्ल मैक्रे, मार्क थॉमस, डिलिस सैयद, डेविड होनिंगमैन और जेम्स नेलर के प्रति बेहद कृतज्ञ हूँ। जो भी दोष रह गए हैं, वे सब मेरे और सिर्फ़ मेरे हैं, हालाँकि मुझे आशा है कि मैं उनसे भी सीख सकता हूँ।

मैं प्रतिभाशाली निक डेवीज़ को भी धन्यवाद देना चाहूँगा, जिन्होंने ब्रिटेन में पुस्तक का संपादन किया और एमिली एंजेल का, जिन्होंने अमेरिकी संस्करण का संपादन किया। मैं अपने एजेंट जॉनी गेलर को धन्यवाद देना चाहूँगा, जो हमेशा विचारों और उत्साह से भरपूर रहते हैं। मुझे *द टाइम्स* में सहकर्मियों से ज़बर्दस्त सहयोग मिला, जिनमें टिम हैलिसी, निकोला जील और जॉन विदरो शामिल हैं। *द टाइम्स* काम करने के लिए एक अद्भुत जगह है।

इस तरह की पुस्तकें लिखने के बारे में सबसे आनंददायक चीज़ों में से एक यह है कि आप आँखें खोलने वाली पुस्तकों, शोध-पत्रों और जनरल के लेखों के संपर्क में आते हैं। यहाँ मैं कुछ पुस्तकों के प्रति आभार व्यक्त करना चाहूँगा, जिन्होंने मुझे सबसे ज़्यादा प्रभावित किया। इनमें कार्ल पॉपर की

कई पुस्तकें शामिल हैं : *द लॉजिक ऑफ़ साइंटिफ़िक डिसकवरी; कनजेक्चर्स ऐंड रिफ्यूटेशन्स, द ओपन सोसायटी ऐंड इट्स एनिमीज़; द पॉवर्टी ऑफ़ हिस्टोरिसिज़्म;* और *अनऐंडेड क्वेस्ट।* मैंने टॉमस कुहन की *द स्ट्रक्चर ऑफ़ साइंटिफ़िक रिवॉल्यूशन्स* तथा पॉल फ़ेयराबेंड की *अगेंस्ट मेथड* का भी काफ़ी आनंद लिया और बहुत कुछ सीखा।

कुछ शानदार लोकप्रिय पुस्तकें भी हैं, जिन्होंने तर्क को प्रभावित किया है। इनमें ये शामिल हैं : सिडनी डेकर की *जस्ट कल्चर,* पीटर प्रोनोवॉस्ट की *सेफ़ पेशेंट्स, स्मार्ट हॉस्पिटल्स,* जेम्स रीज़न की *ह्यूमन एरर,* कैथरीन शुल्ट्ज की *बीइंग रॉन्ग,* टिम हार्फ़ोर्ड की *अडैप्ट,* नासिम निकोलस तालेब की *एंटीफ़्रेजाइल,* अतुल गवांडे की *कॉम्प्लिकेशन्स,* कैरोन टार्विस और इलियट एरॉन्सन की *मिस्टेक्स वर मेड (बट नॉट बाई मी!),* स्टीवन जॉनसन की *व्हेयर गुड आइडियाज़ कम फ़्रॉम,* एड कैटमल की *क्रिएटिविटी इंक.,* कैरोन ड्वेक की *सेल्फ़ थ्योरीज़,* जोनाह लेहरर की *द डिसीसिव मूमेंट* और ब्रायन मैगी की *फ़िलॉसफ़ी ऐंड द रियल वर्ल्ड।*

मैं उन सबको भी धन्यवाद देना चाहूँगा, जो मुझसे बात करने के लिए तैयार हुए या जिन्होंने ख़ास अध्याय पढ़े या अन्य तरीक़ों से मदद की। कई का ज़िक्र पन्नों के भीतर किया गया है, लेकिन मैं अलग से इन लोगों का आभार व्यक्त करना चाहूँगा : जेम्स डाइसन, ओवेन ह्यूज़, डेविड हैलपर्न और द बिहेवियरल इनसाइट्स टीम, जिम मान्जी, डेविड बेंटले, कैरोल ड्वेक, रॉबर्ट डॉड्स, सिडनी डेकर, स्टीव आर्ट, मेघन मैहनी, मर्सिडीज़ एफ़1 और टीम स्काई के शानदार लोग, टॉबी ऑर्ड, मार्क मैकार्दी, टोनी मैक्हेल, रीटा वीक्स, डेविड बेकहेम, स्टीव जॉन्स और ईस्थर डफ़लो।

सबसे बढ़कर मैं अपनी अद्भुत पत्नी कैथी, अपनी संतानों एवी और टेडी तथा अपने माता-पिता अब्बास और डिलिस को धन्यवाद देना चाहूँगा। यह आपके लिए है।